U0895857

中国邮政集团有限公司

年鉴 2020

中国邮政文史中心（中国邮政邮票博物馆） 编

图书在版编目（CIP）数据

中国邮政集团有限公司年鉴. 2020 / 中国邮政文史中心，中国邮政邮票博物馆编. —北京：中国文史出版社，2021.1
ISBN 978-7-5205-2715-6

Ⅰ. ①中… Ⅱ. ①中… ②中… Ⅲ. ①邮政 - 邮电企业 - 企业集团 - 中国 -2020- 年鉴 Ⅳ. ①F632.1-54

中国版本图书馆 CIP 数据核字（2020）第 247096 号

责任编辑：李晓薇

出版发行：中国文史出版社
社　　址：北京市海淀区西八里庄路 69 号　　邮编：100142
电　　话：010 - 81136606　81136602　81136603（发行部）
传　　真：010 - 81136655
印　　装：北京新华印刷有限公司
经　　销：全国新华书店
开　　本：889mm × 1194mm　1/16
印　　张：22
字　　数：810 千字
版　　次：2021 年 6 月北京第 1 版
印　　次：2021 年 6 月第 1 次印刷
定　　价：238.00 元

《中国邮政集团有限公司年鉴》编委会

《中国邮政集团有限公司年鉴》编辑部

主　　编： 张力扬

副 主 编： 王　旭　陈剑锋

编辑统筹： 谢成章　郑晶晶

编　　辑： 尹　璐　刘佳月　张　坷　郭韵洁

特约编辑： （按姓氏笔画排序）

万　宇　马智勇　王　帅　王　欢　王　欣　王　俊　王　莹　王　琪
王　港　王小鑫　王希蒙　王雨晨　王春瑞　王森龙　王楚芸　叶　萍
吕　拯　朱　辉　刘　晹　刘　岚　刘　洁　刘　铭　许　涛　杜宜婷
李　平　李　江　李　敏　李明坤　李晓娜　杨　征　杨天志　杨文振
杨祺林　时　波　何　亚　汪春梅　宋　超　张亚东　张如菡　张茜倩
陆怡琼　陈晶晶　周　昆　周　静　赵　超　赵　静　赵军泰　赵蓓幪
郝佳音　秦　佳　贾礼文　高　悠　高宁一　高丽君　董森凰　韩润华
程　钰　赖煜寰　赫小华　蔡　玮　蔡文娟

编辑说明

一、2019 年 12 月 28 日，中国邮政集团公司改制更名为中国邮政集团有限公司，原《中国邮政集团公司年鉴》更名为《中国邮政集团有限公司年鉴》，该年鉴由中国邮政集团有限公司主管。

二、该年鉴收录的内容包括中国邮政集团有限公司总部各部门、直属各单位、控股子公司、各省（自治区、直辖市）分公司工作，是一部全面、翔实记录全国邮政工作的纪年性资料工具书。本书所载内容多为改制前的内容，因此大部分表述仍沿用旧称，涉及改制之后的内容表述则采用新名称。

三、《中国邮政集团有限公司年鉴（2020 年）》以年鉴体例为基础，根据邮政特点，采用分类编辑法，分为特载、综述、大事记、网路建设、邮政服务、业务发展、邮票发行及集邮、企业管理、邮政科技、党群工作和精神文明建设、交流与合作、控股子公司、直属单位及寄递事业部工作、各省（自治区、直辖市）分公司工作、附录共 15 个栏目。起止时限为 2019 年 1 月 1 日至 12 月 31 日，个别条目采取了追溯的办法，以保证文献的连贯性。

四、本书所涉及单位名称除第一次出现时使用全称外，其余部分采用简称，如“中国邮政集团有限公司”简称“集团公司”，“中国邮政集团有限公司内蒙古自治区分公司”简称“内蒙古分公司”，“中国邮政集团有限公司广西壮族自治区分公司”简称“广西分公司”，“中国邮政集团有限公司西藏自治区分公司”简称“西藏分公司”，“中国邮政集团有限公司宁夏回族自治区分公司”简称“宁夏分公司”，“中国邮政集团有限公司新疆维吾尔自治区分公司”简称“新疆分公司”，“中国邮政储蓄银行股份有限公司”简称“邮储银行”，“中国邮政集团有限公司寄递事业部”简称“寄递事业部”，“中邮人寿保险股份有限公司”简称“中邮保险”，“中邮证券有限责任公司”简称“中邮证券”，中邮信息科技（北京）有限公司简称“中邮信科公司”，“邮政科学研究规划院（中国邮政集团有限公司邮政研究中心）”简称“邮科院”，“石家庄邮电职业技术学院（中国邮政集团有限公司培训中心／中共中国邮政集团有限公司党校）”简称“石邮学院”，“中国邮政广告传媒公司（中国邮政广告有限责任公司）”简称“中邮传媒”，“中邮资本管理有限公司”简称“中邮资本”，“中国邮政航空有限责任公司”简称“邮航”。

五、本书所载全国性统计资料和数据均未含香港、澳门特别行政区和台湾省；部分内容含港澳台地区。全书数据因各单位统计层级、口径不同略有差异。

《中国邮政集团有限公司年鉴》编辑部

2021 年 3 月

目　录

邮票发行及集邮 55

企业管理 61

邮政科技 79

党群工作和精神文明建设 85

交流与合作 95

控股子公司、直属单位及寄递事业部工作 103

各省、自治区、直辖市分公司工作 129

特　载

◇ 以习近平新时代中国特色社会主义思想为指导
坚持新发展理念　坚持高质量发展　坚持深化改革
为将中国邮政打造成为行业的“国家队”而奋斗
——中国邮政集团有限公司董事长、党组书记刘爱力
在 2019 年中国邮政集团公司工作会议上的讲话

以习近平新时代中国特色社会主义思想为指导
坚持新发展理念　坚持高质量发展　坚持深化改革
为将中国邮政打造成为行业的“国家队”而奋斗

——中国邮政集团有限公司董事长、党组书记刘爱力
在2019年中国邮政集团公司工作会议上的讲话

（2019年1月14日）

会议的主要任务是：深入贯彻落实习近平新时代中国特色社会主义思想和党的十九大精神以及中央经济工作会议精神，总结2018年主要工作，回顾邮电分营以来中国邮政改革发展成就，分析当前面临的形势，部署2019年工作任务，动员全体邮政员工贯彻新发展理念，实现高质量发展，为将中国邮政打造成为行业的“国家队”而奋斗，以优异成绩庆祝新中国成立70周年，为决胜全面建成小康社会做出新的贡献。

一、2018年主要工作和邮电分营以来中国邮政改革发展成就

2018年是全面贯彻党的十九大精神的开局之年。一年来，中国邮政深入学习贯彻习近平新时代中国特色社会主义思想和党的十九大精神，认真贯彻落实党中央、国务院决策部署，不折不扣落实中央巡视整改要求，切实加强党的建设，深化改革创新，推进转型升级，实现了持续健康发展。一是取得了良好的经营业绩。集团总收入完成5668亿元，比上年增长16.2%；实现利润总额468亿元；全员劳动生产率48.9万元，比上年增长了15.6%；国有资产保值增值率108.3%。二是中央巡视整改工作取得阶段性成效。全系统各级党组织深入学习贯彻习近平总书记关于巡视工作的重要指示精神，认真落实中央巡视反馈会议精神，围绕中央巡视反馈指出的问题，明确整改责任，建立整改清单，扎实推动整改落实，构建了巡视整改常态化、长效化机制，巡视的“利剑”和“紧箍咒”作用得到发挥。通过巡视整改，党的领导和党的建设得到切实加强，各级党组织和广大党员干部的政治站位和政治觉悟不断提高，广大党员干部职工干事创业的积极性、主动性、创造性得以激发，精神面貌明显改观。三是企业党的建设全面加强。全系统各级党组织和广大党员干部职工树牢“四个意识”，坚定“四个自信”，坚决做到“两个维护”；认真贯彻落实全国组织工作会议和中央企业党的建设工作座谈会精神，坚持党的领导，加强党的建设；坚持用习近平新时代中国特色社会主义思想武装头脑、指导实践、推动工作，做到真学真懂真信真用；坚持以提升组织力为重点，突出政治功能，不断加强基层党组织规范化、标准化建设；坚持党管干部原则，落实国有企业领导人员“20字”要求，着力加强干部人才队伍建设；坚持全面从严治党不放松，深入推进作风建设、纪律建设和反腐败工作。

2018年是改革开放40周年，又是邮电分营、邮政独立运营20周年。站在新的历史起点上，回顾发展成就，总结工作经验，对我们启迪现在，昭示未来，坚定信心，开创新局面，夺取新胜利，具有十分重要的现实意义。

改革开放极大改变了中国的面貌，中国邮政也发生了巨大变化。邮电分营20年来，特别是党的十八大以来，在党中央的正确领导下，在历届邮政领导班子的带领下，在全体邮政员工的共同努力下，中国邮政抓住国家深化邮政体制改革的机遇，坚持科技兴邮，推行专业化经营、多元化发展，极大地解放和发展了生产力。

一是实现了跨越式发展。业务收入从1998年的287亿元增长到2018年的5668亿元，增长近19倍；利润从1998年的亏损179亿元增长到2018年的盈利468亿元。实现了从邮电分营时的亏损严重、基础薄弱，到收入规模列《财富》世界500强第113位、世界邮政第2位，利润规模居世界邮政第1位的跨越。业务范围不断拓展，服务功能不断完善，实现了从经营函件、包裹、汇兑、报刊发

行、集邮、储蓄等业务的传统邮政企业，到既经营邮政基础性业务，又经营金融业务（银行、保险、证券）、快递物流业务（标快、快包、国际、合同物流）和电子商务的现代企业集团的转变，在国民经济和社会发展中发挥着重要作用。

二是企业改革不断深化。我们组建了邮储银行、速递物流、中邮保险、中邮证券、中邮资本和中邮科技公司，形成了板块联动、协同发展的良好局面。实施了集团公司和速递物流公司"子改分"、邮储银行引战上市、邮务板块经营组织架构调整、寄递翼整合等改革，建立了以利润为导向的财务管控体系，激发了企业发展活力。

三是企业竞争实力显著增强。坚持信息化引领的科技兴邮战略，搭建了线上线下融合的邮政综合便民服务平台，建成了遍布城乡、覆盖全国、通达全球的现代邮政网络。邮政机械化、自动化、信息化水平不断提高，邮政航空网、陆运网、信息网实力明显增强。目前，拥有邮政网点 5.4 万处、便民服务加盟网点 60 余万处、全货运飞机 32 架、邮运汽车 7.1 万辆、智能包裹柜 9.2 万台，双层分拣机行业领先，智能分拣机器人、无人机投入应用，中国邮政的运营能力得到极大提升。

四是邮政品牌形象日益彰显。积极履行央企政治责任和社会责任，坚持"人民邮政为人民"的服务宗旨，认真做好普遍服务和特殊服务，基本实现"乡乡设所、村村通邮"，保证了党和国家机要通信安全畅通，全国 82% 的县以上城市党政机关实现《人民日报》当日见报。贯彻落实中央打好三大攻坚战的决策部署，服务乡村振兴战略和雄安新区建设，加强与政府部门、大型企业的合作，得到了中央和地方党委政府以及社会各界的充分肯定。三大国际评级机构给予邮储银行的综合评级处于中国商业银行最优水平。形成了全国统一的邮政企业文化体系。涌现出了以北京东四邮局、江苏如皋"爱心邮路"等为代表的一大批先进集体，以王顺友、尼玛拉木、其美多吉、何健忠等为代表的一大批先进个人，邮政的社会影响力不断扩大。

五是国际及港澳台交流合作不断拓展。积极参与万国邮联、亚太邮联工作，成功举办了第 22 届万国邮联大会、1999 年和 2009 年世界集邮展览及中国（重庆）邮政高层论坛，提升了中国邮政的国际影响力。加强与各国邮政、国际组织及国际公司的交流合作，拓展与港澳台邮政间的合作领域，与世界 200 多个国家和地区建立了通邮关系。积极参与"一带一路"建设，拓展国际市场，推动了国际业务快速发展。

六是员工获得感、幸福感明显增强。坚持发展依靠员工，发展成果由员工共享。员工收入较 1998 年增长了近 10 倍。建成"职工小家"近 4 万个，受益职工 70 多万人；全面建立员工企业年金、重大疾病保险和意外伤害保险制度。在企业发展中，我们十分重视员工的能力培育、素质提升，持续开展了具有邮政特色的大规模分类分级教育培训活动。和邮电分营初期不被人们看好的"穷邮政"相比，如今邮政员工的自豪感、自信心大大提升，企业的凝聚力大大增强。

二、中国邮政面临的形势和做优做强做大的总体要求

（一）充分认识党和国家对中国邮政提出的新要求

一是要切实扛起打造行业"国家队"的使命责任。习近平总书记指出，国有企业是中国特色社会主义的重要物质基础和政治基础，是我们党执政兴国的重要支柱和依靠力量。我们党要做到"任凭风浪起，稳坐钓鱼台"，就要有关键时刻听指挥、拉得出，危急关头冲得上、打得赢的基本队伍。中央提出，央企作为经济领域的"国家队"，要体现国家最高水平，代表国家参与国际竞争。对照中央要求，我们要认真思考还有哪些差距，我们能否担当起国有企业应有的使命责任。二是要加快推动高质量发展。党的十九大提出"必须坚持质量第一、效益优先，提高全要素生产率"。与行业先进对标，我们各业务板块发展质量效益还有哪些差距？我们要着力开展哪些工作？三是要持续深化企业改革。只有改革，才能发展中国。同样，只有改革，才能发展中国邮政。我们要通过深化改革破解发展难题，探索混合所有制改革，建立符合行业规律、市场规律、价值规律的企业体制机制，激发企业活力。四是要持续落实中央巡视整改要求。针对中央巡视反馈的问题、提出的整改要求及杨晓渡同志提出的 3 点意见、8 项具体要求，集团公司党组认真整改，总部整改工作已取得了阶段性成效，但不能盲目乐观，巡视整改永远在路上。我们要下大力气进一步做好巡视整改工作，巩固和扩大整改成果，防止问题反弹，营造风清气正的政治生态。

（二）充分认识中国邮政仍处于大有可为的战略机遇期

从快递物流行业看：无论是数字经济、虚拟经济，还是"量体裁衣"的个性化商业模式、"足不出户"的消费方式，都离不开实物寄递。中央高度重视物流行业发展，党的十九大强调要加强物流等基础设施网络建设；国务院常务会议专题研究仓储、物流建设，出台相关政策。近几年，快递物流行业高速发展，2013—2018 年业务量复合增长率达 40.6%，收入复合增长率达 33%。社会快递企业在快速发展的同时，利润也快速增长，顺丰 2013—2017 年利润年均增长率达 27.5%。快递物流业必将是国民经济的先导性、基础性、战略性产业，是社会化大生产和人民日常生活不可或缺的产业，是方兴未艾的产业，是一个市场有需求、行业有效益、邮政有优势的产业。习近平总书记在 2019 年新年贺词中，称赞快递小哥是美好生活的创造

者、守护者，体现了党中央对快递物流业的重视和关怀，证明了快递物流业在国民经济和社会发展中的重要作用。

从金融行业看：金融是经济的血脉，在国民经济和社会发展中发挥着重要作用。邮储银行“三个服务”定位，庞大的网点优势与存款优势，将在服务国家重大战略、实体经济发展、基础设施建设、战略新兴产业和居民消费升级中迎来广阔的发展空间。中邮保险发展前景广阔。2017年我国保险深度4.42%，保险密度2631.58元/人，分别是发达国家的1/2和1/10；从保险资产在居民家庭金融资产配置中占比看，美国32.6%、日本26.8%，我国仅占2%左右。随着我国居民收入不断提高，居民养老保险意识逐步增强，保险方式将成为自主养老的重要方式之一，市场潜力巨大。中邮证券极具成长价值。资本市场在金融运行中具有牵一发而动全身的作用。截至2018年11月末，我国直接融资在社会融资规模存量中占比13.44%，而发达国家达到70%以上。证券行业作为直接融资服务的主要提供者，是充满发展潜力的朝阳行业。

从邮政自身看：我们积累了一定的发展优势，拥有遍布城乡、覆盖全国、通达全球的邮政网络；有海关驻邮的通关便利，有万国邮联的合作优势，有国家的信誉背书；有着与税务、警务等政府部门的良好合作，是国家机关公文、诉讼法律文书唯一的法定寄递经营主体，且邮政收寄日戳在时效上具有法定效力；有着普遍服务与邮政快递物流的协同效应。特别是，我们得到中央和监管部门的政策支持，建立了“自营+代理”“自营+代管”“自营+协同”机制，可以依托庞大的邮政网点渠道开展各项金融业务，具有不可比拟的独特竞争优势。

（三）充分认识新技术、新业态、新模式带来的新挑战

一是快递物流行业“四化”带来的新挑战。目前，顺丰、京东以及联邦快递、敦豪等国内外快递物流企业已基本实现了信息化、自动化、智能化、集约化，而我们“四化”水平总体上远远落后于行业。二是银行业“五化”带来的新挑战。当前，金融科技迅猛发展，银行业已向特色化、综合化、轻型化、智能化、集约化转型，邮储银行传统的发展模式面临挑战。在轻型化方面，先进银行已实施了“轻型银行”战略，坚持“轻资产”“轻资本”“轻管理”和“轻运营”，减少资本和人员占用，而邮储银行的发展仍然高度依赖资本消耗和网点人员投入。在智能化方面，有的商业银行已实现了基于数据向手机银行客户提供“千人千面”服务推送、个性化投融资建议；微众银行的“微粒贷”，可通过大数据实现单笔贷款审批0.3秒。三是保险业科技发展趋势带来的新挑战。移动互联网、大数据、区块链、人工智能等新技术，正在深刻地影响着保险行业的精细化定价、数字化分销和智能核保理赔等领域。而中邮保险信息科技尚处在从管理信息化向移动互联化的演进阶段，运营服务场景和方式单一，客户体验和运营效率不高。四是行业开放合作模式带来的新挑战。国内主要银行、保险、券商、快递公司均加快融合发展，以拓展业务领域，提升专业能力。顺丰通过收购新邦物流、DHL大中华区供应链、与夏晖成立冷链合资公司、洽购闪送，向综合物流服务提供商转型。阿里和京东通过收购、直投和产业基金等方式建立生态圈。中国邮政完全依靠自身能力是难以在短期内建立竞争优势的，故步自封、墨守成规是没有出路的。必须加快推进开放合作，通过与强者联合，快速打造产业生态链，从而构建竞争新优势。

（四）充分认识企业发展中存在的风险和问题

从邮储银行看：一是传统优势弱化。首先，存款优势面临严峻挑战。存款是商业银行的立行之本，是邮储银行的核心竞争优势，更是邮政代理机构收入的核心来源。但手机银行的广泛应用，尤其是以微信、支付宝为代表的电子支付无处不在，传统的现金流通正在被电子货币、微信所替代，加之农业现代化带来的经营主体机构化，“无现钞”支付忽如一夜春风来，“金融服务无处不在，就是不在银行网点”。以往农民手中的钱需要存放到银行，生产和消费所需的钱要到银行去取，这是咱们邮储银行的优势所在。而无现金社会，对我们邮储银行的“存款立行”、经营模式、工作方式等提出了全新的挑战。居民不来网点了，我们40万的银行和代理金融同事干什么？邮政代理的收入何在？各类互联网机构依托平台、客户和技术优势，实现了支付和资金归集的金融功能，打破了金融行业壁垒，给我们带来巨大冲击。同时，国有商业银行在加快向农村地区下沉布局，从城乡两个维度对我们进行合围。最近，建设银行与海尔集团合作，在农村地区设立“村口银行”，并计划2020年前在全国30万个乡村建立服务点，辐射超3亿农村人口。农商行、农信社在县域地区高息揽储，进一步加剧了市场竞争。在城市地区，我们对年轻客群、中高端客群缺乏吸引力。对公存款竞争乏力，与同业相比，邮储银行对公客户基础薄弱，对客户的深度挖掘不够。邮储银行公司存款余额仅为1.16万亿元，占全行存款总额的12%，在同业排名第12位，比一些股份制银行还低。其次，零售业务模式单一。未来的零售业务是与场景融合、与平台对接，是基于大数据分析、交叉销售、客户深度挖掘的新零售。而邮储银行零售业务模式传统、流程繁杂、效率低、成本高、客户体验差，加快向新零售转型迫在眉睫。最后，金融市场业务受货币政策影响大。邮储银行金融市场业务占全行资产规模超过40%，由于央行稳健中性偏宽松的货币政策，今年市场利率水平将继续保持低位运行态势，这将给经营工作带来巨大压力。

二是综合服务能力薄弱。当前，客户需求呈多元化趋势，对商业银行综合服务能力提出了更高要求。邮储银行仍采取单部门、单业务、单产品的独立对外营销模式，每个业务条线都各自为战，缺乏对客户信息的全面挖掘，缺

乏对客户行为的透彻分析，导致交叉销售率低，客户价值没有得到充分挖掘。

三是风险防控基础不牢。邮储银行点多、面广、线长，风险防控压力突出。近几年案件频发，近期发生的几件案例充分暴露了我们风险意识不强、制度执行不到位、管控手段不足、违规处罚不够等诸多问题，运用科技手段，完善前、中、后台“三道防线”的制衡机制刻不容缓。

从邮政快递物流看：一是丢失了“国家队”应有的地位。多年来，快递行业量收快速增长，但邮政国内快递物流业务收入 2018 年市场占有率仅为 9.5%，比 2013 年下降了 11.5%；国际业务收入市场份额已经从 4 年前的 40% 降到目前的 25%。近两年，顺丰、三通一达等多家上市快递公司均实现盈利，而我们连年亏损，2018 年亏损扩大到 45.6 亿元。二是丢失了核心客户和核心竞争力。从核心客户看，高效的标快客户和现费客户规模小、占比低。2018 年，顺丰时效产品收入占比 60.5%，而我们仅为 19%。顺丰现费客户收入占比高达 47%，而我们只有 3.7%。从核心竞争力看，我们的寄递全程时限和成本与行业相比有较大差距，客户体验不佳，口碑不断下降。顺丰件均价格为 23.1 元，而我们件均价格为 13.23 元，虽然只有顺丰的 57.3%，但也没有相应的市场份额和客户份额。三是丢失了核心区域的市场份额。近年来，邮政在各省的市场份额均有不同程度的下降，特别是在三大区域尤为突出。全行业长三角、珠三角、环渤海三大区域的业务量占全国总量的 77.8%，而我们在长三角区域 4 省互寄快递包裹业务量的市场占有率只有 3.9%。四是丢失了科技创新应用能力。邮政寄递信息化水平低，不少环节仍以人工为主，上门揽收还需要客户手工填写快递详情单，要进行 2 次后台录入；邮速揽投作业不一致，原速递揽投站信息系统达 11 个之多，信息之间又不能做到协同共享，我们在对客户需求的把握、流程持续优化等方面，与行业先进相比，落后了一个时代。

从中邮保险看：一是中邮保险发展模式和盈利模式尚未确立，价值成长任重道远。新业务价值率低于上市险企均值 30%；10 年及以上长期保费占比低于上市险企均值 65%；长期期交销售能力亟待增强。二是符合行业、市场、价值规律的激励约束机制尚不健全。高精尖领军人才紧缺，与强总部战略定位仍有较大差距。三是合规风险压力持续增大。销售误导、客户信息真实性等问题仍未得到有效解决，业务操作规范性有待增强，面临较大监管问责风险。

从农村电商看：一是线上平台赋能不足。邮乐网在运营、招商、地推、资金结算等方面发挥作用不够。二是邮乐购站点活跃度不高。由于线上流量少、线下地推弱，20 个重点省站点的月均活跃度只有 25%。三是运营效果不佳。目前，平台业务规模不大，线上线下融合不够，客户体验不好，运行机制不配套，业务协同效果不明显。

对照党和国家的新要求，面对当前的机遇和挑战，面对发展中存在的风险和问题，我们要辩证看待形势，既要增强忧患意识，直面问题，善于化危为机，更要坚定发展信心，抓住并用好战略机遇期，加快推动中国邮政转型升级，实现高质量发展。

新形势下，中国邮政要担当起行业“国家队”的责任，实现做优做强做大，打造成党执政兴国的物质基础和政治基础，就必须做到“十个坚持”。

一是坚持以习近平新时代中国特色社会主义思想武装头脑、指导实践、推动工作。习近平新时代中国特色社会主义思想是引领中国特色社会主义新时代的纲领、旗帜和灵魂，是中国邮政党的建设和改革发展的根本遵循，是我们做优做强做大中国邮政的行动指南，我们必须学懂弄通做实。

二是坚持党的领导，全面加强党的建设。习近平总书记指出，坚持党的领导、加强党的建设是国有企业的“根”和“魂”。中国邮政作为中央企业，必须旗帜鲜明讲政治，树牢“四个意识”，坚定“四个自信”，坚决做到“两个维护”，做到党中央提倡的坚决响应、党中央决定的坚决执行、党中央禁止的坚决不做。

三是坚持质量第一、效益优先。人民日益增长的美好生活需要鲜明体现为人民对高质量产品和服务消费的追求。质量第一不仅是竞争力的体现，更是企业生存的前提保障；效益优先不仅体现在利润率、劳动生产率、全要素生产率上，更重要的是体现在创新力、科技力以及由此带来的发展新动能上。丢掉了质量就丢掉了客户的信任、客户的选择；丢掉了效益，就丢掉了企业的可持续发展。我们必须实现高质量发展。

四是坚持改革创新，打造发展新动能。“唯改革者进，唯创新者强，唯改革创新者胜。”在新技术、新业态的冲击之下，在消费升级带来的机遇面前，中国邮政必须向改革要动力，向创新要活力。通过改革创新：打破传统体制机制的束缚，以开放共赢的心态开展合作、参与竞争；建立规范的公司治理架构和市场化的激励约束机制，充分调动员工积极性、主动性、创造性，提高全要素生产效率和效益；加强互联网、云计算、大数据、物联网、人工智能和邮政业务深度融合；提升集团的管控能力，使集团总部成为主动服务型、问题解决型、发展推动型、价值创造型总部。

五是坚持以开放合作、协同发展构建竞争新优势。开放合作是中国邮政快速提升竞争力的必由之路，要以开放的心态、合作共赢的理念，整合利用内外部资源，实现竞争能力的快速提升。协同的作用是整体远远大于部分的简单加总，但更多的时候是 n 次幂关系。只有汇聚“一个邮政”的协同力量，汇聚行业最佳实践的力量，才能形成巨大的竞争优势。

六是坚持“人民邮政为人民”，普服为“根”，客户为“本”。普遍服务是党和国家赋予邮政企业的神圣使命，是中国邮政的立业之本，是中国邮政的“根”，丢掉了普遍服务就丢掉了中国邮政的价值。做好普遍服务，是厚植党执政基础的需要，是贯彻以人民为中心发展思想的需要，是企业自身发展的需要，是获得国家支持、社会认可的需要，是协同发展、做优做强做大的需要。

七是坚持问题导向，以不同的视角审视问题，以立标、对标、达标来补短板、强弱项、固优势。习近平总书记教导我们，做决策、干工作、解难题，都要以解决问题为导向。要以客户的视角、竞争的视角、行业最优的视角和自我持续提升的要求立标；要做到全业务、全流程、端到端、各环节、全要素的对标，找到短板、弱项；要坚持问题导向，明晰改善方向，确定改进的“靶点”，做到抓重点、补短板、强弱项、固优势，实现达标。

八是坚持求是求实的工作作风。“不论做什么事，不懂得那件事的情形，它的性质，它和它以外的事情的关联，就不知道那件事的规律，就不知道如何去做，就不能做好那件事。”求是就是探索事物的本质规律；求实就是按规律办事，取得实效。如果全体员工都能做到“求是求实”，员工就能够对上敢建言，对组织负责，对声誉负责；干部就能够对下敢要求，对岗位负责，对员工负责；干部员工就能够对事敢担当，对行为负责，对结果负责；企业才能够形成求真务实的工作作风。

九是坚持担当作为，全面提升干部能力素质。“既要政治过硬，也要本领高强”，领导干部对企业发展担负着引领责任、对发展中的问题解决担负着指导责任，必须具有适应新时代、适应新形势、适应岗位职责的能力素质。领导干部只有真正做到“想为、会为、敢为、有作为、真作为、快作为”，才能真正做到让组织放心、群众满意。组织要加强对干部能力的培训、素质的培养，同时，干部自身也要与时俱进，自我提升能力素质。组织部门要通过测评考评、给予针对性培训等相应的举措，确保每一位领导干部在其位、谋其政，干其事、求其效，担当起应有的担当，取得应有的业绩。

十是坚持全面从严治党，加强党风廉政建设。中国邮政各级领导干部同样面临着“四大考验”“四大危险”，必须坚持全面从严治党永远在路上，始终把管党治党责任扛在肩上，始终把理想信念深植心中，始终把规矩挺在前面，把“六大纪律”作为不可触碰的行为底线，让干部知敬畏、存戒惧、守底线，打造出忠诚干净担当的干部队伍，真正做到“民不畏我严而畏我廉，民不服我能而服我公”，赢得群众信任，使我们的干部与员工同心同德，奋进新时代，开创新局面。

三、坚定信心，奋力开创中国邮政高质量发展新局面

2019年是新中国成立70周年，是决胜全面建成小康社会第一个百年奋斗目标的关键之年，是中国邮政加快转型升级、推进高质量发展的攻坚之年，做好今年的邮政工作意义重大、影响深远。

2019年工作指导思想是：以习近平新时代中国特色社会主义思想为指导，以党建为统领，坚持“五个持续”推动巡视整改，坚持新发展理念，坚持高质量发展，坚持普服为“根”、客户为“本”，推动邮储银行转型升级，建立新的发展优势；推动寄递翼深化改革，提升发展质量效益；推动开放合作、混合发展，提升企业竞争能力；推动以客户的视角、竞争的视角、行业最优的视角，立标对标达标，提升全要素生产率，为将中国邮政打造成为行业的“国家队”而奋斗。

2019年经营发展目标是：总收入完成6210亿元，比上年增长9.6%；利润总额实现528亿元，比上年增长12.9%。其中，邮政公司收入完成1818亿元，比上年增长8.2%；寄递事业部收入完成775亿元，比上年增长20%；中邮保险收入完成740亿元，比上年增长18%。

全年要重点抓好八个方面工作：

（一）加强党的建设，充分发挥党建统领作用

集团公司刚开过2019年党建暨组织工作会议，各单位要认真抓好会议精神的贯彻落实，要按照新时代党的建设总要求，以党的政治建设为统领，着力提高党的建设质量。我在这里重点强调几点要求。

一要持续加强巡视整改。巡视整改是检验“四个意识”的“试金石”，也是检验“两个维护”的标尺。各级领导人员要认真落实习近平总书记对巡视工作提出的“五个持续”要求，以“整改不落实，就是对党不忠诚”的态度，做好中央巡视“后半篇文章”。对已完成的整改任务，要适时开展“回头看”，防止问题反弹回潮；对还未整改到位或需长期坚持的，要紧盯不放，确保整改事项一个不落、见底清零。集团公司要全面开展新一轮内部巡视工作，各单位要以最坚决的态度、最严格的要求、最有力的举措，持续加强巡视整改，营造风清气正的政治生态。

二要建设高素质专业化干部队伍。要全面贯彻新时代党的组织路线，落实国有企业领导人员“20字”要求，把习近平总书记在中央政治局第十次集体学习时的讲话精神作为中国邮政干部管理的根本遵循。突出政治标准，政治品德不过关的坚决不用；政治过硬，还要本领高强，要提升各级领导干部的专业素养，实施针对性培训，加强实践锻炼，不断增强改革创新能力、把握市场和企业发展规

律能力、经营管理决策能力和防范化解风险能力。要加强考核激励，组织做好对领导班子和领导人员综合考评，强化考核结果运用，对敢于负责、勇于担当、善于作为、实绩突出的领导人员要大胆重用，对不思进取、不担当不作为的坚决调整，做到善则赏之、过则匡之、患则救之、失则革之。要强化选人用人工作的监督，严明组织纪律，坚决防止和纠正选人用人上的不正之风。

三要发挥基层党组织战斗堡垒作用。习近平总书记强调，推进全面从严治党，必须做好抓基层、打基础的工作，使每个基层党组织都成为坚强战斗堡垒。要认真贯彻落实《中国共产党支部工作条例（试行）》，加强基层党组织的标准化、规范化建设，扎实开展"基层党组织建设达标工程和创先争优活动"，确保年底基本达标，推动基层党组织全面进步、全面过硬，担负好直接教育党员、管理党员、监督党员和组织群众、宣传群众、凝聚群众、服务群众的职责，充分发挥基层党组织战斗堡垒作用和党员先锋模范作用。

（二）贯彻新发展理念，实现高质量发展

当前，新一轮科技革命和产业变革方兴未艾，中国邮政面临业务被替代、生产方式被颠覆的风险，必须贯彻新发展理念，推动邮政各项业务高质量发展。

邮储银行：要坚持转型发展这条主线；巩固县域优势，加快城市业务发展，打造城乡"双轮驱动"战略格局；坚守服务社区、中小企业、"三农"的三大定位；强化总部引领、风险管理、信息科技、人才队伍四大支撑；推进银行向"五化"转型。一要主动扛起国有大行的政治责任，提高服务实体经济质效。大力支持国家重大战略，加大对"三农"、小微企业和民营经济的支持力度，全面落实李克强总理在银保监会座谈会上的讲话精神，全力做到小微企业贷款扩量降本。二要加快转型发展。零售业务要从客户、产品、渠道等入手，加快向智能化、集约化转型；公司业务要补短强弱，提升交易银行、投资银行服务能力，实现投贷债联动发展，提升客户综合贡献度；金融市场业务要发挥资金优势，精耕细作同业客户，合理配置各类资产；中间业务要加快发展信用卡、理财、代理、支付结算等业务。在巩固县域优势的同时，要加快城市业务的创新，城市经营模式、经营成果要实现新突破。三要深化体制机制改革，加速释放经营活力。深化运营管理和授信管理体制改革，以数字化转型推进运营体系集约化，建立既能有效防控风险又可提高审批效率的授信管理体系，完善激励约束机制，加快强总部战略落地。四要加快金融科技赋能，打造智慧银行。推进业技融合，加快数字化转型，全面提升对经营管理的支撑能力。五要同标准、同部署、同检查、同考核，推进邮银协同发展。

代理金融：要落实监管要求，接受邮储银行的专业指导，坚持存款核心地位不动摇，紧抓资金源头，围绕务工、代发、老年、商贸等特色客群，做大支付结算规模；把握农业产业化发展机遇，积极拓展各类新型农业主体和涉农机构的资金代发及转存，为农村客户提供存取款、支付结算、理财、保险等综合金融服务。要坚持客户资产配置的经营理念，加大高价值保险、净值型理财产品发展，优先发展自办保险、证券、基金业务。要邮银一体化推进网点转型，全力拓展手机银行，加强智能设备应用，建设"无高柜"轻型网点，提升代理渠道服务水平。

快递物流：坚持质量第一、效益优先。构建"实物网"与"信息网"两大优势网络；锻造"时限、成本、服务"三大核心竞争力；聚焦"标快、快包、国际、合同物流"四大业务；通过遵循行业规律、市场规律和价值规律，推动体制机制的突破；通过结构调整和流程优化，推动网络运营向统筹协调、柔性敏捷方向突破；通过强化总部、科技引领，推动科技赋能向综合化、智能化方向突破；通过以客户视角、竞争视角、行业最优视角的全要素对标，推动运营管理模式的突破；通过开放共赢，推动发展方式向建立生态体系突破，实现打造快递物流行业"国家队"的目标，推动寄递业务有规模、有质量、有影响力的增长。2019 年，要突出抓好四大业务，强化四项支撑。

要抓好四大业务。一要加快发展国内标快业务。要在巩固扩大政务市场的同时，大力抢占商务市场、中小客户和个人散户市场，实现现费收入翻番，着力提升发展效益。二要规模发展快递包裹业务。要突出抓好长三角等核心区域的市场开发，加大能力投入和政策支持力度，快速提高市场占有率，做大业务规模，扩大行业影响力。三要做强国际业务。要聚焦跨境电商寄递市场，规模发展国际小包和 e 邮宝业务；加快海外仓建设，重点布局北美、俄罗斯、欧洲市场，大力发展商业专线业务；加强与联邦快递等公司合作，适时成立国际公司，提高国际寄递市场竞争力。四要抓好合同物流。要聚焦高科技、汽车、快消、鞋服、医药、烟草六大行业领先企业，提供综合物流解决方案；要加快仓储资源整合，推广总分仓模式，支撑好仓配一体化客户开发；要按市场化原则完善物流经营体制和用人机制，协调内外部资源开办快运业务。

要强化四项支撑。一要建强实物网络，提升时限质量。时限是快递物流业务的生命线和核心竞争力，今年要以壮士断腕的决心和勇气，彻底解决时限不快不稳的问题。要加强对标分析，以重点城市、核心区域和省内时限为突破口，实现两大提速目标，即 52 个重点城市标快互寄次日递率达到 85%、"长珠环"区域内互寄和全国各省（区、市）内互寄次日递率达到行业领先。网络组织上，要坚定不移做强航空网，增加重点城市邮航直达航线，充分利用民航资源，支撑重点城市标快时限达到行业领先。要适度超前做优陆运网，以市场为导向组开直达邮路，构建省际干线网状网，推进寄递网络扁平化。要加快提升揽投网能力，投递量较大的区域要实行普、快分网投递，其他区域同网分层投递；要优化揽投网点布局，划小服务范围，科学动态组划揽投道段；要推进城市揽投车辆电动化、邮件接卸机械化，充分利用智能包裹柜和人工自提点等方式，提高投递效率。时限管控上，要修订运营标准，建立全程时限标准库，健全从收到投全流程监控和预警管控体系，全面推广应用智能跟单，强化全网事中质量管控，加快解决长期困扰发展的时限稳定问题。指挥调度上，要以邮件时限和客户体验为抓手实施动态调度，各单位、各环节必须不折不扣执行集团指挥调度命令，确保全网一盘棋。能力建设上，要主动对接国家物流枢纽建设，加强航空网、陆运网和仓储中心节点建设，规划布局机场空侧，提高装备智能化和作业自动化水平，助力时限提速。同时，要提升国际业务寄递时限质量，建立国内段逐环节时限标准，纳入智能跟单系统实时管控，确保时限稳定。

二要改善服务质量，提升客户体验。要通过技术手段提升就近派揽效率，加强客服闭环管控，着力解决无人揽收、揽收不及时问题；要调整赔偿标准，畅通电子支付渠道，加快理赔速度；要适时推出重点区域、重点线路对外承诺服务，满足高端寄递服务需求，抢占市场竞争制高点。要结合承诺服务情况，加大宣传力度，扩大社会认知度，重塑邮政快递物流品牌。

三要强化成本管控，提升企业效益。要充分整合邮速资源，整合收、分、运、投生产环节，航空网和陆运网，信息系统，以及客服中心、指调中心等生产部门和管理部门，优化工作流程，建立新模式，向整合要效益；要对标行业先进，提高网络运营效率，降低环节处理成本，向效率要效益；要划小核算单元，推进生产经营单位、项目、客户等多维度的损益管理和结果应用，完善成本费用标杆，优化资源配置和运营管理，减少非生产性支出，强化效益考核，向管理要效益；要建立灵活用工机制，盘活内部资源，加大外包力度，向机制要效益。

四要实施科技赋能，引领流程再造。要尽快完善新一代寄递业务信息平台，利用大数据推动线路优化和智能派揽，提高生产运营动态指挥调度水平，提升全流程运行效率和效能，实现生产组织智能化、业务流程可视化、异常邮件自动预警，支撑引领业务发展。要提升客户体验，在下单、跟踪、投诉、理赔等环节，年内达到行业先进水平。要研究无人车、机械臂、物联网等高新技术的应用，打造邮政智慧物流示范工程。

中邮保险：深化改革，开放合作，打造新增长极。一要聚焦长期储蓄和风险保障型等高价值业务，推出有利于网点销售的、具有市场竞争力的保险产品，着力培育网点销售能力，有效提升长期保费占比；要完善邮银保协同机制，加大政策支持力度，大力提升渠道占比。二要通过引战上市，提升能力，搞活机制，提升市场竞争力。三要加快科技赋能，实现客户服务线上化、业务处理自动化、应用场景智能化和专业运营集中化，全方位推进转型升级、提质增效。四要坚持合规经营，聚焦偿付能力、资产负债管理、资金运用等重点风险领域，牢牢守住风险底线。

中邮证券：稳健发展，提升价值。要以有效账户开发和金融产品销售为抓手，壮大客户资产规模；以资管产品创设及投行项目突破为重点，提高发展质量。要积极服务集团板块协同和证券化需要，推进客户资源、渠道资源、数据资源共享，深挖增量空间，扩大协同效应。

农村电商：一要加快推进邮乐转型，完善治理结构，推动上海邮乐从“被动支撑”转向“主动运营、全面赋能”。二要以做优平台批销为抓手，增强对邮乐购站点的掌控力，固化模式，提升效益。三要加强与金融、寄递的协同，实现业务发展的场景化、数字化和产品化，发挥平台协同效应。四要加强与社会电商平台业务合作，推动线下网点对外开放，尝试打造“电商综合线下体验店”，提升平台竞争力。

邮政基础性业务：要加大创新发展力度，保持规模总体稳定。函件业务要加快与新媒体、新技术结合，研发旅游、校园等重点市场封片产品，全面推广数据综合服务，增强客户黏性。报刊发行业务要全力巩固提升发行主渠道地位，确保年度报刊收订流转额稳步增长，推进政务图书规模发展，加快数字媒体创新发行步伐。集邮业务要紧抓社会热点，研发集邮文创产品，推进线上线下营销，开拓社会销售渠道，大力拓展行业定制和大众文化消费市场。做好中国2019世界集邮展览相关工作。

（三）以普服为“根”、以客户为“本”，提升邮政服务水平

一要切实抓好普遍服务和特殊服务。要持续落实中央巡视整改要求，加大普遍服务投入，强化质量考核，推进落实《邮政普遍服务“十三五”规划》，确保完成“提升普遍服务三年行动计划”阶段任务，确保全国总体实现建制村直接通邮、平信丢损率低于1‰，确保84%的县以上城市党政机关《人民日报》当日见报，确保机要通信保密安全万无一失，全面提升用户满意度和申诉处理满意率。

二要完善客户服务管理体系。首先，要建立客户感知管理团队，健全感知数据采集渠道，结合国家邮政局服务质量考核指标和行业评价指标，完善邮政客户感知评价指标体系。其次，要定期开展专项体验，通过检查人员现场体验以及调查问卷、电话回访、上门访谈等工作，及时掌握客户感知的第一手信息。最后，要建立闭环管理机制，全面分析体验数据，从客户的视角和行业最优的视角来审视邮政产品和服务，深入剖析问题，强化督导考核，加快改进提升。

三要全面提升邮政服务质量。要增强员工质量意识，强化对标意识，向国内外先进质量标准看齐，加强全程特

别是薄弱环节的质量管控；要强化科技支撑，做到实时监控预警，提高质量管理效能；要强化责任落实，加强质效考核，确保质量提升。

（四）服务国家战略，履行央企使命责任

一要强化金融风险防控。要健全业务管理、风险合规、内审监察“三道防线”，把好新增入口、存量管控、不良处置“三道闸口”，建立全周期、全流程制衡有效的风险管理体系，做到早识别、早预警、早发现、早处置。要高度重视消费者权益保护，切实防范销售误导等风险。要建立源头严防、过程严管、风险严控、违规严处的工作机制，加强全员法制警示教育，保持案件防控高压态势。

二要打好精准脱贫攻坚战。集团公司要高质高效完成中央交办的定点扶贫任务。各省也要主动配合地方政府扶贫工作，充分发挥邮政自身优势，实施电商扶贫、金融扶贫，助力农民脱贫致富。同时，要把好金融扶贫风险防控关，有效防范项目选择、市场波动、自然因素等风险。

三要推进绿色邮政建设。要大力推进邮政包装绿色化、减量化和可循环，大幅减少胶带使用量，提高电子面单使用率；要持续推进生产运行中的节能减排，提高新能源车辆使用比例和清洁能源使用比重；要确保绿色贷款余额和信贷余额占比处于同业较高水平；开展系列绿色宣传活动，全方位塑造“绿色邮政”品牌形象。

四要积极服务雄安新区建设和“一带一路”建设。要全面对接雄安新区建设，加大智能包裹柜、新能源投递汽车等智慧物流设施设备的投放力度。要大力支持雄安新区在基础设施建设、资本市场融资、普惠金融等方面的发展。要积极服务“一带一路”建设，大力拓展沿线国家市场，加大中欧班列运邮力度，加快俄罗斯、印度等新兴市场海外仓布局。

（五）深化企业改革，激发发展动力

要积极稳妥推进集团公司的公司制改制工作，加快邮储银行A股上市，推进中邮保险、中邮科技、中邮速递易引战混改，不断增强中国邮政的活力、影响力和抗风险能力。要积极探索改革邮政信息科技体制，加快建设一支专业化、市场化、保障有力、掌握核心技术的信息科技队伍，为实施科技兴邮战略增添新动能。要优化用人、用工和分配机制，推动管理人员能上能下、员工能进能出、收入能增能减，充分调动各类人才的积极性、主动性和创造性。

（六）实施科技赋能，提升核心竞争力

一要建设开放共享的计算、存储、网络资源池，加强云平台能力建设，快速构建应用系统。二要加快完善新一代寄递业务信息平台、CRM、ERP等系统功能，做好推广应用，为生产经营管理赋能。三要加强数据治理和大数据应用。加强数据标准、数据质量的管理；依托大数据平台，建设企业经营分析系统和管理驾驶舱，为科学决策和风险管控提供数据支持。四要加快前瞻研究和创新成果应用。推进自动收寄、AGV、无人分拣中心、物联网、生物识别等智能设备和技术的应用，提高邮政智能化、自动化水平。

（七）推动开放合作，实现共赢发展

一要推动开放合作。加强与国家部委、企业集团和社会渠道的合作。要突出抓好与政府部门的合作，以“放管服”改革为契机，共建“互联网+便民服务”平台，提高网点效能。要加快推进与中央企业、地方大型国有企业、大型民营企业、主流电商平台等行业龙头的全面合作，签订战略合作协议，并推动战略落地。要与社会快递公司合作共享末端投递资源，减轻网点经营压力；与电商平台开展仓储合作，学习先进仓储管理经验；与社会物流公司合作共享运输资源，促进互利共赢。

二要加强内部协同。要认真落实板块协同发展战略，按照中国邮政协同工作指导意见、省级机构协同议事规则相关工作的要求，深入推进协同体系建设，持续深化邮银、邮速、邮保、银速和银证协同工作，突出抓好汽车产业链、惠农合作和政务服务三大重点项目，以数据协同推进板块间客户资源共享，促进产品交叉销售，实现邮政整体利益最大化。

（八）加强企业管理，保障邮政持续健康发展

一要加强财务精细管理。集团总部、各控股子公司总部和集团寄递事业部必须强化顶层设计，推进业财融合，划小核算单元，加快构建基于业务驱动的管理会计体系，从专业、产品、环节、机构等维度全方位开展损益核算，清晰亏损产品和亏损环节，支撑对标管理、经营决策和绩效考核等企业精细化管理的需要，强化精细管控。

二要加大审计监督和集中采购力度。要深入贯彻落实习近平总书记在中央审计委员会上的重要讲话精神，健全邮政审计监督体系。要加强以合规、效能为核心的审计监督，以推动集团重大决策的贯彻落实为首要职责，关注寄递事业部改革及发展效益，关注企业经营管理的合规性，关注内部控制缺陷和重大风险隐患，关注领导人员履职尽责和“三重一大”决策制度执行情况。采购部门要进一步加大集团与省两级集中采购力度，在确保质量的前提下，提升工作效率，努力降本增效，为经营发展提供有效支撑。

三要加强人力资源管理。要以控总量、调结构、提效能为重点加强劳动用工管理，通过科技赋能、流程再造、员工素质提升和社会渠道拓展等措施，大力推进减员增效，着力优化营业、网运、揽投等环节人员配备。要完善人工成本配置机制，围绕集团总体战略，结合各板块的行业特点和各单位发展的不同阶段，实施差异化资源配置，提高配置的精准度。要对完成特殊任务的单位，给予特殊激励。要按照共享服务理念，加快人力资源服务支撑中心建设。（集团公司综合部／提供）

综　述

2019年是中国邮政改革发展取得突出成效、企业面貌发生显著变化的一年。中国邮政坚持以习近平新时代中国特色社会主义思想为指导，全面贯彻落实中央决策部署，高质量开展“不忘初心、牢记使命”主题教育，聚焦“四轮驱动”业务重点，深化改革创新，加快转型升级，在宏观经济下行压力加大的情况下，发展势头持续向好，能力建设大幅提升，工作作风显著转变，员工士气空前高涨，取得了社会感受得到、员工感受得到、客户感受得到的良好业绩。

一、各板块协同发力，经营质效进一步提升

坚持质量第一、效益优先，经营发展整体保持良好态势。集团公司收入完成6181.7亿元，比上年增长9.1%；实现利润538.5亿元，比上年增长16.5%。收入和利润增幅分别高出央企平均水平3.5%和5.7%。

（一）普遍服务水平不断提高

建制村直接通邮率达100%，提前实现总体通邮目标。县及县以上城市党政机关《人民日报》当日见报率由2018年的82%提升至84%。全面推行个人平信条码化，丢损率由3.16%降至0.064%。机要通信万无一失。函件、报刊、集邮等基础业务稳步发展。警邮业务实现地市分公司全覆盖，税邮业务日均引流5.3万人次。

中国邮政提前一年实现全国建制村全部通邮。

（二）寄递业务规模持续攀升

实现收入719.4亿元，增长12.3%，收入增幅自4月起稳步提升，自8月起保持两位数增长；业务量完成71.6亿件，增长22%，其中四季度增长43.6%，超行业平均增幅19.6%。“双十一”快递包裹收寄量突破3亿件，增速高出行业47%。

（三）金融业务效益稳步增长

邮储银行经营业绩超预期。加快“五化”转型，净利润增幅在大中型银行中名列前茅，资产规模突破10万亿元，贷款增速居国有六大行之首，不良率显著低于行业平均。代理金融转型效应逐步显现。聚焦活期存款“十大抓手”，余额新增、存款规模均创历史新高。辅助开办小贷试点稳步推进，运营机制、风控模式得到监管部门认可。中邮保险规模效益同步提升。总资产规模1924.6亿元，增长36.3%；完成收入748.8亿元，增长19.1%；实现利润16亿元，增长206.5%。业务结构持续优化，实现期交保费558.3亿元，增长32.6%，长期期交新单保费增长109%。中邮证券收入利润增长迅猛，分别增长56%、72.5%，投资收益率进一步提升。

（四）农村电商发展扎实推进

成功举办第三届“邮政919电商节”，突出“原汁原味原产地”特色，初步打造了“邮政农品”品牌，优化了消费品下乡模式，提升了平台流量。全年销售农副产品33.2亿元，实现批销额184.4亿元。

（五）协同发展战略有效落实

构建协同组织五级体系，制定收益分配制度，共享集团客户数据，打造邮政、银行、证券、保险、寄递协同发展模式；落实重点协同及战略客户项目，新签约华为、上汽等战略合作客户20家，总部客户项目收入45亿元，三大协同项目收入100.7亿元。

二、改革创新蹄疾步稳，发展活力进一步释放

坚持向改革要动力、向创新要活力，企业改革深入推进。公司制改制获批，中国邮政集团有限公司揭牌成立；邮储银行高质量完成A股上市，是10年来A股最大IPO；中邮理财子公司开业，理财业务市场化转型迈出重要一步；中邮保险、中邮科技、中邮速递易引战混改取得实质进展。特别是寄递业务改革创新持续深化，相关领域的能力和服务已与竞争对手旗鼓相当。

中国邮政快递物流业务改革成效显著。

（一）以“三个视角”找差距，推动“五大体系”建设取得显著成效

坚持问题导向，以客户的视角、竞争的视角、行业最优的视角找差距，开展对标立标达标，针对短板和弱项，狠抓时限、市场、服务、成本、IT“五大体系”建设。时限提升取得质的飞跃。开展千条线路大提速，对邮路一条一条捋、一条一条优化，从作业频次到环节卡点再到发运路由，逐环节查找问题并分类解决，89% 的标快提速线路赶超主要竞争对手，96% 的快包提速线路达到菜鸟标准；52 个重点城市、珠三角区域标快次日递率赶超顺丰；长三角区域互寄标快和快包时限均进入行业前三。源头获客进一步拓展。加大集团客户、平台客户、行业头部客户开发力度，华为、海尔等 124 个重点客户实现收入 294 亿元，占总收入的 40%。服务质量明显提升。标快和快包业务全面应用智能跟单系统，有效整治问题邮件，异常发生率由 31.3% 降至 9%；开展投递百日专项整治活动，六大服务质量关键指标均已达标；邮政寄递公众满意度得分 84.5 分，较上年提高 2.4 分，申诉率由百万分之 5.8 降至百万分之 1.88。成本压降成效显著。初步构建财务标杆体系，将 15 项核心指标纳入成本看板系统重点管控，一二级中心局内部处理、陆路运输成本节省 13.2 亿元。IT 赋能获得积极进展。初步建成五大体系及重点项目看板，“有人看，有效地看；有人干，科学地干”局面基本形成。

（二）以“三大规律”促改革，推动收、分、运、投作业流程实现新突破

遵循行业规律、市场规律、价值规律，以行业成功发展路径推动改革。收寄环节，全面完成 11183 派揽电子地图维护工作，订单及时揽收成功率达 95.5%；全面推行快递包裹集包作业，其中省际邮件集包率达 52%，实施集中收寄、集包一体化混合收寄，收寄效率提高近 3 倍。分拣环节，由双层分拣机为主向“矩阵＋小件分拣机”模式转变，单套设备日分拣能力由 60 万件升至百万件，全网日处理能力提升 52%。运输环节，强化出口源头直发直运，地市间够量直达比例提升 57%；加大大吨位汽车使用力度，大力推行甩挂作业，提升了运输效率。投递环节，由段道式作业向网格化作业转变，推进中转接力，按照“标快＋快包”与普邮分网、标快与“快包＋普邮”分网、“标快＋快包＋普邮”同网三种组网模式，整合优化邮速揽投网资源，提高了投递作业效率。航陆一体化，有效整合邮航、民航、高铁和公路运输资源，统筹利用、相互补充、紧密衔接，提升了时限稳定性。经营端机制创新，多省积极探索划小核算单元，经营端试点“准加盟制”“众创众享”等模式，对员工实行增收增效激励，激发了发展活力和动力。

三、能力建设力度空前，发展势能进一步积蓄

坚持能力建设提前规划、超前储备，加大寄递网、信息网、干部队伍等能力投入，深入推动业务流程再造，核心竞争能力建设取得重大突破，夯实了可持续发展之基。

（一）寄递网能力建设突飞猛进

安排处理中心建设项目 87 个，其中工艺改造项目 60 个，分别是 2018 年的 3 倍和 4 倍。全网新增日处理能力 2600 多万件，达到 7600 多万件。系统可节省投资 41.7 亿元，综合土建、征地等因素可节省 80.2 亿元，投资效益大幅增加。在“双十一”业务量增长 56.7% 的情况下，全网做到了不拒收、不限流、不积压、不爆仓，为寄递业务大发展提供了坚实保障。

（二）信息化能力建设不断强化

立项统建信息化项目 43 个，是 2018 年的 1.6 倍，作业智能化、流程自动化、管理精细化进一步加强，为邮政数字化转型打下了良好基础。新一代寄递业务信息平台、CRM 系统、在线业务平台等重大信息化项目建设有序推进，科技赋能进一步强化。

（三）干部队伍建设步伐加快

以总书记对国企领导人员 20 字要求为根本遵循，提出干部调整“十大原则”，把“想干事、会干事、干成事，忠诚干净担当”的同志选拔到领导岗位上；拓宽选人用人渠道，对企业急需的专业人才加大市场化选聘力度，实施集团公司、邮储银行总部机关空缺三级领导岗位公开竞聘；开展优秀年轻干部调研，建立了信息库，为打造高素质、专业化、年轻化的干部队伍储备了人才。

四、服务国家重大战略取得积极进展，央企责任进一步彰显

全面贯彻落实中央决策部署，着力打好“三大攻坚战”，主动服务乡村振兴、雄安新区和“一带一路”建设，展现了央企担当。邮政扶贫工作卓有成效。集团公司定点扶贫任务指标全面超额完成，助力陕西省商洛市商州区、洛南县提前一年脱贫摘帽。电商扶贫助农创收10.7亿元，惠及贫困人口28.4万人。绿色邮政建设不断深入。全面完成行业生态环保任务，推广应用绿色新标准箱、免胶带包装箱和45毫米窄胶带等包装材料，电子面单使用率超过97%。风险防控有力有效。切实防范化解重大风险，全年未发生重大金融风险和重大安全事故。

五、党的建设全面加强，“根”和“魂”进一步筑牢

全面落实新时代党的建设总要求，不断提高党的建设质量，推动企业党建全面进步、全面过硬。

（一）“两个维护”的自觉性坚定性不断增强

坚持以党的政治建设为统领，把学懂弄通做实习近平新时代中国特色社会主义思想作为首要政治任务，开展“理论武装提升行动”，持续落实“三个第一时间”机制，做到党中央提倡的坚决响应，党中央决定的坚决照办，党中央禁止的坚决杜绝。

（二）“不忘初心、牢记使命”主题教育高质量开展

各级党组织紧紧围绕学习贯彻落实习近平新时代中国特色社会主义思想这一根本任务，牢牢把握“守初心、担使命，找差距、抓落实”的总要求，制定方案落细落实。巡回指导组严督实导，一体推进学习教育、调查研究、检视问题、整改落实四项重点措施，围绕五个具体目标，推动将初心使命转化为新时代邮政的“六个责任担当”，解决群众最急最忧最盼的问题3616个，成效得到中央主题教育领导小组、中央第三十二指导组、中央第十二巡回督导组的高度肯定。

（三）巡视整改阶段性任务全面完成

建立中央巡视整改月例会和季评估长效机制，以内部巡视进一步深化中央巡视整改；建立巡视整改会审机制，加强对整改落实情况的监督问责，121项整改举措已完成或阶段性完成119项，领导人员政治站位显著提高，党内政治生态根本好转，“关键少数”特权思想明显纠正。对48个单位党组织开展内部巡视监督，发现主要问题695个，给予党纪政务处分50人次，组织处理12人。巡视巡察震慑、遏制和治本作用不断增强。

（四）基层党组织建设持续加强

推动省邮政公司党组改党委工作，理顺银行党组织隶属关系。深入推进基层党组织建设达标工程和创先争优活动，建成“中邮先锋”党建信息化平台，1.7万个党组织建在网上，27万名党员连在线上。各级党组织坚持党建工作与生产经营同向聚合、同频共振，把集团公司战略和重大任务落地作为党建工作结合点，把改革创新和破解企业发展难题作为党建工作突破点，树立一切工作到基层的鲜明导向，“一个党员一面旗帜，一个支部一座堡垒”作用充分彰显。

（五）工作作风发生根本性转变

一以贯之纠“四风”、转作风、树新风，持续开展“一月一事、消灭最差”活动，大力整治“庸懒散奢”等作风顽疾和形式主义、官僚主义等突出问题，全系统工作作风发生根本性变化。“遇到问题绕着走，碰到矛盾躲着走，看见难点低头走”的现象明显改观；迎难而上、加快发展的责任感，“坐不住、等不起、慢不得”的紧迫感显著增强；干事创业、担当作为的精气神大幅提振。

（六）党风廉政建设和反腐败工作深入推进

持之以恒落实中央八项规定精神，加强监督检查审查调查。全系统立案670件，给予党纪政务处分735人，其中，党组管理干部立案21件，给予党纪政务处分17人。反腐败斗争压倒性态势已经形成并巩固发展，不敢腐的目标初步实现，不能腐的笼子越扎越牢，不想腐的堤坝正在构筑。

一年来的工作，中国邮政取得了显著的业绩，积累了十分宝贵的经验。

第一，坚定不移以习近平新时代中国特色社会主义思想为指引，是推动中国邮政高质量发展的根本遵循。习近平新时代中国特色社会主义思想是指引中国邮政做优做强做大的强大思想武器和行动指南。必须自觉以习近平新时代中国特色社会主义思想来把握中国邮政的发展方向、发展思路、发展方法，并切实转化为发展的具体目标、具体任务、具体举措，体现在做好本职工作的实践中，体现在落实重点工作部署的行动里，体现在狠抓工作落实的实效上。

第二，坚定不移加强党的建设，是推动中国邮政高质量发展的政治保证。坚持党的领导、加强党的建设，是国有企业的“根”和“魂”，是国有企业的独特优势。必须按照习近平总书记对国有企业党建提出的一系列要求，坚持把党的领导融入公司治理各环节，推动党的建设与企业发展同频共振、互促互进，把党建工作优势转化为企业发展优势。

第三，坚定不移深化改革创新，是推动中国邮政高质量发展的必由之路。“唯改革者进，唯创新者强，唯改革

创新者胜。”中国邮政的发展实践充分证明，只有持续深化改革创新，才能与时代同步，才能更好地生存发展，才能真正担当起行业“国家队”的重任。面对新形势新任务，必须坚持把改革创新摆在邮政发展全局的首要位置，走改革路、打创新牌，不断破除束缚企业发展的体制机制障碍，不断培育发展新动能，不断增强企业核心竞争力。

第四，坚定不移推进转型升级，是推动中国邮政高质量发展的战略选择。总书记强调，要推动产业技术变革和转型升级，推动产业模式和企业形态根本性转变。面对新技术层出不穷、新业态风起云涌、新模式百舸争流的发展环境，中国邮政转型升级的步伐一刻都不能停歇、转型升级的劲头一刻都不能松懈，必须加快推动云计算、大数据、人工智能等新技术和邮政业务深度融合，驰而不息推动发展方式、经营模式、业务结构、网点渠道等转型升级，实现更高质量、更有效率、更可持续的发展。

第五，坚定不移运用正确的方法论指导实践，是推动中国邮政高质量发展的有效手段。做优做强做大中国邮政，离不开正确的方法论。“不忘初心、牢记使命”主题教育带给我们的是崭新的世界观和方法论，最后落脚点就是坚持问题导向“找差距、抓落实”。奔着问题去、扭住问题改，将以“三个视角”找差距、以“三大规律”促改革实实在在地体现在具体实践中，体现在生产经营中，开展全业务、全流程、端到端、全要素的对标立标达标，夯基础、补短板、强弱项、建优势。

第六，坚定不移转变工作作风，是推动中国邮政高质量发展的必然要求。习近平总书记指出，蓝图不可能一蹴而就，梦想不可能一夜成真。真抓才能攻坚克难，实干才能梦想成真。我们确立了打造行业“国家队”的战略目标，提出了“四轮驱动”业务重点，制定了战略路线图，关键要增强狠抓落实本领，把雷厉风行和久久为功有机结合起来，以钉钉子精神做实做细做好各项工作，推动集团战略落地见效。（集团公司综合部／提供）

大事记

◇ 中国邮政集团有限公司

◇ 中国邮政储蓄银行股份有限公司

◇ 中邮人寿保险股份有限公司

◇ 中邮证券有限责任公司

◇ 中国邮政集团公司寄递事业部（中国邮政速递物流股份有限公司）

中国邮政集团有限公司

1月

1日 为纪念《告台湾同胞书》发表40周年，集团公司发行《〈中华人民共和国全国人大常委会告台湾同胞书〉发表四十周年》纪念邮资信封一套1枚。

3日 2019年全国邮政管理工作会议在北京召开。

同日 《交通运输部办公厅关于推进乡镇运输服务站建设加快完善农村物流网络节点体系的意见》发布，提出加快完善农村物流网络节点体系。

5日 “韩美林生肖艺术大展”开幕式及《己亥年》特种邮票首发仪式在故宫文华殿广场举行。

10日 中国2019世界集邮展览展徽、吉祥物及主题宣传语发布。展徽由带齿孔的折纸“信鸽”和武汉标志性建筑“黄鹤楼”组成，折纸外形又是象征武汉三镇的一只“黄鹤”。“信鸽”是变形的字母“W”，契合英文“WORLD”（世界）和“WUHAN”（武汉）的首写字母。

14—15日 2019年集团公司工作会议在北京召开。

16日 交通运输部发布《关于授予师瑞鑫等130名同志交通运输青年科技英才称号的决定》。集团公司软件开发中心李传波、集团公司信息技术局张明晖和中邮科技有限责任公司竺维燕3人获此称号。

25日 中宣部向全社会发布四川省甘孜县邮政分公司长途邮运驾驶员其美多吉的先进事迹，授予他“时代楷模”称号。

30日 2019年集团公司党风廉政建设和反腐败工作会议在北京召开。

同日 集团公司2018年度党建工作述职评议现场会在北京召开。

31日 集团公司党组召开2018年度民主生活会。

2月

14—15日 2019年全国邮政普遍服务监督管理工作会在陕西西安召开。

18日 四川省甘孜县邮政分公司长途邮运驾驶员、“雪线邮路的幸福使者”其美多吉当选“2018年度感动中国人物”。

20日 中宣部向全社会发布北京榜样优秀群体的先进事迹，授予邮航退休干部闫志国“时代楷模”称号。

22日 交通运输部、公安部、中华全国总工会在北京联合主办“最美货车司机”事迹报告会，邀请货车司机代表分享经验事迹，进一步宣传榜样、弘扬先进、展现风采，传递行业正能量。

26—27日 全国邮政网路运营工作会议在江苏省南京市召开。

3月

1—2日 2019年全国邮政经营服务工作会议在湖南省长沙市召开。

4日 十三届全国人大二次会议在人民大会堂举行预备会议。集团公司江苏省泰兴市江平路支局局长何健忠第七次当选大会主席团成员。

6日 集团公司24个女职工集体、7位女职工获中华全国总工会、全国妇联表彰。

11日 集团公司领导与邮政系统6位全国人大代表座谈。

14日 第17届全国交通企业管理创新成果发布会上，集团公司寄递事业部运营管理部《邮政陆运网以提高效率与效益为目标的甩挂模式构建》等18项成果被审定为管理现代化创新成果。

26日 集团公司党组召开巡视动员部署会议，启动2019年第一批巡视，对集团公司各部门、各控股子公司、部分直属单位整改落实中央巡视反馈意见情况开展专项巡视。

28日 集团公司董事长刘爱力赴瑞士出席万国邮联EMS合作机构全体大会，并发表题为《携手发展合作共赢》的主旨演讲。

4月

18日 由中共中央宣传部、交通运输部和中共四川省委联合举办的“时代楷模”其美多吉先进事迹报告会在人民大会堂举行，国务委员王勇会见报告团全体成员。

20日 第39届全国最佳邮票评选颁奖大会在云南省昆明市举行。

23日 庆祝“五一”国际劳动节暨“全国五一劳动

奖”和“全国工人先锋号”表彰大会在北京人民大会堂举行。邮政系统9个集体获“全国工人先锋号”，7名个人获“全国五一劳动奖章”。柴闪闪、韦艳梅、其美多吉、益西卓嘎作为邮政系统代表参加大会。

24日 中国快递协会表彰全国“快递小蜜蜂”和“优秀快递驿站”；公布并表彰2018年度邮政行业科学技术奖；授予广东等13家省级快递协会“优秀会员之家”称号；对中国邮政速递物流等16家在扶贫工作中做出突出贡献的会员单位给予表彰。

5月

4日 集团公司发行《五四运动一百周年》纪念邮票一套2枚，邮票图案名称分别为：传承“五四”精神、奋进新时代。

10日 由中央广播电视总台发起、千余家成员单位参与的品牌强国战略联盟在北京成立，“中国品牌强国盛典”同时启动。集团公司党组书记、董事长刘爱力出席活动并致辞。

18日 杭州2022年第19届亚运会首套个性化专用邮票对外发布。

27日 集团工会二届三次全委（扩大）会议在北京召开。

28日 中国扶贫基金会、集团公司联合在北京召开爱心包裹项目十周年总结会。

6月

6日 集团公司党组召开电视电话会议，深入学习贯彻落实习近平总书记在“不忘初心、牢记使命”主题教育工作会议上的重要讲话精神和党中央有关部署，对邮政系统开展“不忘初心、牢记使命”主题教育工作进行动员部署。

11日 中国2019世界集邮展览在湖北省武汉市举办。

同日 《新中国邮票七十年》新书发行暨《中华人民共和国邮票（1949—2019）》合集首发仪式举行。

同日 2019年全国集邮业务发展座谈会议在湖北省武汉市举行。

7月

8日 集团公司召开2019年全国ETC展业行动电视电话推进会。

10—11日 中央第三十二指导组组长王炳华带队，到上海市邮政分公司、邮储银行上海分行、中邮保险上海分公司开展主题教育现场调研指导。

11—13日 中央第三十二指导组组长王炳华带队，到浙江省邮政分公司、邮储银行浙江省分行、中邮保险浙江分公司开展主题教育现场调研指导。

17日 2019年集团公司工作座谈会在浙江义乌召开。中央第三十二指导组刘虎辰现场指导。集团公司党组全体成员出席会议。

22日 2019年《财富》世界500强排行榜发布。集团公司位列第101位，比上年上升12位。

8月

1日 中央第三十二指导组组长王炳华带队，到北京市邮政分公司东四支局和集团公司寄递事业部11183呼叫中心开展“不忘初心、牢记使命”主题教育现场调研指导。

2日 集团公司党组召开调研成果交流会。中央第三十二指导组组长王炳华、成员张健楠莅临指导。

8日 由集团公司联合韩美林艺术基金会共同主办的《庚子年》特种邮票印刷开机仪式在集团公司邮票印制局举行。

9月

5日 第七届全国道德模范座谈会在北京举行。四川省甘孜县邮政分公司驾驶员其美多吉和江苏省淮安市洪泽区老子山邮政支局局长兼投递员唐真亚获得第七届全国道德模范荣誉称号，其美多吉荣获“全国敬业奉献模范”称号，唐真亚荣获“全国诚实守信模范”称号。

5—6日 2019年邮政业科技创新工作会议在广东深圳召开。

10日 集团公司召开“不忘初心、牢记使命”主题教育第一批总结暨第二批部署会议。

18日 集团公司召开第二批“不忘初心、牢记使命”主题教育指导工作培训电视电话会议，以切实加强对全系统第二批主题教育的督促指导，确保主题教育高质量开展。

20日 海峡两岸邮政交流协会第二届会员大会在北京召开。

同日 集团公司党组书记、董事长刘爱力来到总部机关离休干部张显明家中走访慰问，为他戴上由中共中央、国务院、中央军委颁发的庆祝中华人民共和国成立70周年纪念章，转达习近平总书记和以习近平同志为核心的党中央、国务院对为新中国成立做出特殊贡献的老同志的关心和慰问。

21日 集团公司发行《中国人民政治协商会议成立七十周年》纪念邮票一套2枚。

24日 “壮丽70年奋斗新邮政”庆祝中华人民共和国成立70周年中国邮政发展成就主题展览在集团公司一层大厅开展。

25日 “最美奋斗者”表彰大会在北京举行。四川省甘孜县邮政分公司驾押组组长其美多吉，四川省凉山彝族自治州邮政分公司副调研员、木里县邮政分公司党支部专职副书记王顺友获得“最美奋斗者”荣誉称号。

27 日 在全国民族团结进步表彰大会上，中共中央总书记、国家主席、中央军委主席习近平亲自为四川省甘孜藏族自治州甘孜县邮政分公司长途邮运驾驶员其美多吉颁发奖章和证书。

10 月

9 日 万国邮政联盟在瑞士伯尔尼总部举办系列活动，并发布各成员国 2019 年邮政综合发展指数排名。中国邮政取代新加坡邮政，首次在亚太区排名第一，荣获亚太区冠军，在全球排名第 15 位。

11 日 集团公司党组召开会议，专题学习中共中央总书记、国家主席、中央军委主席习近平在庆祝中华人民共和国成立 70 周年大会上的重要讲话精神。集团公司党组书记刘爱力主持学习，党组副书记张金良、李丕征，党组成员康宁、张荣林、盛逎文参加。

12 日 中国 2019 世界集邮展览永久会址亮相湖北省武汉市光谷未来科技城。

同日 集团公司召开 2019 年“双十一”旺季生产动员电视电话会议。

30—31 日 推进邮政党建高质量发展研讨会在北京举行。

11 月

1 日 集团公司召开党组会议，专题学习传达中国共产党第十九届中央委员会第四次全体会议精神。

8 日 第九届中国绩效改进论坛在北京举行，集团公司推荐的 5 个项目全部获得国际绩效改进协会（中国区）2019 年度绩效改进专业奖。

26 日 2019 万国邮政联盟电子商务时代跨境合作全球大会在福建省厦门市召开。大会由万国邮联主办，国家邮政局、集团公司和厦门市政府联合承办。

12 月

7 日 北京 2022 年冬奥会和冬残奥会官方邮政服务独家供应商发布会暨会徽个性化服务专用邮票首发式在集团公司发布厅举行。

16 日 全国离退休干部先进集体和先进个人表彰大会在北京举行。中共中央总书记、国家主席、中央军委主席习近平在人民大会堂会见受表彰代表。湖北省邮政分公司退休干部陈泽维获评“全国离退休干部先进个人”称号。

24 日 中宣部、退役军人事务部、中央军委政治工作部联合发布“最美退役军人”事迹。贵州省锦屏县启蒙邮政支局乡邮员张林昌当选 2019 年全国“最美退役军人”。

27 日 在 2020 年全国交通运输工作会议上，交通运输部为集团公司成为第二批交通强国建设试点单位授牌。

28 日 中国邮政集团有限公司在北京正式揭牌成立。

（集团公司综合部 / 提供）

中国邮政储蓄银行股份有限公司

1 月

邮储银行小额“极速贷”产品正式在全国推广。该产品是邮储银行自主开发的第一款标准化、普适性全流程线上化经营性贷款产品，在纯信用线上贷款的基础上，通过“线上评估房产价值 + 线下办理抵押登记”相结合的方式，进一步扩大客户服务范围。

2 月

1 日 邮储银行深圳湾支行“新零售体验中心”正式开业。该中心运用共享思维将“消费场景—客户体验”两者紧密联系起来，集商户互动、权益回馈、财富管理等多项服务于一体，探索打造全新的银行业务新零售模式。

3 月

5 日 印发《关于表彰中国邮政储蓄银行模范职工之家和优秀工会工作者的通报》（邮银工〔2019〕7 号），对 2016—2018 年度模范职工之家和优秀工会工作者评选活动获奖的单位及个人进行表彰。

19 日 退役军人事务部与邮储银行等 10 家金融机构签署《拥军优抚合作协议书》。此次签约是贯彻落实党的十九大精神和党中央、国务院决策部署，让军人成为社会尊崇的职业的重要务实举措，体现政银双方高度的政治意识和责任担当。

4月

1日—5月20日 集团公司党组第一巡视组对邮储银行开展中央巡视整改落实情况专项巡视。

11日 邮储银行经大连商品交易所批准，获取开展境内客户期货保证金存管业务资格，于7月8日在全国范围内开办期货保证金存管业务。

5月

25—26日 邮储银行第一届职工代表大会第一次会议在北京召开，标志着邮储银行正式建立总部级职工代表大会制度。来自全行的251名代表参加大会，会议审议通过《中国邮政储蓄银行职工代表大会实施办法》《中国邮政储蓄银行专门委员会工作制度》《中国邮政储蓄银行员工违规行为处理办法（2019年修订版）》，选举产生中国邮政储蓄银行第一届职工代表大会各专门委员会成员，完成对两名职工监事的换届选举工作。

27日 实现代理营业机构小额贷款辅助贷款首笔放款。在监管机构的支持下，中国邮政储蓄银行协同集团公司在浙江、安徽、福建、湖南、广东、云南6个省份开展代理营业机构小额贷款辅助贷款试点。

6月

3日 中邮消费金融有限公司放款突破1000亿元。

13日 邮储银行党委正式成立“不忘初心、牢记使命”主题教育领导小组。

19日 印发《中国邮政储蓄银行开展“不忘初心、牢记使命”主题教育工作安排》（邮银党〔2019〕76号），在全行范围内部署开展“不忘初心、牢记使命”主题教育。

24日 印发《中国邮政储蓄银行中长期发展战略纲要（2019—2025年）》（邮银发〔2019〕106号）。《战略纲要》以习近平新时代中国特色社会主义思想为指导，进一步明确了业务战略、客户战略、产品战略、渠道战略、区域战略，以及战略实施路径和保障措施，对于推动邮储银行建成一流大型零售银行具有重要意义。

7月

1日 在英国《银行家》杂志（The Banker）公布的2019年“全球银行1000强排名”榜单中，邮储银行按总资产位居第21位，与上年持平；按一级资本位居第22位，比上年上升1位。

12日 邮储银行开放式缴费平台试点上线，开启互联网场景化服务的转变，实现7×24小时线上收缴费服务。

24日 出台《中国邮政储蓄银行服务粤港澳大湾区建设行动方案》（邮银管〔2019〕224号），贯彻落实党中央、国务院关于发展粤港澳大湾区的决策部署，助力粤港澳大湾区深化改革和扩大开放。

25日 邮储银行创新发行全国首单市场化“债转股”专项债权融资计划，积极贯彻落实党中央、国务院关于推动供给侧结构性改革要求。

27日 邮储银行电子银行客户数突破3亿户。

是月 巡视组向邮储银行反馈了巡视意见。邮储银行党委高度重视，聚焦反馈问题、明确整改措施、强化整改落实，扎实推进集团专项巡视整改各项工作，巡视整改工作取得阶段性成效。

8月

22日 邮储银行正式向全国推广“邮储食堂”。“邮储食堂”是邮储银行为客户提供增值服务的平台，以低价商品直供为切入点，为会员提供更多金融产品和增值服务。

9月

4日 邮储银行湖州市吴兴绿色支行揭牌成立，成为行内首家绿色支行。

19日 邮储银行发行全国首单挂钩贷款市场报价利率（LPR）的浮息债券。

21日 邮储银行软件研发中心苏州分中心投入运营，主要承担国际业务、应用创新等领域的系统开发、测试、投产与三线运行维护等工作。苏州分中心全面运营，标志着邮储银行完成“1+3+N”自主研发体系建设。

10月

14日 邮储银行信用卡结存卡量突破3000万张。

31日 邮储银行开展全行第一笔代客货币掉期业务，交易金额5600万美元。

11月

11日 邮储银行办理首笔代客外汇期权业务，为客户提供锁定未来购汇汇率的期权解决方案。

12日 邮储银行设立科技创新基金，支持创新项目孵化，引导和鼓励领先性的科技创新，为金融科技项目开设绿色通道。

13日 邮储银行经中国证券登记结算有限责任公司审核通过，取得结算银行资格。

22日 邮储银行召开“三区三州”深度贫困地区金融扶贫工作推进落实座谈会。会议深入贯彻落实党中央、国务院关于打赢脱贫攻坚战的战略部署，落实人民银行专项扶贫再贷款工作要求，明确任务目标，加大深度贫困地区贷款投放力度。

是月 邮储银行个人有效客户规模突破6亿户。

12月

6日 邮储银行手机银行5.0正式发布，该版本突出场景化服务，新增语音搜索等功能，加大智能技术应用，提升线上获客能力。

10日 邮储银行A股上市，全面完成国务院确立的“股改—引战—A、H两地上市”三步走改革要求以及国有大行两地上市收官。

12日 邮储银行获得“2020—2025年中央财政非税收入收缴代理银行”资格。此次中标中央非税代理资格对邮储银行提升品牌影响力和知名度、深化银政合作关系、支撑分支行获取地方非税代理资格具有重要意义。

13日 邮储银行个人存款余额突破8万亿元，位居银行业第4位。

17日 邮储银行河北雄安分行正式成立，全力服务雄安新区建设。

18日 中邮理财有限责任公司在北京成立，注册资金人民币80亿元，邮储银行持股100%。（邮储银行/提供）

中邮人寿保险股份有限公司

1月

22—23日 2019年中邮保险党的建设暨组织工作会议和工作会议在京召开，会议提出以习近平新时代中国特色社会主义思想为指导，坚持党的全面领导，践行党的组织路线，为中邮保险高质量发展提供坚强保证；贯彻新发展理念，增强战略引领，强化责任担当，奋力开创新时代中邮保险高质量发展新局面，以优异成绩迎接新中国成立70周年。

22日 由人民网主办的“助力国家战略 赋能美好生活”首届中国保险业创新发展高峰论坛在人民日报社新媒体大厦举行，首届人民好保险推选活动结果揭晓，中邮年年好邮保安康C款重大疾病保险获“最受欢迎的疾病保险产品”荣誉。

2月

27日 中邮保险召开2019年党风廉政建设和反腐败工作会议。会议提出要坚持以习近平新时代中国特色社会主义思想为指导，全面学习贯彻十九届中央纪委三次全会及集团公司党风廉政建设和反腐败工作会议精神，强化忠诚履职，主动担当作为，提升工作质量，扎实开展党风廉政建设和反腐败工作，奋力推进全面从严治党高质量发展，为将中邮保险打造成中国邮政新增长极保驾护航。

3月

11—15日 中邮保险举办“3·15”银行业和保险业消费者权益保护教育宣传周活动，围绕“以消费者为中心优化服务”主题，帮助消费者提高对保险产品和服务的认知能力，提升保险消费安全意识，引导消费者依法、理性维权。

22日 2019年中邮保险风险合规工作会议在北京召开，会议以习近平新时代中国特色社会主义思想和党的十九大精神为指导，深入学习贯彻中央经济工作会议和银保监会工作会议精神，积极落实集团与公司年度工作会议精神，总结2018年工作成果，部署2019年工作任务。

29日 经中国银保监会批准，中邮保险注册资金增至215亿元。

6月

17日 四川宜宾市长宁县发生6.0级地震，中邮保险第一时间启动突发事件应急预案，总部突发事件应急处理委员会统一安排部署应急处置工作，四川分公司紧急成立应急小组，第一时间了解事故详情，全力开展客户信息搜集排查，开通理赔绿色通道，为客户提供切实保险保障。

9月

10日 中邮保险第一届风险合规知识竞赛决赛在石家庄邮电职业技术学院举办，20支代表队80名选手参加决赛。经过理论考试、场景模拟、主题演讲及现场竞答4个环节激烈角逐，江苏代表队荣获团体一等奖，河南、湖北代表队荣获团体二等奖，广东、河北、浙江代表队荣获团体三等奖。

10 月

23 日 中邮保险广西分公司正式成立，这是中邮保险在全国成立的第 21 家省级分公司。

是月 中邮保险 2019 年客户服务季活动结束，此届客服季历时 3 个多月，以“感知爱”为主线，线上线下交互组合，倾情打造“邮健康”“邮成长”“邮特色”系列活动。20 家分公司累计开展大客户回馈专项健康活动、少儿邮信大赛、消费者教育等现场活动 298 场，服务超过 24 万人次；官方微信公众号连载健康资讯 10 篇，开展在线有奖健康测评和满意度调查活动，累计参与人数 5.76 万人次。

11 月

20 日 由和讯网主办的“第十七届中国财经风云榜之保险行业评选”结果揭晓，中邮保险荣获“年度品牌号召力保险公司”奖项。

12 月

19 日 中邮保险主办银保业务合规与法务管理研讨会，中国人寿、人民人寿、中再寿险、新华人寿、建信人寿、农银人寿等 11 家寿险公司参会。（中邮保险 / 提供）

中邮证券有限责任公司

1 月

24—25 日 中邮证券 2019 年党的建设暨组织工作会议、2019 年工作会议在北京召开，集团公司副总经理张荣林出席会议并提出发展要求。

2 月

21 日 中邮证券 2019 年党风廉政建设和反腐败工作座谈会在京召开。

25 日 中邮证券四川省绵阳市涪城区证券营业部正式开业。

3 月

5 日 集团公司党组书记、董事长刘爱力一行调研中邮证券，实地考察办公场地，听取工作汇报，关心员工工作和生活情况，肯定中邮证券发展成绩并对中邮证券下一步工作和发展提出要求。

5 月

14—17 日 中邮证券在北京举办 2019 年度纪检监察、党建工作培训班。公司纪委书记、监事长马建军作开班动员。各省分公司党组织纪检委员、党建纪检专岗人员等 60 余人参加了培训。

8 月

5—6 日 中邮证券 2019 年工作座谈会在京召开。

10 月

21 日 中邮证券江西省九江市浔阳路证券营业部正式开业。

23 日 中邮证券辽宁省鞍山市前进路证券营业部正式开业。

下旬 中邮证券聘请国际知名咨询公司罗兰贝格全面开展中邮证券战略咨询项目，制定符合集团定位、行业发展规律、邮政发展特色的中邮证券发展战略。

11 月

12 日 中邮证券内蒙古分公司正式开业。

12 月

8 日 中邮证券云南省分公司正式开业。（中邮证券 / 提供）

中国邮政集团公司寄递事业部（中国邮政速递物流股份有限公司）

3月

8日 集团公司寄递事业部中大型物流无人机试点运邮项目获得物流采购联合会物流技术创新奖。

28日 中邮海外仓荣获跨境物流合作与发展组织颁发的“十大信赖海外仓”称号。

是月 集团公司寄递事业部获得万国邮政联盟EMS合作机构颁发的2018年客户服务奖，这是继2016年以来连续3年获得该奖项。

4月

24日 集团公司寄递事业部在中国快递协会成立十周年庆典大会上获得“精准扶贫会员单位”荣誉称号，并获颁“2018年度邮政行业科学技术奖”二等奖1项、三等奖2项。

6月

是月 按照中央要求，集团公司寄递事业部开展“不忘初心、牢记使命”主题教育。

8月

9日 邮航首架B737−800BCF飞机正式入列邮航机队，并投入中国邮政航空网航线运行。

8月 集团公司寄递事业部启动“对标先进找差距、千条线路大提速”工程。

9月

4日 在“第十届中国电子商务物流大会”上获得2019年度“中国电子商务物流与供应链优秀服务商”荣誉称号。

9月 集团公司寄递事业部获得中国船级社质量认证公司颁发的ISO/IEC27001：2013信息安全管理体系认证证书。

6月20日—9月30日 开展为期100天的专项整治活动。组织现场检查6次，覆盖28个省、55个地市、151个城市及农村投递机构；下发7期活动通报；召开3次阶段性整改情况通报网络电话会；对9个省开展电话或现场质询工作。

11月

11—12日 全国邮政快递包裹累计订单量和收寄量双过亿，达到历史最好成绩。收寄量突破3亿件，增速高出行业47%。（集团公司寄递事业部／提供）

网路建设

◇ 邮路

◇ 处理中心

◇ 运行

【概述】 全面深化邮政寄递业务改革。以“八大整合”为重点，持续深化邮政、速递资源整合，融合重构寄递网运营管理体系，全面构建层次清晰、标准明确、衔接紧密、运行高效的邮政实物寄递网络。全国揽投网点完成整合8963个，31个省（区、市）完成11183派揽系统应用电子地图进行散户派揽的系统切换上线，投递组网模式、投递网点布局进一步优化，揽投能力建设进一步夯实；85个一、二级中心局处理场地全部整合完毕，全网统一信息采集、统一分拣码，通过技术手段优化、固化12项生产操作流程；干线邮路整合完成，省际直达率由45.3%提高至54.2%，航空干线网络与省内陆运网络衔接水平不断提高，大幅提升寄递网综合运输能力。邮速指挥调度体系实行航空陆运统一指挥、寄递全环节集中管控、异常情况动态调度，全面发挥出集团指调中心总指挥、总协调作用。

各类邮件运行时限全面提升。为落实集团公司打造行业“国家队”战略部署，集团公司全面启动省内网、长三角、珠三角、京津冀重点区域、52个重点城市和“对标先进找差距、千条线路大提速”工程。通过建立分级管控、分类施策、通报质询机制，聚焦突出问题，逐条线路捋、逐个环节抓，每月消灭最差线路，大幅缩小与竞争对手时限差距。各省加大投入、统筹协调、提升管理、强化管控，较好完成集团时限目标任务要求，普遍服务全程时限水平稳定达到国家监管部门要求；省内互寄快递包裹菜鸟排名有21个省进入行业前五，1300条计划提速线路中，全程时限达到菜鸟430标准线路占比95%；达到菜鸟930标准线路占比66%；河北、内蒙古、江西、山东、贵州、西藏、新疆等13省（区）内互寄标快次日递率提升10%以上；山西、黑龙江、福建、河南、湖北、湖南、广西等15省（区）内互寄快包次日递率提升20%以上；长三角、珠三角、环渤海重点区域互寄标快、快递包裹次日递率全部达到集团目标要求；标快与顺丰差距逐步缩小；业务发展支撑带动能力进一步增强，全网业务收入增幅稳步提升，业务量增速大幅赶超行业。

3月31日，兰州至南京货运定期航线开通。

推进邮政运输结构调整。按照宜空则空、宜铁则铁、宜公则公原则，开展运输结构调整，一是优化自主航空网，强化邮航运行管控，推行快递包裹填舱，提升邮航航班利用率；二是加大民航使用力度，开通民航直达邮路，加快民航进口提取速度，提升标快邮件时限水平；三是发挥高铁稳定快捷优势，推进高铁运邮工作，陆续开通长沙—贵阳、南昌—武汉等高铁邮路，进一步提升标快时限稳定性；四是按照时限优先、经济合理原则，对于500公里以内路向开通直达汽车邮路，实现邮件全程时限次日递。全网邮速干线车辆接入云平台管理，全面提升陆运网新技术应用水平，该项目应用分别获得集团公司、通信行业2019年企业管理现代化创新成果一等奖。

持续强化普遍服务和特殊服务保障。以压降平信丢损率为目标，全面梳理平信寄递的生产作业流程，查找影响平信寄递质量的突出问题，全网各级业务生产、管理部门大力开展职业教育和业务培训，强化树立“一封信、一颗心”职业精神，严格执行平信开拆、封装、交接、投递操作规范，持续强化压降平信丢损率工作力度，全网条码化平信操作规范率100%，条码平信信息断点比例降至0.08%；加强平信运营质量管控和考核，聚焦普通邮件运行质量管理存在的突出问题，开展重点省普遍服务时限、机要运输、巡视专用信箱和无着邮件等方面督导检查，全面推行信函、印刷品、包裹邮件运行质量结算考核，普遍服务36项全程时限指标达到国家监管要求，集团公司RFID测试平信丢损率降为1.17‰。

全面推进快递包裹集包工作。为适应快递包裹业务高速发展的需要，集团公司寄递事业部8月启动试点，10月20日起在全网全面推行快递包裹集包工作。各省集包作业以收寄环节前置集包为主，处理中心集包封发为辅的原则开展。收寄环节对达到集包标准的快递包裹邮件实施收寄、分拣、集包一体化作业。各省克服了时间紧、任务重、配套设施到位时间晚等困难，“双十一”期间集包邮件量占全部省际收寄邮件量的54.1%，按收寄邮件中70%小件折算，小件集包比例达77.3%，实现小件集包比例60%以上目标，其中地市处理中心、县级机构和收寄机构集包比例58.3%。邮件处理中心依托新技术、新设备，深入优化集包作业模式和生产流程，内部处理能力充分释放，有效提升全网邮件处理效率、效益和时限水平。

开展包裹快递投递服务百日专项整治活动。集团公司寄递事业部从客户视角、竞争视角、行业最佳实践视角出发，聚焦当前投递服务质量存在的突出问题，从6月20日至9月30日开展为期100天的专项整治活动。活动期间，集团公司寄递事业部组织现场检查6次，覆盖28个省、55个地市、151个城市及农村投递机构；下发7期活动通报；召开3次阶段性整改情况通报网络电话会；对9

个省开展电话或现场质询工作；新增需经收件人同意投交他人提示、增值业务特殊投递要求提示、群发取件短信、投柜邮件客户超过48小时未取提示等19项功能。各省公司强化教育培训，每个投递机构将“五确保，五严禁”上墙宣传，问题机构一对一责任挂钩到各级领导，加强基础管理，强化监督检查，严格通报考核，扎实推进整治工作切实取得实效。在业务量大幅增长的情况下，投递环节有责投诉量占全部投诉量比重仍持续下降，9月由51.31%下降至38.66%，下降12.65%；有责投诉率万分之1.20，比上年下降38.14%，其中标快比上年下降51.93%。确保全国高考录取通知书安全送达和苹果公司邮件首发20点前100%及时投递。国家邮政局网站报道专项整治活动，《人民日报》刊文对中国邮政集团公司“百日专项整治行动”进行特别介绍。

开展处理中心能力建设和绿色邮政建设。支撑配合一、二级邮区中心局能力建设，85个中心局共计投资建设“矩阵+小件”工艺设备70个，新增处理能力1660万件/日，启动20个集包作业配套改造项目，统一集包邮袋和智能分拣搁架技术规范，推进全网配置工作。开展绿色邮政建设，推广新能源车的应用，在具备行驶条件区域，4.5吨及以下车辆主要配置新能源车辆；强化新型运输车辆应用力度，新增和更新网运生产车辆全部采用轻质复合板，半挂车厢全部采用低平板结构，降低车辆自重并增大车厢容积；甩挂运输占比75%，进一步发挥甩挂运输降本增效、节能减排和绿色低碳优势，加快推进可循环邮袋应用和包装废弃物回收装置配置。

统一和持续优化寄递生产作业流程。全面梳理并统一寄递网全环节作业流程，明确18个生产作业核心采集点，确定33个管理辅助信息采集点，构筑运营数据底盘，实现用系统固化全网作业。统一寄递事业部组织机构体系，完成全国新一代寄递平台信息系统切换调整，在寄递网内部形成完整的机构代码组织管理结构。统一寄递网生产运行系统管控，完成电子围栏、内部分拣和运输计划的统一管控，实现邮政、速递生产系统功能统一。依托信息技术手段，持续推动全环节12项生产流程优化措施，不断提高邮政寄递信息化生产服务水平和用户体验。

邮政包裹快递质效管控。制定完善寄递网包裹快递运行质量结算考核办法，设定13项过程考核指标、19项评价指标，覆盖营、分、运、投四大环节；全网各地市处理中心、揽投机构全面推行网运利润中心转型，实现全网运行成本、人员及业务量信息准确采集。指导各省通过看板系统精准发力，持续强化运行成本管控，网运单位综合成本0.53元/件，比上年下降9%，达到年初标杆要求；包件处理成本0.36元/件、单位运输成本0.89元/吨公里，与行业水平基本持平；一、二级中心局成本比上年降低9亿元；通过开展全国邮政网运劳动竞赛，全网质量意识、服务意识和效率效益意识进一步提升，竞赛评选“五星闪耀”最佳处理中心12个、最佳集体33个、最佳个人400人，最佳投递部300个、最佳投递员1000名。包裹快递质效管控能力进一步提升。

项目管控推进业务。强化项目运营管理工作，确保项目高质量平稳运作，持续打造行业口碑和业务扩展。注重科技赋能，依托RFID技术，高质量完成苹果项目9月新品发售重点项目运营，实现新品面市当天12点邮件76%及时投递，20点邮件100%及时投递，无丢失破损，无客户投诉的行业领先水平，获苹果公司亚太总部高度肯定；确保惠普项目高质量运作，完成上海及武汉两新增出货点的平稳上线，为重点项目业务扩展做好基础保障。

寄递网运指挥调度能力。寄递网依托信息系统，根据“云计算、物联网、大数据”的理念，建立完善“事前预警，事中纠偏，事后完善”立体化指挥调度管控机制，构建全网分级调度管控体系，31个省（区、市）进一步深化整合指挥调度中心，完成航陆调度功能整合，对邮政寄递网实施统一指挥调度。开展长三角、珠三角、京津冀重点区域邮件提速，推进提升东三省、湘鄂豫赣皖、川渝等区域时限水平，全力支持邮政寄递业务重点区域发展；开发高铁定制运邮，支撑农村电商发展，规范和强化华为项目管控，实时监控高考录取通知书全程在途运行；在“双十一”旺季生产中，各级指挥调度中心精心组织、周密安排、网业联动、密切配合，发挥指挥调度体系网路运行管控中枢作用，在业务收寄比上年增长56%，增幅高于行业34%的重重压力下，全国一级干线累计发班7.9万班次，比上年增长36%，包状邮件处理量比上年增长64%，投递比上年增长48%，支撑重点寄递业务发展。完成“一带一路国际合作高峰论坛”“北京世界园艺博览会”“亚洲文明对话大会”“新中国成立70周年”重大活动网运生产任务。（集团公司寄递事业部/提供）

邮　路

【湖北省邮政分公司开展邮路整合】 3月，开展原邮政、速递省内二干邮路整合，将原邮政58条、速递39条邮路整合成86条邮路。普邮实现“以快带慢”，报纸实行专线邮路运输，标快实现“当日递”“次晨达”“次日递”不同时限要求的运输频次。全省15个市州（除武汉和神农架）新开53条、撤销11条邮路，新增42条邮路。邮路由整合前的175条增加到217条。武汉组开19条民航“次晨达”邮路，全面实现武汉市15点前收寄的标快邮件，寄往北京、上海、广州、深圳等19个城市实现“次晨达”。（湖北省邮政分公司/提供）

【海南省邮政分公司推进网运能力建设】 一是增加早晚航班，提高民航早晚航班的利用率。8 月底，增加海口至北京、哈尔滨、上海、福州、厦门、济南、青岛、深圳、重庆、成都、贵阳、西安、银川、天津、长沙、宁波、南宁等城市 18 个早晚航班；海口民航早晚航班利用率从 2 月的 21.1% 增加到 9 月的 92.3%。10 月海口至全国 85 个重点城市的线路，已有 50% 不慢于竞争对手。二是调整海口出口到广州、南宁省际干线二频次邮车运行时刻，缩短运输时长，衔接中转局有效频次。海口至广州、南宁的运输时长统一调整至 15 小时。海口至长沙、呼和浩特、杭州、兰州、重庆、包头、上海、济宁、洛阳、南宁、侯马 11 个城市提速后的时限均不低于菜鸟时限标准，完成集团下达的提速目标。（海南省邮政分公司 / 提供）

【青海省内邮路网络调整完成】 省内网调整方案于 7 月调整落实，邮路调整涉及 16 条，其中新增 4 条，延伸 2 条，优化调整 10 条。邮路调整后，距离印点西宁 350 公里内高速通行的所有县局全部实现“当日见报”。（青海省邮政分公司 / 提供）

【宁夏邮政分公司优化区内干线网路组织】 结合银川新处理中心搬迁和新标准快递、快递包裹新运营标准实施，持续推进省际一级干线陆运网、区内二干运输网及夜间集散网、市内运输网的建设优化及调整工作。上行衔接航空网、省际陆运网出口路由，下行衔接同城网和揽投网，加快全区同城、区内互寄及进出口邮件的时限。临时组开中宁—兰州等 5 条一级干线定置邮路和银川—无锡一级干线，调整银川—西安、银川—兰州一级干线汽车邮路发运计划，全区当日营业结束收寄发往甘肃、青海、新疆的邮件出口段时间缩短 21 小时；全区当日 15 点前收寄发往西安本口邮件全程时限缩短 1 天。改变省内二级干线组网模式，将以报刊为主调整为“以夜间集散网路为主，二级干线邮路为辅，报刊专线为补充”的组网模式，调整组开银川至海原、红寺堡邮路；继续加密中心局至航空货站盘驳频次。加快同城网建设，建立以各市区域中心为节点的“大同城 + 小同城”运营模式，确保同城邮件实现“当日上午收寄当日下午递、当日下午收寄次日上午递”。（宁夏邮政分公司 / 提供）

【新疆邮政分公司启动新运营标准的干线邮路运行计划并适时优化邮路】 4 月 1 日，新疆邮政分公司正式执行集团公司新运营标准的全区陆运网干线邮路运行计划，执行新的航空发运计划。同日，全区正式开办仲裁专递业务。优化邮路，一方面优化干线邮路：7 月 8 日，开通北京—乌鲁木齐 Z179/180 次一级干线火车邮路。12 月，开通吐鲁番—兰州、喀什—西安一级干线临时汽运邮路，减少阿克苏经转压力，寄往全国时限提升约 1 天。另一方面优化航空邮路：7 月 1 日，开通货运飞机转运中亚国家航空邮路；7 月 9 日，开通伊宁至阿克苏、库尔勒标准快递邮件航空邮路；10 月 15 日，开通喀什至杭州、深圳、重庆、武汉、南京、沈阳、郑州、长沙、兰州、西安、上海、北京、济南等 22 条一级航空干线邮路；10 月 27 日，完成 2019—2020 年冬春季航班发运计划维护工作，同时首次开通乌鲁木齐—拉萨直航。以上调整与优化进一步提升新疆邮政通往相关地的邮件时限。（新疆邮政分公司 / 提供）

【中欧班列（渝新欧）运邮拓展出口新通道】 中波两国邮政于 2017 年正式签署《中波邮政陆路转运服务初步协议草案》后，中欧班列（渝新欧）迈入常态化运邮阶段。中欧班列铁路小包寄达国家由原先的 13 个扩展为 24 个。面向跨境轻小件寄递市场新增铁路平常小包产品。重庆市邮政分公司以中欧班列（渝新欧）运邮为抓手，开展国际合作。一是扩展重庆—波兰马拉舍维奇去程运邮。截至 12 月，发运邮包集装箱 88 个，邮件 137.3 万件，总重量 418.8 吨，总货值 2301.9 万美金，超过 70% 邮件内件为 3C 类电子产品。二是开通重庆—立陶宛维尔纽斯去程运邮。为进一步提升中欧班列运邮网路能力，在集团公司寄递事业部国际部的支持下，重庆市邮政分公司与立陶宛邮政合作探索中欧班列入欧新通道，于 7 月组织“重庆—立陶宛”运邮测试并取得成功。该线路自 11 月进入常态化运营以来，截至年末发运邮包集装箱 4 个，邮件 6.2 万件，总重量 12.2 吨，总货值 247.6 万美金。三是扩展德国杜伊斯堡—重庆回程运邮。继 2018 年 11 月中欧班列（渝新欧）首次回程铁路运邮（德国杜伊斯堡—重庆团结村）测试成功后，7 月，德国邮政代表访问重庆邮政，双方就进一步深化合作方式，尽快推进回程运邮达成广泛共识。四是举办国际快递合作高级研修班。11 月，“渝新欧”沿线国家邮政快递业合作高级研修班在渝举办，来自泰国、老挝、波兰、斯里兰卡、巴基斯坦、柬埔寨、阿富汗 7 个国家的 32 名学员通过交流学习，了解跨境电子商务与跨境邮政快递的组织与发展、最新技术的开展应用，并实地参观邮件处理中心。（重庆市邮政分公司 / 提供）

【中国邮政航空“义乌—大阪”国际货邮往返航线正式开通】 8 月 20 日，中国邮政航空“义乌—大阪”国际货邮往返航线正式开通，义乌正式纳入中国邮政航空全夜航集散网络，这也是义乌机场首次开通飞往日本的国际货邮航线。浙江义乌是首批被列为国家新型城镇化综合试点的地区，是全球最大小商品集散中心。近年来，随着互联网基础设施的完善和全球性物流网络的构建，跨境电商一直保持着较高增长态势，2018 年中国跨境电商交易规模 9 万亿元，比上年增长 11.6%，浙江跨境电商发展规模居全国

前列，义乌是浙江跨境电商发展的重要引擎。（浙江省邮政分公司 / 提供）

【银川—太原—南京货运航线开通】 12月25日，中国邮政航空有限责任公司自主航空运能——12吨货运班机落地银川河东机场，标志着“银川—太原—南京”货运航线的开通。全区当日收寄的EMS邮件均可实现当日收寄当日发运，实现对全国96个城市的“次日递”以及104个城市的“隔日递”，让宁夏的优质生鲜“飞”往全国各地。（宁夏邮政分公司 / 提供）

开通“银川—太原—南京”货运航线。

【山西省邮政分公司开通首条国际航空直达邮路】 9月12日，开通太原—美国芝加哥的国际航空直达邮路，这是山西省邮政分公司首次开办国际航空邮件直封业务。该邮路每周三、五、日3个频次直达运邮，将山西省寄达美国全境的国际邮件寄递全程时间缩短2天以上。（山西省邮政分公司 / 提供）

【陕西省邮政分公司开通西安—莫斯科航空邮路】 4月14日，西安—莫斯科邮政全货运航线试开通。这是由西安市西咸新区空港新城与陕西省邮政分公司开通的中国中西部地区对俄罗斯国际邮件直封业务的首条直达货运航线。在完成西安—俄罗斯国际航空运输航线（全货航）项目采购工作后，7月27日西安—莫斯科全货航航线正式开通，西安—俄罗斯邮件全程时限由原来的7—15天缩短至4—7天，解决国际邮件全部经北京转发全程时限过长的问题。（陕西省邮政分公司 / 提供）

【陕西省邮政分公司增开高铁运邮线路】 在兰州高铁线路的基础上，增开西安—成都、西安—郑州轨道车，以及西安—广州、深圳、上海、武汉、重庆、北京、太原、福州的载客动车组线路运能。（陕西省邮政分公司 / 提供）

处理中心

【沈阳邮区中心局完成处理中心整合】 沈阳邮区中心局完成处理中心整合，配置“矩阵＋小件分拣机”工艺设备，日处理能力130万件，提升85%。推行快递包裹集包作业，生产作业流程由“全散件”模式向“出口小件集包、总包经转、进口深度分拣”方式转变。以本溪为试点，推行进口邮件由沈阳邮区中心局分拣至揽投部，处理效率和时限得到提升。邮路直达比例进一步提高。新开直达兰州、成都、武汉重点城市省际邮路，邮件时限缩短1天，省会城市局直达比例由53%提升至63%；新开省内直达串行邮路14条，省内地市间直达比例由19.8%提升至33%。时限质量大幅提升。开展线路提速，从营、分、运、投逐环节查找问题并分类解决。65条省际线路中，21条标快线路赶超主要竞争对手，42条快包线路达到菜鸟标准，分别完成集团提速目标的100%、95%。沈阳出口标快52个重点城市次日递率由59.4%提升至86.3%。省内互寄标快、快包次日递率分别提高5.69%、22.52%，最高分别为94.42%、93.22%；沈阳、大连加大利用民航晚航班运输，北京、上海等6个城市标快可实现“次日上午递”。（辽宁省邮政分公司 / 提供）

【湖北省邮政分公司完成邮区中心局整合】 7月1日，湖北省邮政分公司启动荆州中心局省际、省内分流业务功能，同步将神农架林区邮件报刊经转关系调整到襄阳邮区中心局经转。以此为标志，明确武汉、荆州、襄阳一二级中心局功能定位、覆盖范围、分流占比、邮路规划及推进步骤，形成省内中心局“一主两副”的区域集散模式。（湖北省邮政分公司 / 提供）

【银川邮区中心局搬迁工作完成】 1月20日，银川邮区中心局完成整体搬迁工作，中邮一号包裹分拣机正式投入使用，新增日处理能力10万件。搬迁后的银川邮区中心局通过增配先进的邮件处理设备、优化生产作业流程、调整网路组织等措施，提升邮件处理能力，95%的邮件实现自动化分拣、扫描等处理，邮件最快2小时内进出，邮件日均处理量提升到30万件。“双十一”期间，银川邮区中心局业务量298万件，在比上年增长36%的情况下，保证了生产运行平稳有序。（宁夏邮政分公司 / 提供）

银川邮区中心局完成整体搬迁工作。

【天津邮件处理中心包裹分拣机工艺设备阶段改造】 9月28日—11月6日，天津邮件处理中心包裹分拣机工艺设备进行一阶段改造，完成内环施工，包括西侧2组卸车线迁移改造，东侧卸车伸缩皮带机更换，新增12个分拣格口等。施工期间，包裹分拣机停用一半卸车线，总体处理能力下降一半。中心局通过加强现场指挥调度压缩调车等待时长、增配供包辅助人员提高供包效率、增开一条人工处理线等一系列方案，确保改造期间各项生产运行平稳。（天津市邮政分公司／提供）

【河北省邮政分公司拟建设石家庄邮件处理中心暨邮政农村电商运营中心】 10月11—13日，由国家工业和信息化部、河北省人民政府联合主办的2019中国国际数字经济博览会在石家庄国际会展中心举行，河北省分公司副总经理参加博览会开幕式暨主题峰会，并代表河北省邮政分公司与正定县人民政府签署《石家庄邮件处理中心暨邮政农村电商运营中心项目合作协议》。项目拟在正定机场附近建设石家庄邮件处理中心暨邮政农村电商运营中心，建成后，日邮件处理能力会大幅提升，邮件送达时限会缩短，进一步提升普遍服务水平及群众用邮体验。项目建成也将满足大力发展农村电商的政策要求，并助力精准扶贫工作，为履行邮政企业行业“国家队”的使命与担当奠定坚实基础。（河北省邮政分公司／提供）

【太原邮件处理中心新建工程启动】 太原邮件处理中心工程建设领导组的成立标志着集普邮、快包、标快和仓配一体化功能的太原邮件处理中心工程建设正式全面启动。拟新建的太原邮件处理中心位于太原市小店区，紧邻山西转型综改示范区，交通便利。一期核定建设规模5.68万平方米，土建总投资近2.3亿元，包括两个二层的生产楼以及辅助楼、配电室、锅炉房等配套设施。（山西省邮政分公司／提供）

【浦东邮件处理中心集包作业工艺设备配备工程通过初验】 7月，集团公司下达上海浦东邮件处理中心集包作业工艺设备配备工程的建设方案通知。9月，项目进入实施阶段，建设的主要内容为上海浦东邮件处理中心配置开拆平台以及对两台双层分拣机进行控制系统改造。10月，项目完成安装及调试工作。10月14日通过上海市分公司组织的初步验收测试。试运行期间，整体情况良好，安全稳定，达到工程建设的预期目标。（上海市邮政分公司／提供）

【海南省邮政分公司海口邮件处理中心项目竣工投产】 9月24日，海口邮区中心局正式投产。该项目土建工程占地104.5亩，总建筑规模为19079.75平方米，建有生产主楼、辅助楼、食堂及夜班休息室、地下水泵房、配电室5栋单体建筑。试运行期间包件最高日处理量34.7万件，包分机单日最高分拣量25.7万件。工程投入使用后，海口邮件处理中心实现车等邮件、随卸随分随装，从卸车、传输、供件、分拣、发运的流水化处理，包件实现自动分拣，邮件处理速度进一步加快。（海南省邮政分公司／提供）

【西安邮件处理中心（港务区）投产运行】 中国邮政西安邮件处理中心（港务区）项目一期总建筑面积约为6.1万平方米，投资4.73亿元，于11月11日建成投入使用。邮件处理中心（港务区）配备1台矩阵分拣机和2台小件分拣机。矩阵分拣机承担邮件的接卸及大件的分拣；小件分拣机承担轻小件的分拣和集包处理；异型件采取人工分拣模式。邮件处理中心自投产运行以来，能力迅速提升。“双十一”旺季期间，矩阵分拣系统单日峰值处理量27.8万袋件，矩阵处理效率在全国投产运行单位中排名第一；“双十二”旺季期间，小件分拣机单日峰值处理量33.5万袋件，创投产以来新高；“春节”旺季期间，小件分拣机单日峰值处理量首次突破50万大关，达50.3万袋件，再创投产以来新高。（陕西省邮政分公司／提供）

【中邮（华为）贵安IHUB仓建立】 1月，贵州邮政与华为公司共同打造的中邮（华为）IHBU仓，成为华为公司在全国首建的自动化仓储标杆项目，也是贵州省2019年重大建设成果项目之一，该项目由贵州邮政承担自动化方案设计及实施、仓储改建及业务运营，采用24小时无间断作业模式，致力于“所到及所需，快进又快出”的效能，提供准确、优质、低成本的仓储配送服务。项目提出了“新伙伴、新模式、新技术”的“三新”理念，仓储面积2万平方米（其中保税仓面积为2000平方米），是西南地区自动化程度最高的仓配项目。IHUB仓对境外来料采用分类监管模式，选用多层穿梭车系统、托盘自动密集型存取系统、自动码垛机械手系统、自动物料属性检测系

11 月 15 日，南昌国际邮件互换局正式开通运营。

统、“货到人”拣选—潜伏式 AGV 等自动化设备，极大降低人工成本，实现华为产品收、存、分、发、交接等环节 4H 的高标准时限要求。在贵州邮政与华为的共同努力下，项目于 7 月 1 日实现手工模式上线，10 月 1 日实现全自动化模式上线。（贵州省邮政分公司 / 提供）

【贵阳国际邮件互换局（交换站）获国家批复设立】 11 月 15 日，国家邮政局批复同意设立贵阳国际邮件互换局（交换站），贵州省国际邮件、快件的通关、传递速度和效率大幅提升，跨境电子商务发展获得强有力支撑。国际邮件互换局是国际邮件的重要进出口通道，是服务跨境电子商务发展的重要平台，2016 年，国务院批准设立贵州内陆开放型经济试验区，国家发展和改革委员会在《贵州内陆开放型经济试验区建设实施方案》中明确提出支持研究设立国际邮件互换局（互换站）。2018 年，国务院批准贵阳设立跨境电子商务综合试验区。2019 年，国家邮政局、商务部、海关总署联合印发《关于促进跨境电子商务寄递服务高质量发展的若干意见（暂行）》，提出支持跨境电子商务综合试验区所在地城市建设国际邮件互换局。贵州国际邮件互换局（交换站）的建成运营，将进一步助力贵州省减少国际邮件流通环节，缩短国际邮件进出境时间，降低物流成本，有效推动“黔货出境”和内陆开放型经济试验区建设。（贵州省邮政分公司 / 提供）

【沪太路国际邮件处理场地新址启用】 为确保国际邮件生产作业平稳运行，上海市邮政分公司通过盘活场地资源，决定将上海国际邮件处理场地搬迁至邮政沪太路场地，场内主要设置国际邮件互换局和国际邮件报关报验大厅。搬迁工程分为上海国际邮件互换局场地改造工程、装修工程、分拣机安装工程及国际邮件报关报验大厅装修项目及配套工程项目。3 月 18 日，沪太路国际邮件处理场地正式启用。（上海市邮政分公司 / 提供）

【南昌国际邮件互换局正式开通运营】 南昌国际邮件互换局 11 月 15 日开通运营，位于南昌昌北国际机场国际货站二级库房内，是南昌国际邮快件监管中心的重要组成部分，占地面积约 27.5 亩，建筑面积约 9500 平方米，包括报关区、查验区、分区存储及待处理仓库等。南昌国际邮件互换局运营后，全省进出口邮件可以直接在江西办理进出口通关，国际邮件处理时限全面加快，节约在途时间 2—5 天，提高通关、报关效率，提升跨境电商竞争优势。可满足当地国际化消费需求，便利企业通关，成为江西“引进来”“走出去”的重要平台。（新华网）

运　行

【京津冀区域邮件传递速递提升】 按照“前置集包、多频出口、直达运输、卡口管控、航陆分开”的原则，细化收、分、运、投四个环节管控措施，通过“减少经转、发直达，密切衔接、压时长”，全环节提升邮件传递速度。同步整合优化省内网，梳理出全省 440 个重点乡镇，分批开通二频次邮路。4 月，京津冀区域互寄标快进、出口次日递率分别较提速初期分别提升 22.27% 和 15.34%，达到 72.25% 和 75.65%；京津冀区域互寄快包进、出口次日递率提升 20.47% 和 14.81%，达到 68.22% 和 68.28%；省内互寄标快、快包次日递率分别提升 16.66% 和 25.42%，达到 89.58% 和 87.08%。（河北省邮政分公司 / 提供）

北京邮政至张家口邮路提速。

【上海市邮政分公司开展长三角邮件提速工作】 为进一步推进长三角区域一体化发展，加快长三角区域快递包裹互寄时限，根据集团公司要求，上海市邮政分公司按照“前置集包、直达运输、多频出口、卡口管控”的组织原则，梳理生产流程，研究发运计划，调整作业方式，开设“长三角”专线，增开直达邮路，确保长三角邮件提速工作顺利实施。截至年底，长三角快包次日递率较提速前提升26.3%，标快次日递率提升7.4%。省内互寄快包次日递率提升3.7%，标快次日递率提升7%。（上海市邮政分公司/提供）

【海南省内时限指标提升】 海南省邮政分公司制定省内各类邮件全程时限运行标准，采用日监控、周分析、月通报的方式，结合看板管理，对不达标的单位派人在省指调中心集中监控，及时督促各单位整改，省内互寄时限有所提升。标准特快省内互寄次日递率逐步提升，10—12月完成率分别为90.99%、92.77%、94.83%，分别排名全国第16、3、1位。快递包裹省内互寄次日递率略有提升，10—12月分别为96.15%、96.38%、96.81%，均排名全国第1位。标快及时妥投率10—12月分别为75.13%、79.18%、83.05%，分别排名全国第25、16、4位。快包及时妥投率10—12月分别为86.36%、86.7%、89.2%，分别排名全国第16、14、10位。（海南省邮政分公司/提供）

【辽宁省邮政分公司揽投网转型升级“三统一”】 辽宁省邮政分公司揽投网资源全面实现整合、融合，达到作业组织、经营政策、管理制度“三统一”。按照揽投结合、以投促揽的总体思路，以打造业务收入重要增量平台、客户开发平台和邮件投揽服务平台为目标，着力推进揽投网“五优化两提升”。确定“标快+快包”与普邮分网、“标快+快包+普邮”混网两种组网模式。推行“网格化作业、团队化管理”提高揽投作业效率，及时响应揽收需求；实行奖励向揽收倾斜、揽投挂钩、突出增收增效激励的政策。推行准承包制和外包模式，激发了发展活力和动力。（辽宁省邮政分公司/提供）

【南昌国际快件监管中心正式开通运营】 7月3日，南昌国际快件监管中心正式开通运营。结束了江西国际快件进出口报关、缴税等业务均要在长三角、珠三角等主要口岸城市进行的历史，为全面打造南昌跨境电商综合试验区创造有利条件、提供强力支撑，对江西省跨境电商产业超常规发展具有重要的促进作用。

6月18日，江西省委、省政府决定由江西省邮政分公司全盘接管监管中心建设运营。江西省分公司成立10个工作小组，在中央、省、市各有关单位的密切协作和集团公司的大力支持下，不到半个月就完成监管中心开通运营的各项准备工作。

7月3日，南昌国际快件监管中心正式开通运营。

南昌国际快件监管中心位于昌北国际机场国际货运仓旁，邻接机场停机坪，属于机场空侧一级库，一期场地面积2520平方米，由江西省邮政分公司进行整体运作，昌北机场海关负责全面监管；由机场安检进驻，直接进行快件机场安检和海关通关一体化流水线作业。该监管中心的开通运营，将进一步打通江西进出口物流快速通关的“绿色通道”。进出口直邮直购商品的流转效率将大幅度提升，通过采取“清单核放、汇总申报”等模式，提升进出口商品通关效率，降低通关成本，达到“降费增速”的目的。（中国邮政网）

邮政服务

◇ 网点
◇ 普遍服务
◇ 重大活动和重大事件服务
◇ 服务质量

【概述】 协同方面。基本建成五级协同体系，推动协同体系向下延伸至市、县两级，解决协同工作“谁来干”的问题。制定省级协同发展委员会工作指引，指导各省级协同发展委员会开展工作，解决协同工作“怎么干”的问题。制定协同考核管理办法，出台协同项目收益分配指导意见，解决协同工作“不想干”问题。落实国家战略，以惠农合作、汽车产业链、政务服务三大重点协同项目为抓手，推动源头获客，实现年收入100.7亿元。助力乡村振兴战略，推进惠农合作项目，收入19.29亿元。与农业农村部在安徽砀山联合召开现场推进会，累计走访获客1.8万家，电商平台建成惠农地方馆1112个，累计发放惠农合作社贷款28亿元，企业扶贫公益广告片在央视8个频道滚动播放1000余次。服务制造强国战略，推进汽车产业链项目，收入42.92亿元。推出“中邮车务”服务品牌和“融资通、速银通、售车通、车主通”综合服务包。集团公司层面与一汽、北汽、威马等主机厂商达成战略合作。对接“放管服”要求，推进政务服务项目，收入38.60亿元。累计对接29个省级线上政务服务平台，覆盖966个市级政务服务大厅和1884个县级政务服务大厅。

CRM系统的全国上线推广，助力开展精准营销。3月，组织省分公司和板块公司开展CRM营销场景研讨，9月召开全国上线电视电话会议，推动营销、销售、产品、渠道、服务功能在邮务（含代金）、寄递、保险、证券全面上线。整合各板块6.16亿客户（不含银行自营客户），实现跨板块、全量客户的集中管理；依托系统，二季度组织开展“佳邮加油”和“世界邮展”精准营销活动，实现集邮收入2632万元；四季度融合车务代办、车险、代金数据，成功发展ETC用户1.54万户、VIP流失客户回流4.21万个、大额存单转化4.41万户。

客户感知显现蓝军作用。一是完善客户体验管理体系，印发《中国邮政集团公司客户感知管理办法》，建立闭环管理工作流程。二是组织开展电话上门揽收、手机银行、城市银行网点大堂服务、同城寄递、银行对公贷款、邮政普遍服务、中邮证券APP等9个专项体验，督促整改问题55项，问题整改率总体超过50%：31个省（区、市）的4万多个邮政网点出售品实现在线缴费；EMS上门揽收提速，填单方式优化；邮储手机银行和中邮证券APP功能更加丰富、场景化能力得到提升。

对标工作取得实效。一是部署邮政服务质量立标对标达标工作，印发《关于开展邮政服务质量立标对标达标活动的通知》，确定2019年28项重点立标项目，坚持月小结、季通报，跟进进度并梳理难点。二是推动评价验收工作有序开展，下发活动评价验收办法，邮银网点全部实现个人储蓄业务柜面受理免填单、回单电子化；寄递业务9个时限对标指标有较大提升；保险亿元保费投诉率指标进入行业领先；证券柜面优化、APP整合等取得突破；电商制定农产品品控规则，推行先行赔付机制；集邮三项对标指标均已达历史最好水平。

品牌推广方面。持续完善绿色邮政管理体系，认真落实国家邮政局“9571”工程，推进快递包装“三化”，推进绿色运输和绿色金融，加强绿色合作。截至年底，邮政电子面单使用率97.7%，抽样电商快件二次包装率远低于50%，可循环邮袋使用率71.94%，1.1万个网点设置包装废弃物回收装置，通过国家邮政局“9571”工程验收。集团公司邮政绿色行动项目荣获2019年全国交通运输文化建设综合优秀成果奖。8月，集团公司加入中央广播电视总台“品牌强国工程”，建立“美好轻松寄　更快更安全”寄递品牌印象，寄递广告片在央视一套《新闻联播》后等黄金资源位累计播放100余次，以品牌推广促进重点区域、重点市场的客户开发与体验。集团公司入选2019中国品牌强国盛典“榜样100品牌”，全面提升客户认知。12月7日，集团公司与北京冬奥组委，举办北京2022年冬奥会和冬残奥会官方邮政服务独家供应商发布会暨会徽个性化服务专用邮票首发式。集团公司作为北京2022年冬奥会和冬残奥会官方邮政服务独家供应商，将在赛会筹办、举办期间全方位满足北京冬奥会和冬残奥会的用邮需求，提供特快专递、包裹快递等寄递服务，集邮类、封片卡类等邮政产品，以及综合现场服务等。集团公司以“新时代新邮政　服务美好生活”为主题，通过第二届中国西部国际投资贸易洽谈会、中国2019世界集邮展览和第二届中国（上海）国际进口博览会，利用视频及多种互动体验方式，从客户的视角体现邮政企业的业务、产品、服务与用户的关联，展示新时代邮政新形象。

创新管理方面。年初发布2018年度创新工作榜单，转发分享量20万次。完善云创平台功能并实现“总—省”共享的功能格局。评选2019年“金点子”62条，主题点子采纳奖11条；组织全系统600余项创新成果开展“一地一创新”展示和“创新实效奖”评选，评出创新成果27项。2018年评出的236条集团“金点子”中72%已落实或正在推进；17个集团级创新孵化项目、33个省（板块）级创新孵化项目入孵。制定下发《中国邮政集团公司企业管理创新工作管理办法》，管理创新工作从评审方法、评审流程、推广应用、表彰奖励、绩效约束等方面实现闭环管理；协助江苏省、安徽省完成全省的企业管理创新基础培训工作。围绕“质量第一，效益优先”，通过座谈与实地调研相结合、评审流程优化等方式，完成对第十五届（2019年）全国邮政企业管理现代化创新165项申报材料的审定工作；围绕“质量诚信，用户满意”，完成2018年度全国邮政115家用户满意申报企业的审定工作；围绕“质量改进，员工创新”，完成18个基层邮政质量管理小组活动成果的推荐工作。完成中国邮政集团公司“500强”系列榜单的申报工作；在《中国邮政报》开辟管理创新成果专栏，修订并刊登 36 项管理创新成果；各级邮政企业积极探索企业管理创新，3 项创新成果荣获第二十六届国家级企业管理现代化创新二等奖；23 项成果荣获 2019 年通信行业企业管理现代化创新成果奖。（集团公司市场部 / 提供）

网　点

【天津市“我是爱南开的”主题邮局开业】 3 月 31 日，位于南开大学内的“我是爱南开的”主题邮局正式营业，提供国内和国际明信片、校园慢递、集邮知识讲座、个性化邮品制作、南开大学纪念邮戳打卡等个性化服务，旨在依托特色邮品、时光慢递方式传递校园文化，丰富校园生活，标志着大学校园文化与邮政创意文化的完美融合。（天津市邮政分公司 / 提供）

【厦门一等邮局开业】 11 月 19 日，厦门一等邮局开业。福建省邮政分公司副总经理及咪咕文化科技有限公司、厦门市邮政管理局相关领导参加开业剪彩仪式。厦门一等邮局成立于 1897 年，是全国最早对外营业的邮局之一，也是中国近代邮政的开端标志之一，见证厦门邮政一百多年的历史沉浮。厦门一等邮局建筑已不存在，但遗址再建的新建筑作为厦门官办邮局的发祥地，仍具有重要的纪念意义。厦门一等邮局于 2004 年被厦门市人民政府公布为第五批市级文物保护单位；2006 年厦门市人民政府正式为“大清厦门一等邮局”立碑。（福建省邮政分公司 / 提供）

【内蒙古邮政分公司设立全国首个马文化主题邮局】 8 月 18 日，内蒙古邮政分公司在“第二届马文化节暨首届内蒙古国际马文化博览会”上设立全国首个“马文化”主题邮局。主题邮局展出马文化邮资明信片、纪念封，红色主题邮品以及具有蒙古族文化特色的文创产品。“马文化”主题邮局的设立，展示内蒙古邮政的创新和努力，激励内蒙古邮政人传承弘扬好蒙古马精神，以吃苦耐劳、一往无前的积极行动和精神风貌，为建设祖国北疆亮丽风景线做出应有的贡献。（内蒙古邮政分公司 / 提供）

“马文化”主题邮局。

【上海市邮政分公司规范邮政信筒（箱）管理】 1 月，上海市邮政分公司印发《邮政信筒（箱）管理办法（试行）》，确保各区科学合理设置邮政信筒（箱），方便客户用邮，明确邮政信筒（箱）设置、布放、安装、开取操作规范，强化日常监督检查考核，进一步规范邮政信筒（箱）日常管理使用维护。（上海市邮政分公司 / 提供）

普遍服务

【中国邮政提前一年实现全国建制村全部通邮】 中国邮政累计新增 5658 个直接通邮建制村，全国建制村直接通邮任务提前一年完成，进一步提升邮政普遍服务水平，促进农村地区的流通渠道建设，为实现公共服务均等化、助力精准脱贫、乡村振兴和农业现代化打下坚实基础。此项工作得到李克强总理、刘鹤副总理的批示肯定。（集团公司邮政业务部 / 提供）

【中国邮政集团公司普遍服务管理系统建成上线】 7 月，普遍服务管理系统正式上线，开通行政处罚案件管理、普服补贴绩效管理、普服督导管理、邮件全程时限管理、条码平信信息管理等 17 个功能模块，在 APP 端设置重点指标看板，实现行政处罚案件、普服督导的闭环管理以及对普服财政补贴项目的绩效评价管理，全面提升普服质量管理水平。（集团公司邮政业务部 / 提供）

【各省邮政分公司开展普遍服务达标集中整治行动】 北京市邮政分公司新增 23 个普遍服务网点，完成 21 个普遍服务网点的撤销和 25 个历史隐患网点的报撤、迁址、复业等工作；主动服务北京冬奥会和雄安新区建设，调整一级干线汽车邮路组划，张家口地区和雄安新区报刊全面提速；增开 3 条《人民日报》大部委邮路，实现了中央和国务院各大部委全覆盖，提升 370 家中央国家机关，市、区两级党政机关，企业总部机构的早报早投服务，对《人民日报》印点承印报纸进行就地集散，城区普投报纸实现提速；全面对接北京市 12345 市民热线，建立 12345“接诉即办”新的工作机制；解决 757 个小区、1.69 万栋楼房的直投服务问题；服务管理制度更加健全，修订出台 15 个普遍服务工作管理文件，建立服务质量“五级关键人”制度，进一步完善理赔制度，出台《包裹快递服务质量“五个零容忍”制度》；服务质量指标稳步提升，实施“日通报监控、周点评整改、月自查分析、季互查考评”工作机制，推动服务质量大提升方案落地见效；客服处理投诉问题效能快速提升，省际工单24小时办结率超过96%，11185工单24小时办结率提升到99%。（北京市邮政分公司／提供）

9月20日，湖北省邮政分公司印发《关于组织开展普遍服务工作达标集中整治行动的通知》（鄂邮公司函〔2019〕314号），分三个阶段在全省范围内组织开展普遍服务工作达标集中整治行动。细化《邮政普遍服务监督检查指导手册》35项检查整改落实内容，对所有普服网点、投递站进行普查，自查自纠、立查立改，并对完成情况进行挂钩考核，确保达到普遍服务标准。（湖北省邮政分公司／提供）

海南省邮政分公司组织开展普遍服务工作达标集中整治行动，由省分公司一把手亲自部署集中整治行动。通过开展培训、市县分公司自查整改、省分公司明察暗访、机关部室挂钩督导、印发《服务质量指导手册》、建立问题台账销号制度等方式加强动态管控，对整改问题逐一销号管理。（海南省邮政分公司／提供）

普遍服务是中国邮政的立业之本。

青海省邮政分公司成立3个检查组，对全省所有9个市州邮政分公司普遍服务达标整治活动进行督导检查。针对乡镇网点未联网运行、管理薄弱、相关基础数据无据可查等情况，对全省330个乡镇网点运营基本信息、工作人员及投递服务等关键信息进行梳理、核实、统计，制定统一模板进行规范。（青海省邮政分公司／提供）

【河北雄安新区重点党报实现当日上午见报】 3月18日，河北雄安新区党工委、管委会的《人民日报》《河北日报》等重点党报实现当日上午见报。（河北省邮政分公司／提供）

3月18日，雄安新区管委会实现党报当日上午见报。

【贵州省邮政分公司加强普遍服务助力农村脱贫】 在1月底召开的贵州省两会上，贵州省邮政分公司党组书记、总经理作为省政协委员参加会议，并提交政协提案，关注农村脱贫领域，提出加快村邮站建设，助力乡村振兴农村脱贫。提案建议贵州省政府明确由贵州省邮政管理局牵头，以乡镇党委政府为责任主体、村委会为建设单位，政府匹配资金，共同全面推进全省村邮站建设工作，确保到村邮件有人管理、有人投递。在全省乡镇设立公益性岗位，承担邮政局所的营业和投递，在响应国家脱贫攻坚战略、解决失业人员再就业问题的同时，相对稳定地做好农村地区邮件投递。建议省政府出台推进全省村邮站建设和相应补贴机制实施意见，将村邮站纳入全省基本公共服务基础设施建设年度投资计划项目预算，通过村委会村级公共服务活动中心、农家书屋等现有平台资源与村邮站相搭载，发挥各部门优势，统筹村级公共资源，实现资源共享，提升服务能力，形成政府主导、邮政配合、村民受益的新型乡村邮政普遍服务体系，助力实现乡村振兴、农村脱贫、同步全面小康。（贵州省邮政分公司／提供）

【各省邮政分公司与快递企业联合“下乡进村”模式开启】 11月8日，西藏邮政分公司与顺丰、京东、申通等区内9家快递企业签订《邮政快递合作下乡进村框架协议》，共同打造“快递下乡”共配体系，进一步解决“快递下乡”及“最后一公里”投递问题，推动西藏农村快递业务发展。（西藏邮政分公司／提供）

11月22日，黑龙江省邮政管理局主持召开黑龙江省邮政行业“邮快合作”推进会议。黑龙江省邮政分公司与顺丰、中通、韵达、申通、百世、圆通、京东及天天8家品牌快递签订《邮政快递合作下乡进村框架协议》。（黑龙江省邮政分公司／提供）

11月22日，由广西快递协会组织的《邮政快递合作下乡进村框架协议》签约仪式在南宁举行。广西顺丰、圆通、申通、中通、韵达、百世、宅急送、芝麻开门、京东、天速及南宁韵达11家民营快递企业代表与广西邮政分公司签署框架协议。（广西邮政分公司/提供）

11月28日，陕西省邮政分公司与顺丰、德邦等10家驻陕民营快递企业在陕西省邮政管理局举行《邮政快递合作下乡进村框架协议》签约仪式，正式开启快递"下乡进村"模式，打破快递下乡"最后一公里"瓶颈，实现服务"三农"能力再提升。（陕西省邮政分公司/提供）

12月18日，湖南省邮快合作协议签约仪式暨下乡进村工作座谈会在长沙召开。省邮政管理局、省邮政分公司以及顺丰、申通、圆通、中通、韵达、百世、德邦、苏宁、京东等11家省内快递企业负责人出席会议。会上，省邮政分公司与"三通一达"等快递企业签署《邮政快递合作下乡进村框架协议》。邮快合作下乡，旨在推动快递网络资源共享，解决县到镇、镇到村末端配送难点问题，让农村地区群众切实享受寄递服务带来的生活便利。（湖南省邮政分公司/提供）

12月18日，湖南省"邮快合作"协议签约仪式暨下乡进村工作座谈会在长沙召开。

【陕西省邮政分公司联合5厅局搭建农村物流网络节点服务体系】 10月，陕西省分公司联合陕西省交通运输厅、陕西省农业农村厅、陕西省商务厅、陕西省邮政管理局、陕西省供销合作总社共同印发《关于深化资源共享合作进一步推动农村物流高质量发展的实施意见》，力争于"十四五"末基本建成布局合理、双向高效、种类丰富、服务便捷的农村物流网络节点服务体系。（陕西省邮政分公司/提供）

【内蒙古包头市546个村邮站正式挂牌运营】 内蒙古包头市546个村邮站正式挂牌运营，实现了"村村设站"的工作目标，标志着普遍服务从"建制村"向"自然村"迈进了一步，普遍服务工作再上新台阶。

内蒙古包头市村邮站挂牌运营。

自2018年10月全市建制村实现全部直接通邮后，包头市邮政分公司为进一步巩固工作成果，提升普遍服务质量，在市邮政管理局的指导下，采取多项措施，提升农村邮政普遍服务质量。一方面，设立村邮站，在村委会挂村邮站标识牌，并配备邮件接收柜、邮箱等必备设施，提升投递效率；另一方面，与村委会签订协议，由村委会工作人员代为接收、转投邮件，完善交接清单等手续，确保邮件妥善投递；在此基础上，对村邮员和村委会工作人员进行业务指导和培训，规范村邮站运营。（内蒙古邮政分公司/提供）

【内蒙古邮政建制村邮路信息查询管理系统上线】 5月13日，内蒙古自治区信息技术局自主开发的内蒙古邮政建制村邮路信息查询管理系统正式上线使用，改善电脑端查看地图信息的单一方式，实现全区通邮地图在手机或平板电脑等移动设备上的分级展示和实时查询。该套系统制定四级菜单，即自治区、盟市、乡镇及建制村。各级邮路地图分级展示、层次清晰，便于管理人员快速定位查询路线。开发人员利用技术手段对12个盟市的700多张地图的图片信息进行了逐一处理，裁剪成合适的大小和形状，做到一个页面一张地图。为实现移动端的查看，开发人员反复对每个页面进行调整及跳转设置，使其呈现最佳效果。

内蒙古邮政建制村邮路信息查询管理系统满足服务质量监管部门在检查过程中通过移动设备查看邮路地图，迅速定位邮路路线的需求，为管理人员提供更加方便、快捷的查询手段，提升检查工作的效率。（内蒙古邮政分公司/提供）

【云南省邮政分公司首次试行无人机投递邮件】 为落实

"建制村通邮"，解决"最后一公里"投递服务，8月29日，昭通市昭阳区大山包镇邮政所举行无人机投递邮件启动仪式，印有中国邮政标识的无人机满载着《人民日报》《云南日报》《昭通日报》《求是》《农村百事通》以及小型包裹和专递邮件，为边远山区群众传递党的声音。昭通市昭阳区大山包镇平均海拔3100—3140米，年平均气温仅6.2℃，地广人稀，交通不便，属高寒地带。无人机投递邮件的成功启动，提升了大山包建制村通邮普遍服务工作的深度和广度，助力山区群众脱贫攻坚，彰显邮政担当，也为推进边远山区无人机投递邮件先行先试奠定基础。（云南省邮政分公司/提供）

重大活动和重大事件服务

【邮航完成国庆70周年等国家重要活动保障工作】 11月19日，民航华北局下发《关于表彰民航华北地区国庆70周年庆祝活动安保工作先进集体和个人的通报》，邮航安检站作为16个先进集体之一受到表彰。"两会""一带一路""国庆70周年"等重大活动期间，邮航各相关单位和部门以高度的政治责任感、强烈的使命担当，圆满完成了空防安全、网络安全和邮货运输等相关保障任务，以实际行动向中华人民共和国成立70周年献礼。（集团公司寄递事业部/提供）

【新闻宣传中心完成重大政治主题宣传报道】 按照中宣部、中国记协部署要求，新闻宣传中心高度重视全国两会、庆祝新中国成立70周年、十九届四中全会精神宣贯等重大政治主题宣传报道，一方面总编室组织精干力量开展策划采访工作，严格与《人民日报》、新华社"对表"，确保在政治上与中央保持高度一致。另一方面发挥报社编委会作用，从严把好新闻宣传的政治方向和舆论导向，切实把集团公司党组要求落到实处。两次组织开展以"质量是新闻宣传的生命线"为主题的质量月活动，在出版质量管理上强化审校把关，对内部差错实行"零容忍"，运维媒体整体宣传质量明显提高。（新闻宣传中心/提供）

【天津市邮政分公司服务全国第十届残运会暨第七届特奥会】 8月25日—9月1日，全国第十届残运会暨第七届特奥会在天津举办，天津市邮政分公司进驻17个场馆和23个酒店服务赛会。8月25日，"同心同梦　幸福中国"《中华人民共和国第十届残疾人运动会暨第七届特殊奥林匹克运动会》纪念邮资明信片首发仪式，在南开区李七庄体育主题邮局隆重举行。活动当天举办"方寸邮爱　筑梦同行"残疾人主题集邮文化展，展出残疾人邮迷的邮集作品《身残志坚　造福人类》，同时以图文的形式展示新中国成立以来发行过的全部残疾人主题邮票与纪念封片，见证中国残疾人事业的发展历程。（天津市邮政分公司/提供）

【上海市邮政分公司进驻服务进博会】 11月5日，第二届中国国际进口博览会在上海开幕。为更好地服务进博会，上海市邮政分公司派出一支200人左右的现场服务团队进驻进博会，并在场馆和办公楼内设置9个邮政服务点，其中5个服务点负责商品销售，4个服务点提供产品销售、邮件收寄、投递服务。通过布局"证件寄递区""邮品配送点""商务中心服务站""中邮快递柜""辐射揽收区"五大现场服务渠道，实现"场馆全覆盖、揽收全方位"。（上海市邮政分公司/提供）

【上海市邮政分公司进博会证件寄发工作】 9月27日，第二届中国国际进口博览会启动进博会证件发放工作，作为进博会寄递服务供应商，首张参展商、采购商人员证件通过EMS方式免费寄出。除秉承中国邮政EMS的VIP邮件高标准寄送环节要求外，上海市邮政分公司同时注重满足进博局个性化寄递需求，从证件交接、信息采集、邮件收寄、封发出口、专车押送、主动服务、信息反馈等环节为进博局提供全过程专业化服务，全力保障证件寄递服务工作，寄递约50万张参展证件。（上海市邮政分公司/提供）

9月27日，第二届中国国际进口博览会启动证件发放工作，中国邮政成为进博会指定寄递服务商。

【湖北省邮政分公司服务军运会】 10月18—27日，第七届世界军人运动会在湖北武汉举办。军运会期间，湖北省邮政分公司完成寄递渠道安全服务保障工作任务，获得湖北省邮政管理局肯定。武汉市邮政分公司作为军运会唯一

10 月 18—27 日，第七届世界军人运动会在武汉举办。

官方物流配送企业，为军运村、40 多个竞赛场馆等配送 60 多万件军运会物资；开设军运村邮局和媒体中心邮局，在部分比赛场馆设立临时邮局，为各国运动员、集邮爱好者提供现场服务，受到此届军运会执委会致信感谢。（湖北省邮政分公司 / 提供）

【广东省邮政分公司服务粤港澳大湾区建设工作】 广东省邮政分公司为建设大湾区优质生活圈，提供创新整合、便捷高效的邮政服务，粤港澳大湾区协同项目业务收入 3.36 亿元。一是推进粤港澳大湾区寄递产品开发，粤港澳大湾区大同城次日上午递产品实现业务量 3612 万件，比上年增长 20%。二是加快“出入境证件便民服务点”建设运营，大湾区珠三角九市完成建设 151 个服务点，港澳居民居住证寄递 6.3 万件，比上年增长 92%。三是举办首届大湾区邮展，展出新中国成立 70 年以来发行的全部邮票，是广东历史上规模最大、价值最高、内容最全的一次邮展，大量中外媒体对此进行报道。四是加快粤港澳大湾区新设代理金融网点筹建，12 个网点均获得监管部门的筹建批复。（广东省邮政分公司 / 提供）

服务质量

【服务质量监督】 一是扎实开展专项检查。组织开展普遍服务、保障“两会”和“国庆 70 周年”服务和安全等明察暗访活动，抽查 22 个省分公司、44 个地市（州）分公司、19 个县（市）分公司；通过监控视频抽查 30 个省的邮政营业网点和代理金融网点，发现 210 个问题，均督促整改。二是严查违规经营问题，对江苏省、四川省分公司邮件收寄问题进行核查和处理。三是申诉工单线上闭环管控，确保客户问题及时得到解决，申诉处理满意率 97.48%。四是认真做好“扫黄打非”管理工作，查堵非法出版物 4.7 万册，有效防止非法出版物通过邮政渠道传播。（集团公司市场部 / 提供）

【服务质量及管理水平统计资料】 邮政客户满意度 84.9 分，比上年提高 0.9 分。建制村直接通邮率 100%，提前实现总体通邮目标。县及县以上城市党政机关《人民日报》当日见报率由 2018 年的 82% 提升至 84%。全面推行个人平信条码化，丢损率由 3.16% 降至 0.064%。机要通信万无一失。52 个重点城市、珠三角区域标快次日递率赶超顺丰；长三角区域互寄标快和快包时限均进入行业前三。邮储银行高质量完成 A 股上市，是 10 年来 A 股最大 IPO。（集团公司市场部 / 提供）

【青海省邮政分公司创新视察检查方法】 一是创新开展“一季度一主题”客户体验专项活动。二是创新开展“建制村通邮”质量信息化监督。三是创新开展“第三方走千乡”主题调查评估活动。四是创新开展“无纸化重基础”专项检查方式方法的推进和强化。五是创新开展“传帮带、督促改”活动。六是创新开展“非现场找焦点”主题检查工作。（青海省邮政分公司 / 提供）

业务发展

◇ 邮政业务

◇ 邮政金融业务

◇ 速递物流业务

◇ 中邮保险业务

◇ 中邮证券业务

邮政业务

【概况】 普遍服务取得新成效。提前一年实现全国建制村全部直接通邮。乡镇邮政局所覆盖率保持 100%，营业服务达标率 100%。全面推行个人平信条码化，个人平信条码化收寄率达到 99.95%，条码平信信息断点率压降至 1‰ 以内。机要通信保密安全连续 12 年保持万无一失。新增 70 个区县实现《人民日报》当日见报，县及县以上城市党政机关《人民日报》当日见报率 84%，完成既定目标。巡视类专用邮政信箱规范管理得到强化，全国设置巡视类专用邮政信箱 3440 个，保证专用信箱邮件的及时准确投递，保障中央巡视工作寄递渠道畅通。集团公司下达普遍服务补贴和建制村直接通邮专项补贴 63.5 亿元。西部和农村地区改造网点和县局房 382 处。集团公司安排统购车辆 590 辆，项目总投资 3.57 亿元。建设上线普遍服务管理系统，推进行政处罚案件和普服督导的闭环管理，实现对普遍服务 60 亿元补贴项目的绩效评价管理。继续实施普遍服务补贴、普遍服务结算与服务质量挂钩考核办法，强化督导落地。黑龙江、四川、西藏、青海、甘肃 5 省（自治区）开展邮快合作试点。部分非试点省分公司完成协议签订工作，在省内推进实施。

经营发展。邮政公司（非寄递）完成收入 1447.8 亿元，增长 3.7%。其中，代理金融业务收入 1042.7 亿元，增长 4.9%；函件业务完成收入 59 亿元；报刊业务完成收入 87.2 亿元，增长 4%；集邮业务完成收入 78.7 亿元；电商分销业务收入 118.4 亿元，增长 6.8%。中邮传媒智融平台整合社会各类优质资源，资源结构初具雏形，用户黏性增强，成为推动函件传媒创新转型的重要力量。围绕新中国成立 70 周年、五四运动 100 周年、澳门回归 20 周年等重大活动，开发系列封片文创产品，研发上线数字有奖明信片。丰富主题邮局功能，累计建成 708 家主题邮局。通过开展重点报刊续订、春秋季校园报刊收订、少儿类系列报刊订阅季等专项营销活动，报刊日常收订流转额 18.4 亿元，比上年增长 38.8%。新接办报刊 315 种，新增流转额 2 亿元。图书收入实现 6 亿元，比上年增长 21%。其中，《习近平在正定》发行 133 万册，市场占有率超过新华书店。引进樊登读书、混沌大学等知识服务平台商，邮发数媒产品 107 种，机构客户突破 1700 家，累计实现销售额 3.3 亿元。组织线上营销活动百余场，实现线上业务规模 18.4 亿元，增长 19.8%。2020 年度报刊大收订实现流转额 228.3 亿元，比上年增长 4.5%，完成计划得 100.6%。全力保障《中华人民共和国成立七十周年》等重大政治题材邮票发行。《中国 2019 世界集邮展览》《北京大兴国际机场通航纪念》等邮票设计印制实现创意创新。通过减量、提前公布发行量、提高邮票结算价、提高设计印制水平等措施，促进市场回暖，新邮低面值问题基本得到解决。举办 2019 世界集邮展览，彰显国家形象和邮政形象。

加强名优农品培育，规范包装品控，拓展销售渠道，实现农产品交易额 33.2 亿元，增长 28%。创新 919 电商购物节，开展“百万员工促导购”社群营销等活动，平台日均 UV（独立访客）53 万，增长 86%；推动站点业务叠加，店均叠加 1.5 项业务。带动邮政包裹寄递 899.2 万件；8 万个邮乐购站点累计代投包裹 8890.3 万件；为 173.4 万金融客户提供积分兑换服务，兑换金额 2.5 亿元。邮掌柜联名信用卡发卡超过 2 万张。实现批销额 184.4 亿元，增长 18%，线上零售额 8.4 亿元，增长 47%。税邮合作在 30 省 1.76 万处网点开通，手续费收入 6.2 亿元；警邮业务 31 省地级以上城市全覆盖，收入 3166.4 万元；简易险实现保费 20 亿元，收入 6 亿元。（集团公司邮政业务部 / 提供）

【封片产品审核工作】 封片产品审核 10.4 万稿，退回 9117 稿，审核各省申报邮资机宣传戳 398 枚、中邮传媒智融平台供应商资质 326 家、平台资源 3220 款、明信片设计大赛参赛作品 2.3 万套。坚持以国家法律法规为准绳，站稳守住意识形态工作前沿阵地，确保资源商在平台开展的生产经营活动合法合规。审核及时率 100%，未出现过任何重大审核事故。（中邮传媒 / 提供）

【封片文化服务国家重大活动】 围绕新中国成立 70 周年、五四运动 100 周年、澳门回归 20 周年等重大活动，开发

五四运动一百周年纪念封。

系列封片文创产品，研发上线数字有奖明信片，创新封片卡产品及营销模式，促进业务发展，传播邮政文化。针对个人收藏、企业宣传增长市场，将二维码、彩色戳等新技术应用到邮资机宣传戳，推广彩色邮资机宣传戳，在海军成立 70 周年、花开舟曲等大型活动中成为收藏新亮点。（集团公司邮政业务部 / 提供）

【《湖北邮电报　邮政专刊》停刊】 7 月 1 日，根据集团公司统一部署，《湖北邮电报　邮政专刊》停刊。邮政专刊自 2000 年 9 月 20 日创刊至停刊，办刊 20 年。（湖北省邮政分公司 / 提供）

【甘肃省大学生明信片设计大赛】 5 月 7 日，由共青团甘肃省委、甘肃省邮政分公司主办，兰州城市学院承办的“我和我的祖国”全省大学生明信片设计大赛启动仪式在城市学院逸夫图书馆举行。此次大赛旨在庆祝新中国成立 70 周年、纪念五四运动 100 周年，进一步深化“青春心向党·建功新时代”主题宣传教育实践活动，创新工作载体，丰富活动形式。

此次大赛要求参赛作品要紧扣“我和我的祖国”这一主题，继承和发扬“五四”精神，要求内容健康向上、设计角度新颖、文案表达深刻、富有感染力，寓意深远，艺术表现力强。内容能够反映全国及甘肃省经济社会发展、城乡面貌变化、人民生活变化，传播青春正能量，展示新时代甘肃青年风采。

全省各高校以及中职院校在校学生参与比赛，最终作品评出特等奖 1 名，一、二、三等奖若干名，部分获奖作品被省邮政分公司印制为邮资明信片发行，并被推荐参加“第三届中国明信片文化创意设计大赛”，收录于邮政明信片产品图库。为配合此次活动，兰州市邮政公司组织相关邮品的销售和宣传。（甘肃省邮政分公司 / 提供）

【海南省邮政分公司以图书项目培育报刊业务增长点】 一是组织开展《习近平在正定》专项营销，《习近平在正定》实现销售 15802 册，完成计划的 105.34%；二是围绕“六一”主题组织开展图书礼盒套装专项营销，利用“图书 + 文化产品”模式开展文创礼盒销售，实现订货 1222 套，订货额 24 万元；三是举办“书香海南·悦邮书香”全省图书巡展活动，并借势参与当地中小学校“爱心赠阅”活动，在 13 个市县举办 16 场活动，实现销售额 460.6 万元，完成计划的 131.6%；四是围绕“两会”热点，组织开展《十三届全国人大二次会议〈政府工作报告〉学习问答》等“两会”系列图书营销，累计实现销售 3405 册。（海南省邮政分公司 / 提供）

【公益包裹项目】 5 月 28 日，以“小包裹，大爱心”为主题的爱心包裹项目十年总结会在北京举行。借助互联网、微信等线上平台，加大对公益包裹项目的宣传，持续开展“99 公益日”“善行 100 温暖行动”等公益活动。累计捐赠额 4226.6 万元，受理公益包裹 35.3 万件，持续提升公益包裹项目影响力。开办以来，项目惠及 692.9 万人。（集团公司邮政业务部 / 提供）

公益包裹。

【内蒙古邮政分公司开展互联网新媒体业务】 一是深耕旅游市场，辐射周边行业。内蒙古邮政分公司集邮与文化传媒部已连续 3 年服务自治区旅游局等 3 家旅游行业客户，累计收入 93.3 万元。一季度，区文传部为黑龙江旅游局策划“冬季爱情”“雪怪”两期线上宣传活动，实现收入 30 万元。阿盟分公司针对巴丹吉林景区进行朋友圈线上投放，实现收入 10 万元。二是捕捉机遇，用专业撬动金融市场。一季度，呼和浩特、呼伦贝尔分公司积极把握商机，迅速对“大地财险”及“人保财险”展开营销，实现收入 17 万元，成为金融行业的突破口。三是指尖政务，打造视听精品。“两微一端”是大众获取政府消息、知悉社会现状、通晓政策法规的重要媒介。兴安盟分公司与农牧业局合作，线上推广当地特色农产品，实现收入 30 万元；乌海市分公司与乌达区委宣传部签订全年线上推广协议，投放 5 期，在服务水平上迈出了两个第一步：第一次寻求线上自助平台，以低成本快速实现有奖问答的制作；第一次刷新全区小视频品质，以头脑风暴的策划点联合专业制作方，实现收入 6 万元。（内蒙古邮政分公司 / 提供）

【天津市邮政分公司开展“针锋相对　亮剑夺旗”标快百日营销大会战】 6 月 11 日，天津邮政启动“针锋相对　亮剑夺旗”标快百日营销大会战。“标快百日会战”活动提前 5 天告捷，日均收入增长 16.1%，实现标快收入 4800 余万元。通过“标快百日会战”“旺季营销会战”等活动，拉动客户增长，新增政务、商企等标快客户 1367

户。通过推进“互联网 + 邮政服务”，身份证邮寄转化率在 55% 以上，不动产中心业务覆盖率 100%，与近 70% 的部委达成合作关系。实现政务类业务收入 5390.4 万元，比上年增长 31.9%，增长列全国第 4 位。（天津市邮政分公司 / 提供）

【小额贷款辅助贷款试点开办】 4 月 16 日，银保监会大型银行部同意浙江、安徽、云南、广东、福建、湖南 6 省试点开展代理营业机构小额贷款辅助贷款。邮银结合代理金融实际，制定下发《关于印发〈中国邮政储蓄银行代理营业机构小额贷款辅助贷款实施方案〉》（中国邮政联〔2019〕285 号），明确小额贷款辅助贷款实施方案、管理办法以及不良责任认定实施细则。邮银协同，通过不断优化业务流程，加强人员培训，强化系统支撑和风险管理等措施，稳步推进试点工作。6 月 15 日，广东省江门市成功放出全国首笔辅助贷款模式小额贷款。截至 12 月，试点 6 省小额贷款辅助贷款结余金额突破 3 亿元。（集团公司金融业务部 / 提供）

【湖北省邮政分公司刷新全国单日保费最高纪录】 1 月 1 日，湖北省邮政分公司“元旦首卖”当日新增保费 76.78 亿元，创全国邮政单日保费最高纪录、创百亿保费最快纪录。（湖北省邮政分公司 / 提供）

【上海市邮政分公司举办中邮保险长期期交特训营】 4 月 10 日，上海邮政中邮保险长期期交特训营项目启动。项目由上海市邮政分公司牵头组织，中邮保险上海分公司联合第三方机构全力配合，闵行、徐汇、浦东、宝山、杨浦、崇明 6 家区分公司共 197 个网点参与。经过 9 天奋战，实现长期期交新单保费 2800 万元，超额完成既定目标，为网点转型奠定基础。5 月起上海市邮政分公司把成功经验复制推广至其余区分公司，开展两两 PK 和区内竞赛，全市邮政实现长期期交 1.27 亿元，比上年增长超 28 倍，列全国第二。（上海市邮政分公司 / 提供）

上海市分公司举办中邮保险长期期交特训营。

【天津市邮政分公司启动“代理金融产能提升”活动】 6 月 14 日，为夯实代理金融业务发展，调整业务发展结构，锻炼理财经理队伍销售能力，提速保险业务发展转型，天津邮政启动“代理金融产能提升”活动，携手相关保险公司联合开展长期期交业务营销活动。活动期间，实现长期期交保费 1.26 亿元（占全年长期期交的 80%），网点出单率 100%。长期期交占期交保费的 57.3%（比上年提升 43.1%）。全市月均产能较活动前提升 1885 万元（活动前为 650 万元），增长 290%；点均长期保费 47.4 万元，增长 291%。（天津市邮政分公司 / 提供）

【上海市邮政分公司推进“一网通办”项目】 “一网通办”项目是由上海市政府牵头搭建的统一政务服务平台，旨在将所有政府服务事项逐步通过一网受理，切实提高政府的行政办事效率，实现市民“足不出户能办事，跑路最多跑一次”。上海市邮政分公司是“一网通办”政务平台的指定物流服务商，为全市各级行政单位、企业及个人提供全流程便民寄递服务。为深入推进该项目，上海市邮政分公司对接上海市大数据中心“一网通办”，16 家区分公司全面进驻区行政服务中心提供服务。（上海市邮政分公司 / 提供）

【上海市邮政分公司开办“汇服务”项目】 5 月 16 日，上海市邮政分公司与徐汇区公安分局签订“汇服务”寄递项目合作协议。作为“互联网 + 政务”工程的重要组成部分，上海市邮政分公司与徐汇公安共同打造集认证、预约、受理、支付、寄递、评价、监察、咨询八大功能于一体的“互联网 + 公安政务”平台，推出“汇服务”小程序，实现公安窗口业务在线化，市民可在线办理公安窗口的各项服务。5 月 7 日，系统完成对接并进行项目首轮试运行，第一阶段完成 11 项公安服务对接，包含交管、居住证、户口、身份证等高频需求的公安业务，第一期在徐汇区 4 家派出所上线，随后将在全市逐步铺开。（上海市邮政分公司 / 提供）

【湖北省邮政分公司“税邮云仓”项目上线】 8 月 28 日，湖北省邮政分公司在全国率先上线武汉“税邮云仓”项目。“税邮云仓”项目是由湖北省税务局、湖北省邮政寄递事业部为深化税邮合作，推行网上申领发票邮政寄递，利用信息化工具，联合打造的集税务发票仓储管理、订单处理、拣票、包装、送件上门、签收回执单于一体的云仓一体化配送服务，实现纳税人端、税务端和邮政端“三点一线”的全程智能化云仓配送。（湖北省邮政分公司 / 提供）

【“陕西政务专递”专用封启用】 12 月 17 日，陕西省政务服务中心与陕西省邮政分公司联合举行“陕西政务专递”专用封启用仪式，标志着陕西省邮政分公司正式面向社会开办“陕西政务专递”服务。（陕西省邮政分公司 / 提供）

【贵州邮政证照批文免费邮寄】 截至 5 月 31 日，贵州邮政累计在全省各级政务服务大厅为办事群众提供证照批文免费寄递 11.6 万次，为办事群众节约跑腿费用 570 余万元。2018 年 10 月，贵州省、市、县政务服务大厅开展政府买单免费邮寄服务，到年底实现证照批文邮政速递服务全覆盖。群众通过贵州政务网提交资料时可选择免费邮寄，或在实体政务大厅行政审批窗口提交资料时申请免费邮寄，邮政揽投员将采取线上和线下服务相结合的方式提供申请材料邮寄递送和行政审批结果的邮寄送达。同时，贵州邮政也提供“一窗受理”服务，邮政窗口在办事大厅为办事群众提供办理业务咨询服务、引导邮寄服务、现场收寄服务，做到从咨询到邮寄的无缝衔接。（贵州省邮政分公司 / 提供）

贵州证照批文免费邮寄，政务服务便民利民。

【贵州邮政服务易地扶贫搬迁群众换领身份证】 11 月 27 日，贵州省易地扶贫搬迁群众身份证换领寄递项目正式启动，此次活动是贵州省公安厅联合贵州邮政为加强完善贵州省易地扶贫搬迁后续工作推出的又一项便民利民服务新举措。2016 年起，贵州省易地扶贫搬迁 188 万人，整体搬迁贫困自然村寨 10090 个，贫困人口从 923 万减少到 2018 年底的 155 万，减贫人数全国第一。贵州省分公司对此高度重视，专门研究开发人脸识别签收、揽投人员照片展示两大寄递服务功能，提升投递精准性，保证身份证邮件的安全投递。优化、完善省内运输网，增开专线 7 条，增开直达邮路 58 条，调整优化运行计划 164 趟次，省内邮件全程平均时长缩短 24 小时，省内互寄次日递率从年初的 41% 提升到 92%，全面提升服务能力，通过邮政声音传递政府在精准扶贫工作中的惠民举措，用实际行动践行快递“国家队”的责任担当，助力贵州脱贫攻坚。（贵州省邮政分公司 / 提供）

代办警医邮。

【海南省邮政分公司网点叠加业务】 推进警邮网点建设，截至 12 月，全省新增警邮业务网点 34 家，累计开办 59 家，提前完成计划目标（55 家）。并叠加中石化易捷店为邮政便民站，截至 12 月，全省开通 194 家邮政便民店，交易金额 2732 万元。（海南省邮政分公司 / 提供）

【新疆邮政分公司与区公安厅治安总队开展“警邮共建公安证照便民服务”】 12 月 25 日，新疆 16 个地州市全部实现“公安户籍”业务开办。新疆“公安户籍”业务是指新疆户籍居民在“新疆公安”APP 可申请办理出生申报、姓名变更等 21 项户籍业务，申请完毕后均可选择使用邮政 EMS 特快专递送达，户籍业务办结后公安将订单信息自动推送至邮政政务订单管理平台，有效解决用户需求的“最后一公里”问题。（新疆邮政分公司 / 提供）

【陕西省邮政分公司警邮税邮合作内容扩展】 一是警邮合作进一步深化。以邮政网点、“警邮便民服务平台”系统为依托，陕西省邮政分公司在全省建成警邮合作网点 350 处，通过邮政网点分散预约受理、车管所远程审核办理、邮政派送方式，将服务触角延伸到乡、镇、村，最终实现交管业务窗口全程覆盖服务总目标，为广大人民群众打造“家门口的车管所”。二是税邮合作有序开展。陕西省邮政分公司与国家税务总局陕西省税务局签署合作框架协议，合作开展代开发票，代征增值税及其附加和其他税费、发票寄递，税法宣传等业务，全力推进税邮合作项目持续健康发展。（陕西省邮政分公司 / 提供）

【重庆市邮政分公司开展“邮政 +”服务】 重庆市邮政分

公司进一步巩固“邮政＋税务”的税邮合作模式，完善邮政新一代订单平台与国税12366电子税务局系统对接，实现代开税票一键完成，全市39个区县、1592个自营网点开通代征税业务；深化“邮政＋交管”的警邮合作模式，在218个邮政网点开通24项车驾管业务代办服务；探索“邮政＋政务”的政邮合作模式，在巴南开展试点，在邮政营业厅里设置政务服务厅，通过“就近办、沿路送、上门接”，为企业和群众代办行政审批、公共服务等事项。（重庆市邮政分公司／提供）

【第三届中国邮政“919电商节”】 9月19日，第三届中国邮政“919电商节”在北京启动。“919电商节”是中国邮政打造的电子商务品牌，是中国邮政认真贯彻落实党中央决策部署，发挥信息流、资金流、实物流“三流合一”的综合服务平台优势，丰富平台商品，提升渠道活跃度，全力打造具有邮政特色和社会影响力的电商平台，更是中国邮政推动农村电商高质量发展，服务乡村振兴战略和精准脱贫攻坚战采取的重要行动。（集团公司邮政业务部／提供）

在“919电商节”中，各地组织上线1100多款产品，开展员工促导购社群营销、抖音挑战赛等特色活动，平台流量站稳互联网平台第三梯队（日均流量100万以上），日均UV 158.9万。通过强化地推、满减秒杀、业务叠加等措施激活邮乐购站点，活动期间20.7万个站点实现批销下单，日均批销下单站点数是平时的2倍以上。15.16万个站点发生代缴费业务，2.27万个站点发生代收代投业务。创新宣传推广方式，在腾讯、今日头条等互联网媒体开展广告宣传，9月19日，启动仪式得到《人民日报》、新华社、《光明日报》等媒体的报道。（集团公司电商分销局／提供）

【电商扶贫工作】 对标对表集团公司电商扶贫三年规划，强化跟踪督导，2019年度目标超额完成。邮乐标准扶贫地方馆建设729个，完成三年规划阶段目标的104%，实

用户在邮乐购站点下单。

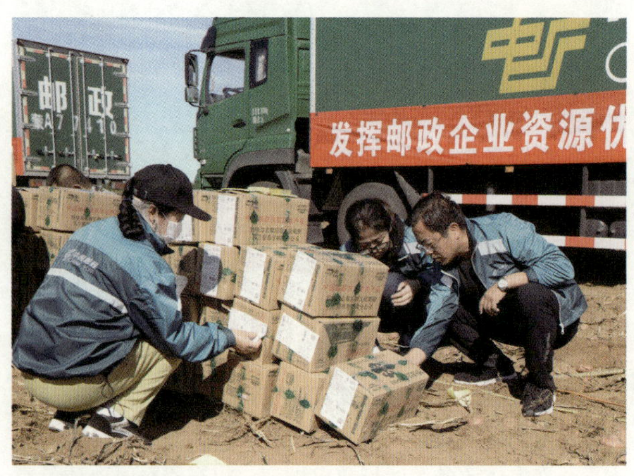

中国邮政助力农产品进城。

现832个国家级贫困县的全覆盖；万单扶贫商品累计完成1140个，提前一年完成三年规划目标；扶贫能手累计培养9318名，完成三年规划阶段性目标的155%。中国邮政采取线上线下结合的方式，线上在邮乐网开设扶贫（国家级贫困县）地方馆和扶贫（优选产品、重点推荐）专区，开展扶贫农特产品销售，利用邮乐小店线上推广销售扶贫农特产品；线下利用邮政传统渠道帮销扶贫农特产品，利用邮政寄递网络等资源优势，努力解决农民“卖难”问题。（集团公司电商分销局／提供）

【黑龙江省电商扶贫联盟成立】 7月30日，黑龙江省电商扶贫联盟成立大会在哈尔滨举行。黑龙江省邮政分公司、黑龙江省商务厅、黑龙江省电子商务协会等扶贫联盟发起单位相关领导及代表出席会议。在黑龙江省电子商务协会及黑龙江邮政分公司提出了成立扶贫联盟构想的背景下，黑龙江供销电子商务股份有限公司、黑龙江大米网投资运营有限公司、黑龙江森工电子商务有限公司、哈尔滨农垦北大荒创新创业管理有限公司、中国银联股份有限公司黑龙江分公司等企业积极参与，推动电商扶贫，助力乡村振兴。（黑龙江省邮政分公司／提供）

【甘肃探索“东乡手抓”鲜羊肉寄递新途径】 甘肃省东乡县邮政分公司将电商产业发展与扶贫有机结合，探索“东乡手抓”鲜羊肉寄递新途径，创新邮政助农精准扶贫工作机制，在促进邮政电商和寄递业务发展的同时，利用邮政电商平台与寄递服务助力当地农户脱贫攻坚。

厦门市与临夏州电商扶贫对接，两地商务部门多次磋商和碰头，力促两地间电商领域的合作。东乡县邮政分公司与县政府沟通联系，争取“东乡手抓”鲜羊肉供厦门项目落实。“东乡手抓”鲜羊肉供厦门项目，通过邮政线上线下渠道优势，以邮政电商与寄递服务做支撑，帮助农民、协助地方政府把东乡鲜羊肉销往厦门。为有效保

证“东乡手抓”鲜羊肉在厦门顺利配送到户，该分公司采用保鲜质量高的“专业手抓包装袋+冰袋”方式对鲜羊肉进行包装。经过多次不同运输环境的反复试验，有效解决了路途运输引起的品质保障及时限问题。元旦至春节期间，从临夏州东乡县寄出、跨越2400公里的33吨“东乡手抓”鲜羊肉分批次陆续抵达厦门。（甘肃省邮政分公司／提供）

【宁夏邮政分公司开展线上直播营销】 宁夏邮政分公司采用网络直播营销模式，联合社会文创公司，邀请钱币雕刻、邮票雕刻的专业人士入驻直播间，开展线上直播营销活动，实现收入257万元，集邮微营销收入比上年增长161%。（宁夏邮政分公司／提供）

【云南省邮政分公司开展松茸寄递服务】 云南省邮政分公司在昆明、丽江、迪庆、大理、楚雄五地联动，于7月4日同期召开松茸供应链解决方案推介会。依托邮政强大的网络和服务能力，为客户提供从专业的定制包装到高效方便的服务、便捷的下单和物超所值的价格等一体化解决方案。为确保运递时限，云南省邮政分公司优化网运作业组织，投入14辆专车，在省内开通16条冷链专线，开通大理、丽江、香格里拉、腾冲、昆明直飞出口航线，开通连接丽江、大理、昆明、贵阳等7条高铁邮路，形成以邮航为主、民航为辅，叠加高铁、冷链专线的多渠道、多频次出口运输网络，确保承诺的62个省际城市实现次日递、138个地级城市实现隔日递。在松茸邮件的封装上，通过使用冰柜、冷库、冷链车对松茸邮件进行封装寄递前的预冷处理，再进行包装收寄，最大程度确保松茸新鲜。为做好客户服务工作，昆明、丽江、迪庆、大理、楚雄等州市邮政分公司均配齐、配强松茸寄递项目主动客服团队，专人负责松茸邮件的主动客服和售后服务，通过对邮件进行跟单监控、异常处置、查询投诉、客户回访、快速理赔等个性化客户服务手段，改善提升客户体验，为邮政在高端生鲜寄递市场树立良好口碑。此外，还制定邮件快速赔偿机制，引入商业保险机构投保邮包险，全方位为客户的松茸寄递“保驾护航”。（云南省邮政分公司／提供）

【邮政精准扶贫工作】 中国邮政在陕西商洛市商州区、洛南县投入扶贫资金1031万元，继续实施党建扶贫、电商扶贫、金融扶贫、保险扶贫、产业扶贫和教育扶贫六大项目，扶真贫，真扶贫。通过分期分批培训的组织方式，开展送培训到乡镇活动，两地培训基层干部897人，超额完成定点扶贫责任书承诺的人数指标；引导产业扶贫新模式，在商州区扶持种植菊芋5400亩，带动贫困群众2511户，户均增收4320元；在洛南县种植朝天椒4000亩，产业带动贫困群众3680户，户均增收3150元；通过金融扶贫，夯实脱贫产业根基，在商州区、洛南县发放扶贫小额

中国邮政集团公司助力定点扶贫区（县）脱贫。

信贷、产业贷共计8250万元（157笔）；保险扶贫巩固邮政扶贫成果，帮扶当地1.65万名贫困群众，赠送人身意外伤害、意外医疗保险；开展电商扶贫，大力开拓消费扶贫渠道，解决农品销售难问题；深入推进“教育+就业扶贫”模式，项目资助139人，可带动139个家庭脱贫。（集团公司计划建设部／提供）

【四川邮政助力“川货出川”】 5月17日，四川邮政“服务乡村振兴　助力川货出川——汉源甜樱桃新闻通气会”在成都举行，全省启动优质农品项目。农品销售突破亿元，列全国第2位；打造汉源甜樱桃、盐源苹果等17款销售过百万的优质农品。12月5日，“川酒出川”推介活动在成都举办，与全国16省联动，实现泸州老窖、五粮液等销售过5000万元，其中1573列全国白酒单品销售第1位。（四川省邮政分公司／提供）

【宁夏邮政分公司建设贫困县邮乐网扶贫馆】 完成宁夏8个贫困县邮乐网地方馆的建设，并邀请邮乐网专业人员对全区各级渠道经理开展专业培训。引导农业合作社、涉农企业入驻邮乐各扶贫地方馆。截至12月，全区邮乐网建馆11个，入驻商家105个、入驻品牌158个，上架产品674款。交易订单75097单，比上年增长65.68%，累计交易额319.53万元，比上年增长454%；完成4款万单扶贫产品。（宁夏邮政分公司／提供）

【安徽农村电商生态圈构建】 培育“砀山酥梨”“黄山茶语”2个超千万元项目，15个超百万元项目；渠道专业化管理加快推进。通过“内部挖潜+外部承揽”等方式，组建214人专职渠道经理队伍，建立“固定薪酬+行为绩效+业绩绩效”考评机制，增强专业支撑；平台批销规模持续做大。推进“常态化+活动”批销模式，开展“福至新春——年货节”“邮政919电商节”等批销活动，实现批销额12.46亿元，居全国第7位，提前3个月完成集团公司目标；比上年增长72.81%，居全国第2位。其

中“邮政919电商节”期间实现批销额4.9亿元，计划完成率170%，均居全国第2位；平台质效不断提高。培育优质邮乐购站点1万个，加快叠加代收自提、金融转介等服务，构建协同引流获客场景。站点代收自提邮件4200余万件，居全国第1位；掌柜贷支取贷款金额2953万元，居全国第6位。重建78个邮乐地方馆，持续开展线上促销和“地方馆赋能周”活动，实现线上订单241万单。（安徽省邮政分公司／提供）

【新疆邮政分公司召开2018年哈密瓜联动项目启动会暨名优农产品展示会】 4月26日，2019年吐鲁番“西州密25号”全国邮政订货会暨特色产品推介会召开。来自中国邮政集团公司、15个省市邮政分公司、各地州市邮政分公司相关部门的负责人和吐鲁番市相关部门领导、新闻媒体等近百人参加推介会。现场签订4份哈密瓜购销框架合作协议，初步达成合作意向订单近1.8万单。（新疆邮政分公司／提供）

【中国邮政落实“惠农”项目】 探索“邮乐网＋原产地＋地方邮政＋农民专业合作社＋农民”的运营模式，加快推进产销对接，2019年与354家合作社开展合作，超全年计划218家，累计实现农产品订单306.89万单，销售额8666.94万元。（集团公司电商分销局／提供）

【“黔邮乡情”项目带动黔货外销】 为认真落实贵州省委、省政府关于脱贫攻坚的决策部署，贵州邮政深入落实国家精准扶贫战略，创新扶贫新思路，发展农村电子商务，通过“黔邮乡情”“邮乐”“黔邮e购”项目让更多的贵州产品走出贵州。其中，“黔邮乡情”项目被写入贵州省政府《贵州省进一步加快农村电子商务发展主推脱贫攻坚行动方案（2019—2020）》。贵州邮政在龙里县快递物流园建成贵州邮政电商仓，仓内实现仓储、订单管理、拣选、组配、打包等“一条龙”服务，成为全省邮政标准示范性电商仓。截至9月，全省邮政快递包裹收储量9亿3000万件，全省人均使用快件超过26件，以贵酒、贵茶、猕猴桃、火龙果以及正安枇杷果等为代表的农特产品通过邮政寄递远销省内外，带动黔货出山外销金额超过100亿元。（贵州省邮政分公司／提供）

中国邮政开展农资配送。

【中邮传媒助力地方文化惠民活动】 中邮传媒协助各省组织8439场文化惠民活动，收入3.67亿元，利润率32%。

一、在辽宁、湖北、江苏三省举办3场“绿水青山最美邮路”主题赛路跑活动，得到当地政府、跑步爱好者大力支持及热情参与，实现招商及衍生品销售收入1000余万元。

二、开展第三届中国明信片文化创意设计大赛，收到参赛作品2.3万份，12万人参与投票，涉及全球28个国家和地区，活动在全国和“一带一路”沿线国家文化界产生深远影响，此届大赛招商、销售收入500余万元。

三、响应中央和集团公司决策部署，与甘肃省甘南藏族自治州舟曲县人民政府签订战略合作协议，在北京举办舟曲县主题日活动，依托中邮传媒平台，发挥邮政资源和服务优势，引进优质企业助力舟曲脱贫工作。

四、联合深圳市委、市政府组织第四届全国主题邮局文化展，来自全国各地的51家主题邮局参与展览，期间举办主题邮局论坛、传媒论坛、文创论坛，与现场数十位业界专家共商文化传媒发展。活动现场销售过百万元，定制产品销售过千万元，吸引全国60余家媒体报道，关注人数超过5000万人次，被深圳市委、市政府列为深圳市品牌文化活动之一。

五、研发定时寄礼仪信函产品，尝试传统函件业务向移动互联融合一体化转型。国庆期间，“我和我的祖国”定时寄套装一经推出，迅速成为网红产品，上线10天销售2.1万套，实现收入181万元。（中邮传媒／提供）

【云南省邮政分公司实施创客计划】 云南省邮政分公司落实新发展理念，探索符合云南邮政发展需要的经营模式、盈利模式，全面实施创客计划，以激发每个经营单元的经营活力和内生动力，打造一批具有经营者意识的经营人才队伍为重要抓手，制定全省创客计划推进实施方案，明确创客标准和政策，建立健全各类损益核算模型，细化和完善各项配套措施和保障机制，在邮政生产经营全环节全面推进创客计划的落地实施，实现人人参与经营，确保创客全覆盖。同时，探索和尝试业务外包、委代办等外部创客模式，通过借助社会资源和渠道共创邮政“生态圈”，为外生动力提供创业平台，打造具有云南邮政特色的“对内创客、对外创业”的创客机制运营模式。截至年末，组建创客单元2210个，建设进度为147.04%。（云南省邮政分公司／提供）

邮政金融业务

【概况】

一、基础业务与代理金融

（一）业务收入

总分联动应对市场竞争，紧抓旺季营销发展，突出存款核心地位，持续深化保险转型，全年实现业务收入1042.7亿元，比上年增长4.9%。其中储蓄手续费收入761.3亿元，比上年增长4.3%；保险收入168.8亿元，比上年增长9.4%；理财类收入21.4亿元，比上年增长1.4%。

（二）存款规模

应对纵深推进的利率市场化和日趋激烈的存款市场竞争，总分两级快速响应出台产品政策，积极有效组织旺季营销。7月末代理金融储蓄存款规模突破6万亿元，12月末达6.16万亿元，新增5486亿元，比上年多增1357亿元，创历史新高；强力推进四张卡项目及活期发展“十大抓手”，下半年活期存款新增占比78.2%，比上年提升32%，存款结构持续改善。

（三）中收贡献

坚持以客户资产多元化配置为引领，加大中间业务转型。代理保险减量增收，单位货币资金收入贡献度持续提升，代理保费规模3111.4亿元，其中期交537.7亿元，比上年增长15.1%，长期期交312亿元，比上年增长108.6%，综合手续费率提高0.7%。人民币理财净值化转型加快，理财保有量4523.9亿元，年新增458.6亿元，其中净值型保有量占比27.4%，比上年提升21%。基金业务提质增效，非货币基金销量201.2亿元，比上年增长239.2%。

（四）自办保险、证券和中邮基金高效发展

自办业务“同部署、同考核、同推动”，中邮保险长期期交翻番增长，代理金融期交新单保费205.4亿元，比上年增长4.4%；长期期交新单保费58.3亿元，比上年增长87.7%。中邮证券高效业务快速增长，年累计新增有效户8.5万户，完成全年计划目标的169.3%，新增资产84.3亿元。中邮基金销量位列合作基金公司前茅，累计销量36.8亿元。

二、推进代理金融小额贷款辅贷试点，模式探索取得初步成效

积极稳妥推进代理金融小额贷款辅贷试点。为进一步发挥代理营业机构农村市场的区位优势，经银保监会大型银行部同意，在浙江、安徽、云南、广东、福建、湖南6省共135个代理网点（其中营销模式58个、辅贷模式77个）试点开展代理营业机构小额贷款辅助贷款。邮银联合制定实施方案，优化业务流程，加强人员培训，强化系统支撑和风险管控，稳步推进试点工作。截至12月末，累计发放2243笔、金额3.19亿元，结余2135笔、金额3.06亿元。邮银营销模式基本形成，网点内涵进一步丰富，营销模式、风控机制得到监管部门认可。

三、线上线下并举，网点系统化转型纵深推进

（一）强化总部顶层设计，明确网点“营销服务中心”和“客户体验中心”定位

试点打造样板网点，强化内训督导人员培养，统一网点绩效办法，固化营销流程话术，加大智能柜员机布放（年底总量达29727台，覆盖城市、县城全部网点及农村交易量较大的网点），进一步夯实网点转型基础。

（二）财富管理试点启动，城市金融转型初见成效

邮银协同研究产品组合方案，开展VIP客户营销活动。强化理财经理队伍建设，增配1.4万人，达到2.7万人。深挖高净值客群潜力，客户数量和资产有效提升，财富客户资产1.36万亿元，增长25.2%。

（三）持续推进手机银行行动方案，量质并重高效发展

电子银行交易替代率91.3%，比上年提升2.1%。手机银行客户规模1.68亿户，年净增激活客户2775万户；月活客户规模1921万户，比上年增长15%。

四、建立健全与集团发展战略相适应的风险内控合规管理体系，全力防范和揭示风险隐患，案防形势平稳

（一）风险合规由事后、事中的风险管控和被动处置，转变为创新运用KRI关键风险指标强化预警监测

运用商业银行KRI（关键风险指标）监测方法，探索初步建立全国风险数据分析监测方法。量化分析高风险业务及账户数据，运用非现场数据对各省整体风险管控情况进行“画像”，并根据“画像”结果重点开展排查、复查。2019年，核查重点关注人员8672名，检查共发现问题17253个，有效揭示和化解风险隐患。

邮储银行加快数字化转型。

（二）全面推行网点综合柜员派驻制，实现对网点风险的监督互控

完善代理金融综合柜员派驻管理工作机制，明确综合柜员岗位责、权、利，强化事中风险控制，将代理金融风险管控关口前移，实现代理营业机构业务经营与内控合规管理的有效分离，提升网点风险防控能力、营运管理质量和服务质量水平。派驻综合柜员 37183 人，顺利完成网点综合柜员派驻制。

（三）强化总部顶层制度设计，制定违规行为处理办法

《中国邮政集团公司代理金融从业人员违规行为处理办法》经 31 省职代会审议通过，成为员工执业行为规范和“红线”“高压线”，违规处理的“小宪法”。（集团公司金融业务部 / 提供）

【个人银行业务】 个人存款规模 81833.14 亿元，占全行客户存款的 87.86%；个人贷款规模 27507.88 亿元，占全行客户贷款的 55.30%。个人银行业务营业收入 1765.69 亿元，比上年增长 7.94%，占全行营业收入的 63.79%。

一、基础零售

邮储银行个人客户 6.05 亿户，比上年末增加 2661.11 万户；管理零售客户资产（AUM）超过 10 万亿元，比上年末增加 8000 余亿元。

（一）个人存款业务

支持乡村振兴，巩固县域地区存款优势；加强市场拓展与机构合作，推动重点借记卡项目；拓展存款第二来源，跨越式发展商户收单业务，商户联动个人活期存款新增 214.47 亿元，深入开展代发业务公私联动等，新增代发单位 2.19 万个，新增单位发放工资 384.95 亿元。个人存款余额 81833.14 亿元，比上年末增加 7154.03 亿元。

（二）借记卡业务

金融社保卡新增发卡 1109.42 万张，结存卡量 9325.46 万张；退役军人服务卡新增发卡 61.13 万张。整合线上线下资源优势，腾讯联名卡新增发卡 212.18 万张。ETC 新增发卡 905.35 万张，结存卡量 1525.48 万张。联合中国银联开展一系列借记卡消费营销活动，丰富便民惠民支付场景。新增借记卡 3709.99 万张，结存卡量 10.07 亿张，借记卡存款余额 30899.56 亿元。

（三）个人结算业务

邮储银行拓展代收付业务，代收金额 6781.57 亿元，代付金额 17964.78 亿元。其中，代收社保养老金金额 583.01 亿元，代付社保养老金金额 9503.54 亿元。借记卡消费金额 7.80 万亿元，比上年增长 21.30%。面向个人客户提供跨境电汇、西联汇款等各类国际结算服务，个人国际汇款业务交易笔数 184.49 万笔，交易金额 22.62 亿美元。

二、财富管理

VIP 客户 3096.42 万户，比上年末增长 10.86%；财富客户 247.13 万户，比上年末增长 20.71%。

（一）个人理财

落实资管新规等监管规定，推动个人理财业务转型。加强销售人员培训；面向新客户、VIP 客户、高净值客户等持续发行专属产品，丰富特色化主题产品体系；加强投资者教育，提高客户风险识别能力。个人理财余额 7827.70 亿元，比上年增长 8.20%。

（二）代理销售金融产品

代理保险建立多类型产品体系，新单保费 3392.29 亿元，代理期交新单保费 586.45 亿元，均居银行业首位，其中保障期在 10 年及以上的长期期交 335.52 亿元，比上年增长 103.32%；代销基金加强绝对收益策略定期开放型产品销售，推出非货币基金快速赎回服务，代销 738.94 亿元，其中代销非货币基金 378.83 亿元；代销国债围绕中低风险客户开展有针对性营销，销售金额 424.02 亿元，比上年增长 29.09%；推出代销集合信托计划产品，代销资产管理计划和集合信托计划产品金额 270.08 亿元；贵金属业务交易金额 217.15 亿元，比上年增长 34.53%。

三、零售信贷

（一）消费信贷业务

个人消费贷款余额 2.02 万亿元，比上年末增加 3239.57 亿元，增长 19.13%。个人住房贷款余额 1.70 万亿元，比上年末增长 2821.51 亿元。除个人住房贷款外，还向个人客户提供满足个人及家庭各类消费性用途的个人其他消费贷款产品。持续夯实数字化、科技能力基础，优化“邮”系列全线上互联网消费贷款产品；升级服务理念，主动推进金融服务与各生态场景的跨界融合。

（二）小额贷款业务

个人小额贷款余额 6102.01 亿元，比上年末增加 831.16 亿元，年增速 15.77%。不断优化业务流程，深化与政府、协会、企业、担保公司、保险公司等平台合作，降低业务风险和客户融资成本。运用大数据、互联网、移动通信、人工智能等先进技术，形成以服务“三农”为特色的线上线下有机融合的发展模式。

（三）信用卡业务

推动信用卡业务体制机制改革，顺应消费金融创新趋势，加大资源投入，加强互联网合作，转变发展方式。新增发卡 970.41 万张，比上年增长 27.03%；信用卡结存卡量 3110.07 万张，比上年增长 34.64%；信用卡消费金额 9310.70 亿元，比上年增长 20.24%。

四、互联网金融

（一）数字化变革

加快产品迭代创新，推进线上渠道实现智能化、场景化、开放化，在获客、管理、运营三大方面持续推进业务

数字化变革。推出手机银行5.0版本，新增语音搜索等功能。完成语音导航全国推广上线，实现远程银行中心智能质检，加大智能客服的使用。智能客服服务量9342.43万次，问答准确率94.53%。消费信贷业务推进数字化转型发展。在获客端，构建“内部挖潜+外部拓展”双轮驱动模式；在管理端，实现贷款全生命周期的数字化、自动化、智能化管理；在运营端，推进零售信贷工厂作业模式，28家一级分行上线信贷工厂作业模式。

（二）外部互联网合作

与腾讯集团、蚂蚁金服、京东数科等多家头部互联网企业深化沟通交流、扩大合作领域、提升合作层次，大力挖潜新零售，提升数字化运营能力，在线上开户、电子支付、网络贷款等多方面取得突破。

（三）搭建场景生态圈

推进新零售转型，开启互联网场景化服务的转变，搭建涵盖多维度的金融和生活场景，推进打造“金融+服务”的智慧生态圈。将商户拓展和收单业务确定为全行基础性、战略性业务，依托网点资源，在全国范围内推广聚合支付收单产品——“邮惠付”，打造线下服务商圈，激活B端商户，开辟第二存款来源。全年新增条码支付收单商户70.61万户。推出“邮储食堂”特色场景，发行“邮储食堂主题信用卡”，打破传统金融服务的界限，搭建支持实体、普惠民生的会员增值服务平台，累计实名用户1138.71万户。（邮储银行／提供）

【公司银行业务】 邮储银行拥有公司客户68.73万户，比上年末新增9.90万户，对公贷款余额1.74万亿元，比上年末增长12.12%。

一、公司贷款业务

支持国家重大项目，集中优势资源助推“一带一路”“雄安新区”“京津冀一体化”“长江经济带”“粤港澳大湾区”等国家战略布局实施和经济结构转型升级。始终践行普惠金融服务理念，为交通运输、水利、城市地下管网等重大民生项目建设提供大力支持，加大“三区三州”深度贫困地区金融扶贫力度，践行绿色发展理念，优化对战略性新兴产业的金融服务。积极响应政策号召，坚定不移持续加大对“三农”、小微等民营经济支持力度，稳妥做好大中型民营企业的金融服务。公司贷款余额17405.64亿元，比上年末净增1881.62亿元，增长12.12%。

二、公司存款业务

开展“固本提标”（本是“资格、客户、账户”，标是“机构存款”）专项行动，以机构客户为重点推动公司存款业务发展。推动重点平台建设，成功中标中央财政非税收入收缴银行资格，成为湖南省军区公民兵役信息管理项目独家试点合作银行。公司存款余额11289.65亿元，其中机构存款余额7045.88亿元，占公司存款余额的62.41%；机构存款年日均余额7505.11亿元，比上年增长254.07亿元。

三、交易银行业务

现金管理业务签约账户20.1万户，比上年末净增2.03万户，增长11.25%；贸易融资业务新发放金额4386.21亿元；成功落地外汇贷款、跨境资金集中运营等业务；整合渠道开放合作，建设开放式缴费平台，重点拓展三线城市及以下地区民生服务领域，合作单位超过1300家；应用汽车金融项下贷款、票据和信用证等多产品组合推广“进车贷”业务，推动汽车金融专业化发展。

四、投资银行业务

邮储银行债券承销规模1427.71亿元，比上年增长31.64%，并购贷款业务余额95.74亿元。响应人民银行完善LPR报价机制，进一步发挥LPR对贷款利率的引导作用，发行全国首单挂钩LPR的浮息债券；积极贯彻落实党中央、国务院关于推动供给侧改革的要求，创新发行全国首单市场化“债转股”专项债权融资计划；强化“融智+融资”引领模式，担任多家上市公司市场化并购顾问。（邮储银行／提供）

【资金业务】 邮储银行资金业务健康发展，本外币交易规模保持行业领先地位。持续加大对国债和地方债等优质资产的投资力度，表内政府债券余额10617.34亿元，比上年末增加1517.95亿元。

一、金融市场业务

（一）市场交易业务

邮储银行在利率下行、汇率波动的市场环境下，积极拓展交易对手，交易活跃度进一步提升，获得全国银行间同业拆借中心颁发的2019年度核心交易商、2019年度优秀货币市场交易商等奖项。本外币交易规模90.19万亿元，比上年增长16.07%，交易笔数17.63万笔。

（二）投资业务

债券投资业务方面，不断强化对高评级央企和行业龙头企业信用债的投资和布局。债券投资业务余额3.15万亿元。同业投资业务方面，有序开展资产证券化、证券投资基金、券商信用类产品等投资业务。投资（或委托其他金融机构投资）的信托投资计划、资产管理计划及证券投资基金余额2612.88亿元。

（三）同业融资业务

持续加强与各类金融机构合作，准确研判市场价格变化趋势，适时开展同业借款、拆放同业、存放同业等业务。存拆放同业及其他金融机构余额2979.70亿元。

二、资产管理业务

落实监管要求，持续推进理财产品净值化转型。不断丰富“邮银财富”和“邮银财智”两大产品品牌，资产管理业务坚持大类资产配置理念，坚持稳健的投资策略。理财资产管理规模9253.42亿元，比上年末增长13.60%。邮储银行理财子公司中邮理财有限责任公司于12月18日成立。

三、托管业务

通过销托、投托、总分联动协同，调整业务布局，促进托管业务高质量发展，通过ISAE3402内部控制国际认证。邮储银行托管资产规模3.98万亿元。其中，公募基金新成立20只，公募基金托管规模1823.18亿元，比上年增长25.34%；保险资金托管规模4708.45亿元，其中，传统险、分红险等重点险种托管规模增长875.05亿元，增长51.17%；新成立资产证券化产品43只，资产证券化托管规模961.98亿元，比上年增长95.93%。（邮储银行／提供）

【绿色金融】 深入贯彻新发展理念，将绿色金融纳入中长期发展战略纲要，全面推进绿色银行建设，提升绿色治理能力。设立绿色金融专责机构，总行新设绿色金融处，浙江湖州吴兴支行建成行内首家绿色支行。制定绿色金融授信政策指引，明确重点支持领域和管理要求。健全激励约束机制，开展绿色银行现场检查及环境、社会和治理（ESG）风险专项排查，强化绿色发展绩效考核。扩展绿色金融产品，推广合同能源管理未来收益权质押等服务。修订合同文本，增加借款人环境和社会风险承诺相关条款。截至2019年末，绿色贷款（节能环保项目及服务贷款）余额2433.01亿元，比上年末增长27.78%。（邮储银行／提供）

【普惠金融】 全面深化普惠金融体制改革，设置普惠金融板块，加大金融扶贫投入力度，引导资源向小微企业、“三农”倾斜，切实增加普惠金融服务的可得性。

一、金融扶贫

（一）精准扶贫规划

制定金融支持脱贫攻坚的实施意见，聚焦深度贫困地区，新增金融资金优先满足深度贫困地区，新增金融服务优先布局深度贫困地区，明确金融精准扶贫贷款（含已脱贫人口贷款、带动服务贫困人口的贷款）净增规模、深度贫困地区各项贷款增速等多项目标。

（二）年度精准扶贫概要

发展“五万、三年、零担保零抵押、执行基准利率”的扶贫小额信贷业务，支持有生产意愿和生产能力的建档立卡贫困户发展生产。引导资源向“三区三州”等深度贫困地区倾斜，精准发力支持深度贫困地区。金融精准扶贫贷款（含已脱贫人口贷款、带动服务贫困人口的贷款）余额824.56亿元，比上年末增加212.59亿元。

二、小微金融

邮储银行单户授信总额1000万元及以下小微企业贷款余额6531.85亿元，同业排名第二，比上年末净增1081.94亿元，有贷款余额的户数151.60万户，同业排名第一，比上年末净增5.83万户，2019年新发放贷款年平均利率6.18%，不良贷款率2.51%。全面实现“两增两控”监管考核目标。

（一）丰富线上化产品体系。打造“小微易贷”、小额“极速贷”大数据拳头产品，建立综合数据评价模型，实现客户信用的精准画像与快捷评价。与海关大数据结合，创新推出跨境企业融资模式。首批入驻国家发改委全国中小企业融资综合信用服务平台。线上化贷款产品余额2050.18亿元。

（二）科技助推业务模式升级

营销方面，打造政务大数据、产业链和渠道引流三类数据对接，实现31个省（区、市）银税直连。运营方面，开发线上支用与还款渠道，运用电子签名、电子地图、人脸识别等功能，实现运营自动化。风控方面，加强贷前负面信息筛查，实现贷后自动监控和预警，建立数据驱动的全过程风控体系。

（三）强化体制机制保障

围绕地方特色园区、特色产业和农业示范区，持续推动特色支行建设。加大资源倾斜力度，设立专项信贷规模，配套专项激励政策，进一步落实授信尽职免责制度，调动分支机构小微企业贷款投放的积极性。

三、“三农”金融

推动业务转型升级，深入落实乡村振兴战略，稳步推进协同支农生态建设，着力提升农村基础金融服务水平。涉农贷款余额1.26万亿元。

（一）科技赋能助推业务转型升级

小额贷款线上贷款放款笔数占全部放款笔数的比例超过60%。小额“极速贷”净增近300亿元。推广电子签约APP试点，持续推进将标准化产品应用于零售信贷工厂，推进业务流程向“数字化、智能化、标准化”转型升级。建立零售信贷内评模型，完善优化决策模型，开发风险预警功能模块。

（二）加大乡村振兴重点领域支持力度

持续推广乡村振兴“十大业务模式”，助力乡村振兴战略。加强与核心企业等平台合作，开展“银企通”产业链贷款线上化合作试点；探索以交易系统共建加快交易数据积累，推动“市场＋商户”一体化金融服务。在农村生态环保领域，加快推进农村垃圾焚烧、污水处理等行业开发；在美丽乡村领域，联合国家林草局共同研发储备林项目专项贷款产品；在农村基础设施领域，成功研发试点“四川幸福美丽新村建设项目贷款”产品。

（三）持续打造协同支农生态

协同邮政集团在6个省份启动代理营业机构小额贷款辅助贷款试点工作，利用邮政网点优势，填补部分农村地区小额贷款业务市场空白。推进“银政”“银协”“银企”“银担”“银保”五大平台合作模式。加强对农业农村部重大支农惠农项目的支持，对接新型农业经营主体信息直报系统，深化与国家农业信贷担保联盟合作；加强与人社部门的合作，强化对就业创业客群的贷款支持；推进与国家级农业龙头企业的全产业链合作。

（四）提升农村基础金融服务水平

搭建起线上线下一体化服务网络，推广新型农村养老保险（“新农保”）和新型农村合作医疗（“新农合”），为农村居民提供全方位、多层次的金融服务。邮储银行在县及县以下地区网点2.77万个，占全部网点数量的69.81%；在县及县以下地区配备自助设备9.82万台，助农金融服务点商户7.61万个。代收新农保574.45万笔，交易金额20.89亿元；代付新农保2.22亿笔，交易金额336.61亿元；代付新农合报销及补助90.94万笔，交易金额8.78亿元。（邮储银行／提供）

【银行业金融机构案件警示教育活动】 为贯彻落实党中央、国务院决策部署和银保监会《中国银保监会办公厅关于开展银行业金融机构案件警示教育活动的通知》（银保监办发〔2019〕12号）文件要求，各级代理金融机构巩固深化案件警示教育工作，强化案防工作压力传导。全国各级邮政代理金融机构组织参观廉政教育基地、监狱，邀请司法专家讲座，开展案例分析会和合规宣讲等活动，警示教育代理金融从业人员157万人次，人均接受警示教育7次以上。（集团公司金融业务部／提供）

【“巩固治乱象成果　促进合规建设”工作】 为贯彻落实银保监会《中国银保监会关于开展“巩固治乱象成果　促进合规建设”工作的通知》（银保监发〔2019〕23号）文件精神，全面开展“巩固治乱象成果　促进合规建设”工作，组织召开全国邮政金融风险内控工作会议，提升全系统干部员工风险防控意识；组织召开风险内控工作专题座谈会，督导落实风险防控任务。紧紧围绕整治工作要求，认真开展2019年重点领域问题整治，对照整治市场乱象工作要点，深入开展自查整改工作，整治发现问题整改率94.53%。（集团公司金融业务部／提供）

速递物流业务

【国际业务】 响应国家“一带一路”倡议，实现渝新欧、义新欧班列规模化运邮，通过中欧班列、中俄公铁联运等模式，发往欧洲24国邮件总量超1000万件，总重量超过2500吨。参与研究并完成《万国邮联铁路运输指南》的编定，实现国际铁路邮件运输规则零的突破。（集团公司寄递事业部／提供）

【海外仓】 在8个国家和地区设立12个海外仓，在美国、德国、中国香港等国家和地区注册了分支机构，组建专业的运营团队；开通重庆、义乌至欧洲23国的中欧班列运邮线路，拓展沿线国家邮政寄递市场。（集团公司寄递事业部／提供）

【物流业务】 全国物流业务增速21%，呈现稳步快速发展态势，中邮云仓服务规模与影响力名列前茅。发挥邮政协同整体竞争优势，实现汽车产业链板块联动，速银通产品成功落地。（集团公司寄递事业部／提供）

【内蒙古邮政分公司“快递之家”驿站建设】 “快递之家”作为揽投部站的有效补充和延伸，在包头得到有效推广。截至4月底，包头建设并正式运行“快递之家”7家，达成合作意向16家。在已运行的7家中，新星美的、包头医学院、内蒙古科技大学“快递之家”3—4月形成收入4.95万元。“快递之家”运行开始后，包头市邮政分公司成立“快递之家”建设领导小组，就“快递之家”申报审核、运行培训等工作作出安排，并与“快宝驿站”合作，购买“快递之家”管理系统，为“快递之家”运行管理提供系统支撑。快速出台《“快递之家”运行管理办法》《“快递之家”代办费管理办法》《“快递之家”代办协议》及《“快递之家”推进竞赛通知》等一系列配套政策，号召全体员工进行学习宣传，快速推进“快递之家”驿站建设。

利用末端投递服务驿站，全面抢夺社区现费市场份额及网购退换货市场，实现“合作共赢，增收创收”，彻底解决居民社区及相关目标市场“最后一公里”投递服务问题，末端服务快速与市场接轨，改变老百姓对邮政固有印象，成为开在老百姓家门口的“邮局”，以投促揽，提升客户体验，赢得客户口碑，从而提高现费市场占有率。“快递之家”驿站还与社区、商超及其他快递合作，资源共享，合作共赢。（内蒙古邮政分公司／提供）

中邮保险业务

【期交业务】 期交保费比上年增长32.6%，高于行业平均增速21.1%，列银行系寿险公司第1位。续期保费328.8亿元，比上年增长62.2%，占总保费比重48.7%，成为保费增长的主要拉动力量之一。13个月保费继续率95.4%、25个月保费继续率98.3%，两项关键指标保持行业较优水平。（中邮保险／提供）

【保险资金投资能力】 按照审慎稳健的配置策略，努力优化资产结构，权益类资产占比提升至11%，债券类资产占比提升8%，利率风险对冲率提升至18%。参与京沪高铁IPO，推进中保投二期、中石化销售公司、建信战投基金等服务国家实体经济重大项目。（中邮保险／提供）

中邮证券业务

【经纪业务】 一是分支机构建设。云南、内蒙古分公司，四川绵阳、辽宁鞍山、山东潍坊、江西九江营业部6家分支机构取得证券经营许可证；浙江温州、陕西西安、上海市各新设1家营业部取得证监局批复。截至12月，开业分支机构39家。

二是板块联动。中邮证券实现新开证券账户98.61万户，占证券客户总数的76.86%。邮政企业推荐客户78.30万户，占比79.40%；邮储银行推荐客户20.31万户，占比20.60%。

三是做好业务运营保障工作，全面提升经纪业务管理能力。新制定制度2个、修订完善制度33个、下发规范性文件7个，进一步提升经纪业务管理能力。开展"优质服务，从我做起"优质服务文明季活动，评比出5家优秀服务机构和十佳服务明星。

四是组织各类主题营销活动，丰富营销机制和手段，壮大"金融产品"翼，为实现销售型收入打好基础。组织各项营销活动17次，公司2019跨年营销活动新增有效户17848户、新增资产20.7亿元、新增两融客户76户、日均融资余额6.2亿元、新增股票质押项目11单。"科创板"专项营销活动期间各分支机构开通科创板权限客户2820户。鹏华永润一年定期开放债券型证券投资基金销售1.07亿元、金鹰元祺信用债债券型证券投资基金销售约3444万元、鹏华安益增强混合型证券投资基金销售约1.56亿元、南方荣知定期开放混合型证券投资基金销售约519.5万元、南方祥元债券型证券投资基金销售约1.45亿元、鹏华弘盛灵活配置混合型证券投资基金销售约3.78亿元。公司销售19.4亿元。

五是推动新业务、新产品。6月27日首只科创板股票申购、7月22日科创板股票上市交易，公司系统运行平稳。开通科创板业务权限的客户3199户，总成交金额11.11亿元，实现佣金收入38.49万元。（中邮证券／提供）

【资产管理业务】 资产管理总规模为794亿元，比上年减少151亿元，比上年下滑15.98%。资管管理业务线总收入为9249.22万元，比上年增长29.87%，占公司总收入的14.10%。人均收入256.92万元，达到行业前30的券商资管人均贡献水平。实现利润7702.58万元，比上年增长36.28%，利润率83.28%，占公司总利润的29.74%。净收入行业排名56/115名，比上年增长5名。规模行业排名43/106名，比上年增长1名。

在规模连续2年持续下滑的情况下，2019年收入和利润出现30%的增长，一是主动管理转型取得成效，二是产品整体含金量提升。2018年平均管理费率为0.0698%，2019年为0.0803%。三是小集合发行17只，其中固收15只，权益2只，贡献收入2058万元。四是债券市场全年呈现慢牛行情，固收团队投资管理能力突出，收入贡献丰厚。（中邮证券／提供）

【自营业务】 面对动荡复杂、竞争加剧的市场环境，严控权益投资规模，在市场投资环境存在较多不确定因素前提下，自营业务主要投向为场内二级市场股票、场内外债券，明确设置权益投资规模限额及投资风险限额，确保权益投资受对应的资产及风险限额约束，有效防范权益类投资风险。自营业务收入2.75亿元，比上年增长101.7%，年化收益率9.94%，收入贡献率42%，大幅优于行业平均水平。（中邮证券／提供）

【信用交易业务】 股票质押方面，自有资金出资股票质押余额为15.50亿元，比上年增长56.30%，利息收入10234.97万元，较2018年（6023万元）增长4211.97万元，增长率69.93%。报告期内，合计申报项目个数34个（含延期申请5笔，新增项目申请29笔），其中通过公司评审项目16笔（5笔延期申请，11笔新增项目），落地交易项目11个（2019年度项目8个，2019年落地交易3个）。

融资融券方面，两融融资余额为9.34亿元，比上年增长70.44%，2019年利息收入5461.24万元，比上年增加8.55%。报告期内，公司融资融券业务首次征、授信客户数增加450户，信用账户新增开户数368户，销户数27户，净新增信用账户数341户。

信用业务总体上报告期末自有资金出资融资余额为24.84亿元，比上年增长34.49%；报告期利息收入15696.21万元，比上年增长41.99%。（中邮证券／提供）

【投资银行业务】 完成承销各类债券规模47.7亿元，转售、代销规模18.55亿元，实现收入3568.62万元，比上年增长1151%，同时储备大量的债券和ABS业务。各承揽团队与33家省市分行进行业务对接，储备项目22单，规模322.3亿元，其中2019年落地5单，累计实现收入1261.2万元。立项新三板推荐挂牌项目5单，实现项目签约4单，立项四板挂牌项目1单，签约项目1单，立项区域股权市场可转债承销项目1单。（中邮证券／提供）

邮票发行及集邮

【概述】 纪特邮票发行31套，其中纪念邮票17套，特种邮票14套，共计100图（含小型张4枚），面值135.1元，另发行小全张2枚，小本票1本，总售价161.5元。发行个性化专用邮票3套4枚，发行纪念邮资封片16套16枚，特种邮资明信片1套6枚；发行普通邮资封片20套15枚；发行中国邮政贺卡1套8图。配合中华人民共和国成立70周年这一重要时点，邮票发行将传统邮票选题结合庆祝主题，从壮丽山河、丰富物产、繁花盛开、灿烂文化、建设成就等几个方面分别发行《五岳图》《鄱阳湖》《芍药》《中国古代神话（二）》《粤港澳大湾区》《科技创新（二）》等邮票，具有很强的宣传意义。全力保障支撑重大政治题材邮票发行，完成《第七届世界军人运动会》《中国人民政治协商会议成立七十周年》《精准扶贫》《澳门回归祖国二十周年》等邮票发行任务，特别是《中华人民共和国成立七十周年》邮票发行工作被列入了新中国成立七十周年系列庆祝活动中的重要一项，邮票的发行得到社会的广泛关注。在延续邮票文化性特点方面，注重弘扬中国的传统文化，力求基于邮票的特点对中华民族文化经典和民俗文化内涵进行挖掘，满足广大人民群众的精神文化需要，发行《己亥年》生肖邮票、《拜年》《中国古典文学名著——〈西游记〉（三）》《鲁班》《古代思想家（二）》等题材。

《爱的阳光》百位明星携手助残公益歌曲及明信片首发式。

集邮业务开展打造邮票精品工程、提振市场信心、提升产品竞争力、提高营销获客能力四项重点工作，实现健康有序发展，实现收入78.7亿元，超预算目标3.3%，其中，生肖贺岁季项目实现收入39.82亿元，比上年增长0.8%。集邮文化季实现收入4.3亿元。通过减量、提前公布发行量、提高邮票结算价、提高设计印制水平等措施，促进市场回暖，新邮低面值问题基本得到解决。发挥“中国集邮”品牌优势，主打集邮总公司拳头产品，实现品牌和品质的双提升。2019世界集邮展览于6月11—17日在湖北武汉举办，85个国家和地区的1239部4683框邮集参展及近40万人次参观，刷新历届邮展纪录，彰显国家形象和邮政形象。“壮丽七十年　阔步新时代”庆祝新中国成立70周年全国集邮文化活动历时7个月，31个省（区、市）开展300余场特色鲜明、形式新颖的巡展活动。首届“我和我的祖国”青少年个性化邮票设计大赛，全国征集作品3000余幅，网络投票117万人次。（集团公司邮政业务部／提供）

【邮资票品印制管理】 配合集团公司绿色发展战略，制定纪特邮票包装减量化、绿色化目标和工作措施。发布《邮资票品印制资源分配实施办法》《邮资票品安全事故管理要求》等管理文件，对印制企业进行宣贯，实施规章化精细化印制管理。组织邮票印制企业就产品安全、数字管理、销毁管理等方面自查自检；清除安全隐患，下发《关于组织开展邮票安全生产专项自查工作的通知》，强化印制企业安全管理。（集团公司邮政业务部／提供）

【印制新工艺应用】《中国2019世界集邮展览》小型张，首次使用胶雕套印结合冷烫的技术工艺；小型张特供品首次推出单雕工艺，首次应用水印邮票纸，获得集邮者和参展国家一致好评。创新组合多种工艺，实现邮票印制艺术化。《中国植树节》邮票巧妙运用“浅绿”“深绿”“专蓝”等绿色系专色油墨，点缀以可变珠光油墨、树叶状的异形齿孔等工艺，为邮票图稿增色添彩。精益求精，实现防伪与艺术完美结合。《科技创新》邮票应用定位烫技术，实现邮票局部画面3D立体效果，使作品内容和形式在表现高科技领域获得全方位立体式的最大统一，增添邮票鉴赏功能。挖掘邮票印制的故事，助力集邮经营。配合集邮营销线上线下整体宣传，对重点印制工艺进行解析，先后组织“壶光三色——记《中葡建交四十周年》纪念邮票的生产小记”“中国2019世界集邮展览工艺介绍”等邮票印制工艺宣传。（集团公司邮政业务部／提供）

【第39届全国最佳邮票评选颁奖活动】 4月20—21日，由云南省盐业有限公司总冠名，由中国邮政集团公司云南省分公司、云南省集邮协会承办的“云南盐业——第39届全国最佳邮票评选颁奖活动”在云南大剧院举行。此次活动围绕“云之南　春之城”主题，以邮为媒、相约昆明。4月20日，对2018年度“最佳邮票”“优秀邮票”“最佳印刷奖”“最佳设计奖”4个奖项的5个获奖者进行公布颁奖，并举行《西游记（三）》特种邮票首发活动。中国集邮总公司结合云南地域特色，打造第39届佳邮特供产品。活动期间，云南省邮政分公司同步在官渡古镇金刚塔广场开展精彩纷呈的系列文化活动，如“情系彩云南　邮游春之城”——“迎国庆·民族情”集邮邀请展、集邮文化产品《风雅官渡》邮票专题册首发活动、云南省第二届主题邮局展等，现场还提供 DIY 明信片自助打印、佳邮护照集戳服务，举行昆明彝族大三弦舞、大理三道茶和霸王鞭、楚雄彝绣、普洱茶制作工艺、丽江东巴文书写等表演互动活动。4 月 21 日，活动现场举办民族民俗特色文化展，并提供其他邮政产品展示、销售、加盖纪念戳、包裹寄递等邮政普遍服务。（云南省邮政分公司 / 提供）

【国家政策层面重大选题邮票】 围绕新中国成立 70 周年，发行国家重大战略、重要建设项目和重点活动相关的邮票。中国邮政发行《第七届世界军人运动会》《中国人民政治协商会议成立七十周年》《粤港澳大湾区》《精准扶贫》《澳门回归祖国二十周年》等邮票，推出反映国家政策层面大政方针的选题，宣传中华文明在现代化进程中焕发出的蓬勃生机。（集团公司邮政业务部 / 提供）

【《庚子年》特种邮票开机印刷】 8 月 8 日，《庚子年》特种邮票印刷开机仪式在邮票印制局印刷车间举行，著名艺术家韩美林、集团公司副总经理康宁、著名演员王铁成、青年歌手李玉刚等出席活动，白岩松主持仪式。活动中，韩美林与康宁副总经理共同签批《庚子年》邮票印样，启动邮票印制。出生于 2008 年的 6 名来自北京市芳草地国际学校甘露园分校的同学带来鼠年邮票绘画作品，韩美林现场创作 6 幅小老鼠赠送给“鼠宝宝”。

开机印刷仪式现场揭晓《庚子年》生肖鼠年邮票图稿。该套邮票由韩美林担纲设计，邮票印制局雕刻师刘博担任雕刻布线主笔。《庚子年》特种邮票在印制中，首次运用激光雕刻制版技术，雕刻精度、细节表现全面升级；首次在第四轮生肖邮票中使用无色荧光油墨，使“鼠咬天开”的画面更加生动。（邮票印制局 / 提供）

8 月 8 日，《庚子年》生肖邮票开机印刷。

【《中华人民共和国成立七十周年》纪念邮票发行】 发行《中华人民共和国成立七十周年》纪念邮票，被纳入庆祝

工作人员展示《中华人民共和国成立 70 周年》纪念邮票。

新中国成立 70 周年的十大工作。10 月 1 日，中国邮政发行《中华人民共和国成立七十周年》纪念邮票 1 套 5 枚，小型张 1 枚。邮票设计采用壁画的构图特点和连票的设计形式，既庄重大方，又风格清新，展示祖国在经济、政治、文化、社会、生态文明等方面取得的巨大成就。（集团公司邮政业务部 / 提供）

【《2019 年中国北京世界园艺博览会》纪念邮票首发多种邮政服务启动】 4 月 29 日，2019 年中国北京世界园艺博览会开园首日，《2019 年中国北京世界园艺博览会》纪念邮票首发仪式在世园会园区内举办。

中国邮政发行《2019 年中国北京世界园艺博览会》纪念邮票是旨在通过“国家名片”邮票，贯彻和传播习近平总书记关于生态文明的思想，践行绿色发展理念，推进美丽中国建设，促进世界各国开放合作。

《2019 年中国北京世界园艺博览会》纪念邮票 1 套 2 枚，邮票图案名称分别为：绿色生活、美丽家园。邮票第一图画面以在青山间蜿蜒的长城、北京市市花——月季以及此次世园会的会徽——长城之花为主要元素，寓意园艺源于自然，倡导尊重自然、融入自然的理念，也突出了“中国风格”和“北京品牌”；邮票第二图画面以此次世园会国际馆、中国馆以及吉祥物“小萌芽”“小萌花”为主要元素，整体画面生机盎然、朝气蓬勃，启示人们应当树立绿色、低碳、环保的生产生活理念。（中国邮政网）

【《川藏青藏公路建成通车六十五周年》纪念邮票发行】 为纪念川藏、青藏公路建成通车 65 周年，贯彻习近平总书记就川藏、青藏公路作出的重要批示，弘扬“两路”精神，助推西藏发展，中国邮政于 8 月 10 日发行《川藏青藏公路建成通车六十五周年》纪念邮票 1 套 2 枚，邮票图案名称分别为：川藏公路、青藏公路。围绕“川藏青藏公

路建成通车六十五周年”，西藏邮政分公司与四川、青海省邮政分公司协同召开“川藏青藏公路建成通车六十五周年纪念活动”专题研讨会，对《川藏青藏公路建成通车六十五周年》邮票发行一系列活动达成共识。8月8—9日，西藏、四川、青海三省联合在拉萨“两路”精神纪念馆开展“不忘初心、牢记使命”、“两路”精神主题集邮展。8月10日，在拉萨、林芝、昌都、那曲举办邮票首发式。（西藏邮政分公司/提供）

【杭州2022年第19届亚运会首套个性化专用邮票发布仪式在杭州举行】 5月18日，杭州2022年第19届亚运会首套个性化专用邮票发布仪式在杭州西湖涌金公园举行。这是继G20峰会纪念邮票和党的十九大纪念邮票之后，杭州元素再次登上邮票这张“国家名片”，也标志着杭州亚运会纪念邮票发行计划正式启动。（浙江省邮政分公司/提供）

【“二青会”特许产品发布会暨《儿童游戏（二）》邮票首发式在太原举行】 6月1日，第二届全国青年运动会，简称“二青会”，特许产品发布会暨《儿童游戏（二）》邮票首发式在太原举办。发布的产品分邮品、金属、钞币、文创4大类30余款，包括《青春有约》“二青会”个性化邮票、《青春的约会，拼搏的舞台》邮折、《运动项目》异形明信片、“二青会”场馆、比赛项目明信片、开闭幕式纪念封、“山西欢迎您”异形邮折等邮品，以及吉祥物毛绒玩具、文化衫、魔术巾、钥匙扣、文具等文创产品。现场设立2处主题邮局，2名小邮迷共同为《儿童游戏（二）》邮票揭幕，并开展互动问答、幸运抽奖等活动。（山西省邮政分公司/提供）

【《汾河雁丘》风景日戳入选全国“十佳”风景日戳】 由《集邮报》社、苏州市集邮协会主办，风景日戳研究会承办的2018年度“十佳”风景日戳评选活动结果揭晓。太原《汾河雁丘》风景日戳入选全国十佳。《汾河雁丘》风景日戳是太原市邮政分公司2018年8月17日，为配合《大雁》特种邮票首发启用的，戳径30毫米，由李国僮设计，以太原汾河风景区雁丘石及大雁为主图，线条简练，主题突出，布局合理，制作规范，受到广大集邮爱好者欢迎。（山西省邮政分公司/提供）

【中国集邮总公司完成《中华人民共和国成立七十周年》纪念邮票的邮品开发工作】 中国集邮总公司在集团公司统一领导下，负责《中华人民共和国成立七十周年》纪念邮票的邮品开发工作，实现收入2.5亿元，利润0.4亿元；支撑全网实现收入4.4亿元，取得良好的社会效益和经济效益。其中阅兵产品得到阅兵联合指挥部、阅兵联勤保障兵站的高度认可，并向总公司赠送锦旗、颁发牌匾。（中国集邮总公司/提供）

【2019兰州国际马拉松赛授权集邮文创产品】 3月31日，在兰州市体育公园全民健身中心，举办由兰州市体育局、兰州市邮政分公司主办，兰州国际马拉松赛组委会、兰州市集邮协会协办的《马拉松》特种邮票首发仪式暨2019兰州国际马拉松赛授权集邮文创产品发布会。

2019年兰州国际马拉松赛组委会授权兰州市邮政分公司制作兰州国际马拉松赛纪念戳、纪念封、纪念明信片及参赛纪念折4款集邮文创产品。现场展示兰州国际马拉松赛授权集邮文创产品——特种邮票参赛纪念折、完赛成绩证书纪念明信片套装和参赛个性化明信片。其中完赛成绩证书纪念明信片套装是将官方认证的电子成绩证书与中国邮政明信片完美结合，并配以精美水晶相框，既可作为一件精美的工艺品，又可收藏。明信片加盖兰州国际马拉松赛专用日戳。中国邮政在兰马赛举办的当天，还启用了邮资机宣传戳。（甘肃省邮政分公司/提供）

【海南省邮政分公司开发文昌航天题材邮品】 海南省邮政分公司组织开展长征五号遥三运载火箭发射主题邮品营销活动，申报发行1枚邮资封和1枚邮资明信片，启用1枚邮资机宣传戳，以“邮票+”形式开发3款集邮文创产品和4款常规销售类邮品，通过“线上+线下”同步预售，并特别推出“长征五号遥三运载火箭发射任务邮品集锦大福袋”产品，汇集文昌航天发射场首次发射、长五首次发射、长五遥三发射、中外航天题材邮票珍藏册等系列集邮品。（海南省邮政分公司/提供）

【己亥年生肖贺岁季活动】 2018年10月1日—2019年3月31日，在全国范围开展以“肥猪旺福　五福齐聚”为主题的己亥年中国集邮生肖贺岁季活动。集团公司、各省分公司不断在活动组织、营销推广、专业协同、跨界合作等方面进行创新，采取“活动推动、宣传推广、预售推进”的营销模式，复制推广“集邮+活动”“集邮+IP”“集邮+协同”“集邮+跨界”等15个创新营销方式，持续扩大生肖贺岁季活动影响与创收成效。通过与韩美林艺术基金会在故宫联合举办《己亥年》邮票首发仪式，在持续开展线上预售、预约摇号、生肖实寄等传统活动的基础上，创新开展“十二生肖在哪里”集卡营销活动、“养金猪过肥年”线上营销活动、己亥年微信表情包、微信红包定制活动等系列线上推广活动，为生肖贺岁季宣传造势，推动全网营销宣传工作。己亥年中国集邮生肖贺岁季实现收入39.82亿元，比上年增长0.8%。其中，31省（区、市）实现收入35.22亿元，完成项目计划的137%，比上年增长10.44%，生肖贺岁季收入占到全年收

邮迷展示生肖邮品。

入预算的 52.29%。（集团公司邮政业务部 / 提供）

【2019 年集邮文化季】 集邮文化季围绕新邮发行和集邮周、全国巡展等活动资源，以做好忠实客户、高端客户、网络客户和企业客户回馈服务为中心，以中华人民共和国成立 70 周年项目为重点，以集邮总公司统筹全网产品开发为主体，以预售营销为抓手，全网一盘棋统一组织开展项目营销和服务体验回馈活动，产生良好市场反响和社会效应，累计实现收入 4.3 亿元。

集邮周 6 天活动期间，以集邮与旅游、集邮会员日、集邮与少年、集邮与文脉、集邮与爱情、集邮与生肖为主题开展线上、线下 2600 多场活动。通过集邮线上平台和集邮零售网点开展集邮会员回馈活动，其中，2019 集邮周大转盘活动上线 6 天，总浏览量浏览次数（PV）为 249220 次，独立访客（UV）71151 人，总访问次数 128992 次，人均浏览 3.5 个页面；“邮票百科”小程序扫邮票送好礼，活动总 PV 116 万余次，访问人数 2.6 万，收集彩蛋 11 万枚。《庚子年》看直播砸彩蛋活动 PV 达到 60 万余次，访问人数 3.4 万人，用户分享 5000 余次；专门制作 24 万小学语文邮票趣味卡和 33 万枚盖销邮票用于青少年集邮活动。（集团公司邮政业务部 / 提供）

【全国集邮巡展活动】 5—11 月，由中国邮政集团公司、中国宋庆龄基金会、中国国家图书馆以及中华全国集邮联合会联合举办的“壮丽七十年　阔步新时代”庆祝新中国成立 70 周年全国集邮文化活动全面开展。31 省（区、市）开展 300 余场巡展活动，期间还举办首届“我和我的祖国”青少年个性化邮票设计大赛，全国征集作品 3000 余幅，网络投票 117 万人次，在全国范围内形成集邮文化巡展热潮，持续扩大集邮文化活动的宣传影响力。（集团公司邮政业务部 / 提供）

【线上集邮文化活动】 依托“邮票百科”小程序开展一系列面向年轻群体的集邮文化宣传活动。“第 39 届全国最佳邮票评选颁奖大会”图文直播总浏览量达 21 万次，留言总数 18.7 万条。“2018 年度集邮达人挑战赛”答题 PK 游戏，实现活动开局 47 万次，累计答题次数 432 万。线上参与用户平均年龄首次低于 35 岁。（集团公司邮政业务部 / 提供）

【上海集邮节活动】 3 月 5 日，主题为“迎接中华人民共和国成立 70 周年相约 2019 世界集邮展览”的第二十二届上海集邮节在上海邮政大楼开幕。主会场举办命题类和图画明信片类专项集邮展览，为市级竞赛性专项邮展，共展出邮集 36 部 150 框，展期从 3 月 5 日至 10 日。命题类展品展现中华人民共和国成立后在政治、经济、军事、文艺、科技、教育、体育、风光、集邮等多个方面取得的辉煌成就；图画明信片类是首次列入世界邮展的新兴类别。除邮展外，主会场还有邮集现场点评、世界邮展新类别研讨、“听共和国同龄人讲集邮的故事”演讲比赛等活动。各分会场有 40 家团体会员、社会集邮研究组织举行 32 场分会场活动，时间跨度近两个月，遍布上海各区。（上海市邮政分公司 / 提供）

【中国 2019 世界集邮展览在武汉举办】 6 月 11—17 日，

6 月 11 日，中国 2019 世界集邮展览在武汉开幕。

中国2019世界集邮展览在湖北武汉成功举办，实现“规模最大、展品最多、影响最广、特色最足”的办会目标。活动期间，85个国家和地区的1239部4683框邮集参展，创历史之最，新中国成立以来中国邮政发行的1358套4510枚邮票首次集中亮相，联合国以及澳大利亚、新西兰、印度尼西亚等9个国际邮政部门为此届邮展发行主题邮票，开幕式当天有近450家海内外媒体和行业网站进行专题报道，《中国2019世界集邮展览在中国武汉举办》的报道浏览点击量近1.2亿人次，邮展期间累计接待观众近40万人次，刷新历届邮展纪录。（集团公司邮政业务部/提供）

【“壮丽七十年　阔步新时代”庆祝新中国成立70周年全国集邮文化活动启动仪式在西柏坡举行】 5月26日，“壮丽七十年　阔步新时代”庆祝新中国成立70周年全国集邮文化活动启动仪式在西柏坡纪念馆隆重举行。各级媒体记者、集藏爱好者等300余人参加当天的活动。（河北省邮政分公司/提供）

【“壮丽七十年　阔步新时代”全国集邮书画展】 7月27日，为庆祝新中国70周年华诞，由中国邮政和全国集邮联主办的“壮丽七十年　阔步新时代”全国集邮书画展在酒泉市举办，此次展览是为庆祝中华人民共和国成立70周年，宣传“一带一路”文化，通过书画这种独特的方式弘扬和推广集邮文化，为广大集邮爱好者传递正能量，展现酒泉“草书圣人”张芝故乡、敦煌壁画艺术殿堂、航天和敦煌组票取材地的独特魅力，打造“交响丝路　如意甘肃”品牌的一次大型活动，也是酒泉市首届边塞文化旅游节系列活动之一。

来自全国31个省、自治区、直辖市集邮协会和6个行业集邮协会的代表及集邮爱好者参加展览。此次展览将集邮与书画跨界融合，展出书画作品222幅，展出新中国成立以来发行的全部邮票。此外，武汉世界邮展获大金奖的6部45框邮集也在展览上展出。（甘肃省邮政分公司/提供）

【2019年纪特邮票发行目录】

志号	邮票名称	类别	枚数	发行日期
2019-1	己亥年	T	2	0105
2019-2	拜年	T	1	0110
2019-3	中葡建交四十周年(与葡萄牙联合发行)	J	2	0208
2019-4	中国植树节	J	1	0312
2019-5	马拉松	T	2	0331
2019-6	中国古典文学名著——《西游记》(三)	T	4+1	0420
2019-7	2019年中国北京世界园艺博览会	J	2	0429
2019-8	五四运动一百周年	J	2	0504
2019-9	芍药	T	4	0511
2019-10	中国古镇（三）	T	4	0519
2019-11	儿童游戏（二）	T	4	0601
2019-12	中国2019世界集邮展览	J	2+1	0611
2019-13	中欧班列（义乌—马德里）（与西班牙联合发行）	T	2	0615
2019-14	第七届世界军人运动会	J	4	0710
2019-15	鄱阳湖	T	3	0720
2019-16	五岳图	T	5	0803
2019-17	中国古代神话（二）	T	6	0806
2019-18	川藏青藏公路建成通车六十五周年	J	2	0810
2019-19	鲁班	T	2+1	0824
2019-20	中国人民政治协商会议成立七十周年	J	2	0921
2019-21	粤港澳大湾区	T	3	0926
2019-22	北京大兴国际机场通航纪念	J	1	0926
2019-23	中华人民共和国成立七十周年	J	5+1	1001
2019-24	中俄建交七十周年	J	2	1002
2019-25	中斯建交七十周年（与斯洛伐克联合发行）	J	2	1006
2019-26	古代思想家（二）	J	6	1007
2019-27	南开大学建校一百周年	J	1	1017
2019-28	科技创新（二）	J	5	1101
2019-29	精准扶贫	J	6	1103
2019-30	澳门回归祖国二十周年	J	3	1220
2019-31	二十四节气（四）	T	6	1108

（中国集邮总公司/提供）

企业管理

◇ 综合管理

◇ 人力资源管理

◇ 战略规划

◇ 财务管理

◇ 采购管理

◇ 审计监督

◇ 纪检监察

综合管理

【机关事务部管理概况】

一、严格执行集团公司采购管理办法

6月以来，机关服务中心紧紧围绕“守初心、担使命，找差距、抓落实”总要求，根据支部统一安排，结合巡视反馈问题整改工作，认真推进主题教育活动，确保在规定时限内完成整改任务，切实提升机关服务中心管理规范化水平。在前期的工作中，处室全体人员对照岗位职责认真自查，梳理出20项需采购的工作任务，总金额约5500余万元。根据项目特点，机关服务中心与采购管理部反复沟通协商并达成一致意见，明确采购管理部集中采购项目及办公厅自采项目，其中金鼎大厦物业供应商、大厦维修项目入围供应商、总部机关印制供应商、总部低值易耗品供应商、总部员工体检供应商、交流干部公寓供应商6个项目纳入集中采购范围，由采购管理部开展采购工作。金鼎大厦智能化运维管理供应商、太平湖东里14号交流干部公寓物业供应商、永安路173号院物业供应商、总部办公设备供应商4个项目及预算金额100万元以下的采购项目，由办公厅自行采购。

完成10项采购招标工作，包括低值易耗品供应商、公车维修点服务商、太平湖东里14号交流干部公寓物业供应商、金鼎大厦智能化弱电系统服务商、后厨灶台灭火系统、金鼎大厦访客系统、厨房油烟净化设施升级改造项目、集团总部办公家具及周转房家具采购项目、集团总部办公设备（笔记本电脑等）采购项目、紫玉大楼网络100M专线采购项目。

二、做好退休人员通信费问题整改工作

根据集团公司领导在《关于请对违规为退休领导人员缴纳或发放通信费用问题开展专项检查的函》（驻邮政纪监函〔2019〕79号）的批示意见，机关服务中心负责牵头协调完成该项工作。8月，召集财务部、人力资源部、审计局、党建工作部等部门成立专项检查工作小组，提出“依规依据、关心关爱、统筹兼顾、扎实推进”的原则，按照政策研究、摸底调查、下发通知、现场检查、专题汇报、结果反馈6个阶段有序推进专项检查工作。

一是下发《关于停止为退休领导人员缴纳或发放通信费用并做好自查工作的通知》（中国邮政传〔2019〕103号），要求各单位自收文之日起（9月底前）立即停发通信费。二是组织4个检查小组赴北京、上海、江苏、山东、安徽、广东省（市）分公司，邮储银行总行，邮政研究中心8个单位，通过座谈、查阅通信费发放的文件依据（含会议纪要）及会计原始凭证资料等方式，对退休领导人员通信费问题进行认真检查。三是对各单位上报的2012年6月至2019年9月期间退休领导人员通信费问题自查整改材料进行汇总和分析。四是在综合考虑各方面情况下，提出退休领导人员通信费问题的解决方案建议，即考虑到退休老干部身体和心理的实际情况，既要依规依据、严格落实集团文件精神，又需关心关爱、充分考虑退休老干部的实际困难，建议以中央对集团公司第一轮巡视结束时间为时间节点，对2015年9月1日以后的退休领导人员通信费予以清退。据测算，涉及11个单位，人员43人，需清退金额7.7万余元。

三、加强制度化建设

（一）起草总部周转房管理办法

为加强总部周转房规范管理，做好总部员工住房服务工作，起草《集团公司总部周转房管理办法》初稿，8月召集总部各部门综合处室、直属机关工会、直属机关纪委有关人员，对《办法》进行讨论完善。

（二）重新修订集团总部业务招待管理办法

对系统内业务招待执行过程中存在的问题及时跟进，形成《集团公司总部业务招待管理办法》初稿。

（三）重新起草集团公司办公用房管理办法

在跟踪了解全系统关于办公用房执行过程中遇到问题的基础上，征集完成各控股子公司、部分省邮政分公司及直属单位有关办公用房的意见和建议，重新起草《集团公司办公用房管理办法》。

四、加强安全管控力度

（一）做好国庆70周年的安全保卫活动

以“保庆典、抓重点、抓难点”为目标，在密切配合北京市公安局内保局工作的基础上，会同集团安保部，组织物业公司认真做好金鼎大厦安全大检查及安全保卫工作，尤其针对楼层办公区、餐厅、重点设备间、消防疏散通道、大厦周边等仔细排查，及时排除安全隐患，确保国庆70周年大庆大厦的安全运行，完成70年大庆的安全保卫工作。

（二）做好金鼎大厦人脸识别系统和访客系统上线的前期工作

金鼎大厦在用的门禁系统2010年安装使用至今已近10年时间，系统存在操作不够人性化、访客排队耗时多、无法有效识别访客真实身份等缺陷，不仅影响了访客体验，也为金鼎大厦安全管理带来隐患。在赴中国电信、中国移动、光大银行、国开银行等大厦实地调研的基础上，起草《关于安装金鼎大厦访客系统的请示》并经领导审批同意。根据领导指示，为进一步加强安全管控，严格大厦进出审批流程，召集金鼎大厦各单位（部门）综合处长会议，明确金鼎大厦A楼、B楼进出权限由集团公司办公厅机关服务中心按照审批流程进行统一管理。

（三）加强大厦全方位的安全管控

具体措施包括严格施工人员管理，统一办理临时出入证，物业安保部每天至少两次对施工现场进行巡视；所有电动车不得进入大厦，指定专用区域停放；要求餐厅严格执行后厨双人用火规定，用火期间专人看管；增加消防通道巡视检查频次，禁止任何物品或车辆占用；要求物业公司对全体外包员工进行深入摸底，掌握员工的真实身份和基本情况，并将人员有关情况上报机关服务中心备案，同时与各外包公司签订《重点时期安全责任书》；提高物业安全应急反应处置能力，开展安全演练，增强安全防范意识。

（四）加强食品安全管理力度

始终以“绿色蔬菜、安全就餐，提高质量、改进服务”为宗旨，加强餐厅卫生和食品安全检查力度。做好有机蔬菜检测工作，安排专人到延庆蔬菜基地实地考察，对基地供应的有机蔬菜进行农药残留检测，让总部员工吃到“放心蔬菜”，确保员工就餐安全。

（五）加强车场进出安全管理

针对大厦停车场入口下坡车速快、不够安全的问题，在车场入口处划分机动车通道、非机动车专用通道，并在闸机挡杆上安装标牌，在上下坡拐弯处和出口处悬挂张贴警示标语，确保车辆进出安全。

五、提高金鼎大厦餐饮服务质量

为进一步贴近员工需求，改善食堂就餐环境，提高员工伙食质量，增加员工的获得感和幸福感，在实地调研中国移动、中国电信、光大银行等单位餐饮管理情况的基础上，起草《关于提高金鼎大厦员工伙食标准的请示》，建议提高集团总部员工伙食标准，实行员工“早餐、午餐”免费模式，员工餐费补贴发放形式由“现金充值”改为“额度充值”模式，餐费补贴标准200元/月/人，年底一次性清零。3月1日正式实施。采取增加A/B餐厅灯光明亮度及绿植摆放、优化餐厅刷卡排队方式、对餐厅进行扩容改造、增设餐饮总监主抓高职餐和大餐的菜品质量、与物业公司签订《餐饮服务承诺书》，要求物业公司加强对外包餐饮公司的监督管理等措施，提高餐饮管理质量，改善员工就餐环境，提高员工伙食水平。

六、做好办公用房的调整工作

为落实好《关于调整集团公司总部部门和直属单位设置的通知》（集团编〔2019〕1号）、《关于调整集团公司总部部门内设机构设置和人员编制的通知》（集团编〔2019〕3号）等文件精神，在办公用房资源紧张的情况下，机关服务中心对大厦办公用房和工位使用情况重新进行认真统计分析，与金鼎大厦相关单位（部门）反复沟通，对各项数据认真比对分析，根据实际情况，形成办公用房调整方案初稿。

七、简化自助餐审批流程

为简化员工办事流程，将总部自助餐审批表的审批栏由“办公室、机关事务部审批”改成“办公厅（机关服务中心）审批”，50人（含）以上的由厅领导审批，50人以下的由机关服务中心审批，为员工提供一站式服务，精简审批程序，加快办事流程。

八、增设大厦洗衣和理发服务功能

为进一步落实集团公司领导关于提高员工获得感和幸福感的指示要求，委托北邮物业公司与北京福奈特洗衣服务有限公司开展协作，从8月12日起，在金鼎大厦为广大员工增设洗衣服务项目。从2020年1月6日起，在大厦增设“理发室”，为员工提供理发服务。

九、做好集团大型活动的后勤保障工作

机关服务中心做好集团公司工作会议、老干部茶话会、机关离退休干部迎春茶话会、集团公司团拜会、2019年时代楷模发布会、人民大会堂其美多吉颁奖会、“919电商节”、“歌颂祖国”升国旗合唱活动、中国邮政集团有限公司揭牌仪式等大型活动的后勤保障工作。

十、做好其他服务保障工作

机关服务中心认真做好金鼎大厦物业服务、资产日常管理、总部业务招待及自助餐管理、周转房维修、职工住房档案管理、退休职工物业费及供暖费报销、异地任职二级领导房租及交通探亲报销管理、员工健康体检、员工基本医疗保险和补充医疗保险等各项服务保障工作。（集团公司综合部/提供）

【服务精准脱贫攻坚战】 认真落实邮政扶贫工作领导小组的各项要求，全面推进中国邮政的扶贫工作。严格落实《中国邮政集团公司定点扶贫、电商扶贫和金融扶贫三年规划（2018—2020）及2019年工作计划》，协调各职能部门统筹推进各省分公司2019年度扶贫工作，圆满完成了邮政扶贫工作领导小组交办的各项任务。集团公司定点扶贫任务指标全面超额完成，助力陕西商洛市商州区和洛南

助农扶贫。

县提前一年脱贫摘帽。（集团公司综合部/提供）

【解决形式主义突出问题为基层减负】 中国邮政集团公司综合部牵头制定《中国邮政集团公司党组关于解决形式主义突出问题为基层减负的具体措施》，通过采取召开机关各部门综合处长会、到重点部门调研、定期通报文件会议数量、单独警示提醒、合并会议、优化通知流程、尽可能减少层级等措施，着力推进落实精简文件会议、改进文风会风工作。发文量比上年减少31%，会议量比上年减少30%。（集团公司综合部/提供）

【加强督办工作落实】 中国邮政集团公司综合部重点抓好党中央、国务院重大决策部署在邮政系统的贯彻落实，集团公司各类会议决定事项的贯彻落实和集团公司领导调研及批示指示的重点工作督办。完善督办制度办法，制定印发《中国邮政集团公司督办工作办法（修订）》，推动督办工作更加规范化、制度化、科学化。（集团公司综合部/提供）

【信访、档案管理工作】 信访基础业务持续规范，结合中央关于“让群众最多访一次”的工作要求，最短时间回应群众关切、最快速度解决群众诉求，服务信访群众的质量和效率进一步提升，有效控制了信访增量。信访矛盾化解向纵深推进，集团公司交办重点信访事项化解进展良好，大量信访突出问题得到妥善处理，一批陈年老案得到有效化解，信访积案存量进一步消减。抓源头预防、抓研判预警、抓风险防范、抓应急处置的工作机制日趋完善，重大活动和重要敏感节点信访保障任务完成，信访秩序保持平稳有序。认真做好档案收集工作，确保各门类档案齐全完整；切实抓好档案安全工作，分阶段开展档案安全风险隐患治理整治工作，全年各级邮政企业无档案安全事故发生。稳妥推进数字档案馆建设，提高邮政档案信息化水平，赴各单位部门调研OA系统、财务系统、媒资系统优化改造方案，细化业务需求、明确接口规范，并同步开展档案业务制度规范梳理工作。（集团公司综合部/提供）

【新闻宣传管理工作】 一是典型宣传。其美多吉入选“最美奋斗者”“全国民族团结进步模范个人”，并作为国家先进典型登上70周年国庆活动的游行花车。二是媒体合作。主动联系中央主流媒体原发稿件200余篇。与中央广播电视总台、《人民日报》新媒体、新华网密切合作，董事长参加央视《对话》节目和央视品牌日宣传、“了不起的中国，不一样的邮政”短片、《邮政24小时》短视频等通过中央媒体平台广泛传播，宣传中国邮政企业形象。与凤凰网合作的《大美雪线邮路》荣获ADMEN国际大奖创意策划类实战金案奖和ECI Awards（国际艾奇奖）铜奖。三是宣传管理实现新突破。加快全系统媒体融合发展步伐，停办全国省级邮政报刊，通过线上线下培训、实操轮训等多种形式提升宣传队伍的新媒体运营水平，建立全系统线上宣传载体数据库，研究建设中国邮政线上图片素材库，为全系统新媒体发展提供支撑。四是圆满完成中华人民共和国成立70周年、“不忘初心、牢记使命”主题教育、邮政扶贫、世界邮政日等重大题材的宣传报道工作。（集团公司综合部/提供）

【舆情管理工作】 一是继续加强关口前置工作，对敏感负面舆情做到早发现、早预警、早处理，及时化解舆情危机隐患，确保全年没有发生重大危机舆情，有效化解企业各类风险和危机。二是压实舆情管理责任，完善舆情战略绩效考核指标，及时提醒、督促，提高了各级企业舆情应对的积极性、主动性、有效性。三是服务企业重大战略和经营举措，围绕邮储银行A股IPO进入关键时期，寄递事业部面临“双十一”大考，中国邮政在央视集中推出寄递广告片等大事，提前预案、动态跟进，全过程做好舆情管控和舆论支撑，为企业改革发展保驾护航。四是开展舆情应急管理演练，有效提升邮政各级领导干部的“网络执政能力”。（集团公司综合部/提供）

【全国邮政经营服务工作会议在湖南召开】 3月1—2日，2019年全国邮政经营服务工作会议在湖南长沙召开。会议以十九大精神和习近平新时代中国特色社会主义思想为指导，总结2018年邮政经营服务工作，分析当前面临的形势，部署2019年工作任务。集团公司党组书记、董事长刘爱力对会议作出重要批示，集团公司党组成员、副总经理张荣林作工作报告。会议强调要坚持以人民为中心的发展思想，牢记“人民邮政为人民”的服务宗旨，与时俱进做好普遍服务和特殊服务，以普服为根、客户为本，加快推进邮政业务高质量发展，为做优做强做大中国邮政、打造行业“国家队”而努力奋斗。（集团公司邮政业务部/提供）

【全国邮政普遍服务监督管理工作会在西安召开】 2月14—15日，全国邮政普遍服务监督管理工作会议在西安召开。国家邮政局党组成员、副局长，集团公司党组成员、副总经理出席会议。中国邮政坚持普服为根，客户为本，持续保障和提升普遍服务和特殊服务水平，确保“五达标、两提升、两杜绝、一确保”。集团公司提出：一要确保普遍服务全面达标；二要重点攻克热点难点问题；三要持续提升普遍服务客户体验；四要积极拓展便民公益服务；五要加强普遍服务基础管理；六要深入落实国家战略部署。（陕西省邮政分公司/提供）

【中国邮政自办保险旺季经营工作电视电话会】 1月4日，集团公司召开2019年中国邮政自办保险旺季经营工作电视电话会，部署2019年自办保险旺季经营工作，进一步凝聚全网共识，从打造行业国家队的高度出发，把握行业规律，顺应监管要求，协同邮银保三方合力，加快推进中邮保险“引战”上市和高质量发展。邮、银、保落实集团整体战略安排，着力加快自办保险期交转型，2019年中邮保险期交新单保费230亿元，比上年增长5%，期交新单保费规模稳居银保市场第3位。（集团公司金融业务部／提供）

【中国邮政定点扶贫获央媒关注】 5月中旬，由《人民日报》新媒体、新华社、新华网、中国网、《经济日报》《农民日报》《金融时报》《财经国家周刊》《农村金融时报》《中国交通报》《中国邮政快递报》《中国邮政报》等十多家中央媒体和行业媒体组成的采访团赴陕西省商洛市，对20年来中国邮政定点扶贫工作情况进行集中采访报道。（陕西省邮政分公司／提供）

【中国邮政首批教育扶贫毕业生入职】 7月22日，中国邮政集团公司商洛定点扶贫首批教育扶贫（2016级）毕业生入职仪式在商洛市分公司举行。现场宣读此次符合入职条件的10名贫困毕业生分配方案，并为新入职学生发放上岗工号牌、《历届毕业大学生文集》。（陕西省邮政分公司／提供）

【中国邮政广告传媒公司荣获文化（文创）影响力企业品牌】 中邮传媒智融平台整合今日头条、抖音、微博、百度、腾讯等316个优质线上线下资源，累计为数十万个客户、7.2万个营销员提供媒体服务，实现收入9.2亿元。其中，平台策划出品的“美丽家乡　邮我出力”融媒体服务项目获得文化（文创）影响力企业品牌、中国文旅营销案例典范奖。（集团公司邮政业务部／提供）

【山西省邮政分公司荣获交通行业企业管理现代化创新成果三等奖】 由中国邮政集团公司推荐，经交通行业优秀企业管理现代化创新成果评审委员会审定，山西省邮政分公司申报的《基于“一体两翼”经营发展战略的“邮农合作社”综合服务平台构建》被审定为第十七届全国交通企业管理现代化创新成果三等奖。此项创新成果同时荣获中国邮政集团公司第十四届全国邮政企业管理现代化创新成果三等奖。（山西省邮政分公司／提供）

【湖南省邮政分公司获通信行业企业管理现代化创新成果奖】 湖南省邮政分公司有3项管理创新成果获得通信行业企业管理现代化创新成果奖，其中，一等成果1项、三等成果2项。4项获得全国邮政企业管理现代化创新成果奖，其中，一等成果1项、二等成果2项、三等成果1项。2项获得湖南省企业管理现代化创新成果二等奖。在“2019年全国信息通信行业用户满意企业”评选中，全国12个邮政企业入选，其中湖南永州市分公司占据一席。湖南省分公司被评为湖南省100强企业。创新成果获奖名单如下：中国邮政湖南省物流业务分公司的创新成果《基于“一带一路”倡议的邮政中欧班列物流发展体系构建》荣获2019通信行业企业管理现代化创新成果一等奖、2019年全国邮政企业现代化创新成果一等奖；湖南省分公司的创新成果《基于精准扶贫的十八洞村主题邮局建设》《基于“提升客户感知”的邮政服务体系建设》荣获2019年通信行业企业管理现代化创新成果三等奖、2019年全国邮政企业管理现代化创新成果二等奖；中国邮政湖南省寄递事业部的成果《基于资源不均衡分布的阵地化经营模式构建》荣获2019年全国邮政企业管理现代化创新成果三等奖；中国邮政湖南省分公司的创新成果《基于精准扶贫的十八洞村主题邮局建设》、中国邮政湖南省邵阳市分公司的创新成果《地方邮政企业烟草配送战略协同管理创新》荣获2019年湖南省企业管理现代化创新成果二等奖。（湖南省邮政分公司／提供）

【吉林省邮政工作多次获中央媒体关注】 吉林邮政新闻工作以“三个一流”为中心，唱响主旋律、弘扬正能量，新闻事件多次获得中央媒体关注。2月28日，新华社刊登《金大哥的30年邮路，我陪他一起走3天》；3月22日，CCTV-13新闻直播间播出《投递员金仁哲的30年坚守》；12月9日，CCTV-17遍地英雄栏目播出《放电影的邮政人李树山》。这些新闻报道展现邮政始终坚持“人民邮政为人民”的使命担当，彰显行业“国家队”形象。（吉林省邮政分公司／提供）

人力资源管理

【概况】

一、全面加强领导班子和干部队伍建设

（一）加快干部队伍建设步伐

以习近平总书记对国有企业领导人员提出的“对党忠诚、勇于创新、治企有方、兴企有为、清正廉洁”20字要求为根本遵循，制定中国邮政干部调整“十大原则”，树立鲜明的选人用人导向；提任二级领导18人，调整73人。拓宽选人用人渠道，对企业急需的专业人才加大市场化选聘力度。开展优秀年轻干部调研，为打造高素质专业化干部队伍储备人才。完善干部管理制度，修订领导人员管理规定和任免工作程序，进一步提升干部管理的制度化规范化水平。加强领导干部教育培训与实践锻炼，不断提升干部队伍专业能力和专业素养。

（二）强化干部监督管理

深入推进中央巡视反馈意见及选人用人工作专项报告指出的选人用人问题整改。不断完善整改举措，持续巩固中央巡视整改成果。加大日常提醒力度，制定《领导人员日常自我监督提醒手册》。强化个人有关事项报告工作。夯实组织填报、审核录入、抽查核实、结果处理四个关键节点，对漏报瞒报的严格按照规定处理。加大对所属单位选人用人工作监督检查力度。结合集团公司党组巡视对邮储银行等35个单位开展选人用人检查。不断完善“一报告两评议”工作。对排名靠后的6个单位党委（党组）主要负责人进行约谈。推动干部监督工作与中心工作融合。对26个单位领导干部担当作为情况进行检查，促进领导干部履职尽责。

（三）加大教育培训力度

加强干部政治理论和党性修养教育，举办中央党校分校班、邮政党校班，首次举办年轻干部理想信念教育和基层党支部书记“创新支部党建工作”专题研讨班，围绕主题教育开展专题培训，培训928人次。加强全网培训统筹规划，制定下发《集团公司干部教育培训工作规定》《集团公司2018—2022年干部教育培训规划》《邮政党校2018—2022年培训规划》系列文件，建立健全邮政企业干部教育培训体制机制。加强专业化能力培训，建立专题讲座机制，围绕集团战略落地、业务创新发展、先进管理方法等专题开展针对性讲座。组织开展代理金融、包裹快递、农村电商、营销体系、党建信息化等集中班93期、培训8757人次；远程培训354次，培训316.7万人次，线上考试竞赛364.9万人次。

二、调整优化机构设置和用工配置

（一）调整优化机构编制设置

根据集团公司整体战略和总部管控需要，整合撤销国际事务部、邮票发行部、机关事务部，调整总部部门及内设处室设置，理顺管理关系；设立金融业务部和党组巡视办，增强金融专业管理能力和党内监督力量。组建中邮信息科技（北京）有限公司，增强信息科技力量，加快实施科技赋能。

（二）调整用工总量和人员结构

按照“控总量、调结构、提效能”的总体要求，推进减员增效工作，严控企业用工总量，截至年底，邮政企业用工总量92.7万人，比上年减少0.8万人。优化代理金融业务人员结构，制定代理金融网点岗位设置和配员标准，持续压缩普通柜员，充实网点营销力量，金融营销人员占比达15.03%，比上年提升了5%。优化寄递业务人员结构，对标顺丰人员结构和效率，精简压缩二、三线人员数量，充实和加强一线揽投力量。

三、着力强化薪酬分配管理

遵循行业规律、市场规律、价值规律，推进寄递事业部薪酬分配制度建设，统一薪酬分配模式、固定薪酬制度、绩效薪酬分配办法，对操作类岗位薪酬重点突出市场对标，对管理类岗位薪酬重点把握内部平衡，推进邮速双方薪酬整合。配合主管部委改革工资决定机制，进一步突出效益导向、强化市场对标管理，提高企业人工成本的市场匹配度。完成企业年金方案的修订和备案工作，明确企业缴费上限比例，将分配因素由“基本工资+工龄”调整为“全部薪酬+工龄”，提高员工参加企业年金的积极性。

四、大力推进人才工作

（一）实施专业人才评价选拔

组织力量开发职称评审系统，实现评审管理全流程信息化支撑，增强评审规范化水平。组织开展高级职称评审，评审通过高级经济师399人、高级工程师85人。3人获评享受政府特殊津贴。选拔邮政行业科技英才3人、邮政行业技术能手23人。选派2名同志参加第20批中央博士服务团服务锻炼。

（二）推进技能人才评价改革

组织开展职业技能标准修订、操作技能考核改革，推动技能人才能力和评价标准体系建设。持续推动一线技能人员职业技能鉴定与考评，参加技能等级认定13.8万人，完成鉴定9.4万人，合格4.9万人；选拔培养高级技师57人、技师757人。［集团公司人力资源部（党组组织部）/提供］

【选人用人制度体系】 持续加大干部制度建设力度，修订《中国邮政集团有限公司领导人员管理规定（试行）》《中国邮政集团有限公司领导人员任免工作程序（试行）》《中国邮政集团有限公司党组管理的领导人员职务名称表（试行）》，提升邮政企业领导人员管理工作的科学化、制

2019年秋季党校开学。

度化、规范化水平；修订《中国邮政集团公司所属单位领导班子和领导人员综合考评办法（试行）》《中国邮政集团公司总部部门领导人员综合考评办法（试行）》，健全邮政企业领导人员考评体系；修订《中国邮政集团公司党组管理的领导人员改任非领导职务管理办法》，规范集团公司二级非领导职务的设置与管理。[集团公司人力资源部（党组组织部）/ 提供]

【选人用人巡视检查】 结合集团公司党组巡视，对邮储银行、中邮保险、中邮证券等35个单位开展选人用人巡视检查，对北京、辽宁、广东、四川、江西、贵州邮政企业26个单位领导班子担当作为情况进行检查，重点检查被检查单位党委（党组）在坚持党管干部原则、落实新时期好干部标准和20字国企干部标准、执行干部选拔任用和管理监督政策规定、遵守组织人事纪律和匡正选人用人风气情况。持续督促被巡视单位做好整改工作，对2018年、2019年被巡视检查单位报送的选人用人及相关问题整改情况进行认真审核，针对有些单位对个别反馈问题认识不到位、整改措施不够具体等问题，在反馈的审核意见中明确指出并提出进一步整改要求，着力推动树立正确用人导向。[集团公司人力资源部（党组组织部）/ 提供]

【优秀年轻干部调研工作】 按照中央关于大力发现培养选拔优秀年轻干部的要求，结合集团公司二级单位领导班子建设的整体需要，研究制定集团公司优秀年轻干部调研工作方案，并成立5个调研组，在全系统46个二级单位开展优秀年轻干部调研工作，实现调研工作全覆盖。通过调研，发现一批基本素质好、发展潜力大、群众公认度高的优秀年轻干部，初步建立集团公司优秀年轻干部信息库，为邮政系统打造高素质专业化干部队伍储备人才。[集团公司人力资源部（党组组织部）/ 提供]

【领导干部教育培训】 举办11期中央党校分校班、邮政党校班。首次举办年轻干部理想信念教育专题研讨班，下沉党校培训对象至三级以下优秀年轻干部；采用“训前自主学习 + 训中辅导研讨 + 训后实践运用 + 回炉淬火提升”教学方式，举办2期邮政企业基层党支部书记“创新支部党建工作”专题研讨班，探索新形势下党支部工作新思路；举办主题教育专题研讨班，按照“两个带来”要求，带来“打造移动金融生态圈、打造市场化专业化营销体系”等153个实践成果案例和“国内寄递业务成本问题”“代理金融活期存款费率”等193个涉及企业发展的难点问题，通过交流研讨提高培训针对性、实效性；持续提升党校课题研究质量，采用“培训赋能—课题研讨—企业实践—总结复盘”方式，将课题研究过程延伸至企业实践，推动成果转化，形成课题成果154项。围绕“处理中心流程改进”“集包管理”“项目制领航业务发展”等选题，举办3期集团公司专题讲座，有效提升各级邮政企业领导人员抓主要矛盾、把握原则方法、明确工作思路以及高效执行的能力。[集团公司人力资源部（党组组织部）/ 提供]

【代理金融网点人员配置】 为顺应金融行业电子化、轻型化、智能化发展趋势，优化网点资源配置，提升网点经营效益，集团公司研究制定关于做好代理金融营业网点人员优化配置工作的意见，统一明确代理网点运营模式，以及岗位设置、人员配置和自助机具配备标准，并通过优化网点布局、加大技术装备投入、调整网点人员结构的措施，提高网点投入产出效益，促进网点转型发展。[集团公司人力资源部（党组组织部）/ 提供]

【企业年金方案的修订和备案工作】 明确企业缴费上限比例，企业缴费分配更加突出业绩导向，放宽员工参加企业年金的条件，缩短权益归属的年限，提高员工参加企业年金的积极性。[集团公司人力资源部（党组组织部）/ 提供]

【寄递事业部薪酬分配制度建设】 遵循行业规律、市场规律、价值规律，印发《关于建立寄递事业部薪酬分配制度的指导意见》（中国邮政〔2019〕498号），统一寄递事业部薪酬分配模式，固定薪酬制度、绩效薪酬分配办法，对操作类岗位薪酬重点突出市场对标，对管理类岗位薪酬重点把握内部平衡，推进邮速双方薪酬整合。[集团公司人力资源部（党组组织部）/ 提供]

【石邮学院入选教育部中国特色高水平高职学校和专业建设计划建设单位】 12月13日，教育部网站公布中国特色高水平高职学校和专业建设计划第一轮建设单位名单，

11月，石邮学院召开2020届毕业生邮政企业双选会暨订单定制式人才培养研讨会。

石邮学院成功入选高水平专业群建设单位，邮政通信管理专业群入围高水平专业群建设项目。（石邮学院 / 提供）

【石邮学院承办“雨露计划”贫困家庭毕业生就业帮扶推进会】 7月15日，由国务院扶贫办指导，河北省扶贫办和学院承办的“雨露计划”贫困家庭毕业生就业帮扶推进会举行，探索实践的“教育＋就业”特色扶贫模式得到与会人员的高度认可。学院累计培养教育扶贫学生118人，首批2016级4名教育扶贫项目学生顺利入职。在精准扶贫方面，扶贫工作组深耕“瑜伽扶贫”路径，推动玉狗梁基础设施建设投资293万元，创造村民村内就业岗位16个，受到新华社、《经济日报》、《中国扶贫》杂志等权威媒体的关注报道。（石邮学院 / 提供）

【石邮学院服务国家战略开展高职扩招】 石邮学院响应国家号召，面向退役军人等社会考生实施专项考试招生，录取考生454人。2019届毕业生整体就业率96.27%，其中在邮政企业就业1519人，占54.94%。11月11日召开学院2020届毕业生邮政企业双选会暨订单定制式人才培养研讨会，来自31个省（区、市）的84家邮政企业齐聚一堂，遴选技能人才，共谋育人良策，为毕业生提供就业岗位2125个，创历届双选会规格和规模之最。（石邮学院 / 提供）

【石邮学院获得全国职业院校技能大赛三等奖】 7月3日，教育部发布2019年全国职业院校技能大赛获奖名单，石邮学院上榜，获高职组4G全网建设技术赛项团体三等奖。此项国家级赛事由教育部、国家发改委、住建部等多部委和浙江省人民政府主办，是全国职业院校技能大赛最高级别赛项之一，是“双高建设”标志性成果之一。此外，学院学生460人次获得114个省级以上竞赛奖项，106人次获得30个国家级竞赛奖项；获奖人次比上年增加36%。（石邮学院 / 提供）

【石邮学院第三次获得ATD“卓越实践奖”】 由石邮学院支撑策划实施的“中国邮政县分公司总经理战略执行与领导力提升培训”项目获得2018年人才发展协会（ATD）“卓越实践奖”，这是学院继2011年、2014年后，第3次获此殊荣。邮政党校创新实施的绩效改进实践项目助推集团战略落地，荣获国际绩效改进协会（中国区）最佳实践奖；学院支撑集团公司跟踪国际人才发展前沿，获得ATD“人才发展先进组织奖”“第二届亚太邮联区域最佳人力发展项目奖”等奖项。（石邮学院 / 提供）

【基层新闻业务骨干培训】 为提高基层兼职记者、通讯员的专业水平，新闻宣传中心安排13个省业务骨干到《中国邮政报》报社跟班培训，安排“邮政新闻概况”“重大报道策划”“如何发现新闻线索”等课程讲解，组织参加清华长跑、其美多吉报告会、客户体验日、东四邮局蹲点采访等活动。此外，送教上门，安排专人到吉林、新疆、浙江等地培训，受到基层单位好评。为解决基层新媒体专业人员缺乏问题，组织开展全国邮政新媒体采编人员轮训，培训业务骨干12期52人。（新闻宣传中心 / 提供）

【北京市邮政分公司“请进来、走出去”培训各级领导人员】 北京市邮政分公司通过“请进来、走出去”等方式，加强各级领导人员的培训，邀请外省经营主管领导、优秀支局长和支行长介绍先进经验；选派20名处级领导人员赴深圳华为大学培训，组织部分中层管理人员和15名优秀支局长、支行长赴上海、浙江、江苏、河南交流学习；选派机关10名优秀年轻干部到企业最小经营单元进行锻炼，安排7名处级干部和1名科级干部赴经营单位交流挂职；持续深化机关包联工作，推动机关人员支援生产、帮扶经营，与经营最小单元共战“双十一”生产高峰；组织204个专业培训班，参培人员达20038人次，合格率100%；开展支行长、金融主管人员片区集中轮训、支行长特训营和“百炼成钢”金融理财经理培训等，培训700余人次；组织入职、转岗培训400余人次；在首届北京市快递行业职业技能竞赛暨2019年“职工技协杯”职业技能竞赛中，获得2个全能第一、6个单项奖中的3个第一和总成绩团体第一的佳绩。（北京市邮政分公司 / 提供）

【内蒙古邮政举办特有职业考评员培训班】 3月30—31日，内蒙古邮政特有职业考评员培训班在呼和浩特市举办，来自12个盟市分公司和寄递事业部的7个职业133名符合考评员条件的员工参加培训。此次培训旨在进一步加强邮政企业考评人员队伍建设，提升各盟市分公司考前培训工作质量，推动高技能人才鉴定考评工作深入开展。区邮政职业技能鉴定中心在总结历年考评和竞赛经验的基础上认真研究了考评规范，结合实际生产制定了具有针对性的培训方案，并联合区邮政信息技术局搭建了相关职业的模拟操作培训环境，抽调全区考评经验丰富的业务骨干进行授课。（内蒙古邮政分公司 / 提供）

战略规划

【概况】

一、集团公司重要改革工作

（一）公司制改革

一是认真贯彻落实中央经济工作会议关于深化邮政体

制改革的有关精神，按照财政部要求，提出深化邮政体制改革的总体目标和主要任务，形成深化邮政体制改革的汇报材料，为财政部呈报国务院做好素材准备，保持与财政部的密切沟通。二是系统梳理公司治理制度建设、证照资质变更等综合性事务以及子企业公司制改革等方面的30项具体工作的进展情况。三是组织开展全民所有制子企业的公司制改制，制定集团公司的全民所有制子企业改制总体方案，并进行部署。

（二）寄递翼改革

一是与相关部门共同理顺邮政公司与寄递事业部在财务管理、人力资源管理、经营服务质量和绩效考核等方面的管理关系，切实做到“网合人合心合”。二是编发改革双周简报，重点通报各省市寄递事业部“八大整合”工作情况、集团公司和各省分公司改革推进情况，分享部分先进地区推进改革的经验。三是对寄递翼改革的发展方向、资源整合方式等问题进行研究。

（三）调整集团公司组织架构

突出以客户为中心、以市场为导向的理念，制定集团组织架构调整方案；配合人力资源部完成了机构编制文件的起草和印发，集团公司总部组织架构调整完毕。研究制定信息科技公司的组建方案，完成机构整合。

二、战略绩效管理能力

（一）建立战略绩效考核框架

引导各板块各单位补短板、强弱项、固优势，全面提升市场竞争力。通过将协同工作考核结果纳入对各板块领导班子绩效考核，建立以双边记账和分润方式定量评价协同成果的激励机制。通过设置管理控制事项考核清单，引领全网牢牢守住风险底线，着重防范化解重大风险。

（二）动态调整优化绩效考核办法

优化对代理金融的绩效考核办法，引领代理金融业务高质量发展。对省邮政分公司加大寄递业务发展的考核激励力度，对集团寄递事业部加大全程全网时限质量和成本的考核，引领集团公司寄递事业部向效率要效益。

（三）强化战略执行过程管控

上线应用战略绩效管理系统建设，强化对绩效计划与辅导、实施与监控、分析与预警、评价与反馈4个环节的科技支撑。

（四）争取对集团公司经营业绩考核的有利政策

争取到交通运输部对集团公司考核有利政策，2018年集团公司经营业绩考核得分达到三年期考核为优秀的分数线。

三、资本运营战略协同作用

（一）子公司“引战”混改

一是拟定中邮科技“引战”方案和股权激励总体方案并推进相关工作。二是组织实施中邮速递易重组“引战”。三是组织启动中邮保险引战工作。拟定股权设置和治理结构方案，向财政部报送了“引战”混改申请并获得支持。四是配合开展邮储银行A股IPO，承担关联法人全面梳理和信息收集，出具集团公司相关承诺，参与审阅招股说明书，协助完成财政部对超额配售的审批。

（二）助力完善产业布局和能力提升

对邮储银行与拼多多投资设立直销银行提出审核意见，协助其将该投资事项报财政部审批并获得同意设立直销银行的复函。对中邮证券设立另类投资子公司事宜提出审核意见，组织其完善该投资事项的可行性研究和具体方案。批复设立江西快递物流服务公司、广西中邮物流公司增资并增加经营范围，助力寄递事业部推进“三关合一”项目，提升业务能力。

（三）股权投资清理整合

一是规范子公司治理程序制度、《内幕信息管理暂行办法》，理顺集团公司和外派董监事参与公司制企业“三会”议案拟订、审核和表决的流程。引导省分公司加强股权投资的全级次管理。组织对境外股权投资进行绩效评价，按时向财政部报送境外投资绩效评价报告。二是持续推进股权投资清理整合工作。组织开展股权投资和“僵尸”企业清理，组织开展厂办大集体企业分离改革，组织开展股权投资整合。

四、法律风险防控能力

（一）建立健全集团公司依法治企管理体系

赴铁路总公司、中国移动调研学习企业法治建设，找差距，抓落实，推动集团公司成立依法治企工作领导小组；制定、修订公司律师管理办法、商标管理办法等多部企业核心规章制度；组织常年法律顾问服务律所采购工作，初步完成集团总部法律顾问服务律师库体系搭建。

（二）优化各项法律支撑服务

为服务基层配合集团公司公司制改革，及时修订印发集团公司基本授权书；为解决省、市层面邮政公司与寄递事业部之间合同审签不畅、流程不顺问题，优化合同审签流程，大幅提升审签效率；为满足基层普法需求，搭建集团公司普法平台，开通“小邮说法”官方微信公众号，传递法治力量。

（三）化解重大法律风险

妥善处理通邮科技系列纠纷、涉美寄递侵权纠纷、耿强系列民间借贷纠纷、中邮证券股权转让担保纠纷、四川委代办群体劳动争议等重大案件纠纷。主动识别潜在法律风险，及时发布邮政电商业务法律风险提示和风险防控指引，开展打击假冒邮政车辆违法行为的专项整治活动，保障邮政企业合法权益不受侵犯。

五、服务国家战略研究工作

（一）创新服务雄安新区建设

将雄安新区邮政普遍服务发展规划协调融入雄安新区邮政业发展规划，确保邮政基础设施需求与雄安新区相关行业规划全面衔接，密切跟进新区保税区建设、国际业务规划等动态。推动智慧邮局建设，打造中国邮政在雄安新区的智慧样板。积极筹备物流投资公司，参与雄安新区物流领域的各项研究、规划工作。推动邮政科技入驻服务雄安新区，实现无人投递车入驻服务雄安市民服务中心，推动无人机服务雄安新区工作。

（二）根据《粤港澳大湾区发展规划纲要》，研究形成《中国邮政服务粤港澳大湾区行动方案》，并对人大代表提出的议案函复国家邮政局。

六、战略管理和研究工作

（一）启动“十四五”规划前期研究

落实国家邮政局来函要求，提出并及时报送“十四五”发展基本思路及对国家的政策建议。组织开展“十四五”规划前期重大课题研究，启动“十三五”发展情况评估、新时期发展环境分析和形势研判、发展指标体系研究及构建、重点战略任务研究等项目。

（二）做好集团重点事项研究

与邮政研究中心联合开展普遍服务研究，分析邮政普遍服务的发展定位、方向和目标，提出做好新时代邮政普遍服务的对策建议。设计“三个视角”分析模板，完善了邮储银行、寄递事业部、邮政公司、中邮保险、中邮证券“三个视角”对标指标体系，并相应设计关键举措检视模板。

（三）开展资本运营研究

研究设立邮政金融控股公司，提出集团公司设立金融控股公司的路径和方案。研究提出投资设立或收购取得邮政控股的基金管理公司的方案。［集团公司战略规划部（法律事务部）/提供］

财务管理

【概况】

一、持续落实中央巡视整改，加大邮政普遍服务保障

集团公司持续落实中央巡视整改，经过调研论证分析后，完善对一级干线邮路承运机要邮件补贴政策，进一步加大对高原高寒省份的建制村直接通邮保障力度，支持加快实现建制村全面直接通邮。集团公司共计安排邮政普遍服务和特殊服务补贴 68.59 亿元，比上年增加 7.33 亿元，其中给予西部省邮政普遍服务和特殊服务补贴 35.96 亿元，比上年增加 5.36 亿元。

二、做好财务支撑和管控

（一）构建寄递事业部预算管理体系

进一步厘清邮政公司与邮政公司划入寄递事业部部分和速递物流公司法人账套间的预算关系，对所有经济事项、预算科目、成本动因，以及各项基础数据采集口径和渠道予以规范，构建了寄递事业部成本费用零基预算模型。统筹考虑邮政公司划归寄递事业部的人员、资产，支撑邮政普遍服务情况及历史因素，确定邮政公司对寄递事业部损益的补偿处理方式和分省额度。在此基础上，首次下达各省寄递事业部预算目标，确保寄递事业部组建初期的平稳运行。

（二）责任中心损益核算

在《邮政企业责任中心损益核算办法（试行）》和《寄递事业部损益核算办法（试行）》基础上，全面梳理企业机构、人员、资产的专业、环节属性对应规则，对不同的成本费用匹配相应的归集方式和分摊方法，针对邮政公司非寄递部分和寄递事业部同步构建分专业、产品、环节的损益核算体系；完成寄递翼改革报销报账系统、ERP 系统、结算系统改造，全面采集业务、人力、报销报账等前端系统中的专业和环节维度信息，细化资源和作业动因合理进行成本分摊，实现从专业（产品）、环节、机构 3 个维度按月展现损益核算结果。同时，推进损益核算数据质量提升。集团公司持续梳理损益核算基础数据差异和存在的异常情况，印发《异常专业数据调整规则》《寄递事业部部分机构环节标识规则》，针对存在的问题发文通报，及时督促各省重点关注并及时整改，以提高责任中心损益核算数据的准确性，推动损益核算结果从可用向好用转变。

（三）构建寄递事业部财务标杆体系

分 3 个层级确立总体指标、重点指标和管控指标，构建“分层聚焦、层层递进”的寄递业务财务标杆体系。寄递业务财务标杆体系涵盖综合效益评价指标、专业经营发展评价指标、成本费用标杆指标、损益核算环节成本标杆指标、省会中心局指标 5 个方面，分 3 个层级确立总体指标 87 项、重点指标 42 项和管控指标 15 项；并按全国维度和东中西区域维度，按优秀、良好、平均、较低、较差实行五档对标。按月发布寄递业务财务标杆数据，引导各基层单位延展对标维度、夯实基础数据、明晰管控重点、明确管控目标、建立长效机制，认真开展对标分析，将对标分析结果运用于企业资源配置和决策支撑。

（四）适时调整快递包裹结算价格

1. 改造包裹快递结算系统，实现分账套、分产品、分环节结算，将结算事项按省际结算、省内结算、内部结算和关联交易结算清晰列示，支撑全系统深化责任中心间模拟结算，引导基层单位关注损益责任。

2. 在对国际函件运费终端费实施按重量、分路向据实结算的同时，按照整体对标行业价格的原则，综合考虑区域间人工成本、投递难度的差异，对快递包裹投递实施分区域的结算结合价格，引导各单位向经营端传导，加大营销和揽收力度，努力压降投递成本，促进效益提升。

三、整合完善财务信息系统

（一）整合寄递事业部核算体系和报销报账系统

明确统一寄递事业部报销报账标准、流程和系统的方式和工作安排，启动寄递事业部ERP财务系统整合优化工程，统一后的核算体系和报销报账系统计划于2020年1月上线运行。

（二）启动财务智能化项目建设

重点围绕财务人员日常工作中高度重复且耗时耗力的流程和环节，提出智能报账、智能内网处理、智能编制财务报表、智能编制分析报表、系统数据自动维护、自动关账检查、自动请求并导出数据、智能帮助、智能催收、智能损益处理10个机器人开发需求，启动财务智能化项目建设。

（三）开发成本费用暂估功能

对暂估费用和结算方式等进行梳理，进一步明确需暂估的成本费用项目及经济事项，针对不同的成本费用项目设计了合同录入和暂估计算表单，建立合同结算标准和暂估结算量之间的匹配关系，在报销报账系统中开发成本费用暂估功能，进一步提高暂估入账的准确性和效率。

四、资金管理

（一）加大直接融资力度

集团公司向国家监管部门申请获得200亿元公司债券和300亿元超短期融资券额度，密切关注资金市场情况，选择适宜的融资渠道、规模和时点，完成外部融资287亿元，直接融资比重86%，偿还及置换外部融资297亿元，外部融资比上年末减少10亿元。与银行借款基准利率比，集团公司2019年外部融资节约财务费用4亿元。

（二）资金集中管理

1. 组织寄递事业部开展资金工作。针对速递物流公司资金分散使用效率低的问题，3月，集团公司印发《中国邮政集团公司关于实施速递账资金集中管理相关事项的通知》，全面推进各省寄递事业部速递账收支两条线管理。5月，实现全国速递账收支两条线上线工作。

2. 以客户视角深化“第三方支付”收款。适应客户使用微信、支付宝等“第三方支付”的偏好习惯，在邮政网点实行“第三方支付”收款的基础上，进一步从客户视角出发，梳理完善相关业务规则和流程，实现所有专业、所有产品、所有款项均能“一站式”扫码支付。

3. 强化电商渠道收款管控。结合报刊在线订阅、积分兑换，集邮在线业务、电商简易险、邮乐网代收费等新业务处理流程，规范相关资金处理方式，加强电商资金管控。

此外，按照国务院办公厅《关于转发国务院减轻企业负担部际联席会议清理拖欠民营企业、中小企业账款工作方案的通知》等文件要求，组织开展邮政企业清理拖欠民营企业、中小企业账款有关工作，督促各级单位严格按照清偿计划认真落实清欠，在规定期间内完成清欠工作。

五、坚持问题导向，加强经营分析

坚持问题导向，按照“三个视角”、三大规律的要求，不断改进经营分析思路和方式方法，加强经营分析，服务领导决策。进一步完善经营分析工作规范，先后制定和印发《经营分析模板》《经营分析对标工作统计表》以及《关于开展生产经营分析材料审核工作的通知》，推进经营分析精细化，围绕集团战略和重点工作，先后完成500强排名，上市银行、快递及保险公司业绩对标，邮政寄递业务，邮政储蓄业务等专题专项分析。

六、财务基础工作

（一）会计基础工作

按照财务基础工作达标工作安排，一是将2019年更新后的财务制度汇编下发给各单位进行学习；二是更新财务基础知识题库，组织网上答题；三是按照财政部税务总局要求，组织全国邮政财务人员参与全国减税降费知识竞赛，全国邮政参赛人数23656人，平均成绩97分；四是针对内外部巡视、审计发现的财务方面的突出问题，并结合邮速整合后财务管理新的变化和要求，制定财务基础工作评比方案，持续开展财务基础工作评比。

（二）组织开展邮政统计数据质量专项整治和提升活动

为进一步提高对统计工作重要性的认识，规范统计工作行为，加强数据问题整改，保证统计数据质量，夯实统计管理基础，开展邮政统计数据质量专项整治和提升活动。对山西、福建、广东、贵州、云南、陕西、宁夏7个省（自治区）进行现场抽查，发现统计工作的薄弱环节并督促整改，完善统计工作制度，进一步夯实统计基础工作。

七、会议费自查整改专项工作

根据派驻纪检监察组的建议和集团公司领导批示，财务部牵头对党的十八大以来集团公司总部在京外召开的会议进行梳理和初步自查，组织控股子公司、省分公司、直属单位，以及集团公司各部门对相关会议进行全面自查整改。同时，在充分征求办公厅、审计局、党组巡视办、派驻纪检监察组办公室等部门意见的基础上，修订完善《集团公司总部会议费管理办法》，修订后的办法有关规定更加明确，操作性也更强。

八、严格履行“一岗双责”，强化党风廉政建设

财务部党支部在集团公司党组的正确领导和直属机关党委对机关各部门党建工作的安排部署下，带领支部成员和全体党员，认真学习贯彻习近平新时代中国特色社会主义思想和党的十九大精神，积极开展“不忘初心、牢记使命”主题教育，持续做好中央巡视整改和集团公司党组专项巡视整改工作，不断强化党风廉政建设和机关作风建

设，严格履行“一岗双责”，完成各项党建工作任务。（集团公司财务部 / 提供）

【零基预算管理】 从 2016 年开始，集团公司财务部着力推进邮政企业零基预算实施路径和模型的有关研究，构建了业务驱动型的成本费用预算模型以及覆盖全成本费用的定额标杆体系，并自 2017 年起对邮政企业实施零基预算管理。

邮政企业零基预算是在企业战略目标的指引下，以函件、包裹快递、报刊发行、集邮、代理金融等业务发展计划为起点，综合考虑宏观经济形势和市场发展状况编制收入预算；以收入预算为牵头，再考虑业务量、人员数量、资产占用量等成本动因和对应的成本定额标杆，根据预算模型配置成本费用预算；最后根据收入预算、成本预算的结果，再考虑普遍服务补贴以及内部结算事项等，形成利润预算。

从实施情况看，零基预算管理对邮政企业的效益提升作用已初显：明确了各级经营部门和职能部门成本费用归口管理的职责，引导全员树立以经济事项为源头强化成本管控的意识，逐步扭转成本管控职责以财务部门为主导的观念，业务部门成本管控的参与度和主动性明显提高，业务直接成本使用效益明显；实现了标杆管理与零基预算管理的有效衔接，通过实行按季发布财务标杆管理指标，协助各单位充分掌握成本费用的翔实情况和管控水平，引导各单位主动对标、持续改进；零基预算既强调了对战略性业务发展的成本保障，又要求遏制非生产性成本的增长，从优化资源配置出发，以提升成本使用效益为手段，助力企业效益的提升。（中国邮政网）

【海南省邮政分公司损益核算】 推进责任中心损益核算工作。一是制定印发《海南邮政企业损益核算办法（试行）》《海南省寄递事业部损益核算办法（试行）》，按照实体部门与责任中心相匹配原则，损益核算办法重新明确责任主体。对具有类似职能（专业、环节）的单位（或内设部门）分别设置 22 类不同类别的省级标准责任中心，对各部门的职责进行分工。二是制定印发《海南省分公司提升损益核算数据质量工作方案》，成立提升损益核算数据质量工作领导小组和工作小组，明确主要工作职责，将提升损益核算数据质量工作职责分工细化到个人，并对开展提升损益核算数据质量工作的几个阶段工作内容进行细化并做了具体安排，确保损益核算数据质量提升工作的有效开展。（海南省邮政分公司 / 提供）

【辽宁省邮政分公司实现财务管理“六统一”】 财务管理更加规范，统一邮速预算、核算、对标、成本、投资和欠费管理，实现寄递财务管理“六统一”；全国率先实现专业（产品）、环节、机构损益核算结果准确可应用；179 项成本费用标杆中 89 项超过全国平均水平；管理成本降幅 10.9%，连续 6 年实现压降。资金资产运营能力有效提升，加大资产盘活力度，房屋出租收入比上年提高 8.2%；实行“两金”压降目标管理，逾龄欠费和库存降幅分别达到 33.1% 和 15.8%。强化资金运作，资金创利 760 万元。（辽宁省邮政分公司 / 提供）

采购管理

【概况】

一、全网采购集中度和公开性提升

根据集团公司加大集采力度的要求，制定若干具体措施，修订一级集采目录，新增 88 个物资品目纳入集团公司集采，一级集采目录 9 大类、40 个中类、133 个小类。各控股子公司、省分公司整合需求，扩大集采范围，提高集采水平，江苏、浙江、安徽、湖南等省在推进运能业务外包集采、整合地市项目方面开展大量工作。全网集采预算 333.42 亿元，采购合同金额 295.82 亿元，合同金额比上年提升 117 亿元；资金节约率 11.28%；公开招标率 81.12%，比上年提升 8%。其中：31 个省（区、市）分公司集采预算 162.39 亿元，采购合同金额 145.86 亿元，资金节约率 10.18%，公开招标率 87.08%，省公司集采金额比上年 56.88 亿元实现翻番。

二、集采效率提高

提出“强化采前、严格采中、加快采后”思路，制定总部采购审批决策流程优化方案，并下发执行。项目实施上，优选确定公开采购方式，紧密与计建部门衔接多批次需求，加快实施，40 天内完成 3 批次、25 个邮件处理中心的分拣机采购任务，紧急采购一体化邮件信息采集设备（DWS 设备），并根据改革需要 3 批次追加供应，紧急采购绿色环保可循环邮袋，“双十一”前全部到位；各省（区、市）分公司积极配合完成皮带机等配套设备采购。各级采购部门加强组织协调，不仅保证供应及质量，价格也大幅下降，为集团公司寄递业务集包改革、“双十一”旺季生产和业务转型发展提供了有力支撑，集团采购管理部获得工程建设先进单位组织管理奖。

三、电子采购与供应平台建设

牵头组织，协调解决业务、财务、运维等一系列问题，确保平台建设如期推进，完成系统搭建、7 家第三方电商平台的引入，在各单位配合下，完成山西、广东、浙江 3 省试点，分两批次全国推广，实现系统年初建设、年底前全网全部上线。通过平台的小散杂物资与营销用品的电商化供应功能，各单位均可在平台快速下单、快速供应。通过平台，试点开展在线投标、开标，有效降低现场人员聚集风险及企业交易成本，实现专家资源共享，提高了项目评审效率。

四、采购计划管理

在年度采购实施计划的基础上，从7月起按月编制批次实施计划，每月向需求归口部门提示下一个月应提交的技术规范，向各部门公布下月项目计划。同时，对于紧急采购的项目建立快速通道，经签批确认后，采购部编制紧急计划，立即启动实施。采购计划性得到加强，被动采购、人力资源紧张现象得到缓解。

五、巡视整改和业务监督检查工作

针对中央巡视与集团公司专项巡视反馈的问题，制定整改推进计划及目标措施。截至年底，工作目标基本完成，全网公开采购深入人心，公开招标率保持稳定提升，定期通报等长效机制已经建立，融入日常工作一并推进。同时，举一反三加强制度建设及宣贯执行，修订印发《中国邮政集团公司采购评审专家管理办法》《中国邮政集团公司绿色采购实施办法》《中国邮政集团公司供应商管理办法》。按照采购业务检查，3年全覆盖的目标，组织开展对邮储银行、中邮保险与9个省分公司的采购专项检查，并就检查情况进行全网通报和逐一反馈。

六、队伍作风和专业素质

深入开展“不忘初心、牢记使命”主题教育，把学习教育、调查研究、检视问题、整改落实贯穿活动的全过程；结合“一月一事、消灭最差”活动，深入十余个省分公司，调研一线实际情况，解决具体问题。针对采购工作特性，将党风廉政建设和风险防范教育贯穿到日常工作。开展两批次11省11名采购人员集中轮训，通过实战式培训将集团经验作法带回省分公司复制，快速提升专业业务水平。各单位也开展不同形式的业务培训，江苏、湖北编印采购知识速查手册、采购流程手册，指导工作。（集团公司采购管理部／提供）

【中国邮政电子采购与供应平台建成投入应用】 为加强采购管理，依托互联网推进电子化采购实施，解决办公用品、营销用品等小散杂物资集采供应问题，通过对标行业先进，3月，集团公司正式启动建设中国邮政电子采购与供应平台，引入电子化采购、电商化供应模式，实现年底全网全部上线应用。平台采用“3+1+1”架构，即3个子模块：采购平台门户＋电子采购系统＋物资供应平台、1个移动端应用和1个共享信息资源库，并与ERP系统主数据、成本、应付等模块对接，实现在线招标等各类项目线上采购，实现小散杂物资的线上全流程操作。上半年，基本完成业务流程梳理、需求分析和产品研发的主要工作。下半年，完成系统搭建、7家第三方电商平台的引入，8月平台建设正式进入试运行阶段，8月8日，银行板块完成物资供应平台第一单，正式启动第一个电子招标试点项目，8月28日，试点省完成物资供应平台第一单，通过分两批次全国推广，实现系统年初建设、年底前全网全部上线。通过平台，实现小散杂物资与营销用品的电商化供应，试点开展采购项目在线投标、开标等，提升采购信息化管理水平，支撑了集团公司生产经营管理工作。（集团公司采购管理部／提供）

【《中国邮政集团公司绿色采购实施办法（试行）》印发】 为贯彻习近平生态文明思想，践行绿色发展理念，深入推进绿色邮政建设行动，11月，集团公司制定印发《中国邮政集团公司绿色采购实施办法（试行）》，对绿色采购的定义、内容、职责分工、原则等进行规定。（集团公司采购管理部／提供）

【邮件业务单式（2018）采购】 集团公司组织邮件业务单式（2018）项目集中采购，17种单品分为21个包，预计年采购金额3.4亿元。通过公开招标，各产品单价较现行单价全面下降，单价降幅7.84%—69.67%（平均降幅40.28%），按照预计年采购量测算，年节约金额9094万元，节约率约为26.67%。（集团公司采购管理部／提供）

审计监督

【概况】 全国实施审计项目12647项，审计发现问题3.74万个。提出审计意见及建议10358条，促进整章建制409项，行政处分62人。其中，集团审计部完成审计项目127项，发现问题460个，提出意见或建议264条。针对审计发现的重大问题及具有普遍性、倾向性的问题，及时汇总分析，向集团领导提交专项报告14篇。具体情况如下。

一、效能审计

印发《2019年效能审计重点工作》《2019年效能审计方案》，对效能审计工作提出具体要求。各单位围绕“三大攻坚战”落实、寄递改革发展、邮储银行和代理金融业务转型、普遍服务和特殊服务质量提升、板块协同5个方面，开展效能审计485项，发现问题15036个，提出意见或建议2459条。

二、内控合规审计

围绕企业经营管理中的实物流、资金流、信息流，聚焦内控制度是否完善、流程是否合理、管控是否有效，在全国范围内开展内控合规审计331项，发现问题9087个，提出意见或建议772条。

三、风险管理审计

围绕金融板块在制度执行、风险防控、违规问责等方面存在的体制机制性问题，在全国范围内实施风险管理审计102项，发现问题5557个，提出意见或建议837条。

四、经济责任、财务收支、工程审计

（一）领导人员经济责任审计

各单位坚持离任必审，不断强化任中、任前审计，开展经济责任审计1161项，其中离任审计857项，任中审计187项，任前审计70项，年度绩效考核审计47项。

（二）财务收支审计

围绕真实、合法、效益原则，全国开展财务收支审计107项，发现存在虚列、隐瞒、提前或推迟确认收入、跨科目计列收入以及成本费用计列、使用、管理不规范等问题326个，提出意见或建议291条。

（三）工程建设项目审计

全国开展工程审计10211项，其中基建项目审计2209项，技改项目审计483项，维修改造项目审计7519项。各单位在对送审项目及时开展决（结）算审计的基础上，强化对中央预算内资金使用情况的监督，累计审计中央预算内资金项目1786项，防范截留、挤占或挪作他用等问题的发生。此外，充分发挥专业优势，抽调人员配合各单位、各部门的巡视、纪检核查、招投标、合同审签、股权清理以及会议费、工会经费、生肖邮票发行等专项检查工作。

五、审计整改

建立主审、组长和审计负责人部门三级审核机制，逐项核实被审计单位整改情况、评价具体整改措施。集团公司设专人逐省逐项跟踪2018年寄递翼专项审计整改情况，并对北京、广西、福建三省（区）进行现场检查，推动审计发现问题整改到位。

六、审计工作统筹

集团公司制定《2019年全国邮政审计工作要点》，明确全年工作目标，部署各板块重点任务。下发《2019年效能审计重点工作》《效能审计方案》，对全国效能审计工作进行具体指导。建立审计情况报告和审计要情报送机制，强化信息共享。建立审计工作评价机制，设定KPI指标，对各单位审计工作进行评价。完善审计制度，研究制订《审计制度建设三年（2019—2021）规划》，对内部审计管理规定、经济责任审计管理办法进行修订，制定委托中介机构工程结算审计管理规则，进一步规范审计工作。此外，按照审计署要求，首次组织42家邮政企业完成2018年度企业工作报告编报工作，得到审计署的充分肯定。发挥专业优势，抽调16人次积极配合各部门专项核查、检查工作。

七、审计信息化建设

邮政审计信息系统建立30个监控分析模型，重点分析揭示业财数据异常变化情况，快速定位问题疑点、审计重点。对审计项目从计划、立项、实施、整改、归档到统计进行全流程闭环管理，实现审计作业的标准化。

审计项目现场。

八、队伍建设

针对审计人员普遍存在的“能力恐慌”问题，及时组织学习集团公司重大政策方针和最新部署，组织全国89名审计骨干参加中国内部审计协会培训，举办全国审计处长培训班和审计业务骨干培训班，组织全国审计理论研讨活动，持续更新ERP审计知识库，着力在项目中以审代训，锻炼人才。（集团公司审计部/提供）

【内控合规和效能审计】 关注“八大整合”和“五大体系”落实情况，集团公司对江西、江苏等15个省（市）开展寄递业务内控合规和效能审计，发现问题66个，提出建议50条。围绕国际业务资费新政策实施后，试行资费自主管控的广东、浙江等8个省邮政公司资费水平、管控措施、执行效果以及存在问题等方面，集团公司开展了国际业务资费情况专项调查，发现6个方面的问题，提出4个方面的建议，规范国际业务资费管理。围绕落实集团公司对集包作业模式的工作部署，集团公司对湖南、河南等9个省开展集包工作推进情况审计调查，发现设备配备未到位、系统功能未上线等10个问题，推进集包工作开展。集团公司组织全系统公务用车使用管理情况审计调查，发现个别单位仍存在超编制配备或使用公务用车、擅自处理处置公务用车、未按要求封存或长期出借公务用车等问题，各单位即查即改，规范公务用车管理。（集团公司审计部/提供）

【风险管理审计】 围绕企业代理金融风险管控情况，以防范化解风险为着力点，集团公司对江西、贵州、北京、天津、海南5省（市）分公司开展代理金融风险防控审计，发现问题66个，提出审计建议18条。

联合邮储银行，对浙江、山东、宁波、青岛等12个省、市分公司开展代理营业机构内控及管理审计，发现6个方面21个问题，提出4个方面13条建议，推动在信贷业务流程、制度管理、人员管理、代理营业机构管理和反洗钱等方面加强管控、防范风险。（审计部/提供）

【经济责任审计】 围绕贯彻落实集团公司重大决策部署情况，企业重大经济事项的决策、执行和效果情况，企业财务的真实合法效益情况，落实有关党风廉政建设责任，遵守中央八项规定精神和廉洁从业规定情况等内容，集团公司完成对寄递事业部总部和河南、山东等13个省（市）分公司，以及邮科院、石邮学院、文史中心3个直属单位原任领导人员离任经济责任审计，完成对江西、贵州省分公司领导人员任中经济责任审计，发现问题295个，提出建议186项。（集团公司审计部／提供）

【工程审计】 围绕招投标、合同管理、工程量计量、资金使用、程序执行等方面，完成集团公司直管工程建设项目和中央预算内资金项目66项。对北京邮件综合处理中心四期工程等14个项目开展全过程跟踪审计。（集团公司审计部／提供）

【审计整改】 一是完善审计整改长效机制。以审计信息系统自动生成的整改台账为抓手，逐项核实被审计单位整改情况，逐一评价具体整改措施，关注是否彻底整改、是否举一反三、是否标本兼治，坚决做到“有问题必整改、不整改不放过”。通过调整账目、完善制度、加强管理等方式，全年审计发现的问题大部分已整改到位，个别难以一步到位的问题，也落实了整改责任和进度安排。二是集团公司统一组织全国对2018年寄递翼专项审计整改情况实施跟踪审计。各省高度重视，认真自查整改，集团公司对北京、广西、福建省（区）分公司和寄递事业部整改情况进行现场检查，切实推动整改落实到位，取得实效，为寄递业务健康发展奠定基础。三是集团公司持续跟踪检查寄递资费、欠费问题整改情况，将其作为“一月一事”研究课题融入每个审计项目中，提交调研报告6份。（集团公司审计部／提供）

【创新审计组织方式】 探索融合式、嵌入式、“1+N”等方式开展项目，将经济责任、财务收支和管理审计统筹安排、融合实施，最大限度地扩展审计覆盖面，避免重复审计。抽调部分省分公司人员参与集团公司审计项目，授权省分公司对中央预算内资金项目分批次分地区集中进行竣工决算审计，提升审计效果。（集团公司审计部／提供）

【审计成果共享】 建立审计情况报告和审计要情报送机制，各单位向集团公司报送审计意见1337份，河南、山东、贵州、福建省分公司和寄递事业部报送审计要情18份，实现成果共享。（集团公司审计部／提供）

【审计工作评价】 制定《中国邮政集团公司审计工作评价管理办法（试行）》，建立审计工作评价机制。设定KPI指标，从审计机构和队伍建设情况、审计制度建设与执行情况、审计工作开展情况、审计信息系统使用情况、审计成果运用及证书和获奖情况5个方面对各单位审计工作进行评价，推动工作水平提升。集团公司组成评价工作组，对各省邮政分公司及邮储银行、中邮保险、中邮证券、集邮总公司、石邮学院、寄递事业部等37家单位2019年审计工作进行评价，最终评价为“优秀”的单位16个，“良好”的单位14个，“合格”的单位7个。（集团公司审计部／提供）

【企业年度工作报告编报】 按照审计署要求，集团公司首次组织企业年度工作报告编报工作。42家邮政企业作为2018年度企业年度工作报告编报单位，认真梳理总结各项工作，并以此为契机，坚持问题导向，深入排查企业存在的重大问题和风险隐患。建立自查问题清单，认真分析查找原因，制定切实可行的整改措施，立行立改。对不能马上整改的，制订整改计划，明确完成时限，实现年度报告编报与深入自查自纠、自我完善的有机结合，达到强化内部管控、完善规章制度、防范化解风险、提升管理效能的效果。在各单位、各部门的支持配合下，企业年度工作报告编报工作完成，并得到审计署肯定。（集团公司审计部／提供）

【审计信息系统建设】 一是实现财务数据审计信息化，提升效率。综合运用ERP财务模块、报销报账、银企互联、电子影像等系统数据进行多维度查询和比对分析。建立30个监控分析模型，重点分析揭示收入成本、收支占比、重大重点费用、年化用户欠费率等异常变化情况，快速定位审计疑点。二是实现审计作业的标准化，提高质量。对审计项目从建立、实施、整改到归档进行全流程闭环管理，统一操作流程和工作模板。过程中可将监控分析、人工分析的疑点编制成审计任务清单并分配到人，可对审计发现问题自动逐一挂号，对逾期未整改的问题持续短信提示，对通过审核的销号归档备查。三是实现审计管理的便捷化，增强效能。对审计计划从编制、审批、汇总到下达，对审计报表从底稿数据收集、台账汇总到报表生成进行全流程闭环管理，实现计划、项目、报表3个流程自动衔接。（集团公司审计部／提供）

纪检监察

【概况】 中央纪委国家监委驻中国邮政集团公司纪检监察组（以下简称驻中国邮政纪检监察组）坚持以习近平新时代中国特色社会主义思想为指导，认真贯彻落实十九届中

2019 年中国邮政集团公司党风廉政建设和反腐败工作会议。

央纪委三次全会工作部署，聚焦派驻机构职责定位，树牢“四个意识”，增强“四个自信”，做到“两个维护”，发扬斗争精神，勇于担当作为，纪检监察工作呈现良好发展态势，在高质量发展上迈出坚实步伐，取得新的明显成效。

一、推进政治监督具体化常态化

（一）督促推动习近平总书记重要讲话和指示批示精神在邮政企业落实落地

认真学习领会习近平总书记在十九届中央纪委三次全会上的重要讲话精神和全会精神，推动集团公司党组召开首次党风廉政建设和反腐败工作会议进行贯彻落实。督促党组盘点近年来习近平总书记关于邮政企业指示精神落实情况并及时上报党中央。督促党组贯彻落实习近平总书记在河南光山考察脱贫攻坚成效的重要指示精神，研究制定发展农村电子商务等具体措施并抓好落实。

（二）以有力有效监督保障党中央重大决策部署贯彻执行

督促集团公司扎实开展“不忘初心、牢记使命”主题教育，推进突出问题专项整治，梳理二级单位 66 名领导人员受到约谈函询等情况，派员参加集团公司所属单位民主生活会督导，要求其在专题民主生活会上作出说明。督促集团公司党组持续深化中央巡视整改，制定《关于 2019 年中央巡视整改监督检查方案》，开展落实中央巡视整改情况专项巡视，着力整改有关领导人员住房违规问题并取得实质性突破性进展，督促党组成员开展巡视整改“回头看”，对分工负责的整改任务进行逐一回顾并向党组汇报。督促集团公司党组专题研究邮政企业服务雄安新区建设、打好三大“攻坚战”等重大决策部署的具体举措，就防范化解重大风险、纠治形式主义官僚主义问题分别到邮储银行、集团公司办公厅开展专题调研，推动工作落实。督促集团公司党组认真学习贯彻中央关于稳定香港局势各项部署，发挥好央企应有作用。第二届“一带一路”国际合作高峰论坛召开前夕，督促集团公司党组加强廉洁合规经营。

二、精准有效做实日常监督

（一）强化面对面、零距离监督

驻中国邮政纪检监察组主要负责同志切实履行派驻监督第一责任人职责，重点关注集团公司领导班子及其成员在会议研究重大问题过程中，树立“四个意识”、落实“两个维护”，执行“三重一大”决策制度等情况，有针对性地提出意见建议。在 2018 年度领导班子民主生活会、“不忘初心、牢记使命”专题民主生活会上，分别就加强中央巡视整改、履行“一岗双责”等对其他党组成员提出批评意见。与 52 名同志进行任前谈话，对 3 名同志进行提醒谈话，在 7 月中旬召开的 2019 年邮政工作座谈会上，对集团公司所属单位（部门）主要负责人就履行全面从严治党主体责任等提出要求。

（二）紧盯重点事项开展监督

着力整治选人用人方面存在的突出问题，对违规选拔任用干部的 3 名二级领导人员给予党纪处分。回复有关选人用人、评先评优等廉政意见 74 人次，对其中 15 人次提出否决性意见，坚决防止“带病提拔”“带病评优”。组织专项工作组，对上海市分公司房屋资产情况开展专项治理，挽回经济损失 8.27 亿元，通过出租方式新增盘活房屋资产 10 处。组织召开专题会，听取陕西省分公司纪检组对集团公司定点扶贫监督检查问题整改情况汇报，督促其对陕西商洛违规支付扶贫资金问题给予 3 名人员党纪处分。

（三）发挥纪检监察建议书的监督利器作用

创制纪检监察建议书，针对邮政航空公司参加由飞机发动机维修供应商承担费用的航展等问题，向集团公司党组及有关单位、部门党组织发出纪检监察建议书，严肃指出问题，提出处理建议。全年共发出纪检监察建议书 6 份，提出意见建议 11 条，推动问题解决。

三、持之以恒落实中央八项规定精神

（一）推动整治形式主义、官僚主义问题

认真贯彻落实《关于贯彻习近平总书记重要批示精神深入落实中央八项规定精神的工作意见》，制定 21 项工作举措逐项推进，推动党组制定《关于深入开展形式主义、官僚主义突出问题专项整治工作的意见》《关于解决形式主义突出问题为基层减负的具体措施》并抓好落实。对基层邮政企业干部员工反映上级单位（部门）“‘衙门’习气重、官气十足、作风慵懒”等问题，督促党组在邮政企业部署开展集中整治工作。针对云南“7322”专用信箱邮件积压延误及背后的形式主义、官僚主义问题，严肃追究有关单位、部门及相关人员责任。对青岛邮政速递物流邮件处理中心工程建设和设备采购中存在的官僚主义等问题开展核查，初步提出对有关人员的责任追究意见。

（二）紧盯享乐主义、奢靡之风不放松

节日前夕，点名道姓通报曝光 22 起邮政企业违反中央八项规定精神典型问题，持续发挥警示震慑作用。严肃整治邮政企业领导干部利用名贵特产类特殊资源谋取私利问题，结合问题线索开展重点核查，截至年底立案1人，正在核查1人。2019年邮政企业共查处违反中央八项规定精神问题128起，给予96人党纪政务处分。会同集团公司党组印发《关于严明集团公司党组管理领导人员操办婚丧喜庆事宜纪律的规定》，对婚丧喜庆事宜执行报备报告制度等予以明确。

（三）推动开展专项治理工作

专项整治转嫁摊派会议费问题，督促集团公司开展全系统自查整改，修订《中国邮政集团公司总部会议费管理办法》。在严肃查处江西省分公司超标准承办有关会议等问题的基础上，又筛选出15家省级邮政单位的33个会议涉嫌违规违纪问题进行核查。专项治理违规为退休领导人员缴纳或发放通信费问题。针对违规为员工发放物业费补贴的问题，督促集团公司对集团总部和在京直属单位予以停发。

四、持续保持反腐高压态势

（一）规范线索处置和办理工作

将集团公司所有二级副领导人员线索处置权上收至驻中国邮政纪检监察组。改进函询工作，自10月起函询及采信情况抄送被函询对象所在单位纪检组组长（纪委书记），2019年共函询30件，函询采信告知22人次。3次专题研究线索处置情况，确保线索处置工作规范稳妥开展。在集团公司官网首页开通举报专栏，拓展信访举报受理渠道。

（二）加大执纪审查力度

驻中国邮政纪检监察组共收到信访举报1565件，处置1287件，其中党组管理干部297件。在党组管理干部问题线索中，初核162件，谈话函询29件，了结86件。立案21件，与地方监委合作实现留置案件零突破。核实存在问题的按“四种形态”处置，给予提醒谈话、诫勉谈话等15人，给予党纪、政务轻处分17人，免职1人。认真办理中央巡视组移交的409件问题线索，已办结390件，给予党纪政务处分88人，诫勉谈话111人，组织处理17人。

（三）加强对二级单位的指导

制定《关于有关案件请示报告等事项的通知》，明确所立案件实施处分前报驻中国邮政纪检监察组审核，对27家单位56名人员的违纪案件进行把关，对定性不准等问题进行纠正。下发集团公司党组管理干部廉政“活页夹”、廉政意见回复等12个模板，指导二级单位规范纪律检查工作。实行线索处置和案件查办季度通报，督促二级单位纪检机构加强执纪审查。召开信访和审查调查统计专题会议，规范全系统线索处置数据报送工作。对邮储银行、中邮证券等二级单位纪律审查工作加强指导，帮助提升办案质量和水平。指导集团公司直属机关纪委对《中央和国家机关执纪审查工作专项检查情况的报告》中涉及集团公司所属单位领导人员的问题线索认真核查，12月基本办结。组织二级单位开展纪律处分决定执行情况自查自纠工作，针对发现的处分影响期内晋升职务等问题，责令有关单位及时整改；同时督促集团公司有关部门制定相关制度规定，建立长效机制。

五、推进纪检监察体制改革

（一）基本完成驻中国邮政纪检监察组组建工作

研究制定派驻中国邮政纪检监察组工作方案和“三定”建议方案，上报中央纪委国家监委予以批复同意。组织副组长以下干部“原地转身”及原纪检组监察局分组（局）人员选调工作，内设8个处室，实现查审分开、监督检查与审查调查分开。完成组内12名同志的职级职务聘任工作。

（二）认真落实派驻改革工作要求

严格执行请示报告制度，对重点问题及时向中央纪委国家监委第四监督检查室报告，每季度按要求报送季报表。建立与集团公司党组工作会商机制，7月中旬与党组专题研究全面从严治党、党风廉政建设和反腐败工作，提出意见建议6条。会同组织部门对拟提任所属单位纪检组组长的9名人选进行推荐考察，对6名所属单位纪检组副组长拟任人选提出审核意见。按要求统计邮政企业监察对象133645人，为监察工作开展奠定基础。

（三）健全工作机制

制定驻中国邮政纪检监察组《保密工作规定（试行）》《“走读式”谈话安全工作规定》等制度，加强组内基础管理。制定《关于有关案件请示报告等事项的通知》，对线索处置和查办案件以上级为主进一步作出明确规定。落实监督执纪工作规则和监督执法工作规定，设计制作政务处分决定文书和监督检查审查调查措施使用文书，进一步完善了纪检监察工作程序。制定《中国邮政集团公司所

12月18日，“廉洁沐清风、为民促和谐”和平区廉洁邮路暨“监督就在身边”主题廉洁传递活动在天津市邮政分公司启动。

属单位纪检组组长（纪委书记）综合考评办法（试行）》，对二级单位纪检组组长（纪委书记）考核以驻中国邮政纪检监察组为主作出规范。

六、打造忠诚干净担当纪检监察铁军

（一）增强纪检监察队伍素质和力量

扎实开展驻中国邮政纪检监察组“不忘初心、牢记使命”主题教育，全组同志践行初心使命、做到“两个维护”的政治责任感进一步增强。充实工作人员，借调 12 名同志帮助工作，组织开展系统外选调、社会招聘、校园招聘工作，进一步补充队伍力量。组织全组同志和全系统专职纪检干部学习中央纪委国家监委印发的培训光盘和讲义，在中国纪检监察学院举办二级单位纪检组长（纪委书记）培训班，选派 42 名同志参加中央纪委国家监委深化派驻机构改革等 20 期专题培训班，不断提升政治素质和业务能力。组织全系统纪检监察骨干人才推选工作，建立 117 人的纪检监察骨干人才库。

（二）持续深化“三转”

推动全系统纪检机构退出招标采购现场监督。落实所属单位纪检组组长（纪委书记）专司要求，对存在问题的 15 家单位进行整改。对 16 名二级单位纪检组组长（纪委书记）进行异地交流，补充空缺纪检组长（纪委书记）9 名并实现异地任职。建立季报制度，及时了解掌握二级单位纪检机构工作情况。组织召开所属单位纪检组组长（纪委书记）现场述职会，集体约谈 40 家二级单位纪检组组长（纪委书记），压实监督责任。

（三）落实“打铁必须自身硬”要求

严格落实邮政系统纪检监察干部“十条禁令”，建立所属单位纪检机构主要负责人外出报备制度。印发《驻中国邮政纪检监察组工作人员之间打听、干预监督检查审查调查工作和请托违规办事的报备及责任追究规定》；加大对纪检监察干部违规违纪问题查处力度，坚决防止“灯下黑”。（驻中国邮政纪检监察组／提供）

【2019 年党风廉政建设和反腐败工作会议】 1 月 30 日，中国邮政集团公司党组召开 2019 年党风廉政建设和反腐败工作会议，集团公司党组全体成员出席会议。会议以习近平新时代中国特色社会主义思想为指导，深入学习贯彻习近平总书记在十九届中央纪委第三次全会上的重要讲话精神，总结 2018 年邮政企业党风廉政建设和反腐败工作，部署 2019 年工作任务。集团公司党组书记、董事长刘爱力作了题为《认真学习贯彻习近平总书记重要讲话精神　扎实推进党风廉政建设和反腐败工作　为将中国邮政打造成为行业的“国家队”保驾护航》的讲话，党组副书记李丕征主持会议，驻中国邮政纪检监察组组长、集团公司党组成员盛迺文作了题为《增强斗争精神　提升工作质量　奋力开创邮政企业全面从严治党新局面》的工作报告。（驻中国邮政纪检监察组／提供）

【上海市分公司房屋资产情况专项治理】 4—12 月，驻中国邮政纪检监察组联合集团公司财务、审计部门组成专项工作组，对上海市分公司房屋资产情况开展专项治理，核增房屋资产 170 处（套），核增面积 68862 平方米，追回被侵占房屋资产 148 处（套），挽回经济损失 8.27 亿元，通过出租方式新增盘活房屋资产 10 处，企业效益增加 18872 万元，并向集团公司、上海市分公司分别提出加强房屋资产管理等方面的意见和建议。（驻中国邮政纪检监察组／提供）

【转嫁摊派会议费问题专项整治工作】 5 月 30 日，驻中国邮政纪检监察组针对集团公司党组专项巡视反映的集团公司有关会议转嫁摊派费用以及部分会议存在涉嫌违反中央八项规定精神问题，向集团公司党组提出《关于集团公司有关会议转嫁摊派费用问题的处理建议》，建议集团公司党组对此类问题在全系统开展专项治理。6 月，督促集团公司党组成立专项工作组，组织开展自查工作。经查，党的十八大以来，集团公司相关部门、控股子公司和直属单位在京外召开会议 478 个，其中 240 个会议存在向省级邮政单位转嫁摊派费用问题，共计 2352.99 万元，核查中还发现部分会议存在虚列支出、搭车报销等问题。9 月 23 日，集团公司党组向全系统印发《关于对会议费管理方面存在问题进行自查整改的通知》，要求所属各单位对会议费管理方面存在问题进行自查整改。10 月 31 日，集团公司修订印发《中国邮政集团公司总部会议费管理办法》。6—7 月，驻中国邮政纪检监察组对江西省分公司承办 2017 年全国邮政人力资源工作会议期间会议用餐标准和工作人员超标、违反中央八项规定精神和廉洁纪律问题进行核查，对集团公司党组管理 2 名领导人员给予党内严重警告处分、对 2 名领导人员进行诫勉谈话；在前期核查的基础上，研究制定集团公司有关会议涉嫌违规违纪典型问题核查方案，选定涉及 15 家省级邮政单位的 33 个会议作为涉嫌违规违纪典型问题开展核查，年底前，对上海、湖南、广东、陕西等邮政单位问题线索进行初步核实。（驻中国邮政纪检监察组／提供）

【驻中国邮政纪检监察组组建】 按照《关于中管企业纪检监察体制改革实施方案的批复意见》（中纪国监四函〔2019〕133 号）和中央纪委国家监委第四监督检查室通知要求，设立驻中国邮政纪检监察组办公室、案件管理和审理室、第一监督检查室、第二监督检查室、第三监督检查室、第四监督检查室、审查调查室和纪检监察干部监督管理室 8 个内设室，明确各室负责人和工作人员，驻中国邮政纪检监察组正式组建。（驻中国邮政纪检监察组／提供）

邮政科技

【概述】

一、强化战略导向，打造核心竞争能力

贯彻落实集团公司发展战略，以客户的视角、竞争的视角、行业最优的视角，立标对标达标，提升全要素生产率，坚持能力建设提前规划、超前储备，支撑企业核心竞争能力提升。固定资产投资预算完成186.6亿元，其中邮务寄递投资完成93.7亿元。

二、服务水平

推进中央预算内资金项目实施，2016—2019年项目完工率97.91%，完成4244处网点整修、危旧局房翻修改造，建设4个机要局房，494个“三农”区域仓储中心，项目建设进度和质量全面提高。机要总包跟踪监测系统填补了机要总包跟踪定位的空白；邮政普遍服务管理系统实现与国家邮政局信息系统联网；平信条码化系统实现个人平信全过程信息化管理，普遍服务信息化水平不断提升。

三、流程创新

（一）资源整合及仓储能力规划

制订《85个重点城市资源整合及建设规划》，抢占战略资源，规划空侧资源增加到28处；资源综合利用率提高，释放盘活土地5135亩，场地154万平方米。制订《邮政物流仓储能力建设规划》，重点建设产业链源头仓和处理中心仓，支持高科技、医药、快运等重点业务发展，规划建设面积约177.5万平方米。

（二）建设方案优化

推动采取生产作业从“全散件模式”向“出口小件集包、总包经转、进口深度分拣”方式转变，应用“摆轮矩阵+小件分拣机”工艺，采用矩阵摆轮新技术，实施集包作业等4项关键举措，“增加处理能力，减少投资；增加分拣深度，减少分拣次数；增加装卸车位，减少用工”，三增三减的效果显著。

（三）新增处理能力

批复安排实物网建设项目87个。寄递网新增处理能力2648万件/天，创下中国邮政有史以来年度新增能力最高纪录。预计全网处理能力7648万件/天。

2019年世界交通运输展展示的中国邮政AGV智能分拣系统。

（四）投资效益

对51个处理中心进行工艺设备配备及集包作业改造，总投资9.4亿元。综合土建、征地等因素，可节省建设投资80.2亿元。

四、信息化能力

（一）IT治理架构

组建中邮信科公司，整合凝聚信息化建设力量，以市场化机制破解体制机制不完善，人员规模受限、领军人才培养发展受限等发展难题，为快速发展打下良好架构基础。

（二）加强顶层设计和资源整合

推动数字邮政规划、新一轮信息化规划、数据规划，为中国邮政信息化、自动化、智能化、集中化、平台化、生态化发展提供“桥”和“船”。坚持计算、存储、网络等信息基础设施资源池化。

（三）信息化建设

立项批复统建信息化项目43项，作业智能化、流程自动化、管理精细化进一步加强。新一代寄递信息平台按期完成相关功能开发，二维码收寄、智能跟单、全程时限管控等快速上线。寄递业务看板系统实现时限、成本、服务、市场、IT“五大体系”关键指标的形象展示和跟踪。ERP系统寄递整合项目统一制度、统一流程、统一标准，有力支撑寄递业务深化整合。CRM系统整合金融及各板块6亿多客户数据，实现各板块全国推广上线。在线业务平台实现邮政业务在Web端、手机APP和微信端的一站式办理，全部业务板块均已上线运行。智能识别服务平台，为业务系统提供语音识别、OCR、指纹、人脸识别等智能化识别服务能力。

（四）数据治理和数据应用

建立跨板块数据协同共享管理机制，实现集团公司与邮储银行大数据平台总对总对接。制定“主数据集成接口标准”，完成寄递产品数据治理，开展营业、报刊、集邮和新一代寄递等机构数据治理。完成寄递时限对标等20个专题项目，自主研发路径优化等模型。

五、强化风险管控

保障邮政企业信息网安全运行。完成春节、“两会”、“一带一路”高峰论坛、国庆70周年庆祝活动期间信息网安全保障工作。全网故障停机总时长下降29.8%，公布邮政互联网网站安全漏洞241个。组织开展护网2019工作和信息网“防风险、护航数字邮政”劳动竞赛，持续提升邮政企业信息网信息安全风险防控水平和信息安全技术人员的实操能力。中国邮政获得“护网2019最佳防守单位奖”，在40多家央企中排名第六，5人获得先进个人奖项。

六、科技创新和标准化工作

（一）推进新技术应用研究

重点围绕邮政营、分、运、投四大环节，完成智慧网点模式、处理中心无人化、异型件自动分离等新技术应用研究。完成人工智能共享平台的搭建，加强人工智能、大数据、物联网等新技术与邮政业务的融合。

（二）行业研发中心建设

中邮信科、邮政研究院、中邮科技分别被国家邮政局认定为云计算与大数据、绿色包装、自动分拣技术等邮政行业研发中心，成为行业研发的重要力量。成立绿色包装、算法与优化、物流智能装备等创新实验室，与先进企业筹建联合新技术试验室。

（三）科技创新

召开集团首次科技创新交流会，搭建基层邮政企业科技交流平台，推动科技成果转化应用。开展科技创新成果评选，评选出科技创新成果奖 56 项，小技改、小发明奖 30 项。组织参展 2019 年世界交通运输大会，中国邮政自主研发、自主创新能力获得交通部领导肯定。

（四）标准化管理水平

发布《智能信报箱》等集团公司标准规范 15 项；组织研究制定、修订企业标准《网点视觉形象标准修订》等 23 个项目；完成 117 项技术规范书审查；指导定额站持续加强软件造价，并开展工程造价标准研究和后评估工作。

七、机制创新

发布集团直管工程全年建设计划，明确工程建设里程碑及相关要求，强化计划建设管理效能的量化评分管理。建立项目通报和考核制度，加强过程管控和 KPI 管理，确保工程建设关键环节进度可控。上线工程建设管理系统，推进 PM 管理精细化、规范化。发布工程项目后评估管理办法，建立工程建设闭环管理流程。

八、邮政精准扶贫工作

在陕西商洛市商州区、洛南县投入资金 1031 万元，继续实施党建扶贫、电商扶贫、金融扶贫、保险扶贫、产业扶贫和教育扶贫 6 大项目，扶真贫、真扶贫，赢得良好的社会影响力。（集团公司计划建设部 / 提供）

【一个行业研发中心、两个集团实验室成功获批】 3 月，邮科院申报的“邮政业绿色包装技术研发中心”获得国家邮政局正式批复同意，该中心是中国邮政唯一一个行业绿色研发中心，通过产、学、研、用的紧密结合，将科技成果及时转化为行业生产力，支撑集团公司绿色发展战略，引领行业绿色包装检测标准与科技的创新发展，是中国邮政集团公司履行央企责任，践行绿色发展理念的重要技术保障。

8 月和 9 月，邮科院申报的“中国邮政绿色包装创新实验室”“中国邮政算法与优化实验室”获得集团公司批复同意，自此邮科院成立中国邮政绿色包装创新实验室、中国邮政算法与优化实验室、物联网技术应用创新实验室、物流仿真与技术应用实验室、检测实验室 5 大实验室。“绿色包装创新实验室”是中国邮政集团公司绿色邮政建设行动的重要组成部分，将成为邮政科学研究规划院全面贯彻集团公司绿色发展战略、助力打赢污染防治攻坚战的重要依托。“算法与优化实验室”是中国邮政科技创新体系的重要组成部分，依据集团公司科技创新发展规划，通过与合作单位优势互补，开发具有自主知识产权的核心技术，开展技术创新和邮政示范应用推广工作，通过科技手段助力邮政高质量发展。（邮科院 / 提供）

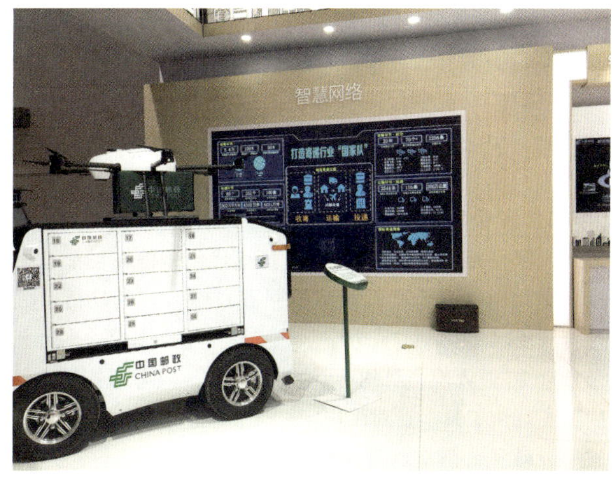

2019 年世界交通运输展展示的中国邮政无人化设备。

【情报产品整体改版升级】 邮科院基于《现代物流情报与分析》《现代金融情报与分析》《科技情报》《国际特参》4 项情报产品基础，整合形成《邮政情报》统一品牌，8 月首期改版发行，常态化每月出版 2 期，发行范围扩大至各省级邮政单位。《邮政情报》整合改版使院情报工作实现“更广、更快、更精、更准”，进一步聚焦职能职责，打造核心情报品牌。

根据刘爱力董事长指示和张荣林副总经理批示意见，于 9 月 9 日全新设计推出服务集团公司级领导的《情报专送》产品，围绕行业形势、市场分析、网络建设、流程改造等方面，优选文献报告，及时详尽、原汁原味，向集团公司报送《情报专送》17 期。（邮科院 / 提供）

【渠道平台战略研究】 为进一步发挥平台经济作用，集团公司启动邮政渠道平台战略研究，形成 6 种渠道平台转型标准模板。以客户为中心，以需求为导向，以强平台、拓渠道、叠业务、粘客户为原则，通过“自营网点业务叠加”“推动产品升级”“加强科技赋能”“创新平台运营模式”，带动板块协同，促进产业联动，有效联结客户、场景、渠道、业务、生态 5 大要素，搭建涵盖多业、功能全面、生态丰富、服务民生的综合性服务平台，构建线上线下联动的渠道平台运营机制。（集团公司邮政业务部 / 提供）

【中邮传媒智融平台】 中邮传媒智融平台实现收入 9.07 亿元，比上年增长 198%。通过持续优化微信端功能，上线移动端 APP，全面开放直接服务 C 端客户的功能，完善合同流、作业流、资金流，确实提升用户体验。平台登录数近 20 万人次，日均活跃 8600 余人，成为邮务类业务的重要营销工具。针对用户广告投放需求变化，策划设计旅游、政务、汽车、健康等行业广告宣传产品包，为 31 个省（区、市）近千家单位提供主题宣传服务。（中邮传媒 / 提供）

【邮政科学研究规划院项目组探讨快递行业智能语音应用】 4 月 24 日，中国邮政研究院《快递企业科技创新对标研究》项目组成员与国家邮政局相关专家一起前往科大讯飞北京公司交流调研，共同探讨智能语音在快递行业的应用。

科大讯飞信息科技股份有限公司是一家专业从事智能语音及语音技术研究的国家级骨干软件企业。《快递企业科技创新对标研究》项目组本着“创新上行”的理念，与科大讯飞相关人员一同从需求出发，对未来技术应用场景进行了探讨。涉及的内容包括：在寄件环节，通过语音方式完成寄件名址录入等工作；通过智慧客服，提高客服效率，降低投诉率；通过将客服热线的非结构化语言转化为结构化文本，在此基础上进行大数据分析，作为客服、质检、进一步“以客户为导向”挖掘需求、规范内部管理等工作的支撑；在寄递末端，使用系统对话理解技术，逐渐替代人工沟通，针对不同场景的多形式、多模态的智能化服务，减轻投递人员压力，提高工作效率。此外，双方还交流了一些关于邮政普遍服务结合公益的想法。（中国邮政网）

【中国邮政科技成果交流会在江苏省举办】 2019 中国邮政科技成果交流会 12 月 2—3 日在江苏省南京国际展览中心举行。此次交流会以“业技融合　科技赋能”为主题，由中国邮政集团有限公司主办，江苏省邮政分公司、邮科院、石邮学院、中邮信科承办，各省邮政分公司及直属单位 38 家近 400 项科技创新成果参展。为基层邮政企业搭建科技创新交流平台，拓展企业内外科技交流，以科技赋能推动邮政高质量发展。（江苏省邮政分公司 / 提供）

12 月 1—3 日，邮科院参加并参与承办中国邮政科技成果交流会，代表集团公司对各单位推荐的 500 多个科技创新成果进行评审、筛选，并在展会重点展示邮政普服网点智能远程服务、智能揽投管控平台、新型环保包装物（系列）、仿真及虚拟现实技术（VR）、智能邮筒等 21 项科研创新成果。此外，邮科院负责整个交流会 5 个主题论坛的组织，其中自行承办“智慧邮政网络”和“5G 与物联网应用”2 个主题论坛。（邮科院 / 提供）

12 月 2—3 日，2019 中国邮政科技成果交流会在江苏南京国际展览中心举行。

12 月 2 日，中国邮政科技创新交流会在南京国际会展中心开幕。邮票印制局以“带您了解最新的邮票印制与防伪技术”为主题参加展会，展出第四代防伪邮票纸等 6 项最新的邮票印制与防伪技术，充分展示邮票印制局在传承创新方面的丰硕成果。（邮票印制局 / 提供）

【邮票印制局参加第十五届证卡票签安全技术展览暨高峰论坛】 12 月 10—11 日，第十五届证卡票签安全技术展览暨高峰论坛在北京国家会议中心举行。

邮票印制局展位以 60 年发展历程和最新防伪技术为主题，除内容翔实的展板和产品实物展示外，参观者还可通过明信片自助打印机参与现场互动，更加深入了解邮票印制局。同步进行北京邮票厂建厂 60 周年网上展厅的宣传，无法亲临展位或到印制局参观的人士，可以登录网上展厅，观看数字式“邮票博物馆”，对邮票印制生产有全面的了解。（邮票印制局 / 提供）

12 月 10—11 日，邮票印制局参加第十五届证卡票签安全技术展览暨高峰论坛，展示 60 年发展历程和最新防伪技术。

【广东省邮政分公司“双微赋能”推动商户收单业务】 借助集团公司给予的核增利润政策、腾讯给予的独家费率政策及资源支撑，广东省邮政分公司自主研发“微邮惠”营销赋能平台，与“微信邮付”组成“双微赋能”项目，通过“移动支付+商圈运营”持续扩大市场，模式在全国15个省复制，初步实现金融生态圈良性循环。B端、C端客户引流效果显著，持续为余额注入新的动力。广东邮政微信邮付累计发展53万商户，交易金额240亿元，日交易笔数峰值160万笔/天，日交易金额峰值2.8亿元。金融总资产230亿元，比上年新增金融资产37亿元，其中新增余额22亿元（其中活期10亿元），收入4.87亿元，比上年新增金融收入约8365万元。全国15个省微信邮付发展了179万商户，2019年累计交易金额603亿元，日交易笔数峰值550万笔/天，日交易金额峰值7.6亿元。（广东省邮政分公司/提供）

【海南省邮政分公司3个科技创新成果获奖】 一是“智邮云”收寄系统项目（二等奖，创作者：王忠、麦标任、胡丽娟、李坤利）。该系统为省自主研发的创新项目，适用于在邮政快递物流业务范围内的邮件生命周期中，能使用到的打印系统用户。包含PC端应用和手机端微信小程序“智邮云”应用，提供电子面单实时在线打印、订单管理、客户信息管理、数据统计等稳定、高效、便捷的信息化服务。二是食堂在线订餐管理系统项目（三等奖，创作者：李桂玉、王忠、林诗河、张宇思）。该系统的应用有效提高了食堂管理水平，解决了食堂管理现实中存在的“食堂往往根据经验进行备餐，无法做到精准统计就餐人数，常出现做多浪费、做少不够吃的现象”以及就餐效率低等问题。食堂根据系统订餐数量进行食材采购，精准备餐，节约食堂经营成本。三是身份证寄递系统项目（鼓励奖，创作者：麦标任、王忠）。该系统应用后，办理身份证从原来的30天缩短到7天，为群众办证提供了极大便利，预估年增收20万元。该系统已和海南省居民身份证制作中心、海南省公安厅警务便民站、海南省公安厅警民通系统实现对接，获取居民从线上、线下渠道办理身份证的订单，从而进行寄递，实现居民办证到领证最多只跑一次的便捷服务。（海南省邮政分公司/提供）

【湖北省邮政分公司获7项科技成果奖】 12月2日，在中国邮政科技成果交流会上，湖北省邮政分公司7项成果获奖。其中，一等奖1个（《湖北邮政运营可视化系统的实现及应用》）、二等奖2个（《湖北邮政云端“门户”》《建设智慧大堂，推进智慧服务上台阶》）、三等奖3个（湖北邮政营收资金智慧管家、湖北邮政财务机器人、“互联网+放管服”便民寄递平台）、小技改小发明奖1个，获奖位列全国第三。此外，“‘互联网+运营管理’模式的实践与思考”“湖北邮政财务机器人”两项科技创新成果在论坛上作主题发言。（湖北省邮政分公司/提供）

【江苏省邮政分公司自主立项研发智能组网系统】 5月16日，江苏省邮政分公司坚持“质量第一，效益优先”的原则，自主立项研发的智能组网系统，成为“双十一”全省邮政网运组织的“最强大脑”。该系统打破现有邮区经转关系及组网模式界限，在满足时限前提下尽可能开行串行邮路，压减干线邮路数量和行驶里程，使得干线运行效益最优，实现邮件由“运得出”向“运得好”转变。8月，智能组网系统上线运行，省分公司根据系统规划的二干线路对徐州、常州等7个地市作了邮路规划调整，每日减少开行邮路11条，压降17.74%；日均缩减邮路运行总里程2055公里，压降12.69%；日均二干承运成本下降1.08万元，压降9%。压降干线运输成本、提升网路运行效益的目标初步达成。（江苏省邮政分公司/提供）

江苏省邮政分公司自主立项研发智能组网系统。

【内蒙古邮政分公司借助CRM系统实现“佳邮加油”精准营销】 为充分发挥CRM系统作用，促进精准营销和协同营销，内蒙古邮政分公司组织各单位对目标客户开展“佳邮加油”精准营销活动，并通过CRM系统进行监控和反馈。内蒙古邮政分公司专门建立CRM QQ群和企业微信群强化服务支撑，组织各级CRM管理员加入服务支撑团队，各级市场营销部实时协调解决营销活动执行过程中的数据分派、执行指导、话术指引、结果反馈等问题，确保精准营销活动顺利进行。

截至4月30日，目标客户营销执行率100%，意向客户234户，其中25名客户购买“佳邮集萃”高端集邮产品，转化率2.77%（全国平均转化率1.2%），全国排名第四，形成业务收入55.73万元。（内蒙古邮政分公司/提供）

【宁夏邮政分公司引进“E快寄”线上APP和“双微”系统】 宁夏邮政分公司引进“E快寄”线上APP和“双

微”系统，全力支撑寄递、金融业务发展。自主研发机要、人事档案等信息管理系统，强化机要业务和人事档案的管理。抓好新一代寄递业务信息平台、CRM 系统、在线业务平台等集团公司重点信息化建设项目落地工作。通过各类信息系统的运用，提升企业管理效能。（宁夏邮政分公司 / 提供）

【上海市邮政分公司新一代寄递业务平台邮速整合生产功能上线】 3 月中旬，上海市邮政分公司启动新一代寄递业务平台邮速整合生产功能切换上线工作，4 月 17 日启动寄递翼 CRM 系统上线工作。上海市分公司派专人赴京与项目组对接，按时完成机构、欠费、预存款、分仓等数据的核对和生产机构生产运营基础数据的配置工作；配合完成寄递翼 CRM 系统上线前的基础数据清理等工作，主动进行现场操作学习和系统实际操作演练。5 月 1 日，新一代寄递业务平台邮速整合生产功能和寄递翼 CRM 系统同时上线，相关部门和各经营单位通力合作，确保“五一”期间生产经营不中断。（上海市邮政分公司 / 提供）

【上海市邮政分公司智能跟单系统上线】 2 月，包裹快递业务智能跟单系统在上海上线。智能跟单系统是集团公司为强化包裹快递业务事中质量管控、提高保障时限质量和服务品质水平、提升用户体验而推广的智能管理系统，它改变以往客服主要针对事后管控的思路，加强事中管控力度，对全程时限计划和作业规范中存在的异常情况能实时、主动发现，明确责任环节及责任人，有利于采取有效、有针对性的管控措施，最终实现全程全网规范作业，提升用户用邮体验。标快和快包业务全面应用智能跟单系统后，及时揽收成功率从 76% 提升至 95%。（上海市邮政分公司 / 提供）

党群工作和精神文明建设

◇ 党建工作

◇ 工会工作

党建工作

【概况】

一、党的政治建设深入推进

（一）坚决做到“两个维护”

教育引导广大党员干部树牢“四个意识”，坚定“四个自信”，不断增强“两个维护”的自觉性和坚定性。学习贯彻《中共中央关于加强党的政治建设的意见》，制定并落实加强党的政治建设21项具体措施，召开推进邮政党建高质量发展研讨会，提高党的政治建设质量。

（二）坚决落实管党治党政治责任

明确党建25项重点任务，强化考核检查，层层压实责任；严肃党内政治生活，严格执行党员领导干部双重组织生活制度，实现二级单位民主生活会督导全覆盖，进一步提高党内政治生活质量。

（三）坚决贯彻中央重大决策部署

着力打好“三大攻坚战”，发展农村电商，助农创收脱贫，积极实践“教育＋就业”扶贫模式，集团公司定点扶贫点提前一年实现脱贫；全年未发生重大金融案件，邮储银行不良率低于行业平均的一半；推进绿色邮政建设取得积极成效。主动服务乡村振兴、雄安新区和“一带一路”建设。加强涉港邮件安全管控。完成新中国成立70周年大阅兵寄递安全保障和服务支撑，阅兵总指挥称赞：“邮政员工精神面貌很好，在官兵心中树立良好的企业形象。”

二、思想理论武装持续深化

（一）坚持自觉主动学

发挥中心组学习示范引领作用，党组带头精研细读十九大报告和《习近平新时代中国特色社会主义思想三十讲》，逐篇领学《习近平关于“不忘初心、牢记使命”重要论述选编》全部内容，带动各级党组织在常学常新中加强理论修养，在真学真信中坚定理想信念。

（二）坚持及时跟进学

落实“三个第一时间”机制，第一时间学习贯彻总书记重要讲话和指示批示、中央重要会议和文件精神，做到学习跟进、认识跟进、行动跟进。

（三）坚持联系实际学

开展“两个带来”集中研讨，各二级单位“带来”用党的创新理论指导实践成果153项、需要解决的问题193个，把解决问题作为学习的着眼点；各级班子成员带头讲党课，联系实际谈体会、对标对表找差距、学用结合抓贯彻。

（四）坚持笃信笃行学

开展“理论武装提升行动”，建立应知应会题库，线上答题日均11万人，兴起大学习、大讨论、大落实热潮。党员干部进一步学出了真理的味道，凝聚了信仰的力量，练就了过硬的本领，汇聚了奋进新时代的磅礴伟力。

三、“不忘初心、牢记使命”主题教育取得实效

各级党组织聚焦主题主线，牢牢把握“守初心、担使命，找差距、抓落实”总要求，加强组织领导，绘制思维导图落细落小，组建指导组严督实导，切实将初心使命转化为新时代邮政的“六个责任担当”。

（一）学习教育方面

各级党组织全部完成规定的学习内容，开展集中研讨1.5万余次，党员干部越学越觉得有信心，越学越觉得有力量，进一步提高知信行合一能力。

（二）调查研究方面

党组带动全系统大兴调查研究之风，开展调研2.5万余次，形成报告2900多篇，做到察实情、出实招、求实效。

（三）检视问题方面

落实“四个对照”和“四个找一找”的要求，高质量开展专题民主生活会和组织生活会，切实把问题查出来、把症结找出来，检视问题近7万个，制定整改措施7.8万项。

（四）整改落实方面

党组制定专项整治方案，形成重点问题清单，推动上下联动整改，解决群众最急最忧最盼的问题3616个，群众感受到主题教育带来的新变化、新气象。

（五）主题教育成果

广大党员干部做到理论学习有收获、思想政治受洗礼、干事创业敢担当、为民服务解难题、清正廉洁做表率，得到中央主题教育领导小组充分肯定，中央第三十二指导组指出：“邮政广大党员干部接受了精神洗礼，提升了能力本领，提振了精神状态，将开展主题教育转化为锐意进取、开拓创新的精气神和打造行业‘国家队’的自觉行动，践行了中国共产党人的初心和使命。”中央第十二巡回督导组指出：“邮政集团两批主题教育取得了多方面成效，令人鼓舞，达到了预期目的。”

四、基层党组织建设质量明显提升

（一）不断完善党的组织体系

强化对全系统党建工作的领导指导，深入推进基层党组织建设达标工程，建成“中邮先锋”党建信息化平台，把1.7万个党组织建在网上、27万名党员连在线上，破解基层党建“沙滩流水不到头”“最后一公里打不通”等问题取得新进展，基层党组织的组织力显著提升。

（二）切实加强党支部建设

制定并落实加强基层党组织建设意见29条，细化党支部建设40项标准，明确基层党建“为什么抓、抓什么、怎么抓”的问题。开办“创新党建工作研讨示范班”，线

上培训党支部书记、党务干部2.5万人，初步解决党建工作“想抓不会抓，愿抓不善抓”问题。

（三）推动党建与生产经营深度融合

把集团公司战略和重大任务落地作为党建工作着力点，把改革创新和破解企业发展难题作为党建工作突破点，把改革发展成效作为党建工作成效检验点，广大党员干部在日常工作中履职尽责、以身作则，在保障服务好国家重大活动、完成好“双十一”旺季生产等急难险重任务中冲锋在前，“一个党员一面旗帜，一个支部一座堡垒”的战斗力充分彰显。

五、精神文明建设和企业文化建设卓有成效

紧紧围绕企业党的建设和中心工作，深化理想信念教育和初心使命教育，推动“人民邮政为人民”服务宗旨扎实落地。认真培育和践行社会主义核心价值观，持续开展职业道德建设。深入学习“时代楷模”其美多吉先进事迹，开展“寻找身边典型、讲好邮政故事”主题活动，引导干部职工见贤思齐。深化群众性精神文明创建工作，获得“全国道德模范”荣誉称号2个，交通运输行业先进集体、先进个人13个，“全国青年文明号”18个，全国交通运输文化建设优秀成果73个，“全国五一劳动奖章”7个，“全国工人先锋号”9个。深入开展群团和离退休工作，广泛开展群众性创新活动、劳动竞赛、离退休老同志弘扬正能量活动，湖北省邮政分公司退休干部陈泽维获评“全国离退休干部先进个人”称号。开展“我看新中国成立70周年新成就”主题活动，引导老同志发挥优势和作用。对为建立新中国做出特殊贡献的老同志发放庆祝中华人民共和国成立70周年纪念章。（集团公司党建工作部/提供）

【集团公司党组书记、董事长刘爱力要求全系统各级党组织书记和党务干部加强理论学习做到“四先”】 2月14日，中国邮政集团公司党组书记、董事长刘爱力以普通党员身份参加集团公司党组党建工作部党支部专题学习会议，与支部同志一起交流研讨，强调全系统各级党组织书记和党务干部要用习近平新时代中国特色社会主义思想武装头脑、指导实践、推动工作，做到先学、先懂、先信、先用，推动全系统学习往深里走、往心里走、往实里走，自觉用习近平新时代中国特色社会主义思想指导推动邮政改革发展各项工作取得新成效，实现新作为。4月，由中央和国家机关工委主管的《机关党建研究》杂志在2020年第4期“学思践悟”栏目刊发集团公司党组书记、董事长刘爱力的署名文章《学习习近平新时代中国特色社会主义思想要做到先学先懂先信先用》。（集团公司党建工作部/提供）

【集团公司开展“不忘初心、牢记使命”主题教育】 6月6日，中国邮政集团公司党组召开电视电话会议，深入学习贯彻落实习近平总书记在“不忘初心、牢记使命”主题教育工作会议上的重要讲话精神和党中央有关部署，对邮政系统开展“不忘初心、牢记使命”主题教育工作进行动员部署。中央第三十二指导组组长王炳华、副组长赵丽新到会指导。9月10日，中国邮政集团公司召开“不忘初心、牢记使命”主题教育第一批总结暨第二批部署会议。集团公司党组书记、董事长刘爱力对集团公司第一批主题教育工作进行总结，对第二批主题教育进行动员部署。中央第三十二指导组副组长赵丽新出席会议并讲话。（集团公司党建工作部/提供）

举办系列活动庆祝新中国成立70周年。

【集团公司党组班子召开“不忘初心、牢记使命”专题民主生活会】 按照中央统一部署，8月22日，集团公司党组班子“不忘初心、牢记使命”专题民主生活会召开，中央第三十二指导组组长王炳华等同志到会指导。班子成员相互提出批评意见66条。梳理汇总在学习研讨、调查研究、对照党章党规、群众反映和谈心谈话中发现的问题以及巡视巡察、干部考察、工作考核等方面的问题，归纳为43项，一条一条列出具体问题，深刻剖析问题根源，明确努力方向和改进措施，形成问题清单，党组成员分工领衔、明确整改责任。王炳华代表中央第三十二指导组对中国邮政集团公司主题教育和此次专题民主生活会给予肯定。（集团公司党建工作部 / 提供）

【全系统启动“理论武装提升行动”】 为持续深入学习习近平新时代中国特色社会主义思想，强化邮政系统党员特别是二级、三级领导人员的思想理论武装，着力解决中央和集团内部巡视发现的政治理论学习不到位问题，集团公司党组在全系统开展“理论武装提升行动”，建立习近平总书记重要讲话指示批示、中央重要会议文件、集团公司工作部署安排应知应会知识“三大题库”，综合运用“中邮先锋”、邮政党校在线、“学习强国”三大平台，狠抓日常性考试、经常性测试、提任必考、培训必考“四种考核”，落实情况通报制度、考核奖惩制度和季报制度“三项制度”，推动党的创新理论进基层一线、进生产班组、进员工头脑。（集团公司党建工作部 / 提供）

【集团公司召开直属机关五四青年座谈会】 5月5日，以“凝心聚力打造行业‘国家队’，勇于担当青年员工在行动”为主题的集团公司直属机关五四青年座谈会在京召开。座谈会上，邮政青年员工代表诵读习近平总书记关于青年工作的重要思想的经典内容，分享学习习近平新时代中国特色社会主义思想的心得、扎根本职岗位的成长体会、在扶贫一线担任第一书记的感悟，并围绕集团公司党的建设和改革发展建言献策。与会领导就集团公司发展战略和发展方向、集团公司优秀年轻干部选拔和培养等问题与青年员工进行交流，并荐读《平语近人——习近平总书记用典》一书。（集团公司党建工作部 / 提供）

【邮政党校首个党性修养研讨班开班】 5月6日，邮政党校2019年地市级邮政企业主要负责人党性修养专题研讨班开学典礼在邮政党校石家庄校区举行，对来自全国地市级邮政企业的94名学员开展为期30天的专题培训。组织邮政企业党员领导干部到党校学习是集团公司党组落实中央全面从严治党要求、加强党的建设和高素质干部队伍建设，落实中央《2018—2022年全国干部教育培训规划》，推动邮政实现高质量发展、打造行业“国家队”的迫切需要。此期培训班是邮政党校成立以来首次举办的党性修养专题研讨班，将围绕习近平新时代中国特色社会主义思想、党章党规党纪、邮政企业改革发展战略和重要部署等开展学习，强化学员的理论水平、党性修养，培养其战略思维、创新思维、辩证思维，强化其大局意识、协同意识，提升其理论联系实际推动企业高质量发展等方面的能力。（集团公司党建工作部 / 提供）

【集团公司举办基层党支部书记专题研讨示范班】 针对基层党组织建设薄弱问题，从提升基层党支部书记党建工作能力入手，集团公司于6月11—18日举办2019年邮政企业基层党支部书记“创新支部党建工作”专题研讨示范班。101名来自全国邮政各省（区、市）企业、各板块、各条线的优秀基层党支部书记参加培训，采取“训前自主学习＋训中辅导研讨＋训后实践运用＋回炉淬火提升”的教学体系，将行业外典型经验示范和该支部做法分享相结合，开设“换届选举”“组织生活会”“微党课讲授”等体验式教学，开展“互联网＋”知识、“支部工作法交流”访谈式教学。参训支部书记表示培训内容消化快、收获大、感触深，并将培训成果推广应用到所在单位各级党组织建设的实践中，有效发挥辐射作用。（集团公司党建工作部 / 提供）

【离退休干部职工“我看新中国成立70周年新成就”主题活动成效显著】 为庆祝新中国成立70周年，集团公司党组于5月向全系统下发《在离退休干部职工中开展“我看新中国成立70周年新成就”主题活动的通知》，以扎实开展“不忘初心、牢记使命”主题教育为契机，组织邮政行业老同志开展“我看新中国成立70周年新成就”专题调研、“我的初心故事”微宣讲短视频征集、参观实践和主题党日等丰富多彩的系列活动。全系统老同志6.5万余人次参与专题调研，组织老同志开展主题实践党日活动740次，收集老同志心声感言和寄语心愿2225条。通过主题活动，老同志们谈真实变化、谈真切感受、谈真知灼见、谈真心认同，展现爱党忧党、兴党护党的政治情怀，激发为推动中国邮政高质量发展贡献智慧和力量的热情，形成同心共筑中国梦的合力。（党建工作部 / 提供）

【党组巡视办概述】

一、强化政治巡视

全面贯彻落实习近平总书记关于巡视工作重要论述和重要指示精神，牢牢把握“两个维护”根本政治任务，聚焦“六个围绕、一个加强”，按照“五个紧扣、五个推进”要求，充分结合邮政企业实际，坚持和强化问题导向，紧盯履行邮政企业政治责任、经济责任、社会责任情况，重点聚焦贯彻落实党的路线方针政策和党中央决策部署、落实全面从严治党要求、落实党的新时代组织路线、落实巡视整改等情况开展政治监督。

二、推进巡视全覆盖目标

党组组织开展专项巡视、常规巡视共两批巡视工作，派出9个巡视组，对48个部门、单位党组织开展巡视监督。集团公司党组、巡视工作领导小组及时听取巡视情况汇报，党组书记讲话点人点事81件，及时向中央巡视办书面报备领导小组会议有关材料。一年来，集团公司党组听取巡视综合情况汇报 2 次，研究巡视工作 16 次，党组巡视工作领导小组听取巡视汇报 3 次，党组书记对巡视工作作出批示 47 次。

三、推进巡视整改落实落地

集团公司党组领导出席巡视反馈会议，对被巡视单位党组织抓好巡视整改工作提出要求，对被巡视单位党委（党组）书记、纪委书记（纪检组组长）进行约谈，从巡视反馈阶段就压实被巡视单位的整改责任。以党组文件形式将巡视反馈意见通报全系统，推动解决同类问题、普遍性问题，深化巡视成果运用；在《中国邮政报》刊发巡视反馈意见和整改落实情况，广泛接受干部职工监督。建立巡视整改会审工作机制，严格审核被巡视党组织整改进展情况报告；将每批巡视发现的问题汇总整理，加强巡视问题库建设，为堵塞管理漏洞、完善制度机制提供有益参考。

四、推动巡察工作向基层延伸

研究制定《关于推进邮政企业巡察工作的实施方案》，指导督导省级邮政单位全面开展巡察。召开集团公司巡察工作座谈会，贯彻落实全国巡视工作会议以及市县巡察工作推进会的部署和要求，总结经验，研究解决问题，推动全系统巡察工作高质量发展。制定《省级邮政单位党组织巡察工作手册》，通过内部巡视、调研、报表、报备等方式，深入了解各省级单位巡察工作情况。

五、抓好巡视规范化建设

制定出台《中国邮政集团公司党组巡视工作领导小组工作规则》《中国邮政集团公司党组巡视报告问题底稿管理办法（试行）》《关于对中国邮政集团公司党组巡视组作风纪律情况开展后评估的规定（试行）》等制度办法，修订完善《中国邮政集团公司党组巡视组巡视工作手册》。开展巡视总结复盘工作，每批巡视结束后召开巡视工作座谈会，交流经验做法，提出困难问题和改进意见建议，不断优化完善巡视工作方式方法。

六、加强巡视队伍建设

单独设立党组巡视工作领导小组办公室，作为集团公司党组工作部门，内设 2 个处室，人员编制为 25 人。不断加强巡视组建设，会同党组组织部严格巡视干部选配的审核把关，切实把政治素质高、业务能力强的优秀年轻干部充实到巡视组。不断充实完善巡视人才库信息，将每批巡视人员的基本情况和特点专长分类统计录入，通过综合评价、动态管理等方式，稳定和强化巡视组骨干力量。加强巡视业务能力培训，巡视前组织集中培训，邀请中央巡视办和地方巡视机构专家讲课，请集团公司各部门、单位立足职责职能，全面介绍邮政企业改革发展实际和存在的突出问题；巡视期间跟踪指导，每周编发信息简报，及时传达中央巡视工作新精神新要求及集团公司党组对巡视工作的具体要求，交流工作经验，保障巡视工作有序推进。（集团公司党组巡视办 / 提供）

【巡视工作领导小组人员组成调整】 根据邮政集团公司领导人员和机构变动情况，调整集团公司党组巡视工作领导小组成员，由党组书记任领导小组组长，党组副书记、派驻纪检监察组组长等 3 人任领导小组副组长，派驻纪检监察组、党组办公室、党组组织部、党建工作部、党组巡视办有关负责同志任成员，确保巡视工作更加领导有力、务实高效。（集团公司党组巡视办 / 提供）

【集团公司党组巡视机构单独设置】 1 月，集团公司下发文件单独设立党组巡视工作领导小组办公室作为集团公司党组工作部门；7 月，进一步明确党组巡视办内设机构设置和主要职责，内设 2 个处室，人员编制为 25 人，其中含 6 名二级巡视专员。（集团公司党组巡视办 / 提供）

【总部机关专项巡视】 4 月 1 日至 5 月中旬，集团公司党组开展 2019 年第一批巡视，组建 3 个巡视组对集团公司总部 22 个部门和直属单位的中央巡视整改落实情况开展为期 50 天的专项巡视，实现对总部机关巡视的全覆盖。巡视聚焦中央巡视反馈问题的整改完成情况，重点检查中央巡视反馈问题是否整改到位；是否做到举一反三、以点带面；是否建立长效机制；是否存在巡视整改走过场等问题。专项巡视共计发现主要问题 279 个，提出意见建议 133 条。（集团公司党组巡视办 / 提供）

【常规巡视监督】 9 月 2 日—10 月 31 日开展第二批巡视，组建 6 个巡视组对北京、辽宁、江西、广东、四川、贵州 6 省（市）26 家邮政企业单位开展为期 60 天的常规巡视。按照中央巡视新精神新要求，党组巡视进一步结合邮政企业特点，突出中国邮政的政治责任、经济责任、社会责任，聚焦被巡视单位党组织和领导干部落实党的路线方针政策和中央重大决策部署情况。落实全面从严治党战略部署情况，落实新时代党的组织路线情况，落实巡视、审计、主题教育发现问题的整改情况和完成集团公司党组重要工作安排情况开展政治监督。此批巡视发现问题 416 个，提出意见建议 182 条。（集团公司党组巡视办 / 提供）

【内部巡视整改责任压实】 党组领导出席巡视反馈会议，对被巡视单位党组织抓好巡视整改工作提出要求，并对被巡视单位党委（党组）书记、纪委书记（纪检组组长）进行约谈，从巡视反馈开始就压实被巡视单位的整改责任，巡视反馈力度不断加大。将反馈意见以党组文件形式通报全系统，督促各单位引以为戒、未巡先改，对照查摆、深化整改，推动解决同类问题、普遍性问题，深化巡视成果运用。在《中国邮政报》上刊发巡视反馈意见、整改落实情况，广泛接受干部职工监督。建立巡视整改的会审工作机制，由派驻纪检监察组、党组组织部、党建工作部、党组巡视办、控股子公司总部组成审核组，严格审核被巡视党组织整改进展情况报告，逐条提出审核意见。对审核发现的问题，要求被巡视单位强化整改，重新报送整改报告。加强巡视问题库建设，将每批巡视发现的问题及时录入巡视问题库，加强数据分析，总结突出问题和薄弱环节，为堵塞管理漏洞、完善制度机制提供有益参考。（集团公司党组巡视办 / 提供）

【集团公司召开巡察工作座谈会】 9 月 24 日，召开集团公司巡察工作座谈会，会议贯彻落实全国巡视工作会议以及市、县巡察工作推进会的部署和要求，进一步总结经验，研究解决存在的问题，推动中国邮政巡察工作高质量发展。党组书记刘爱力同志出席会议并讲话，强调各单位要增强责任感、使命感、紧迫感，认真做好巡察工作，并就准确把握巡察工作政治定位、聚焦巡察工作重点内容、始终坚持问题导向、创新巡察工作机制和方法、抓好巡察整改落实、强化巡察主体责任、严格依规依纪开展巡察和加强巡察干部队伍建设 8 个方面提出工作要求，确保高质量完成 2022 年巡察全覆盖目标。同时，总结各单位在精准发现问题、推进巡察工作高质量开展、做好巡察“后半篇文章”和巡察队伍建设等方面的经验做法，进行经验交流，并编印 10 篇交流材料供省级单位学习借鉴。（集团公司党组巡视办 / 提供）

【邮票印制局与北京生肖集邮研究会联合举办集邮与党建主题党日活动】 11 月 20 日，邮票印制局与北京生肖集邮研究会联合举办“不忘初心、牢记使命”集邮与党建主题党日活动，同期举行新中国成立 70 周年主题邮展。来自集团公司邮政业务部、集邮总公司、中华全国集邮联合会、北京生肖集邮研究会、部分省集邮协会的领导和集邮爱好者，与邮票印制局编辑设计部党支部、党建工会监察联合党支部的党员，120 余位代表参加活动。（邮票印制局 / 提供）

【浙江省邮政分公司获评全国交通运输党建文化建设优秀单位】 11 月 8 日，中国企业交通管理协会发布 2019 年度全国交通运输文化建设优秀成果，浙江省邮政分公司获评全国交通运输党建文化建设优秀单位，金华市邮政分公司获全国交通运输廉政文化建设优秀单位，2 位员工获得全国交通运输核心价值观先进践行者荣誉称号。（浙江省邮政分公司 / 提供）

工会工作

【概况】

一、工会党的建设

各级工会坚持把党的政治建设摆在首位，把党的领导落实到工会工作各方面，以党的建设带动工会自身建设，把团结引导职工听党话、跟党走作为重要政治责任，广泛开展理论学习培训、知识竞赛、演讲比赛等宣传教育活动，推动习近平新时代中国特色社会主义思想进工会、进基层一线、进广大职工头脑。

二、动员职工建功立业

组织开展全国邮政 8 项劳动竞赛，修订《中国邮政集团公司劳动竞赛管理办法》，进一步增强劳动竞赛的针对性和实效性。全国邮政 9 个集体荣获“全国工人先锋号”称号，7 名职工荣获“全国五一劳动奖章”称号；其美多吉荣获“时代楷模”“全国敬业奉献模范”称号；唐真亚荣获“全国诚实守信模范”称号。邮政系统劳动模范“两节”慰问人数 174 人（含离退休），发放慰问金 34.8 万元；组织 45 名全国劳模（在职）荣誉休养活动。邮政系统 76 张图片入选中国通信企业协会等单位举办的“新中国成立 70 周年信息通信业发展成就图片展”。汇总 1949 年至 2019 年邮政系统 239 名全国劳模、时代楷模资料信息，加强劳模管理在册工作，纳入《信息通信行业劳模风采录》。

三、企业民主管理

（一）筹备集团公司一届一次职工代表大会

起草《中国邮政集团有限公司职工代表大会实施办法》《中国邮政集团有限公司职工代表大会专门委员会工作职责》和《中国邮政集团有限公司职工代表大会提案征

2019 年邮政系统全国劳模（在职）休养团参观红松主题邮局。

集处理办法》等基本制度草案。

（二）选举职工董事

在中国邮政集团公司第一次职工民主管理联席（电视电话）会议上，来自各业务板块的188名工会干部和职工代表按照民主程序以无记名投票方式，选举集团公司寄递事业部总经理、党委书记廖涛同志为职工董事。

四、服务职工

（一）加大职工小家的建家资金补贴力度

对10个边远贫困省份一次性发放补贴资金250万元，帮助建家资金困难省份完成三年规划目标。全国邮政系统共建职工小家38657个，城市网点职工小家建家率90%、城市“投递员之家”和“网运职工之家”建家率90%、揽投站规范建家率80%。

（二）“两节”期间慰问工作

全国邮政系统发放慰问金1.2亿元，慰问困难职工、受灾职工和劳模等2.7万人、基层集体2.4万余个。

（三）组织开展全国邮政寄递翼职工思想动态调研工作

组织发动5.3万名职工参与网络问卷调查，各级工会累计组织座谈2004场、走访网点班组4216个，参与调研职工25万人，形成《2019年全国邮政寄递职工思想动态调研报告》。职工心理健康得到普遍关注，各级工会关注职工心理健康，探索职工心理服务和心理疏导工作新模式。

（四）修订下发《邮政女职工劳动保护规定》

进一步明确女职工合法权益和特殊利益。全国邮政系统24个女职工集体、7名邮政女职工分别荣获“全国巾帼文明岗”“全国巾帼建功标兵”等称号。

五、工会自身建设

（一）增强组织建设

组织召开二届三次全委会、二届二次经费审查委员会，完成二届委员会委员、主席、常务副主席、兼职副主席的替补选举工作，替补选举李丕征同志为中国邮政集团工会主席，谷德凯为常务副主席；增补选举刘文骏为副主席（兼职）。完成二届经费审查委员会主任替补选举工作，选举廉福臣同志为中国邮政集团工会第二届经费审查委员会主任。

（二）修订制度办法

集团工会修订3项全国性制度，内容包括集团工会救助工作办法、集团工会职工小家补贴办法和工会信息管理办法。

（三）组织学习培训

开展2019年全国邮政系统专兼职工会干部远程培训工作，8386人参加学习。举办了为期4天的全国邮政工会权益保障工作培训班，55名来自全国的省级邮政工会权益保障工作负责人参训。（集团公司工会/提供）

职工小家建设。

【集团工会常务副主席慰问四川地震灾区员工】 6月21日，受中国邮政集团公司党组委托，集团工会常务副主席谷德凯率领集团公司慰问组赶赴四川省宜宾市长宁县，慰问地震灾区邮政员工。（集团公司工会/提供）

【“不忘初心　追梦新时代”2019邮政人网络春晚】 中国邮政集团工会与集团公司新闻宣传中心创新企业宣传形式，联合举办以“不忘初心　追梦新时代”为主题的2019邮政人网络春晚，播放量突破124万人次。（集团公司工会/提供）

【江苏邮政唐真亚当选“全国诚实守信模范”】 9月5日召开的第七届全国道德模范座谈会上，58位同志被授予第七届全国道德模范荣誉称号，其中，江苏省淮安市洪泽区邮政公司老子山邮政支局支局长兼投递员唐真亚光荣上榜，当选“全国诚实守信模范”。（江苏省邮政分公司/提供）

【四川省甘孜州甘孜县邮政分公司邮车驾驶员其美多吉荣获多项国家级荣誉】 1月25日，中共中央宣传部向全社会发布其美多吉的先进事迹，授予他“时代楷模”称号。2月18日，中央广播电视总台CCTV-1播出“感动中国2018年度人物”颁奖盛典，其美多吉当选“感动中国2018年度人物”。4月18日，由中共中央宣传部、交通运输部和中共四川省委联合举办的“时代楷模”其美多吉同志先进事迹报告会在人民大会堂举行。4月23日，中华全国总工会在人民大会堂举行庆祝“五一”国际劳动节暨“全国五一劳动奖”表彰大会，其美多吉荣获“全国五一劳动奖章”。4月24日，“时代楷模”其美多吉同志先进事迹报告会在成都金牛宾馆举行，省委书记彭清华会见报告团全体成员。9月27日，全国民族团结进步表彰大会在北京举行，其美多吉荣获“全国民族团结进步模范

1 月 25 日，中共中央宣传部向全社会发布其美多吉的先进事迹，授予他“时代楷模”称号。

个人”称号，习近平总书记亲自为其美多吉颁发奖章和证书。10 月 1 日，国庆阅兵式上，其美多吉身着藏族传统服饰，胸前挂满荣誉奖章，站在群众游行的“凝心铸魂”主题方阵彩车上，向全国人民展示邮政人风采。（四川省邮政分公司 / 提供）

【西藏邮政分公司 3 名基层员工获省级以上荣誉】 西藏邮政分公司 3 名基层员工获得省级及以上荣誉。其中，时任那曲市双湖县分公司副总经理益西卓嘎荣获 2019 年“全国五一劳动奖章”，山南市浪卡子县分公司乡邮驾驶员次仁曲巴荣获第 23 届“中国青年五四奖章”，阿里地区邮运驾驶员桑布荣获第三届“西藏工匠”称号。（西藏邮政分公司 / 提供）

【新疆邮政分公司 4 个集体和 2 名个人获得全国总工会和自治区总工会表彰】 “五一”国际劳动节前夕，全国总工会和自治区总工会召开表彰大会，表彰全国和自治区的先进集体和个人，新疆邮政分公司 4 个集体和 2 名个人荣获奖励。受到表彰的 4 个集体分别是：乌鲁木齐市分公司新疆马兰 63650 部队军邮局获得“全国工人先锋号”荣誉称号；和田地区分公司获得开发建设新疆奖状；乌鲁木齐市寄递事业部沙依巴克区营业部、乌鲁木齐邮区中心局邮件处理中心包件分拣班获得“自治区工人先锋号”荣誉称号。受到表彰的 2 名个人分别是：巴州分公司巴润哈尔莫墩镇支局长倪宏亮、吐鲁番市托克逊县分公司营业员兼投递员买肉甫・木合买提获得开发建设新疆奖章。（新疆邮政分公司 / 提供）

【河南省邮政分公司助力地方文化宣传】 河南邮政充分发挥集邮、函件等独特资源优势，积极主动作为，服务党和国家战略部署，紧紧依托河南作为农业大省、交通大省、人口大省、文化大省、红色资源大省的区位优势和资源优势，大力宣传河南历史文化，做好转型发展文章。第十一届全国少数民族传统体育运动会在郑州举办期间，发行“第十一届全国少数民族传统体育运动会”系列邮品，提升河南、郑州的知名度和美誉度，被河南省委、省政府授予“第十一届全国少数民族传统体育运动会筹办工作集体嘉奖”荣誉。开发洛阳《丝路花都》、许昌《曹魏故都（二）》、漯河《方寸映四城》、《花中皇后　南阳月季》、《黄河三门峡　美丽天鹅城》等个性化邮票，并在中国集邮总公司的支持下，创意发行《少林寺》《红旗渠》《鸡公山》等 15 套外票。（河南省邮政分公司 / 提供）

【福建省邮政分公司职工集邮展】 9 月 27 日，由福建省总工会、福州市总工会、省邮政分公司、省集邮协会联合举办的“礼赞新中国　奋斗新时代”庆祝新中国成立 70 周年暨福建省第五届职工文化节职工集邮展在福州工人文化宫开幕。邮展展出展品 81 部 235 框，其中竞赛类展品 73 部 205 框，非竞赛类展品（含特邀类）8 部 30 框。展品来自全省 9 个设区市及行业集邮协会，包括传统、邮政历史、邮政用品、专题、极限、现代、开放、原地、家书、图画明信片、签名、一框类 12 种类别。邮展还特别邀请了 2019 武汉世界集邮展览获大金奖的展品《液体面包——啤酒》（专题 8 框），为此次邮展特制的主题邮集《礼赞新中国》（专题 3 框）、《中国的工人阶级》（专题 2 框）、《中国共产党的初心使命》（专题 5 框），以及部分珍邮展品参展。（福建省邮政分公司 / 提供）

【河南省邮政分公司出台十项惠民举措让职工共享发展成果】 河南省邮政分公司党组坚持“以人民为中心”的发展思想，关注员工最急最忧最盼的紧迫问题，出台十项举措，为基层员工解难事、办实事、做好事，提升员工幸福感、获得感。一是解决金融网点员工夜间值守实际困难。二是统一寄递事业部员工薪酬制度。三是加大智能化设备投入，减轻基层员工劳动强度。四是多样化的培训形式让员工的学习更加便捷高效。五是规范调整全省合同用工交通补贴、取暖补贴，增加企业内退人员生活费。六是全面实行一年一体检，不断丰富体检项目。七是多措并举保障一线员工休息休假。八是在网点装修改造中引入环评机制。九是统一换发新制服，增强一线员工职业尊荣。十是加大“两项保险”参保投入。（河南省邮政分公司 / 提供）

【西藏邮政分公司为员工办好“五件实事”】 西藏邮政分

公司为员工办好“五件实事”：一是完成3批次63人劳模先进和高海拔地区职工疗休养工作；二是落实21家职工小家升级改造；三是完成24个一、二级干线邮运驾驶员食宿点装修改造；四是提高劳务派遣用工劳动报酬津贴补贴，为劳务派遣员工缴纳住房公积金；五是12个职工周转房项目已全部招标采购完成并进入建设实施阶段。（西藏邮政分公司／提供）

【首届“邮政杯”湖南日报朗读者大赛】 12月8日，由湖南省机关工委指导，团省委、省邮政分公司、湖南日报社共同主办的首届“邮政杯”湖南日报朗读者大赛在长沙落幕。“邮政杯”湖南日报朗读者大赛是全国首档线上线下互动的党报阅读秀活动，是以读党报为主要形式的大型全民阅读活动。通过在青少年群体中推进党报精品作品朗读大赛的形式，将党的声音以新媒体业态全新呈现，在阅读中培育青少年开阔的视野、开放的胸襟，展现广大青少年的才艺与风采。大赛于6月启幕，线上通过新湖南手机APP报名；线下由湖南各市州邮政分公司进学校组织朗读者大赛活动。来自全省106个县（市、区）的200多所学校及企事业单位的50万人广泛参与，大赛借助报网端微屏全媒体的宣传与传播，影响2000万人。大赛采用专家评审、网络评审相结合的模式，通过周赛、月赛、半决赛、擂主挑战赛、总决赛激烈角逐、层层筛选，最终60名优胜选手分别捧回金、银、铜话筒奖并获得“杰出朗读者”荣誉称号。（湖南省邮政分公司／提供）

6月20日，湖南“首届‘邮政杯’湖南日报朗读者大赛”在长沙启动。

【上海市邮政分公司举办职工红色文化寻访分会场活动】 5月24日，上海市邮政分公司在上海邮政大楼举办上海职工红色文化寻访活动邮政分会场活动，通过讲解故事、观摩影片、参观邮政大楼及邮政博物馆等形式，帮助邮政员工了解上海作为中国工人阶级发祥地的深厚工业文明，了解上海邮政中共地下党和员工联合会在解放战争时期发挥的重要作用，感受上海城市发展、产业行业发展的巨大变化，激发员工爱国爱岗之情。（上海市邮政分公司／提供）

【“五女传信与和平女神”纪念铜塑捐赠交接仪式】 10月14日，万国邮联“五女传信与和平女神”纪念铜塑捐赠交接仪式在上海邮政大楼举行。原国家邮政局科学研究院院长、1999年第二十二届万国邮政联盟大会主席王占宁，决定将万国邮联颁发的一尊代表国家荣誉的“五女传信与和平女神”纪念铜塑捐赠给上海邮政博物馆。原国家邮政局局长刘立清、集团公司机关离退休党总支书记马建中、原上海邮政分公司总经理王观錩、市邮电管理局局长夏颐等领导应邀出席捐赠交接仪式。12月，上海邮政博物馆对原万国邮联展区进行升级改造，将铜塑和相关图片资料进行展陈。（上海市邮政分公司／提供）

【江西省邮政分公司启动“邮爱驿站”】 6月3日，江西省总工会和省邮政分公司在南昌共同举行“邮爱驿站”建设启动仪式，其他10个地市的“邮爱驿站”示范点同步启动。“邮爱驿站”是工会系统“爱心驿站”建设的拓展和延伸，通过充分依托全省邮政城市营业网点等服务场所，向环卫工人、交警、快递员、出租司机等户外劳动者及残障人士提供休息桌椅、手机充电、饮水机、应急外敷药品等便民服务，广泛开展送帮扶、送清凉、送知识和志愿者献爱心等关爱社会大众活动，全力打造户外劳动者获得尊重、获得关爱的“歇脚地”“加油站”“暖心屋”。（江西省邮政分公司／提供）

【四川省总工会、四川省邮政分公司建设全省首个工会户外劳动者服务站点】 9月4日，四川省总工会·四川邮政劳动者驿站暨工会户外劳动者服务站落户绵阳市绵州中路营业所，成为全省首个工会户外劳动者服务站点。（四川省邮政分公司／提供）

【新疆邮政分公司举办2019寻找“最美快递员”表彰大会暨“绿色发展　绿色行动”启动仪式】 7月23日，2019寻找新疆“最美快递员”表彰大会暨“绿色发展　绿色行动”启动仪式举办，20名“最美快递员”和30名“优秀快递员”受到表彰。活动由新疆快递行业协会主办，新疆邮政分公司承办。7个地州市分公司11名基层投递员荣获“最美快递员”称号；乌鲁木齐市（县、区）9名基层投递员荣获“优秀快递员”称号。同时启动“绿色发展、绿色行动”活动，最美快递员、优秀快递员作为全区快递员工的典型代表与快递企业负责人等在承诺条幅上签名。（新疆邮政分公司／提供）

【山西省邮政分公司开展“万人返乡专车”公益活动】 截至2月2日，历时两个多月的山西省邮政第三届“万人返乡专车”公益活动圆满结束。全省预约人数6385人，比上年增长25.2%。发车总数125辆，其中专车59辆、散客车66辆；因雨雪天气影响疏散乘客900余人，运送人数5500余人，好评率98.5%。《人民日报》、《金融时报》、《经济参考报》、山西卫视、人民网、新华网、澎湃网、凤凰网、今日头条、搜狐网、山西新闻网等媒体均对活动进行报道，引发社会高度关注。各类媒体累计报道量达百余次，阅读量50万余次，转发量5万余次，媒体宣传次数与阅读量比上年超出近70%。（山西省邮政分公司／提供）

山西省邮政分公司开展“万人返乡专车”公益活动。

【山西省邮政分公司组织“健康长城洗手计划公益探访”活动】 在山西省邮政分公司和吕梁市邮政分公司的组织安排下，由全国知名基金组织“壹基金”携手舒肤佳公司开展的“舒肤佳健康长城洗手计划公益探访——吕梁首站”爱心扶贫活动，在吕梁临县丛罗峪乡郭家塔中心学校举办。此次爱心扶贫活动是发挥全网优势，外联社会优秀公益组织、企业，合作开展精准扶贫工作的一次有益尝试。来自上海、南京、武汉、成都等多所大型幼儿园的孩子及家长参加公益扶贫捐助活动，为郭家塔中心学校捐助现金3万余元，各类幼儿玩具、学习玩具、特色小礼品300多件，活动还陆续走进吕梁市的其他贫困地区幼儿园和小学。（山西省邮政分公司／提供）

交流与合作

◇ 国内交流合作

◇ 国际交流合作

国内交流合作

【中国邮政与山东省政府签署战略合作协议】 12月20日，中国邮政集团公司与山东省政府在济南签署战略合作协议。根据协议内容，山东省政府将中国邮政作为经济金融领域的重要合作伙伴，积极营造良好的投资环境、金融环境、市场环境；中国邮政将山东省作为重要发展区域，在资源配置、综合服务、金融合作等方面予以优先支持，推动加快山东省地方经济建设，促进区域经济结构调整和产业转型升级。双方还将加强重点产业与项目领域合作、共同打造乡村振兴齐鲁样板、拓宽小微企业融资渠道、探索新型城镇化建设金融服务模式、共同推动基础设施建设及电子商务产业园建设等。本次签约旨在以深化供给侧结构性改革为主线，围绕新旧动能转换、乡村振兴、区域协调发展、重要基础设施建设等山东省重大发展战略，开展全方位合作。（集团公司市场协同部／提供）

【中国邮政与大连市政府签署战略合作协议】 2月26日，中国邮政集团公司与大连市政府签署战略合作协议，积极支持大连地方经济建设，服务中小企业发展。根据协议，中国邮政将加快推进大连市邮政基础设施建设，优化邮政网络布局，助力大连跨境电子商务发展、提升物流服务水平，服务大连区域经济社会发展和民生改善。坚持服务“三农”、服务社区、服务中小企业的战略定位，发挥资金量大、投资期限长、利率较低的优势，加大在大连的信贷投放力度，助推大连高质量发展。（集团公司市场协同部／提供）

【中国邮政与青海省人民政府签署战略合作框架协议】 7月23日，中国邮政集团公司与青海省人民政府在西宁签署战略合作框架协议。双方将在金融服务、电子商务、现代物流、公共服务、文化旅游和邮政基础设施建设等领域达成战略合作。金融服务方面，邮储银行向青海省提供意向性融资支持，在资源配置、综合服务、金融创新上予以优先支持；在电子商务方面，中国邮政将全面参与、服务青海省电子商务体系建设和电子商务进农村发展；在现代物流方面，中国邮政将加快青海邮运网建设，全面改善高原地区居民用邮环境和公共服务水平。中国邮政还将助力打好“三大攻坚战”，加大对青海省农牧产业及贫困地区的金融扶持力度。（集团公司市场协同部／提供）

【中国邮政与黑龙江省人民政府签署战略合作协议】 8月30日，中国邮政集团公司与黑龙江省人民政府签署战略合作协议。根据协议，中国邮政将整合并优化贸易金融产品，加大金融科技应用力度，为黑龙江自贸区的互联互通基础设施建设提供资金支持；黑龙江省政府将支持中国邮政在省内开展各项业务，从产业规划和政策制定、金融体制稳定和机制创新等方面，营造良好的产业发展格局和政银合作环境。此外，双方还将在城乡便民服务，服务“三农”，普惠金融，仓储、邮件运输，地区文化产业发展等方面开展合作，推动形成全面开放新格局。（集团公司市场协同部／提供）

【中国邮政与辽宁省政府签署战略合作协议】 10月15日，中国邮政集团公司与辽宁省政府签署战略合作协议。根据协议，中国邮政与辽宁省政府将做好城乡综合便民服务，辽宁省政府积极支持邮政基础设施参与辽宁省“智慧城市”建设；双方共同打造服务“三农”综合平台，辽宁省政府支持邮政企业以“邮农丰”为品牌，推进工业品下乡和农产品进城；提升邮政普惠金融服务，中国邮政积极做好公共民生普惠金融服务，为辽宁各级政府社保资金运作提供金融服务；加快辽宁跨境电商发展，中国邮政为辽宁电商企业提供“仓储＋寄递＋金融”一体化服务，助力辽宁电子商务产业发展，促进实体经济转型升级。此次签订战略合作协议，是中国邮政与辽宁省政府为保障和改善社会民生，助推辽宁老工业基地振兴发展的重要举措。（集团公司市场协同部／提供）

【中国邮政与中国一汽集团公司签署战略合作协议】 2月27日，中国邮政集团公司与中国一汽集团公司在长春签署战略合作协议，双方代表分别签署《中国一汽与中国邮政战略合作协议》《中国一汽与中国邮政车辆及服务合作协议》《一汽解放与中国邮政速递物流物流业务合作意向书》，将在多领域推进深层次合作。金融方面，中国邮政为中国一汽提供综合金融服务；物流方面，中国邮政为中国一汽提供物流网络诊断、寄递物流、国际仓储等服务；市场拓展方面，双方将重点探讨在低线城市开展汽车销售、客户服务等合作。中国邮政计划为中国一汽提供客户关怀方案、厂区综合服务等系列服务。中国邮政与中国一汽将以此次战略合作为契机，本着优势互补、互惠共赢、共同发展的原则，推动双方多领域合作向更高层次迈进。（集团公司市场协同部／提供）

【中国邮政与中国联通签署战略合作协议】 4月11日，中国邮政与中国联通在北京签署战略合作协议。双方将在五大领域深化合作，包括：深化基础设施与通信服务合作、扩大金融业务新合作、深化双方渠道网点和业务合作、进一步推进寄递物流合作、强化积分及资源共享合作。发挥各自优势，进一步提升双方面向数字化服务领域

的核心竞争力，提升业务发展能力及市场份额。（集团公司市场协同部 / 提供）

【中国邮政与华为公司签署战略合作协议】 6月5日，中国邮政集团公司与华为公司签署战略合作协议。根据协议，双方计划在金融业务、科技创新、寄递物流、人才培养等方面开展深入合作，实现共同发展。双方将在分布式架构、咨询规划、智慧物流、智慧园区、云计算、大数据、SDN敏捷网络、智慧网点转型、绿色节能数据中心和敏捷分支等领域加强合作，开展新技术前瞻性课题研究，共同探索ICT新技术在中国邮政金融、寄递、邮务三大业务板块的应用，共同促进中国邮政ICT数字化转型。（集团公司市场协同部 / 提供）

【中国邮政与北京汽车集团有限公司签署战略合作框架协议】 7月4日，中国邮政集团公司与北京汽车集团有限公司签署战略合作框架协议。根据协议，双方重点在市场拓展、整车采购及车辆运营、金融领域、寄递物流、服务体系共建、厂区综合服务、客户关怀、物品投递支撑服务等方面深化合作，实现共同发展。在市场拓展方面，双方将开展微车展等合作，助力北汽集团全国市场拓展；在金融业务方面，双方将深耕批发业务、结算与现金管理等11个领域；在寄递物流方面，双方将结成整体物流合作伙伴关系，在汽车产业链的供应端、生产端、销售端全方位开展业务合作。双方将联合探索建设新能源汽车的服务网络体系，构建线上、线下一体化品牌宣传、客户维护体系等。（集团公司市场协同部 / 提供）

【中国邮政与威马汽车科技集团有限公司签署战略合作框架协议】 8月20日，中国邮政集团公司携手威马汽车科技集团有限公司达成战略合作。根据合作框架协议，双方将在新零售、服务体系共建、金融服务、供应链物流等领域开展全方位合作，在金融业务合作方面，中国邮政为威马汽车提供多元化金融服务；在供应链物流合作方面，双方将共同探索产融结合服务新模式，在入场物流、售后物流、供应链金融等领域开展全面合作；在市场拓展方面，中国邮政将为威马汽车提供“中邮车务——售车通”综合服务。双方通过产融结合的服务模式，为新能源汽车产业的多维度衍生及发展注入新的活力。（集团公司市场协同部 / 提供）

【中国邮政与浪潮集团有限公司签署战略合作协议】 8月23日，中国邮政集团公司与浪潮集团有限公司达成战略合作。根据协议，双方在金融服务、数字邮政、寄递物流、宣传推广等方面开展广泛深入合作。在金融服务方面，双方将持续加深金融合作，开展多元化金融合作；在数字邮政方面，双方将在信息平台化、服务智能化等方面加强合作，并在政府服务、普惠金融等方面共同探索提供更优服务方案；在寄递物流方面，浪潮集团逐步推广使用中国邮政的物流仓储配送服务，并为中国邮政提供质量数据分析服务。双方将通过开发新业务，拓展新市场，实现共同发展。（集团公司市场协同部 / 提供）

【中国邮政与珠海格力电器股份有限公司签署战略合作协议】 8月26日，中国邮政集团公司与珠海格力电器股份有限公司达成战略合作。根据此次签订的战略合作协议，双方在产品与服务采购、寄递物流、金融业务、邮政业务等方面开展深入合作。在产品与服务采购方面，双方将给予彼此优惠待遇，同时双方还将开展内部员工家电产品团购合作；在寄递物流方面，双方将实现物流系统对接，在RDC/FDC仓配一体化项目、供应链物流合作等方面开展合作；在金融服务方面，双方将开展多元化金融合作。双方通过建立战略合作伙伴关系，为共同开发新业务、拓展新市场构建良好平台。（集团公司市场协同部 / 提供）

【中国邮政与小米集团签署战略合作协议】 9月25日，中国邮政集团公司与小米集团达成战略合作。双方将在金融业务、快递物流、邮政业务、电商分销等方面开展深入合作，在金融服务方面，双方将持续加深金融合作，开展多元化金融合作；在快递物流方面，小米集团将充分利用邮政优势资源，与中国邮政开展更广泛的业务交流与合作；在电商分销方面，小米集团将手机电子类产品、生态链企业产品等优势领域商品引入邮乐网平台。（集团公司市场协同部 / 提供）

【中国邮政与创维集团签署战略合作协议】 12月5日，中国邮政集团公司与创维集团在北京签署战略合作协议。双方将通过优势互补、资源共享，在金融服务、寄递物流、电商业务、邮政服务等方面开展深入合作。在金融及相关业务合作方面，双方重点围绕现金管理、授信融资等方面开展合作；在寄递物流合作方面，双方积极推进B2B运输、仓储配送合作；在电商分销业务合作方面，双方共同推进创维产品入驻邮乐网，通过邮政渠道拓展农村等重点市场。创维集团将综合利用中国邮政线上互联网媒体、线下自有及合作渠道资源以及营销活动策划组织等方式，开展品牌宣传、客户维护等。（集团公司市场协同部 / 提供）

【中国邮政与交通银行股份有限公司签署战略合作协议】 12月9日，中国邮政集团公司在上海与交通银行股份有限公司签署战略合作协议。根据协议，双方将在金融服务、快递物流、企业宣传及客户维护等方面开展合作。在快递物流方面，双方将推进卡函、网上商城及银行卡积分换礼，票据交换，文件、物品的寄递服务合作；在企业宣传及客户维护方面，中国邮政将整合渠道、产品等资源优势，为交通银行提供线上、线下一体化品牌宣传、客户维护等服务。同时，双方将发挥渠道和生活服务领域资源优势，推进报刊订阅、证券开户等业务在各自渠道的叠加和应用。此次，中国邮政与交通银行签署战略合作协议，旨在为共同开发新业务、拓展新市场构建良好平台。（集团公司市场协同部／提供）

【中国邮政与中国太平洋保险（集团）股份有限公司签署战略合作协议】 12月9日，中国邮政集团公司在上海与中国太平洋保险（集团）股份有限公司签署战略合作协议。根据协议，中国邮政与太平洋保险将重点围绕金融业务、快递物流、客户服务、投融资4个方面深化合作。在金融业务方面，双方将共同探索银保合作模式创新，积极开展授信、资产托管等业务合作；在快递物流方面，双方将加强总对总合作，推动全网统一运作，中国邮政为太平洋保险提供电销保单、票据文件等一揽子综合寄递服务；在客户服务方面，双方将围绕账单业务、凭证印制、品牌宣传等业务开展深入合作。此次，中国邮政与太平洋保险签署战略合作协议，旨在聚焦优势资源互补和核心能力共享，开展深层次、多领域的战略合作。（集团公司市场协同部／提供）

【中国邮政与上海汽车集团股份有限公司签署战略合作框架协议】 12月9日，中国邮政集团公司在上海与上海汽车集团股份有限公司签署战略合作框架协议。双方将在整车采购及车辆运营、金融、快递物流、市场拓展等领域推动深层合作。在金融合作方面，双方将重点围绕授信融资、个人汽车消费贷款等方面开展合作；在快递物流方面，双方将积极推进文件和物品寄递、国际货运代理等方面的合作；在市场拓展方面，中国邮政将以“微车展”合作模式为重点，加快市场下沉合作，助力上汽集团拓展全国市场。同时，双方还将在服务体系共建、厂区综合服务，以及品牌推广、客户维护等方面开展合作，共同开发新业务、合力拓展新市场。（集团公司市场协同部／提供）

【中国邮政与中国银联股份有限公司签署战略合作协议】 12月13日，中国邮政集团公司与中国银联股份有限公司签署战略合作协议。双方重点围绕金融支付、寄递物流、邮乐购电商3个方面开展合作。在金融支付方面，双方将在发卡、收单、推进银联人脸识别支付等创新产品方面开展深入合作，共同推进云闪付受理市场建设；在快递物流方面，双方共同提升快递业务的综合服务能力，在“云闪付”APP扫码支付邮费等方面开展深入合作；在邮乐购电商方面，中国银联协助中国邮政旗下邮掌柜、邮乐APP等接入中国银联二维码及云闪付等支付方式，双方共同投入资源开展“掌柜节”等相关活动。双方致力于建立长期双赢的战略合作伙伴关系，更好地实现新时代对国企的使命要求，推动企业可持续健康发展。（集团公司市场协同部／提供）

【中国邮政与河北省保定市长城控股集团有限公司签署战略合作协议】 12月13日，中国邮政集团公司与河北省保定市长城控股集团有限公司签署战略合作协议。根据协议，双方将在金融业务、快递物流、市场拓展等方面开展深入合作。在金融业务方面，双方将重点围绕授信融资、个人汽车消费贷款等方面开展合作；在快递物流方面，双方将推进入厂物流、售后备（配）件物流、国际业务、文件及物品寄递等方面的合作；在市场拓展方面，中国邮政将利用自身资源优势和配套综合服务，以“微车展”合作为重点，助力长城汽车拓展全国市场。同时，双方还将在服务体系共建、品牌宣传推广、车辆销售、网约车租赁业务等方面开展合作。此次签约，双方旨在积极投身国家制造强国战略，实现资源共享、共同发展、合作双赢。（集团公司市场协同部／提供）

【中国邮政与奇瑞控股集团有限公司签署战略合作框架协议】 12月20日，在山东济南举行的奇瑞新能源汽车战略合作签约仪式上，中国邮政集团公司与奇瑞控股集团有限公司签署战略合作框架协议。根据协议，双方将在金融、快递物流、车辆采购、市场拓展等方面开展深入合作。在金融合作方面，双方将重点围绕授信融资等方面开展合作，发挥邮政金融协同优势，深化融资场景综合服务；在快递物流方面，双方将结成整体物流合作伙伴关系；在车辆采购方面，奇瑞集团将提供新能源产品、传统能源产品及其他定制化产品，充分满足中国邮政的多元化需求；在市场拓展方面，中国邮政为奇瑞提供“市场拓展＋消费信贷＋配套服务”的全流程“售车通”新零售服务。同时，双方还在服务体系共建、厂区综合服务，以及品牌推广、客户维护等方面开展合作。此次签约旨在建立长期双赢的战略合作伙伴关系，更好地实现新时代对国企的使命要求，推动可持续健康发展。（集团公司市场协同部／提供）

【邮票印制局与格贝尔公司胶雕印刷生产线项目签约】 10月28日，邮票印制局与格贝尔公司胶雕印刷生产线项目签约仪式，在为该项目提供进口代理服务的中国电子进出口总公司举行。此次签约的胶雕印刷生产线引进项目是邮票印制局在中国邮政集团公司支持下进行的重点设备项目，是印制局有史以来投资最大、引进技术最先进的邮票生产设备。（邮票印制局 / 提供）

【河北省邮政分公司与秦皇岛市人民政府、京津冀优质农产品行业联盟签署战略合作协议】 6月6日，第十四届中国山海关大樱桃节暨第二届秦皇岛农业项目招商推介会开幕。开幕式上，秦皇岛市人民政府、河北省邮政分公司、京津冀优质农产品行业联盟共同签订《秦皇岛特色优势农产品推广暨助力精准脱贫战略合作协议》，开启深度战略合作新篇章。河北邮政作为本次中国山海关大樱桃节唯一与市政府签约合作单位，长期以来致力于助农惠农、农产品进城、精准脱贫工作，在助力山海关大樱桃推广、促进农业农民增收中发挥了重要作用。根据协议，三方将以优势互补、因地制宜、鼓励创新为原则，充分整合各自优势，突出创新发展，在助力秦皇岛农业产业发展和脱贫助农项目落地中发挥更大作用，共同推动秦皇岛特色优势农业做强做大。（河北省邮政分公司 / 提供）

【河北省邮政分公司与河北政务服务管理办公室实现战略签约】 11月12日，河北省邮政分公司与河北政务服务管理办公室在石家庄举行河北政务服务“一窗通办、邮政寄递”邮政助力便民服务签约暨启动仪式。此次合作是河北邮政深化落实“放管服”改革要求，全面嵌入“互联网＋政务”服务体系的重要举措，对于优化营商环境、便利企业群众办事创业具有重要意义。根据协议有关规定，在“互联网＋政务服务”平台中，邮政将嵌入寄递服务功能，提供“审批事项线上线下申报，审批结果快递送达”的便民服务，不断完善和丰富政务大厅服务内容。在此基础上，河北邮政还将充分发挥自身在金融服务、快递物流、电子商务等方面的优势，不断拓展政务服务合作领域，拓展省、市、县便民服务业务合作领域，把邮政网点建设成为群众“身边的服务站”，努力为河北经济社会发展做出积极贡献。（河北省邮政分公司 / 提供）

【海南省邮政分公司与海垦小灵狗新能源汽车科技有限公司签订合作协议】 8月21日，海南省邮政分公司与海垦小灵狗新能源汽车科技有限公司签订合作协议，双方计划建立长期、稳定的战略合作伙伴关系，通过优势互补、资源共享，推进市场扩展、服务体系共建、供应链物流、金融服务等领域的业务合作，实现共同发展签订协议。9月12日，海南邮政与海垦小灵狗出行联合打造的“邮政便民出行服务”项目在澄迈县金江邮政营业所正式启动。作为全国首批开通“邮政便民出行服务”的邮政营业厅，广大市民和进岛游客可在该邮政网点办理新能源汽车租赁。（海南省邮政分公司 / 提供）

【湖南省邮政分公司与厦门航空湖南分公司签署战略合作协议】 9月26日，湖南省邮政分公司与厦门航空湖南分公司在长沙签署战略合作协议。根据协议，双方基于各自核心竞争力，建立全面战略合作伙伴关系，通过优势互补、资源共享，计划在金融业务、寄递物流等方面开展深入合作。（湖南省邮政分公司 / 提供）

【江苏省邮政分公司与省交通控股有限公司正式结为战略合作伙伴】 为深入贯彻落实党中央、国务院打赢三大攻坚战的重要指示精神，加快推进《交通运输部、国家邮政局、中国邮政集团公司关于深化交通运输与邮政快递融合推进农村物流高质量发展的意见》落地，9月23日，江苏省邮政分公司和江苏交通控股有限公司正式结为战略合作伙伴。双方商定，从“风险管控、精准扶贫、绿色环保”三大方面切入，围绕“资源共享、合作共赢”的总体思路，充分发挥邮政“三流合一”和交通控股“一主两翼”的资源优势，在客户服务、投融资、供应链、仓配物流、金融服务、品牌宣传、党建共建等方面开展深度合作，努力为社会公众提供更为高效、便捷、优质的服务。（江苏省邮政分公司 / 提供）

【四川省邮政分公司与中华财险四川分公司签订战略合作协议】 7月23日，四川省邮政分公司与中华财险四川分公司签订战略合作协议暨业务合作备忘录，双方进一步在保险代理、金融服务及相关领域开展深层次合作。（四川省邮政分公司 / 提供）

【四川省邮政分公司与人民人寿四川分公司签订战略合作协议】 8月1日，四川省邮政分公司与人民人寿四川分公司签订战略合作协议，双方计划围绕保险代理、金融服务、寄递物流、文创宣传、社会公益等方向开展深层次合作。（四川省邮政分公司 / 提供）

【四川省邮政分公司与四川省商务厅签署战略合作协议】 12月2日，四川省邮政分公司与省商务厅签订战略合作协议，双方计划建立长期、稳定的战略合作伙伴关系，通过优势互补、资源共享，不断提升双方在全省商务领域多层面的合作水平，实现共同发展。（四川省邮政分公司 / 提供）

【重庆市邮政分公司与重庆市文旅委等签署战略合作协议】 8月21日，重庆市邮政分公司与重庆市文化和旅游发展委员会举行战略合作签约仪式。重庆市人民政府副市长出席仪式并肯定重庆邮政助力文化旅游产业发展的成绩。此外，重庆市邮政分公司还与重庆联通、重粮集团等签署战略合作协议。（重庆市邮政分公司 / 提供）

【江西省邮政分公司“消费扶贫进社区”推进工程战略合作签约】 5月31日，江西省邮政分公司与省物业管理行业协会“消费扶贫进社区”推进工程战略合作签约仪式在南昌举行，标志着双方同心同向，通过资源共享，共建共赢，为江西打好打赢脱贫攻坚战和服务乡村振兴战略增添新举措、注入新活力。根据协议，双方计划在全省范围内，联合构建“爱心消费扶贫专区”平台，开展消费扶贫进社区体验活动，打造最美物业扶贫能手等。（江西省邮政分公司／提供）

【江西省邮政分公司与江西省政务服务管理办公室签署战略合作协议】 7月31日，江西省邮政分公司与江西省政务服务管理办公室战略合作签约仪式在南昌举行。江西邮政贯彻落实党中央、国务院有关推进政府职能转变、“放管服”改革的决策部署，率先在全国实现省、市、县、乡四级实体办事大厅延时错时预约服务全覆盖，打造一年“365天不打烊”的政务服务。“赣服通”设区、市分厅的集中上线，使江西省成为全国第四个政务服务移动平台接通所有设（区）市的省份。（江西省邮政分公司／提供）

【新疆邮政分公司与中青旅新疆国际旅行社签署战略合作协议】 9月14日，新疆邮政分公司与中青旅新疆国际旅行社举行签约仪式，双方就寄递服务、金融客户答谢、文化旅游深度融合、旅游线路开拓等方面开展深入讨论，一致决定将新疆邮政作为中青旅新疆国际旅行社寄递业务唯一服务商。（新疆邮政分公司／提供）

【新疆邮政分公司与中国南方航空股份有限公司新疆分公司签署战略合作协议】 11月13日，新疆邮政分公司与中国南方航空股份有限公司新疆分公司举行战略合作签约仪式。双方合作是两支“国家队”的强强联合，是双方资源共享、优势互补，精诚团结、共赢未来的一次战略合作。（新疆邮政分公司／提供）

【陕西省邮政分公司与省农业农村厅签署战略合作框架协议】 4月9日，陕西省邮政分公司与省农业农村厅签署战略合作框架协议。双方计划在农产品电子商务、电商扶贫、名优农产品孵化、滞销农产品帮扶、惠农金融、惠农寄递及其延伸领域建立长期稳定全面合作关系，塑造陕西农产品品牌，打通陕西名优农产品出省绿色通道，以实际行动助力乡村振兴和精准扶贫。同月，陕西省邮政分公司板块协同，联合省农业农村厅制定下发《共同促进农业农村合作社质量提升实施方案》，共同推进陕西省农民合作社高质量发展。（陕西省邮政分公司／提供）

【雅戈尔 & 中国邮政时尚科技物流中心项目举行奠基仪式】 10月22日，雅戈尔 & 中国邮政时尚科技物流中心项目奠基仪式在宁波雅戈尔集团公司举行。中国邮政基于六大信息系统和物联网核心技术，为雅戈尔集团提供专业化供应链服务，并合作建立大数据平台，推进双方在产品及渠道资源、供应链金融方面的深度合作。同时，中国邮政在全国设立7个RDC综合功能云仓和1个航空物流中转仓，实现从生产基地到各RDC区域的航空物流调拨，以及RDC覆盖区域内的2B与2C融合配送，为雅戈尔提供业内领先的“订单分配服务＋仓储服务＋快递物流配送服务”全流程、高时效、智能化的专业服务。（浙江省邮政分公司／提供）

【陕西省邮政分公司联合拼多多举办服务电商合作峰会】 1月3日，陕西省邮政分公司联合拼多多举办服务电商合作峰会，旨在搭建互相沟通、深度合作的平台，为省内各行业客户提供一个互联网销售渠道和“一条龙”综合服务解决方案。来自全省的410家电商企业500余人参会。（陕西省邮政分公司／提供）

【青海省邮政分公司联合省生态环境厅等组织“2019年‘6·5’世界环境日主题宣传活动暨全国首条环保邮路启动仪式”】 6月5日，青海省邮政分公司联合省生态环境厅、西宁市人民政府组织“2019年‘6·5’世界环境日主题宣传活动暨全国首条环保邮路启动仪式”，传播企业“绿色包装、绿色宣传、绿色运输、绿色金融、绿色电商”等环保新理念；利用主题活动，树立和传播绿色邮政品牌形象，实现全省营业网点绿色包装和新型胶带的全覆盖，“9571工程”指标全面达标。（青海省邮政分公司／提供）

【推进与港澳邮政合作交流】 5月24日，集团公司与国家邮政局、香港邮政署和澳门邮电局在珠海举办粤港澳大湾区邮政发展座谈会。9月，接待香港邮务职工会和香港邮政署邮务员职工会参访东莞和惠州。10月31日，接待香港邮政署朱曼铃署长一行参访深圳。（集团公司综合部／提供）

【两岸邮政青年员工互访】 为落实两岸邮政青年员工互访机制，5月，接待中华邮政公司青年团来访；9月，安排大陆邮政青年团赴台交流。推动两岸邮政技术设备方面合作，12月，接待中华邮政参访鄂徽苏沪4地邮政设施。9月，与国家邮政局召开海峡两岸邮政交流协会换届大会，选举产生第二届协会理事会。（集团公司综合部／提供）

国际交流合作

【概况】

一、高层出访收效显著

应万国邮联国际局总局长邀请，3 月，刘爱力董事长赴瑞士参加万国邮联 EMS 合作机构全体大会和 EMS 合作机构成立 20 周年活动，发表题为《携手发展　合作共赢》的主旨演讲，得到各国邮政代表广泛、热烈的响应，各方纷纷表达与中国邮政深入合作的强烈意愿和需求。同时，刘董事长还对瑞士、荷兰、德国邮政进行访问。3 月、9 月，张金良总经理先后赴中国香港地区、新加坡、法国等开展邮储银行业绩推介及路演，充分展示邮储银行业绩亮点与未来发展潜力，增进资本市场对邮储银行的了解。

二、积极参与国际组织事务

中国邮政积极参与万国邮联、亚太邮联、亚太邮政合作机构、卡哈拉等国际组织会议，参加第 20 届中日韩邮政峰会、美西葡邮联联合研讨会和泛非联盟行政理事会常会等区域邮政组织会议，推动落实与中方有利的提案，对重点业务发展提出中国方案，全方位提升对全球邮政事务、业务的参与度，加强与世界各国邮政的联系，推动区域间邮政业务交流与合作，发挥中国邮政在国际邮政组织中的积极作用。9 月，中国邮政派代表团出席在瑞士日内瓦召开的万国邮联第三次特别大会，积极稳妥应对终端费改革方案，维护万国邮联多边体系稳定。

三、主动服务“一带一路”建设

中国邮政积极落实“五通”要求，主动服务“一带一路”建设，搭平台、建机制，加快拓展国际市场，取得显著成效。实现渝新欧、义新欧班列运邮的常态化，开展通过立陶宛入欧的运邮测试，推动中俄公铁联运发展，加快海外仓全球布局，助力中小企业通过中国邮政的物流体系走向世界。积极开拓海外邮件分拣设备市场，在“一带一路”沿线部分国家开展项目合作。

邮储银行与 270 家“一带一路”沿线国家和地区的金融机构建立代理行关系。加大资金投放，重点推进银团贷款、跨境项目融资、主权贷款等业务，为多家中国企业提供跨境融资，用于境外项目投资。积极为边境、沿海省份铁路、公路、港口等重点项目和企业提供资金支持，用于“一带一路”起点基础设施建设，推动国内交通运输体系与境外的互联互通。

四、搭建国际合作交流平台

8 月，在石家庄与国家邮政局联合举办中国—东盟自贸区框架下东南亚国家邮政跨境业务发展与合作研讨班，来自东南亚以及“一带一路”沿线关系密切的 14 个国家和地区的 40 多名代表参加。此次培训班是落实国家“一带一路”倡议的具体实践，旨在加强与东南亚及相关国家的交流与合作。

11 月 26—28 日，与国家邮政局在厦门承办万国邮联电子商务时代跨境合作全球大会，来自 102 个国家和地区邮政部门、8 个国际组织的 380 多名代表参会，会议通过《厦门倡议》。此次会议是近年来在中国召开的规模最大的国际邮政组织会议。

五、加强外事活动管理

制定完善多项外事管理规章制度，在落实因公出访报告制度及成果转化、加强因公出国（境）行前教育、加强因公出访团组管理、进一步强化对外交往与合作管理工作要求等方面提出具体要求，加强对因公出访团组事前、事中、事后全方位管理。

启动因公出国（境）团组审批电子化办公系统，实现在线审批，提高审批时效。组建外事专员队伍，及时宣传外事工作新政策、新规定，指导各单位做好外事工作。主动走访调研外事活动较多的基层单位，规范其外事管理流程，协助解决在境外市场拓展中遇到的困难，利用组织各类国际组织会议和活动宣传推广产品，帮助拓展境外市场。（集团公司综合部 / 提供）

【中国邮政参加亚太邮联和亚太邮政合作机构会议】 9 月 1—7 日，集团公司派员参加在日本东京举行的亚太邮政联盟执行理事会、亚太邮政合作机构 2019 年年会和亚太邮联执理会论坛，研究报告系统自动化优化、亚太 e 邮宝质量评估等议题，并成功续任下届理事。12 月 2—4 日，集团公司参加在泰国召开的第八届亚太邮联邮政商务论坛、亚太 e 邮宝指导委员会会议和亚太邮政管理委员会会议，研究邮政发展战略、电子邮政发展、新技术应用、邮政网络发展和金融服务、邮政可持续发展、客户解决方案等议题。集团公司在电子邮政发展环节进行主题发言，从中国邮政电子商务模式、中国邮政基于电子商务提供的服务两方面，介绍中国邮政电商业务发展经验。（集团公司综合部 / 提供）

【中国邮政参加卡哈拉 CEO 会议】 7 月 2—5 日，集团公司参加卡哈拉邮政组织在日本东京召开的卡哈拉 CEO 委员会会议和 BOD 会议，研究卡哈拉的战略目标、网络和管理、扩大客户服务范围等议题。会议期间，与法国、加拿大、英国邮政等举行双边会谈。（集团公司综合部 / 提供）

【中国邮政参加第 20 届中日韩邮政峰会】 11 月 5—8 日，第 20 届中日韩邮政高峰会议在韩国首尔举行，3 国邮政围绕跨境电商发展和邮件电子预报关两个议题进行交流研讨。经协商，3 国邮政在统一 EAD 标准，打通 EAD 信息平台，提升客户体验，发挥邮政的渠道优势和品牌优势等方面达成一致，并共同签署备忘录。（集团公司综合部 / 提供）

【东南亚国家邮政跨境业务发展与合作研讨班】 8 月 4—9 日，集团公司与国家邮政局在石家庄联合举办中国—东盟自贸区框架下东南亚国家邮政跨境业务发展与合作研讨班，来自东南亚以及“一带一路”沿线的 14 个国家和地区邮政的 40 多名代表参加。此次培训班是落实国家“一带一路”倡议的具体实践，旨在加强与东南亚及相关国家的交流与合作。（集团公司综合部 / 提供）

【中国邮政承办万国邮联电子商务时代跨境合作全球大会】 11 月 26—28 日，由万国邮联主办，中国国家邮政局、中国邮政集团公司和厦门市政府联合承办的万国邮联电子商务时代跨境合作全球大会在厦门召开。来自 102 个国家和地区邮政部门、8 个国际组织的 380 多名代表参会，这是万国邮联与中国联合举办的首个以跨境电商全球合作为主题的大会，会议通过了《厦门倡议》。此次会议是近年来在中国召开的规模最大的国际邮政组织会议。（集团公司综合部 / 提供）

万国邮联电子商务时代跨境合作全球大会。

【多米尼加邮政局考察团考察湖南邮政】 10 月 21 日上午，多米尼加邮政局副局长爱德华多·费尔南德斯（Eduardo Fernández）、米格尔·皮恰尔（Miguel Pichardo），顾问马科·埃莱拉（Marco Herrera）一行，参观长沙市开福区伍家岭营业厅、长沙邮区中心局（邮件处理场地），并召开考察座谈会。多米尼加邮政局考察团赞叹中国邮政的强大配送能力、完善的配送网络、高效的信息化技术。代表们表示，希望中国邮政能运用网络运营、电商平台等方面的先进经验给予多米尼加邮政局技术指导和建议。同时，期望通过不断拓展邮政国际业务合作，推动构建电子商务平台，促进多中两国中小型企业发展。（湖南省邮政分公司 / 提供）

【俄罗斯邮政代表赴新疆邮政分公司进行商务考察与合作洽谈】 8 月 20 日，俄罗斯邮政国际部运营总监 Sabelnikov Konstantin，俄鹏物流公司董事长 Anton Matros 及总经理乔和风一行到新疆邮政分公司进行商务考察与合作洽谈。双方就加强两国邮政地域性合作，发展双向跨境电子商务邮件物流配送专线及相关配套服务展开深入交流与探讨，推动相关合作内容落地，实现资源优势互补，达到共赢。（新疆邮政分公司 / 提供）

控股子公司、直属单位及寄递事业部工作

【中国邮政储蓄银行股份有限公司】

中国邮政储蓄银行以习近平新时代中国特色社会主义思想为指导，认真落实党中央、国务院各项工作部署和集团公司党组要求，坚持新发展理念，坚定不移服务实体经济，防控金融风险，推进转型升级，持续深化改革，完成全年工作任务。

实现营业收入2768.09亿元，增长6.06%；净利润610.36亿元，增长16.52%；利润增长居同业领先水平。资产负债规模稳定增长，总资产10.22万亿元，增长7.36%；各项存款余额9.31万亿元，增长7.96%；各项贷款余额4.97万亿元，增长16.30%，增速居同业领先水平；存贷比53.41%，比上年提高近4%。平均总资产回报率0.62%，比上年提升5个BP，加权平均净资产收益率13.10%，比上年提升79个BP；成本收入比56.57%；净利差2.45%、净息差2.50%，居同业领先水平。不良贷款率0.86%，拨备覆盖率389.45%，资产质量优于同业平均水平。

一、落实中央决策部署和国家战略

（一）加强对重点领域和薄弱环节信贷支持

普惠型小微企业贷款余额6531.85亿元，同业排名第二，比上年末净增1081.94亿元；结余户数151.60万户，同业排名第一，比上年末净增5.83万户；利率保持在合理水平，不良率2.51%，完成“两增两控”监管考核目标。涉农贷款余额1.26万亿元，新增1000亿元；金融精准扶贫贷款余额824.56亿元，新增212.59亿元，均满足监管考核要求。新发放民营企业贷款占公司贷款比重稳步提升；制造业贷款余额2730.74亿元，新增329.52亿元。落实“房住不炒”政策，满足个人自住购房需求，新发放贷款对象超过90%为首套住房。落实对公房地产贷款“双收敛”政策。

（二）加大对国家发展战略的支持力度

支持雄安新区建设，设立河北雄安分行，为雄安集团授信800亿元，认购政府债33.8亿元。京津冀协同发展相关项目贷款余额598.03亿元，服务“一带一路”和粤港澳大湾区、长江经济带战略力度持续加大。绿色贷款余额2433.01亿元，比上年末增长27.78%，余额占比保持同业较高水平。

二、改革发展

（一）实现A股IPO

融资规模327亿元，成为A股近10年来最大规模IPO，完成“股改—引战—A+H两地上市”三步走改革任务。

（二）实施中央决策部署和资管新规要求

实现中邮理财子公司开业，有力推进理财业务向规范化、专业化、特色化转型迈进。

三、业务发展

（一）零售业务

个人金融：个人有效客户突破6亿户，个人存款余额81833.14亿元，新增7154.03亿元。VIP客户3096.42万户，比上年末增长10.86%，代销非货币基金378.83亿元。消费信贷：个人消费贷款余额2.02万亿元，比上年末增加3239.57亿元，增长19.13%。信用卡：新增发卡970.41万张，增速居同业前列，结存卡量3110.07万张，消费金额9310.70亿元。网络金融：新一代收单系统试点上线。江苏省分行开创的“邮储食堂”在全国推广，累计实名用户1138.71万户。电子银行客户3.18亿户，电子银行交易金额22.70万亿元，比上年增长22.77%。

（二）公司金融补短板、强弱项

公司金融业务：公司存款余额11289.65亿元，其中机构存款年日均余额7505.11亿元，新增254.07亿元；公司贷款新增1881.62亿元，增长12.12%。与退役军人事务部、中核集团等10家客户签署战略合作协议，成功中标中央财政非税收入收缴银行资格。交易银行：持续推进现金管理业务发展，现金管理业务签约账户20.1万户，比上年末净增2.03万户；开放式缴费平台成功上线运行，企业网银2.0系统基本完成建设开发。投资银行：创新发行全国首单市场化“债转股”专项债权融资计划和挂钩贷款市场报价利率（LPR）的浮息债券，债券承销规模1427.71亿元，比上年增长31.64%；并购贷款业务余额95.74亿元；强化“融智+融资”引领模式，成功担任多家上市公司市场化并购顾问。

（三）资金资管业务

金融市场：本外币交易规模比上年增长16.07%，交易笔数17.63万笔；债券投资业务余额3.15万亿元；存拆放同业及其他金融机构余额2979.70亿元。资产管理：理财资产管理规模9253.42亿元，比上年增长13.60%，净值型理财产品规模稳步增长。托管业务：公募基金托管规模1823.18亿元，比上年增长25.34%；资产证券化托管

12月10日，中国邮政储蓄银行股份有限公司成功在上海证券交易所主板上市。

规模 961.98 亿元，比上年增长 95.93%。

四、风险防控能力

（一）全面风险管理

规范风险与内控委员会运行，完善客户评级标准，深化资产质量分析预判；全面摸排资产风险底数，强化房地产、地方政府隐性债务等重点领域风控。坚决落实监管要求，开展“巩固治乱象成果，促进合规建设”工作。组织全面声誉风险排查和整改，为 A 股上市保驾护航。

（二）信用风险管控

优化授信政策，实施授信业务经营主责任人机制。完善统一授信和大额风险暴露管理，建立债券投资统一出口、理财投资信用债名单库和大额授信风险客户“三单”管理机制，新增大额潜在风险显著回落。加大差别化、“一站式审批”力度，审批时长显著下降。

（三）法律内控基础

实施“蓝军部队”项目，开展非法集资风险排查，保持违规问责高压态势。妥善应对重大诉讼及法律纠纷，推动律师库建设。高度重视反洗钱和消费者权益保护。完成国庆 70 周年安保任务，未发生安全生产责任事故。

五、金融科技能力

（一）信息科技建设

成立金融科技创新部和管理信息部，苏州研发分中心投入运营。完成 2019 年科技领军人才选拔，总行信息科技队伍人数翻番。推动“十三五”IT 规划实施，新一代资金业务等九大平台投入运营，新一代个人业务核心系统建设加快。建立外包项目管理常态化机制和人力资源池。

（二）科技风控能力

成立信息科技风险管理委员会，2019 护网行动获得业内高度评价。信息系统安全稳定运行，信息科技监管评级 3A，未发生重大系统性故障以及信息安全风险漏洞事件。

（三）科技创新能力

完成大数据平台三期工程建设，开展客户管理等六大数据集市建设，数据赋能水平提升。加快新技术应用创新，拓展区块链、人工智能、物联网等应用范围，完成网点集中授权机器人等系统投产推广。

六、管理效能

（一）资负管理水平

加强资本约束、定价管理、流动性管理，资产负债总量均衡增长，结构得到优化，MPA 考核成绩良好。“两轨并一轨”改革落地，四季度贷款挂钩 LPR 比例符合央行达标要求。优化产品定价授权体系，平衡业务发展与价格管控目标。

（二）财务、采购、工程管理

加大对重点业务和薄弱环节的财务支撑力度。优化一级分行、总行部门绩效考核，明确重点城市二级分行和网点类比组绩效考核。完善成本费用标杆体系，全面清查服务收费并整改。开展困难分行帮扶。持续推进集中采购公开化，优化采购流程。全面落实工程建设“三会”管理机制，合肥、天津宝坻两大基地项目取得重大进展。

（三）运营管理

储蓄柜面业务办理实现无纸化，公司客户账户开户申请实现免填单。网点实物业务印章全部纳入用印机管理。运营中心系统试点上线，区域集中运营模式取得突破。

（四）人力资源管理

总行机构改革落地。推动代理金融管理组织体系建设。择优选聘首席风险官、首席信息官、理财子公司董事长，合理调整一级分行、总行部门主要负责人，启动高管人才库建设，大力充实信息科技、资金资管、零售金融、公司金融、风控、审计等急需专业人才。推进岗位工资常态化晋档工作，健全薪酬正常增长机制。

七、党的建设

深入开展“不忘初心、牢记使命”主题教育，落实集团公司党组“五个结合”“六个转化”要求，将学习教育、调查研究、检视问题、整改落实贯穿始终，各项工作取得扎实成效。建立中央巡视整改月例会和季度评估机制，落实集团公司专项巡视整改。扎实开展基层党组织建设、创先争优活动和“强基固本”质量提升工程。创新开展“共建、共享、共进”主题活动、“合规——共产党员在行动”专项活动，推动党建工作与经营融合。建立总部级职代会，开展全行首次劳模先进疗休养，工会权益保障作用有效增强。（邮储银行 / 提供）

【中邮人寿保险股份有限公司】

中邮保险总资产 1924 亿元，比年初增长 36%。实现营业收入 748 亿元，比上年增长 19%，实现利润 16 亿元，比上年增长 207%。实现保费收入 675 亿元，比上年增长 17%，其中期交保费 558 亿元，占总保费比重 83%，长期期交超常规发展，实现保费收入 65 亿元，比上年增长 96%。广西分公司开业，展业范围拓展至 21 省（区、市）。

一、转型发展

（一）高价值业务跨越式发展

期交保费比上年增长 32.6%，高于行业平均增速 21.1%，列银行系寿险公司第 1 位。续期保费 328.8 亿元，比上年增长 62.2%，占总保费比重达 48.7%，成为保费增长的主要拉动力量之一。13 个月保费继续率 95.4%、25 个月保费继续率 98.3%，两项关键指标保持行业较优水平。

（二）精准营销

开展营销项目 101 个，项目完成率 100%。依托集团公司 CRM（邮客行 APP），完成 6 款长期期交产品目标客户画像，在4省开展试点，客户转化率9.27%（邮政代理金融全产品口径），初步打通精准营销路径。

（三）培训质效

线下组织培训18期，开展营销培训活动2.3万场，覆盖31.6万人。线上依托“岗位大练兵，技能大比武”平台，覆盖21省，累计培训3.4万人次。营销培训队伍进一步壮大，专职师资队伍245人，共建渠道内训师1534人。

（四）板块协同

拓展集团公司战略客户，分别与中国铁塔、交通银行等开展合作，与三大通信运营商、中国航天、长城等10家集团战略客户达成合作意向。探索团险二开营销，在微信公众号建立团险客户专区，为团险个人客户提供线上专属产品，上线1个月时间二开客户2412人，实现保费119.2万元，效果明显。

二、改革创新

（一）模式深化

聚焦模式深化存在问题，深入9个省、市、县实地调研，摸清现状，剖析原因，研究对策，提出优化方案，抓紧推进落实。

（二）激励约束机制建设

调整优化总部机关绩效考核指标设置、考核主体及权重。突出价值贡献、效益效率导向，深化对分公司工资总额零基预算管理，优化人工成本配置。研究出台分公司领导班子和领导人员、总部部门领导人员综合考评办法。研究制定员工发展管理办法和薪酬调整优化方案，突出能力和业绩导向，构建员工多通道发展路径，合理拉开收入分配差距。

三、专业能力

（一）产品引领能力

提高长期期交产品手续费，多多保、优享系列产品手续费处于市场中等水平，邮保一生、邮保安康C等产品高于市场平均水平。启动新一代精算平台建设，完成新万能账户基础架构设计，新万能产品结算利率达到较优水平。

（二）科技赋能

增加微信续期交费、在线回访、电子保单下载等功能，为客户提供便捷线上化服务；自主研发续期业务管理系统，基本实现续期业务自动化、续期管理信息化；上线反洗钱系统、数据脱敏系统，提升风险防范能力。全年实施26个信息化项目建设，投产运行13个。核心业务系统顺利实现迁移切换，可靠性、可用性和处理能力大幅提升。

（三）运营效率

加速运营服务线上化，承保、保全、理赔线上化率分别达94.5%、29%、38.2%。建立差异化两核规则，新单自核率达99.7%。实行网销保单集中寄递到户，保单送达时效由4—5天缩短为2—3天。推行团险运营服务前置，建立统括保单标准化运营服务流程，上线团险邮件保全功能，试点团险微信理赔服务功能。出险支付时效等关键指标持续优化。

（四）客户体验

强化呼叫中心内部挖潜和总省联动，回访成功率和电话接通率创开业以来新高。亿元保费投诉量0.18件，持续保持行业较优水平。加强双录管理与督导，问题件下降18%。增值服务体系初步构建，客户积分稳步推进，客服活动惠及客户超百万。“3·15”活动和金融知识宣传月活动均获银保监会“优秀组织单位”。

（五）投资能力

按照审慎稳健的配置策略，努力优化资产结构，权益类资产占比提升至11%，债券类资产占比提升至8%，利率风险对冲率提升至18%。参与京沪高铁IPO，推进中保投二期、中石化销售公司、建信战投基金等服务国家实体经济重大项目。

四、科学管理水平

（一）资产负债管理

建立资产负债管理运行机制，按季评估，动态优化，初步实现资产负债联动，资产负债匹配状况不断改善，投资收益有效覆盖负债成本。制定偿付能力管理实施方案，完成65亿元增资，启动资本补充债发行工作，有效保障偿付能力安全。

（二）财务管理效能

完善零基预算管理，投产效率明显改善，分公司百元标准保费投入的变动业务费用比上年下降42%。深化预算条线归口管理，纳入条线部门绩效考核，按月通报项目执行情况。开展团险、简易险、“三农”产品损益核算，有效支撑产品定价和发展决策。精简开支审批事项27项，优化采购流程10项，采购时限缩短近1/5；推广使用物资供应平台，实现宣传品和办公用品线上采购。

（三）合规管理

协同邮银深入推进“亮剑行动”，销售误导治理取得积极成效，合规风险得到有效防范。完成反洗钱系统建设，严密防范洗钱风险。联动邮银加大检查问责力度，有力强化三方协同内控管理，开展联动检查145次。

（四）风险管控

明确“审慎稳健、风险可控”的风险偏好，新增62项定量监测指标，完善超限管理机制。梳理内部控制流程，形成涵盖74个流程和634个控制点的内控手册。制定资金运用风险防控策略，优化交易对手管理机制，拓展优质交易对手100余家，开展投后风险排查和资金运用内控自评估，有效防范资金运用风险。未发生重大风险事件。

（五）审计监督

围绕公司治理、风险管理、内部控制等体系的健全完善，以及高管人员履职尽责、合规经营、信息科技建设等方面开展各类审计项目 68 项，出具审计报告 60 份，审计总金额 764 亿元，提出审计意见或建议 380 条。

五、全面从严治党纵深推进

（一）党的建设全面加强

深入学习习近平新时代中国特色社会主义思想，学习贯彻党的十九届四中全会精神，持续强化理论武装。总省共组织党委理论中心组学习 320 次，交流研讨 229 次。扎实开展“不忘初心、牢记使命”主题教育，从严从实检视 336 个问题，项目化推进专项整治，整改完成或阶段性完成 100%。深入推进基层党组织建设达标工程和创先争优活动，细化创建标准，补短板，强弱项，推动基层组织建设标准化、规范化。

（二）作风建设

持续开展“四风”整治，每半年开展一次自查。持续开展“一月一事、消灭最差”活动，落实基层联系点制度，总部各党支部（部门）分别挂点分公司，着力解决基层痛点难点问题。总部机关开展调研 103 次，形成调研报告 68 个。大力整治庸懒散奢等作风顽疾和形式主义、官僚主义等突出问题，精减文件、会议，总部运行效率不断提升。

六、社会责任切实履行

落实三大攻坚战取得新进展，制定落实打好防范化解重大风险攻坚战三年规划 2019 年专项工作方案。持续深化保险扶贫，为 21.4 万名建档立卡（含脱贫不脱策）及低收入贫困人口提供 87.9 亿元风险保障。认真落实绿色邮政建设行动，线上出单率 93.5%。

10 月 28 日，中邮保险湖南省分公司联合常德市邮政分公司等单位，在澧县甘溪滩镇古北村开展“不忘初心、砥砺前行”精准扶贫公益活动。

七、和谐企业建设

落实职工思想动态调研等关爱员工五件实事，组织“中邮保险工匠”先进事迹报告会、学习其美多吉先进事迹活动。开展 6 项劳动竞赛。举办诗歌朗诵、微视频、羽毛球等文体活动，丰富员工文娱生活。（中邮保险 / 提供）

【中邮证券有限责任公司】

中邮证券实现收入 6.32 亿元，完成预算目标的 123%，比上年增长 56%（含其他综合收益实现收入 6.56 亿元，完成预算目标的 127%，比上年增长 59%）；累计实现利润 2.59 亿元，完成预算目标的 182%，比上年增长 73%（含其他综合收益实现 2.83 亿元，完成预算目标的 200%，比上年增长 80%）。

自营业务实现收入 2.75 亿元，比上年增长 101.7%，收入贡献率 42%，年化投资收益率 9.8%。经纪业务实现收入 2.51 亿元，比上年增长 41.6%；其中信用业务实现收入 1.52 亿元，比上年增长 44.2%。资管业务实现收入 9246 万元，比上年增长 29.8%。投行业务实现收入 3300 万元，比上年增长 476%。分支机构实现收入 2.8 亿元，比上年增长 38.4%，占公司收入比重 44.3%。分公司实现收入 1.8 亿元，其中，江苏分公司超过 3000 万元，四川分公司超过 2500 万元，湖北、山东、浙江、湖南、江西、广东 6 个分公司超过 1000 万元。营业部实现收入 1 亿元，其中北京营业部超过 3000 万元，西安南大街营业部超过 2500 万元，西安电子二路、阎良两个营业部超过 1000 万元。

一、着力打好“三大攻坚战”

切实打好防范化解金融风险攻坚战，打造合规风控文化，加强制度建设，强化监督检查，2019 年公司未发生重大经营风险，分类评价继续保持 BBB 级。推进精准脱贫工作，定点扶贫投入资金 55 万元，购买贫困地区农产品 15.37 万元；金融扶贫以新三板挂牌为主拓展至资本市场业务培训、帮助企业对接资本、四板服务等领域。不断深化污染防治工作，杜绝为“两高一剩”提供资金和业务支持，为 7 家“绿色”企业提供融资服务，比上年提升 40%，绿色邮政建设行动取得实效。

二、业务创新

（一）经纪业务

经纪业务账户总量 127.7 万户，其中有效户 9.98 万户，新增客户托管资产 82 亿元，资产 50 万元以上客户增长 36.8%。满足客户需求，上线 380 只基金产品，产品销售 19.4 亿元。公司储备一批产品型客户，锻炼销售团队和投顾团队，初步建成从产品端到客户端的财富管理通道。深挖客户价值，组织“跨年业务竞赛”“科创板开通”等 17 次营销活动，引入和激活大量客户，促进产品销售和两融业务发展。科技赋能智慧转型，经纪业务总部联合信息技术部，开发上线新一代手机 APP，客户关注较为集中的行情揭示、交易速度、智能投顾、智能客服、理财商城等方面明显优化，荣获新浪财经2019年券商APP风云榜最佳投顾服务奖、最佳运营团队奖。

信用收入占经纪业务条线的比重60.6%。两融账户2377户，比上年增长17.3%；两融日均余额7.42亿元，比上年增长15%；股票质押规模15.5亿元，比上年增长56.3%。

（二）资管业务

初步构建“固收+”产品体系。小集合产品实现常态化发行，新增产品14个，新增规模14.49亿元。产品平均年化收益率6.58%，排名均列行业前20%，获得邮银销售渠道认可，初步形成“中邮证券”金融产品的良好口碑。持续向主动管理转型。取得上海票据交易所交易资格，进一步夯实主动管理的基础；实现2单ABS分销业务，积累主动管理的经验；引入市场化权益团队和固收团队，提升主动管理的专业水平。资管净收入行业排名60位，规模排名44位，跻身行业中游水平。

（三）投行业务

以债券项目为抓手突破收入瓶颈。承销各类债券47.7亿元，转售、代销18.55亿元，项目规模66.25亿元。公司第一单独立簿记建档公司债发行，第一单担任主承销商的市场化公司债发行，第一单担任计划管理人、自主揽做销的资产证券化产品发行。落地公司第一单IPO项目。担任邮储银行A股IPO联席保荐机构和主承销商，成功在上交所上市。协同发展实现多方共赢。与邮储总行及28个省市分行建立业务关系，协助部分支行完成债券转售、PPN代销等业务，共同维护重大客户；协同部分分行开发项目收益债，将结算户、监管户、对公存款等营销至邮储银行，实现多方共赢。

（四）自营业务

固收业务贡献收入2.75亿元。平稳控制信用债持仓规模，通过债券借贷、信用拆借、日间透支等多种工具多种渠道，保障流动性安全，规避市场风险和信用风险，提高息差收益。权益业务实现扭亏。加强投资研究，灵活投资，严控回撤，比上年减亏3700万元，实现正收益。自营业务年化投资收益率9.8%，其中固收投资收益率11.9%，投资能力不断提高。

三、管理创新

（一）启动体制机制改革

1. 引智咨询机构设计改革方案。引进罗兰贝格、德勤两家咨询公司，全面分析公司发展战略和人力资源管理，立足公司资源和实际，在战略定位、发展目标、组织架构、经营机制、资源配置、科技赋能，以及队伍建设、薪酬绩效、职级体系、激励机制等方面，遵循行业发展规律，科学设计改革方案。目前基本完成公司战略规划设计。

2. 借鉴行业经验加快改革步伐。组织调研多家证券公司，遵循市场规律，在业务管理、产品研发与定价、客户服务、团队建设等方面，找差距、补短板，向先进券商靠拢。在资管、投行业务条线制定准事业部制改革方案，在江苏、湖北、江西、广东4个省制定市场化运营、客户经理和投资顾问管理、轻型营业部建设、空白区覆盖等改革试点方案。

（二）服务支撑

以效益为中心，优化资源配置，引导资金向高效、可持续业务倾斜，支撑经营单位做大高效业务规模。公司资金年化投资收益率8.1%，比上年增长40.6%；收入利润率40.9%，比上年增长9.65%。资金收益率及收入利润率不断提高。清算部门完成48只产品的估值，核算产品账套50个；配合完成24只产品发行和系统上线、10只产品分红和申赎开放；清算零差错，资金交收零逾期、零违约，有效支撑了业务发展。

（三）人力资源管理

一是向业务线及分支机构倾斜，加强专业人才配置。引进资管、投行4个业务团队，以及分支机构重点岗位49人。二是开展分支机构负责人专项培训，提升渠道开发、团队建设、创新经营等方面的能力。三是制定分支机构分类管理办法、中层领导综合考评办法等制度，完善激励约束机制。

四、板块协同

构建总分协同组织体系，落实协同工作组织保障；制定业务条线和分公司协同管理制度，配合集团公司出台经纪业务收入双计办法，理顺协同工作机制；建立协同客户池、项目池，构建协同收入账户，推行项目经理单位负责制，夯实协同工作抓手；以量收管理为主线，以绩效考核为导向，全面加强组织协调，推进协同工作越抓越实。经纪、资管、投行3个业务条线实现协同收入9912万元；其中，外部协同实现204万元，板块协同实现7515万元，内部协同实现2194万元。

五、合规风控

（一）合规管理

一是强化培训宣导，加强合规审核，参与业务方案，管控主要环节，做好预防控制；二是完善反洗钱工作责任体系，建立健全自主管理机制，强化内部审计及检查，反洗钱工作质量显著提升。

（二）风险管理

一是修订完善制度，细化业务准入标准，优化风控指标，组织开展全面风险排查，进一步增强了风险管控能力；二是采取有效措施，推动处理股票质押风险事件，成功化解尤夫股份项目风险。

（三）内部审计稽核

审计稽核41个项目，发现并整改109个问题，提升公司基础管理水平和业务规范性。

六、科技赋能

公司信息系统整体运行情况良好，未发生较大及以上信息安全事件。完成公司新一代综合 APP、科创板、集中交易、无纸化柜台、风险管理等 13 个系统的开发上线，有效支撑业务经营和管理；完成内蒙古、江西九江等 6 个分支机构的网络搭建，以及 28 个分支机构的 VPN 线路切换，充分保障分支机构展业；参加证监会信息网络应急演练，参与集团、深交所 2019 年护网行动，获得集团公司肯定。荣获第十五届全国邮政企业管理现代化创新成果三等奖。

七、党的建设全面加强

公司各级党组织以党的政治建设为统领，树牢“四个意识”，坚定“四个自信”，坚决做到“两个维护”。强化思想理论武装，以理论中心组学习、专题党课、座谈研讨等形式，引导广大党员干部深入学习领会党的十九大和十九届四中全会、中央经济工作会议精神实质，及时跟进学习习近平总书记重要讲话精神。认真开展“不忘初心、牢记使命”主题教育，围绕“守初心、担使命，找差距、抓落实”的总要求，坚持将学习教育、调查研究、检视问题、整改落实 4 项重点措施贯穿始终。各级党组织共检视问题 224 个，213 项完成立行立改，取得阶段性成效，解决群众最急最忧最盼望的问题 43 个。扎实推进巡视整改工作。将中央巡视反馈意见与集团专项巡视反馈意见结合，一并推进整改。完成公司牵头负责的中央巡视整改任务 65 项持续推进措施中的 61 项，有 4 项措施正在持续推进中并取得阶段性成效。完成 2019 年集团公司党组专项巡视 105 项整改措施中的 100 项，有 5 项措施正在持续推进中并取得阶段性成效，有力地促进了巡视整改工作的扎实推进。按照“四同步、四对接”的要求，推进新设立分支机构党组织建立和届满党组织的换届工作，积极推进基层党组织建设达标工程，把基层党组织建设成为推动公司发展的坚强战斗堡垒。（中邮证券／提供）

【中国集邮总公司】

中国集邮总公司实现收入 13.21 亿元，完成集团下达预算 12.53 亿元的 105.44%；实现利润总额 2.83 亿元，完成集团下达预算 2.44 亿元的 116.18%。

一、企业经营质效

（一）项目开发

策划 550 款，制作 1600 万余套产品。其中：生肖贺岁项目取得收入 4.4 亿元，年册项目取得收入 2.3 亿元，其他常规集邮品取得收入 1.89 亿元，保持了已有系列产品的延续性和市场影响力。《新中国成立七十周年》项目，采用总部集中统一开发管理的运作模式，总公司共实现收入 2.5 亿元，利润 0.4 亿元；支撑全网实现收入 4.4 亿元。

（二）服务能力

以市场需求为导向，以支撑各省经营为核心，提高产品的性价比和各省征订总公司产品的积极性。调整联合开发的政策，使各省实实在在受益。与 16 个省合作开发产品共 30 款，形成收入 8138 万元，比上年增长 1854 万元；形成利润 3539 万元，比上年增长 534 万元。

（三）落实协同战略

持续强化与邮储银行的合作深度，打造《邮储珍邮》生肖贺岁系列产品，并将《中国梦——国家富强》邮票金、《新时代祝福祖国》福字币套装等非生肖题材产品引入邮储银行渠道销售。通过邮储银行总行，向全国各分行开展全方位的产品推介和营销培训。为邮储银行推出产品 9 款，实现销售收入 3.15 亿元，为邮储银行创造经济效益。

（四）对标行业先进

调研故宫博物院、中国金币总公司、中国印钞造币总公司、中国黄金集团黄金珠宝有限公司等多家有代表性的行业先进企业，对标分析并吸收借鉴这些企业在产品研发、市场推广、品牌利用和保护、考核激励、人才培养等方面的优秀经验，改进完善总公司业务发展模式，推动企业健康发展。

二、企业发展

（一）绿色邮政建设

按照集团公司战略部署，进一步落实集邮产品绿色标准化要求，修订《中国集邮总公司落实绿色邮政建设实施方案及三年规划》。合理采用低克重材料生产加工产品，形象年册中的灰板由原来的 2.5 毫米改为 2.0 毫米。减少打包带和封箱胶带的使用，单箱重量小于等于 8 公斤的包装箱改用“工”字打包带。改用生物可降解塑料袋，实现绿色生产。

（二）财务和采购管理

深化全面预算管理，强化预算执行监控分析，确保全年预算完成。加强业财融合，定期开展合同执行情况的梳理和项目未完工情况的统计，严防经营风险。完成邮星公司股权清理整合回归工作，收回投资收益 1.38 亿元。加强应收账款管理，做好两金压降工作，收回半年以上欠款 1.1 亿元，占年初半年以上欠款总额的 47%；清理与盘活库存，消化总公司库存产品 3180.53 万元。

（三）人力资源管理

选拔任用 2 名干部。出台部门和部门领导人员综合考评制度，激励干部担当作为。认真做好年轻干部调研，加强后备干部培养。按照集团公司党组组织部要求，做好专项检查、调研、申报工作。完善两项绩效管理和考核制度。以干部队伍建设和员工素质提升为重点，1000 多人次参加 35 次各类综合素养、专业技能和党务培训。

（四）严格履行意识形态工作责任制

成立重大政治题材审核领导小组，定期对产品进行会

中国集邮总公司获得“纪念建国 70 周年阅兵服务保障单位”称号。

审。对标业内优秀出版单位，以出版物的把关标准来对待产品内容审核工作。加强人员培训，提高一线员工的把关本领。通过座谈会形式开展相关岗位人员责任心教育，提高审核人员责任意识、风险意识。加强意识形态阵地建设和管理，管好用好“两微一端”，对重大政治题材的宣传内容进行重点审查。全年未发生意识形态问题。

三、和谐企业

（一）开展“不忘初心、牢记使命”主题教育

围绕学习贯彻落实习近平新时代中国特色社会主义思想这一根本任务，牢牢把握“守初心、担使命，找差距、抓落实”的总要求，一体推进学习教育、调查研究、检视问题、整改落实 4 项重点措施，围绕 5 个具体目标，推动将初心使命转化为干事创业的责任担当。结合调研发现的问题、巡视反馈的问题等，检视问题 36 项，制定 87 项整改措施，落实 83 项整改措施，解决企业报销报账、退休人员企业年金、车库停存管理等一批群众关心的热点难点问题。

（二）扎实推动中央巡视整改工作落实

持续推进中央巡视整改工作，并定期督办。围绕党组第三巡视组反馈移交的 15 项主要问题，36 项具体问题，认真研究制定 48 项整改任务，65 项整改措施，形成整改清单，完成 63 项，其余 2 项持续推进。（中国集邮总公司 / 提供）

【中邮信息科技（北京）有限公司】

一、全面从严治党

（一）政治建设方面

坚持以党的政治建设为统领，把学懂弄通做实习近平新时代中国特色社会主义思想作为首要政治任务，增强“四个意识”，坚定“四个自信”，做到“两个维护”。严格落实民主集中制，执行党委工作规则和“三重一大”决策制度。持续推进巡视整改落地见效，35 项整改任务已全部完成或阶段完成；积极开展未巡先改，举一反三，主动推动同类或相似问题的解决。

（二）思想建设方面

高质量开展“不忘初心、牢记使命”主题教育，紧紧围绕学习贯彻落实习近平新时代中国特色社会主义思想，认真落实集团公司党组“五个结合”“六个转化”工作要求，统筹推进学习教育、调查研究、检视问题、整改落实重点措施，坚持执行“三个第一时间”机制，深入开展“大学习、大讨论、大落实”活动，切实解决科技赋能和群众关切的痛点难点问题 249 个。

（三）组织建设方面

经集团公司党组批准，公司党委、纪委于 6 月 18 日正式成立，党委委员、纪委委员于 11 月 28 日经选举和批准产生。扎实开展“邮政系统基层党组织建设达标工程和创先争优活动”，加强党员队伍建设，发展党员 14 名，转入流动党员 14 名。

（四）作风建设方面

认真开展“一月一事，消灭最差”活动，推进解决使命担当不够、会议效率低下、邮联数据交换及时率不达标等 40 余个问题。深入广东、陕西、湖北、浙江等 10 余省开展调查研究，收集问题 600 余项，解决近 500 项。

（五）纪律建设和反腐败斗争方面

梳理与再排查廉洁风险点，制定有效防控措施，提升防控实效。认真开展“党风廉政教育月”活动，召开党风廉政建设联席会议，专题研究党风廉政建设，全力抓好反腐倡廉经常性工作。对公司选任的 19 名领导人员集中开展任前廉政谈话。未发生违规违纪现象。

（六）制度建设方面

随着公司组建，同步推进“三重一大”决策制度、党委工作规则、领导人员管理办法等的制定，推进公司章程修订；印发“2019 年度党建述职评议考核工作实施方案”，指导支部党建述职评议考核工作有序开展。

二、中邮信科公司成立

为强化科技赋能、IT 赋能和数据赋能，提升自主可控能力，3 月 26 日，集团公司启动中邮信科公司组建工作。5 月 20 日，成立公司组建筹备组。8 月 29 日，完成组建方案编制并通过集团公司党组审议。9 月 12 日公司揭牌成立，启动集团总部信息科技队伍的整合和信息化建设的集中统一管控，公司队伍 468 人。12 月 20 日部门领导人员选任到位，有序推进前、中、后台部门和人员的整合重组，推动公司市场化运营机制和重点制度建设，实现在稳定中推进改革发展，做到“人心不散、工作不断、劲头不减”。

三、平台能力建设

（一）扩充基础设施能力

一是推进数据中心装机能力建设。扩展北京西站、亦庄，安徽合肥数据中心装机能力，完成租赁 IDC 机房

可行性研究。二是提升私有云计算能力。云平台总规模5700台物理服务器，提供2.5万台虚拟机、4000个数据库和18PB存储能力，支撑30多个集团系统和10多个省公司系统。完成云平台V2到V3版本升级和应用迁移。三是提升网络传输能力。完成省际骨干网扩容，新增1条155M/45M线路，实现了同城双中心网络架构。

（二）技术平台建设

一是开展自主可控云技术研究。开展Openstack IaaS平台研究，在小型系统验证容器、微服务开发框架，研究ARM架构安可云平台。二是建成软件过程工具链。推动软件过程向标准化、自动化、可视化方向发展。三是健全开发测试基础环境。提供开发、测试、培训、模拟、新技术等基础环境和工具平台。四是持续丰富共享服务。初步实现邮政和寄递业务服务共享，将人脸识别、OCR、活体验证等功能封装为标准化服务，在新一代寄递、在线业务、CRM等系统推广应用。

（三）建设软件过程体系

一是CMMI建设实现突破。11月通过CMMI-DEV V2.0三级评估认证，成为国内第2家通过SAFe+DevOps+CMMI组合认证企业。二是资质建设取得新成果。通过国家高新技术企业认证，获得软件企业证书，通过ISO9001质量管理体系再认证。

（四）数据平台建设

一是加强数据资源管理。实现邮件轨迹信息按日接入，更新组织机构库4030万条，采集POI数据5122万条。二是推动数据协同共享。重点推动跨板块数据协同，实现集团公司与邮储银行大数据平台总对总对接，推进金融数据下载三期系统在省分公司上线。三是系统推进数据治理。修订集团机构主数据标准，制定“主数据集成接口标准”。完成寄递产品数据治理，积极开展营业、报刊、集邮和新一代寄递等机构数据治理。四是完善大数据平台。完成邮务、寄递、ERP等24个系统9548亿条数据接入，开通31个省分公司租户实验室，支持寄递、邮务、电商等专业开展市场指标体系、地址在线服务等数据应用。五是深化CRM系统应用。接入各板块6.2亿客户数据，构建客户标签4798个，实现“邮客行”APP推广应用，为各级经营管理人员提供统计分析看板功能，建立三大运营商、中国铁塔、华为等26个战略客户的“树”状维系模型。六是推进地理信息资源平台建设。推进系统上线和数据迁移，在车管平台开展功能试点。

四、业技深度融合

（一）邮政应用建设方面

一是加快普遍服务信息系统建设。新一代集邮业务系统全国推广上线，支撑2020年新邮预订、预约业务。书报刊供应链信息系统订阅功能上线，为用户提供线上线下一体化订阅服务和体验。统一支付平台全面推广应用，实现自动清分结算和资金快速归集。二是持续提升在线业务平台服务能力。完善系统运营功能，快速推出多样化销售模式。推进外部渠道对接，完成集邮老网厅功能替换。支撑2020年度报刊大收订及集邮新邮预订，持续优化操作流程和界面，提升用户体验。

（二）寄递应用建设方面

一是开展对标立标达标。与顺丰进行端到端全环节全要素对标，形成40项优化措施，优化协议客户门户，推广电子面单和电子签收，完善电子地图，优化财务服务，深化揽投环节GIS技术应用，实现与竞争对手基本相当的用户体验。二是完成邮速整合优化。支撑寄递翼改革，精简53个寄递产品，整合2.5万个机构和23万个寄递客户，实现经营机构全功能收寄，统一作业模式。三是完成集包功能开发。全面支持快递包裹集包作业，其中省际邮件集包率52%；支撑集中收寄、集包一体化混合收寄，提升收寄效率近3倍。四是持续完善平台运营管理。建成五大指标体系看板，基本形成“有人看，有效地看；有人干，科学地干”局面，提升经营管理信息化、科学化水平。五是提升国际信息交换质量。国际EMS轨迹及时率全部超过邮联和卡哈拉标准，其中99%的邮件领先邮联标准7小时，领先卡哈拉标准4小时。六是持续推进信息资源整合。替代原速递和邮政29个系统，系统间信息孤岛大幅下降。

（三）管理应用建设方面

一是自主推进ERP系统建设。支撑寄递翼改革，完成机构整合、产品整合、人员调整、收入计列及损益核算等管理功能。完善企业责任中心体系，实现多维度损益核算。持续优化系统，实现系统从“能用”向“好用”迈进。二是建成“中邮先锋”党建信息化平台。1.7万个党组织建在网上，27万名党员连在线上。

（四）数据应用赋能方面

一是深入开展大数据分析工作。完成寄递时限对标、

邮件处理中心智能分拣系统“小黄人”，具备自动扫码、自动称重等功能，节约人力，提升分拣效率。

集包分析等20个专题项目，并将寄递对标类分析成果纳入五大指标体系看板。二是提升数据分析建模能力。运用自然语言处理、机器学习等前沿技术，自主研发路径优化、智能终端选址等分析模型。三是指导省级大数据分析工作。发布《全国省级大数据工作情况通报》和《数据分析项目报告规范》，完成10个重点数据分析项目的全国推广。

五、增强科技赋能创新动力

（一）贯彻落实创新驱动发展战略

在大数据、智慧物联等领域取得创新实绩，荣获集团科技创新和管理创新等多项表彰，获得集团金点子奖7项。

（二）完善创新体系

组建"智慧邮政研究中心"，入选国家邮政局首批认定的行业技术研发中心。

（三）探索新兴技术

形成客户识别、精准营销、智能推荐等人工智能解决方案；在投递分拣环节应用增强现实技术（AR），在高考通知书业务中应用区块链技术，开展"北斗三号"的评测试点工作。

六、网络安全防护

（一）强化信息网络安全运行

编制集团公司信息安全规划，全面提升企业安全防护能力。在2019年信息网安全保障行动攻防演练中取得优异成绩。国庆70周年期间，确保信息网稳定运行。"双十一"旺季生产期间，新一代寄递业务信息平台守住"业务不中断、系统不宕机"的底线，实现零故障运行。信息网全国中心系统平均可用率99.998%。

（二）推进信息科技风险防控

一是防范基础设施风险。实现部分重要系统异址数据备份，完成可视化运维监控系统建设。二是防范客户信息泄露风险。完成集中开发环境和云桌面上线，建设代码审计系统，实现关键系统敏感信息加密存储传输。三是防范网络与病毒攻击风险。建立云平台日常漏洞检测机制，对云平台进行全面安全加固。四是防范业务参数控制风险。实现核心系统有限授权和多级审核管理。五是防范外包管理风险。与外包厂商签订保密协议，完成堡垒机推广和工程管理系统建设。六是防范业务连续性风险。完成新一代寄递容灾工程立项，实现在线业务、移动应用等系统的灰度发布。（中邮信科公司/提供）

【邮政科学研究规划院（中国邮政集团公司邮政研究中心）】

一、加强党的全面领导

（一）加强党的思想建设

落实"理论武装提升行动"，召开16次中心组学习会议，深入学习习近平新时代中国特色社会主义思想；制定《院党委推动党建引领工作安排》，建立党员责任清单，推行"三先工作法"；制定《党支部开展组织生活会和民主评议党员实施细则》，高质量开好组织生活会和组织民主评议党员；在科研工作中组建党员先锋队，充分发挥支部战斗堡垒和党员先锋模范作用。

（二）扎实开展"不忘初心、牢记使命"主题教育

把学习教育、调查研究、检视问题、整改落实贯穿全过程，开展"每周讲堂"、"七一"老院长讲党课、党委书记陆学鹏讲党课等活动，落实"守初心、担使命，找差距、抓落实"的总要求，党委班子查找明确23个问题、45项整改措施，全部完成整改，其中有22项持续推进，形成长效机制。

（三）扎实推进落实中央和集团公司巡视整改工作

在中央巡视整改方面，配合集团公司整改的3项具体措施，1项完成，2项按计划推进；制定院落实中央巡视整改细化措施26项，全部按阶段要求完成。在集团公司内部巡视整改方面，成立巡视整改领导小组，制定整改方案和销号台账，建立闭环工作机制，完成全部22项整改任务、59项整改举措，开展2次专项监督检查，形成了长效机制。

（四）纪检监察工作

召开全年党风廉政建设和反腐败工作会议、党风廉政联席会，对全年工作、信访、反腐败、全面从严治党监督等工作进行部署。开展全面从严治党自查自纠和未巡先改。开展党委书记集体廉政谈话，纪委书记约谈全覆盖，及时提醒督促干部履行监督责任。加强党风廉政宣传教育，参观廉政历史文化园，组织纪律规矩讲座，推送警示案例和节日廉政提醒微视频。加强日常监督，创建纪委、支部纪检委员和纪检员三级监督体系。

二、科研工作

开展科研项目170项，比上年增长85%；完成科研项目91项，比上年增长314%。其中，支撑集团公司及各板块科研项目104项，比上年增长154%；完成集团公司项目44项，是上年的5.5倍。向集团公司报送专报24项，比上年增长167%，得到集团领导批示5次。承担工程设计项目243项，比上年增长150%；承担软件定额及软件后评估项目22项，比上年增长140%。承担国标、行标及集团标准9项，是上年的4.5倍。报送《情报专送》17期、《邮政情报》12期。承担各类集团公司和板块支撑项目29项。完成质量检测报告1297份，比上年增长11%。

获得工信部电子行业优秀工程一等奖1项，物流与采购联合会科技进步二等奖2项、三等奖1项；1人荣获"物流技术匠心奖"；获得全国邮政管理现代化创新成果二等奖1项、通信行业企业管理现代化创新成果奖三等奖1项、邮政行业科学技术奖三等奖1项；发表学术论文35

篇；获得实用新型专利授权 7 项。

三、科研人才培养

（一）畅通人才职业发展通道

修订完善《技术专家评选办法》，明确技术专家评聘程序、岗位职级、薪酬待遇。通过社招、校招引进新员工 68 人。选派 7 名科研骨干到北京市分公司寄递、金融等部门挂职锻炼，安排近 60 名新员工到北京基层部门实习。常态化举办 28 期“每周讲堂”，聘请 22 位高端专家授课，营造了浓厚的学习氛围。

（二）积蓄科学发展势能

深入开展麦肯锡研究方法学习、培训、交流和考试，将金字塔原理经典理论应用到软科学研究当中，优化科研思维，夯实科研方法的掌握运用；采用先进的科研工具提升效率，利用 PM、甘特图等工具，抓好科研计划和进度管理；利用 AutoMod、Demo3D 等工具，优化物流仿真研究。利用钉钉、蚂蚁分工等软件，强化科研协同。

（三）实验室、数据中心建设

获国家邮政局批准成立“邮政业绿色包装技术研发中心”，获集团公司批准成立“绿色包装创新实验室”和“算法与优化创新实验室”。数据中心初步具备寄递类科研项目数据支撑能力，完成数据信息资源平台一期建设，拥有数据项目 500 余项、快递数据约 500 万单。阅览室购置图书 300 余本，书架及桌椅等配置到位。（邮科院 / 提供）

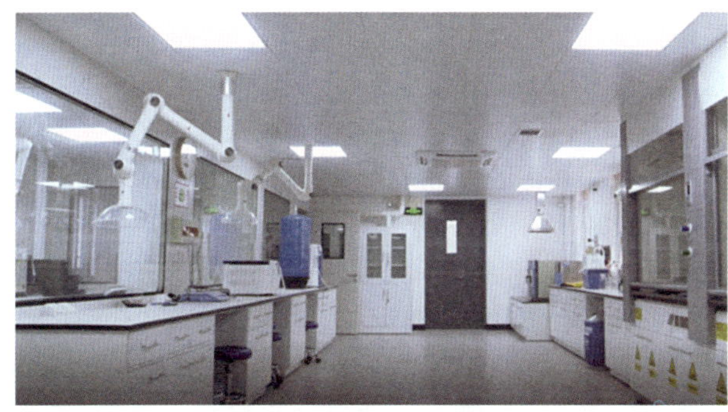

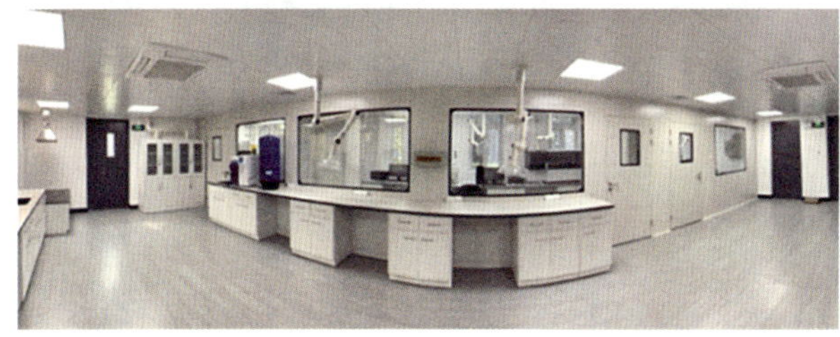

绿色包装创新实验室。

【石家庄邮电职业技术学院（中国邮政集团公司培训中心 中共中国邮政集团公司党校）】

一、高职教育工作

学院入选中国特色高水平高职学校和专业建设计划建设单位，入选河北省“双高计划”。实现招生 2960 人，其中邮政企业订单生 1215 人，在校订单生占比超 40%。成功申请国家级、省级高水平专业群，完成教育部“创新发展行动计划”重点项目 13 个，申获河北省新一轮“创新发展行动计划”项目 13 个，成功申报教育部“1+X 证书”试点项目 8 项。产教融合、校企协同育人持续加强，深化现代学徒制人才培养改革，与山东邮政深度合作，探索构建“四个一”企业导师培养模式。学生素质能力培养品牌进一步强化，2019 届毕业生整体就业率 96.3%，就业率、就业质量在全国同类院校中名列前茅。

6 月，石邮学院举行“聚散有石　奋发邮为”2019 届毕业生毕业典礼暨毕业启程礼。

二、邮政党校工作

坚持党校姓党、从严治校，贯彻落实中央干部教育培训规划，举办 11 期 18 个党校班，培训学员 928 人。坚持理论教育和党性教育主业主课地位，把学习贯彻习近平新时代中国特色社会主义思想作为首要任务和教学核心，推动“课程教学、现场教学、实践教学、组织生活、管理考核”五位一体的党性教育体系建设；创新实施“训前自主学习、训中辅导研讨、训后实践运用、回炉淬火提升”分段式培训，形成理论与实战、测评与培训深度融合的教学体系，2 个项目获 2019 年中国高校远程与继续教育优秀案例奖。引进绩效改进技术，2 个项目获国际绩效改进协会（ISPI）“杰出人类绩效干预奖”，5 个项目获中国区最佳实践奖。

三、在职培训工作

集中培训 2.8 万人次，远程培训 316 万人次，第三次获得人才发展协会（ATD）“卓越实践奖”，获 2019 年亚太邮联区域“最佳人力发展项目奖”。加强培训研发和培训资源建设，形成 200 余个具有操作价值的研讨成果、

900余个业务创新模式与典型案例，策划开展内训师项目15期、培训798人次，开展邮政企业229门课件评优推广。支撑集团公司人才评价机制改革，开展5000余人次企业内部调研、重点业务部门领导访谈，创新“测评+”教学模式实践成果入选2019年中国高校远程与继续教育优秀案例库。国家开放大学邮政学院实现新招生3792人，邮政学分银行建设试点项目成果通过教育部验收。

四、科研与服务支撑工作

获得纵向科研立项104项，发表学术论文304篇，申请专利9项，软件著作权4项，科研成果数量和质量实现双提升。完成了集团云创平台建设和运行维护工作，平台累计访问量超900万人次；开展了邮政职业技能标准体系建设，全年支撑鉴定考评13.8万人次，全年支撑邮储银行开展了理财经理、个人客户经理等25个岗位、32.8万人次的资格认证培训及考试工作。支撑完成“中邮先锋”党建信息化平台建设及研发上线。支撑银行保险总部开展十佳理财经理、明星大堂经理等7个全国竞赛。

五、党建工作

深入学习贯彻习近平新时代中国特色社会主义思想，扎实开展“不忘初心、牢记使命”主题教育，持续深入推进巡视整改工作，胜利召开中共石家庄邮电职业技术学院委员会第七次会议。积极落实中央和集团党组重大决策部署，扎实做好教育扶贫和精准扶贫，2019年新招收陕西商洛贫困学生44名，学院“招生—培养—资助—就业”一体化教育扶贫模式在全国“雨露计划”推进会上得到国务院扶贫办充分肯定。张北驻村“玉狗梁瑜伽健康扶贫”经验得到广泛关注，学院两次在教育部交流会上作典型经验发言；贯彻国家高职扩招百万政策要求，招收退役军人、下岗失业人员、新型职业农民等社会考生454名，招生培养成效得到河北省教育厅高度评价。积极服务国家“一带一路”建设，推动与亚太邮联深度合作，与马来西亚拉曼大学和泰国正大管理学院开展交流合作，持续为集团公司国际网站提供运营支撑。（*石邮学院/提供*）

【中国邮政集团有限公司邮票印制局（北京邮票厂）】

一、党建引领

邮票印制局坚持党的领导，全面落实新时代党的建设总要求，推动党建工作与生产经营融合互促。一是抓牢党建为中心工作服务。形成“围绕中心抓党建，抓好党建促发展”的工作格局，推动党的建设与企业发展同频共振、互促互进，把党建工作优势转化为企业发展优势。二是抓实整改促进高质量发展。深入聚焦整改差距，抓实关键、强化责任，形成长效机制。三是抓活创建构筑基层战斗堡垒。各支部以“党旗领航”为主题开展党日活动，加强支部交流互促，激发担当作为精神，增强基层党组织战斗力。四是抓严监督为发展保驾护航。在“严细深实”上下功夫，持之以恒落实中央八项规定及其实施细则精神，加大教育监督力度，提高监督执纪工作的精准性、有效性。

2月15日，著名艺术家韩美林先生为邮票印制局生肖邮票生产一线的员工签名留念。

二、保障邮票生产

承印纪特邮票21套71幅图稿，比上年增长27%。一是优质按时足量完成《中华人民共和国成立七十周年》《第七届世界军人运动会》等重点邮票的印制和发运任务。其中，《中华人民共和国成立七十周年》邮票用时15天保质保量完成生产发运任务，保证国庆当天邮票的顺利发行。二是多项新工艺首次应用于邮票。《儿童游戏（二）》《庚子年》分别采用凹印变角度隐藏图形、激光直雕制版、胶雕机联机冷烫等技术，《二十四节气》创新使用一版三色工艺，《中葡建交四十周年》《中国植树节》《中国古代神话》《儿童游戏（二）》分别使用红荧光珠光、绿色光变珠光、RGB色谱荧光防伪、橙荧光无色加密防伪等特殊效果油墨。

三、提升设计水平

编辑设计纪特邮票32套100幅图稿，完成个性化邮票、纪特封片等其他选题以及部分边饰设计工作。12月，完成2020年纪特邮票2个选题的下厂和12个选题的论证工作。配合集团公司邮政业务部建立完善邮票选题预研机制，组建图稿评议专家库，充实邮票设计队伍和外约设计资源，采取多种措施提升邮票选题、设计水平，为打造精品邮票奠定坚实基础。

四、加强全线管控

不断提升质量管控水平，加强生产即时性管理和数字管理，实现生产环环相扣。通过前后端专人负责等方式，对在线所有产品的生产进度、机器运转情况实施全线跟踪管理。组织车间完成“分机台合格率”课题，实现一套票全部检查完毕同时出分机台合格率；强化生产过程数字要求，确保各环节数字准确，实现打样优秀率90%以上，销票废品数字准确率100%。全局产品综合合格率提高6.34%，达到88.42%，实现连续3年合格率大幅提升。

五、加快基础建设

一是重点项目取得新进展。按进度推进胶雕机生产线引进项目等生产设备配备及配套改造工程，加快推进胶印场地改造及设备搬迁等土建改造工程。二是创新研发增加新储备。水性凹印油墨、UV晶珠幻彩荧光专色油墨开发，中国印钞系统雕刻油墨引进等项目取得进展，凹版高亮荧光专色油墨开发项目成功应用于邮票印制；“一种潜影结构的邮票纸”获得专利证书，开发出水印邮票纸并应用于《中国2019世界集邮展览》小型张；实现高速切削刀具国产化，完成雕刻压力技改项目，NFC芯片和LED灯+NFC芯片复合应用于邮票产品并列为2020年中国邮政邮票印制工艺创新项目。

六、树立企业品牌

邮票印制局亮相中国2019世界集邮展览和第十五届证卡票签安全技术展览暨高峰论坛，展现60年来的发展成就、最新技术和良好的品牌形象。在第39届全国最佳邮票评选颁奖大会上，邮票印制局承印的邮票获得多个奖项。其中，《上海合作组织青岛峰会》纪念邮票斩获最佳印刷奖殊荣，《二十四节气（三）》特种邮票和《改革开放四十周年》纪念邮票获得优秀邮票奖。中鸿公司郑风微同志荣获第十八届北京市工业和信息化职业技能竞赛印品整饰工第2名，被授予“北京市工业和信息化行业技术能手”称号，弘扬了工匠精神，为印制局员工树立了学习的榜样。（邮票印制局／提供）

【中国邮政集团公司新闻宣传中心（中国邮政报社）】

一、党建工作

（一）“不忘初心、牢记使命”主题教育

重视创新开展三级副以上干部的学习教育，通过理论学习、党课教育、读书班等形式进行12次集中学习研讨，进一步强化对初心使命的理解；周密制订调查研究计划，班子及全体中层干部深入浙江、黑龙江、贵州、北京等邮政基层一线和中心一线岗位开展调查研究，并将调查研究成果应用到实际工作之中，发挥“催化剂”的作用；召开了“不忘初心、牢记使命”专题班子民主生活会，认真检视政治建设、思想建设、作风建设等方面存在的问题，逐条对应，进行认真剖析，研究制定12项具体整改措施，并下大力气解决存在的突出问题，取得了良好成效。

（二）高标准巩固中央巡视整改工作成果

新闻宣传中心坚持问题导向、目标导向，在深化落实中央巡视整改任务、巩固巡视整改成果中做到标准不降、力度不减，务求实效。研究制定新闻宣传中心《中央巡视整改任务完成情况监督检查方案》，深入推进巡视整改边开展“回头看”工作，加大邮政榜样、普遍服务、精准扶贫、农村电商、绿色邮政、服务“三农”、服务中小微、助力雄安新区建设等“9+1”宣传方案推进力度，刊发相关宣传报道稿件4300多篇；坚持执行每日网上巡查制度，从中央纪委国家监委等网站上发现916名被审查调查人员，清理不良信息150余条。通过采取这些措施，切实把中央巡视反馈问题整改要求落到实处，推动中心忠实地履行好党的媒体的职责与使命。

（三）推进集团公司专项巡视整改

整改期间，坚持把整改工作与提高政治站位相结合、与增强党性观念相结合、与履行使命责任相结合，聚焦反馈的主要问题，深刻剖析问题产生的原因，举一反三、标本兼治，认真研究制定69项整改举措。中心班子通过召开巡视整改动员会、巡视整改例会、出台《媒体融合方案》、成立编委会、开展谈心谈话等方式，解决巡视反馈和员工关心关切的问题。重视从制度机制上堵塞管理漏洞，制定完善《新闻宣传中心费用支出管理办法》等11个项目制度，形成管长远、管根本的制度体系和长效机制。特别是在规范采购与合同管理工作中，强弱项、补短板，通过施行双人AB角负责制，加大采购全过程的管控力度，进一步提高采购规范化水平，全年公开采购率达到95%以上。

二、做好邮政新闻宣传工作

（一）强化质量意识

按照中宣部、中国记协部署要求，中心高度重视全国两会、庆祝新中国成立70周年、十九届四中全会精神宣贯等重大政治主题宣传报道，总编室组织精干力量开展策划采访工作，严格与《人民日报》、新华社“对表”，确保在政治上与中央保持高度一致。发挥报社编委会作用，从严把好新闻宣传的政治方向和舆论导向，切实把集团公司党组要求落到实处。先后两次组织开展以“质量是新闻宣传的生命线”为主题的质量月活动，在出版质量管理上强化审校把关，对内部差错实行“零容忍”，运维媒体整体宣传质量有了明显提高。

（二）坚持“三个贴近”

新闻部选派业务骨干采取蹲点调研、客户体验、对比分析等形式，重点对长三角、珠三角、京津冀和环渤海寄递业务改革发展情况进行深度报道，陆续推出近70篇反映基层创新发展的文章，受到行业主管部门领导和基层企业干部职工的好评。特别是采编的《长三角寄递市场新闻调查》《汇聚“一个中国邮政”的协同力量——浙江邮政寄递业务市场化观察》等文章，在系统内外引起良好反响。据不完全统计：“长三角”报道被超过25家媒体、网站、公众号转发。

（三）发挥差异化传播优势

新闻宣传中心运维网站点击量超过1亿次、两官微粉丝数和10万+均超过考核指标；集团微博粉丝增至315万，活跃度提升30%。集团与华为签约话题上“热搜”，最高阅读量2.6亿；抖音号粉丝从7000增长到60.1万。

国庆特刊

祖国，我们祝福您！

一生不忘初心跟党走

我庆幸赶上了新时代

23年，邮政航空腾飞进步

感悟幸福来之不易

打好时代和改革大旗

“邮二代”的光辉岁月

新闻宣传中心策划的国庆题材专刊。

集团微信、微博在2019年人民网推出的中国政商新媒体影响力排名第18位，报社官微在产经媒体微信影响力TOP50位列第25位，原创传播力排名第14位。

（四）优化整合现有资源

10月9日，推出每周一期的新版《邮政视频联播》，改版后创新形式，增加主持人出镜；丰富节目内容，推出电视新闻、新闻热点评述、专题片等栏目；拓展播出渠道，视频联播覆盖全国各地邮政办公、经营场所和集团微信、视频网、OA等。截至12月31日，改版后的视频联播制作12期，并以形象直观、信息快捷、覆盖面广等特点，受到系统内干部职工的普遍欢迎，使《邮政视频联播》成为中心又一个重要的宣传平台。

（五）树立服务意识

组织拍摄制作《“国家队”亮剑——邮政校园综合服务探秘》《中国邮政年度十件大事》《合作共赢之路》等30余个专题片、宣传片；整合资源承办集团公司“919电商节”启动仪式、新中国成立70周年歌唱祖国活动；协助承办中国邮政集团有限公司成立揭牌仪式等十余项活动，为集团公司总部、相关单位和基层企业提供高质量影视服务，受到了集团公司领导的充分肯定，厦门跨境电商大会代表的高度评价和基层企业的高度认可。

（六）提升媒体影响力

新媒体部再次承办2019邮政人网络春晚，在线收看人数、网友点赞数量和春节期间播放数字都创历史新高；为庆祝改革开放40周年拍摄制作的视频《回首，再出发！》，获得第33届中国产经新闻奖融媒体短视频类第1名。新媒体部员工王勤东在中宣部主办的“第六届好记者讲好故事”比赛中，取得行业报协预赛第1名的好成绩，充分展示了央企报社新闻人的风采；专刊部主动承担出版《中国2019世界集邮展览会刊》等任务，以全媒体形式全方位展示中国集邮新发展、新形象，展示大国文化自信，得到中华全国集邮联合会、地方政府领导和广大观众的好评，报社因此获世界邮展执委会“中国2019世界集邮展览特别贡献奖”。（新闻宣传中心/提供）

【中国邮政文史中心（中国邮政邮票博物馆）】

中国邮政文史中心（中国邮政邮票博物馆）以习近平新时代中国特色社会主义思想为指导，全面深入贯彻党的十九大和十九届二中、三中、四中全会精神，认真落实集团公司党组决策部署，获得中国2019世界邮展执委会颁发的“特别贡献奖”，中华全国集邮联合会授予的“中国2019世界集邮展览筹办工作先进单位”，北京校外教育协会颁发的2019“第十四届北京阳光少年活动”优秀组织奖、“第十四届北京阳光文化科普进校园活动”先进集体，2019（武汉）世界邮展集邮文献类金奖。

一、党的建设

坚持以党的政治建设为统领，树牢“四个意识”、坚定“四个自信”、做到“两个维护”。贯彻落实《全面从严治党要求2019年度主体责任书》，认真开展“不忘初心、牢记使命”主题教育，认真开展中央巡视和集团公司党组专项巡视反馈意见的整改落实，认真开展基层党组织建设达标工程，抓细抓实党风廉政建设。

一是按照新时代党的建设总要求，坚持党的领导，加强党的建设，认真履行全面从严治党主体责任，做到党中央提倡的坚决响应、党中央决定的坚决照办、党中央禁止的坚决杜绝。落实“理论武装提升行动”“三个第一时间”学习机制，始终在政治立场、政治方向、政治原则、政治道路上同以习近平同志为核心的党中央保持高度一致，把方向、管大局、保落实，以高质量党建推动文史中心高质量发展。

二是按照党中央和集团公司党组统一部署，认真开展“不忘初心、牢记使命”主题教育，紧扣学习贯彻习近平新时代中国特色社会主义思想这一主线，聚焦“不忘初心、牢记使命”这一主题，贯彻“守初心、担使命，找差距、抓落实”的总要求，落实“理论学习有收获、思想政治受洗礼、干事创业敢担当、为民服务解难题、清正廉洁做表率”，5个具体目标，扎实推进学习教育、调查研究、检视问题、整改落实4项重点措施。组织7天14次17名三级副及以上领导干部参加的读书班；落实调研工作，涉及20个主题、47次，发现问题45个，制定整改措施64条，形成调研报告13份；聚焦党的政治建设、思想建设、作风建设存在的突出问题，梳理检视问题33项，整改落实28项，有5项持续推进中。

三是做好中央巡视和集团公司党组专项巡视整改工作。成立巡视整改领导小组，坚持周例会制度，针对中央巡视整改要求和集团公司党组第二巡视组反馈意见，认真查摆问题，剖析原因，制定整改方案，提出整改措施，做好巡视反馈问题的整改落实工作。集团公司党组专项巡视整改33项措施完成27项，还有2项待集团批复后落实，4项需持续推进。

四是落实新时代党的组织路线，持续推进干部队伍建设和人才培养。出台《优秀年轻干部管理办法（试行）》，加大对优秀年轻干部培养力度，加强内部和外部多岗位锻炼，安排干部交流4人，送邮政党校学习1人。修订《正、副高级专业技术职务评审申报推荐委员会工作规则（试行）》，组织开展内部专业技术人员职称申报工作。

五是开展党风廉政教育月活动，组织廉政教育讲座和廉政教育基地参观学习，加强日常监督，进行谈话提醒，党员干部未发生违纪问题。加强作风建设，深入调查研究，认真开展“一月一事，消灭最差”活动。

六是加强基层党组织建设。及时进行支委改选和增补工作，严格落实“三会一课”制度，按照“664”标准开展“两优一先”评选推荐，加强“学习强国”“中邮先锋”平台的推广，组织全体党员参观“为新中国奠基——中共中央在香山”专题展、参观“伟大历程　辉煌成就——庆祝中华人民共和国成立70周年大型成就展”、观看爱国主义题材电影《我和我的祖国》《中国机长》，邀请中央党校教授孟鑫、北京市委党校教授江伟、邮政系统教授级高工张立然、原邮政储汇局局长王云鹏等专家到文史中心授课，开展形式多样的教育活动。

七是加强党史、新中国史、改革开放史和邮政发展史学习教育，大力传承红色基因，弘扬劳模精神。积极组织全体党员参与“致敬楷模、点亮平台”活动，深入学习宣传张富清、王顺友、其美多吉、樊锦诗等先进事迹，引导党员干部守初心、践初心，主动担当作为。

二、加强安全管理

（一）把安全管理工作放在首位

调整充实安委会成员，修订和完善安全制度，制定突发事件应急预案，明确责任，抓好落实。制定《文史中心关于切实做好国庆70周年庆祝活动期间安全生产暨服务保障工作实施方案》，配合地方公安、消防、安监、街道等部门，完成国庆70周年的安全保卫工作，收到北京市内保局的感谢信，得到集团公司安保部门的充分肯定。

（二）践行“安全生产人人有责”的理念

同每一位员工签订安全责任书，组织员工安全培训2次，消防疏散演习1次，开展微型消防站演练3次，强化全员安全意识，让人人成为安全保卫的主体。

（三）加强检查巡查

根据集团公司、北京市文物局、东城区政府要求，落实“三自”（自知、自查、自改）工作；制定新的消防安全检查办法，将中心的各个消防检查点进行分级管理，对于重点消防点位由月检查提升为周检查；加强汛期的检查和防控工作；对全楼避雷系统进行重新检测和维修改造；对大楼电缆、电线等电气设备进行安全检测，报集团立项维修。

（四）加强档案馆的安全管理

采取措施确保档案馆中转搬迁全程安全，对档案馆长阳新馆安全设施严格交接验收，处理搬迁后湿度超标、地下室严重积水等问题，确保了档案安全。

（五）突出技防措施

在博物馆安装观众身份认证、人脸识别系统和安检闸机，强化安全检查；在中心大楼外和厨房加装监控摄像头，在职工食堂加装燃气报警系统，保证全楼重点安全部位无死角。

（六）加强值班管理

严格执行日常开闭馆、展场巡视、日常值班等各项安全管理制度，制定《文史中心干部节假日值班管理办法》，进一步规范干部值班制度。对中心大楼和档案馆中转库房定期进行安全检查，确保安全生产。

制定出台《绩效考核管理办法（2019年修订版）》等23项规章制度，建立长效机制。严格执行绩效考核，激励员工积极主动工作。中心财务预算管理不断加强，完成年度预算目标。招标采购工作严谨规范，完成招标采购27项，预算资金节约率7.75%。加强合同审核管理和保密管理，鼓励员工参与“双创”工作。强化后勤管理，提高服务质量，服务满意度进一步提升，确保中心楼宇设施和各种设备的正常运行。邮票鉴定工作积极服务主业，为邮票打假活动提供技术支撑，鉴定邮票3万多枚，做到鉴定零差错、零投诉。

三、服务发展大局

（一）做好中国2019世界集邮展览相关工作

6月11—17日，中国2019世界集邮展览在湖北武汉举办。参加并推出“庆祝中华人民共和国成立70周年邮票展”和珍邮展，出展的展品数量、珍邮数量均为历届之最，仅新中国70周年专题邮集就包含邮票1347套、4668枚。展览接待观众40余万人次。《人民日报》、新华社、中央广播电视总台等几十家中央和地方媒体进行广泛报道，被媒体称为“史诗般的展览”。

（二）推出庆祝中华人民共和国成立70周年专题邮票展

展览编组新中国发行的近900套邮票，通过政治建

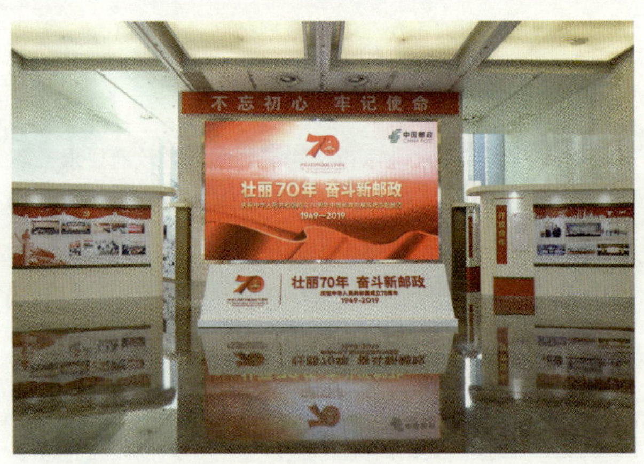

“壮丽 70 年　奋斗新邮政”展览

设、经济建设、文化建设、社会建设、生态文明建设、国防和军队建设以及外交 7 个篇章，展示中华民族从站起来、富起来到强起来的伟大飞跃。

（三）完成集团公司“壮丽七十年　奋斗新邮政”主题展览的设计和布展工作

展出图片 130 多幅，文字 8800 多字，以图文并茂的形式，通过领导关怀、党建引领、发展历程、普遍服务和特殊服务、业务发展、能力提升、社会责任、开放合作、共享成果等版块，立体呈现新中国成立 70 年来，特别是党的十八大以来中国邮政取得的辉煌成就。

（四）发挥好博物馆窗口宣传作用

为迎接集团公司“不忘初心、牢记使命”主题教育参观学习，对馆内设施和部分展陈内容进行更新改造，接待集团各部门、各版块参观 32 批次、2000 多人。博物馆收藏“时代楷模”其美多吉雪线邮路防滑链，进一步弘扬“两路”精神和“其美多吉雪线邮路”精神。为提升邮政品牌影响力，博物馆携馆藏珍品和新中国 70 周年专题邮集前往甘肃酒泉、兰州、河北唐山和内蒙古呼和浩特，参加“壮丽七十年　阔步新时代”中华人民共和国成立 70 周年集邮巡展，为当地群众带来一场集邮盛宴。馆内举办“人类非物质文化遗产代表作——二十四节气”“5・18 世界博物馆日展览”等专题展览。

（五）做好社会教育工作

博物馆开展“开学第一课”集邮知识讲座、“参观邮票展　感受方寸趣　表达爱国情”等青少年社教活动；与东总布社区、赵家楼社区联合举办传统端午民俗活动、“唯爱永恒”金婚联谊会等活动。中国邮政邮票博物馆来馆观众突破 5 万人次，比上年增长 12%，外出展览接待观众达 493 万人。

（六）举办庆祝澳门回归祖国 20 周年专题邮票展

邮展遴选中国邮政发行的澳门题材邮票和回归 20 年来中国澳门发行的邮票，展示澳门历史文化风貌和回归以来的发展成就。

四、档案馆搬进新馆址

按照集团公司整体部署，落实档案馆临时中转和搬入新馆两次搬迁任务。在搬迁过程中，档案馆严控打包装箱、装车押运、开箱上架等各个环节，确保 7000 箱 20 万卷（件）档交案搬迁无一差错。在完成搬迁的同时，档案馆认真做好档案接收和调阅服务工作，接收移进馆各类档案 15281 卷（件），特别是接收原邮电部副部长、中国工程院副院长朱高峰捐赠的 5100 件档案；提供档案调阅 503 卷，满意度 100%。

五、总账建设

建立总账室，制定总账建设方案，细化具体措施。召开总账建设动员大会，设立总账专业岗位，责任落实到人。抽调人员组成藏品信息采集录入小组，根据工作内容，9 名人员负责藏品文字信息录入，6 名人员负责藏品图像信息采集，并将总账建设任务完成情况纳入绩效考核。完成文字录入 2154 万枚，邮票扫描 22000 枚（套）。

六、邮政通史编纂

一是通史编纂工作进入最后阶段。制定了编纂工作时间表，完善了体例、专业术语、书名等问题，经集团公司批复同意，将《中国邮政通史》更名为《新编中国邮政通史》；确定出版单位为人民出版社。《新编中国邮政通史》六卷总体进度完成 80%，其中“隋唐五代宋代”卷召开专家审稿会，完成出版清样。二是年鉴编纂工作，完成《中国交通年鉴》邮政部分的组稿工作，完成《中国邮政集团公司年鉴（2018）》《中国邮政集团公司文献汇编（2008—2014）》第三辑出版工作。

七、传播邮政文化

一是出台《新媒体内容发布审核管理办法》，成立专门小组负责博物馆网站的建设和更新工作，执行稿件三审制度，严格审核发布内容，做到一个月至少更新一次，每半年对网站栏目内容设置进行重新审定，动态调整并不断完善网站栏目内容设置。

二是国庆前夕，新华社、光明网对博物馆举办的“庆祝中华人民共和国成立 70 周年专题邮票展”进行专题报道。新华网视频《邮票里的 70 年记忆》观看超 2000 万人次，光明网“史观北京”直播在线观看近 300 万人次。

三是为配合全国集邮联宣传中国 2019 世界邮展，文史中心摄制 6 集微视频专题片《集邮在中国》。该片在武汉电视台、腾讯视频、全国集邮联微信公众号等媒体平台同步播出。《集邮博览》利用线上线下平台，开辟专栏，做好世界邮展的宣传报道，发布 40 余条消息，举办 6 次线上互动活动，特别策划出版《中国 2019 世界集邮展览特刊》。

四是《集邮博览》发挥资源优势和平台作用。杂志社坚持“线上线下融合发展”，在完成全年正刊出版的基础上，推出《灵猪送福——己亥年生肖专号》《2019 中国邮票年册》DIY 年鉴版、全国最佳邮票评选《年鉴定制版专刊》等。微信公众号发布信息800多条，举办读者互动活动40余次。在“生肖季”“集邮周”等重大活动举办期间策划推出多种线上活动，杂志公众号订阅用户近4万人。《集邮博览》杂志有声专辑在喜马拉雅平台上线，推出《方寸世界邮票故事汇》等音频节目78期。

此外，完成《国脉：谁寄锦书来》别册的编写。《国脉》一书发行6万多册，获得贵州省第十五届“五个一工程奖”，是人民文学出版社2019年度畅销书。

八、共享发展成果

一是建立每季度征求员工意见的机制，及时听取员工意见，多方面解决员工的操心事、烦心事、揪心事。完成在职无房职工住房补贴发放；落实在职职工疗休养项目；免除职工就餐餐费，丰富菜品品种，提高菜品质量；解决博物馆展厅空气净化、档案馆房山新馆空气净化和档案馆通勤班车等关系职工切身利益的问题。

二是建立并开放党员活动室、员工书屋，工会加大开展群众性文体活动的力度，举办新春游园会、创意展示、“歌唱祖国”国庆歌会等活动，开展瑜伽、乒乓球、网球等健身项目。共青团启动“邮博先锋——青年志愿服务行动计划”，举办“高唱新时代奋斗者之歌”青年员工座谈会。开展离退休职工春节慰问送温暖活动。举办统战工作座谈会，团结民主党派和党外人士，共同为中心发展献计献策。（中国邮政文史中心／提供）

【中国邮政广告传媒公司（中国邮政广告有限责任公司）】

一、经营发展

（一）媒体业务

全国邮政媒体业务收入实现16.45亿元，年复合增长率189.7%。

（二）四大运营支撑

一是中邮传媒智融平台实现收入9.07亿元，比上年增长198%。平台登录数近20万人次，日均活跃8600余人，成为邮务类业务的重要营销工具。策划设计旅游、政务、汽车、健康等行业广告宣传产品包，整合社会资源，为31个省（区、市）近千家单位提供主题宣传服务。二是组织开展全国文化惠民活动，协助各省开展8439场文化惠民活动，收入3.67亿元，利润率32%。举办3场“绿水青山　最美邮路”主题赛路跑活动，实现招商及衍生品销售收入1000余万元。举办第三届中国明信片文化创意设计大赛，收到来自28个国家和地区参赛作品2.3万份，12万人参与投票，实现招商及销售收入500余万元。组织第四届全国主题邮局文化展，全国51家主题邮局参展。研发“我和我的祖国”定时寄礼仪信函产品，上线10天销售2.1万套，实现收入181万元。三是完成邮资封片产品审核10.4万稿，审核邮资机宣传戳398枚。四是引进腾讯、今日头条等数百家优质资源商上千个产品，为基层在项目策划、产品研发、市场拓展等方面提供资源保障。其中整合邮政自有媒体及抖音、微博、今日头条、爱奇艺等23家媒体资源，为山东省陈庄镇、福建宁德下党村等制作《美丽家乡》短视频。

二、品牌影响提升

一是荣获2019年文化（文创）影响力企业品牌、2019中国文旅营销案件典范奖，入围2019飞象奖社会责任奖、国际邮联“创新项目奖”、亚太邮联“最佳服务行业奖”。二是与集团公司金融业务部共建素质教育主题邮局，在金融网点开办健康体验专区，通过传媒项目帮助金融获客揽储，支撑邮储跨年度竞赛。

三、基础管理

一是强化问题导向。通过“三个视角”，开展对标立标达标，推进中邮传媒智融平台工作贴近市场、贴近客户，更加向行业先进水平靠近。二是开展专项整治。大力整治形式主义、官僚主义，重点解决平台督导虚而不实、文山会海等突出问题，与上年相比，没实质内容、可发可不发的文件减少11个。三是持续推进平台管理流程优化工作。主动查找突出问题，推动平台资源商准入多环节审核、签报互联网化、平台睡眠资源商清退等问题的解决。四是落实选人用人专项检查、干部档案专审、干部日常管理、职工教育培训、薪酬规范等各项工作。五是配合集团公司直属会计处做好财务结算、事务所审计、报销报账、收支预算各项工作。

四、党的建设

坚持政治统领，扎实开展“不忘初心、牢记使命”主题教育。领导班子成员和三级副领导围绕8个调研主题，开展16次调研，形成调研报告7份。高质量召开主题教育专题民主生活会。建立问题台账，形成《主题教育检视问题责任分工表》，确定17项重点问题，制定整改措施，持续推进整改。

落实政治责任，推进中央巡视整改工作。研究制订持

9月12日，第三届中国明信片文化创意设计大赛复赛专家评审在北京举行。

续推动中央巡视整改工作计划，针对4个方面10个主要问题20个具体问题，制定24项整改任务，41项整改措施。

狠抓思想建设，持续推进“两学一做”学习教育常态化、制度化。培养党员学习习惯；组织开展义务植树、缅怀革命烈士、重温入党誓词、参观新中国70周年成就展、观看爱国主义影片等主题党日活动。开展党风廉政宣传教育月活动，组织党员答题活动和警示教育参观。

创新开展党建交流共建活动。与国网北京房山供电公司党委、房山水峪村党支部共同开展党建结对共建活动。（中邮传媒／提供）

【中邮资本管理有限公司】

资产规模超过260亿元，营业总收入70.14亿元，股权投资市场估值综合收益32.08亿元。

一、战略资本运营

（一）重要子公司重组“引战”工作

一是在易邮柜股权交割的基础上，组织各省邮政分公司与速递易完成2.6万台的实物交割与交割审计工作，并签署重组补充协议，以进一步形成专业化经营合力。基于快递终端能力布局战略，与相关方沟通和谈判，推进速递易重组。二是制定中邮科技“引战”方案及员工持股计划，推进中邮科技“引战”，改善集团公司产业结构，推动邮政企业创新发展，中邮科技“引战”在交易所挂牌，员工持股工作有序推进，通过“引战”工作，中邮科技实现资产增值6亿元，增值率163%。

（二）战略投资研究工作

运营投研相结合，在科技物流和金融科技等方面设立重点研究项目，提出课题报告，旨在为集团公司增强核心业务优势积累资源，助力集团公司及各板块业务转型发展。为探索农村电商、物流科技、金融科技等集团公司主业相关的发展方向，重点对网点转型、生鲜电商、物流升级和科技、大数据等方向进行行业研究和项目投资分析。

（三）私募股权基金设立研究

对标38家骨干央企设立基金管理情况，积极研究发起产业基金开展战略投资，构建集团公司生态体系。

二、强化重点子公司经营管理

（一）中邮科技市场化业务

一是以客户视角，强力支撑集团公司项目需求，研究提出“矩阵＋摆轮”的工艺方案，研发提供相应自动化产品，并在40多个新建和改造项目中落地。二是在国际市场发挥邮政优势，成功取得多国项目，合同额超上年500%。三是提高邮政县支局邮件处理设备的信息化、自动化水平，研发新的小型分拣、收寄设备，提升中小处理中心等自动化作业水平。

（二）中邮速递易业务量收

中邮速递易在营设备9.2万台，629万格口，派件业务包裹派件量8.4亿件，比上年增加42%；新媒体业务，线上线下齐头并进，实现收入超4300万元，较上年大幅增长185%；寄件业务，日下单量峰值10000单；校园共配业务取得突破，运营中学校25所，签约中学校2所。

（三）推动不动产盘活重点项目

按集团公司要求通过深入调研、盘点，建立闲置、低效不动产统计台账，统计出集团公司闲置资产175宗，占地面积6189亩，建筑面积224万平方米，加强资产系统化、专业化盘活研究，形成《中邮资产不动产系统化盘活工作思路》报告。在此基础上推动重点项目的盘活工作，确定杭州邮政第二枢纽、长沙邮政火车站站前地块、昆明凉亭地块等17个重点项目。杭州项目完成土地规划及建筑方案设计工作，长沙项目进入拆迁安置阶段。

（四）湘邮科技转型发展

一是打造核心业务，成功中标名址GIS等多个软件项目；工程类业务规划智能分拣、智能安防以及智慧旅游三大产品主线；运营服务类业务依托车管平台推广扩大。二是实施全新营销体系政策，重构营销团队，集中优势力量维护重点客户；成功申报各类专家4人；深入研究国家各级政府对企业扶持政策，成功申报移动互联网应用和北斗示范应用两大项目。

三、实施精细化运营管理

（一）推进战略资产调整，出清非核心业务

一是逐渐收缩量化投资规模，执行整体投融资计划，坚持严控风险、分步实施的原则逐步进行平仓赎回工作。二是稳健运营邮银合作产业基金。

（二）健全立体融资体系，防范资金风险

一是合理安排资金计划，处理到期债务，还本付息10.24亿元。二是拓展金融合作伙伴，研究可行性融资产品方案，取得浙商银行15亿元授信和兴业银行、环宇租赁、北京银行一年期授信。

（三）构建对标管理体系，提升运营水平

坚持问题导向开展对标工作，初步构建可量化、可对比、可执行的标杆管理指标体系。资本本部选取招商资本、光大控股、航天资本、华润资本等央企资本平台开展私募股权基金对标工作；根据行业性质，结合邮政特点，通过对标找出差距，明确努力方向。各家子公司分别与行业领先企业进行对标，构建自身对标体系。

（四）加强投后运营管理，实现管理目标

一是配合集团公司战略部署，完成16家股权划转企业工商变更工作。二是推进各项投资项目退出工作。三是更新三年滚动业务规划。

四、风险防控工作

（一）完善风控管理架构体系

组织各部门进行内控制度的梳理和修订，制定完善《中邮资本管理有限公司基金宣传推介与募集管理办法》

等11个主要内控制度。

（二）启动量化标准风控管理

以业务流程为主线，突出并细化各岗位流程的风控职责。

（三）建立有效应急管理机制

制定《资金流动性应急预案》等5项专项应急预案，提高公司应对突发事件处理水平。

（四）做好投资业务日常风控管理

强化日常风险监督，开展了全面的私募基金管理人合规检查；对公司档案管理、合同管理及采购管理等事项开展全面的风险自查，对业务进行全过程管理。

五、开展协同工作

（一）研究以生态为基础、以资本为纽带的邮政新型协同模式

一是各子公司与集团公司之间的协同合作。中邮科技陆续承接集团公司25个邮件处理中心集包作业工艺设备工程和逾14项省分公司集包作业工艺设备工程和配套设备项目；湘邮科技为邮政新能源车提供一站式管理服务；各省邮政通过速递易投递的包裹量约占速递易全部投件量的25%。二是各子公司及对外投资企业之间的重点协同项目取得成效。环宇租赁在各子公司间总授信额度21.96亿元；中邮科技与湘邮科技针对智慧景区维护和升级项目展开深度合作。

（二）推进已投项目和拟投项目开展投后协同

跟进滴滴出行与邮储银行消费金融部“消费金融贷”等事项；组织已投基金所投的深圳联合飞机公司与寄递事业部在物流无人机方面合作对接。

六、基础管理

（一）加强财务精细管理

一是夯实预算管理体系，做好财务全流程管控。二是动态实施经营分析，支撑公司经营决策。三是构架年终决算系统法人结构体系，实现全级次报表数据管理。

（二）提升人力资源管理

一是研究下发《2019年度中邮资本部门业绩考核指标》，推行全员量化考核。二是聚焦公司战略与业务梳理，对内进行组织优化；对外加强人才延揽，加大对优秀人才引进力度。三是优化薪酬分配，对不同岗位序列采用不同的薪酬分配模式，调整细化薪酬分配结构。（中邮资本管理有限公司／提供）

【中国邮政集团公司电商分销局（中邮电子商务有限公司）】

一、坚持和加强党的全面领导

（一）全面加强党的领导

1. 加强理论学习。反复深入学习习近平新时代中国特色社会主义思想、习近平总书记最新重要讲话和指示批示、党章党规党纪等，教育引导全体党员进一步树牢“四个意识”，坚定“四个自信”，坚决做到“两个维护”，将思想与行动统一到党中央的决策部署上来。全年开展党支部学习40多次、党小组学习24次、书记讲党课4次、学习论坛活动2次，同时不断创新学习方式，提升领学效果，请优秀党员分享心得体会，将党小组学习与形式多样的党日活动紧密结合，激发全体党员学习的主动性和自觉性。

2. 提高站位，全力落实巡视整改和电商扶贫工作。一是站在“巡视整改不落实就是对党不忠诚”的高度，持续深化巡视整改“后半篇文章”，围绕“13+6+12”项整改任务，坚持每月召开巡视整改专题会，跟踪进展、分析问题、制定措施，按月、按季上报进展报告，圆满完成了巡视整改各项任务。二是对标对表集团公司电商扶贫三年规划，党支部多次专题研究部署电商扶贫工作，支部委员分片包干，强化跟踪督导，2019年度目标超额完成。三是坚持民主集中制原则。严格执行“三重一大”决策制度和决策程序，坚持民主集中制，重大事项都做到了集体研究决定，党支部书记严格做到最后一个发言。四是加强意识形态和新闻宣传工作。大力弘扬主旋律，传播正能量，领导班子率先垂范，党支部委员以身作则，在全局营造风清气正的政治生态。依托党建宣传栏、学习园地开展宣传，全国电商运营中心严格落实舆情处置工作机制，加强在线业务平台等线上平台的信息监控和余毒排查，全年未出现负面舆情及余毒信息。

（二）扎实开展“不忘初心、牢记使命”主题教育

1. 学习教育。第一时间召开党员大会学习传达集团公司相关会议和文件精神，对局内相关工作进行安排。组织三级副以上党员领导干部开展为期一周的集中学习，全体党员完成《习近平新时代中国特色社会主义思想学习纲要》的学习。

2. 调查研究。主题教育期间三级副以上领导前往12个省开展实地调研，并提交调研报告，组织召开调研成果交流座谈会，领导班子成员分别讲授了专题调研党课。

3. 检视问题。广泛听取意见建议，围绕“六个对照”和“四个找一找”进行剖析，共梳理出5个方面9条问题，制定针对性整改措施并立行立改，其中电商扶贫、农村电商模式研究、作风改进等问题取得初步成效。

（三）加强党支部标准化和规范化建设

1. 加强思想建设。及时掌握全局思想动态，领导班子定期与党员代表、业务骨干谈心谈话，谈话人数超过20人。团支部组织开展了年轻员工座谈会，广泛听取意见建议。组织了形式多样的党日活动。

2. 加强组织建设。加强宣传教育，引导优秀员工向党组织靠拢。

3. 加强作风建设。领导班子成员建立电商扶贫基层联系点。开展“一月一事，消灭最差”活动，推进解决重

点难点问题 30 多个。强化党支部为民服务意识，停滞多年的职称评聘工作得到解决。

4. 加强纪律建设和反腐败斗争。反复学习《中国共产党纪律处分条例》等党内法规，观看《叩问初心》等警示教育片，持续强化纪律规矩意识。加强关键岗位监督，纪检委员全程参与招商、采购、合同、人力、工会等重要事项。无任何违法违纪事件，未有涉及电商分销局的问题线索举报。

5. 推动党建经营同频共振。组织开展“学新思想，见真行动——岗位建功”活动，成立 5 支“党员先锋队”，围绕农村电商热点难点问题开展课题研究，并在党员大会上进行了成果汇报。

（四）健全责任体系，加强综合保障

落实主体责任，党支部书记作为党建工作第一责任人，班子成员落实一岗双责，支部委员、部门负责人分工负责，层层压实责任。坚持“三会一课”工作机制，组建党建工作小组，确保工作落实到位。修订 2019 年度绩效考核办法，加大党建考核力度。

二、完成经营目标

电商分销业务发展质量不断提高。实现收入 118.37 亿元，比上年增长 6.8%，完成全年预算目标的 104%。其中分销收入累计实现 94.6 亿元，比上年增长 12%，完成全年预算目标的 103.7%；增值收入累计实现 23.7 亿元，完成全年预算目标的 105.1%。

（一）农村电商

按照集团公司统一安排，通过深入调研和对标分析，对农村电商发展战略深入研究，通过多次实地调研、召开农村电商发展模式专题研讨会，开展全方位的对标分析，找准存在的问题，明确发展思路。要通过培育平台批销的数字化优质站点，建立“网点＋站点”的管理模式，提升站点质量；打造自营大单品，提升消费品下乡供应链能力；完善农产品进城模式，打造“邮政农品”品牌；搭建协同场景，支撑邮政生态圈建设；提升线上平台能力，强化平台赋能；搭建自上而下的农村电商运营体系，支撑战略落地。基本形成农村电商发展的实施方案，为下一步农村电商加快发展奠定基础。

“互联网＋精准扶贫”助力农产品进城。

（二）发展质量

1. 区域发展更加均衡。部分农村电商业务大省，通过调整发展方式，发展质量得到较大提升。在个别大省批销额大幅下滑的情况下，通过湖南、浙江、安徽、河南等省的快速增长，仍然保持整体批销额 17.3% 的增长。

2. 站点质量明显提升。通过开展站点信息完善、优质站点培育，全国 36.7 万个站点基本信息填报齐全，培育优质站点 16.8 万个，超额完成年度目标。

3. 管控水平提高。通过在 DMS 系统上线利润预警机制，分销收入毛利率 11.3%。加强库存欠费管控，库存欠费占业务收入的比例比上年下降 3.7%。

（三）平台能力提升

1. 线上平台流量提升。通过营销活动常态化、组织“员工促导购”社群裂变营销等方式，有效提升平台流量。日均 UV 53 万（中粮我买网水平），比上年增长 85%；邮乐小店月均活跃用户 57.3 万，比上年增长 500.9%。

2. 平台经营质量明显提高。实现零售交易额 8.4 亿元，比上年增长 47%；平均客单价 53.1 元，比上年增长 211.4%。

3. 站点服务功能更加完善。推动站点业务叠加，发生批销业务站点 26.5 万个，开通代投业务 5.5 万个，绑定绿卡 15.9 万张，发生积分兑换业务 6880 个，发生扫码付 1.8 万个，发生掌柜贷 7348 个。

4. 消费品批销稳步发展。重点省累计实现批销额 172.9 亿元，比上年增长 17%，完成年度目标的 101%。

5. 协同效果更加量化。线上带动邮政包裹 899.2 万件；线下推广站点自提代投，8 万个站点开通代收代投功能，累计代投包裹 8890.3 万件。金融积分兑换开通 19 省并有兑换产生，累计 173.43 万金融客户提供兑换服务，兑换 230 万人次，兑换金额 2.52 亿元，比上年增长 62%。邮掌柜联名信用卡 9 月 19 日上线，截至 12 月 31 日发卡 21211 张。

（四）推进政务服务工作

税邮合作新开通省 7 个、新开通邮政网点 3507 处，累计在 30 个省（区、市）17581 处邮政网点开通此项业务，形成手续费收入 6.2 亿元，日均引流超 5.3 万人次。警邮业务新开办地市 66 个、新开办网点 7067 个，31 省（区、市）地级以上城市实现全覆盖，办理业务 211.47 万笔，比上年增长 124.3%，实现收入 3166.42 万元，比上年增长 207.47%。（电商分销局 / 提供）

【集团公司寄递事业部（中国邮政速递物流股份有限公司）】

一、业务发展

（一）寄递业务

寄递业务完成收入 719.4 亿元，比上年增长 12.3%；

业务量 71.6 亿件，比上年增长 22%。

（二）重点市场拓展

政务市场推进与最高法立案庭、执行局的总对总战略合作，法院项目收入比上年增长 30.2%；公安交管 12123 线上订单量比上年增长 4.6 倍。电商市场持续推进销号开发，业务量比上年增长 40.8%。国际市场实现主流跨境电商平台全覆盖，率先成为亚马逊“购买配送”中国地区物流合作伙伴，联合菜鸟、俄罗斯邮政推出俄向跟踪小包新产品。物流市场六大重点行业收入占比 86.8%，行业聚焦度进一步提升。

（三）重点行业综合解决方案能力增强

强化总对总源头获客，与华为、格力、浪潮等 32 个客户实现集团战略合作，31 省业务合作覆盖率 97.1%。中邮云仓服务规模与影响力名列前茅，在全国 31 省（区、市）、130 多个城市、近千个县均设有仓储中心，为近千个高科技、汽车、服装、快消食品、酒水行业领先品牌商提供供应链一体化服务，医药行业创新上线联动营销客户，业务规模快速增长，重点行业客户占比进一步提升。发挥邮政协同整体竞争优势，实现汽车产业链板块联动，速银通产品成功落地，响应国家“军民融合”号召，服务各军种的演练和后勤保障。

二、建强邮政网络，时限提速步伐加快

（一）时限质量

优化网路组织、运营标准及管控模式，建立时限对标长效机制及分层分类管控机制，逐环节查找问题。推进重点区域、省内互寄、省际线路时限管控“三强化”。省内互寄标快 15 个省地市城区互寄次日递率赶超主要竞争对手，快包菜鸟排名 6 省排名行业第一；实施“千条线路大提速”工程，重点抓好 1221 条标快线路和 1300 条快包线路，89% 的标快提速线路赶超主要竞争对手，96% 的快包提速线路达到菜鸟标准。

（二）作业流程

收寄环节，全面实现 11183 应用电子地图实施派揽，派揽订单及时揽收成功率 95.5%；全面推进集包作业，推行“混合收寄 + 前置集包”，收寄效率提高近 3 倍。分拣环节，统一分拣码，实现“一次打印，全程共享”；双层分拣机日均处理量提升 7.5%，“双十一”全网峰值处理量提升 48%。运输环节，引进 2 架 737–800 型邮航飞机，拉直济南、兰州、福州 3 条串行航线；加大民航使用力度，晚航班使用率达到 80%；规范陆运邮路管理，组开 510 条串行、环形邮路，车辆利用效率显著提升。投递环节，推进网格化揽投作业；对投递量大的道段实行汽车中转接力投递；推进自提网络建设。

三、服务质量

（一）加强客户体验对标管理

定期开展客户满意度测评，设立六大服务关键指标，

分拣作业。

通过日监控督促提升。国家邮政局测评公众满意度 84.5 分，比上年提高 2.4 分；有责申诉率降至百万分之 1.88，比上年下降 68%；国际客服获万国邮联客户关怀奖，并实现“四连冠”；服务体系六大关键指标全面达标。

（二）加强邮件运行质量过程管控

全网推广智能跟单系统，邮件异常发生率降至 9.3%。

（三）改善投递质量短板

开展投递质量百日专项整治，投递有责投诉率比上年下降 38%。开展投递流程诊断及对标分析，优化投递、短信服务等 17 个流程。

（四）改善揽收服务

推广揽收电子地图，加强揽收基础管理，强化 11183 对揽收作业的闭环督办，揽收及时成功率提升 21%。

（五）提升客服质量

问题邮件一次及时解决率提升 12%，优化国内、国际邮件赔偿标准，启用新主动客服流程，主动客服比例 68%。

（六）强化“云技术”应用

实现 11183 全网动态调度，“双十一”期间工效利用率提升 58%。

四、支撑能力

（一）IT 赋能获得进展

建设完成五大体系及重点项目 29 个看板，推广应用至全国所有省市，1.6 万个用户，“有人看、有人干”的局面逐步形成；系统在线运行仓储项目 217 个，完成 62 个新增仓储项目的实施上线；借助“华为—邮政”联创工作组推动科技引领，数字邮政智慧寄递网络建设快速推进；完善客户管理系统，实现“一站式”大客户快速接入，数字化获客能力提高；完成信息安全管理体系认证，信息安全管理能力提高。

（二）能力建设

新征地 1810 亩，安排 87 个实物网建设项目。85 个重点城市国内处理场地总面积约 260 万平方米，新增日处

理能力约2650万件。

五、管理水平

（一）构建寄递业务财务标杆体系

对标范围覆盖综合效益、经营发展、成本费用、环节损益和中心局管理等重点内容，聚焦管控指标进行重点监控，重点环节降本成效明显。

（二）人才队伍结构

组织开展中高级职称评审工作，多人申报高级经济师、工程师、中级工程师职称；协助组织各省参加2019年第二届全国邮政行业职业技能竞赛，36名获奖选手中中国邮政有29名员工上榜，占比81%；开展重点人才选拔工作，1名员工入选中央国家机关会计人才培养项目，上报1名员工参加百千万人才工程国家级人才评选，上报1名员工参加第十六届中国青年科技奖候选人评选。（集团公司寄递事业部／提供）

【中国邮政南京航空速递物流集散中心】

一、党的建设

一是持续坚持“第一时间”学习机制，确保“大学习、大讨论、大落实”活动深入人心。全年开展党委理论学习24次。二是扎实开展“不忘初心、牢记使命”主题教育。全年参加集团党组动员会8次、集中学习研讨会4次、党委班子成员讲党课2次、走访调研3次，9个检视问题立行立改，7个长期问题落实落地措施。三是推进基层党组织建设达标工程和创先争优活动，组织开展主题党性及廉洁教育等主题活动，积极开展团组织活动，基层党建阵地不断夯实。四是严格执行党内组织生活制度，认真落实党风廉政建设主体责任和监督责任。强化中央八项规定精神，开展形式多样的党风廉政教育活动。五是建立巡视整改长效机制，持续跟踪问效中央巡视整改措施20项。

二、生产任务及各项指标完成情况

（一）业务量完成情况

邮件处理量1.73亿件，比上年增长8.2%；日均处理量50.6万件，比上年增长3.1%；最高日处理量69.9万件。物品型邮件处理量4614.97万件，文件型邮件处理量9600.48万件，物品型与文件型邮件的件数占比约为3∶7（物品型和文件型邮件均不包含总包散件量）。

（二）质量指标完成情况

内部处理及时率99.7%（达标值98%），邮车运行准点率90%（达标值90%），分拣准确率100%（达标值99.99%），信息完整率93%（达标值90%），信息丢失率0.0%（达标值0.01%），问题邮件一次解决率99%（达标值95%），邮件异常发生率14.4%（达标值15%），异常调度及时解决率90%（达标值60%），邮件丢失率千万分之74.9（达标值千万分之5），比上年下降6.3%。投诉率十万分之2.04（达标值十万分之5），比上年下降18.4%。申诉率千万分之2.63（达标值千万分之3），比上年下降22.6%。

（三）预算完成情况

剔除结算收入、分流支出因素后，实现利润−28824万元，完成寄递事业部下达利润预算的103.92%。

（四）人力指标完成情况

中心人员1113人（含承揽和外包非全日制用工），比上年减少14人。

（五）安全指标完成情况

安全事故发生率为零。分拣设备及各类系统运行情况正常。

三、生产作业质量

一是动态调控卡口点交接时限，加大总包邮件经转力度，主动推进整箱交换工作，提高民航早航班分流效率，重点城市时限全面提速。二是持续推进“时巡查、日管控、周分析、月总结”工作机制，建立健全调度指挥应急手册，不断摸索重点项目运行规律，形成“有发现，有跟踪，有改进”的闭环追踪机制。山东“大樱桃”邮件处理量53万件，1121.8吨，当频及时赶发率99%以上。三是优化出盒环节，调整出盒方案，出盒时间由80分钟缩短至60分钟，塑封数量较调整前增加了400余盒，邮件赶发率提高3%—4%。全面开展扁平件分拣机质量整治活动，保障设备性能不下降。四是加大邮件安全协查力度。出口无下落邮件1239件，主动外协查找高价值邮件8次，并落实江阴周生生等9件高价值邮件去向，减少经济损失。五是健全服务质量管理手册，完善旺季客服应急预案。客服受理投诉工单量比上年下降30%。问题邮件一次及时解决率较管控初期提升5%；无着邮件复活率比上年提高6.06%。拓宽大客户线下沟通渠道，分流线上工单受理量，有效避免投诉升级。学生档案和高考录取通知书有责投诉量比上年下降86%。下钻剖析异常案例，提高作业规范性。9月，异常跟单系统优化调整后，标快、快包异常发生率分别下降32.22%、15.49%。六是不断优化

10月11日，南京集散中心小件分拣机正式运行。

调整作业组织，特别是装箱环节，降低分流运输成本。委办运输费用比上年下降 50.43%。

四、科技创新能力

一是 11 月 20 日，2 台非标扁平件落格分拣机全面投入试生产，日最高处理量 10 万件，日峰值效率 32063 件 / 小时。二是缠绕设备测试取得新进展。三是配合新一代寄递业务平台项目组完成 17 次系统升级。四是自主维护能力显著增强。包分机和扁平件设备代维费比上年节约 400 多万元。推行备件自主加工，缩短备件供应周期。错时开启陆侧分拣机，降低设备运行磨损度，节约用电成本；立旧胶带机改造总包分拣传输机、滚轮平台万向轮弃件二次利用，实现降本增效；研发 PDA 离线升级小程序，保障生产操作安全。

五、精细化管理

（一）开展财务基础达标活动

落实落细“两金”压降活动，推行存货进出库管理系统，实现了库存统一管理、共同控制。助力“降本增效、力保全年利润目标”，实现全收入及全成本损益核算。推行“资金收支两条线”，资金管控能力进一步加强。

（二）建立损益核算管理模式

设置 7 类单一环节，明确各责任中心环节归属和费用归集，做到算好账、算清账。

（三）采购管理日趋规范

集中采购项目 42 项，采购额比上年下降 3.4%。

（四）坚持“一签二查三紧抓”

落实各类安全隐患整改 49 处。持续开展消防演练，员工消防安全意识不断提高。更新生产现场高清监控 100 余台，加装掏箱区域高清监控 4 台，邮件生产安全得到进一步保障。

（五）生产现场“6S”管理

第一时间成立领导小组，制定推进方案，下设工作小组，明确职责要求，分组、分时间段、分问题点落实整改各项工作。下发相关文件 8 份，组织召开专题推进会 5 次，确保 100% 落到实处。

（六）动态调整旺季“非全用工”

推进业务外包，人工成本显著下降。劳务承揽及业务外包费用比上年减少 5.79%。

（七）持续加大培训力度

举办各类培训班 177 个，累计 1150 课时，10374 人次参加培训。

（八）配合推进国际、仓储业务发展，为叠加国际业务功能做好准备。

六、企业文化建设

一是改善中心生产生活环境。停车条件、厂区环境大为改善、美化。办公、就餐环境有了质的提升。二是加强与地方政府沟通协调，创造良好的外部环境。通过“三免三减半”税收优惠政策，争取到财税补贴 39 万元、快递业补贴 49 万元、稳岗补贴 20 万元。三是通过职工代表大会等多种形式，及时准确把握职工关心的热点难点问题，开展各类节日慰问，组织趣味运动会、健步走等喜闻乐见的文体活动等，企业人文关怀更加彰显。（集团公司寄递事业部 / 提供）

【中国邮政航空有限责任公司】

一、安全态势平稳可控

（一）强化安全工作政治担当

突出政治引领，深刻认识安全工作极端重要性，认真贯彻落实民航局 26 条措施，全面排查各部门安全生产风险环节，充分发挥安全管理体系作用。认真贯彻落实中央巡视集团公司关于防范化解航空安全重大风险问题的整改要求，打好防范化解安全风险的主动仗，对民航行业面临的安全风险进行再梳理、再认识、再深化。正确处理好安全与发展、安全与效益、安全与正常、安全与服务“四个关系”，深入推进基层、基础、基本功“三基”建设，切实将防范化解航空安全风险工作做实做细做到位。以忠诚担当的政治品格，严谨科学的工作作风，确保全国“两会”、“一带一路”高峰论坛、世界园艺博览会、新中国成立 70 周年庆祝大会等重大活动期间安全平稳。公司安检站被授予民航华北地区新中国成立 70 周年庆祝活动安保工作先进集体。

（二）完善安全管理体系

根据局方监管模式调整要求，优化安全管理系统工作平台，实现新版 SMS 系统上线运行，收集有效自愿报告 1124 份，全员安全意识和参与度明显提高。修订完善公司《安全隐患分级治理实施方案》《安全隐患排查治理工作制度》，各系统开展安全隐患排查治理工作 60 余次，将发现的安全隐患录入隐患数据库，并分级持续监控。不断完善安全绩效管理机制，公司和各专业部门均建立安全结果类、安全管理类和运行过程类指标。

（三）强化安全风险防控

根据全国民航安排部署，开展主题为“防风险、除隐患、遏事故”安全生产月活动，深刻剖析在系统和管理上存在的问题，认真研究制定整改措施。针对机务系统“1·19”手电筒丢失等不安全事件，开展安全隐患排查治理专项活动。结合“4·10”“5·22”不安全事件，严格落实北京监管局相关要求，开展为期 3 个月的安全整顿和安全大检查工作。11 月，开展安全整顿、安全大检查“回头看”工作。12 月，开展“落实规章手册　保障安全运行”活动。加强安全培训和学习交流，聘请民航管理干部学院、航科院等专家开展安全管理人员集中培训，提升公司安全管理能力和风险预防能力；组织各部门安全管理人员到业内安全业绩较好的单位，交流学习安全管理和运

11月11日，中国邮政航空公司南京分公司机务人员正在引导飞机入位。

行风险管控的先进经验和工作方法。加强空防安保风险管控，过检邮货5430.5万件，退回不合格邮货4.6万件。

二、运行质量

（一）开展提高航班正常率专项活动

组织开展减少可控因素延误提高航班正常率活动，通过每日运行复盘、每周分析典型案例、每月分析运营品质等形式，建立不正常航班监控、数据分析、整改落实机制，一个航班一个航班抓，一个环节一个环节盯，持续抓好航班正常性工作，取得良好效果。

（二）统一管控现场指挥

强化运行协同，统一运行管理，AOC与南京指挥调度中心充分发挥统一管控、现场指挥的协调作用。完善优化工作程序，制定各类保障预案，通过抢过站时间，盯重点环节航班，特别加强对临界延误航班实时监控，采取有效干预措施，努力保障航班正常运行，有效提高运行服务质量。

（三）推进AOC改革转型

强化“运控就是控风险”的意识，切实发挥运控风险控制的核心作用。制订改革转型推进计划，明确AOC组织管理、手册程序管控、资质能力管控、信息系统管控四大风险管控切入点，完善13项AOC管理制度。定期召开风险评估专家小组会议，完成9项运行风险管控系统项目，提高风控系统覆盖面和预警精度。每日召开风险评估会，建立完善风险警示预警机制，持续提升风险评估会议质量和效果。AOC通过运行风险管控系统共缓解运行风险10071条，有效缓解高风险航班4051班。

三、经营工作

（一）配合寄递市场业务

根据寄递事业部业务需求，通过调换武汉—南京航线机型，增开青岛—南京往返航线，拉直兰州—天津—南京串飞航线，优化济南—南京往返航线和厦门—福州—南京串飞航线，调整福州、济南、武汉航班起飞时刻，解决山东、武汉运能不足的问题和兰州、天津、厦门、福州邮件时限的问题，提升邮件赶发及南京集散效率，提高相关城市次日递水平。

（二）货运市场发展

转变经营理念，修改完善相关管理规定、制定考核办法等，鼓励办事处积极开展国内货运业务，扩大国内货补舱业务的航线范围。积极走访市场，加强与大型代理公司及包机人联系，稳定运营浦东—大阪、福州—台北、西安—首尔等定期货运航线，增开义乌—大阪、银川—太原—南京货运包机航线。公司货运量1.9万吨，比上年增长18.8%；公司货运收入9955.6万元，比上年增长58%。

（三）成本管控

重点加强资金成本、专业成本、对标成本三大成本管控，以周为单位细化资金调配，最大限度地降低资金成本；从航材、人工、修理费3个角度专项分析机务专业的效益情况，有效控制机务专业整体成本；通过与顺丰航空持续对标，细致分析双方在管理、运行、核算等诸多方面的差异，确保公司运行成本和行业保持一致。

四、能力建设

（一）两架B737-800F飞机投产运行

机型更新换代迈出重要步伐，邮航成为国内首家运营B737-800F全货机的航空公司。对支撑中国邮政EMS担当快递行业“国家队”的重任具有重大意义，同时机队规模和机型配置更加合理，运力调整更加主动，网络运行效率进一步提升。

（二）通过CCAR-121-R5补充合格审定

根据民航新的运行管理规定要求，建立手册关联133条，修订完善手册29本，完成316条符合性声明规章条款审查和343个整改项，8月12日获得局方颁发《运行规范》，安全意识、组织系统性、规章符合性、手册严谨性都得到很大提升，为公司安全运行打下坚实基础。

（三）完成IOSA复审

6月24—28日，公司通过IOSA第三次复审，促进公司各项运行政策、标准和程序持续完善，建立起符合国际标准的运行质量管理体系，培养出一支高素质运行质量审计队伍，安全运行管理水平不断提升。

（四）专业人才培养

飞行专业新聘机长6名、副驾驶16名；聘任教员9人、公司检查员10人、熟练检查员4人；新聘委任代表4人，续聘委任代表6人；恢复聘任机长8人、教员4人。机务专业培养发动机试车人员11名、整机放行人员40名，二类机型维修人员71名。签派专业培养FAA执照签派员3名、签派放行人员4名。航空专业人才队伍不断壮大，专业技术能力不断提升。

五、基础管理

（一）创新选人用人机制

加大专业人才引进力度，面向市场，发掘选拔优秀专业技术人才，公开招聘公司安监站总经理、公司机务工程部总经理，以及飞行、机务、安检、地面保障、安全管理、技术管理等专业成熟人员 37 人。

（二）机关作风建设

持续加强和改进机关作风建设，规范办文办会程序，每月通报公文流转情况，每周发布会议安排，工作效率进一步提升。继续实行三级副以上领导夜航值班制度，开展“每周一题，一月一事”活动，强化问题导向，主动查找突出问题，为基层排忧解难。各部门结合实际，开展管理规定梳理汇总工作，各项规章制度更趋完善。

（三）重点工作落实

根据 2019 年工作报告提炼出 28 项时限性重点工作和 25 项持续性重点工作，每月持续推进重点工作落实，跟踪各类会议布置工作完成情况，各类重点工作 319 项，完成 318 项，持续落实中 1 项。

（四）信息化建设

完成信息化发展战略规划项目编制工作，为公司信息化建设提供重要发展方向。完成飞行人员资质管理系统开发建设，以及航班运行节点管控系统、航空安全管理系统、数字化账单与成本管理系统等重大信息化项目上线应用工作。

六、党建工作

（一）“不忘初心、牢记使命”主题教育

按照集团公司开展“不忘初心、牢记使命”主题教育的统一部署，根据“守初心、担使命，找差距、抓落实”的总要求，制定公司主题教育实施方案，拟订调查研究具体工作计划，形成 75 份调研报告。召开“不忘初心、牢记使命”专题民主生活会，下发《邮航党委“不忘初心、牢记使命”专题民主生活会查摆问题整改工作台账》，按照整改任务和时限要求，认真整改自身存在问题。按照主题教育“回头看”工作要求，对前一阶段的整改整治工作进行自查评估，完成“整改落实情况报告”和“专项整治情况报告”。

（二）巡视整改工作

针对中央巡视整改涉及邮航防范化解航空安全重大风险问题，邮航全年扎实落实整改措施，进一步提高广大干部员工安全意识，确保了公司安全运行平稳可控。针对集团公司专项巡视寄递事业部反馈问题，32 项细化措施中 31 项完成阶段整改，1 项措施将长期分步推进。制定公司 2019 年巡视整改重点工作和推进表，按季度推进和总结上报工作落实情况；及时学习贯彻上级有关巡视工作要求，组织开展巡视整改监督检查工作自查。认真落实“三个第一时间”学习制度，组织 13 次党委理论学习中心组学习。举办党委书记示范专题党课，组织“重温入党誓词”、庆祝国庆 70 周年观影等活动，积极推进基层党组织建设达标和争先创优活动，评选出 9 个先进党支部、9 名优秀党务工作者和 50 名优秀共产党员。

（三）党风廉政建设

开展中央巡视整改情况监督检查，制定督查工作方案。强化对各党组织学习习近平新时代中国特色社会主义思想和贯彻党的十九大精神情况的政治监督。扎实开展“党风廉政宣传教育月”活动，参观北京全面从严治党警示教育基地，观看警示教育片，引导广大党员干部增强纪律意识和规矩意识，保持清正廉洁的政治本色。对机务工程部党总支、网络保障部党支部开展巡察工作，督促被巡察单位及时整改，进一步促进全面从严治党在基层见实效。紧盯“关键时间节点”严防“四风”问题反弹，确保中央八项规定精神落到实处。

（四）企业文化建设

持续重视企业文化和精神文明建设，公司荣获民航华北地区管理局田径比赛“优秀组织奖”，广州办事处被授予 2019 年度空防“监察观察员”工作先进集体，南京分公司团委获得 2018 年度“全国民航五四红旗团委”荣誉称号，运行控制中心团支部获得 2018 年度“全国民航五四红旗团支部”荣誉称号。开展“夏季送清凉、冬季送温暖”慰问活动和特困帮扶工作，组织健步走、书画展、亲子交流、京宁杯对抗赛等活动，与民航北京监管局、江苏监管局等单位开展共建交流活动。持续加强宣传工作，在《中国邮政报》、《中国民航报》、民航资源网等行业媒体刊发 80 余篇原创新闻，通过邮政航空官微发布新闻稿件 300 余篇，增强邮航社会影响力。（集团公司寄递事业部 / 提供）

各省、自治区、直辖市分公司工作

北京市

【北京市邮政分公司】 北京市邮政分公司是首都城市基础设施的重要组成部分，主要经办信函、包裹、报刊发行、集邮等传统业务及速递、物流、金融、保险等业务。

全公司实现邮政全部业务收入（含寄递事业部）55.88亿元，邮政业务总量（含寄递事业部）76.46亿元。截至12月31日，全部用工总量（含寄递事业部）27511人，比上年减少392人，降幅1.4%。全员劳动生产率（含寄递事业部）实现20.64万元。全市设置邮政支局所总数727处，其中：农村局所201处。邮政支局所实现农村乡镇全覆盖。全市设置邮政信筒信箱4397个，农村村邮站3606个。邮路总条数为954条，邮路单程总长度9.4万公里。其中：全国干线邮路57条，长度5.9万公里；市内邮路844条，长度3.15万公里；农村邮路53条，长度0.34万公里。全市平均每一局所服务面积22.57平方公里，服务半径2.68公里。其中：城区（城6区）平均每一局所服务面积为3.21平方公里，服务半径为1公里；郊区区县（10个郊区区县）平均每一局所服务面积49.97平方公里，服务半径3.99公里。全市平均每一局所服务人口2.96万人。2019年，服务质量用户满意度98.44%。

北京市邮政分公司深入学习贯彻习近平新时代中国特色社会主义思想、党的十九大精神和集团公司工作会议精神，在集团公司和北京市委、市政府的正确领导和大力支持下，以开展“不忘初心、牢记使命”主题教育为契机，抓管理、提服务、强队伍、促经营、转作风，完成各项重大特殊服务保障工作。结合首都城市邮政发展实际，坚持问题导向，加强对标分析，进一步深化改革、转型创新，积极探索发展有效途径，在建设与首都发展相适应的现代化邮政企业征程上，不断加快发展步伐，为打造行业“国家队”做出首都邮政应有的贡献。北京邮政完成全国“两会”、国庆70周年、昌平阅兵村、北京世园会等重大活动安全服务保障任务，安检邮件1900多万件，收寄、投递邮件23余万件，投递党报党刊250余万份；完成中央第三轮、第四轮巡视和扫黑除恶67个专用信箱的服务保障任务，收寄邮件23197件、投递邮件52589件，收到“两会”代表团、巡视组等单位表扬信182封。

北京市邮政分公司服务2019年全国“两会”。

北京邮政完成市、区两级寄递事业部一体化融合工作，初步构建“业务纵向一体化、综合职能横向一体化”管理模式。深入推进寄递八大整合，收寄环节以项目为抓手推行混合收寄+集包作业模式，增加邮政投递部揽收功能；运输环节完成干线邮路整合，实现集中管控；投递环节完成355个揽投机构的融合，统一服务范围和电子围栏；通过航陆对接，提升区域互寄次日递率；整合邮速指挥调度人员。“双十一”期间建立进口邮件和出口邮件双中心处理模式，单日处理最高峰值170万件。

北京邮政组建市区两级协同发展委员会，以重点项目为抓手，推进各板块和专业协同发展。与北汽集团、市农业农村局、市税务局、市供销合作总社等单位开展战略合作，并继续深化与联通、移动、电信、铁塔等重点总部客户的合作；惠农项目为87家示范社提供邮政服务，打造标杆示范社15家；警邮合作项目完成集团公司下达指标的115.75%；创新“互联网+税邮服务”合作新模式，全市建成126个税邮合作网点；邮银保三方共同推进“星火燎原产能倍增计划”。

北京邮政服务三大攻坚战成效显著。建成3条“精准帮扶邮路”，培育万单农特产品项目12个，培养电商扶贫能手200名；创新推出“爱心购”主题扶贫卡和“水果邮票+农产品”主题特色邮品，受理爱心包裹、母亲邮包、爱心书箱23万余件，捐赠额3000余万元；更新新能源汽车616辆，推广使用新型包装箱和窄胶带，电子面单使用率96.31%，电商邮件二次包装率20.5%，循环中转袋使用率100%；为防范化解风险，开展案件警示教育活动，建立“联防共保、群防群治”案防管理机制，组织7次金融飞行检查，全市配备综合柜员594人，派驻率100%。

北京邮政推进经营组织架构改革，完成机关四级及以下岗位公开选聘工作，从机关四级、一般、空缺3个层面开展，近700人参加，通过公开竞聘45名基层单位人员进入机关，打通上下人才流动通道。直属单位经营组织架构改革工作已全面启动、抓紧推进；落实集团公司巩固和深化中邮保险“自营+代管”模式要求，在金融业务部成立中邮保险室；出台员工营销积分奖励方案、金融网点人员绩效奖励、寄递业务营销激励办法、寄递现费散户竞赛办法、服务质量奖罚资金池管理等激励政策，修订机关绩效考核办法，调动员工的积极性；修订领导人员绩效考

国庆游行方阵中的北京市邮政分公司职工。

核办法，出台北京市分公司所属单位领导班子和领导人员综合考评办法以及机关部门领导人员综合考评办法；出台员工退出管理实施办法，建立员工正常退出机制。

北京邮政加强能力建设，投入资金2.31亿元，改造19处投递生产场地，购置投递类终端设备3.03万台套、汽车687辆、电动三轮和两轮车5593辆等；投入资金5736万元，改造18处邮政网点，更新及新增金融终端类设备5145台套，购置营业终端类设备799台套，购置15处统配邮政用房，总面积达3419平方米，平均接收价格仅为4174元/平方米；完成中心局包件分拣机、推挂系统等停用设备的资产处置和报废拆除工作；投入资金362万元，对210处营投网点进行了“微整治”。

北京邮政继续推进精神文明建设，东四支局投递部被全国总工会评为“新中国70年最具影响力班组”，中心局重件作业区AGV班组荣获“北京市工人先锋号”称号，海淀颐和园邮政支局投递员夏传龙获评“首都劳动奖章”；7位全国劳模荣获“庆祝中华人民共和国成立70周年”纪念章，3名劳模受邀参加国庆70周年阅兵观礼；召开“走近身边的劳模”“五一”劳模先进座谈会；制定劳模梯队管理办法；开展合理化建议征集活动，收到员工合理化建议4697条，评估采纳建议1560条；开展“爱祖国爱企业爱岗位”职工文化季系列活动，提升员工士气和企业凝聚力。（北京市邮政公司 / 提供）

【邮储银行北京市分行】 北京分行下辖一级支行19家，辖内营业网点573个，其中自营网点138个、邮政代理网点435个。全行在岗员工3610人，平均年龄35岁，其中合同工3358人、劳务派遣252人。

一、经营概况

北京分行资产规模3667.30亿元；各项存款余额2492.35亿元，各项贷款余额1744.69亿元；实现收入82.39亿元，比上年增长3.81%；实现利润总额40.38亿元，比上年增长2.3%；不良贷款率0.19%。

二、坚决落实中央战略部署，助力打好三大攻坚战

（一）金融精准扶贫

京内京外联动，坚持“扶贫与扶志”“融资与融智”相结合，持续为贫困人口搭建就业、交易渠道，实现长效扶贫、自我脱贫。扶贫贷款比上年增长1.50亿元，超额完成全年目标。

（二）绿色银行建设

绿色信贷余额305亿元，年增28.39%，高出全部信贷增长18.13%。创新绿色金融产品，实现绿色债券和绿色票据承销破冰。

（三）加强风控案防

从“制度、文化、手段、科技、人才、党建”6个方面，采取“制度年”“合规月”“代职支行长”“风险地图”“五圈排查”等特色手段，丰富案防内控的“工具箱”，牢固构筑案防内控体系，全面风险管理不断加强，实现“零案件”目标，连续9年在总行案防考评中获“优秀”，获评总行“案件防控工作先进单位”“‘金盾奖’内控风险管理优秀单位”。

三、践行服务“三农”，服务城乡居民，服务中小企业

涉农贷款余额72.27亿元，比上年增长24.39亿元，其中普惠型涉农贷款结余15.41亿元，比上年增长8.69亿元，涉农公贷余额30.34亿元，比上年增长2.94亿元。提升网点服务效能，增配43名大堂服务专员，7家支行获全国“银行业文明规范服务星级网点”，消费者权益保护工作连续4年获北京银保监局一级评价。下调贷款利率，下放审核权限，着力破解小微、民营企业融资难题。积极践行大行责任，推动缓解“融资贵”。普惠型小微企业客户3883户，余额83亿元。

四、加强党的建设，落实巡视整改

落实“两个责任”“一岗双责”，高质量开展“不忘初心、牢记使命”主题教育，结合分行实际，统筹推进“大学习大讨论大落实”“一月一事消灭最差”“挂行蹲点”“双走双拜访”“双提双解”等活动，组织各类学习107次，开展各项调研399次。强化政治监督，将金融扶贫、绿色银行建设、防范化解风险、重大决策部署落实等纳入巡察、全面从严治党专项检查，构建上下联动监督网。落实中央八项规定精神不松懈，持续整治“四风”，集中整治不作为、慢作为。深化运用监督执纪“四种形态”。开展“三廉三固”（以廉固心、以廉固行、以廉固风）活动，在重大节日、关键节点，通过会议传达、发送廉政微信等方式，打好“预防针”。配合集团党组巡视，聚焦“六围绕、一加强”，全面查找差距和不足，坚持“当下改”“长久立”相结合，制定整改措施，建立整改台账，明确时间表、路线图、责任单位、责任人，做好巡视“后半篇文章”。

五、转型创新

（一）围绕“十大抓手”，加快向新零售转型

以校园行活动抓腾讯联名卡，发卡7.97万张，卡均余额5652元。以“军民共建”活动抓退役军人服务卡，发卡9575张，联动邮储食堂、一键绑卡、手机银行等业务。以“增量提质”活动抓ETC卡，发卡15.26万张。代发工资客户新增485户，计划完成率161.67%。商户收单新增2.8万户，列城市分行首位。

（二）深化互联网思维，加强平台建设、场景建设

开放式缴费平台业务首批试点上线，瞄准五大客群（房地产公司、教委、协会、科技公司、党工团），实现批量获客，新增客户65家。手机银行激活客户净增66.8万户，列城市分行首位，手机银行活跃客户59万户，列邮储系统第3位，EO卡线上获客新增3.98万户，新客户占比95%。“邮储食堂”新增会员20.6万户。O卡方面，新增发卡40.7万张，总量245万张，卡均余额3972元，沉淀存款97亿元。

（三）产品创新，业务转型

办理邮储银行首笔全线上流程“进车贷”项下银行承兑汇票业务。针对中小企业不同需求，围绕北京经济特点和产业重心，研发“知识产权贷”“大王贷”，发放分行首笔小企业供热贷款。“邮信贷”“粮抵贷”余额排名邮储系统前列（大北农“邮信贷”余额5.92亿元，系统内第一，中粮“粮抵贷”余额2亿元，系统内第二）。消费信贷比上年增长49.92亿元，信用卡新增发卡20.28万张，比上年增长11%，信用卡累计消费金额43.56亿元，比上年增长47.76%，累计分期金额3.02亿元，比上年增长76.6%。代理保险销量5.54亿元，其中期交占比25%。债券承销规模548.09亿元，保持邮储系统第一，投行业务实现中收1.29亿元，比上年增长94%。新增交易银行客户179户，户均存款5775万元，沉淀总存款321亿元。跨境融资余额14.65亿美元，供应链余额50.55亿元，国内保函余额86.07亿元，跨境融资余额及国内保函余额均为邮储系统第一。托管运营规模12193.16亿元、托管业务收入3.60亿元，均为邮储系统第一。

8月，邮储银行北京市分行普惠金融智能化营业厅建成，全面突出“智慧、共享、体验、创新”的普惠金融理念。

（四）网点转型

完成总行首批网点转型试点。持续探索面向未来的新型网点，建成邮储银行首家“普惠金融营业厅”，“5G智慧网点”正在建设。持续探索网点科技化、数字化、智慧化发展路径，加快ITM（智能柜员机）、VTM机（远程视频柜员机）、STM（超级柜员机）等智能机具布放，ITM网点覆盖率100%。

（五）科技赋能

推进“四大共享平台”建设（风险信息共享平台、产品业务共享平台、客户资源共享平台、数据资源共享平台），加强数据资源整合和共享，在客户识别、触达、体验、营销、风控等多方面实现模式转型与体验升级。开发邮储银行首款移动端业务管理平台，提升信息交互时效。

（六）强化“协同发展”

北京分行坚持邮银协同发展、开放合作，不断推进协同体系建设。速递物流全国资金池项目成功上线，纳入全国28个省（区、市）逾1000个账户，实现年日均近7亿元；邮银协同ETC发卡11738张，有效支撑ETC业务发展；邮银共同开展公司客户拓展活动，新增客户近200户。

六、员工福利方面

调整员工队伍结构，40余名同业人才引入重点岗位，600余名员工职级晋升，3300余名员工薪级晋档。开展多层次多样化培训，持续培育先进典型，2019年共有4个集体、17名个人获省部级、总行级（含）以上荣誉。开展庆祝新中国成立70周年升旗仪式及歌唱比赛等系列活动，组建北京分行青年宣讲团赴支行巡回宣讲。（邮储银行／提供）

【中邮保险北京市分公司】

一、经营管理

（一）提前达成经营发展目标

实现总保费14.49亿元，比上年增长13.2%，完成全年目标的102.9%，进度列全国第四；实现期交新单保费4.95亿元，比上年增长9.9%，完成全年目标的108.2%，提前百天达成全年期交新单保费目标，进度列全国第五。

（二）价值转型

实现长期期交新单保费1.20亿元，比上年增长153.3%。缴费期10年及以上高价值业务规模及占比均列全国第一。实现续期保费6.99亿元，比上年增长39.9%，占总保费的48.2%，续期拉动作用明显。

（三）关键运营指标提升

13个月保费继续率93.24%，比上年提升4.52%；25个月保费继续率98.17%；犹豫期内电话回访成功率99.58%，比上年提升3%；妥善处理客户诉求，亿元保费投诉件数为0。

二、精准施策

邮银渠道的“参谋部”，主动沟通邮银单位，共同研究制定中邮保险保费目标、工作节奏、激励机制，强化引领。代理保险的“培训部”，开展培训282场，覆盖近5000人次。运营管理的“指挥部”，践行“自营+代管”模式，做好中邮保险专岗人员培训，严控运营指标，确保合规发展。销售单位的“后勤部”，聚焦专业培训、活动组织、客户投诉处理等，为基层分忧解难。组织开展客服活动200余场，开展朋友圈广告宣传、电子宣传图等，提升品牌影响力。自营业务的“作战部”，开拓集团公司战略客户；连续5年承接集团及在京直属单位补充医疗保险项目，承保3万余人次、理赔服务2.7万余人次、接受业务咨询800余件、现场服务50余次。

三、邮银协同

（一）省级协同项目达标

将“星火燎原——产能倍增计划”纳入省级协同项目，邮银保三方同部署、同培训、同督导，快速提升一线人员销售长期期交保险技能和资产配置能力，帮助销售人员养成销售惯性。

（二）推进“自营+代管”模式

落实集团要求，协同北京邮政出台机编文件，在金融业务部设立中邮保险室；细化专岗人员选聘条件，对现有人员进行摸底，为下一步选聘奠定基础。

（三）兼职讲师队伍作用显现

聘任兼职讲师76名，组织开展“保险简单说”原创作品评选等活动，每季度开展兼职讲师专项培训。

（四）营销精英队伍激发活力

邮银保联合召开2019年北京中邮保险高峰会，持续释放荣誉激励的引领作用。组织北京“中邮好声音　邮你更精彩”K歌大赛，业绩与特长结合，让个人魅力充分展示，让优秀人才脱颖而出。

四、管理水平

（一）运营管理能力

开展中邮保险中心专岗人员集中培训6次，涵盖全业务流程、合规及客户服务等内容，提升专岗人员履职能力。在全国率先推广线上微信回访，线上回访率47%，大幅提升运营效率和客户体验。开展失效保单排查，复效保单556件、复效保费1395万元，有效维护客户权益、防范风险。分月做好满期业务风险预判，细化措施，满期给付工作平稳推进。

（二）风险管控

针对销售乱象、理赔乱象、数据造假乱象、侵害消费者权益乱象等开展风险排查9次，接受高管任中及离任审计1次，开展反洗钱审计、关联交易审计、内控评估等，切实防控公司风险。

五、干部队伍素质

一是实施2019年员工素质工程。开展政治过硬、本领高强、身体强健、艺术修养4项工程，提升独立作战及独立组织能力。二是打通员工多通道发展路径。构建以能力、贡献为导向的星级员工动态评定机制。三是凝聚发展合力。岗位大练兵活动掀起全员主动学习制度、执行制度的热潮；“居安思危治顽疾”作风整治行动使全员思想受洗礼，工作作风明显改善；军事训练磨炼意志、提振士气，增强团队凝聚力。

六、全面从严治党向纵深推进

（一）党的建设全面加强

深入开展“不忘初心、牢记使命”主题教育，深刻检视、立行立改。组织中心组学习22次、集中学习研讨14次、讲授党课6次，筑牢思想根基。完成党支部换届改选，认真落实“三会一课”制度，进一步加强基层党组织建设。

（二）做好巡视整改落实

持续推进中央巡视整改工作，开展季度“回头看”，强化跟踪问效。针对2019年集团巡视反馈问题，细化整改措施，制定整改台账，列出任务清单，责任到人。

（三）强化监督执纪问责

严格落实中央八项规定精神，持续开展集中整治形式主义、官僚主义“回头看”，每半年开展一次“四风”自查。深化运用监督执纪“四种形态”，纪律规矩意识进一步增强。

七、央企责任切实履行

通过保险扶贫，为4860名低收入人群赠送意外伤害保险，风险保额4860万元。开展公益扶贫，邀请专业机构开展应急救护知识讲座，配发急救包，送去中邮保险关爱。践行绿色邮政理念，2019年度保单线上化率96.3%，人均办公用纸成本比上年下降34.2%。未发生重大风险事件。

八、员工幸福感进一步增强

打造“工作顺心、生活舒心、组织放心、家人开心”的四心企业，调整员工午餐标准、组织花艺DIY及心理讲座等，将对员工的关爱具体化，召开员工座谈会，倾听员工心声，切实解决员工关注的问题。（中邮保险／提供）

【中邮证券北京市营业部】 北京市宣武门东大街证券营业部全面贯彻落实集团和公司精神，探索“自营+协同”发展优势，应对市场形势，科学制定发展策略。明确发展思路和工作举措，在确保防控风险、规范经营的前提下，以重点客户服务、融资类业务推广、资管投行业务推动为重心，在巩固传统业务收入的同时，大力发展中间业务、高附加值业务，进一步优化收入结构，增加利润增长点，实现股票质押、新三板、投行业务的突破，实现总部下达的收入利润目标。

一、业务数据

（一）经纪业务

累计账户数83337户；有效户5010户，占比6.01%；客户资产86.59亿元；A股交易量196.21亿元。具备融资业务资格的客户325户，开办两融业务的客户182户，占比56%；两融客户总资产6.71亿元，累计融资余额618.68亿元，日均融资余额1.7亿元；股票质押业务开展项目1个，融出余额为1.89亿元。

（二）资管投行

完成国泰绿通财务顾问业务的签订。

（三）收入利润

总收入3006.57万元，利润2366.53万元，完成公司下达的目标。

二、重点工作

（一）高效融资业务发展

1. 融资融券。结合“2019跨年营销”“春季行动”“融资融券业务专项营销”等活动，对符合适当性要求但没有开通两融资格、开通资格但是没有进行过融资操作的客户，通过电话回访与客户沟通交流，了解客户的融资需求和对两融业务的认知度，详细介绍两融业务风险，分析市场趋势和特征，让客户明确操作思路，建议客户在没有行情或行情启动初期申请开通业务，熟悉交易规则，提前做好各种准备，在市场出现交易机会的时候，再利用融资工具进行参与，避免盲目参与可能带来的交易风险和损失。融资融券利息收入1144.50万元，占营业部总收入的38.07%。

2. 股票质押。股票质押利息收入1184.34万元，占营业部总收入的39.39%。

（二）投行、资管业务推进

安排专人重点针对北京、江苏、山东、安徽、云南等地区，寻找和储备新三板、ABS、财务顾问、固收业务等项目资源。对接、跟进储备和接洽的云南保山贞元珠宝新三板项目、国泰绿通财务顾问业务、马钢资管固定收益项目、望京综合开发公司ABS项目、四维创智投行业务、私募基金交易服务等。资管投行项目收入28.30万元。

（三）核心客户维护

重点抓信用高净值核心客户服务，建立营业部自有的推荐—跟踪—提醒的服务体系，在熟练掌握业务规则、系统设置的前提下，结合客户需求、持有股票的特性、操作意向以及融资需求，协助客户制定、调整融资方案和操作策略。对融资金额或交易金额较大客户、合约或合同将到期客户、维保比例较低客户，提前做好相关业务规则、投资风险的提示工作。每日实时盯盘，对触及严重关注线、触及追保线、触及平仓线的客户进行特别关注，及时通知客户登录三方邮箱查阅预警邮件，指导客户主动降低负债金额、提高维保比例，避免强制平仓的情况出现。

（四）持续推进产品销售

按照公司的步调、节奏和统一安排，结合产品销售有针对性的组织投资者教育和产品推介活动，持续加大金融产品销售的力度，优化收入结构的同时提升有效户占比。通过公司代理销售的基金产品，营业部对客户进行筛选，按照公司的话术指导向符合条件的客户发送短信，安排理财经理给自然增长的存量客户进行电话介绍。

（五）板块协同工作情况

与邮储银行北京市分行商谈协同合作方案，初步与房山、朝阳、顺义、海淀、西城取得联系，试点推进有效户开发和邮储三方存管签约。

（六）严格合规管理

根据公司安排，重点进行和配合完成营业部2018年9月1日至2019年3月31日期间业务全面风险排查、负责人强制离岗稽核、反洗钱专项稽核、防范化解金融风险工作开展情况自查等，重视关注公司各项制度和工作机制在日常业务开展中是否得到有效贯彻和执行，向公司反馈检查结果，在检查中对发现的问题及时进行整改。在进行日常业务办理中，能够有效地遵照证券监督管理规定、公司内部的规章制度来执行，严格自律，未发现重大风险事件，不存在重大风险隐患；但也发现一些不到位不完善的地方，在业务细致程度上还需进一步加强与完善。

（七）党风廉政工作方面

1. 坚定理想信念，夯实理论基础。营业部领导参加公司中层干部“不忘初心、牢记使命”专题学习，组织营业部全体员工学习贯彻党的十九大精神，在学懂、弄通、做实上下功夫。把学习贯彻党的十九大精神作为当前和今后一个时期的主要任务，坚持读原著学原文悟原理，做到自觉地学、有计划地学、持之以恒地学。

2. 坚持知行合一，增强“四个意识”，坚定“四个自信”。积极参加支部组织的各种学习，并在营业部成立学习小组，利用业余时间自觉学习党的最新理论知识，始终和党中央保持一致。切实增强中国特色社会主义道路自信、理论自信、制度自信，切实增强政治意识、大局意识、核心意识、看齐意识，做到“四个服从”，在思想上政治上行动上同以习近平为总书记的党中央保持高度一致，对党绝对忠诚，做政治上的明白人。自觉把共产主义的远大理想和建设中国特色社会主义的具体任务结合起来，与岗位工作结合起来，以饱满的工作热情和奋发有为的精神状态投入工作。（中邮证券／提供）

【北京市寄递事业部】

一、组织架构

寄递翼改革后，北京市寄递事业部下辖16个区寄递事业部和同城业务分公司、国际业务分公司、物流业务分公司、航空邮件处理中心及邮区中心局5个直属单位，共21个单位。内设市场部、服务质量部、速递部、快递包裹部、运营管理部、信息技术部6个经营支撑部门和综合部（党委办公室）、人力资源部、计划财务部、党委党建工作部（监察室）4个综合职能部门。北京市寄递事业部在岗员工15745人，其中邮政划入8095人，速递划入7650人。

二、机构建制

内设6个经营支撑部门和4个综合职能部门，均为三级副建制；5个直属单位中除中心局外，均为三级副建制，中心局为二级副建制；16个区寄递事业部均为三级副建制。上述各单位或部门内设机构建制如下。

（一）内设机构建制

1. 6个经营支撑部门和4个综合职能部门的内设机构。其中服务质量部下挂客户服务中心，速递部下挂政务营销中心和商企营销中心，快递包裹部下挂电商营销中心，运营管理部下挂指挥调度中心，计划财务部下挂财务共享中心，下挂机构均为四级正建制。

2. 16个区寄递事业部的内设机构。年包裹快递业务收入1亿元的朝阳区、海淀区、西城区、东城区4个区寄递事业部内设市场部、服务质量部、运营管理部、速递部、快递包裹部5个经营与支撑部门和综合部（党委办公室）1个综合职能部门；其余12个区寄递事业部内设市场部、服务质量部、运营管理部3个经营与支撑部门和综合部（党委办公室）1个综合职能部门，均为四级副建制。16个区寄递事业部内设部门下挂的客户服务中心、政务营销中心、商企营销中心、电商营销中心、客户营销中心均为班组建制。

3. 5个直属单位的内设机构。同城业务分公司、国际业务分公司、物流业务分公司均内设市场部和运营部2个部门，航空邮件处理中心内设调度中心、监控中心和作业中心3个生产机构，均为四级副建制。中心局内设综合办公室（安全保卫部）、指挥调度中心、财务部、人力资源部、监督检查部、党委党建工作部（监察室）为职能机构，内设邮件处理中心、邮件运输中心、运行维护中心、东站处理中心（过渡期设置）、西站处理中心（过渡期设置）、行邮处理中心（过渡期设置）为生产机构，均为三级副建制。

（二）运行营业网点

1. 16个区寄递事业部的营业网点。设有189个营业部，其中速递划入101个，邮政划入88个。

2. 4个直属单位（除中心局）的营业网点及作业班组。同城业务分公司和物流业务分公司均设有4个营业部，国际业务分公司设有5个营业部（其中速递划入4个，邮政划入1个），航空邮件处理中心设有11个班组（其中有7个挂靠作业中心，4个挂靠监控中心）。（北京市邮政分公司／提供）

天 津 市

【天津市邮政分公司】 天津市邮政分公司全年业务总收入实现18.82亿元（含寄递事业部）。

一、企业经营

（一）金融业务

实现收入9.16亿元，完成预算进度的93.1%。全面启动金融系统化转型，推动经营和管理端流程优化，组织产能提升培训，拉动长期期交发展，长期期交保费实现1.7亿元，比上年增长186%。强化客户管理，开展“六重礼、养老金留存”等活动，新增客户建档83万户，建档率提升10.5%。拓展渠道业务，新增ETC卡、社保卡等3.4万户，手机银行20.9万户，替代率增幅全国排名第2位。

（二）寄递业务

实现收入5.02亿元。下半年以来，在“标快百日会战”“旺季营销”活动带动下，寄递业务逐步企稳，其中标快实现收入1.71亿元，比上年增长1.7%，快包收入8753万元，比上年增长15%。“双十一”项目取得突破，收寄量194万件，比上年增长25.4%。

（三）文传业务

实现收入2.63亿元，比上年增长12.8%。生肖贺岁、账单、政务图书等项目实现较快发展，比上年分别增长47%、16.4%、43.6%。电商分销实现收入1.3亿元，比上年增长15.3%，其中“三大节日”项目增长45.7%，批销业务增长167%。

“双十一”期间，天津市邮政分公司提前梳理优化流程，提升邮件处理效率。

完成市、区两级板块协同组织和制度建设，合力推进重点项目。汽车产业链完成计划的109.7%，实现全市22处行政中心邮政入驻全覆盖，推进与惠农合作社相关业务48个。先后与市网信办、渤海人寿、海河传媒等7个单位签订战略合作协议，深化与铁塔、联通、移动等单位的合作。

二、各项改革有序推进

推进寄递横向一体化管理，完成集团公司“八大整合”，撤销揽投网点13处，退租网点2处，市内邮路日均缩减231公里，实现收寄、分拣、运输、投递各环节，航空网和陆运网，信息系统、客服中心、指调中心等的全面整合。完善服务质量部职能，对网运、投递、普包、机要实行归口管理，成立区分公司普遍服务与实物网工作组。

三、积极履行邮政企业职责

开展普遍服务达标专项整治，发现问题615个，落实整改率100%。组织平信丢失压降工作。机要通信连续27年无事故。

金融风控方面，全年组织飞行接管检查16次，组建消保工作处理团队，提升对外服务能力。开展“一把手”合规授课，警示教育巡回宣讲。精准扶贫方面，落实对口村扶贫资金90万元。推进电商扶贫，实现农产品销售4115万元。绿色邮政方面，推进绿色邮政“三大工程”，组织生态环保落实情况自查，开展“绿色邮政、绿色发展”主题宣传，全面完成集团公司“9579”目标。电子面单使用率97%，较年初提高14%。

四、管理能效

（一）财务管理方面

以零基预算为基点，以保人工成本和生产运营为动因，完善全面预算管理体系。开展全面对标，完善重点成本标杆42项，按月发布指标结果。实行资金分类管理，建立经营资金分析模型，强化资金管控意识。推进损益核算，定期展示损益核算结果。

（二）人力管理方面

建立标杆定量配员机制，完成金融、投递（揽投）岗位标杆定量和定员，盘活金融人员105人，梳理273人用于包裹专揽投。

（三）业务管理方面

紧盯揽收成本、运输成本、投递成本，通过外包集采和成本管控，投递单价降低0.64元/件，揽收单价降低1.15元/件，运输成本比上年降低28.8%。开展“双清”工作，累计消减存货1349万元，清缴欠费9815万元。

（四）日常管理方面

对金融积分、投递外包等纳入集中采购，累计完成项目55个，集采率提高到57%。审计监督作用进一步发挥，全年开展集邮、党费等专项审计4项。深化安全预防工作，组织开展安全培训和安全检查，严格落实隐患排查和整改，确保全年无重大安全生产事故，确保重大活动期间的安全服务保障。

11月27日，天津市邮政分公司与“芦台春”“正阳春”“狗不理”等知名食品企业合作开展“福至新春”特卖活动。

五、能力建设

（一）网点能力方面

改造金融网点20处，配备ITM 143台，配置清分机671台，社保制卡机36台，布放存折存取款机15台，新增移动展业83台，ETC发行器80台。

（二）实物网能力方面

完成包分机设备改造，日处理能力提升到60万件/天。新增中心局分拣格口14个，配备皮带机19条，落件扫描设备15台，较好提升邮件处理能力。

（三）信息化建设方面

完成新一代寄递平台邮速功能整合等9个集团公司重点系统建设。自主研发智慧大堂、看板管理、快包揽收、热力图、格口分拣等10个项目。在全部代理金融网点上线统一柜面管理平台。推广网点“第三方支付”收款，开通率96%。

六、党的建设

（一）主题教育开展情况

扎实开展两批“不忘初心、牢记使命”主题教育，通过推进学习教育、调查研究、检视问题、整改落实4项重点措施，干部思想更加自觉，行动更加有力，制度不断完善。

（二）党组织建设情况

以“五好党支部”和党员示范岗创建活动为抓手，深入推进基层党组织建设达标工程和创先争优活动。制定基层党组织建设、党建工作责任制等办法，推进基层党组织各项工作规范化、标准化。

（三）巡视整改落实情况

认真履行巡视整改主体责任，统筹推进中央和集团公司巡视整改工作，确保各项任务和整改措施落地见效。

（四）党风廉政建设情况

组织104名直管干部参加从严治党观展。通报7起违反中央八项规定精神典型案例、11起违反薪酬纪律侵害职工利益典型案例。对二级单位“两个责任”落实情况进行了检查。（天津市邮政分公司 / 提供）

【邮储银行天津市分行】 天津分行设有21个部门、1个直属单位，下辖一级支行19个。辖内网点390个，其中银行自营105个、邮政代理285个，涉农网点204个。从业人员2513人，其中本科及以上学历人员2071人，占比82.41%。

一、经营概况

总资产1034.21亿元，比上年末增长14.97亿元。其中各项贷款余额559亿元，比上年末增长177亿元，绿色贷款余额53.9亿元，增幅14.75%。总负债1028亿元，比上年末增长14亿元，其中各项存款余额962亿元，与上年末持平。实现收入15.68亿元，增幅9.38%，利润总额6亿元，增幅60.44%。

二、业务发展

（一）个人金融业务

实现收入4.42亿元，增幅4.53%。个人存款实现高质量稳定增长，储蓄规模260.88亿元，点均余额2.48亿元。围绕“十大抓手”，推进中间业务转型发展，重点和优先发展“4张卡+收单商户+代发工资”。借助基金、理财等财富管理类业务加深客户黏性，提高中高端客户资产配置水平及能力。

（二）零售信贷业务

实现收入2.29亿元，个人经营性贷款净增3.03亿元，坚持线上线下协同发展，借助总行与蚂蚁金服合作契机，以极速贷为抓手，着力解决获客、审贷等业务过程中的难点。营销全国头部渠道，利用新的业务模式和平台资源，获批总行30亿元电商平台专属车贷。自主实现系统开发，建设互联网前置系统与总行网贷系统直连，大幅降低业务处理时长。落地“一点接全国”业务模式，加快与核心企业对接，推动供应链金融。

（三）小企业金融

发放全流程线上“小微易贷”177笔，金额1.31亿元。深化与天津市中小企业信用融资担保中心的合作关系，成为国家融资担保基金再担保项目首批准入合作银行。与天津市科技局、工业和信息化局、滨海高新技术开发区、天津科技金融中心、天津市企业家协会、个体劳动者协会等政府部门和平台机构形成良好互动。

（四）公司金融业务

发放公司贷款143.91亿元，净增91.05亿元，ETC发卡10.82万张。实现全国跨省资金归集；实现两个银企直联项目优化升级；与滨海水务、滨海供热、河东房管供热、清洁能源等单位在代收付合作上有所突破。国际业务在线上保理、信用证、非融资性保函等业务上实现破冰；供应链业务放款12.34亿元，完成邮储银行首笔汽车产业金融业务。

（五）金融同业业务

放款109.5亿元，比上年增长6.5亿元。同业借款业务实现零突破，业务规模5亿元。纯托管规模新增75.73亿元，总规模242.57亿元。办理自分行成立以来首笔再贴现业务，实现票据业务新突破。

（六）信用卡业务

发卡5.89万张，新增客户3.33万户，积极搭建发卡场景，打通权益获客渠道，以“决战金秋”等外拓活动为抓手，提高营销能力。强化信用卡风险管控，严把进件质量，压降不良金额，不良率由5.98%下降至2.85%。

（七）网络金融业务

电子银行客户数106万户，交易替代率89.1%，净增手机银行激活客户10万户，收单业务新增商户6362户。商户联动存款余额近2.2亿元，发展“邮储食堂”会员4.8万户，净增快捷绑卡账户11万户。

三、落实重大决策部署

（一）落实金融扶贫工作

开展“村村贷”大走访活动，完成扶贫贷款及普惠型涉农贷款新增计划。在蓟州区建立信用村，与静海区东子牙村和宗保村建立对口帮扶，派出3名干部履行相关职责。

（二）服务民生工作

配合体制改革、社银联网平台二期建设和社保发放工作，实现社保发卡9.59万张，单月代发养老金97万人次，代发量占全市总量的47%。

（三）绿色金融工作

推进审批“绿色通道”机制和“平行作业”审查审批模式。储蓄类业务办理实现免填单，优化区域绿色授信政策，明确绿色信贷支持方向、重点领域、准入标准和管理要求，绿色贷款余额53.9亿元，比上年末增长14.75%。

（四）推广线上模式和信贷工厂模式

加大小微企业支持力度，与行业龙头企业合作，为下游经销商、养殖户提供预付款、流动资金贷款等一揽子金融服务。

（五）坚持“邮银协同”

深入研究落实板块协同发展工作流程、机制，发挥资源优势，在分行成立代理金融管理部，推进汽车产业链、惠农合作、政务服务、电商协同等集团九大重点协同项目。借助邮政代办车务的优势，邮银双方共同为客户提供综合金融服务；依托邮银“金融+物流”优势，形成特有的乘用车金融服务生态系统；推动邮乐网电商平台全国首家上线，实现邮乐网企业端全国首单成交。

四、风险合规管理

抓好防范化解重大风险三年规划落地，开展“巩固治

乱象成果 促进合规建设”工作。落实“全面、全程、全员”风险管理理念。不断优化全行资产质量，不良率由上年末的0.64%下降至0.33%。运用自主追索、法律诉讼、委外催收等手段，加大不良贷款清收力度。

五、消费者权益保护

全面推进消费者权益保护工作，不断强化客户投诉管理能力，定期发送95580受理情况及典型案例通报。加强消费者权益保护工作的宣传教育，组织开展监管专项宣传活动6次，其中在“普及金融知识，守住‘钱袋子’”活动中，郊县支行深入天津市涉农区县的特色村镇以及天津市1000个结对帮扶困难村，共计开展现场宣传16次，帮扶困难村16个；与人民银行天津分行联合开展“金融诚信伴我行”系列讲座，走进小学校园16次，被人民银行天津分行选为进小学活动典型；在“普及金融知识万里行”“3·15金融消费者权益日”活动中，除网点宣传外，主动“走出去”开展特色宣传活动，“进社区、进校园、进企业、进商圈、进村屯”142次。

六、党建工作

扎实做好中央巡视整改和集团巡视整改工作，上下联动，落实巡视整改常态化工作机制。开展“不忘初心、牢记使命”主题教育，按照“守初心、担使命，找差距、抓落实”的总要求，做好“五个结合”“六个转化”，加强对各基层单位的督导工作，确保主题教育高质量开展。认真落实基层党组织建设“六六四”达标要求，提升全行党建工作质量，组织开展基层党组织“共建、共享、共进”“合规——共产党员在行动”等活动。加强群团工作和精神文明建设，1名团干部获2019年度“银团合作先进个人”荣誉称号，滨海新区支行获评“2019年度全国交通运输服务文化建设优秀单位”。（邮储银行 / 提供）

【中邮保险天津市分公司】 实现总保费9.59亿元，比上年增长0.9%。新单保费3.89亿元，全市寿险公司银保渠道占比3.94%，居第7位；其中期交新单保费3.81亿元，全市寿险公司银保渠道占比11.98%，居第2位，长期期交新单保费9536万元，比上年增长201.6%；续期保费5.69亿元，13个月和25个月保费继续率96.07%、98.02%。获得天津市人身险公司客服人员专业技能展示评比和天津市保险业“我爱我的祖国”文化活动优秀组织奖；中邮保险合规先进单位、“创优争先”劳动竞赛运营管理先进单位；中国邮政第三届“我与祖国共成长”微视频大赛“纪实微电影类”一等奖；中邮保险政研会年度优秀成果评选、微视频比赛、主题诗歌朗诵比赛一等奖。

一、转型发展

（一）营销组织水平提升

把握节假日和社会热点，开展创意营销和厅堂快闪拉动长期期交业绩平台，探索“活动+产能”营销模式，开展系列主题营销活动53场。协同市邮政分公司开展“百优工程暨中邮保险深化转型发展精英理财经理培训”项目，提升各支局长和理财经理复杂保险产品销售技能。

（二）分层级营销培训

聚焦产品知识、销售技能、客户开发等营销重点开展线下个性化培训，开展集中培训95场，参训2266人次；网点培训1140场，参训1930人次。依托“岗位大练兵 技能大比武”平台、QQ群、微信群等新媒体开展线上培训，上传课件40个，参训637人次，学习课程12511节，开展微信群、QQ群培训294场，参训346人次。

（三）板块协同

分公司领导班子及相关部门负责人参加市邮政公司季度月度板块协同联席会，领导班子前往邮银板块和一线网点调研70次，形成报告18篇；构建多维度板块协同体系，协同市邮政分公司开展公益扶贫活动；协同邮银板块开展发展“手机银行”和“ETC”劳动竞赛。

（四）团险业务

依托总部统括项目，全国第一个承保铁塔天津分公司员工团险项目，同时是全国唯一一家承保铁塔员工家属团险项目的省级分公司。协同邮银板块实现借意险业务破零和惠农项目开展。推动总部汽车产业链项目扎实落地，与欧吉诺汽车维修有限公司达成团险合作。外拓能力提升，开发芦台新合织物厂等新客户。

二、激活代管动能

按照《关于切实做好市县中邮保险局（中心）专业岗位人员选聘工作的通知》和“241号文件”要求，积极与市邮政分公司进行沟通，多次摸排各区金融条线和现有中邮保险局人员基本情况做好档案留存。开展“1125号文件”落实情况专项自查，进一步夯实“自营+代管”基础。

三、专业引领能力增强

（一）运营支撑能力提高

各项运营指标数据良好，重控单证核销率100%，人核件全流程时效3.25天，5日作业完成率100%，5日回销率100%，理赔5日结案率100%，均居全国第1位；探索运营专业服务支撑体系建设，前往渠道开展业务检查、服务支撑60余次；提升服务品质，优化客户体验，理赔申请支付时效1.26天，居全国第7位，出险支付时效77.62天，比上年减少50天，7日调查完成率100%，理赔综合考核评分居全国第2位。

（二）客户服务能力增强

强化全流程指标管理，新契约回访25640单，犹豫期内电话回访成功率99.5%，居全国第7位，回访成功率99%以上，回访问题件得到有效管控。银保监投诉量明显下降，投诉处理能力提升，快处办结2件。增设专人负责双录督导，问题件下降 58.5%。开展亲子类活动、健康扶贫活动等客服活动，惠及客户近千人。

（三）信息技术建设能力加强

成立网络安全工作小组，开展全员信息技术安全培训及渠道设备巡检。开发“邮银网点地理、人员信息指引”微信小程序，提高下沉服务推动的工作效率。统筹推进市分公司及区中邮保险局核心业务系统更新，CRM 系统、客服系统、续期系统上线工作。

四、企业管理水平提升

（一）人力资源管理

加大人才引进力度，多渠道引进专业人才 8 人。推进年轻干部培养锻炼，安排 4 名业务骨干承担重要工作。加大员工交流培养力度，组织员工跨岗位交流 14 人次。组织开展专业技术职务聘任，续聘 30 人、新聘 9 人。加强教育培训，多种方式全面提升干部员工综合素质和专业能力。

（二）财务管理效能

加强预算管理，指导规范执行预算；增加采购工作的规范性和透明度，编制集中采购目录和年度集中采购计划，修订分公司采购管理实施细则，委托专业的招标代理机构开展集中采购活动；强化分公司固定资产管理，保证资产的安全完整和合理利用。

（三）风险防控能力

狠抓“三道防线”责任落实，组织员工签订《风险与合规管理责任书》。构建邮银保三方协同工作机制，联合检查 94 次，培训 17 场，参训 464 人次。扎实落实上级部署各项具体行动，开展反洗钱、“治乱打非”、“5・14”、“扫黑除恶”、“亮剑行动”、“远离非法集资教育”等专项活动。开展审计项目 5 个，出具审计报告 2 份，发现问题 6 项，为推进分公司高质量发展提供重要保障。

（四）品宣声誉安全工作

认真贯彻落实总部声誉风险和安全管理办法，未发生负面声誉风险事件和安全事故；精准投放腾讯微信朋友圈品牌广告；参加《城市快报》“7・8”保险业系列新闻宣传活动刊登新闻稿件；组织“7・8”全国保险公众宣传日现场宣传活动。

3 月 13 日，天津市邮政分公司与中邮保险天津市分公司开展进网点、进社区、进农村“三进入”消费者权益保护系列宣传活动。

五、全面从严治党纵深推进

（一）管党治党主责意识持续增强

与各部门负责人签订落实全面从严治党主体责任书，履行“一岗双责”。将党委理论中心组学习和支部“三会一课”紧密结合起来，党员干部带头领学领读并结合实际交流研讨。党委理论中心组学习 12 次，开展专题研讨 6 次；党委书记、纪委书记上专题党课 2 次；支部每季度组织 1 次专题党课，每月开展“主题党日”和集中学习。

（二）“不忘初心、牢记使命”主题教育扎实推进

围绕渠道和分公司员工关心的热点难点痛点问题，深入调研制定措施，协同板块破解城市业务发展难题，长期期交保费实现新突破。64 项整改措施落实 62 项，2 项措施阶段完成并持续推进。

（三）巡视整改效果持续巩固

突出问题导向，采取清单化管理、阶段化推进方式严格落实各项整改措施，巡视整改领导小组定期召开工作例会。针对中央巡视整改、集团巡视整改，对照上海分公司、对照总部 4 项整改任务的 75 个问题，制定 103 项整改措施，落实 99 项，4 项措施取得阶段性成效并持续推进。

（四）作风建设得到持续改进

深化“作风建设年”活动，持续开展“一月一事、消灭最差”活动，基层党建与经营发展深度融合，成立以支部为单位的包联团队下沉渠道。持续开展“四风”整治，紧盯“重要节点”下发节前提醒 5 次，开展公务用车监督检查 5 次，建立四级非及以上领导干部“廉洁活页夹”，开展廉政谈话 44 人次。

（五）全面落实上级重大决策部署

为宁河区 1240 名建档立卡人员赠送人身意外保险，完成了静海区 3318 名建档立卡人员的续保工作；响应行业协会号召，为承德贫困地区自愿捐款 3270 元。推进绿色邮政建设，邮银渠道在线出单率 96.6%，比上年增长 3.45%，人均用纸比上年下降 25.23%，开展了“手植一棵树、绿化一片天”活动。（中邮保险 / 提供）

【天津市寄递事业部】

一、寄递业务

（一）标快业务

一是“标快百日会战”活动提前 5 天完成任务，日均收入增幅 16.1%，标快收入 4800 余万元。二是通过“标快百日会战”“旺季营销会战”等活动，拉动客户增长，新增政务、商企等标快客户 1367 户。三是通过推进“互联网 + 邮政服务”，身份证邮寄转化率 55% 以上，不动产

中心业务覆盖率100%，与近70%的部委达成合作关系。政务类业务收入5390.4万元，比上年增长31.9%，增幅列全国第4位。四是全市金融、保险、3C通信客户收入978.89万元，“三进工程”累计收入6800.35万元；发展ETC客户并深入推进合作，形成收入115.45万元，新增金邦达项目，形成收入384.61万元。

（二）快包业务

一是开展“走千访万”活动，分级走访与开发客户。活跃客户964户，比年初增加117户。快包业务累计市场占有率2.5%，比上年提高0.3%。二是持续强化损益核算。快包邮件平均重量累计为1.56千克/件，比上年下降0.29千克/件，累计重量单价3.16元/千克，比上年提高0.16元/千克。三是运作良品铺子华北仓，加大对主流平台尤其是拼多多平台的客户开发。

（三）国际业务

一是通过重新梳理业务流程，提升工作效率，改善服务品质，促进各类国际业务发展。实现非邮项目业务收入2197.53万元，海外仓业务收入98.02万元，代收代缴业务收入269.3万元。二是9610业务步入正轨，吸引重点客户入驻并完成出口邮件退税工作，通过自主研发的“9610报文生成软件”为客户申报。三是持续推进天津国际邮件互换局建设工作，实现天津关区各类国际邮件的全流程处理。

（四）物流业务

一是启动烟草物流配送项目，业务范围从市内两区逐步扩大至市内6区及环城4区，实现收入434万元。二是发挥金融寄递板块协同作用，促成瓜子二手车全国运输项目，促使吉利天津仓融资质押监管项目创收。成功开发“恒大国能”汽车项目等。

二、资源整合

一是按照“优化寄递网络组织、整合邮速网络资源、确认内部结算属性”的总体改革思路，完成揽投、内部处理、信息系统等环节的资源整合。通过同址合并等方式撤销网点13处，退租速递网点2处，通过处理场地及邮路资源复用，减少运行成本约470万元。二是组建市寄递事业部指挥调度中心，完善两级指挥调度体系，实现全程全网动态调度和生产管控；完成邮区中心局与速递处理中心机构合并，完成包裹分拣机改造工程，实现进口标快上机分拣。三是推进“京津冀区域提速”，通过“直达+集散”组网，促进京津冀区域标快次日递率89.2%，快包次日递率70%；同城快递包裹次日递率78.26%，标快次日递率92.61%。四是发挥服务质量部门的前端作用，实施分层督导、实时通报、专项整治、重点考核等措施。五是持续开展“丢失专项治理”“揽投操作及服务规范检查”“旺季邮件安全专项检查”等专项视检活动。

三、管理水平

（一）压降成本

通过优化PDA采购模式，节约成本11万元；通过发展自提网络、优化资源配置等，新增中心局分拣格口12个，签署自提代投协议139份，新建智能包裹柜2组，中心局成本费用比上年减少10.35%，委办一级干线邮路件均运费下降22.79%。

（二）财务管理

对银行账户、用户欠费、固定资产、往来账款等进行梳理，7月完成邮速分账核算工作。对寄递部进行独立核算，同步开展多维度的责任中心损益核算工作，完成ERP管会系统的基础设置；引入资金池管理模式，促使企业资金加速回笼。

（三）人力管理

完善营业部经理分等分级办法，出台营销项目负责人绩效考核办法，规范外包人员使用、薪酬发放形式及审核流程等，持续加强人才队伍建设工作，完成42个生产机构划转，6个生产机构新增的ERP机构主数据工作。

（四）安全生产责任体系

推进创建“平安邮政”工作，做好“两会”、第二届“一带一路”国际高峰论坛、中国国际进出口博览会等会议及活动期间安保维稳工作，强化监督检查，确保邮件寄递渠道、人身、航空、交通、信息网络、消防、重要活动服务等安全。

（五）法律风险防控

严格按照横向一体化改革的要求，对700余份经济合同进行法律审查。处理质押监管类重大案件诉讼10起，民事案件11件，减少公司损失6000余万元。加大舆情监控和信访管理力度，维护企业稳定发展。

四、党建工作

（一）加强党组织建设

建立健全党委工作制度，重大事项一律通过党委会集中决议。

（二）组织落实党建活动

开展纪念“五四”青年骨干教育活动，举办党建知识竞赛活动，强化“思想武装头脑、理论指导实践”的作用。

（三）推进党风廉政工作

受理并办结信访7件，调查谈话33人次，进行立案1件。

（四）开展专项效能监察

对涉及投递外包的25个营业部、9个供应商进行核查，对使用投递外包的营业部进行自有人员劳动效率测算，对自有人员揽投量低、外包投递占比高的部分营业部进行实地调研。（天津市邮政分公司/提供）

河 北 省

【河北省邮政分公司】 河北省邮政分公司实现考核收入74.73亿元，列全国第11位。

一、转型发展

（一）寄递业务

整合资源，加大融合力度，抢抓旺季机遇，深度拓展市场，收入自8月开始连续保持两位数增长。完成收入19.46亿元，比上年增长13.73%。

（二）金融业务

完成考核收入37.98亿元，比上年增长8.09%。源头资金抓得更实，商户收单、ETC、代发工资等重点项目有力推进。

（三）保险业务

结构更优，其中长期期交保费占总保费比重的22%，列全国第5位。提前7个月完成中邮长期期交发展目标。

（四）渠道平台

叠加业务和服务种类，代办公安交管业务网点达到513个。农村电商发展扎实推进，成功举办第三届邮政"919电商节"。助力金融和寄递业务发展，促进了金融客户权益体系的打造和代收代投业务的搭载。

（五）基础业务融合发展

突出邮政文化传媒创意策划、媒体宣传推广、整合营销等新优势，推动集邮、报刊、函件创新融合发展。

（六）协同发展

组建省、市、县三级协同机构，推动板块协同深入开展，集团公司重点协同项目快速突破，实现收入1.99亿元。分别与省农业农村厅、省政务服务管理办公室、省税务局等部门签订战略合作协议，促成集团公司与长城汽车集团顺利签约。

河北省包裹邮件处理模式从"散件分拣"向"小件集包＋总包经转＋小件深度分拣"转变。

二、企业改革

理顺寄递事业部管理机制。统一薪酬分配制度，在操作类岗位推行以计件（提成）工资制为主的薪酬制度。加快机构人员融合，实行"职能部门横向融合管理、专业部门纵向垂直管理"，推进人员交叉复用。推动了寄递五大体系建设。时限指标持续向好，成本压降效果初显，源头获客不断增强，服务质量得到提升，看板系统有效应用。全面落实寄递"八大整合"。收寄、分拣、运输、投递环节作业流程实现新突破。

三、服务能力

（一）基础能力

投入资金3.73亿元，满足金融、寄递等重点业务发展。装修改造网点57处，购置ITM设备1146台。完成石家庄中心局工艺设备升级、保定中心局新租场地建设，对7个中心局和7个重点县域特色市场进行了集包设备改造，更新和新增车辆215辆。

（二）重点工程

省集邮大楼工程完成地下3层及地上6层的施工。石家庄中心局新场地建设取得集团公司立项批复，唐山中心局新场地建设纳入集团公司寄递网建设规划，石家庄航空邮件处理中心二期工程完成主体封顶。

（三）技术应用

完成集团公司新一代寄递平台V3专有云、金融统一柜面管理平台、新一代集邮业务等系统上线升级工作。开发了省内服务质量监督检查、数据管控平台、收寄邮件超重稽核等17项系统，提升信息化支撑能力。

四、管理效能

（一）财务管理

以前端经营为起点，深化零基预算编制。完善成本费用标杆，统一寄递事业部邮速双方成本费用标准。明确58项财务指标和13项寄递业务指标对标体系。争取到税务部门全业务增值税汇总纳税政策的支持。

（二）人力资源管理

从严管控用工总量，用工比上年减少1032人，劳产率提升5%。围绕重点业务和关键岗位，举办省级集中培训67期，培训员工3694人次。审计和集采力度不断加大。实施审计项目653项，工程审减金额1245万元。实施集中采购项目239个，节约资金3758万元。

五、服务国家战略

坚决打好三大攻坚战。在防范化解重大风险方面，完成全国"两会"、国庆70周年等重要会议和重大活动期间的邮政服务安全保障工作。在助力精准脱贫方面，扎实推进定点扶贫和电商扶贫。在绿色邮政建设方面，营业网点全部推广使用绿色包装，电子面单使用率99%，省内干线邮路自有车辆全面推广甩挂运输模式。全力服务雄安新区建设，主动做好新区规划衔接工作，在新区相关规划中明确营业场所设备设施详细标准和邮政智能邮筒、信报箱设置等内容。优化调整邮路作业组织，实现雄安新区管委会当日上午见报。制定下发《关于进一步做好服务雄安新区规划建设工作的实施意见》。

六、党的建设

“不忘初心、牢记使命”主题教育深入开展。牢牢把握“守初心、担使命，找差距、抓落实”的总要求，制定具体方案扎实推进。持续落实“三个第一时间”机制。各级党组织立行立改问题686个。开展运用“三个视角”和“三大规律”争创“最佳实践”活动，各级党员干部撰写心得体会344篇，取得成果49项。巡视整改阶段性任务全面完成。建立中央巡视整改月例会和季评估工作机制，持续推进的41项整改措施全部完成或阶段性完成。完善整改落实常态化、长效化机制，完善相关制度、办法39项。党建主体责任落细落实。逐级签订落实全面从严治党要求主体责任书。完成集团公司党组部署的党组改党委、纪检组改纪委工作。采取党员干部帮扶、普通党员包挂、联建工作小组3种方式，实现自办网点党组织的全覆盖。党风廉政建设持续深化。先后对石家庄、邢台、张家口市分公司以及省物流分公司开展巡察。对照集团公司巡视要求和省内巡察情况，认真做好巡视巡察问题整改、未巡先改。对违纪人员进行立案查处，给予党纪政务处分10人。（河北省邮政分公司／提供）

【邮储银行河北省分行】 河北省分行高级管理层下设7个委员会；分行本部设有一级部门23个、二级部门7个、直属单位1个，下辖二级分行12个，辖内邮政金融网点1446个，其中银行自营371个、代理1075个。省内县城全部设置有分支机构，县城服务覆盖率100%；乡镇网点603个，占网点总数的41.7%。全行员工9425人，其中本科及以上员工6941人，占比73.64%。

一、经营概况

总资产3816.43亿元，比上年增长8.66%。各项存款余额3532.68亿元，比上年增长6.94%。各项贷款余额2054.17亿元，新增贷款272.17亿元，比上年增长15.27%，新增存贷比118.67%。全年实现收入71.16亿元，比上年增长9.9%，预算完成率105.26%，收入规模列邮储系统第8位，比上年提升1个位次。实现利润总额25.67亿元，比上年增长33.51%，净利润预算完成率125.2%，利润规模比上年提升2个位次。不良贷款余额25.11亿元，不良贷款率1.18%，比上年减少0.24%，低于全省同业平均水平1.28%。

二、业务发展

（一）零售金融

个人储蓄存款新增56.37亿元，余额770.62亿元，余额列系统第9位。VIP客户新增6.06万户，列系统第2位；代发单位新增758个，新增19.43亿元；ETC新增72.23万户，结存117.98万户；信用卡新增发卡60.78万张，结存卡量173.95万张，分列系统第4位、第5位。个人经营性贷款净增33.26亿元，比上年增长108%，客户数9.4万户，扭转客户数连续3年下降的不利局面；极速贷净增10.55亿元，占总体净增的31.72%。新增小企业客户987户，是上年的1.26倍，小企业贷款余额104.42亿元，列系统第9位。消费贷款净增183.61亿元，余额1091.42亿元，分列系统第6位、第7位。收单业务，新增二维码商户5.6万户，交易金额18.79亿元，均列系统第3位，带动活期存款6.13亿元。快捷绑卡新增客户116.47万户，列系统第2位；交易金额753.1亿元，借记卡收入5889.5万元，比上年增长31.02%。手机银行构建线上消费生态圈，开通生活缴费项目15个，新增生活缴费商户326户，结存409户，均列系统第1位；新增手机银行激活客户73.6万户，结存453万户，分列系统第7位、第5位，月活跃客户82.51万户，列系统第5位。

（二）公司金融

公司存款日均新增46.03亿元，余额712.54亿元，分列系统第2位、第6位；新增代理财政资格23个，新开立机构类账户1224户，均列系统第3位；在河北省该级非税收入收缴结算账户竞标中，成为唯一中标银行；开放式缴费平台上线收费单位375家，列系统第1位。公司贷款净增52.32亿元，余额386.5亿元。国际业务实现收入1.29亿元，比上年增长68%。同业理财销售日均保有量40.77亿元，列系统第5位。全年办理交警罚没款缴费业务232.3万笔，金额2.43亿元；实现体彩归集资金5.16亿元，日均余额1.72亿元；实现烟草款资金归集日均余额27.88亿元。支持省邮政分公司建设ETC“一站式”服务网点400个，邮银结存149.46万户，列系统第3位，新增104.46万个，列系统第2位、同业第3位。

三、风险防控

（一）完善机制

召开风险管理委员会会议11次，研究议题57个，深化机构风险评价管理。设立代理金融管理部，理顺代理营业机构管理职责。深化市场乱象整治，整改261笔，金额8922万元，整改率100%。开展基层内控体系调研，实行双人合规审查，梳理制度2343个，审查新产品、新业务、新制度490项。成立合规宣讲小分队，打造“合规五分钟”学习平台，开展“合规诊断行动”；强化反洗钱工作机制，成立全省反洗钱集中团队，业务集中率100%；落实重大投诉“一把手”负责制，印发《金融消费者权益保护工作手册》，推动消保工作精细化管理。

（二）严控资产质量

制定资产质量管控方案，细化行业授信政策指引；落实经营主责任人制度，开展资产质量真实性检查，严控重点领域风险，小企业贷款压降逾期1.99亿元，列邮储系统第1位，压降不良贷款2.15亿元，列邮储系统第2位。在邮储系统内率先完成不良资产包转让2亿元，全年处置不良贷款15.6亿元，其中清收7.5亿元、核销8.1亿元，为全行控制资产质量贡献0.73%。

四、综合管理

（一）增强财务政策支撑

出台重点业务补贴政策，有效引导全行增收增效；坚持成本标杆管理，通过减免增值税，增加收入1.78亿元；规范采购行为，全年完成集采项目179个，采购金额5.73亿元，公开采购率83.69%。

（二）优化人力资源效能

干部选用突出专业化、年轻化，调整省管干部32人次，其中提任10人，一级支行正职（含主持工作）干部中40岁以下占比提升12.3%，全日制大学本科及以上占比提升13.26%。用工结构向营销岗位倾斜，组建信用卡专职营销团队。做实支行长培训和能力提升工作，首次对辖内所有一、二级支行长进行培训，支行点均利润691.4万元，比上年增长176.6万元。

（三）夯实运营管理基础

完成统一柜面管理平台上线工作，实现个人储蓄柜面业务办理无纸化。加强实物印章风险管控，公司业务网点、信贷业务办理机构实现自动化用印全覆盖。运用人脸识别技术管控开户质量，人脸识别使用率99.36%。优化作业流程，试点单位账户开户免填单，开户时长缩减3小时，集中授权比上年提升4%，公司结算处理效率比上年提升1%。

（四）提高科技支撑能力

信息化项目不断推进，完成个人客户积分系统优化功能、线上营销系统及49项中间业务上线；自主研发数据服务平台二期，上线报表查询功能50余项。数据服务能力不断提升，处理数据申请660余项，完成信用卡产品及客户、信贷业务绩效等7项主题分析。运维保障能力不断增强，完成“护网2019行动”等6次系统保障工作，未发生重大系统性故障及信息安全风险漏洞事件。

五、党建工作

一是将学习教育、调查研究、检视问题、整改落实贯穿“不忘初心、牢记使命”主题教育全过程。2019年，第一、二批主题教育共组织学习活动153次，开展基层调研188次，走访基层单位和企业客户150家，发现问题445条，制定整改措施474条，确保主题教育落地生效。二是开展纠正“四风”和作风纪律专项整治活动，营造风清气正的廉洁氛围。各级纪检监察机构运用监督执纪“四种形态”处理132人次，对苗头性、倾向性问题及时提醒。修订巡察工作规划，对3家市分行开展巡察，给予相关人员处理处分53人次，经济处罚、清退资金70.2万元，切实发挥巡察“利剑”作用。

11月7日，邮储银行河北省分行举办首届职工健身舞比赛。

六、品牌宣传

围绕分行转型发展工作，开展正面宣传，加强舆情管理，切实加大品牌建设和管理工作力度。品牌建设与管理工作，在总行考核中列全国第7位，其中，声誉风险管理列第3位。在中央级、省级媒体共发布正面报道约1800余篇。配合邮储银行A股上市宣传工作，央视二套《正点财经》播发《邮储银行今日登陆A股上市》，采纳河北分行营业部网点及服务场景约1分钟。省分行荣获全国邮政系统微视频大赛组织奖，其中，《汪占东：成长的十年》荣获纪实类二等奖、《邮储与您共成长》荣获抖音类二等奖、《我和我的祖国》荣获快闪类三等奖。策划“媒体走基层”系列采风活动，组织中央级、省级媒体，走基层、走企业采写河北分行助力民营企业发展系列报道。《经济日报》、《中国邮政报》、《河北日报》、河北卫视等媒体围绕河北雄安分行成立刊发系列报道20余篇。

七、精神文明建设

员工薪酬比上年增长12.35%；职工小家提档升级，增加设备设施，改善母婴室条件，“家”的氛围更加浓厚；开展送温暖活动，走访劳模先进、困难职工等119人，慰问集体58个，发放救助金和慰问金30.48万元；定期举办健康讲座、文体活动，努力让员工身心健康、工作快乐。省分行、石家庄分行、承德分行等13家单位荣获“河北省省级劳动关系和谐单位”称号；省分行李兰苏、承德分行汪占东、沧州青县支行袁继东3名同志荣获“2019年河北省劳动模范”称号。（邮储银行／提供）

【中邮保险河北省分公司】

一、以党建引领企业发展

中邮保险河北省分公司认真贯彻落实新时代党的建设总要求，把党建工作融入企业中心工作，引领、促进党的事业和分公司工作全面开展。加强党的政治建设。落实“三个第一时间”学习机制，强化党委理论学习中心组学习，开展“大学习、大讨论、大落实”“理论武装提升行动”等活动，加强意识形态工作，教育引导党员干部不断增强“四个意识”，坚定“四个自信”，做到“两个维护”，从思想上政治上行动上与党中央保持高度一致。认真贯彻落实中央决策部署，坚决打好“三大攻坚战”：连续3年开展“合规管理”主题活动；协同邮银成立风险内控案防管理委员会，协同开展“治乱打非”“亮剑行动”，全年无重大风险事件发生。组织实施扶贫项目，为4525名建档立卡贫困村民累计提供9050万元意外伤害保险保障；开展公益义诊2次，受益百姓300余人；捐资7万元为张家口市桥东区大仓盖镇双庙村修缮通往小学道路。开展绿色邮政建设工作，手机银行和线上出单率、产品折页和海报费用占比等指标优于总部考核标准，线上培训网点覆盖率100%；办公用纸递减超过10%。积极服务雄安新区建设，及时了解监管部门要求，在雄安邮政分公司增设中邮保险兼岗人员。加强基层党组织建设。分公司党委与各支部、各部门签订全面从严治党责任书，层层扛起管党治党责任；开展基层党组织建设达标工程和“创先争优”活动，结合分公司实际开展“长期期交专项营销活动”“亮剑行动”“合规优+”等“党建+”活动，充分发挥基层党组织战斗堡垒作用和党员先锋模范作用。认真开展主题教育。组织开展“守初心、悟初心、践初心”主题党日活动和党员干部学习交流活动，坚定党员干部理想信念，激发党员干部发展动力。认真对照各类巡视发现问题改进工作。全面梳理各类巡视发现问题，逐项整改落实，推进各项工作做细做实见成效。

二、邮银保协同落实集团公司战略

河北邮银保成立协同发展委员会，凝聚以落实集团公司打造中邮保险新增长极战略、推动自办保险和代理保险业务高质量发展为共同目标的战略共识，将中邮保险期交发展纳入全年业务发展规划、绩效考核、省内自主协同项目，建立代理自办保险荣誉体系，调动市、县发展自办保险积极性；协同强化营销活动组织，开展“首季开门红”、期交及长期期交专项营销项目，促进各项保费目标达成；协同打造综合营销体系，提升邮银渠道期交和长期期交业务发展能力。实现保费收入25.45亿元，比上年增长34.83%，增幅列全国第1位，其中新单保费收入14.12亿元，完成总部下达计划的109.39%。续期业务实现保费收入11.24亿元，完成总部下达计划的105.14%，13个月继续率列全国第2位，25个月继续率列全国第1位。

三、推进业务转型

落实监管部门“回归保险本源”和中邮保险总部高品质发展要求，以强化培训、提升邮银渠道代理期交和长期期交业务能力为抓手，协同邮银企业开展营销培训992场，授课5215小时，培训10131人次，协同打造专职讲师、兼职讲师、理财经理和支局长“三支队伍”，协同组织开展项目营销活动，在确保完成各项任务的基础上，持续优化业务结构。实现期交新单保费8.45亿元，期交新单保费占比59.9%。其中长期期交新单实现保费收入2.77亿元；占期交新单保费比重的32.8%；交费期5年及以上长期期交新单保费占长期期交新单保费比重48.58%，比上年提高47.28%。

四、加强运营管理、风险管控

成立河北邮政代理金融风险内控案防委员会，将中邮保险风险合规管理纳入河北代理金融风控体系，形成风控管理“共查、共防、共控”的工作局面。联合开展业务、运营、风险管控等培训，联合开展质量检查，加强“代管”质量考核，促进“代管”职责落实落地。每季度召开“代理金融风险内控案防会议”，联合开展检查工作，及时消除经营、运营风险隐患。河北省分公司在中邮保险总部投诉处理考评中获得满分，位列第1位；“运营争先”劳动竞赛获单证档案序列第1名、理赔序列第3名。13个月继续率列全国第2位，25个月继续率列全国第1位，在总部开展的“续期争先”劳动竞赛中获得保单管理一等奖、综合质量二等奖。分公司全年无违规经营事项、诉讼案件、损失事件发生，未发生重大负面新闻。

五、开展自办保险专项整治“亮剑行动”

河北省分公司协同省邮政分公司、邮储银行省分行，落实集团公司销售误导专项整治“亮剑行动”方案，共同完成中邮保险存量业务及增量业务自查工作。邮银保召开代理金融风险内控案防委员会会议4次、“亮剑行动”专题联席会议7次，联合印发通报，联合开展现场检查和工作督导。以信息化为“亮剑行动”赋能，在“河北中邮保险信息管理平台”陆续建设了市、县网点人员管理、保单信息检查、电话回访问题件录音检查、客户信息真实性检查、“亮剑行动”整改处理等子系统，保单信息排查效率显著提高，并实现合规与风控问题排查工作常态化开展。在集团公司“亮剑行动”现场检查中，河北分公司获得91.5分。

六、加强党风廉政建设

切实把纪律规矩挺在前面。紧盯关键人、关键事、关键领域，有效运用监督执纪“四种形态”的第一种形态，坚持咬耳扯袖、红脸出汗。党委书记、纪委书记开展例行廉政谈话4次、46人次，开展提醒谈话5人次。持之以恒纠正“四风”。开展“四个专项检查”，做好“四个常规工作”，提醒党员干部落实中央八项规定精神，防止“四风”问题发生。

七、巩固深化“自营+代管”模式工作

邮银保成立模式深化工作领导小组，省邮政分公司按照集团公司部署报送巩固和深化中邮保险“自营+代管”模式实施方案，省邮政金融业务部设置中邮保险室并配齐人员；省分行个人金融部明确了兼岗人员。按照领导要求和集团公司办公厅下发的《会议纪要》，重新梳理市、县专岗人员基本情况，与省邮政分公司进行沟通。

八、加强民主管理

中邮人寿保险股份有限公司工会河北分公司委员会于7月26日成立，进一步拓宽党联系员工的桥梁和纽带，企业利益和员工合法权益维护得到进一步保障。（中邮保险/提供）

【河北省寄递事业部】

一、经营发展

全省实现寄递业务收入19.46亿元，比上年增长13.73%。快包增长12.96%，国际增长40.81%，物流增长18.35%。标快增长持续回升。政务项目实现收入1.41亿元，比上年增长10.43%。与17家邮政代理保险公司全部开展合作，与农业银行、邮储银行、华夏银行就网上申领ETC设备寄递项目开展合作，金融保险行业实现收入3239万元。县域电商快包收入达到4.39亿元，占全省电商快包收入的76%。国际e邮宝实现收入5959万元，比上年增长17.64%。千万级物流客户7个、百万级以上物流客户24个。开发5个极速鲜项目和14个扶贫项目，实现收入945万元。

二、改革发展

（一）统一薪酬分配制度

在操作类岗位推行以计件（提成）工资制为主的薪酬制度，按照行业规律设置底薪和计件单价，实现同岗位、同标准、同考核。

（二）机构人员融合

实行“职能部门横向融合管理、专业部门纵向垂直管理”，进一步理顺寄递事业部的管理关系。推进人员交叉复用，重点向经营部门倾斜，提高管理效能和工作效率。

（三）整合寄递网络资源

邮速处理场地全部整合，中心局处理场地由13处减少至11处；优化邮路资源，旺季增开一级干线邮路5条，旺季期间一级干线汽车邮路直达率由76.7%提高至93.3%；全省揽投网点全部完成机构及人员的整合。

三、网络提速

（一）推进京津冀区域提速行动

发挥廊坊在京津冀区域互寄核心节点的作用，紧盯重点路向，采取多频集散、增加直达的优化措施，细化“收、分、运、投”4个环节管控，着重抓好省内互寄运输、投递运营计划的优化调整，全方位提升邮件传递速度。

（二）对重点路向线路对标分析

按照集团公司“千条线路提速工程”要求，梳理出省标快线路56条，对标先进省份和提升目标，通过简单问题随时改进、复杂问题分步改进、难点问题领导跟进等系列措施，56条标快线路全部实现时限达标。

（三）推进揽投端服务能力提升

重点抓好揽投网建设，通过增加投递频次、延伸投递深度和提高代投自提点使用率，着力提升投递能力、扩大县以下地区当日进口当日递覆盖范围。全省包裹快递城市当日妥投率和妥投信息实时反馈率均达到集团公司标准。

四、市场开拓

（一）政务项目方面

加大市场开发力度，重点抓好身份证寄递、车驾管寄递、法院专递、出入境证照寄递四大支柱项目。

（二）金融行业方面

省邮政代理保险公司17家，合作率100%，全省新开发保险客户104户。成功中标邮储对账单寄递项目，9月1日上线运行。开展ETC设备寄递开发工作，与农业银行、邮储银行、华夏银行针对网上申请ETC设备寄递项目展开合作。

（三）“仓+配”项目方面

将美的小家电引入廊坊仓。7月，开发河北电视台电视购物频道三佳购物省内代收货款客户，并引入石家庄正定仓。两个项目均成为百万级项目。

（四）物流项目方面

在快消品、汽车制造、烟草、建材四大行业市场延伸物流合作范围。

（五）电商扶贫方面

挖掘国家级贫困县特色农产品项目，推进农产品“销售+寄递”服务模式，向集团公司申报5个极速鲜项目、14个扶贫项目。

五、寄递五大体系建设

时限指标持续向好，京津冀、省内互寄标快和快包次日递率明显提升。成本压降效果初显，收寄、运输环节及省会中心局单位综合成本、包件处理成本均较管控初期明显改善。源头获客不断增强，新增协议客户1.04万户，拉动业务收入增长4亿元。服务质量得到提升，智能跟单异常发生率从年初的40%下降至年末的8%，问题邮件一次及时解决率从年初的61%提升至年末的81%。看板系统有效应用，做到“有人管、有人看，有人干、科学干”。

六、“八大整合”持续深化

收寄环节，按照“前置为主、逐级进行”的原则，加快推进集包作业，小件集包比例70%。分拣环节，在石家庄、保定中心局推进“矩阵+小件分拣机”模式，日处理能力分别提升 20% 和 55%。运输环节，强化出口源头直发直运，增强运输资源储备，旺季期间一干邮路直达率 93.3%。投递环节，按照“标快 + 快包”与普邮分层，标快与“快包 + 普邮”分层、“标快 + 快包 + 普邮”混投 3 种模式，整合优化邮速揽投网络资源，提高投递作业效率。航陆对接、指挥调度、信息系统、服务质量 4 个环节实现优化。

七、绿色发展全面推进

在绿色包装使用方面，绿色新包装箱、45 毫米及以下窄胶带、包装废弃物回收箱实现网点、站点全覆盖。可降解绿色包装应用比例 64.3%。在减少二次包装推进方面，从源头端与客户沟通对接，对电商协议类客户 100% 不进行二次包装。在电子面单使用方面，电子面单使用率 99% 以上。在可循环容器的应用方面，推广应用可循环邮袋，按照环保要求，减少邮袋表面印刷，限定材料有害物质含量，全省可循环邮袋使用率 90%。（河北省邮政分公司 / 提供）

山西省

【山西省邮政分公司】 山西省邮政分公司实现业务收入 38.67 亿元，完成集团预算目标的 100.12%，排名全国第 5 位；比上年增长 8.85%，排名全国第 6 位，增幅比上年提升 23 位。四大板块中，寄递实现收入 5.94 亿元，比上年增长 29.19%，完成集团公司预算的 103.55%，收入增幅、完成进度连续 12 个月保持全国前列。代理金融实现收入 27.48 亿元，完成集团公司预算的 104.4%，比上年增长 3.59%。集邮与文传实现收入 4.58 亿元，完成集团公司预算的 108.96%；比上年增长 12.42%。其中，函件增幅列全国第 2 位，报刊增幅列全国第 2 位，集邮增幅列全国第 7 位。渠道平台实现收入 2.02 亿元，完成集团公司预算的 114.8%；比上年增长 28.7%。其中，分销增幅列全国第 3 位，增值业务增幅列全国第 8 位。

新增金融总资产 161.8 亿元，排全国第 21 位。2019—2020 年跨赛以来，截至 1 月 16 日净增余额 42.8 亿元，排全国第 12 位；高效余额（剔除三年期及以上）净增 55.1 亿元，排全国第 9 位。代理保险期缴保费规模排全国第 13 位。“亮剑岁首 · 赢在开门”保险首卖日，全省邮政实现保费 16.3 亿元，居全国第 14 位，比上年增长 1.5 亿元。

全省邮政劳动生产率 17.25 万元 / 人，比上年增长 4.93%。过去 5 年一线员工收入年均增长 5.27%，金融网点员工收入年均增长 6.54%，分别高于企业收入年均增幅 1.12% 和 2.39%。

全省固定资产投资 1.41 亿元。新建太原邮件处理中心、侯马培训基地教学楼宿舍楼改造、忻州忻府区生产楼等建设项目按进度开展；全省邮政普遍服务、机要通信基础设施、营业网点改造，以及服务“三农”项目建设正在推进。寄递发展支撑力度持续加大。增配 45 条伸缩皮带机，购置 454 辆三轮摩托车和电动三轮车。代理金融网点能力建设不断加强，更新和新增 CRS、ITM、清分机、叫号机、三代社保制卡机、生命特征采集仪等设备 1500 余台。加大安防建设和安全保障投入，安装 169 辆运钞车 GPS 跟踪定位系统，购置 59 套智能枪柜、260 套网点防护舱、130 套网点联动门，更新市分监控中心服务器。

加快自主软件研发，分户管户业绩认定、邮件预收寄、低值易耗品管理、邮件快寄实名监控、工会管理系统 5 项科技项目完成验收；固定资产投资计划管理、客户授信预警管理、网点包材直配、代理金融网点 VIP 联网叫号、短信转发平台、电子图书馆、“员工宝”三期 7 项科技项目立项开发。完成了电视电话会议系统、远程集中监控、19 个系统硬件资源池和设备更新。

新建太原邮件处理中心列入省发改委 2019 年国家物流枢纽短板项目和 2020 年物流业领域在建、新建重大项目，同时列入省工信厅 2020 年工业和信息化领域转型升级重点项目。“三供一业”按集团公司要求稳步推进，第一、第二批补助资金拨付到位，工程结算审计正在进行。

普遍服务和特殊服务能力不断提高。农村乡镇网点覆盖率、建制村直接通邮率 100%；全程时限指标总体达标；平信条码化率 99.32%，信息断点率下降至 0.93‰。920 个电子化营业网点“第三方支付”开通率 89%。县及县以上《人民日报》《山西日报》当日见报率 100%。与省司法厅和《法制日报》社联合开通“法治邮路”。狠抓寄递渠道安全，完成“两会”、军运会、“二青会”、进博会、新中国成立 70 周年庆祝活动等重大服务保障工作。机要通信质量继续保持全红，实现“十三连冠”。

在 2019 年中国技能大赛暨第二届全国邮政行业职业

12 月 2 日，山西省分公司与省司法厅、法制日报社联合开通山西省“法治邮路”，并开展“送法进万家”活动。

山西省临汾市邮政分公司把邮政的助农、惠农、服务“三农”工作做到家。

技能竞赛全国总决赛中，省邮政代表队以总分第一的成绩荣获“优秀团体奖”；太原邮区中心局陈璞以个人总分第2名获得快件处理员职业一等奖，并报请人社部授予“全国技术能手”称号；临猗县孙帅以个人总分第5名获得快递员职业二等奖；太原邮区中心局牛圆圆以个人总分第6名获得快件处理员职业二等奖；太原寄递事业部宁莉明以个人总分第12名获得快递员职业三等奖；省分公司人力部孔祥华获得“优秀技术指导奖”。此外，政研会、企协、集邮协会、新闻宣传等工作取得新进展。省邮政工会徐媛、新闻中心刘波创作的“恳谈会”政研课题在2019年全国邮政政研会评比中获三等奖。省企协推荐的“员工宝”管理创新成果荣获2019年第十五届全国邮政企业管理现代化创新成果三等奖；“邮农合作社”平台模式荣获2019年第十七届全国交通企业管理现代化创新成果三等奖。在庆祝新中国成立70周年全国集邮文化活动中，省集邮协会获得“最佳组织奖”。在江苏举办的2020年第二届全国生肖集邮展中，山西选送的5部邮集获得3个镀金奖、2个银奖。《集邮报》2018年合订本荣获2019年世界邮展文献类银奖。“万人返乡专车”公益活动报道、“邮情邮意系万家”微视频两部作品分别获得2019年集团公司新闻宣传“活动创新奖”“最佳新媒体作品奖”；省分公司山西记者站被评为2019年《中国邮政报》社“先进记者站”“读报用报先进单位”和“最佳协作奖”。

主动履行国企担当，积极落实社会责任。忻州市邮政分公司荣获“2018年度全国邮政用户满意企业”称号，同时被工业和信息化部授予“2019年信息通信行业用户满意企业”称号。在由中国质量协会、全国用户委员会发布的2019年全国市场质量信用A等企业名单中，太原市邮政分公司再次荣获“2019—2022年AA·用户满意级企业”称号。运城市分被省委、省政府授予2019年“山西省模范单位”荣誉称号。太原并州路支局被共青团中央授予“2017—2018年度全国青年文明号”称号，成为邮政系统获此殊荣的18个先进集体之一。

在2019年全国交通运输文化建设优秀成果评比中，晋中、太原、吕梁市分公司分别荣获“党建文化”“服务文化”“公益文化”建设优秀单位称号；省分公司荣获“廉政文化建设优秀单位”称号。运城市邮政分公司“暑期爱心托管班”荣获全国总工会“2019年度全国爱心托管班”称号。大同、晋中市分“恳谈会”被省总工会授予“心理健康咨询示范基地”称号。太原邮区中心局技术支撑中心（朱迎春职工创新工作室）在2019年国防邮电产业“三型”班组评比中荣获“创新型班组”称号，成为全国邮政系统获此殊荣的唯一班组。龙城国际饭店蝉联“2019山西十大百姓放心餐饮酒店品牌”。（山西省邮政分公司／提供）

【邮储银行山西省分行】 山西省分行下辖11个二级分行、96个一级支行、1214个网点，其中67%的网点分布在县域，全行从业人员（不含邮政代理金融）6594人。

一、经营概况

资产规模2706.61亿元，比上年增长126.9亿元，增幅4.92%。各项贷款873.67亿元，比上年增长111.3亿元，增幅14.6%。本外币各项存款结余2519.52亿元，比上年增长83.21亿元，增幅3.42%。全年实现收入34.51亿元，增幅13.49%，完成预算目标的107.83%，列邮储系统第3位。实现利润13.31亿元，增幅80.48%，完成预算目标的135.97%，列邮储系统第8位。不良贷款金额5.88亿元，不良率0.64%，比上年下降0.04%，分别低于总行限额目标0.47亿元、0.11%。

二、业务发展

（一）个人金融业务

加快网点系统化转型，提升网点营销服务能力，增强客户体验。个人储蓄存款规模2236.78亿元，在省内同业排名第3位，净增93.41亿元，增幅4.36%。销售理财产品206.61亿元、代销保险67.9亿元、代销基金18.77亿元、代销国债17.65亿元。新增发放信用卡32.84万张，结存卡量114.77万张，不良率1.67%。

（二）零售信贷业务

以“零售信贷能力提升年”活动为主线，优化绩效考核，加大督导力度，零售信贷余额净增45.98亿元，增幅19.4%。全年发放个人经营性贷款82.11亿元，贷款结余83.06亿元，余额净增14.04亿元，增量市场占比16%，结余和净增量均列省内国有大行第1位。全年发放消费贷款52.03亿元，贷款结余167.89亿元，余额净增25.35亿元。发放小企业法人贷款31.89亿元，贷款结余32.09亿元，余额净增6.59亿元。

（三）公司金融业务

坚持“规划引领、项目驱动、产品联动”发展策略，持续拓展客户覆盖范围。发放公司贷款267.97亿元，贷款结余414.45亿元，列邮储系统第9位，比上年增长93.35亿元，增幅29.07%。年末公司存款余额274.11亿元，比上年减少7.13亿元。办理票据直贴219.93亿元，结余122.88亿元。发行5亿元超短期融资券。

（四）金融市场业务

投资业务取得新突破，中标地方债47亿元，比上年增长31亿元，开展理财投资信用债6亿元、公司客户融资业务6.5亿元。同业融出资金42亿元，同业存单销售4000万元。托管业务总规模279.55亿元，全年销售机构理财30.22亿元。再贴现余额14.51亿元，比上年增长10.8亿元。办理转贴现金额201.16亿元，比上年减少43.82亿元。

（五）助力“三大攻坚战”

精准扶贫贷款净增6.1亿元，完成总行计划的160%；绿色信贷余额净增12.1亿元，增速22.4%，提前完成三年规划任务；普惠小微贷款净增16.6亿元，完成总行计划的118%，贷款户数净增4613户，完成总行计划的380%。

三、渠道建设

（一）电子银行

拓展电子银行客户93万户，客户规模922万户，其中手机银行结存客户732万户。全行电子银行渗透率56.75%、交易替代率95.78%，分别列邮储系统第9位、第12位。新增快捷支付绑卡45.72万张，结存295.4万张。大力拓展商超、餐饮、娱乐、家居场景，条码收单新增商户1.6万户。

（二）智能化网点建设

采购布放50台超级柜员机，投放80台华为移动展业通用PAD，解决前期部分移动展业定制化PAD运行不稳定、使用体验不佳、维保效率低等问题。完成ITM（智能柜员机）交易无纸化稽核功能，进一步提升网点人员操作体验。对43台离行自助设备进行优化调整，进一步降本增效。加大自助设备业务培训力度，确保网点设备引导人员持证上岗，持续提升自助机具分流能力。

四、科技支撑

信息化建设取得新成果，开发上线电力缴费、“税银通”、国库集中支付、社保直联代发等32个项目，推送营销数据800余万条，拓宽资金归集通道，有力支撑负债、中间业务发展。大数据分析平台建设稳步推进，电子银行、ETC生态圈、信用卡等多项分析成果试点应用。扎实开展安全运行年竞赛活动，成绩连续3年保持满分；护网行动取得优异成绩，科技系统保持安全稳定运行。

五、营运管理

持续优化业务流程和柜面作业组织，积极推广统一柜面一期工程项目，组织全辖自营和代理网点全部上线，实现89支柜面交易免填单。完成信用卡集中预审上收，提高业务处理质量和效率。完成反洗钱集中处理，反洗钱集中处理上线网点率100%。探索综合柜员制，严格执行持证上岗，全行双持证率61%。进一步优化流程，推广大数据产品应用系统，深化网点柜面业务分流，全年自营网点压降28个台席，可分流交易离柜率提升至89%，比上年提升18%。在总行考核的28个营运指标中，山西省分行18个指标居邮储系统首位、25个指标进入前10位。

六、风险防控

完善风险内控委员会组织架构和工作规则，成员扩大至同级邮政代理金融部门，重点规范基层风险内控委员会运作。加强风险限额管理，健全监测预警体系和专项应急预案，各类风险均控制在限额指标内。合规基础不断夯实，新建、修订内控基本规定和风险管理履职评价等制度70项；宣贯员工违规行为处理办法，开展“合规文化走基层”活动；扎实开展“巩固治乱象成果，促进合规建设”活动，发现问题433个，整改率95%；保持案防高压态势，全行未发生资金案件。推进“平安邮储”创建，对78个老旧网点进行技防改造，建成安全管理标准化网点101个。强化授信导向作用，行业集中度风险持续下降，煤炭行业占比首次降至40%以内；信审管理扎实有效，监测化解风险隐患151个，缓释存量公司贷款客户风险5户。

七、党建工作

深入组织学习习近平新时代中国特色社会主义思想、党的十九大和十九届四中全会精神，引导党员领导干部树牢“四个意识”、坚定“四个自信”，坚决做到“两个维护”，在思想和行动上与党中央、集团公司党组和总行党委保持高度一致。扎实有效开展“不忘初心、牢记使命”主题教育活动，各级领导班子专题民主生活会查摆问题762个，落实销号整改。基层党组织建设和党风廉政建设强化，全行发展党员63名，党支部“三会一课”不断规范；实行会计和出纳分设，进一步规范党费管理。严格落实中央八项规定，运用第一种、第二种形态分别处理60人次、8人次；对4家二级分行开展巡察，发现问题75条；持续整治“文山会海”，省分行发文、会议数量比上年分别下降31%、40%。全力服务山西省经济发展，2019年省分行被山西省委、省政府联合授予“山西省模范单位”荣誉称号，是唯一获此殊荣的银行机构。（邮储银行/提供）

【中邮证券山西省分公司】

一、业务发展情况

（一）经纪业务

全省邮政系统开立中邮证券有效账户2656户，完成计划的166%，新增客户金融总资产9397.5万元，完成计划进度的 313.2%。

（二）资管业务

销售资管计划产品 3.06 亿元，5 期单品销售和累计销售总量均居全公司第 1 位。

（三）投行业务

对接邮储银行吕梁市分行、运城市分行、太原市分行，收集筛选重点目标企业 84 家，走访对接邮银推荐企业 7 家（次），开业以来累计走访 22 家（次），储备意向企业 4 家。

（四）提高运营服务质量，筑牢合规风控防线

认真贯彻落实证券监管合规和反洗钱的要求。在合规方面，加大定期、不定期合规、风险自查。结合公司综合和监管要求开展 21 项自查。通过各类自查自纠，山西分公司不断调整工作侧重点使风险管理工作更加到位，提高全体员工风险防控意识，严防死守合规、风险底线。反洗钱方面。根据反洗钱制度的要求，认真严谨地做好身份识别工作，开户人员把好审核关，合规人员做好客户反洗钱评级工作，加大对大额可疑交易监测的工作力度，以客户为基本单位开展资金交易的监测分析，有效采集各业务系统的客户身份信息和交易信息，并通过系统监控与人工分析结合的方式对大额可疑交易进行监测并及时识别。对于反洗钱内控平台预警信息进行跟踪，按日处理截图留痕。

（五）人力资源管理

员工 16 人，其中党员 6 人，非党员 10 人，党员占比 38%；40 岁以下员工 10 人，占比 63%；女党员 1 人，占党员总数的 17%；女员工 5 人，占员工总数的 31%；汉族党员 6 人，占党员总数的 100%。分公司在日常工作中做好员工选拔、部室人员任命、员工谈心谈话工作，不断细化招聘工作，做好外聘人员的背调，与相关猎头公司沟通，引进相关资管投行业务团队，全面支撑业务发展。

二、党建纪检工作

（一）党建工作

分公司党支部以提升组织力为重点，突出政治功能，努力把基层党组织建设成为宣传党的主张、贯彻党的决定、领导基层治理、团结动员群众、推动改革发展的坚强战斗堡垒。一是进一步建立健全党支部的各项基础管理制度，包括 5 大类 13 项具体制度。二是认真坚持“三会一课”制度。三是开展谈心谈话、民主评议党员、专题民主生活会等活动。首次设计使用“党员对党支部工作民主评议表”，评议主要包括党支部的政治建设、组织建设、作风和纪律建设、制度执行、堡垒作用、服务群众等内容，所有党员对党支部的打分评测结果均为“优秀”。四是认真做好党费的收缴及其他日常工作。全体党员每月按时主动上交党费，交纳 3892.5 元党费。五是确定 1 名重点培养对象，推进党员发展工作。这名入党重点培养对象进入政审环节，下一步拟发展为预备党员。六是完成专职党建纪检专职人员的招聘入职工作。12 月 16 日，经过总部公开社会招聘，分公司党支部新进 1 名专职党务纪检工作人员，推动党支部的工作进一步专业化和细致化。七是下发《中国邮政集团有限公司山西分公司基层党支部建设标准化手册》，使党支部的工作有章可循、有据可依。

（二）“不忘初心、牢记使命”主题教育

组织开展“不忘初心、牢记使命”主题教育。一是以武装头脑为先导，扎实开展理论学习，支部书记参加为期 5 天的主题教育培训研讨班，并组织全体党员完成主题教育规定学习内容，支部书记讲专题党课 2 次。二是以为人民服务为宗旨，聚焦发现问题、解决问题务实开展调查研究。根据集团公司指导组的要求紧扣“四个围绕”“四个针对”开展调查研究，确定“群众反映强烈和员工关切的热点、难点、痛点问题”和“邮银证协同发展机制的建立和运行”两个调研主题，利用 5 天时间深入公司各部门和部分市、县邮政分公司，邮储银行市、县分行开展调查研究，收集各类问题建议 28 条，其中集中解决问题 9 个，形成专题报告 2 份。三是以问题为导向，刀刃向内检视问题，立行立改，把职责摆进去，从理论学习、思想政治、干事创业、为民服务、清正廉洁 5 个方面认真检视自身存在的问题，并列出问题清单制定和落实整改措施，检视出 5 个方面、8 个主要问题及时得到整改。

（三）纪检工作

持续深入贯彻中央全面从严治党要求，落实总部党的建设暨纪检监察工作会议精神，加强日常监督管理。一是对分公司重大决策部署、重要安排的事项，加强与山西省邮政分公司“一把手”的交流沟通，提前向领导汇报有关决策的管理办法、制度及决策的流程，确保不发生程序方面的偏差。二是对集团公司和总部通报的问责案例在一定范围内进行传达，提醒各级领导干部注重婚丧操办、公车使用、公费接待等方面的问题，深入开展形式主义、官僚主义突出问题整治工作，坚决防止出现隐形变异的“四风”问题。三是根据总部的有关安排，及时做好对干部员工的节日廉洁提醒工作。四是为分公司部门负责人建立电子廉政档案，定期及时进行动态更新，并将廉政档案作为党员干部提拔任用、评先晋优的重要依据之一。五是监督与推进防范化解金融风险工作。对分公司制定防范化解金融风险工作的方案及落实情况跟进与监督检查。六是扎实做好信访工作。协助领导做好接待群众来信来访工作，定期做好山西省分公司信箱开启和记录工作。

（四）巡视整改工作

按照总部党委落实中央巡视反馈问题整改工作的统一部署和要求，分公司党支部高度重视，持续推进巡视整改工作。一是通过整章建制，使分公司各项管理工作更加规范。建立健全各项规章制度（办法）27 项，并在实际

工作中认真加以贯彻执行，使分公司各项管理工作更加规范，符合上级规定和要求。二是党员干部的政治纪律和政治规矩意识及全体员工“人民邮政为人民”的宗旨意识普遍增强，通过整改期间开展的集中学习教育和“谈心得、见行动”主题活动，广大党员真正从思想上进一步提高了政治站位，行动上更注重讲究政治规矩，广大员工以客户为中心，主动承担邮政社会责任和义务的意识普遍增强。三是三大攻坚战重点工作得到有效推进。针对防范金融风险，列出分公司风险清单，明确具体防范的责任主体和防范措施，使分公司风险防范工作进一步得到落实；针对精准扶贫工作，整改期间，积极对接一家贫困县的企业，并达成新三板挂牌的意向；针对绿色发展乡村振兴战略，配合省邮政分公司和邮储银行分行制定了绿色金融发展指导意见和服务乡村振兴战略实施方案。（中邮证券／提供）

【山西省寄递事业部】

一、业务收入完成情况

实现收入5.94亿元，比上年增长29.19%，增幅列全国第1位，超预算增幅4.39%，超全国平均增幅16.88%，全面完成自定目标，提前9天完成集团公司下达的预算目标，完成进度居全国第3位，超全国平均进度10.08%。

二、“五大体系”建设

（一）时限水平

省内网互寄时限标快和快包分别完成94.25%、93.72%，标快超达标值4.25%，快包超达标值8.27%；落实“千条线路大提速”工作要求。太原至天津、石家庄、重庆3条标快航空线路实现次日递，太原至上海、杭州、南昌等19条快递包裹线路较原来缩短1天；开通太原至芝加哥航空直达邮路，出口美国全境的邮件较过去减少2—3天。

（二）源头获客

政务市场，积极配合地方政府深化“放管服效”改革，警邮、税邮服务加深，身份证项目实现“线上＋线下”全渠道覆盖，形成收入1748.96万元，比上年增长14.68%，转化率43.68%，比上年末提升3.29%；5个地市建成“税邮服务中心”，7个地市开展网领发票寄递业务，全省形成收入231.24万元，比上年增长129.85%；全省126个政务大厅实现用邮合作全覆盖；省政府以条例形式明确了邮政寄递进驻党政军机关，省政协、人社、国土等8个部门公文寄递回归邮政。商企市场，抢占ETC电子标签配送及安装激活的邮寄市场份额，打破顺丰独家经营局面，12月正式上线运行。

（三）快包业务

引包模式实现新突破，云集华北区域仓落地太原，标准仓配一体化业务“破零”，形成收入710万元。阳泉市邮政分公司借力政府扶持政策，吸引“清风”“心相印”纸巾等源头供应商分仓落地平定，形成收入300万元。

（四）国际业务

引入跨境电商160户，国际邮件出口补贴由5元／件提高至邮费的25%；政府划拨33亩空侧空地用于互换局扩建发展及“三关合一”，并在T3航站楼规划中考虑邮政用地。物流业务，汾酒项目破亿元大关，实现收入11129.57万元，比上年增长50.12%，新增新疆、上海、西安、驻马店仓，仓储服务覆盖7省13市；格力项目扩仓2.1万平方米，比上年增长91.3%；总仓储面积27.76万平方米，新增仓储面积是过去5年新增仓储面积的总和。

（五）服务质量

VIP主动客服占比90.23%，高于指标值0.23%；代收货款主动客服占比82.1%，高于指标值2.1%。理赔及时率98.72%，高于指标值13.72%。问题邮件一次性解决率完成91.31%，排名全国第9位；智能跟单标快异常发生率4.42%、快包异常发生率5.3%，居全国第1位；专业揽投队伍实践取得实效，大同梁军民、临汾贾强分别获得华为公司颁发的“最佳支撑奖”“最佳案例奖”。

（六）生产成本压降

热敏详情单使用率97.88%，节约面单成本534万元。单位运输成本0.7元／吨公里，优于全网平均水平23.91%，列全国第5名；单位维修成本216.25元／万标准件，优于全网平均水平25.3%，列全国第12名；单位综合成本0.51元／标准件，优于全网平均水平10.53%，列全国第13名。信息系统对接更加紧密。政务方面，对接“三晋通”“一网通一次办”等政务平台。商企方面，对接信通公司ETC信息系统。

三、优化收、分、运、投流程

收寄环节，全面完成电子围栏地图维护工作，派揽订单及时揽收成功率96.44%，比年初提升20%。推进集包工作，快递包裹省际出口集包应集已集率40%，基本达到集团公司要求。分拣环节，加强太原国际邮件互换局国际、省际处理场地复用，投入152万元改造地市处理中心，提升全环节处理能力。运输环节，灵活组开太原至长春、南宁等15条一干临时邮路，够量直发，省际邮路组织动态优化效果显著。以2019年“双十一”为例，其间，全省进出口处理量达到历史新高，峰值破百万件，太原邮区中心局在场地饱和的情况下，累计发运662车次，比上年增长136.43%，带运邮件210万袋件，比上年增长109.14%。投递环节，大力推进两网融合发展，在城市区域实行“标快＋快包”与普邮网分网投递，在县以下区域实行“标快＋快包＋普邮”混合投递，完成两网揽投资源物理整合，邮速双方491个揽投机构整合为228个营业部站，各地市均实施两网合网运行，邮速网点资源共享，互为补充，核心城投与乡邮投递机构得到分离，城投及乡邮的多频化服务基本实现。

四、深化寄递翼改革

按照综合职能横向一体化、生产经营纵向专业化推动邮政分公司与寄递事业部机关部门整合，并探索解决寄递条线结构性冗员与关键岗位缺员现象，推行“百名机关骨干下部站”活动，激活内部劳动力市场，“1+1>2”竞争优势得到巩固和发挥。（山西省邮政分公司 / 提供）

内蒙古自治区

内蒙古邮政分公司助力乌兰察布后旗红土豆产销。

【内蒙古邮政分公司】 内蒙古邮政分公司实现业务收入22.66亿元，下降1.62%。其中，金融业务收入13.41亿元，增长5.13%；寄递业务收入4.13亿元，增长2.21%；渠道平台业务收入0.65亿元，下降45.94%；集邮与文化传媒业务收入3.41亿元，下降12.28%。

内蒙古邮政分公司下辖12个盟市分公司，107个旗县（区）分公司（其中旗县分公司84个）。全区现有邮政支局所1550个，覆盖到全区每个乡镇苏木。全区邮路总长度80063公里，邮运汽车691台，投递汽车1259台，电动三轮车2475台。企业用工总量1.74万人。

一、经营转型方面

（一）金融业务

新增客户13.6万户，VIP客户资产新增90亿元，绿卡活动卡占比77%，比上年提升0.56%。2019年，全区金融业务收入增幅排名全国第19位，完成收入预算的100.4%，排名全国第9位；新增金融总资产111.8亿元，比上年多增45.4亿元；其中新增储蓄余额46.1亿元，比上年多增15.2亿元。

（二）寄递改革

构建全区寄递翼“横向一体化，纵向专业化”运行体系。业务收入增幅从最低点的−30.8%到实现2.2%正增长。其中，标快业务增幅10.7%，全国排名第6位，全区寄递业务量市场占有率22%，比上年提升3%。集团公司管控的15项指标中，投递环节成本指标均达标；省会中心局的单位综合成本、包件处理成本、单位陆运成本3项指标全部达标。

（三）增值业务

税邮项目通过深化战略合作，实现双代、寄递和自助服务的联动发展；简易险业务向县域农村市场定点突破，收入比上年增长58%，规模全国排名第15位，发展势头喜人。电商分销邮乐线上实现订单42万单，销售额1515万元，造包31万个。“919”活动期间，实现18个扶贫大单品，其中5款超过2万单，乌兰察布后旗红土豆实现5万单102万斤，助农扶贫彰显国企担当。分销业务致力于转变发展方式，实现销售额957万元。函件业务积极拓展业务领域，主动进军文化旅游、教育培训等市场，强化中邮平台运用，实现线下媒体收入3379万元，全国排名第7位。集邮业务通过创新活动形式，丰富活动内容，组织开展各类活动152场，其中生肖首发活动43场，形成生肖贺岁收入4401万元，比上年增长15.6%。报刊发行业务深挖政务和“一老一少”市场，《习近平在正定》《政府工作报告学习问答》销量和完成计划均排在全国前列；旗县及以下农村区域政务图书服务覆盖率达到75%，提升38%；《健康时报》《生命时报》发行量均排名全国第2位。

二、普遍服务工作方面

全区776个乡镇、11094个建制村实现邮政普遍服务100%全覆盖，达成“乡乡设所、村村通邮”目标，乡镇所在地投递频次均实现每周五频；所有普遍服务网点均实现100%正常运营。机要通信实现连续28年无事故稳定运行。

三、助力精准脱贫工作方面

以推广农特产品、扶贫助农为切入点，依托邮乐网，致力于打造“合作社＋农户＋平台＋金融及寄递服务”的综合便民服务体系。开展32个电商扶贫项目，培育赤峰“敖仓小米”、乌兰察布“后旗红土豆”等25款大单品，培养214名扶贫能手。区分公司本部定点帮扶乌兰察布市察右前旗庙沟村，为庙沟村贫困群众购买生产小尾寒羊，并委派驻村干部加大日常扶贫力度。截至12月31日，全村“两不愁三保障”医疗、住房、饮水、教育等各项指标全部达标，全村人均纯收入达到8000元以上。

四、邮政能力支撑方面

打造县、乡、村三级物流体系建设，通过强化邮政企业与民营快递企业在县以下区域的合作力度，实现资源整合、服务提升，打通“工业品下乡”最后一公里和“农产品进城”最初一百米双向通道，有效解决农牧区群众买难卖难的问题。2020年全区计划在84个旗县全面建设“三级物流体系”。

6月5日，内蒙古邮政分公司参加2019年内蒙古自治区世界环境日主场活动。

五、绿色邮政建设方面

践行绿色发展理念，在全区邮政全面推进“绿色邮政”行动，计划到2020年底实现全区“瘦身胶带”封装比例90%、电商快件不再二次包装率70%、循环中转邮袋使用率90%、推动全区邮政网点快递包装废弃物回收装置覆盖率100%。（内蒙古邮政分公司／提供）

【邮储银行内蒙古分行】 内蒙古自治区分行下设20个一级部门、7个二级部门、1个直属单位，下辖12个二级分行、20个一级支行。2019年撤销营业网点3个，新设立营业网点1个，辖内营业网点797个。

一、经营概况

资产总额1021亿元，比上年增长5.3%；各项贷款余额501亿元，净增长6.2亿元；各项存款余额913亿元，净增长29.7亿元。实现业务收入24.98亿元，利润总额7.3亿元。不良贷款率1.74%。

二、服务实体经济

坚持服务实体经济本源，为自治区重要项目建设提供融资支持，投放各类贷款364.3亿元，参与内蒙古公路交通投资发展有限公司融资再安排项目，呼和浩特地铁一、二号线项目与大唐多伦瑞源新能源有限公司风力发电等项目建设。发布内蒙古自治区分行《支持民营企业发展二十条》和《支持退役军人创业就业六条》行动举措。支持解决民营、小微企业融资难与融资贵问题，普惠型小微企业贷款余额99.5亿元，净增5.5亿元。完成“两增两控”监管考核任务。

三、风险管控

落实打好防范化解重大风险攻坚战三年规划，开展“巩固治乱象成果 促进合规建设”工作。加强资产质量管控，处置化解不良贷款5.5亿元，比上年增长59%。加强内控案防管理，加大监督检查力度，实施飞行检查39次，网点接管式检查19次，研发风险模型7个，综合运用非现场检查手段提升检查工作有效性。组织开展反洗钱工作、消费者合法权益保护工作与扫黑除恶专项活动。针对15类项目开展审计工作58次，审计金额112亿元。落实安全生产责任制，持续推进网点标准化达标建设。

四、金融扶贫

制定实施金融支持脱贫攻坚实施意见，设立专项额度优先满足金融扶贫需求；将基准利率优惠政策扩大到建档立卡贫困户的所有贷款；开辟审查审批绿色通道；落实尽职免责；创新金融产品，推广土地轮作贷项目；开展扶贫小额信贷自查工作，加强贷款风险管理。金融扶贫贷款余额17.3亿元，净增长3.8亿元，完成年度金融扶贫考核任务。与内蒙古农牧业融资担保有限公司合作开发“邮农贷”项目，助力乡村振兴，贷款余额3亿元。

五、绿色银行建设

落实打好污染防治攻坚战和发展绿色金融的实施意见及绿色银行建设三年规划，推进绿色银行事业发展。落实环保一票否决制，支持辖内工业节能发电组建设、铁路运输、轨道交通等绿色项目融资与符合生态环保、清洁能源行业的小微企业贷款。扩展电子渠道，布放自助设备，电子银行交易替代率提升至94.3%。推广“邮享贷”“邮薪贷”“E捷贷”等互联网贷款产品。绿色信贷余额29.1亿元，净增长15.7亿元，比上年增长84.6%。

六、业务发展

个人存款余额186.1亿元，净增长4.6亿元；新增委托代发单位288家，代发资金2.7亿元；拓展收单业务商户7196户，联动余额1亿元。新增手机银行客户16万户，完成率排名邮储系统第4位，新增快捷绑卡客户25万户，完成率排名邮储系统第1位。信用卡全年发卡21.1万张，结存卡86万张，新增客户14.5万户；结存卡活跃率、激活首刷率分别排名邮储系统第2位、第3位；实现业务收入3亿元，比上年增长15.7%。个人经营性贷款余额110.2亿元，净增长5.7亿元，其中极速贷业务净增15亿元，排名邮储系统第5位。消费贷款余额229.2亿元，净增长22.1亿元。小企业贷款余额19.9亿元，净增长0.9亿元。公司存款日均余额146.1亿元，全年新增对公存款账户252个；新增代理财政资格15个，排名邮储系统第9位。公司信贷余额114.22亿元，净增长18.45亿元；新增公司信贷客户8个，拓展项目10个，全年发放贷款70.68亿元。

七、改革创新

以建设“邮储特征 草原特色”大型零售商业银行为远景目标，持续贯彻实施“嵌入式发展”“精细化管理”“强支行”战略等发展理念，推进网点特色化、综合化、轻型化、智能化、集约化“五化”转型。储蓄柜面业务办理实现无纸化，公司客户开户申请实现免填单，柜面可分流交易率提升至81%，柜员双持证率提升至75%。

7 月 24 日，“不忘初心、牢记使命”“唱响主旋律 弘扬正能量”爱岗敬业演讲大赛总决赛在呼和浩特市举办。

在单一功能网点增设公司业务功能，挖潜网点价值。加强理财经理队伍建设，实现点均配备 1 名专职理财经理。完成 2 个系统化转型样板网点打造。

八、党建引领

认真学习宣传贯彻习近平新时代中国特色社会主义思想和党的十九大、十九届二中、三中、四中全会精神。组织开展“不忘初心、牢记使命”主题教育活动与基层党组织“共建、共享、共进”“合规——共产党员在行动”等专项活动，以“强支部”促进实现“强支行”，原有 7 个亏损网点全部扭亏。持续开展党风廉政建设和反腐败工作，制定解决形式主义突出问题为基层减负 10 条意见，着力解决“文山会海”，切实改进文风会风。开展对辖内 3 家分行的巡察工作。组织红歌展演、快闪等活动庆祝新中国成立 70 周年。

九、荣誉表彰

内蒙古自治区分行被评为自治区级文明单位、金融工作先进集体；赤峰分行获得“自治区五一劳动奖状”；呼和浩特分行获得“全国邮政用户满意企业”；巴彦淖尔新区支行被评为“全国银行业文明规范服务五星级网点”；包头分行宋霞获得“内蒙古金融工会五一劳动奖章”。（邮储银行 / 提供）

【中邮证券内蒙古分公司】 11 月 12 日正式开业，内蒙古分公司位于内蒙古呼和浩特市赛罕区呼伦南路 169 号，地处呼和浩特市中山路商圈核心地带。

一、党建及纪检监察工作

中邮证券筹建办公室自成立开始，经上级党组织批准，及时成立筹建办临时党支部，从严从实开展各项党建工作。经上级党组织研究决定，8 月 22 日批准成立中邮证券有限责任公司内蒙古分公司党支部，正式党员 7 人。于 10 月 12 日召开党员大会，选举党支部委员会并将选举结果上报上级党组织；11 月 6 日，公司党委批复同意选举结果，党支部设支委成员 3 人，其中党支部书记、宣传委员（兼纪检委员）、组织委员各 1 人。支部全面贯彻习近平新时代中国特色社会主义思想和党的十九大精神，扎实推进“不忘初心、牢记使命”主题教育，认真落实中央及上级党组织的工作要求，紧跟公司发展思路，全体职工统一思想、坚定信心，为分公司开业和业务发展奠定良好的基础。

分公司深入贯彻中央全面从严治党要求，落实总部党的建设暨纪检监察工作会议精神，选拔纪检监察工作人员，从严落实党风廉政工作开展，组织“党风廉政宣传教育月”活动，联合内蒙古邮政参观内蒙古能源发电投资集团有限公司廉政教育展厅，观看内蒙古纪委监委网站电教片，全面提高员工廉洁风控意识，采取设立举报箱每周定期检查、做好节日廉政提醒、纪检监察干部监督有关情况报告等措施，保质保量地完成各项工作。

二、综合管理方面

（一）机构及人员配置方面

设 4 个部门，有员工 11 人，其中党员 7 人，非党员 4 人，党员占比 64%。其中女党员 2 人，占党员总数的 28%；汉族党员 9 人，占党员总数的 80%；本科以上学历 11 人。

（二）信息网络安全方面

严格按照相关的要求执行，为分公司运营提供强有力的支撑，为客户提供优质的服务。根据信息技术部门要求配置交换机、防火墙、UPS 等硬件设备，安装有联通、电信两条业务专线，分别在内、网计算机中安装趋势杀毒软件、网络安全助手、360 安全防火软件等信息技术部要求安装的防病毒软件并按时更新，各业务系统运行稳定。

三、财务管理工作

分公司选拔财务专业毕业且有一定财务工作经验的工作人员进行公司财务管理，上岗前到公司总部财务部进行专项跟班学习。每月按照要求做好个税上报及缴纳、银企对账、纳税申报以及监管报表会计数据的准确上报工作，对分公司的财务数据进行汇总分析。分公司不存在小金

中邮证券内蒙古分公司成立。

库、薪酬二次发放等问题，没有违反集团公司禁止类行为和违反总部经营纪律的情况发生。分公司业务招待费、业务宣传费、差旅费、职工教育经费、办公费、福利费、企业年金等均纳入总部统一管理，严格执行总部和省公司相关财务管理制度。

四、合规管理方面

分公司把控运营风险，合规管理要求落实到柜台、营销等业务流程的各个环节，涵盖全部经营管理活动。在反洗钱日常工作开展过程中，认真履行反洗钱工作职责，牢固树立反洗钱意识，强化反洗钱培训和宣传，注重反洗钱工作细节，严格按照公司总部要求，每日进行大额可疑监控与客户风险等级划分工作，切实将反洗钱工作落实到实际工作中去。10月，组织全员学习总部反洗钱及合规相关制度。11月，以线上CRM系统短信通知、客户服务微信群通知、LED电子屏、现场宣传等活动进行宣传工作，受益人数1000人次。12月，成立反洗钱工作小组，每月开展反洗钱工作培训及对外反洗钱工作宣传，反洗钱可疑交易预警0次，分公司未发现洗钱风险。配合市场部开展投教及打非宣传活动，参加配合上交所ETF宣传工作，让投资者更好的认识风险，保护合法权益不受侵害。

五、业务开展情况

（一）经纪业务

开户2009户，客户资产1352万元。其中有效账户114户，占比5.67%。邮储银行三方存管账户1738户。成交2.47亿元。开发两融客户2户，两融客户总资产53.79万元，两融授信额度264万元。

（二）资管投行业务

资管投行部联合邮储银行内蒙古分行及内蒙古股权交易中心共同在包头市、赤峰市、呼和浩特市走访近30家目标企业，为2020年分公司发展中小微企业推荐挂牌业务奠定良好的业务基础。探索投行业务创新发展，以项目为抓手，与全区多个盟市的政府金融部门建立联系，争取政策支持，有效推进项目落地。洽谈“2019内蒙古盛祥私募可转换债券”业务，就可转债项目与阿拉善盟、乌兰察布市、通辽市、赤峰市政府相关部门及发行人进行初步接洽。（中邮证券/提供）

【内蒙古寄递事业部】

一、经营情况

全区寄递业务累计实现收入4.13亿元，比上年增长2.2%，完成集团公司预算进度的87.7%。其中，国内标快业务实现收入2.1亿元，比上年增长11.7%；快递包裹实现收入1.5亿元，比上年增长7.9%；物流业务实现收入2655万元，比上年增长−36.3%；国际业务实现收入1393万元，比上年增长41.4%。全区包裹快递妥投量12922万件。其中，快递包裹投递量10890万件，比上年增长54.9%，标准快递投递量2032万件，比上年增长−8.5%。

二、寄递改革

遵循集团公司寄递翼改革精神，构建全区寄递翼“横向一体化，纵向专业化”运行机制。以市场化、专业化、扁平化、轻装化为目标，制定下发《中国邮政集团公司内蒙古自治区分公司关于构建全区邮政寄递事业部市场化专业化管理体系的实施意见》，统一思想认识，初步形成全区寄递翼“一把手重视、寄递部负责、全局支持”的发展氛围。

加快资源整合，持续推进流程优化，“八大”整合全部到位。收寄环节，以呼和浩特市电商业务局为试点，试行快递包裹集包工作，到2020年3月之前全区推广。分拣环节，呼和浩特采取陆运处理中心+航空转运站模式，其中陆运处理中心采取全功能分拣，航空转运站承担航空总包经转和部分时限要求较高的标快处理；其余11个盟市只设置陆运处理中心，承担所有邮件的分拣工作。运输环节，对同路向且同频次的邮路全部合并运行，撤销原速递组开的6条往返省内二级干线汽车邮路，降低运行成本366万元/年；市趟运输的整合与揽投网的整合同步调整到位，并严格按照运营标准的要求，根据航班情况倒推计划，确保15：00收寄频次邮件的及时赶发。投递环节，按照“四整合、五统一”原则，5月完成全区揽投整合工作，明确揽投网点日进口量不超1500件标准，以“专揽、普邮、包裹快递揽投合一”为主设置道段，规范统一内部处理作业方式。通过不断调整优化，揽投网生产作业保持平稳运行，整合效果逐步显现。航陆对接，为加快标准特快邮件的传递时限，在现有邮航基础上，全面利用民航资源开展标快运邮；取消呼和浩特航空处理中心民航进口航空邮件处理功能，全部调整到呼和浩特陆运处理中心处理，呼和浩特航空处理中心只保留邮航邮件处理功能。指挥调度，将邮速双方的指挥调度中心进行整合，负责全区生产的统一指挥调度，实施航陆统一指挥、寄递全环节集中管控、异常情况动态调度。信息系统，强化寄递看板系统使用，全区注册人数558人，总活跃360人，总访问次数64437。服务质量，整合服务质量体系，深入推进职能整合和专业化管理，统一包裹快递业务的视察检查、客户服务、智能监控的管控和考核标准，包裹快递服务质量按照一贯到底的模式，覆盖全区所有生产机构，服务质量“横向一体化、纵向专业化”的管理体系初步形成；完成11183和11185人员合署办公，整合优化资源，确保旺季生产的客服受理渠道畅通，建立客服工单垂直调度生产机构的处理模式，释放盟市客服资源。

三、市场开发

通过开展“赢战首季”“夏季会战”“旺季决战”等专项营销活动，促进业务发展提速，收入扭负为正，全区寄递业务收入增幅从上半年的负增长近30%，到年底至2.2%。政务市场，通过总部营销、以点带面、盟市销号、案例推广等方式，实现项目有序推进及落地，政务板块实现标快收入6700万元，比上年增长26%。身份证项目实现全区各盟市、各旗县全覆盖，寄递转化率63%，整体实现收入1821万元，高于全国近20%；法院专递项目全区签约率95%，整体收入1970万元，增幅61%；公安交管项目收入827万元，增幅54%。商企市场，强化协同发展，实现业务收入14430万元，比上年增长25%。新开发ETC寄递，实现收入552万元；检测样品寄递项目形成收入300万元；全面推动三大通信运营商的战略合作，号卡、手机、物料等配送项目实现收入283万元。国际市场，建立满洲里及呼和浩特互换局对俄罗斯莫斯科、叶卡及喀山的国际直封关系。中俄邮路年形成收入647万元，吸引注册客户19家，形成收入客户11家；进一步推动国际商业快件、国际邮件及跨境电商“三关合一”场所建设，完成呼和浩特国际邮件互换局场地搬迁工作。电商市场，全区129个行业头腰部客户合作83个，合作率超过64%，和拼多多合作在6个盟市召开招商会，成功开发直播电商客户181户。推进“引客入仓”项目，新增入仓客户4家，实现收入174万元。物流市场，加快业务转型，开发蒙羊牧业、宏源路易升等冷链运输项目，与北京德青源公司、京东冷链物流等达成合作意向，为客户提供面向全国的冷链运输服务。商圈市场，全区重点商圈市场中，商务写字楼市场56处，开发41处；商场超市市场22处，开发15处；园区38处，开发19处。高校市场，高校合作率96%，高考录取通知书项目实现收入232万元。农村市场，拓展农村寄递市场，开展电商扶贫工程，将区优质产品引入邮乐网和邮乐小店，开展特色农产品上行寄递，“919”期间万单以上产品达到13款，实现寄递24.8万单，收入80余万元。

四、运行质量

建立与行业、先进省份、盟市之间三维度时限对标管控体系，以对标发现问题为导向，强化整改，靶向治疗。组织时限实寄测试5次，结合测试结果，通过梳理调整省际省内航空发运计划、陆运发运计划，规范各生产环节作业流程等措施，在集团公司下达的标准快递10条提速线路中，除呼和浩特发往北京、天津线路（因对方局投递原因，次日递率低于竞争对手），其余线路均完成提速目标；在集团公司下达的快递包裹9条提速线路中，全部完成提速目标。作为全面达标的6省区之一，省内网实现提速工作如期完成；标快省内互寄次日递率完成67.1%，超主要竞争对手3.3%；快递包裹省内互寄次日递率完成67.6%，省内互寄线路达成率菜鸟排名第3位。组织开展百日专项整治活动，全网服务质量意识明显提高，投递服务质量明显提升，投递有责投诉率完成万分之0.68，比上年降低-62.39%，下降幅度全国排名第3位。通过立标、对标、达标的方式，查摆问题、找到差距、制定措施，实现服务质量提升。智能跟单标快、快包业务异常发生率较上线初期分别压降13.27%和25.09%，全国排名前五位，有责申诉率较年初压降2.7%，有责投诉率比年初压降2.97%，问题邮件及时解决率比年初提升1.39%。（内蒙古邮政分公司／提供）

辽宁省

【辽宁省邮政分公司】 完成业务总收入50.5亿元，列全国第18位。

代理金融业务。在经营发展工作上牢固树立代理金融“吃饭业务”地位，下调二、三年期利率上浮政策，完善绩效考核和业务发展奖励办法，以重点项目为抓手，推动业务结构不断优化，资产质量不断提高。实现收入30.7亿元，新增储蓄余额107亿元。重点项目推进效果显著，收单商户新增14.5万户，快捷支付累计绑卡117.6万张。云闪付新拓展134万户，新增规模列全国第1位。中间业务转型效果明显，长期期交保费7.8亿元，长期期交占比（占期交保费）提高24%；净值型理财占比（占理财）提高14.2%；基金加权销量8.7亿元，列全国第7位。

寄递业务。实现收入10亿元，收入增幅20.7%，收入市占率9.6%。标快业务重点项目取得突破，省分公司与省营商局签订《“政务服务邮寄送达”排他协议》，成为“互联网+政务服务”独家合作伙伴。生鲜市场收入2772.8万元，增幅58.4%。快包业务收入规模快速增长，增幅列全国第6位。省内27处产业集群市场收入增幅96.5%，其中鞍山海城集群市场快包收入3957万元，增幅160%。国际业务择优经营初见成效，6条跨境线路收入增幅超过50%。开通沈阳综试区进口9610跨境直购业

沈阳建筑大学邮政综合服务中心。

务，为省内行业首家。物流业务重点项目取得进展，京东云仓、九三集团等项目收入增幅达 80.7%。

邮政基础业务。报刊业务实现收入 2.49 亿元。2020 年度报刊大收订完成流转额 6.9 亿元，增幅 5.1%。函件业务实现收入 1.07 亿元。集邮业务实现收入 1.61 亿元。

分销与增值业务。实现收入 3.46 亿元，分销商品毛利率 7%。邮政服务乡村振兴战略有效推进，销售农副产品 1.28 亿元，邮政业务服务合作社 216 个。警邮、税邮等平台项目实现地市全覆盖。

协同发展。总部项目实现收入 3.3 亿元，增幅 33%。与移动、联通、华为等 7 个省级客户签约。打造辽宁邮政校园服务“六个突出”新模式，进驻高校 18 所，实现全业务叠加，服务师生近 20 万人，高校市场实现收入 1496.3 万元，增幅 121.8%。沈阳“建大模式”被集团公司作为典型全网推广。

激励机制导向作用明显。完善战略绩效考核办法，增加代理金融、标快业务收入和增长率指标，调整新增余额考核口径，增设旺季营销战役加分项，引导各单位抢抓机遇、高效发展。完善专业绩效考核办法，加大效益指标考核力度，突出专业提质增效、转型发展，新增对省寄递专业部门考核，取消对市分公司专业部门考核，强化专业发展的龙头引领作用。完善业务发展奖励政策，向重点业务和旺季营销倾斜，预拨奖励，更好地发挥奖励政策对业务发展的激励作用。

基础能力。购置、翻建、改造营业网点 91 处，购置 ITM、柜外清等金融设备 1.1 万余台，金融网点硬件能力明显提升；沈阳邮区中心局苏家屯处理场地投产，全面实现自动化、机械化处理，大连中储处理场地投入使用。配备智能分拣机、胶带机、PDA 等相关设备 1 万多台，寄递生产能力显著增强。

营销能力。代理金融营销队伍快速增强，专职理财经理由 456 人增至 1008 人，理财经理基金从业持证率 59.6%。寄递营销体系有效强化。全省寄递专职客户经理达到 224 人。一线揽投人员占比 56.6%，较组建初期提高 7.1%，初步形成专业化网格化全覆盖的营销体系。

沈阳建筑大学智能收发室。

客户开发。代理金融客户结构不断优化，新增有效客户 41.1 万户，新增金融资产 5 万元以上客户 6.75 万户，新增收单商户 14.5 万户，新增代发单位 1144 个、代发客户 7.8 万户。寄递协议客户开发成效初显，新开发客户 2160 户，新开发客户增收 1.1 亿元。客户的积累增加和质量的提高，为进一步加快发展、提高发展效益打下了良好基础。

信息化建设。生产经营管理系统保持稳定。围绕服务经营管理开展工作，开发寄递结算清分系统、外包成本核算系统，完善综合管理系统功能，联合打造中邮消费金融数据实验室。

开展代理金融整体接管式飞行检查，落实从业人员违规行为处理办法，金融网点 100% 实行综合柜员派驻制，代理金融业务总体合规稳定。深入开展“平安邮政”创建工作，圆满完成国庆 70 周年安保任务，全年未发生安全生产责任事故。电商扶贫积极开展，培育万单扶贫产品 43 个、扶贫能手 200 名，销售助农产品 5000 余万元。绿色邮政建设不断深入，全面推广使用窄胶带、科学打包法和新标准包装箱。电子面单使用率达到 98.8%，高于集团公司标准 3%。

开展寄递服务质量“930 前十行动”，7 项主要寄递服务质量指标从年初整体落后到 9 月全面达标、10 月全部进入全国前十，有责投诉率、派揽及时成功率等关键指标在“双十一”等生产旺季保持全国前十。（辽宁省邮政分公司 / 提供）

【邮储银行辽宁省分行】 辽宁省分行内设 23 个部室、3 个直属单位，下辖 13 个二级分行，40 个一级支行，309 个二级支行；辖内营业网点 1451 个，其中自营网点 307 个、代理网点 1144 个。自营机构从业人员 8165 人。

一、经营概况

总资产 2308 亿元，比上年增长 114 亿元；人民币各项存款余额 2130 亿元，比上年增长 75 亿元，列省内国有商业银行第 4 位；人民币各项贷款余额 1259 亿元，比上年增长 35 亿元，列省内国有商业银行第 4 位。全年实现利润 9.13 亿元，完成预算进度的 120.5%；实现收入 36.41 亿元，完成预算进度的 97.1%，其中实现中间业务收入 4.3 亿元，比上年增长 7.3%，占收入比重的 11.81%，比上年提升 1.25%。

二、转型发展

一是个人金融深入推进“十大抓手”系列营销活动，发放社保卡 42.3 万张，退役军人服务卡 1.7 万张，腾讯联名卡 6.9 万张，ETC 卡 11.7 万张，均完成预期目标；新增代收付项目 274 个，新增客户 8.8 万户，拉动储蓄余额

服务“三农”。

增长10.3亿元。二是“三农”金融平台合作取得新突破，与辽宁省农业农村厅签署战略合作协议，与农业农村厅、妇联等部门共同推进个人涉农创业担保贷款项目，实现放款5.8亿元。“百亿送贷行动”实现放款107亿元，新增客户6430户，该项工作入选《人民日报》党媒平台出版的《中国普惠金融实践案例集锦》。辽宁省分行被省委、省政府纳入省委农村工作领导小组和省政府乡村振兴工作领导小组成员单位，有关工作获得高度认可。三是小企业金融与省税务局正式完成银税系统对接，打通了大数据获客渠道。依托“万户送贷行动”，成功授信工商联优质会员1382户，放款11.7亿元。四是消费金融贷款净增29亿元，余额406亿元，其中车贷余额6.3亿元，列邮储系统第6位；综合消费贷余额43亿元，列邮储系统第9位。精心策划“邮储购物季”活动，营销“邮储花呗”2.53万户，列邮储系统第1位。五是公司业务新增机构类账户284个、非税执收单位103个、公积金缴存单位165个。积极推进开放式缴费平台，储备客户328户，上线41户。六是国际业务保持快速增长，实体贸易融资新增6亿元，列邮储系统第10位。辽宁省外汇管理局对辽宁省分行外汇管理考核评级结果为A级，创历史新高。七是金融同业票据转贴买断净增62.8亿元，列邮储系统第2位；买断余额154.2亿元，列邮储系统第3位。八是信用卡开展“亮剑活动”与“百团大战”，全年实现发卡28.6万张，比上年度多发10.3万张，创历史发卡最好水平。九是网络金融持续做大线上客户流量，净增手机银行激活客户34万户，存量307万户，列邮储系统第12位；电子银行客户渗透率75.6%，列邮储系统第4位。

三、创新驱动

开发建设非税收入收缴、国库集中支付、法院一案一户等业务系统47项，中间业务平台项目研发数量比上年增长40%。自主开展创新项目建设6项，构建新型分布式大数据平台，计算能力提升10倍，极大提高了数据查询和分析效率。一是互联网生态圈建设取得进展。推广C端快捷支付绑卡，联合邮政开展“绑卡赢话费”活动，净增快捷支付绑卡49.4万户，列邮储系统第13位，拉动电子支付收入4200万元，比上年增长39%。加快拓展B端商户领域，发展“邮惠付”业务，新增自主收单商户1.2万户，联动存款沉淀1.43亿元。推进移动支付便民工程，云闪付交易1851万笔，完成总行任务计划的165%。二是网点系统化转型稳步落地。完成17家省级转型样板网点的驻点导入并全部验收合格，将沈阳市奉天支行打造成总行级城市零售型网点转型样板。加快网点智能化建设，完成统一柜面一期工程上线，258支柜面交易实现免填单；推广刷脸交易功能，增强客户服务体验；加快老旧设备更新，全年投资1420万元，增配IT设备3684台。三是邮银协同效应逐步显现。建立健全重点项目协同推进机制，共建场景、共同营销，邮银净增手机银行激活客户108万户，完成总行下达目标的130%；实现中邮保险保费1.44亿元，完成总行下达目标的118%，列邮储系统第3位。

四、综合管理

（一）人力资源管理

完善薪酬绩效分配管理，打通县支行行长绩效薪酬基数，按照综合贡献划分4类，鼓励争先创优。有序开展职级晋升晋档工作，抓好选人用人工作，建立省管干部储备人选库和年轻干部人才库。加大教育培训力度，全年开展各类培训199期、6万人次。

（二）授信管理

从重点行业、项目和客户3个维度细化授信政策，确定省级重点行业17个、重点项目和企业178个，为精准营销提供指引。完善高风险客户退出机制，严控大额信用风险。

（三）运营管理

提升集中作业处理质效，银企对账及时率、公司结算退回率、集中授权拒绝率等14项指标位于邮储系统前列。优化网点作业组织，高低柜整合率87.2%，压降台席69个。强化现金实物精细化管理，备付金比上年压降1.18亿元，节约成本177万元。

五、风险管控

不良贷款率1.35%，比上年下降0.14%；不良贷款额17.36亿元，比上年减少1.12亿元，实现“量、率”双降，全面完成总行管控目标。一是开展资产质量“保卫战”。加大对重点业务和分支机构的风险监控、督导和化解，采取收紧授权、接受质询、增提减值、强化问责等措施进行严格管控，新增不良贷款比上年减少2.87亿元，降幅44.5%，月均新增不良额为近5年来最低。计提逾期类减值2.91亿元，比上年下降2亿元，降幅41%。二是开展保全清收“攻坚战”。保持清收高压态势，多措并举，分类施策，回收不良贷款6.3亿元，比上年增长43.8%，其中核后回收1.66亿元，比上年增长44.35%。开展6批次呆账核销工作，处置不良贷款4.9亿元。三是夯实内控合规管理基础。加大对新修订的《员工违规行为处理办法》宣贯力度，通过支部学习、集中宣讲、撰写心得、网院考试、签订知晓书等方式，确保“三十六项禁令”人人知晓。扎实开展案件警示教育活动，组织编发《警示教育培训期刊》12期，组织参观警示教育基地26次，开展案防督导活动29次。

六、党建工作

（一）全面从严治党

认真落实“三个第一时间”学习制度，广泛开展“大学习、大讨论、大落实”活动，组织党委理论中心组学习22次，编发学习参考63期。高质量开展“不忘初心、牢记使命”主题教育，深入推进学习教育、调查研究、检视问题、整改落实4项重点措施，得到集团公司巡视组的充分肯定。积极配合做好巡视工作，对于巡视检查中指出的问题，即知即改，立行立改，切实把接受巡视的过程转化成查找差距、弥补短板、改进工作的过程。

（二）党风廉政建设

深入开展“党风廉政宣传教育月”活动，通过重温入党誓词、参观反腐成就展、观看违法违纪教育片等方式，教育党员干部紧绷纪律规矩之弦。持之以恒落实中央八项规定精神，提出廉洁自律“十个严禁”，筑牢防范“四风”防线。有效运用监督执纪问责“四种形态”，对4名省、市分行领导人员给予诫勉谈话，对1名市分行领导给予党内严重警告处分。认真做好巡察整改工作，压实被巡察单位整改责任，给予诫勉谈话4人。

（三）工会工作

开展岗位建功活动，组织各类劳动竞赛和技能练功50场次，1.3万人次参与；组织开展辽宁省分行第四届职工乒乓球比赛；在总行举办的理财经理大赛中，辽宁省分行获得团体第2名，参赛的3名理财经理全部进入前十强。深入开展“评先推优”工作，沈阳市分行荣获“辽宁省五一劳动奖状”，抚顺市分行荣获省级“三八红旗集体”，辽阳、铁岭等5家市分行荣获市级“五一劳动奖章”。辽宁省妇联妇女儿童基金会授予辽宁省分行“金融助力妇女创业创新特殊贡献奖”，以表彰辽宁省分行主动承担社会责任，积极参与省内妇女创业就业和妇女儿童公益项目所做出的贡献。（邮储银行/提供）

【邮储银行大连市分行】 大连市分行设有20个一级部门、1个直属单位、6个二级部门，下辖13个一级支行，辖内网点273个，其中自营网点48个、代理网点225个，邮政金融乡镇服务覆盖率100%。员工1280人，其中本科及以上学历员工占比82.03%，35周岁以下（含35周岁）员工占比63.91%。

一、经营概况

实现收入6.59亿元，比上年增长2.59%，完成计划103.03%；利润完成1.52万元，比上年增长80.11%，完成计划的168.46%；成本收入比67.29%，比上年上升0.24%。各项存款余额567.43亿元，比上年增长35.56亿元，增幅6.69%；人民币各项贷款余额200.37亿元，比上年减少31.33亿元，降幅为13.52%。不良贷款余额1.56亿元，比上年减少0.88亿元，不良率0.78%，比上年下降0.28%；拨备覆盖率257.51%。

二、党建工作

（一）主题教育活动

大连市分行党委成立“不忘初心、牢记使命”主题教育领导小组，制定《中国邮政储蓄银行大连市分行开展“不忘初心、牢记使命”主题教育实施方案》，开展两批“不忘初心、牢记使命”主题教育活动，66名党员领导干部研究制订调研计划，确定调研课题77项，全年开展调研117次，发现问题386个，制定整改措施427条，形成课题报告64篇，解决职工关心的热点、难点问题96个。

（二）巡视整改和巡察工作

中央巡视问题整改台账完成52项，持续推进1项；集团公司巡视问题整改台账完成66项，持续推进44项；接受集团公司党组第二巡视组的新一轮巡视，召开专题党委会议研究制定问题清单、任务清单、责任清单，形成64项任务和110项措施的整改清单；对7家单位开展巡察工作，发现问题87个；对3家单位开展巡察“回头看”。

（三）党建重点工作

开展“大学习、大讨论、大落实”活动，组织开展“党建与领导能力提升”专题培训、毛丰美“干”字精神培训班；开展“共建、共享、共进”主题活动和“合规——共产党员在行动”专项活动，制定《党建工作考核评价办法》。

三、业务发展“五化”转型

（一）个人金融业务

1. 储蓄存款业务。自营储蓄余额增长11.33亿元，年度增长列邮储系统第24名，列计划单列市第1名；年累计平均余额增长15.52亿元，完成计划指标的258.58%。

2. 中间业务。“大理财业务”方面，代销国债业务规模3.45亿元，列计划单列市第1名；人民币理财规模51.82亿元、券商资管5.28亿元，列计划单列市第2名。信用卡方面，新增发卡8.74万张，新增客户6.19万户，比上年增长200%，计划完成率均列邮储系统前10名；激活首刷率67.73%，列邮储系统第2名。ETC业务方面，新增发卡16416张，完成计划的109.44%，车主卡实时发卡成功上线。

3. 个人客户服务能力。VIP客户数增长5510个，增长9.64%，VIP客户资产增长14.62亿元，增长14.41%；投

12月18日，邮储银行在大连举办首届“汽车产业链金融发展论坛”。

诉处理及时率和满意度均为100%。

（二）零售信贷业务

1.“三农”金融业务。金融精准扶贫贷款（含已脱贫）完成总行新增计划的159%；发放农业产业链贷款7笔，实现银担合作零突破；成功落地小额极速贷业务，小额贷款业务全年投放5.79亿元，比上年增长19%。

2. 消费金融业务。一手住房贷款新增规模占整体住房贷款规模的80%，合作楼盘基本覆盖全国前20强开发商；消费信贷投放24.21亿元，比上年增长26%，新增11.03亿元，比上年增长40%。

（三）小企业金融业务

持续开展“大走访”与“三区一链”营销，落实“百行进万企”和大额分层走访工作，走访企业客户1036户，机构平台121个，实现新增授信客户41户，放款2.24亿元；实现小微易贷线上投放，小企业贷款累计投放14.5亿元，净增0.68亿元，完成全年净增计划的113.8%。

（四）公司金融业务

公司贷款通过立项项目19个，通过总分行审批项目6个，金额36.32亿元；恒力石化（大连）化工有限公司150万吨/年乙烯银团贷款项目计划投放20亿元，实现投放11.98亿元；实现绿色信贷投放4500万元，超额完成总行下达的绿色信贷增速指标。

（五）网络金融业务

实现手机银行净增激活7.24万户，完成全年计划指标的120.6%，手机银行活跃目标完成率125.1%，列邮储系统第9位；净增快捷支付绑卡客户8.78万户，完成指标计划，列邮储系统第15位；“邮储食堂”发展会员4.2万户，完成集团公司会员发展指标的169.4%，完成率列邮储系统第4位；“云闪付”APP推广计划指标完成率超200%，有效拉新量列大连市银行同业第1名；条码收单商户拓展3069户。

（六）交易银行业务

3月，完成邮储银行首笔进车贷业务放款工作；7月9日，完成分行首笔云链保理业务放款。完成广汇集团旗下46家4S店客户新增，其中9户完成评级授信已放款，18户处于审查阶段，6户完成贷前调查，放款2.5亿元。

（七）资金资管业务

推动与大连商品交易所签订战略合作协议；4月，实现大商所期货保证金存管业务成功上线；完成辽宁成大三期中期票据发行工作，累计承销金额23亿元，拉动中间业务收入和公司负债增长。

四、内控合规体系建设

（一）乱象整治

开展“巩固治乱象成果　促进合规建设”工作，制定风险管控方案与化解方案；开展资产质量真实性检查，累计抽查业务383笔、金额22.92亿元，对56笔、合计金额6.71亿元的贷款业务发起人工分类调整；完成零售作业监督200余笔，督办整改问题64个；完成批发作业监督与监测100笔，督办整改问题52个。

（二）案防安防

开展内控调研，推动违规积分管理系统应用；开展金融案件警示教育，宣贯新版违规行为处理办法；实现营业网点反洗钱集中处理全覆盖；实现安全管理标准化达标联网监控中心和营运中心创建。

（三）不良资产处置

实现现金清收4823万元，比上年增长2653万元，完成总行计划的133.9%；开展呆账核销线上申报审查，实现部分支行核销线上审批；推动司法拍卖，回款金额比上年增长50.5%。

（四）审计监督

落实监管指定审计项目，开展内控评价、呆账核销、信贷资产分类等审计项目，推进分行自定项目实施，完成审计项目22个，发现问题405个，提出审计建议96条。

五、管理效能

（一）资产负债管理

实现经济增加值比上年增长70.31%；经济资本回报率7.07%，比上年增长5.31%。

（二）经营分析与绩效考评

对分行绩效考核开展对标分析，对支行经营结果进行统一预评。提升支行对会议费、市场发展费用、集采等费用审批权限。

（三）运营管理工作

完成取消企业银行账户许可工作，落实银行机构代码问题整改，开展个人、单位账户排查与客户信息治理；推广应用统一柜面管理平台。

（四）信息科技支撑

完成电子印章系统、管理驾驶舱、RWA风险数据集市等22个统建系统推广上线；完成营销积分管理系统、大连税银平台、社保城乡居民保险等11项分行信息化工程建设实施；完成数据下载平台三期建设。

（五）人力资源管理

开展职级、薪档晋升工作和专业技术职务评聘，681名员工受聘专业技术职务；开展一级支行“三定”工作；开展2019年业务骨干能力提升项目培训，启动信贷客户经理孵化培养计划。

六、重点领域改革

（一）网点转型

开展试点网点导入工作，制定网点类比组考核办法；组建分行系统化转型内训师队伍；推广新版经营月报使用，开展网点转型效能提升培训。

（二）绩效体系改革

出台管理类岗位季度绩效考核办法和机关专业类岗位绩效薪酬分配方案，将绩效考核周期细化到季度；修订工资总额和劳动报酬核定办法，实现按人拆分人工成本。

（三）多元化协同发展

制定邮银市场协同管理办法，建立联系人机制；有效完成15.7万张社保卡批量制卡；制定小微企业客户协同业务发展工作营销方案。

七、企业文化建设

召开二届二次和二届三次职工代表大会，开展业务劳动竞赛、技能竞赛等文体活动，落实职工思想动态、食堂满意度调查和合理化建议工作。获得“2018年度全国邮政用户满意企业”称号、“2016—2018年度中国邮政储蓄银行模范职工之家”、大连金融工会授予的“五一劳动奖状”以及“大连金融先锋号”等多项荣誉。（邮储银行/提供）

【中邮保险辽宁省分公司】

一、经营情况

（一）保费规模

实现保费24.8亿元，其中，新单保费11.2亿元，完成年度预算进度的72.8%；续期保费13.74亿元，比上年增长61.65%。期交市场占有率7.21%，排名全省39家寿险公司第3位，期交银保渠道市场占有率23.12%，排名全省第1位。团险业务累计实现保费1073.84万元，完成全年预算的119.32%。

（二）高价值业务

实现期交保费23.3亿元，完成年度预算进度的101%，占总保费比重的94.3%，比上年提高21%。其中新单期交完成9.75亿元，完成年度预算进度的100.8%，长期期交保费实现2.48亿元，完成年度预算进度的113.1%。

（三）主要运营指标

11项考核指标6项排名靠前，全省人核件回执回销率100%，新契约抽检合格率99.50%，人核件全流程时效3.93天，重空单证超期未核销率0%，保全两日结案率99.52%，复核修改率0.5%，录入修改率2.03%，协议业务处理时效为0.16天，理赔7日调查完成率99.31%，团险理赔10日结案率100%，犹豫期内电话回访成功率99.22%，亿元保费投诉量0件。

二、基础管理

（一）人才队伍建设

制订年度培训计划，开展内部培训12期、新入职员工培训1期、员工大讲堂4期；开展“通关大比武”员工知识技能提升活动，选拔16名员工成为兼职讲师；组织参加寿险管理师考试，持有寿险管理师资格证书65人，占分公司全体员工87.8%。

（二）信息技术应用

建立中邮保险客户画像系统，将客户画像精准推送至网点，充分利用邮政现有客户数据和网络资源，识别潜在客户群体，从供给侧挖掘客户潜在需求，开展差异化、个性化服务，实现精准营销。

（三）财务管理

依托信息手段强化数据核查，严格规范会计核算；完成固定资产盘点清理，清理分公司自用固定资产240台套；严防税务风险，完善ERP运行支撑；严格执行全面预算管理制度，科学编制调整预算和申领使用资金；严格采购流程，上线采购平台，有效支撑业务发展。

（四）合规管理

制定《防范化解重大风险2019年专项方案》，开展操作风险和偿付能力风险管理能力自评估；完善内控基础管理，梳理178项制度；把关合同签订审查，审查合同37份；深化合规检查，检查8个市、16个县、73个网点，发现问题25类62个；开展风控合规培训8次，参加总公司第一届风险合规知识竞赛，开展保险合规知识、防范非法集资线上竞答，参与人数300余人次；做好内控评估工作，配合做好高管任中审计，开展反洗钱专项审计和长期期交产品效益审计，审计发现问题16项，全部整改完成。

（五）品牌形象

开展扶贫工作，为铁岭八面城等13个乡镇4600余名贫困户，赠送保额为2亿元的人身意外伤害保险。严格跟踪绿色邮政相关指标，线上出单率等实现全部达标。持续做好品牌宣传，在《新华每日电讯》《辽宁日报》发表中邮保险辽宁分公司发展纪实，获得2019年辽宁保险行业公众宣传大比武“最佳组织奖”。

三、销售管理

（一）协同作用

用好“邮银保”协同会议机制，联合下发《辽宁邮政市场协同管理实施意见的通知》，协调邮银将“自办保险与代理保险协同转型”确立为省内自主协同项目，协同制定《2019年中邮保险业务发展思路》；召开业务督导会、质询会，推动业务提速发展，联动开展一季度专项营销、抱团营销等 5 项活动。

（二）服务支撑

自主研发 3 套营销项目模版、两套客户开发维护辅助工具及保障型产品营销辅助工具；打造产品营销精品课程，自主研发培训课程 32 门；开展集中培训、网点辅导、电视电话、微信课堂等活动，开展培训 3300 余场，参与人员 24100 余人次，重塑营销活动组织全流程。

（三）队伍共建

构建“三位一体”立体营销体系；开展理财经理大赛、5 期理财经理打造项目，提升理财经理长期储蓄及风险保障型产品营销能力；组织 59 名转型大使及业务骨干参加兼职内训师培训，开展 3 期“凝心聚力、挑战自我”综合营销能力提升培训；拓展岗位“大练兵大比武”线上平台受众对象。

四、模式创新

（一）“自营 + 代管”模式

联合邮政组成工作领导小组，专题协同研究 18 次，解决瓶颈问题；制定《中邮保险辽宁分公司讲师考核管理办法》，通过送教上门、员工实践、讲师驻点、跨市支援等形式，基本实现 13 个市、40 个县支撑保障全覆盖。

（二）包挂支撑活动

制定旺季全员服务实践活动方案，成立 13 个“发展支撑组”，由中层干部带队，配备专兼职讲师 28 名，深入开展定点包局；召开 2020 年“开门红”誓师大会，全员支撑一线、服务一线热情显著提升。

（三）对标管理

组织制定对标模型，形成对标项目 64 个，对标措施 80 项。深入分析行业市场发展趋势，形成市场研究专题报告；完善经营分析模型，按月研究经营发展课题，深度分析同业产品、经营策略和行业变化，编撰《全省市场经营信息周刊》38 期。

（四）客户服务

开展赔案清理，针对疑难案件上门服务，开展“邮衷关爱，中邮守护”理赔客户鲜花慰问活动；利用 3・15 等节点，前往网点、社区、医院等人员密集地区，开展多种形式服务宣传；增强团险大客户服务能力，对标省内先进寿险公司，实行项目负责制，成立中国铁塔和“两项保险”统括项目组，做好统括项目全流程服务。（中邮保险／提供）

【中邮证券辽宁省分公司】

一、总体情况

（一）收入情况

实现收入 512.7 万元，完成基础目标 151.2%，完成收入目标 102.5%，比上年增长 1023.9%，增幅在分公司中列第 1 位。其中，经纪业务收入 506.7 万元，资管业务收入 6 万元。新开立账户 1181 户，累计账户结存 69829 户，其中新增有效户 2111 户，完成年度目标的 117.3%；托管证券市值 40773 万元，累计成交金额 192723 万元。代销基金 623.3 万元，集合计划销售 1.39 亿元。

（二）项目开发

分公司与邮储银行辽宁省分行金融同业部协同开发上市公司控股股东股票质押项目，实现股票质押融资 1 亿元，计划项目收入 700 万元。依托汽车产业链业务，与华晨集团建立良好合作关系，销售华晨汽车集团超融券 2000 万元，计划产生收入 6 万元。

二、发展举措

（一）推进“自营 + 协同”发展

1. 加强板块协同。一是 2019 年与省邮政金融业务局协同推进并分别下发《关于开展 2019 年一季度中邮证券客户营销活动的通知》《关于组织开展 2019 年中邮证券营销活动的通知》《关于开展中邮证券“有效户大提升”协同发展专项营销活动的通知》，明确有效户、证券资产、两融业务年度工作目标、奖励标准、支撑及要求。二是板块渠道销售方面，多次与省邮储分行、大连邮储分行对接培训，推进鸿利来产品落地销售工作。销售金额 1.39 亿元，全国排名第六。代销场外基金 623.3 万元。三是板块项目开发方面，分公司领导带队主动拜访省市邮储银行、省市邮政公司和各专业局等，参加省邮政市场部板块联动推进会议，力争实现客户资源共享，项目共推。协同推进葫芦岛同业存款业务、大连德泰、千山景区门票 ABS、鞍钢公司债的招标投标等重点项目；协同拜访沈阳铁西开发区金融办，走访当地企业对接挂牌及融资需求，拜访铁岭邮政和葫芦岛邮政引荐的 12 家企业；调研邮储银行辽宁省分行 32 家授信客户 ABS 及债券发行情况，并上报资管分公司。四是协同培训方面，与省邮政、省邮储、省保险积极主动对接，成功举办“十佳理财经理”活动，持续推进板块协同培训工作。与邮政协同培训 9 场，参与人次 1905 人；与邮储协同培训 7 场，参与人次 430 人。

2. 推动自营业务发展。一是鞍山前进路营业部于 11 月正式展业。截至 12 月 31 日，开户 89 户，全部为有效户，资产 1379 万元，完成收入 0.96 万元，有效客户佣金贡献率较高，发展势头良好。二是推进资管投行业务。以新三板业务为重点，走访企业 45 家，产业园 3 个，参加省金融发展局等单位组织的企业路演见面会 10 次。拜访辽宁股权交易所 5 次，调研全省 13 个地市（不含大连）四板业务补贴政策及落实情况，编写详细调研报告。重点推进葫芦岛银行同业存款业务，实地拜访辽宁本地城商行 8 家，股份制银行 3 家，洽谈资管产品代销渠道、债券投资业务及银行委外业务。调研走访开源、申万宏源、华金等证券公司和汇君资本、睿馨投资等私募机构，开展同业交流，增加项目开发机会。三是开展两融业务主动营销。

向满足两融开办资格的客户进行电话邀约、微信营销，每个交易日在微信群内发布两融开户资讯。两融新开户7户，融资规模791万元，融资余额峰值1300万元。四是开展客户营销活动和经纪人招聘工作。组织开展“母亲节”客户营销活动、经纪人月度评比，“先锋月”营销活动、科创板营销活动，科创板营销在总部2019年“科创板”专项营销活动中取得优异成绩。截至12月31日，分公司经纪人20人，托管资产3.9亿元。

（二）企业管理

1. 客户服务管理工作。一是保质保量完成客户回访工作。存量客户电话回访3900户，书面问卷回访1900户，短信回访300户，完成率100%。完成经纪人回访53户，科创板开通回访16户，融资融券客户回访7户。二是认真组织落实投资者教育工作，完成关于“3·15”投资权益保护、“5·15”投资者保护日、科创板投教、私募基金投资者教育、反洗钱、“投资者世界日”等活动的组织与落实，形成并上报总结报告2份。投教专员获得“优质服务，从我做起——中邮证券十佳服务文明人员”称号。三是做好客户分类管理。撰写每日晨报，微信群发布300余次，维护14个客户及997个潜在客户的微信服务群。发送微信咨询信息6500余条，录制省公司互联网平台视频5次，对于客户的个性化需求，进行一对一咨询服务。

2. 综合管理类工作。一是分公司划转工作。按总部人力函〔2018〕16号文件要求完成邮政与证券划转人员衔接工作。重点是划转员工的劳动关系、薪酬及相关费用、人事档案、六险二金申报缴纳等各项工作。二是人力资源管理工作。完成分公司4个部门的设置和部室经理的选聘，通过拓宽招聘通道引进市场化人员4人。分公司员工平均年龄35.5岁，市场化招聘人员占比超50%，全部本科以上学历，年轻化、专业化员工队伍进一步形成。完成全体员工护照统一管理、选人自查工作和人事档案管理工作等，配合集团公司选人用人专项检查。三是财务管理工作。按要求做好财务、监管、税务等日常管理工作，加强资产管理、合理使用资金、强化预算管理、移交财务档案等方面工作。组织完成2018年度营销费用专项审计工作和展业以来的“三公”经费自查工作。制定完善《中邮证券有限责任公司辽宁分公司差旅费管理实施细则（试行）》等财务管理制度。四是综合管理工作。制定、完善《中邮证券有限责任公司辽宁分公司会议管理实施细则（试行）》《中邮证券有限责任公司辽宁分公司印章管理实施细则（试行）》等20项管理实施细则。完成分公司展业以来档案分类归档管理，全面清查分公司资产90项。五是工会工作。按照公司工会统一部署，组织完成“七个节日”福利品的采购、发放；组织参加省邮政公司的喜迎元宵节灯谜竞猜大会、《向雷锋同志学习》发表56周年活动、“关爱女性健康”“三八”节活动等活动。7月22日召开分公司职工大会，会议审议并投票通过《中国邮政集团公司企业年金方案》。12月20日召开分公司职工大会，选举中邮证券有限责任公司第一次职工代表会议职工代表1人。

3. 合规风控工作。一是合规管理。组织开展12次全员合规制度、监管案例的专项培训；组织对员工执业行为管理、客户回访、产品营销等内容的12次常规自查并形成自查报告。组织开展分公司2018年合规管理有效性自评估和风险自查、中登公司账户实名制专项自查、客户适当性实施工作自查、反洗钱内部稽核等多项专项自查。二是反洗钱管理。每日登录公司内控平台对新开账户进行客户洗钱等级人工复评，评级1181户，处理存量客户洗钱风险等级过期复评3万余户，处理系统预警可疑交易9户。调整反洗钱工作小组，明确各岗位职责。三是监管协同。参与监管部门组织召开的会议、培训、活动，了解监管动向及行业动态。定期报送监管报表12次，完成人民银行各项信息报送12次和分公司2018年反洗钱分类自评工作。

（三）扎实推进党建纪检工作

1. 党建工作。一是严格落实“三会一课”和“三个第一时间”学习机制，组织全体党员认真学习贯彻习近平新时代中国特色社会主义思想和党的十九大精神，牢固树立“四个意识”，坚定“四个自信”，坚决做到“两个维护”，自觉严守政治纪律和政治规矩。按要求召开党支部组织生活会，开展民主评议党员和谈心谈话工作。二是持续推进巡视整改重点工作，按月召开支委会研究部署巡视整改重点工作，对照2018年、2019年集团公司党组反馈意见，开展全面举一反三自查自纠工作，研究制定整改措施，有效推进整改。按照集团公司巡视工作统一部署，9月2日—10月31日，分公司党支部接受集团公司党组第二巡视组的常规巡视。三是切实开展“不忘初心、牢记使命”主题教育，认真落实刘爱力董事长要求的“六个责任担当”，把学习教育、调查研究、检视问题、整改落实贯穿全过程。通过集中学习研讨、开展专题座谈会、调查研究和组织生活会等方式，推进“自营+协同”业务模式向纵深发展，做到集团公司汽车产业链项目落地，确保主题教育工作取得实实在在的效果。四是按照公司党委工作部署，对照《中邮证券有限责任公司党委关于落实邮政系统基层党组织建设达标工程和创先争优活动的实施方案》的达标要求，广泛深入开展对标自查工作，查找差距，制定整改措施，按步骤扎实推进党支部和党员达标建设。五是组织开展“学习毛丰美，实干促振兴”“党建促发展，欢庆新中国成立70周年”和“学习时代楷模”、廉洁教育等主题党日活动，激发全体党员坚定理想信念，恪尽职守，出色完成各项工作任务。

2. 纪检监察工作。一是结合“三会一课”不定期组织学习党章党规党纪和典型案例通报，组织开展廉洁教育主题党日活动，加强对遵守政治纪律和政治规矩的教育。二是在重点节日前夕发布节日廉政提醒，密切关注重要节点、重点领域和岗位、关键环节，把纠正“四风”工作覆盖到所有党员。三是强化选人用人、“三重一大”决策制度和巡视整改工作的重点监督检查，建立部门负责人“廉政活页夹”。开展领导干部亲属在邮政系统内工作情况核查和领导干部“裸官”自查。（中邮证券 / 提供）

【辽宁省寄递事业部】 辽宁省寄递事业部旺季冲刺百天完成收入 3.85 亿元，日均收入比冲刺前增长 155.2 万元，拉动年收入 10 亿元，是完成集团公司预算目标的 12 个省份之一，收入增幅 20.7%，高于全国 8.4%，高于行业 2.6%。收入市场占有率 9.6%，比上年提升 0.2%。

一、重点业务完成发展目标

（一）标快业务

省分公司与省营商局签订《“政务服务邮寄送达”排他协议》，成为“互联网 + 政务服务”独家合作伙伴。全省 131 个政务服务中心合作率 100%，市级以上政务中心全部实现派驻。银行、通信、保险等重点行业省级机构全面合作，13 家协同保险公司拉动保险行业标快收入增长 79%，收入增幅列全国第 3 位。生鲜市场完成收入 2772.8 万元，增幅 58.4%。大连樱桃收入规模突破千万元，增幅 82%，丹东草莓收寄量突破 14.3 万件，比上年增长近十倍。

（二）快包业务

收入增幅列全国第 6 位。“双十一”当日业务量增幅列全国第 3 位，“双十一”期间业务量规模突破 400 万件，是上年的两倍。省内 27 处产业集群市场收入增幅 96.5%，其中鞍山海城集群市场快包收入 3957 万元，增幅 160%。

（三）国际业务

6 条跨境线路收入增幅超过 50%。跨境轻小件业务收入增幅进入全国前十。开通沈阳综试区进口 9610 跨境直购业务，为省内行业首家。沈阳—洛杉矶邮路经转改直航，时效提升和降本效果明显。

辽宁省邮政分公司助力辽宁政务服务提档升级。

辽宁省邮政分公司智能服务中心投递柜。

（四）物流业务

京东云仓、九三集团等项目收入增幅 80.7%。

（五）量质并重

重点业务件均单价全部高于全国平均水平。其中标快高于全国 1.4 元，快包高于全国 0.6 元，国际 EMS 高于全国 25.1 元，国际 e 邮宝高于全国 2.2 元。

二、网运整合

（一）邮件分拣

沈阳邮区中心局完成处理中心整合，配置“矩阵 + 小件分拣机”工艺设备，日处理能力 130 万件，提升 85%。推行快递包裹集包作业，生产作业流程由“全散件”模式向“出口小件集包、总包经转、进口深度分拣”方式转变。12 月，轻小件集包 100%，超额完成集团公司 60% 的阶段目标；全量集包占比 50.8%，列全国第 6 位。以本溪为试点，推行进口邮件由沈阳邮区中心局分拣至揽投部，处理效率和时限得到提升。

（二）邮路

直达比例提高，新开直达兰州、成都、武汉重点城市省际邮路，邮件时限缩短 1 天，省会城市局直达比例由 53% 提升至 63%；新开省内直达串行邮路 14 条，省内地市间直达比例由 19.8% 提升至 33%。

（三）时限质量

开展线路提速，从营、分、运、投逐环节查找问题并分类解决。65 条省际线路中，21 条标快线路赶超主要竞争对手，42 条快包线路达到菜鸟标准，分别完成集团公司提速目标的 100%、95%。沈阳出口标快 52 个重点城市次日递率由 59.4% 提升至 86.3%。省内互寄标快、快包次日递率分别提高 5.69%、22.52%，最高分别达到 94.42%、93.22%；沈阳、大连加大利用民航晚航班运输，北京、上海等 6 个城市标快可实现“次日上午递”。

三、揽投网转型升级

揽投网资源全面实现整合、融合，达到作业组织、经营政策、管理制度“三统一”。按照揽投结合、以投促揽的总体思路，以打造业务收入重要增量平台、客户开发平台和邮件投揽服务平台为目标，推进揽投网“五优化两提升”。确定“标快＋快包”与普邮分网、“标快＋快包＋普邮”混网两种组网模式。推行“网格化作业、团队化管理”，提高揽投作业效率，解决业务量不均衡问题，及时响应揽收需求；实行奖励向揽收倾斜、揽投挂钩、突出增收增效激励的政策，推行准承包制和外包模式。12 月，现费邮件业务量 47.5 万件，比上年增长近 2 倍；实现收入 520.1 万元，增幅 85%。

四、服务质量

针对寄递服务质量差距较大的情况，确立“保达标、超平均、争先进”三步走安排，开展寄递服务质量“930 前十行动”，坚持以问题为导向，通过实地调研，逐环节对标找差，锁定智能跟单“三大环节八个方面”问题、影响揽收及时成功率“五大方面主要因素”、拉低全省理赔及时率的邮务环节操作不规范、造成投诉有责的生产操作不规范等根本原因，以“把复杂问题简单化”为原则，研究整改措施、解决办法。落实服务质量工作“三盯”“三及时”的管控机制，以“教会并固化一线规范操作”为抓手，通过“面对面、手把手”的交流、研讨、培训方式，助推问题一项一项解决、一个一个突破。7 项主要寄递服务质量指标从年初整体落后到 9 月全面达标、10 月全部进入全国前十，有责投诉率、派揽及时成功率等关键指标在“双十一”等生产旺季保持全国前十。（辽宁省邮政分公司 / 提供）

吉林省

【吉林省邮政分公司】 吉林省邮政分公司实现业务收入 37.05 亿元，列全国第 21 位；比上年增长 3.59%，列全国第 24 位。完成集团公司利润目标，确保国有资产保值增值。

一、经营质量

（一）金融业务

深化创新转型，实现多项历史性新突破，成为全省邮政稳健发展的“顶梁柱”。

1. 储蓄业务。在一、四季度跨赛活动的带动下，全省储蓄余额规模相继突破 1200 亿元、1300 亿元两大关口；余额规模从 1000 亿元（2017 年 2 月）到 1300 亿元（2019 年 12 月）用时较从 700 亿元（2012 年 12 月）到 1000 亿元缩短了 1 年零 4 个月。

2. 年余额增量。年新增储蓄余额 154 亿元，列全国第 15 位；余额增幅 13.45%，列全国第 4 位。

3. 收入增幅。全省金融收入增幅 5.78%，列全国第 8 位，其中 4 个月列全国第 1 位。金融收入增长 1.29 亿元，拉动总收入增长 4.04%。

4. 保险业务。实现保险业务收入 4.2 亿元，比上年增长 15.15%。

（二）农村电商

分销业务收入实现 3.03 亿元，列全国第 13 位，比上年增长 7.38%。农资销售调减 1.33 万吨，分销毛利率 11.8%，提升 1.8%。“919 电商节”等活动成功举办，实现批销额 4.1 亿元。兑换金融积分 2566 万元，维护金融客户 133 万名，间接粘连余额 679 亿元。分销自有品牌创建亮点纷呈，坚持南北互通、东西互换，以“万斤产品”为主线，累计销售额 9000 万元；四平千里辽河、吉林三河站项目成功入选“中国邮政名优农产品”名录，规模分列全国第 1 位和第 3 位。打造万单扶贫商品 9 款，助力邮政脱贫攻坚。

（三）市场营销

建立省、市、县三级协同体系，围绕 17 个重点协同客户、15 个协同项目，开展 113 个合作事项，形成项目收入 1.84 亿元。助力集团公司与一汽集团签署战略合作协议，实现吉林邮政与省农业农村厅、省联通、省电信等签订合作协议。汽车产业链集群市场拓展项目收入实现 0.9 亿元，开发税邮寄递中心共建项目并成为全国首批代收社会保险费省份，创新扩大惠农项目服务范围。有效落实绿色邮政行动实施方案，电子面单使用率 97.7%，比上年提高 25.9%；45 毫米窄胶带及新型绿色包装箱使用率 100%。

（四）平台服务

全省营业网点 1270 处，合理迁址网点 31 处。平台服务功能更加完善，警邮开办网点 194 处，开办车驾管四大类 25 项业务，代收量 83.89 万笔，代收额 1.5 亿元；税邮合作项目开办网点 720 处，代开 31 万笔，税额 3.1 亿元，实现收入 1409 万元。社会渠道建设更加夯实，邮乐购店累计存量 1.2 万处，农村覆盖率 65%，培育优质邮乐购店 4141 处。

（五）文化传媒融合发展

函件传媒营销会战实现收入 4410.77 万元，进度 105%，提前 3 个月超额完成函件传媒跨年营销会战目标。完成报刊大收订工作，实现报刊流转额 3.67 亿元，比上年增长 3.1%，绝对值增长 1132 万元。开展集邮品鉴会、图书巡展、商演等文化惠民活动 200 余场，实现收入 4000 余万元。《查干湖》特种邮票发行工作有序推进，省政府新闻发布会顺利召开。

二、企业管理

（一）保障普遍服务达标

持续强化服务流程管控，提升网点基础管理水平，以

长春市宽城投递部雪天投递党报党刊。

保障普遍服务达标和用户体验升级。截至12月31日，营业网点1270处（自营1064处，委代办206处），总量比上年底减少5处。其中提供普遍服务的网点1002处，提供代理金融服务的网点899处。创建主题邮局25个。自营网点涉及新增、撤销、暂停营业、网点信息变动等情况230处。

（二）普遍服务主责全面提质

全省乡镇网点覆盖率、建制村直接通邮率、普遍服务网点开办4项基本业务、全省县及县以上政府和驻军《人民日报》当日见报率、邮政营业服务达标率5项指标保持100%。全省普遍服务邮件全程时限全面达标。投递建制村打卡99.9%。全省邮政服务申诉处理满意率96.83%，超集团公司目标的0.83%；邮政综合服务满意度90.01分。全省机要通信连续32年保持质量全红，列全国第2位。

（三）基础能力建设

完成长春邮件处理中心集包作业设备配备工程项目的建设。邮政图文终端、票据打印机、实名收寄身份证识别仪3项普遍服务设备配备率100%。省机要改造项目完成整体建设工作，长春邮件处理中心规划项目得到省政府大力支持，继续稳步推进。财务管控体系更加精细。“两金”压降效果显著，存货比年初减少2424万元；组织集邮、函件和发行长期积压库存清理销毁工作，处理损失1510万元。强化重点成本管控，装卸搬运费比上年减少615万元。

（四）人力资源配置

人员结构进一步优化，压降台席264个，增配理财经理106人，实现综柜上收，网点营销效能提升。集中培训3867人次，中邮网院培训1.3万人次。集中采购效率大幅提高。集中采购流程更加规范，采购权限集分有序。创新全省用纸项目模式，发挥科技赋能，降低库存风险。充分发挥审计第三道防线作用，开展审计项目和专项审计调查491项，审计工程总金额5855万元，为企业节约资金672万元。严格落实新中国成立70周年等各项重大安全生产工作，确保全年无重大责任性事故。

三、党建工作

（一）从严治党主体责任全面落实

扎实开展“不忘初心、牢记使命”主题教育活动，组织理论学习193次，开展主题教育调研405次，检视问题932个，制定整改措施1592条。开展基层党组织建设达标工程，完成省分公司党组改党委筹备工作。发展新党员119名，评选先进党组织63个、优秀党员436名。围绕中心工作推进“四个找准”和“四个助力”，促进党建与企业发展同向聚合、同频共振。

（二）精神文明建设

连续保持全省文明行业称号，42个集体获得吉林省文明单位荣誉称号，2人获得吉林省精神文明建设先进工作者称号。吉林市分公司荣获“吉林省五一劳动奖状”，3人荣获“吉林省劳动模范”，1人荣获“吉林省五一劳动奖章”。桦甸市、磐石市分公司荣获全国交通运输文化建设优秀成果表彰，四平市铁东揽投部获评“全国青年文明号”。建成劳模创新工作室15个，充分发挥劳模先进的示范引领作用，有效推动企业经营发展。

（三）幸福邮政建设

建立企业补充医疗保险制度，投入资金1728万元，提高员工医疗待遇水平。以员工关爱工程为重点，坚持开展冬送温暖、夏送清凉、金秋助学、重大节日走访慰问等活动，为1400余名一线职工发放慰问金169万元，为248名重病职工发放救助款250万元，为37名困难职工发放助学金17万元；投入小家建设资金113万元，累计建成职工小家、投递员之家和网运之家723个，有效提升基层员工幸福指数。新闻中心包揽中国邮政报社年度所设全部奖项，连续8年荣获“先进记者站”称号。吉林邮政建设管理系统获集团公司小技改小发明奖。信息工作连续3年得到省政府办公厅致信感谢，连续6年被授予“吉林省政府优秀信息单位”荣誉称号。（吉林省邮政分公司 / 提供）

王明杰劳模创新工作室被吉林省总工会授予“省级示范型劳模和工匠人才创新工作室”。

【邮储银行吉林省分行】 吉林省分行内设23个部门（8个二级部门）和2个直属单位，下辖9个二级分行、41个县（市）支行，辖内1057个网点，其中银行自营网点158个、代理网点899个，实现城乡全覆盖。有从业人员4573人，平均年龄36岁，其中本科以上学历人员3521人，占总人数的77%；专业类人员2054人，占总人数的45%。

一、经营概况

总资产1867.05亿元，比上年增长13.58%；负债总额1860.32亿元，比上年增长13.62%；实现营业收入26.32亿元，实现利润总额7.64亿元；中间业务收入3.03亿元，贡献度提升1.48%。全行不良贷款余额12.58亿元，不良贷款率1.56%，实现"量率双降"。

二、负债业务

各项存款余额1758亿元，居省内六大行第4位。一是个人储蓄存款规模1652.5亿元，自营新增33.35亿元，增量系统内排名第16位，增幅系统内排名第6位；自营个人有效客户435.6万户，其中个人VIP客户21.48万户。二是公司负债业务固本提标，存款规模105.5亿元，增量7.37亿元，系统内排名第12位。中标5次地方政府债券共计51亿元，省级养老保险基金竞争性存放6.8亿元，联动营销国库定期存款2.4亿元。

三、资产业务

各项贷款余额786亿元，居省内六大行第5位。一是零售信贷重点产品拉动，新增65亿元，规模515亿元。"三农"金融个人经营性贷款余额125.9亿元，比上年增长1.82亿元，新增市场占有率8.32%，居省内全国性商业银行第3位；建成信用村221个，农担合作贷款余额破6亿元，列省内全国性商业银行第2位。消费信贷年净增63.71亿元，规模366.89亿元，系统内排名第16位，房贷余额305.81亿元，比上年净增23.54亿元，一手房净增占比62%，比上年提高29%，一级资质开发商业务投放占比超过65%。零售信贷工厂综合指标连续3年系统内领跑，作业效率保持系统内第一，累计拦截核心风险和退出中低端业务超3亿元。小企业金融余额34.3亿元，系统内排名第21位，其中重点产品余额16.43亿元，规模占比48%，比上年提升7%；小企业新增客户POS收单实现全覆盖，基本户结余指标进度系统内排名第1位。二是公司金融重点行业融合联动，公司贷款新增28.88亿元，规模153.97亿元。其中，项目类贷款占比61.17%，比上年提高26%，围绕支持实体经济发展和地区重点项目，落地环城高速、吉高集团本部融资再安排贷款、双洮高速、松通高速等6个重点项目。贸易融资、福费廷新增16.62亿元。"进车贷"业务实现放款。票据业务规模57.79亿元，比上年增长24%，净增居省内六大行第2位。同业融资"破冰"，成功营销一汽金融同业借款9亿元。

四、中间业务

信用卡联动发展，新增发卡21.93万张，结存突破67万张，新增市场占有率居省内同业第5位。组建省、市两级财富管理团队，拉动净值型理财保有量新增12.38亿元，提前完成旺季营销目标，完成进度系统内第一。代理保险新增7.8亿元，增幅57%。落地资产证券化业务6.47亿元，债券承销18亿元，居省内同业第5位，承销规模与计划完成率均居系统内前列。

五、渠道建设

（一）网点建设

分批推广网点系统化转型试点，实现标杆网点全覆盖，长春人民广场、蛟河河北街支行通过总行验收。以"外比同业、内比长春"为落脚点，22家城市中心支行收入增幅21.41%，高于二级支行平均水平13%，收入贡献率达30%。

（二）网络金融

新增手机银行20.39万户，快捷支付绑卡27.09万户，电子支付交易金额265.17亿元，金额完成计划列系统内第8位，商户收单交易笔数和金额排名系统内前列。

六、风险管理

（一）风控管理

落实"全面、全程、全员"风险管理理念，健全风险与内控委员会运作机制，召开各级风险与内控委员会316次，研究解决议题461个。强化行业研究，细化16个重点行业政策分析。全面应用"企业预警通"，完成12个行业、1245户存量客户风险监测。深化合规管理，发挥代理金融管理部作用，着力提升案防有效性，定向核查51个非现场模型，开展空降式整体接管、"飞行"检查等5类专项检查，排查各岗位人员235人次，开展任职资格合规性专项排查，完成三年轮训规划，合规系统应用流程图在邮储系统全国推广。

（二）审计工作

开展呆账核销、征信合规管理等17类审计项目，发现问题501个，问题整改率99.6%。实现内控评价全覆盖。开发3项非现场模型获总行肯定，优化资金扣划等两项流程，工程审减率5.2%。

（三）安全生产

安全保卫纵深推进"平安邮储"建设，稳步落实49处网点标准化验收，发挥安委会履职作用，顺利保障新中国成立70周年生产安全，保持全行安防"零案件"。

七、管理创新

（一）人力资源管理

推进机构职责调整，组建专业团队7个，公开选聘团队负责人。以"事业为上、人岗相适、人事相宜"为原则，启动省管干部副职人才库建设。通过校园招聘、社会招聘与内部盘活"三位一体"新增127人，充实县域基层

71 人。连续 4 年开展员工职级和通用序列晋升，受益覆盖 4800 余人次。创新实施“家访谈心”全覆盖。分层分类举办培训 49 期，高端经济报告会 4 期。

（二）运营管理

建立自营主管骨干人才库，主管备员覆盖倍数 3.8。融合推进柜面综合化转型，柜员双持证率 84%，压降台席 12 个，节约人力成本 120 万元。以流程优化为切入点，推动企业账户集中报备。自主开发个人客户手机号码核验系统，提前完成现金机具金标替换。全行备付金率降至 0.59%，压降资金成本 178 万元。营运中心新增集中营运项目 2 个，公司结算业务处理时长等 8 项指标稳居系统内前列。

（三）信息科技建设

统一柜面管理平台、用印管理系统、网点智能机器人等 10 项工程实现推广，自主研发移动应用管理平台、他项权证管理等 8 项新系统，初步建成数据分析平台，按季开展零售信贷客户风险模型等 5 项主题案例分析。

八、党建工作

各级党组织切实发挥“把方向、管大局、保落实”作用，推动党建工作与经营管理有机融合。党建统领紧扣“不忘初心、牢记使命”主题教育“十二字”总要求，推广“三四五”学习方法，实施“八个一”举措，“学研查改”取得扎实成效。做好中央巡视“后半篇文章”，贯通构建集团公司巡视整改、总行全面从严治党、省行政治巡察“三个重点”的新格局。把支部建到机构、建到部门，深度强化 210 个党支部生命力，推进“强基固本”、支部建设质量提升“标准 +”等 5 项工程，提升基层党组织规范化、制度化工作水平。通过“三个第一时间”学习机制的落实、23 期《理论学习》的研学、基层党组织书记培训班的开展，各级党员干部理论能力不断提升。省行第一次党员代表大会胜利召开，“两委”完成首届选举。党廉建设认真落实中央八项规定精神，严肃政治纪律和政治规矩，以全面从严治党检查为契机，深入检验管党治党责任落实。紧盯“三大攻坚战”和“关键少数”开展专项监督，聚焦“六围绕、一加强”，对 3 家二级分行、8 家一级支行及 10 个省行部门开展巡察，监督触角向基层进一步延伸。

九、工会工作

扎实推进员工关爱工程，“职工小家”提质升级覆盖率 60%，走访慰问困难职工和优秀员工 135 人、基层网点 36 个。畅通职工诉求渠道，员工幸福指数等 9 项指标在总行工会问卷调查中居首，员工获得感、幸福感不断提升。全行 77 个集体和个人获省级以上先进称号，企业活力进一步释放。

十、社会责任履行

金融精准扶贫新增 2.71 亿元，居省内同业第 2 位，完成监管任务；普惠型小微贷款净增 127 户、15.65 亿元，放款利率比上年下降 14BP，实现“两增两控”目标。绿色信贷规模 29.38 亿元。（邮储银行 / 提供）

【中邮保险吉林省分公司】

一、业务发展

收入实现两个第一，主要进度指标高于全国平均水平。总保费收入 9.1 亿元，完成计划的 126.9%，全国排名第一；新单总保费 8.27 亿元，完成计划 129.8%，全国排名第一。其中，趸交 3.76 亿元，完成计划的 160%，全国排名第一；期交新单保费 4.5 亿元，完成计划的 112.6%，全国排名第三；长期期交新单保费 1.73 亿元，完成计划的 190.6%，全国排名第二。续期保费 8338 万元，完成续期保费计划的 104.2%，全国排名第 6 位，13 个月保费继续 97.7%、宽末综合达成率 99.17%，全国排名第 1 位。

开展现场培训 151 场，培训 6428 人次。协同省邮政公司开展兼职督训师队伍建设，选拔培养 57 名兼职督训师。确保中邮保险的产品营销、业务规定能在渠道准确推广落实，体现中邮保险队伍的专业性。

开展“勠力同心　千帆竞发”团险外拓主题营销活动，鼓励全体员工参与营销，共同实现分公司自主开发团险项目零的突破。承保 4 家客户，自主开发 3 家客户，实现保费约 23.7 万元。

完成营业部建设。8 月，组织营业部建设，12 月中旬，通过总部验收，正式开展业务。

二、运营支撑能力稳步提升

通过规范业务流程、提升服务能力、创新督查方式等，协同支撑渠道，全面提升运营服务质量。截至 11 月末，全省保全两日结案率、理赔出险支付时效、重空单证核销率、团险复核修改率、亿元保费投诉量等 10 余项重点指标全国排名第 1 位（但回访问题件占比、新契约综合合格率、犹豫期撤单率仍排名靠后）。总部列入 KPI 考核的指标情况，犹豫期内电话回访成功率排名第 3 位，理赔申请支付时效、理赔赔案留存率、理赔 7 日调查完成率全国排名第 1 位，亿元保费投诉件数 0，运营管理质量稳步提升。

三、合规与风险管理

通过制定 2019 年防范化解重大风险攻坚战专项方案，全面提升风险防控能力，做好防范措施，确保专项工作落实到位。在合规文化建设上，开展合规集中培训 7 次，覆盖分公司全体员工及全省中邮保险局人员。在日常检查中，综合运用现场检查与非现场检查方式，检查 5 个市中邮保险局、16 个县中邮保险局、58 个网点，不断筑牢风险防控底线。

从自查内部控制和制度体系入手，在销售乱象、理赔乱象、违规套费乱象、数据造假乱象等重点问题领域开展全面自查，发现问题并及时整改。

邮银保三方联合下发实施方案，中邮保险吉林省分公司及全省邮银各级机构开展为期1年的销售误导专项整治“亮剑行动”。活动开展以来，自查网点27个、排查各类保单9200件，发现问题7项，全部整改到位。

四、综合管理

（一）员工队伍素质提升

校园招聘3人、社会招聘5人，补充队伍，引进人才。干部员工总数50人。通过集中培训、网络学习等方式，组织培训17期，参训709余人次，培训95.6学时。加强干部管理、干部监督工作，逐步开展干部梯队建设，为分公司长远发展储备管理人才。

（二）财务管理水平提升

完善财务支出立项与审批流程，加强财务内控管理，提高财务处理效率。规范采购流程，确保采购时效，满足经营发展需求，以公开采购形式完成8个集中采购项目（不含平台采购），其中5个项目为公开招标形式，公开采购率89.4%。

（三）审计监督

参加总部高管审计、反洗钱审计项目，同时开展分公司内控评估、反洗钱、关联交易、欺诈风险管理、物料用品管理等审计项目，开展中介渠道合规管理调查，及时进行督促问题整改，充分发挥第三道防线作用。

（四）信息系统安全运行

配合总部上线新的信息系统，推动管理和生产提效。自主开发客户信息真实性筛查辅助工具，满足客户信息筛查、问题整改的需要。开发客户积分兑换辅助工具，助力业务营销发展。

（五）企业管理效能提升

严格执行民主决策、科学决策管理，落实“三重一大”决策制度，基础管理不断加强。在总部的监察、运营、合规、安全等各个条线专项检查中，分公司基础管理工作得到总部认可。关心员工思想动态，通过多种文体活动，营造和谐企业氛围。

五、强化政治引领，党的建设全面加强

落实央企社会责任。一是风险管控扎实有效。未发生任何重大负面新闻与声誉事件，未发生任何系统性、区域性、群体性等风险事件，未发生任何安全生产事件。二是保险扶贫扎实开展。投入扶贫资金8万元，赠险6010人，赠送保额9010万元，超额完成总部下发赠险4500人的任务。在桦甸市八道河子镇为100多名建档立卡贫困户开展健康讲座及体检。为4个村打饮水井5眼，受益建档立卡户人口154人，受益率29%，为贫困村解决用水困难，受到地方政府的肯定和群众的欢迎，树立了良好的品牌形象。三是绿色邮政关键指标完成良好。在线出单率96.74%，远远高于既定目标。宣传品占期交新单保费收入0.0027%，比上年降低35.71%。推广线上培训，推广节水、节电、节约用纸，推进绿色办公，认真落实绿色邮政建设工作。（中邮保险／提供）

【中邮证券吉林省分公司】 分公司设市场部、资管投行部、运营风控部、综合部4个部门，从业人员15人。其中党员7人，研究生学历4人，本科学历11人。实现收入311.6万元，比上年增长62%；收入完成计划目标330万元的94.2%，其中完成经纪业务营业收入58万元，资管收入244.6万元，投行收入9万元。

一、经纪业务

累计开立证券账户10459户（其中有效账户1679户，有效户占比16.05%），邮储银行第三方存管账户9718户，托管资产总量9954.85万元，其中：证券市值4465.84万元，基金资产4405.84万元，资金资产868.28万元，两融客户11户，成交16.77亿元。

二、资管投行业务

机构类业务收入排名第6位。存续资产管理产品7.3亿元，吉林省某能源企业的财务顾问协议项目收入10万元。分公司与省邮政分公司组织业务联动业务小组共同走访各地市企业，与省邮储分行联合开展合格投资者认定省内自主协同工作。建立联系的机构客户85户，比上年增加32户。

三、信息系统建设

信息系统符合B型营业部模式建设，为客户提供现场交易，设置专门的机房。配备36千瓦的UPS供电电源，另备有额定功率165千瓦的柴油发电机，在市电中断情况下，可保证不低于25%的现场交易终端在交易时间内持续工作，满足客户现场交易需要。配置3条地面数据专线。一条电信10M内网专线，一条联通10M外网专线（作为客户主交易线路，同时作为办公内网和办公外网备份线路），一条电信10M互联网专线（办公外网用，同时作为客户交易备份线路），确保通信安全。配备1名兼职技术人员，并制定备岗等相关制度，确保在交易时间内有技术人员值守。

四、主题教育

6月，分公司开展“不忘初心、牢记使命”主题教育。全体党员参加集中学习，并根据行业特点进行同业交流调研和内部跟班调研，开展作风整治的专项活动，对照相关要求进行检视分析，检视查摆具体问题并形成问题清单，根据整改时间进度和责任分工，进行问题整改。

8月28日，分公司召开主题教育专题组织生活会，开展批评与自我批评，各支委认真进行自我检视，并开展研讨活动。

五、选人用人工作开展

10月，分公司启动部室经理选拔任用工作，选拔任用部室经理4人，分别是运营风控部经理、市场部经理、综合部经理和资管投行部经理。

六、党组织建设

因原支部书记工作调动，不再担任支部书记。分公司党支部委员会积极沟通，报送中邮证券公司党委和省邮政分公司直属机关党委关于选举支部书记、补选支部委员的请示。获得批复后，分公司党支部于7月26日召开党员大会，选举新任吉林分公司党支部书记、补选支部委员。

七、纪检监察工作

根据2019年中邮证券党风廉政建设和反腐败工作会议精神，持之以恒反对形式主义、官僚主义，加强对干部的教育和监督。畅通举报渠道；严格执行“三重一大”决策制度，坚持集体决策；坚持节日廉洁提醒，遵守中央八项规定精神，自觉抵制“四风”；开展党风廉政宣传教育月活动，通过学习相关案例，用身边案教育身边人。

八、协同工作开展

与省邮政分公司联合开展春季营销专项活动，在长春市区选取10个基础较好的金融网点组织阶段性竞赛。与省邮储分行小企业金融部共同走访通化地区重点客户5家，邀请省行小企业、金融同业部到分公司进行授信和同业业务培训交流。定期参加全省板块协同工作联席会议，与省邮政公司、省行相关部门形成长效的协同沟通机制。省邮政公司投入20万元三方存管专项奖励，30万元营销宣传的费用支持，协同发展客户1687户；实现邮储银行协同的破冰，发展客户307户。

九、投教活动

完成证监局、人行及总部要求开展的“3·15消费者权益保护日”“5·17电信日”“非法证券投资咨询专项治理”“扫黑除恶”等投教活动。与普阳街中天社区共同组织进行投资者教育和证券业务知识讲座。投顾圈粉150人，开展存量客户“手拉手”活动。组织开展对寄递事业部的专题协同培训及上门开户服务；完成吉林联通客服中心的现场外拓服务。（中邮证券/提供）

【吉林省寄递事业部】

一、全面对标工作

（一）资源得到释放

通过优化人员结构，盘活地市处理中心人员，释放内部处理等二、三线人员补充至一线，减少邮件同址盘驳环节，精简优化处理人员，向一线揽投、营销岗位转化，提高一线人员的数量和质量。全省寄递事业部一线人员（不含业务外包）占比57.67%。

（二）邮件时限

标准快递省内互寄次日递率提高到93.78%，超过目标值3.78%，比年初提高14.58%；快递包裹省内互寄次日递率提高到78%，低于目标值7%。快递包裹的省际进出口、省内互寄、同城次日递等重点指标全面达标。

（三）网路组织

梳理省内农村邮路155条，有效衔接占比94%。延伸管控深度，新增长春中心局至县域邮路11条，确保省际进口、出口，省内次日递，东北区提速等集团公司考核重点指标达标。加强112处县以上揽投部融合工作，采取同网分层揽投运行模式，节约市趟、揽投等运行成本。

（四）服务质量

理顺全省服务质量提升机制，建立客服、跟单、视察相结合的服务质量保障体系，强化全流程管控。全面落实客服中心包裹快递职能整合任务，按照“梯次整合、平稳过渡；省直管理、薪酬统一；强化协同，精简高效”的总体原则，推进全省客服中心整合工作。

二、寄递翼改革

（一）整合干线运输环节

提升运营支撑能力，对长春至吉林、延边、四平、松原4个市州的二干邮路运行计划和发运计划进行调整，开通长春至蛟河、辉南县域直达邮路和白城至松原的快速汽车邮路，利用现有邮路余载调整部分线路运行时刻，按照以快带慢原则组建省内干线网。加大长春邮区中心局分拣深度，直封、直达县域的格口数量由12个增至19个，进口邮件直封比例由49%提升至70%，超集团公司规定值10%。缩短市州处理中心内部处理时长，提高处理效率，其中，吉林处理中心处理早班市内进口频次处理效率提升至65%。

（二）整合投递资源

推进各邮速揽投部融合优化，推行包裹快递与普通邮件“同网分层”揽投模式，在城市所有区域实行包裹快递和普通邮件同网揽投，并根据各类邮件进口时间、投递时限等，实行包裹快递、普通邮件专段、专频等分层投递。在全省111处县以上揽投部物理网点初步整合到位的基础上，持续从场地、人员、设备、业务、系统等方面推进各揽投部融合优化，减少原邮速网点70处，以县域“三合一”集中处理调整为主，减少揽投场地5000余平方米。

（三）整合指挥调度体系

成立省指挥调度中心，在实时运行监控、动态指挥调度、重大任务组织、突发事件管理、客服工作支撑等方面均取得了阶段性成绩，完善陆运网调度管理机制和工作流程，强化制度落地执行效果，实现对邮速两网统一的指挥调度，为全省指挥调度机构、人员、职责和流程标准化提供强有力的保障。

三、开拓市场

（一）政务业务

全省政务行业标快收入5199万元，比上年增长

助力查干湖冬捕，设立主题邮局，线上线下联动销售冬捕鱼，免费配送到家。

10.1%，保持两位数增长态势。集团公司统管“9+X”项目覆盖率实现100%，超额完成集团公司寄递事业部的工作要求，实现全省重点政务类项目覆盖率84%；采取未达标单位主要负责人离岗专攻等措施，提升两证转化率，身份证转化率54.7%、出入境转化率50%。

（二）商务市场

全省寄递事业部商企标快收入7200万元，比上年增长18%。一是与吉高集团指定单位——兆海金服有限公司签订用邮服务协议，在全国率先开办ETC-OBU配送服务项目，受到集团公司寄递事业部多次表扬，累计实现标快业务量30万件，收入220余万元。二是开展商企大客户“决胜2000”专项营销活动，开发415户，新增收入580万元。三是推进重点商圈进驻服务，省寄递事业部梳理全省重点商圈111个，进驻25个重点商圈，开办10个校园邮驿。

（三）电商市场

1. 扩展重点行业客户数量。推进“建档、蓄客、提升”三步走策略，锁定省内电商产业园区和一村一品特色农产品集群市场，组建专业化客户开发团队，全面走访开发。全省头部客户合作达成率100%，腰部客户合作达成率24%。

2. 抓好重点项目推进。通过农产品进城项目，加速惠农合作进程，搭建农村电商服务生态链，挖掘合作社寄递需求，引导使用邮政产品等措施，助力精准扶贫。全省农产品快递包裹业务量43万件。

（四）国际业务

通过营销活动推动美国等13个精品路向时限水平的提升，针对13个路向对出口路向较为单一的大客户开展专项营销活动，开发当地大型跨境电商客户。利用省签非邮运输时限及服务稳定、拥有化工品运输渠道的优势，提高国际非邮产品竞争能力，加快拓展国际市场，引进跨境进口保税客户，为客户提供保税仓储、进口报关、国内配送等综合性服务方案。

（五）物流业务

大陆电子项目累计收入2155.74万元，业务规模持续扩大；奥托立夫和长城不断拓展新业务，优化徐水奥托立夫VMI仓储业务，拓展徐水至郑州、西安、重庆等成品线路，长城在中标东北区域整车业务的基础上，拓展中标上海区域的整车业务。利用连续2年商品车运输项目的经验基础，与一汽解放的经销商长春世亨汽车贸易有限公司合作，成为吉林省汽配行业的又一个千万级客户；利用云集和中石油项目成功运作的经验，不断试水快消品平台型仓配项目，在快消行业提升邮政物流的品牌知名度，开发网易考拉吉林省落地配业务。

四、党的建设

（一）党建工作

省寄递事业部党委全面落实省分公司党组各项工作部署，坚持以学习贯彻党的十九大精神和历届全会精神为主线，认真学习习近平新时代中国特色社会主义思想，深入贯彻中央关于全面从严治党的新部署、新要求，坚持党的领导，加强党的建设，促进党建工作与生产经营深度融合。

（二）纪检监察工作

开展邮政企业领导干部利用名贵特产类特殊资源谋取私利问题专项整治，开展坚决纠正和防止纪律处分决定执行不到位问题自检自查，驰而不息纠治“四风”问题，严防“四风”问题反弹回潮。在春节、“五一”劳动节、中秋节等传统节日前严明纪律规定，提出具体要求，公布举报电话，设立专用信箱，拓宽信访受理渠道。组织集中学习，转发中央、集团公司通报的违反中央八项规定精神的典型案例，深入开展形式主义、官僚主义问题的根本性整治。（吉林省邮政分公司／提供）

黑龙江省

【黑龙江省邮政分公司】 总收入55.82亿元，排名全国第16位；比上年增长4.84%，排名全国第21位；完成集团公司计划的100.22%，排名全国第3位。

一、协同发展

对外强化邮政经济与地方经济协同，协调并促成了集团公司与省政府战略合作协议签订，并被纳入黑龙江自贸区领导小组成员单位，提升企业服务地方经济社会发展的政治地位和社会地位；参与地方打造对俄开放“桥头堡”，争取集团公司、政府部门保持并加大对资费、客户的双向补贴政策，对俄跨境电商包裹量占全国30%以上，确立哈尔滨通道在全国的龙头地位，拉动国际业务实现收入4.37亿元，完成预算目标的149%，比上年增长74.27%；对接地方"放管服"改革，实现对所有政务大厅服务全覆盖，重点深化与税务、公安交管战略合作，累计实现警邮项目收入584万元，税邮项目收入1017万元。

对内强化板块协同、项目协同、区域协同，组织建立三大板块省、市、县三级协同体系，坚持围绕源头抓获客，相继与银联、电信、移动、联通4家客户签订了战略合作协议，集团公司和省级协同项目合计实现收入1.84亿元，其中，汽车产业链项目实现收入4644万元，超额完成集团公司预算目标；同时，立足区域协同发展，延续"十二强十二快县"劳动竞赛，并将区分公司纳入活动范围，县域邮政收入增幅5.82%，高于全省平均增幅0.98%，收入占比提升0.48%。

二、改革创新

按照"有增有减"的原则，强化两网资源整合，开展逐线路梳理和优化，撤销一干汽车邮路1条，增开一干火车邮路2条，压缩揽投段区149个，增加开办速递业务的揽投网点108处，撤并省内和市趟邮路67条，减少处理场地2.17万平方米，通过整合节约各环节成本3877万元。各地自选动作亮点纷呈，结合企业实际，创造性开展工作，通过实施前置集包作业、组开高铁动检车邮路、打造同城配送网络、开展揽投网格化改革、培育网红直播项目等创新性实践，与改革战略形成良好互动，其中网红直播项目作为最佳实践在全国推广。体制机制通过横向一体化、纵向专业化机制性调整，实施邮速合署办公，逐步统一分配政策和福利项目，将寄递业务与企业整体发展同部署、同考核等措施，增强员工归属感。

三、平台建设

立足深挖平台增收创效潜能，在肇州、肇源、宝清、饶河等地积极试点，探索网点综合赋能、集约化发展、资源整合利用的有效模式，形成行业最佳实践。普遍服务网点综合业务叠加模式在永乐支局成功试点，通过打造"四个平台"，实现收入56.21万元，超收42.91万元，由上年亏损近17万元转为盈利22万元，并在二井子、古龙、东兴等邮政支局复制推广。城镇金融网点转型模式在东郊营业所形成样板，探索形成"干访抢抓挖维绑"七字干法，并在肇源县"多点开花"，拉动县分公司5年余额翻两番，点均余额4.34亿元，列全省第1位，点均增额5763万元，列全省第2位。农村物流共同配送体系建设模式在饶河县全面实施，得到国家邮政局的高度认可，与8家主要品牌民营快递企业签订框架协议，并在22个示范县进行复制推广。农村乡镇网点轻型化建设模式在宝清县先试先行，9处轻型网点实现收入1201万元，比改造前增加549万元，储蓄余额增加1.9亿元，保费增加1484万元，人均工资增加1.36万元，房屋租赁成本减少42.4万元，该模式拓展至全省39个县及以下网点。

四、内控管理

推动财务由基础管控向对标赋能转变，强化对经营发展的支撑保障作用，前3个季度，全省标杆综合排名列中部省第1位，优良率和达标率均列中部省前3位，其中，总资产收益率7.2%，收入利润率6.3%，分别高于全国平均水平1.62%和0.99%。强化国有资本优化配置、瘦身健体，按照集团统一安排部署，加快推进股权清理工作，全省涉及股权投资清理公司56家，其中43家完成废业清理，9家进入清理收口阶段。

提高人力资源效能，树立重政绩、重实干、重公论的用人导向，严格按照考核任免程序，优化干部队伍结构，全年共调整三级领导39人，其中，提职18人；按照"总量调控、有保有压、有增有减"的原则，优化用工结构，加强规范化用工管理，清理劳务承揽、非全日制等用工形式，合理利用外包形式解决用工需求，根据自然减员情况，新招各类用工1300人，全省从业人员26068人，减少164人，压降0.63%；完善薪酬分配制度，按照"先易后难，先简后繁"的原则，分步骤做好寄递事业部薪酬分配调整实施工作，全省工资总额比上年增长7.61%，职工薪酬增长高于企业收入增长水平；强化队伍能力素质提升，新增各岗位营销人员232人，营销队伍人均业绩达到36.4万元，增幅12.3%，并通过加大教育培训力度，研究推广先进工时排班和作业方法，提升工作效能，全员劳动生产率达到22.02万元/人，比上年提高5.66%。发挥审计监督职能，开展审计项目413个，查出违规违纪金额1273万元，工程送审金额8468万元，审减金额1367万元，审减率16.15%。强化集中采购管理，落实集团公司两级集中采购要求，合理扩大省级集中采购范围，不断加大公开采购力度，改采购事前、事中监督为事后监督及巡视整改，提高采购质量效率，省级完成集采项目44个，预算金额4599万元，合同金额4478万元，节约率2.63%，公开采购率100%。压实安全生产责任，全面加强资金、网点、金库、押钞、邮件等安全管理，同步强化值班值守、舆情监控、信访维稳、合同管理等工作，新中国成立70周年、世界军人运动会等重大活动期间企业安全稳定运行。

五、履行企业责任

践行"以人民为中心"的发展思想，外树形象、内促和谐，不断强化国有企业的责任与担当。对外，提高政治站位，履行社会责任，扎实做好普遍服务，4项普遍服务业务开办率、补白网点正常运营率、建制村通邮率等指标达到100%，多项重点指标达到或好于集团公司标准。助力地方"三大攻坚战"，防范化解重大金融风险，全年未发生系统性、区域性重特大风控案件；做实精准脱贫，以电商扶贫为重点，上线扶贫产品670款，销售额1036万

国际大米节上，黑龙江邮政“五邮稻”扶贫大米展区。

元，惠及贫困农户1670个，省分公司定点扶贫单位提前达到脱贫退出“村出列”要求；深入实施绿色行动，自办一级干线往返邮路甩挂运输占比达到100%，具备条件的自办二级干线往返邮路全部实行甩挂运输，电子面单使用率98.55%，电商快件不二次包装比例50%以上，可循环中转袋占比70%，包装废弃物回收装置网点占比19.25%，全面完成“9571”各项指标。对内，维护职工权益，构建和谐文化，围绕新中国成立70周年，组织开展有奖征文、演讲比赛、读书分享、微视频制作等系列庆祝活动，激发广大干部职工的爱国热情和奋斗激情。弘扬劳模精神和劳动精神，通过选树劳模先进典型、开展先进事迹宣传、举办其美多吉先进事迹报告会，组织劳模先进健康休养等活动，鼓励先进人物、先进集体脱颖而出，多个集体和个人受到上级表彰，其中，1名职工荣获“全国五一劳动奖章”，3个集体荣获“全国（省）工人先锋号”，1人荣获2019“感动龙江”年度人物。深入实施关爱工程，投入各类慰问金770余万元，开展“两节”送温暖、助困助学、送清凉、旺季经营生产等慰问活动；新建区县分公司食堂19个、各类职工小家46个、大学生集体宿舍2个、职工小宿舍7个，推进解决全省531个城市支局网点的配餐问题；做好第七期职工重病互助保障工作，为117名患重病职工支付互助保障金234万元，促进劳动关系和谐稳定。

六、党建工作

压紧压实管党治党政治责任，逐级开展基层党建述职评议考核，层层签订落实全面从严治党要求主体责任书，形成鲜明导向，传导责任压力。持续推进中央巡视整改，积极开展未巡先改，61项整改措施中完成55项，6项持续推进中。扎实开展“不忘初心、牢记使命”主题教育，其中，省分公司认真组织学习研讨，深入开展调查研究并形成高质量调研报告4篇，完成检视问题整改7项，专项整治措施10项，基层需要解决的问题23项，调研成果交流会得到集团公司指导组高度肯定，“不忘初心、牢记使命”主题教育进一步增强全省邮政广大干部职工干事创业的使命感和责任感。建强各级党组织，有序推进省分公司党组改党委工作，通过在支局网点组建40个党支部等措施，有效扩大了党的组织和党的工作覆盖；稳步推进基层党组织建设达标工程和创先争优活动，以健全完善党支部工作制度为主要抓手，以39个重点培养的党支部为示范引领，推动党支部整体达标，促进了党支部功能作用发挥。严明党的纪律，加强党内监督，启动十九大以来首轮省内巡察，运用“四种形态”处置98人次，构筑执纪问责“高压线”，有力发挥了警示震慑作用。持续巩固作风建设工作成果，重点开展形式主义、官僚主义专项整治工作，严控公文、会议数量，总体实现压减30%的目标，并按照集团公司要求，重新修订下发《督办工作办法》，常态化开展“双联系”“一月一事，一抓到底”等工作。

（黑龙江省邮政分公司/提供）

【邮储银行黑龙江省分行】 黑龙江省分行下辖地市分行13家，省直属支行1家，县支行69家；辖内网点1614处，其中自营网点314处、代理网点1300处；全行员工8196人。

一、经营概况

实现收入34.56亿元，完成总行计划的101.98%，增幅1.67%；实现利润8.79亿元，完成总行计划的104.66%，增幅20.5%。全行不良额11.58亿元，比上年下降1.01亿元，不良率1.45%，比上年下降0.27%，实现“双降”。

二、党建工作

（一）深化党的建设

继续将学习贯彻习近平新时代中国特色社会主义思想和党的十九大精神作为首要政治任务。全面启动“不忘初心、牢记使命”主题教育。

（二）深入推进基层党建

认真贯彻邮政系统基层党组织建设达标工程和创先争优活动实施意见，新增4家二级分行为“强基固本”质量提升工程示范区，全行发展预备党员35人。

（三）持续强化从严治党

完成对哈尔滨等6家二级分行及五大连池等16家一级支行的巡察，并对省分行本部开展基层党组织建设专项巡察。持续推进巡视整改，有50项任务实现销号。切实落地“一月一事、消灭最差”活动，解决问题300余个。完成省分行党委和纪委换届。

三、业务发展

（一）个人金融业务

“十大抓手”“四张卡”行动切实落地，成功营销代收付项目52项，资金流入4.6亿元；军服卡发卡2.9万张，多项指标居邮储系统首位；发放腾讯联名卡5.7万张，完成总行计划的202.8%；ETC发卡9.86万张，完成计划的140.9%。储蓄存款累计日均增额41.8亿元，比上年增长

24亿元；新增储蓄月日均余额19.9亿元，居邮储系统第4位。净值型理财保有量年增47.7亿元，居邮储系统第3位；实现新单保费18亿元，手续费收入0.88亿元，均居邮储系统第5位。

（二）公司业务

公司存款年净增10.3亿元，获得省级国库集中支付资质，机构类存款完成率110.8%，居邮储系统第4位。2019年，承销地方政府债55.8亿元，以债引存28.8亿元。与黑龙江省交通投资集团有限公司、黑龙江省建设投资集团有限公司、黑龙江省农业投资集团有限公司、黑龙江省新产业投资集团有限公司、黑龙江省旅游投资集团有限公司成功签署战略合作协议，落地放款49亿元。公司贷款全年净增4.76亿元。

（三）零售信贷业务

“三农”金融业务全年净增13.31亿元，比上年增长15.18亿元，标准极速贷净增2.77亿元，自主创新的“农垦极速贷”“垦区合作贷”净增2.2亿元，推出邮储银行首款农村土地承包经营权抵押全线上产品——“农户地押极速贷”。个人商务贷款净增6.4亿元。小企业业务实现净增9.06亿元，比上年增长1.74亿元，完成总行计划的227%，居邮储系统首位。创新“小微易贷”政务合作模式，研发专属数据贷产品，累计放款5500万元。消费信贷净增38.9亿元，网贷新品邮储花呗开通笔数、完成率均列邮储系统第4位，发放首笔个人住房公积金贷款，推出公积金信用消费贷款等新品。在精准扶贫方面，实现净增2.31亿元，完成计划的144%；在“两增两控”方面，银保监会“两增”考核口径下小微企业贷款净增19.36亿元，完成计划的102.6%。

（四）信用卡业务

发卡29.6万张，卡片结存突破100万张，收入超2亿元。用卡指标进一步优化，新增激活首刷率53.49%，超总行计划目标值3.49%。

（五）网络金融业务

全行电子银行客户突破458万户，其中手机银行新增激活客户36.8万户；快捷支付绑卡新增48.6万户，交易额比上年增长70.5%。电子银行交易替代率92.85%，比上年提升2.08%。新增收单商户1.5万户，完成计划的112.5%，发展邮储食堂会员7.7万户。

（六）金融同业业务

票据业务方面，开发新交易客户30户，比上年增长57.6%；托管业务方面，实现重点项目黑龙江振兴基金的落地，认缴规模32亿元。

四、风控管理

（一）风险管理体系建设

一是“线人”机制深入推进。全行“线人”233人，全年获取各类风险信息50余条。二是发挥合规检查团队作用。全年开展52次飞行检查，发现问题208条。三是非现场监测不断加强。持续开展资金流向、消费贷款信用风险等专项监测工作。四是风险经理派驻制启动实施。在邮储系统先行先试，各支行配备专职风险经理38人。

（二）落实各项监管要求

一是启动新一轮乱象整治，问题整改率接近100%。二是开展案件警示教育活动，获得“全国邮储银行案件防控先进单位”称号。三是参与扫黑除恶专项斗争，上报涉黑涉恶线索3条。四是切实强化内审督导，全年开展19个专项审计、31个离任审计项目，下发审计要情、风险提示、协查函共计16份。五是对辖内175家自营网点开展标准化验收，76家达到95分以上。六是不断加强授信管理，通过细分、制定业务及“三大攻坚战”等专项指引，落实信审“五制”及经营主责任人等管理制度。

五、管理支撑工作

（一）财务管理

一是加强绩效考核，完善EVA为核心、突出战略新业务的考核机制。二是加大成本管控力度，非人工成本降幅6.85%，合理节约税费支出1.54亿元。三是加强利率管理，实现新发生消费贷、公贷加权利率上升，LPR挂钩比例超总行第二期考核目标的11%。

（二）运营管理

推广统一柜面管理平台，实现个人储蓄柜面业务办理无纸化，80支交易免填单。完成反洗钱系统切换与上收，新增互联网金融平台系统、移动展业系统等集中授权交易166支，成功锁定可疑客户27人。

（三）渠道支撑

压降台席66个，释放柜员72人；布放各类自助设备309台，可分流交易离柜率78.02%，比上年提高6.5%；在8个网点试点推广智能机器人，单台日均接待客户70人。推进信贷下沉，全年新增信贷功能网点22处；10家网点通过省银协星级示范网点考核。

（四）科技支撑

一是完成5个数据分析课题的研究及应用，成功应用网络爬虫技术，从权威网站获取560余万条外部数据。二是研发推广医疗保险、新ETC系统等11个全省性、区域性中间业务系统，配合总行完成信贷3.0等15个信息化工程的上线。三是完成“护网行动”，确保新中国成立70周年、邮储A股上市等重大节点的安全运行。

六、内外部合作

（一）邮银协同

一是将邮政纳入风险管理委员会范畴，并联合对双方营业机构的安保工作整体推进。二是推动业务联动。2019年代理机构推荐信用卡发卡近4000张；惠农合作协同走访合作社553家；小额辅助贷款初步建立邮银专项对接机制；共同开发汽车产业链集群项目。三是队伍建设联手推进，首次联合举办“十佳理财经理大赛”。

（二）平台合作

策划并推进集团公司与黑龙江省政府全面合作协议的成功签订。省分行与省委统战部签订《助力县域经济高质量发展合作框架协议》，实现放款3.78亿元；与省税务局全面合作实现税务数据系统互联，开展小企业贷款、代收付等业务；与省银保监局、团省委、省科协等加强合作，连续冠名全省青年创业大赛、智能机器人大赛、扶贫三下乡等活动。

七、群团建设

（一）工会工作

投入212.6万元开展送温暖、困难帮扶等各类活动。投入职工小家提质升级专项补助金550.9万元。举办第四届综合业务岗位技能大赛、邮爱公益基金募捐、健美操大赛等活动。

（二）共青团工作

在各级机构组建“邮储创业助手”青年志愿服务队，牵头落地“英才创新沙龙”活动，167名青年员工发起84个创新项目，与黑龙江卫视“共度晨光”栏目联合开展2019年“邮储·晨光诵书”图书捐赠公益扶贫活动。

八、表彰荣誉

黑龙江省分行获得“诚信经营示范企业”“最佳金融服务机构”“消费者信赖金融品牌”“中国邮政储蓄银行模范职工之家”“黑龙江省巾帼建功先进集体”等殊荣，7家地市县分支行获得“黑龙江省精神文明单位荣誉称号”“省级精神文明单位标兵荣誉称号”等殊荣。（邮储银行/提供）

【中邮保险黑龙江省分公司】

一、经营情况

（一）保费完成情况

完成总保费23.7亿元，其中，新单保费10.9亿元，期交新单保费9.0亿元，进度101.7%，比上年增长8.2%，长期期交保费2.1亿元，进度102.1%，比上年增长45.8%。趸交保费1.9亿元，团险保费54万元。

（二）续期指标情况

实收续期保费12.9亿元，进度102%，比上年增幅40%。

（三）行业对标情况

在全省27家人身险公司中，中邮保险所占市场份额3.29%，比上年增速−4.12%。

二、运营指标情况

（一）运营指标情况

人核件全流程时效3.59天，理赔出险支付时效84.12天，理赔赔案留存率1.28%，理赔申请支付时效1.37天，理赔7日调查完成率96.51%，团险理赔十日结案率100%，新契约综合合格率99.26%。

（二）客服指标情况

犹豫期内电话回访成功率98.5%，比上年增长1.53%，新契约回访录音上传率100%，回访问题件工单处理结果资料上传率100%，亿元保费投诉件数0.084件。

三、业务发展重点工作

（一）强化协同，合力落实重点经营工作

协调邮政公司下发《关于加快推进中邮期交业务发展的通知》《关于进一步落实中邮保险黑龙江分公司市场协同工作的通知》《黑龙江邮政惠农合作项目实施方案》；转发《关于做好中国铁塔员工重疾险项目承接和服务工作的通知》，推动集团公司与中国铁塔股份有限公司的战略合作落地，实现板块共赢发展。

（二）强化支撑，着力增强渠道服务支撑保障

开展“新春走基层”活动，走访慰问在春节期间坚持在工作岗位上的邮银渠道一线人员，增强基层单位的归属感和业务发展的紧迫感；继续开展“区域经理服务”机制，采取“1托2”（一个区域经理负责两个地市）、“1+3”（一个区域经理包含1名业务部门负责人及讲师、理赔、业务骨干）的服务模式发展业务；实施“双20强100+”行动计划，围绕全省20个重点区、20个重点县、100余个城市区域骨干网点开展帮服支撑。

（三）专赛推动，促进全省长期期交突破发展

协同省邮政公司、省邮储行开展专项竞赛，以区域经理为依托，将精英服务团队分成两组，采取分片包保、压茬推进的方式，分别在黑河、双鸭山、鸡西、佳木斯、鹤岗、哈尔滨、牡丹江、绥化、伊春等地市邮政分公司、邮储银行联合开展长期期交专项竞赛，根据地市发展特点开展节假日主题营销活动，设定各阶段计划目标，分组开展营销和“专赛”活动，骨干人员深入地市协助理财经理推动业务发展，通过此次活动，长期期交保费达到全国平均进度。

（四）加强基础培训，夯实业务发展能力

组织产品培训，对全省13家地市邮政分公司、邮政及银行网点，组织培训及网点辅导677场，其中现场集中培训157场，网点辅导520场，培训及辅导9232人次。实现财富嘉C款、多多保A款、优享人生等传统产品的深入记忆和产品营销技能的深化巩固，为各地市期交及长期期交专项竞赛打下巩固的基础。

（五）发挥行业优势，助力扶贫攻坚

公益扶贫方面，专职讲师作为村民课外辅导员，深入到齐齐哈尔克东县昌盛乡东兴村为村民讲解保险知识与健康常识；联合省中邮证券深入东兴村开展公益扶贫，召开座谈会、捐赠生活用品，帮扶贫困人口实现脱贫致富。保险扶贫方面，联合全省各地市邮政分公司驻村工作队以及七台河邮政分公司等单位加快推进承保人员再确认、资料再完善等工作，向全省3000余名建档立卡贫困人员免

费赠送为期 1 年的意外身故保险，保单于 4 月 1 日起正式生效。

（六）推动团险，提升团险营销管理水平

总部统扩项目方面，成立专项小组，做好集团战略客户拜访、汽车产业链客户的市场调研等营销公关工作。同时，做好省铁塔项目的服务工作，包括项目的日常服务、基础服务、增值服务，确保客户满意。团险外拓方面，做好团险客户承保前的数据分析、测算等工作，结合同行业的竞争价格，为客户承保，团险外拓保费 25.82 万元。小额保险发展方面，积极与邮储银行“三农”小额信贷部沟通，开展产品培训，策划阶段性营销、宣传活动方案，挑选重点地市进行支撑和推动，促进小额保险业务实现突破。

（七）续期管理能力持续提升

强化过程管控力度，指标管控能力初步提升，在原有日保费、周指标、月分析通报制度基础上，加大对过程指标及保单失效情况的通报频次，由关注结果性指标向过程性指标转变；建立包片督导管理制度，强化市县续期业务督导，对指标落后地市做好支撑工作，加强对长期期交产品及大额保单未收件的督导力度；加强风险管控力度，降低失效风险，下发《关于开展中邮保险 2019 年失效保单复效活动的通知》，有效防范化解失效风险，清理失效保单 1967 件，保费 2633 万元；全面做好续期管理系统上线工作，组织全省、市、县人员视频培训和 11185 人员现场培训，下发《关于做好全省中邮保险续期业务管理系统上线工作的通知》，为续期业务管理系统上线做好支撑保障。（中邮保险 / 提供）

【中邮证券黑龙江省分公司】

一、加大协同力度

协同省邮政分公司下发《关于发展中邮证券有效户的通知》，协同开发有效户及销售资管产品，并将中邮证券有效户纳入全省营销业绩积分体系。将证券业务积极融入各项协同项目中，包括证券业务培训送教上门、成功开户后资产达到标准可佣金优惠、投资服务等。启动邮储银行客户证券业务，针对邮储客户制定专项营销方案，协同各地市分行共同发展证券业务，全省邮政各板块协同开发中邮证券 928 户，其中邮政代理 553 户、邮储 325 户、速递物流 50 户。

二、有效户竞赛

在全省范围内确定重点地市、区、县来推进证券业务。分公司针对确定重点地市及区县所在地市进行调研，包括地市人口、GDP、券商基本情况以及区域邮政金融业务发展情况，做到有对标、有目标的进行推动。对绥化、哈尔滨、鸡西等重点地市培训 16 次，深入网点开展理财经理、投资者面对面交流活动。竞赛期间发展有效户 308（资产 1084 万元）户；销售鸿利来资管产品 4190 万元。

三、客户服务管理能力

在地市层面，开展证券业务水平提升培训，提供培训支撑 20 余场，参加培训 2000 人次。培训牡丹江、佳木斯、齐齐哈尔等 10 个地市邮政分公司的员工。投顾团队以《家庭理财规划及大类资产配置》《2019 年理财规划》为主题，为学员明确正确的家庭理财规划理念，分享 2019 年市场的形势及投资方向。通过日常时效资讯实时互动，定期开展微信课堂，组织私享会等形式，组织 4 场小型私享会，分享市场投资知识方向等内容，增强客户黏性，展现良好的专业形象。

四、创新营销方式

改进现场培训方式，以实际案例和优秀推荐人分享为主要内容制作《中邮证券厅堂营销系统短剧》2 集、邮政理财经理发展证券业务经验分享视频、投顾录制微课《三方存管业务开发技巧》《证券市场分析》《中邮证券客户日常维护》短视频，并要求各地市进行转发学习。整合板块资源，根据“邮营宝”的使用情况进行证券业务植入，将数据导入“邮营宝”中，有针对性地开展营销活动。

五、挖掘资管投行业务市场

加大市场化开发力度，寻找业务机会。通过电话营销、他人介绍、协同开发等方式走访政府、事业、企业单位 61 家，与省内七大投资集团、法人银行、多家上市公司、城投公司等重点公司客户、金融机构客户建立良好的联系，其中金融同业机构 20 家、企业政府平台公司 10 家、企业 31 家。结合中邮资管产品上线邮储系统的有利时机，加大对邮政、邮储的协同，细化售前、售中、售后工作措施，组织专人进行对接、通知、通报，并及时总结销售工作中的亮点进行推广，形成上下联动的推动格局。全省销售资管产品总额 4440 万元，在全国各分支机构中排名第九。持续推进“邮、银、证”协同发展资投业务，与邮储银行重点地市的中小企业部对接，共同对授信客户名单进行筛查整理，挑选出重点目标客户协同开发，交流互荐项目 24 个，联合开展培训交流 43 次。

六、强化运营合规风控工作

分公司收到外部监管发文 19 份，积极响应并按照监管要求有效落实，及时完成监管要求各类数据、报告的月度、季度、半年及年度的报送工作。组织开展 7 次投教宣传活动，深入地市、校园、商户及贫困县，宣传内容涉及科创板、扫黑除恶、证券投资咨询、全国投资者保护宣传日、防范非法集资、扶贫工作等多方面。完善内控制度，修订和建立反洗钱内控制度 3 个，业务制度 1 个。加大自检自查力度，按照公司要求开展合规管理有效性评估、全面风险排查、金融产品销售、反洗钱、投资者适当性、科创板适当性、离任补充审计、防范化解金融风险、账户实名制管理等方面的自检自查 15 次，根据合规管理要求，开展季度合规自查 3 次。提升完善运营服务能力，制作微视频、PPT、微信 H5 等经纪业务介绍 10 余个，受理柜面业务百余笔，回访客户 1000 余人次，回复 QQ 群、微信群咨询信息万余条。

七、综合管理工作

从服务全局的角度出发，做好会务安排、文件接收发放、文稿起草拟定、信息报送传达、公务接待等综合事务性工作。进一步修订完善《黑龙江分公司总经理办公会议事规则》《黑龙江分公司印章管理》等制度。完成分公司每月的月报分析报告。做好分公司内部行政事务沟通、协调与控制。认真落实公司人事管理相关制度，做好人员日常管理。协助总部完成分公司负责人离职和新任负责人相关入职任命手续工作。根据公司总部考核管理办法，结合分公司实际，按照公正公平公开原则开展员工绩效考核工作。继续进行市场化人才招聘工作，协助公司做好 2020 年校园招聘工作，收到简历 120 余份，参加笔试人员 8 人。认真做好培训组织工作，制订分公司培训计划安排，包括内部员工培训、外部渠道培训等。按要求开展了员工出入境管理工作，员工护照统一管理，实行员工出入境事前申请审批制度，保证了规范管理。

八、财务管理

严格按照总部财务制度要求和批复的额度进行申请和使用，严格报账程序和标准。在核算上，及时核对 ERP 系统各模块数据，进行报账单据处理，确保银行存款、科目余额与实际相符。按要求及时进行个税、增值税、企业所得税等的纳税申报工作，完成合并报表系统填制上报。加强信息系统维护工作，及时进行各类信息系统的安装、调试、测试、自查、更新以及报备等各项工作。

九、党建工作

制定《中邮证券有限责任公司黑龙江分公司 2019 年党建工作要点》（黑邮证支〔2019〕1 号）和党建学习计划安排，组织集中学习 10 次，自学 11 次，观看教育片 4 次，及时传达领会党中央、集团公司和公司总部对各项工作的新精神、新要求。分别于 3 月 4 日和 8 月 28 日召开 2018 年度组织生活会和 2019 年“不忘初心、牢记使命”主题教育专题组织生活会，并于 3 月 5 日开展了民主评议党员活动。按要求对预备党员进行日常教育和管理，积极培养入党积极分子，6 月 24 日两名预备党员按期转为正式党员，确保党组织不断流入新鲜血液。制定《中邮证券黑龙江分公司开展“不忘初心、牢记使命”主题教育工作安排》，通过学习教育、调查研究、检视反思、认真开展“不忘初心、牢记使命”主题教育，细化整改措施，务求主题教育取得实效。在第 50 个世界邮政日，组织党员将爱心书包和文具发送给贫困家庭学生，为宝清县和平山镇遭受洪灾群众送去粮油和衣物，增强党员模范带头作用和担当干劲。开展基层党组织建设达标工程和创先争优活动，组织基层党建达标活动的自查工作，对已完成的工作进行梳理。

十、纪检监察工作

制定并下发《中邮证券有限责任公司黑龙江分公司 2019 年纪检监察工作要点》（黑邮证支〔2019〕2 号），明确纪检监察工作任务清单并细化安排。制定分公司总经理办公会议事规则，对重大事项实行一事一议制度，严格执行“三重一大”决策程序，做到用制度管人，用制度管事。逐条落实中央八项规定、会议记录、财务制度管理、选人用人要求等详细项目，逐项进行详细排查和资料梳理，按时完成巡视整改自查工作。组织开展《证券期货经营机构及其工作人员廉洁从业规定》自学活动，将廉洁从业规定结合自身岗位，落实到实际工作中。扎实做好廉政警示教育工作，及时向全体员工通报传达党中央和集团公司关于违反八项规定精神的典型事件，做好学习记录，提醒广大员工自警自省。逢重大节假日，严格执行落实中央八项规定检查工作，及时做好廉政提醒，确保分公司风清气正。畅通信访举报渠道，严格执行每周双人开箱制度，并按月上报信访和违反中央八项规定精神月报。

十一、工会工作及创新活动

根据总部创新工作，征集员工涉及企业管理、业务发展合理化建议 10 条；参与集团公司金点子建议 3 条。开展知识答题、送爱心、紧急救护、文体等活动 23 项。开展“学习党的创新理论，争做新时代产业工会楷模”征文选拔，推送 1 篇文章参加总部比赛。组织 12 名员工参与行业、省邮政组织的羽毛球赛及趣味运动会，开展“工间操”活动，组织心肺复苏紧急救护公益讲座。组织员工为阿城平山、宝清洪水受灾爱心捐助。选拔人员，以配乐诗朗诵《我爱你中国》，参加证券协会庆祝新中国成立 70 周年文艺汇演，组织参与省邮政工会读书会活动。（中邮证券 / 提供）

【黑龙江省寄递事业部】 黑龙江省寄递事业部完成总收入 99286 万元，比上年增长 27.02%，全国增幅排名第 3 位，完成集团公司预算的 109.33%，进度全国排名第 1 位。国内标快完成 16421 万元，完成集团公司预算的 97.89%，全国进度排名第 3 位；快递包裹完成 32476 万元，完成集团公司预算的 93.47%，全国进度排名第 12 位；国际业务完成 43679 万元，完成集团公司预算的 153.68%，全国进度排名第 4 位。利润累计完成 −2.15 亿元，完成全年利润预算。用户欠费率 5.97%，全国排名第 2 位。

一、四大业务

（一）标快业务

聚焦政务、商企、现费三大目标市场，增幅 12.05%。其中，政务市场依托聚焦“放管服”，通过全面进驻行政服务大厅占领政府公文寄递的线下市场，在身份证、法院专递、护照、交管项目基础上，拓展不动产登记证项目、暖心包裹业务、劳动仲裁项目、考试证书、税务发票业务。政务类项目实现收入5270.4万元，占总体标快收入的32.1%，比上年增长26.2%。商务市场全面推进“一点一策”项目立项，在邮储银行、建行、平安保险的票据传递、对账单、电子保单业务方面实现“总对总”合作，ETC项目成功落地，实现业务收入160.84万元；现费市场通过启动2019版资费、推进电子下单渠道、加强时限承诺产品宣传和推广，扩大现费客户收入规模，实现收入1887.58万元，比上年下降11.31%，全国排名第20位，降幅进一步收窄。原7个一体化地市均实现两位数以上的增长。

（二）快递包裹业务

通过创新市场营销，业务累计增幅达到13%。抓住移动互联网催生的直播市场，组织全省网红直播营销活动。全省走访网红直播客户2641户，开发525户，发寄快递包裹498.97万件，实现收入2603.22万元。依托丰收包邮项目，以标准箱产品为抓手，开发农特、山特、土特客户。丰收包邮项目实现业务量1177.07万件，收入6196.77万元，进度完成103.28%。结合集团公司边际贡献率要求，抢占东三省区域市场份额，实现项目收入5587.73万元，辽宁、吉林流向收入3082.14万元，增长33.9%。

（三）国际业务

连续4个月增幅超100%，提前两个月完成全年收入目标。省委副书记、省长主持召开航空国际小包工作专题会议，给予通道补贴、政策支持。“支持发展对俄跨境国际邮政小包航空物流”被写入2019年省政府工作报告。哈尔滨市政府按照跨境电商综试区“一区多园”建设内容将哈尔滨对俄跨境电商物流通道确定为园区之一。一系列利好政策的出台，为哈尔滨对俄跨境电商物流通道的快速发展起到了有效的支撑作用。哈尔滨对俄跨境电商航空通道与陆运通道的优势互补，形成黑龙江省多维度、多功能、多渠道的对俄跨境电商立体化物流通道格局。

（四）物流业务

物流业务主抓六大行业，累计增幅−7.38%，绝对值下幅467.91万元。按照以项目为中心的原则，围绕快消品、烟草、汽车、医药、鞋服、高科技六大行业，制定个性化解决方案，专人专管推进营销工作，六大行业均取得不同程度的突破。全省62个物流项目形成收入，100万元以上规模项目9个，千万级物流项目3个，规模项目收入占总收入比重的89.69%。完成医药仓储场地改造，成立专项运营管理团队，为客户提供仓储、分拣、理货、配送等服务。医药行业仓储库区收入规模291.67万元，利润率22%。

二、专项经营方案

黑龙江省邮政分公司出台九大经营方案，分别从营销竞赛、资费管控、营销体系及团队建设等角度给予全省寄递翼发展提供政策支持，其中“勇夺首季开门红”竞赛助力全省完成集团公司年预算的24.67%，超集团公司一季度目标1.67%。5月，召开全省标快产品时限承诺服务新闻发布会。省内时限承诺产品实现业务收入42.83万元。

三、重点项目

确立集团公司、省级、自创重点项目（客户）30个，累计实现收入22965.78万元，培育1个过亿级项目（东北三省区域快递包裹）、5个千万级项目（百威城市配送、菜鸟落地配、法院专递、身份证、节日营销）、18个百万级项目（中国烟草、护照寄递、教育系列等）。从推进效果看，集团公司重点项目中，汽车产业链项目通过牡丹江桦林轮胎物流配送收入，拉动整体收入进度，完成全年预算的233.26%；省级重点项目中，北大荒集团项目通过哈尔滨、黑河、绥化等地市的快递包裹业务收入拉动，完成全年预算的2350%。

四、营销体系建设

黑龙江邮政分公司制定下发《黑龙江省寄递事业部营销体系建设实施意见》，从制度上规范指导各地市合理配置客户经理、按需设置营销中心、明确业绩标准、要求客户开发维护等具体内容。全省成立政务、商企、大客户营销中心17个、营销团队20个，寄递条线营销体系初步建成。下发《关于进一步规范寄递事业部专职营销人员在全国营销管理系统中注册维护相关工作的通知》，进一步对营销系统中零业绩及月均业绩低于5000元的专职客户经理进行盘点、清理，配备专职客户经理148人，累计形成营销业绩5085万元，人均年营销业绩34.36万元，高于年初下达的人均年18万元的计划目标。推进首席客户经理制，指导各地市寄递事业部按照客户等级，对总部、集团级大客户采取首席客户经理开发和维护制，并对集团和省控重点47个项目逐一明确地市对接人员，确保项目落地实施；10月，结合旺季生产经营，指导地市梳理重点客户清单，明确全省存量和计划开发客户347户。各单位、各部门利用“一季管两年”的关键期进行开发维护，其中省寄递事业部速递部、鹤岗、黑河在政务市场开发，哈尔滨、齐齐哈尔、大庆、鸡西、大兴安岭在商企重点客户开发，佳木斯在校园市场开发，七台河在电商市场开发方面，首席客户经理均发挥关键作用。（黑龙江省邮政分公司／提供）

上海市

【上海市邮政分公司】 上海市邮政分公司业务总收入81.2亿元（含集团公司奖励收入8086万元），增长0.5%。其中代理金融业务收入16.88亿元，增长3.1%，占比20.8%；寄递业务收入44.5亿元，增长3%，占比54.8%；

邮务类业务收入 19.8 亿元，负增长 6.6%，占比 24.4%。

一、发展企稳回升

（一）代理金融

1. 储蓄余额。截至 12 月 31 日，储蓄余额规模 1172 亿元，年净增 154 亿元。三年期存款自 8 月起连续 5 个月实现负增长，压降 5.74 亿元。

2. 保险业务。新增规模保费 67 亿元。期缴总保费占比 11.85%，提升 7.2%，其中实现长期期缴累计销量 4 亿元，比上年全年增长 27 倍。重视高效中间业务，资产配置能力稳步提升。集团公司第四季度非货币基金销售目标完成率 145%，跨年度竞赛完成率全国第六。

（二）寄递业务

开展上海邮政寄递业务秋收大会战，部署“寄递扭负战、改革攻坚战、时限提升战”三大战役。市场占有率 10.52%，提升近 1%。国内标快主攻金融、商务等重点行业市场，实现收入 12.4 亿元；快包业务以长三角提速为契机，实现收入 5.6 亿元；国际业务主抓跨境平台等规模客户，实现收入 24.3 亿元；物流业务培育优质合同物流及仓配一体化项目，实现收入 1.6 亿元。“千条线路”工程中，上海 39 条须提速线路完成目标。长三角快包次日递率较提速前提升 26.3%，标快次日递率提升 7.4%。省内互寄快包次日递率提升 3.7%，标快次日递率提升 7%。成本压降意识不断提升。寄递损益环节单价均有改善，其中网运环节内部处理件均成本、网运环节陆运运输单位成本达到集团公司管控目标。

（三）邮务业务

紧抓热点题材开发文创产品，围绕生肖贺岁季、国庆 70 周年、进博会等项目，形成收入 1.8 亿元；紧抓政务宣传提供函件媒体服务，围绕垃圾分类、扫黑除恶等时事，为政府提供函件媒体宣传服务，实现收入 300 万元；紧抓线上订阅转型报刊发行方式，线上“订了么”微信平台流转额 2.2 亿元；开展约投挂号退信试点工作，对收件地址为学校、工厂的建行约投挂号邮件，实行“两次沟通”“两次投递”，建行拟将此做法推广到全国；紧抓节日营销做大分销规模，深化新春畅邮、夏日邮爽、浦江月等活动，形成分销收入 2.06 亿元，增长 18.7%；探索本地化主题邮局合作模式，与社会方合作运营航海邮局，在第四届全国主题邮局文化展中销量排名第一。

1 月 15 日，《知否》主题邮局在上海开业。

（四）协同发展

1. 汽车产业链项目。形成收入 6116.2 万元。其中汽车召回函项目 1875 万元，ETC 申请代办及配送业务 2000 万元；成功中标上汽大众全国 4S 门店全品类物资配送项目，标的超千万。

2. 惠农项目。与市农村经营管理站签订战略合作协议，走访农民合作社 201 家，走访率 131%，实现两项以上业务合作的 56 家，实现 4 项业务合作的标杆社 6 家；助力“甘肃天水花牛苹果”等贫困地区农产品进城。

3.“社保卡”项目。邮银发卡 77 万张，其中邮政代理发卡 52 万张；寄出社保卡 950.5 万张，形成寄递收入 4752.7 万元。

4.“邮速贷”项目。邮银速协同开发“邮速贷”客户 5 家，形成贷款收入 2922.9 万元，寄递收入 1227.5 万元。

5. 金融项目。促成上海人寿总部与中邮证券签订合作协议，租用中邮证券交易单元开展自有资金投资，引入交易资金超亿元。

（五）源头获客见成效（略）

二、推进改革

（一）组织领导

成立深化寄递翼改革领导小组和工作组，聚焦“八大整合”“五大体系”，用甘特图加强进度管控，召开 11 次深改领导小组会议，查找问题 50 个，完成整改 36 个。实施两级职能部室与同级寄递事业部内设部门一体化管理，通过组织任命、公开竞聘等多种方式，配齐市、区两级寄递事业部领导班子 61 人。

（二）紧抓重点工作

成立旺季生产领导小组，部署“双十一”工作，确立“抢市场、保重点、重体验、保稳定”总目标，“双十一”期间出口邮件 1361 万件，增长 29%；投递邮件 1941 万件，增长 75%（增长全国第一）。

（三）推进整合

收寄环节，先行先试集包工作，“双十一”期间上海日均集包 21.4 万件，小件集包占比 55.8%，达到集团公司要求。分拣环节，实行处理中心一体化管理，处理中心物理地址从 9 处减少为 6 处，节约成本 1080 万元 / 年。运输环节，撤销一级干线汽车邮路 18 条，新增干线直达邮路 8 条，降低成本 874 万元 / 年。盘活两网市趟资源，降低车辆运输成本 122 万元 / 年。航陆对接，进口提邮频次增至 9 个，两大机场进口邮件提取时长缩短 2 小时，全程时限缩短 0.5 天。投递环节，完成全市 148 家营业部机构整合；营业部平均包快邮件投递量 5400 件 / 日。指挥调度，利用指调看板监控功能，强化过程运行质量管控。服务质量，合并 11183 与 11185 同类业务。标快和快包业务全面应用智能跟单系统，及时揽收成功率从 76% 提升至 95%。财务方面，实现邮速财务预算、核算和结算“三算”统一，统一财务运作流程和执行标准，减少“两本账”影响。

三、普遍服务质量

（一）构建邮政服务质量三级管理架构

整合寄递与普邮服务质量管理资源，形成三级管理架构。

（二）普遍服务重点指标质量稳定受控

市区党政机关党报党刊当日 10 点前见报；党报党刊当天见报率 100%。申诉处理满意度 96.53 分。普遍服务网点规模保持稳定，农村乡镇邮政局所覆盖率保持 100%，建制村直接通邮率保持 100%。机要通信保密安全连续 28 年万无一失。

（三）整治活动

“平信条码化率达到 99% 以上”和“条码平信信息断点率低于 1‰”两项管控目标双达标。

（四）巩固邮发

党报党刊订阅流转额 2.27 亿元，与上年持平。100 个网点提供报刊零售便民服务。

四、企业管理

（一）促进国有资产保值增值

开展房产问题专项整改，查清房屋面积 114.0 万平方米，争取到动拆迁等补偿款 7834 万元，收回和保全房屋资产 43 处、3305.3 平方米，启动盘活面积 44371 平方米。完善管理制度，理顺出租管理关系。

（二）股权清理工作

通过上下结合、借助外力等方式推进股权投资清理，完成国际邮购公司、邮政广告公司、报刊零售公司等 15 家邮政企业清理任务和 5 家集体所有制企业注销清理工作。

（三）修订完善绩效考核办法

根据半年度考评结果调整办法，突出党建引领，引导基层党组织发挥攻坚克难作用；对区分公司和区寄递事业部的考评“合二为一”，聚力推动寄递业务发展；细化“协同发展”项目考评内容。

（四）开展效益效能审计

强化企业内部控制和风险管理，完成财务收支、经济责任、风险防控、工程等审计项目 234 项。工程结算审减 2524.54 万元。对发现问题的金额进行处理，提出审计建议 38 条。

（五）安全管理

完成全国“两会”、新中国成立 70 周年、进博会等重要时段的安全保障工作；接受邮储总行 2019 年安全大检查暨对代理营业机构安全监督检查、平安邮政开展情况的验收检查工作。

进博会期间，上海市邮政分公司在场馆和办公楼内设置 9 个邮政服务点。

五、品牌信誉

作为第二届中国国际进口博览会核心支持企业、指定寄递服务供应商，做好经营发展和服务保障工作。一是证件寄递，提速提质服务升级。寄递约 50 万张参展证件，形成寄递收入 730 万余元。二是网点进驻，点多面广高效服务。派出 200 人的服务团队，设立 9 个邮政服务点，相关文创产品形成收入 500 万元。三是品牌传播，线上线下合力推广。通过“线上官网、会展纸媒、场馆硬广、寄递封套、户外大牌”五大类 13 种形式，开展全方位品牌宣传，中央电视台、上海电视台等多家媒体进行报道。

六、党的建设

（一）坚持党建引领，持续深化主题教育

40 个单位（含部门）、144 名三级副及以上党员干部参加第一批、第二批主题教育，开展调研 1287 次，形成调研报告 574 篇，辐射带动全体党员 3243 人。在接受中央主题教育第三十二指导组和第十二巡回督导组的现场指导中，均得到充分肯定。党政工团联合开展“秋收大会战”劳动竞赛；成立 264 个“党员先锋队”、382 个“青年突击队”，在推进快递包裹集包和楼宇市场拓展中专项攻坚；“双十一”期间，各级党组织发动近 2400 名志愿者，组建旺季生产党团员志愿服务队。

（二）持续推进巡视整改，作风建设永远在路上

把整改落实作为一项重大政治任务和全面从严治党的重要抓手，中央巡视整改 58 条措施中，已完成 30 条，完成阶段性整改并持续推进 28 条；集团公司巡视整改 99 条措施中，已完成 64 条，完成阶段性整改并持续推进 35 条。持之以恒加强党风廉政建设和反腐败工作，落实中央八项规定精神，加强监督检查审查调查，全年共立案 8

件，给予党纪处分 6 人。

（三）坚持以人为本，为发展提供组织保障

1. 加强领导班子建设，配齐配强经营单位领导班子力量；启动优秀年轻干部调研，召开优秀年轻员工座谈会，建立优秀年轻干部信息库。

2. 持续推进减员增效，企业从业人员用工总量比上年末减少 644 人。持续优化代理金融网点人员结构，确保金融网点主任和综合柜员全部为合同用工，确保理财经理队伍总量。精简压缩寄递业务二、三线人员，充实一线揽投队伍，揽投人员占比接近 69%。

3. 关心关爱员工，开展帮困、重病补助等 1195 人次，给予补助 311.95 万元；开展高温和旺季慰问 3.1 万人次，发放慰问金 281 万元；建成职工小家 254 个；开展摄影采风等 10 项文体活动，2500 余名员工参与。（上海市邮政分公司／提供）

【邮储银行上海市分行】 上海市分行设有资产负债管理委员会、授信审议委员会、风险与内控委员会、产品创新与科技管理委员会、消费者权益保护工作委员会、集中采购管理委员会 6 个委员会，一级部门 23 个、二级部门 7 个、直属单位 1 个，下辖二级分行 2 个、一级支行 15 个、分行直属营业部 1 个，邮政金融网点 483 个，其中银行自营 103 个、代理 380 个，区级服务覆盖率 100%。员工 2954 人，其中本科及以上学历员工 2225 人，占总人数的 75.32%。

一、经营概况

总资产 2230 亿元，比上年增长 203 亿元。各项存款余额 1965 亿元，比上年增长 190 亿元；各项贷款余额 979 亿元，比上年增长 100 亿元。实现自营业务收入 26.72 亿元，考核利润 8.91 亿元。经济资本回报率 8.93%。成本收入比 58.08%，比上年压降 2.05%。不良贷款余额 15.03 亿元，比上年减少 1.03 亿元；不良率 1.53%，比上年下降 0.29%。保持“零案件”态势。

二、业务发展

（一）零售业务

实现业务收入 11.73 亿元，比上年增长 8.7%，占全行收入比重 43.9%，比上年提升 4.3%。自营储蓄存款余额 533.6 亿元，净增 61.7 亿元；累计换发新版社保卡 79 万张。个人住房贷款净增 16 亿元，非房消费贷款净增 27 亿元；小企业法人贷款净增 6.2 亿元，个人经营性贷款净增 11.6 亿元；普惠金融考核口径贷款加权平均利率下降 0.42%，不良率下降 1.09%，完成“两增两控”监管要求。信用卡新增发卡 21.1 万张，创新推出教育分期产品，透支余额、消费金额、分期金额等效益指标总体实现翻番。手机银行新增激活客户 19.2 万户；新增快捷支付绑卡 19.1 万张，其中，员工使用二维码推荐绑卡 7.9 万张，排名邮储系统第一；营销他行卡开立邮储银行二类电子账户 3.9 万户，排名邮储系统第二。

（二）公司金融业务

实现收入 8 亿元。公司贷款累计放款 215 亿元，余额净增 44.2 亿元；票据直贴业务收入 6767 万元，排名城市分行第一。累计完成债券承销 278 亿元，发放首笔并购贷款，中间业务收入 3342 万元，排名邮储系统第二。贸易融资规模净增 11 亿元。

（三）金融同业及托管业务

实现收入 6.9 亿元，其中，同业业务收入 4.6 亿元，同口径排名邮储系统第二。票据转贴业务收入和交易量均排名邮储系统第二，再贴现业务余额突破 22 亿元，排名邮储系统第二；托管营销规模与运营规模分别为 2360 亿元、3648 亿元，继续位居邮储系统第二。

三、风险管控

完善风险与内控委员会工作机制，实施打好防范化解重大风险攻坚战三年规划，针对风控薄弱环节，开展六大主题活动。建立信用风险月例会机制，推进“巩固治乱象成果，促进合规建设”活动。组织开展合规综合检查、合规专项检查、合规审查，妥善处理各类客户投诉。推进违规行为问责处理，开展不良信贷资产责任认定。完成专项审计项目 48 个、工程类审计项目 45 个。以 4 项安全管理标准化达标建设为抓手，夯实安全管理基础。

四、基础管理

财务管理加大“核算中心自查，财务尽职检查”双线排查力度，深入推行全面预算管理。资产负债管理着眼优化储蓄存款期限结构，完善利率管理模式，付息成本上升势头得到遏制；实行信贷计划动态调整，引导信贷资金投向实体经济；推动 LPR 改革落地，各项贷款挂钩比例 96%，在上海市国有银行中排名第一。全面推广统一柜面管理平台，实现储蓄业务柜面免填单；东区区域金库投入运营，试点推广六西格玛精益管理体系。授信管理发挥政策引领作用，推动资产结构优化，支撑重点项目落地，绿色信贷规模和占比持续提升；开展“贷后管理质效提升”活动，加强重点领域专项排查。

五、能力建设

加强干部和人力资源管理，开展领导人员竞争性选拔，加大年轻干部选配力度；完善员工职级晋升机制，强化员工行为排查；构建线上线下培训体系，在集团公司远程培训课件评优活动中荣获一等奖。完成虚拟化平台、税银直连平台、账户影像管理、新版微信公众号等信息系统上线，完成财政综合支付、社保卡、中间业务平台改造升级；应用流程机器人技术，逐步替代人工重复作业；开展自助设备统一维保和运营通信线路统签工作，压降运维成本。积极参与上海邮政协同发展委员会议事决策，建立行内协同沟通机制；“新版社保卡”项目带动邮政寄递收入超5000万元。

六、党的建设

一是围绕“守初心、担使命，找差距、抓落实”的总要求，扎实推进“不忘初心、牢记使命”主题教育，组织开展学习研讨，举办专题讲座，形成调研报告，完成问题整改，解决群众反映的实际问题。二是深入推进各项巡视整改工作。推进党风廉政建设和内部巡察，以巡察形式检验巡视整改成效。召开党性廉洁教育和巡视整改专题警示教育大会，融合微信新媒体技术，打造“线上清风、廉洁沪行”党风廉政宣传品牌，创新“3+2+N”巡察工作模式。

七、精神文明建设

组织召开二届四次职工代表大会。举办庆祝新中国成立70周年职工文艺会演、第二届职工龙舟赛、青年学习十九大演讲等主题活动，分行合唱队获上海市金融系统大合唱二等奖；完成年度十项职工实事项目。承办上海市反假货币大型户外宣传活动，央视财经频道、第一财经、东方卫视等主流媒体对分行阻截网络金融诈骗、科创板理财产品首批上线进行报道。未发生重大声誉风险事件。（邮储银行/提供）

【中邮保险上海市分公司】 中邮保险上海市分公司设部门14个，正式职工58人，具有中、高级寿险管理师资格的42人，占比72%。实现保费收入11.7亿元，比上年增长21.6%，其中期交新单保费4.26亿元，占比36.6%；趸交保费1.9亿元，占比16.3%；续期保费5.48亿元，占比47%。获得“上海市文明单位”“2018年度上海保险行业建功立业十大案例优胜奖”“ISG网络安全技能竞赛‘观安杯’管理运维赛保险组一等奖”“中邮保险2019年度优秀审计单位”等称号。

一、落实高质量要求

高价值业务优先发展，期交新单保费4.27亿元，比上年增长5.5%，年度计划完成率101.6%。长期期交新单保费1.36亿元，年度计划完成率143.4%，10个网点长期期交保费过百万。业务结构持续优化，期交新单保费占新单总保费比重由上年的53.2%提高到69.2%，5年及以上期交新单保费在期交保费中的占比提升17.3%，在长期期交保费中的占比提升29.6%。续期业务量质齐增，续期保费收入5.56亿元，完成年度计划的106.7%，13个月和25个月累计继续率均列全国第三。运营管控能力夯实，新契约、录入抽检合格率100%，保全业务两日结案率98%以上，手工单全流程时效由6.53天提升至4.1天，亿元保费投诉量优于行业平均水平。客服水平扎实提升，对二访客户在电话回访前发送短信提醒，借助新媒体平台向客户发送节日问候，集中发送反洗钱风险提示，受众超2万人。

二、全面推进协同发展

深化协同发展机制，上海邮政协同委员会将自办保险发展作为邮银协同重点业务，每月对中邮保险发展情况进行分析通报，研究解决发展问题。与邮政、邮储联合制定“开门红”方案，邮储银行首季期交和长期期交年度完成率分别达到73.8%和24%，上海邮政3月“中邮保险期交发展月”达成期交8815万元。18名专兼职讲师对接上海邮银渠道培训574场，参训2075人次，时长1955课时，举办各级培训班10期，依托“岗位大练兵，技能大比武”平台，研发课件30门，入围课件18门，线上参训375人。联动推进团险项目，完成对铁塔上海分公司团险承保，保费收入21.6万元；承保6家农村合作社惠农团险；团险兼业实现突破，完成保费41625元。深化推动特色模式，针对“自营+代管”模式深化问题开展专项调研，通过实地走访9个区中邮保险中心，调整配齐各区中邮保险中心专岗人员。

三、全面融入中心工作

领导班子深入渠道和同业开展调研，形成《关于上海邮政中邮保险长期期交业务发展的分析与建议》《关于银保渠道高价值业务转型发展的调研报告》调研成果，长期期交取得跨越式发展。通过开展全业务知识大比拼活动，组建专兼职讲师18人，深入网点一线开展督导帮扶。开展员工个团险直销劳动竞赛，13名员工成功挖掘团险客户，承保28单，保费70万元；44名员工推荐十年交长期期交产品计保费81.5万元。启动“传承企业文化 共创美好未来”系列座谈活动，通过邀请老党员、老邮政人讲述自身成长及工作经历，激发全体员工干事创业的责任心和使命感。

四、全面加强干部队伍建设

坚持党管干部，进行组织调整8人次，建立人才库，入库年轻业务骨干员工9名，开展领导人员年度考核9人次、提醒谈话26人次、领导人员民主测评9人次。坚持制度完善，修订分公司绩效管理办法，制定分公司领导人员综合考评办法，制定分公司员工退出管理制度。坚持人才引进，引进同业人才6人次，录取应届毕业生6人。坚持能力提升，组织员工日常培训73场次、956人次、5532课时，安排6名校招人员赴邮政挂职锻炼。

五、深化企业规范化管理

动态掌握各部门费用支出情况，对偏离预算进度的部门发送提醒函，建立分公司采购专家库，选拔内部采购专家9名，实施集中采购项目5个，公开采购率100%。内控管理筑牢防线，持续开展“亮剑行动”，发现问题20个，涉及保单8002件，整改率93.16%。抽查保险合同、投保单等档案资料4406份，排查销售人员和工作人员62人次，发现主要风险点3项，分别制定措施并整改。民主管理逐步完善，建立职工大会制度，履行5项职权，召开

3 次大会，无记名投票表决通过涉及职工切身利益的 3 项制度。

六、夯实党建引领

扎实强化理论学习，开展党委理论中心组学习 16 次，其中交流研讨 14 次；各支部集中学习 37 次，其中交流研讨 31 次。充分利用“学习强国”“中邮先锋”等互联网平台开展学习。扎实开展主题教育，系统梳理检视问题 13 个，整改措施 29 项，全部整改完毕，扎实推进经营管理工作不断提升。扎实落实巡视整改，巡视整改领导小组每月向党委专题汇报工作推进情况，杜绝相关问题“死灰复燃”，截至 12 月 31 日全部整改完成。扎实改进工作作风，持续开展“一月一事、消灭最差”活动，制定《2019 年分公司作风建设方案》，充分利用身边先进典型进行示范教育，鞭策后进。扎实推进党风廉政，开展“五个一”党风廉政建设品牌活动，创作廉洁文化作品 8 则，批评教育 4 人次，通报批评 1 人次，诫勉谈话 2 人次，党内警告 2 人次，开展集体廉政谈话 4 次，个别廉政谈话 3 次。党建融合中心工作，党员突击队深入基层一线开展支撑帮扶活动，连续 9 日奋战特训营，达成 109.1% 既定目标，“双十一”期间完成旺季生产帮扶，协助上海邮政分拣包裹 2 万余个，录入单证 4 万余张。（中邮保险 / 提供）

【中邮证券上海市分公司】

一、总体情况

（一）经纪业务

协同发展有效客户 2642 户，新增有效资产 5727 万元，邮银代销证券产品 7497 万元，发展 7 户“两融”客户。

（二）投行资管业务

销售“鸿利来 2 号”资管集合产品 5000 万元。开发胜握胜应收账款 ABS 项目，取得上交所的《无异议函》。储备重庆解放碑项目、“艾尔贝”绿色包装项目、明易达公司新三板转主板项目。

二、主要工作

（一）协同发展

1. 完善协同机制。参与上海邮政协同发展委员会的筹建，分公司总经理担任上海邮政协同发展委员会副主席，协同发展委员会每季度召开协同发展会议，每次会议对中邮证券业务的发展都进行专题研究布置。上海市邮政分公司、邮储上海分行分别制定、下发关于中邮证券业务协同发展的文件，明确发展目标、激励政策等。

2. 推动协同发展。印发“协同发展专人对口联系制度”，建立业务发展微信工作群，制作“转开户”“资管投行业务”微课，到对口联系单位进行现场培训指导、推进协同发展 210 人次，组织召开专业推进会议 12 次。协同发展有效客户完成集团公司指标的 155%，新增有效资产完成集团公司指标的 124%。银邮银证三方协同发展的上海人寿、鑫元基金租用交易单元业务落地，迅达公司项目进入银行授信、开户阶段，储备中电投融、分期乐、易居等项目。在总部的支持下，分公司与市邮储分行签订战略合作框架协议。

（二）开拓市场

1. 拓展客户。主动走访城地股份、地素时尚、长沙中运能源、广州恒广源、百联现代物流等 10 多家公司，商议合作事宜；与交总行、浦发、南京、杭州、华夏、宁波等近 10 家银行进行资管产品销售渠道合作意向的沟通；与青浦股权托管交易分中心、中电投融和融资租赁公司洽谈合作事宜；与总部相关团队共同进行重庆解放碑、深圳分期乐等项目的实地客户走访调研。

2. 资管销售。推动与地素时尚的合作，销售“鸿利来 2 号”资管产品 5000 万元，这是中邮证券自资管新规出台以来第一家机构成功申购资管产品。

3. 项目储备。“艾尔贝”绿色包装项目，集团研究院至客户单位调研，并就产品、技术进行要素评估，就后续合作推进进行沟通。分公司与城地股份实际控制人就计划发行 IDC 可转债达成一致，相同条件下优先由中邮证券承担可转债发行工作。持续跟踪明易达公司，力争帮助该公司完成新三板转主板上市。

（三）基础管理

1. 各类建章立制。加强建章立制工作，制定出台各类制度、办法、实施细则 35 项。对总部下发的 130 项规章制度汇编成册，并组织员工进行测试。

2. 合规风险管控。开展证监局合规自检、公司合规经营自查、分类评价自查、全面风险排查、半年度合规自查、代销金融产品适当性自查、反洗钱自查、洗钱类型分析、防范化解金融风险自查、反洗钱审计检查等工作。每月对全体员工开展合规培训和反洗钱培训，组织新入职员工规章制度和合规培训。

3. 人员队伍建设。社会招聘 1 名资管部经理、1 名运营服务岗人员、1 名投顾人员，并在上海邮政内部公开招聘 1 名运营风控部经理、1 名运营服务岗人员。组织员工参加总部培训 220 人次、行业协会培训 7 人次，开展执业人员继续教育远程培训，年度人均专业培训超过 10 天。

4. 因私出国（境）管理。加强员工的因私出国（境）进行监督，对全体人员的护照、港澳通行证、台湾通行证等证件进行集中统一管理，并到上海市公安局出入境管理中心进行备案，落实员工的出国（境）审批管理制度。

（四）党建引领

1. 扎实开展“不忘初心、牢记使命”主题教育。分公司党支部认真按照“守初心、担使命，找差距、抓落实”的总要求，坚持把学习教育、调查研究、检视问题、整改落实贯穿始终，真正做到了理论学习有收获、思想政治受洗礼、干事创业敢担当、为民服务解难题、清正廉洁做表率。分公司制定的 41 项整改措施，39 项完成整改，2 项完成阶段性目标并持续推进。

2. 持续推进巡视整改工作。分公司党支部根据 2018 年集团党组巡视反馈意见，制定整改任务清单，针对 3 个方面 8 个问题制定 21 条、64 项整改措施。党支部还对其他被巡视单位的巡视整改意见进行对照自查、举一反三。每月召开巡视整改工作小组例会，研究巡视整改工作，建立长效督查机制，半年度对巡视整改工作进行督查抽查。64 项整改措施中有 62 项完成整改，2 项完成阶段性目标并将持续推进。

3. 开展党支部达标工作。分公司党支部制定党支部达标工作方案，拟订党支部年度工作计划，明确工作标准。认真开展"三会一课"，固定每月 20 日为主题党日、每月开展一次党员学习、每季度上一次党课，组织开展"学习强国"+"中邮先锋"网络平台自学等多种形式加强党员教育。建立"党员争先锋"铭牌，每位党员公开亮出工作承诺。厘清支委成员工作职责，设置党建纪检专岗，规范党务基础台账，提升党务工作能力。制订先进典型培育计划。按规定召开民主生活会、组织生活会。

4. 加强党风廉政建设。分公司党支部对全体人员每月进行党风廉政专题教育，开展《证券期货经营机构及其工作人员廉洁从业规定》培训和考试，组织参观廉政建设教育基地。党支部建立党员干部及全体员工的廉政档案活页夹，强化对分公司选人用人、费用审批、每月点评等的日常监督，形成半年度党风廉政建设情况监督专题报告。（中邮证券 / 提供）

【上海市寄递事业部】 上海市寄递事业部内设 8 个职能部门，下设 6 个直属单位、16 个区寄递事业部，全口径人数 19289 人。

一、寄递改革（略）

二、提速增效

开展上海邮政寄递业务秋收大会战，部署"寄递扭负战、改革攻坚战、时限提升战"三大战役。市场占有率 10.52%。

（一）四大板块同步发展

国内标快主攻金融、商务等重点行业市场，实现收入 12.4 亿元；快包业务以长三角提速为契机，实现收入 5.6 亿元；国际业务主抓跨境平台等规模客户，实现收入 24.3 亿元；物流业务培育优质合同物流及仓配一体化项目，实现收入 1.6 亿元。

（二）时限明显提速

"千条线路"工程中，上海 39 条须提速线路完成目标。长三角快包次日递率较提速前提升 26.3%，标快次日递率提升 7.4%，均排名区域第一。省内互寄快包次日递率提升 3.7%，标快次日递率提升 7%，均排名全国第二。

（三）成本压降

寄递损益环节单价均有改善，其中网运环节内部处理件均成本、网运环节陆运运输单位成本达到集团公司管控目标。

三、源头获客

（一）扩大战略合作

与临港集团、外高桥企业中心、东方国际、东方购物、TST 等 10 家企业签署战略合作协议。

（二）重点开发楼宇市场

8—12 月全市区分公司实现商务楼收入 1.82 亿元。新进驻商务楼 23 幢，累计进驻商务楼 129 幢、辐射 226 幢；新签约客户 664 家。

（三）分层分级营销头部客户

开发 100 家电商头部客户，形成寄递收入 1.45 亿元。国内电商类客户中，年收入规模近亿元的 2 家、5000 万元的 1 家、1000 万—5000 万元的 4 家。

（四）拓展政务市场

对接市大数据中心"一网通办"，16 家区分公司全面进驻区行政服务中心，政务市场形成收入 1.72 亿元，增长 48.6%。（上海市邮政分公司 / 提供）

江苏省

【江苏省邮政分公司】

一、经营发展

全省邮政企业实现收入 209.73 亿元，比上年增长 11.54%，增幅列全国第一；完成经营利润 9.15 亿元。

（一）代理金融

全省实现代理金融业务收入（含储蓄短信）95.08 亿元，规模列全国第一。新增金融总资产 1129 亿元，列全国第一。2018—2019 年跨赛期间，全省新增金融总资产 1086 亿元，储蓄余额突破 5000 亿元。

（二）寄递业务

坚持"主业主责"不动摇，集聚优势资源，加快发展寄递业务。全省实现寄递业务收入 78.4 亿元，列全国第 3 位，比上年增长 24.6%，超全国平均增幅 12.3%。

（三）传统邮务

集邮业务创新文化 IP，实现收入 5.4 亿元。函件业务升级产品功能，实现收入 7.66 亿元。报刊发行业务积极推动产品转型，实现收入 7.2 亿元。分销业务拓展农产品销售，推进项目协同和客户引流，实现专业收入 14.1 亿元。

二、协同发展

（一）探索"源头获客"

分别与江苏交通控股、江苏悦达等 5 个总部客户签订战略合作协议，海澜之家项目新增四川、安徽等7省门店配送业务，年新增业务收入1200万元。成功开发前海人寿、铁塔公司等代发工资项目，新增代发工资890户。

（二）协同机制

成立板块间省、市、县协同发展委员会，累计召开各类省级协同会议21次。创新实施“轮值主席”协同会议制度。构建“定性+定量”协同考核指标体系。建立协同信息机制，发布协同资讯514条。

（三）协同项目

通过税邮、警邮、车务项目，营销客户数达97.4万，沉淀金融总资产470亿元，带动寄递业务807万件。依托“邮帮办”助力“放管服”，开展合作2072项。办理电动车上牌166万辆，销售简易险28.6万笔。推出“融E寄”产品，针对目标客户提供“寄递+金融”综合服务。

三、能力建设

（一）网点智能化水平

配置ITM设备1537台，新增理财POS终端2132台，实现代理金融网点全覆盖。能力建设总投资9.55亿元。

江苏省邮政分公司自主立项研发的智能组网系统。

（二）技术赋能

开发金融“智能营销平台”和寄递营销管理等系统。完善权益平台积分兑换体系。新一代寄递平台邮速整合系统、邮储统一柜面系统推广上线。开展ITM布放后网点资源配置优化。试点邮政网点场景化转型，打造标杆网点2个。

四、企业管理

（一）“三个视角”对标管理

“营、分、运、投”4个环节成本5.92元，低于全国平均0.59元。标快异常发生率由27.8%压降至7.3%，快包由32.5%压降至10.1%；及时揽投成功率由43.6%提升至98.5%。

（二）人力资源管理

优化班子年龄结构，完善领导干部考评体系，建立全省优秀年轻干部信息库。开展寄递揽收和标快投递环节“双定”试点。加强培训提能，举办新任支局长、理财经理、寄递业务骨干人才等培训班54个，培训4100人次。

（三）财务精细管理

针对集团公司13项管控指标，绘制思维导图，明确158个管控点，细化责任落实。完善一体化损益核算体系，深化网点和营投部损益核算，全省综合营业网点点均月利润22.6万元，提升1.18万元。

（四）集采和审计管理

完成采购项目209个，资金节约率达18.6%；省分公司集中采购率、公开招标率、公开采购率分别达到71.5%、88.3%、97.6%。开展审计项目1674个，查出违规违纪问题金额1.72亿元，审减不合理工程费用3300万元。

（五）服务质量管理

开展普遍服务达标回头看、缺报少刊综合整治等专项活动，对75个普遍服务网点进行优化布局。完成11185、11183客户服务中心整合，对VIP客户提供主动客服。修订邮件快速理赔处理办法，实现3个工作日内赔付到位。

（六）安全管理

组织开展“安全四个能力”提升活动。加强寄递安全管理，投资1953万元用于监控、消防等设施、设备更新改造。开展第六轮金融安全评估工作，持续推进“135工程规划”建设，全省代理金融网点数字化监控设备换装率达75%。

五、三大攻坚战

（一）全面加强风险防控

合规人员增至448名。推行整体接管式飞行检查、不预告突击检查、诊断式检查等方式，实行“陪同打印”“交叉家访”“集中会审”，建立员工征信管理台账，调离金融岗位55人。代理金融从业人员轮岗率达100%。

（二）扶贫工作

投入资金100万元，为刘老庄镇古西村引进光伏发电项目，带动20户、56人脱贫。12个重点帮扶县网点CRS或存取款一体机覆盖率达到80.8%。打造“邮乐食堂”消费扶贫平台，被纳入省政府消费扶贫实施意见加以推广。

（三）绿色行动

新标准邮政包装箱、窄胶带等绿色包装实现网点全覆盖，电商件不再二次包装率94%，可循环中转容器使用率94.3%，自办一级干线往返邮路甩挂运输占比97%，窗口包裹电子面单使用率99.87%。

六、党建工作

（一）党的建设

开展“不忘初心、牢记使命”主题教育，全面落实“六个转化”，制定64项整改措施，已完成57项。持续推进巡视整改，坚持月例会、季汇报，2018年61项整改措施全面完成，2019年111项细化整改举措完成104项。

（二）省内巡察工作

建立省内巡察工作体系，搭建巡察“人才库”，分3个批次完成对35个单位党组织巡察，做好巡察“后半篇文章”，整改具体问题274个，完成率98.6%。建立调度单制度，向省分公司职能部门发出巡察调度单21张。

（三）精神文明

71家市、县单位被评为省文明单位。唐真亚荣获第七届全国道德模范称号，马善民荣获第七届江苏省道德模范称号。顾松学、谭红荣获“江苏省五一劳动奖章”。吴爱军、王永震、吴荣纪等当选“江苏省文明职工”。（江苏省邮政分公司/提供）

【邮储银行江苏省分行】 江苏省分行设置一级部门23个、二级部门7个、直属单位1个，下辖13个二级分行。辖内邮政金融网点2506个，其中银行自营419个、邮政代理2087个；县城服务覆盖率100%，乡镇网点1301个，占网点总数的51.92%。员工9445人，平均年龄36.5岁，其中本科及以上学历员工6648人，占比70.39%。

一、经营概况

总资产8155.25亿元，比上年增长10.33%。各项存款余额7590.53亿元，比上年增长9.87%。各项贷款余额4838亿元，新增贷款703.55亿元，比上年增长17.02%，新增存贷比103.14%。2019年实现收入122.53亿元，比上年增长9.97%；实现利润总额63.91亿元，比上年增长28.91%。不良贷款率0.39%，比上年下降0.04%，低于全省同业平均水平0.66%，低于邮储系统平均水平0.47%。

二、业务发展

（一）服务国家和省内重大战略

普惠型小微企业贷款余额517.38亿元，年净增84.65亿元；扶贫贷款余额11.97亿元，年净增2.64亿元；特色田园乡村农房改造贷款、“农户置业贷”累计投放超3亿元。持续落实“绿色银行建设三年规划”，2019年节能环保项目贷款净增超50亿元。与泰州、扬州等地方政府续签战略合作协议，至年末，重大项目授信累计超300亿元。

（二）“大零售”业务发展

一是个人金融业务方面，推进“社保卡”“退役军人服务卡”“建筑工人资金监管”“邮储食堂”等重点项目，提升价值客户占比；调整定期存款结构，推进综合营销，降低付息成本。自营储蓄时点余额和年日均余额分别净增162.18亿元、154.01亿元，均列邮储系统第1位；VIP客户58.18万户，新增3.58万户。二是零售信贷业务方面，推进线上化转型，打造“邮请”线上获客品牌，线上申请通过“白领贷”和“生意贷”2.8万笔、130亿元；“E捷贷”余额246亿元，列邮储系统第1位；“网贷通”余额92亿元，额度类消费贷款覆盖率95.38%。至年末，个人贷款余额3105亿元、年净增382亿元，均列邮储系统第1位。三是信用卡业务方面，全年新增客户数38.39万户，累计发卡61.07万张，列邮储系统第2位。四是网络金融业务方面，持续提升获客、活客水平，自营激活手机银行年净增106.9万户、结存474万户、活跃客户105.4万户，均列邮储系统第2位；快捷支付年净增97.8万户，全面完成条码收单目标任务。

（三）公司金融业务发展

一是公司业务方面，积极拓展客户数量，公司客户年净增1.2万户，列邮储系统第1位；2019年获得8个国库集中支付业务代理资格，21个非税代理行系统建设资格等；营销走访风电行业重点客户，实现放款5.95亿元，储备项目金额超150亿元；加快建工卡、国土、非税、开放式缴费平台等重点项目推广，推进“大交通”、PPP、新能源领域重大项目落地。二是国际业务方面，持续推动福费廷、议付等贸易融资业务稳定发展，贸易融资时点余额、国际结算量、公司外汇存款余额等多项指标均列邮储系统第1位。三是小企业金融业务方面，优化流程，搭建平台，小企业贷款年净增47.7亿元，小企业法人客户沉淀日均存款37亿元，年净增8.6亿元。四是金融同业业务方面，以票据、资产证券化、债转股、理财、托管等业务为切入点，与上海证券交易所债券业务中心签订全面合作协议，举办系列同业交流活动，搭建同业合作交流平台。

三、深化转型

一是组织架构方面，根据总行统一部署，在省分行设立代理金融管理部，明确代理金融的归口管理。持续推进大客户部常态化运行，增强对战略客户的营销和维护。二是资本节约理念方面，制定经济资本主动限额管理办法，按照机构、产品、条线分别制定经济资本配置方案，持续宣贯践行资本节约理念。三是激励机制方面，规范绩效管理体系，完善工效挂钩办法，加大绩效考核结果应用力

9月29日，“守正创新 铸梦前行”2019—2020江苏省邮政金融旺季生产会议召开。

度，完善收入分配机制。四是授信机制方面，动态优化授信政策，落实经营主责任人机制，建立优质客户库，重塑审批流程。五是网点转型方面，作为邮储银行第三批网点系统化转型试点省，完成2个总行级样板网点打造，制定网点系统化转型手册，开展网点综合营销通关试点，完成29个网点的系统化转型推广工作。六是综合营销方面，围绕产品叠加、需求派生、支付结算，明确重点项目和考核指标，加强综合营销系统的升级优化和数据应用。七是人才建设方面，建立由省分行直接管理的“双百”优秀年轻骨干（储备）人才库，搭建内部交流平台。八是科技赋能方面，完成税银平台、省公积金等中间业务项目建设82项，银企直连项目10项，现有系统新增功能优化项目12项，实现网贷前置系统与“我的南京”APP的对接。

四、风控管理

持续推进《防范化解重大风险攻坚战三年规划》落地，开展风险防控“大排查、大处置、大提升”行动，对存量信贷资产、非信贷资产、表外业务开展全覆盖式风险排查，制订处置计划。发挥风险与内控委员会作用，形成全面、全程、全员的风险管理框架，落实案防责任制度，开展案件警示教育活动，持续加强问责机制建设。强化审计质量管控，对重点业务和高风险领域开展专项审计29项。开展不良资产清收竞赛，实施大额不良贷款分层督导，加快推进呆账核销。定期召开消费者权益保护工作委员会会议，组织开展金融知识普及月、普及金融知识万里行、金融消费者权益日、守住“钱袋子”等12个主题宣传教育活动。

五、党建工作

（一）加强党的领导

夯实党建基础，推进“两学一做”学习教育，实施“强基固本”工程建设，开展“不忘初心、牢记使命”主题教育活动，党委班子成员开展调查研究20余次并召开调研成果交流会，面向全行领导干部和党员群众代表讲授专题党课。

（二）开展党风廉政建设

加强和规范党内政治生活，强化监督执纪问责，纠正“四风”，用好监督执纪“四种形态”，集中整治形式主义、官僚主义。开展行内重大决策执行情况效能监察，对连云港、无锡、泰州市分行及直属营运中心开展常规巡察，并延伸至辖内所属10个县（市、区）支行党（总）支部。

（三）做好巡视整改

制订并持续推进中央巡视整改2019年度工作计划，按月召开巡视整改例会，研究部署巡视整改工作，定期总结评估，53项巡视整改举措纳入“完成和阶段性完成”范畴。

（四）企业文化建设

慰问职工223人次、先进劳模73人次，走访慰问集体166个，发放慰问金132.31万元，为43名患重疾员工发放互助保障金126万元；组织举办乒乓球比赛、趣味运动会、社会公益活动等；推广总行职工小家示范点邹区支行经验。2019年，江苏省分行荣“2016—2018年度江苏省文明行业”称号，辖内11家市分行、8家县支行荣获“2016—2018年度江苏省文明单位”称号。（邮储银行／提供）

【中邮保险江苏省分公司】 2011年3月11日开业，是第7家中邮保险省分公司。内设部门14个、直属营业部1个，员工109人（女40人），研究生及以上学历48人（占比44.0%），中共党员及预备党员62人（占比56.9%），业务范围覆盖全省邮银2508个网点、1个营业部。

一、经营业绩

首年保费404257.54万元，其中，首年期交保费253645.33万元，10年及以上期交保费60607.38万元；首年趸交保费145052.89万元；短期险保费5559.32万元。处理赔给付案11187件，支付赔给付款8902.83万元。

二、获得荣誉

获评“2016—2018年度江苏省文明单位”称号；获评江苏省保险行业协会2019年度宣传工作先进单位；在2018年中国邮政自办保险转型发展劳动竞赛中，获“省级优秀组织奖”（全国中邮保险仅1家）；在2018年全国邮政系统“营销争先”劳动竞赛活动中，荣获“先进单位”称号（全国中邮保险仅1家）；在中邮保险第一届风险合规知识竞赛活动和第二届团险大项目路演大比武中，均获团体一等奖。

三、渠道建设

1月，在全省组织“荣耀金铢年”荣誉定制主题营销活动，推动期交业务规模化、价值化发展。

2月，启动“新价值　新成长”期交特训营活动，截至12月31日在全省组织实施32期期交特训营培训班，全面覆盖全省13个地市邮银渠道，培训2129人次。

3月，根据《关于邮保携手共同推进深化“自营＋代管”经营体系建设试点工作的指导意见》积极开展试点工作，成立派驻讲师团队，助力转型发展，实现专业赋能。

4月，在中国邮政集团公司“营销争先”劳动竞赛中获得“先进单位”荣誉称号，是全国中邮保险唯一获此荣誉的分公司;《中邮保险江苏分公司期交营销精兵打造项目》被评为优秀营销项目。

5月，在中邮保险“营销争先”劳动竞赛中获得“中邮保险2018年度营销体系建设先进单位”一等奖，2名员工被评为“优秀督训师”，1名员工被评为“优秀营销员”。

6月，在全省增补42名兼职讲师，全省邮政中邮保险兼职讲师扩增至160名，在市县发挥中邮保险业务培训组织与业务推动的作用。

7月，会同江苏邮政在全省组织“赢在未来”中邮期交营销精兵打造活动，在全省邮政打造10个中邮期交“营销精兵”优秀项目小组，60个中邮期交“营销精兵”明星网点。

8—9月，在全省举办中邮保险讲师大比武技能竞赛活动，最终20名讲师从300多名选手中脱颖而出，获得“中邮保险十佳明星讲师”和“中邮好讲师”称号。

四、内部管控

新契约综合合格率99.98%、万张保单投诉量为0.02%、13个月保费继续率96.32%、续期宽末综合达成率99.19%。

联合邮银渠道共同组建代表队，参加中邮保险“砥砺奋进十年　合规植根于心”第一届风险合规知识竞赛，分公司荣获团体一等奖。

在总部2019年度省级机构年度合规与风险管理考评中以总分第二的成绩获评合规与风险管理先进单位；在江苏银保监局2018年度合规内控情况评价中得分100分，获并列第1名；在人民银行南京分行2018年度驻宁非法人金融机构反洗钱分类评级中获评B类机构。

五、创新工作

针对农村居民、流动农民工等特殊客户群体特点，推广保障适度、通俗易懂、灵活简便的普惠简易保险，实现简易险保费收入3221万元，服务客户超31.6万人，提供人身意外保险保障超300亿元。

创新合规宣传培训方式，借助省邮政分公司“苏邮e课堂”网络学习平台，向全省邮银从业人员宣贯中邮保险风控合规相关知识。创新合规知识载体形式。制作“邮小宝说合规”之合规销售篇微动画，以生动案例帮助销售人员理解、掌握、落实监管政策，促进合规销售。

六、履行政治、社会责任

积极响应打好脱贫攻坚战号召，坚持“服务基层，服务三农”的责任定位，持续在扬州江都开展小额爱心保险项目，并成功复制推广至宿迁宿豫区，实现保险扶贫覆盖人数10335人，提供风险保障超1亿元；举办健康知识宣教、爱心保险赠送等扶贫公益活动4场，覆盖659人次。

完成3年结对共建项目。与江苏省定经济薄弱村淮安市盱眙县鲍集镇沈集村建立为期3年的结对共建关系，支持和帮助共建村完善基础设施。

持续开展关爱留守儿童活动。在泰州组织开展“关爱留守儿童　构筑爱心彩虹”幸福直通车活动，为近50名留守儿童完成聆听一次讲座、观看一场电影、登上一次“泰州眼”、游玩一次乐园以及获赠一份“中邮保险礼包”的“五个一”心愿。

始终坚守“视客户为亲人”的服务理念，稳步推进“有温度的”服务品牌建设。积极应对盐城响水爆炸案、老挝重大交通事故等突发事件。完成县域以下理赔超1万件，赔付保险金超3400万元，收到农村客户赠送的锦旗22面。

七、文化建设

秉承“用户至上、员工为本”的核心价值观、“创新、协同、诚信、担当”的企业精神，以及“为客户终身负责”的服务理念，以“服务基层、服务三农”为己任，全力打造“诚信+爱心”保险品牌。

八、党团建设

坚持把学习贯彻习近平新时代中国特色社会主义思想和党的十九大精神作为首要政治任务，认真落实全面从严治党要求和党建工作责任制。开展各类学习100余次。深入开展“不忘初心、牢记使命”主题教育，组织召开先进典型座谈会、主题教育专题民主生活会和组织生活会，落实主题教育专项整治工作。（中邮保险／提供）

【中邮证券江苏省分公司】

一、总体情况

（一）经纪业务

截至12月31日，累计开户160839户，其中有效账户18151户，占比11.29%；客户资产22.73亿元（含两融）；成交188.7亿元（含两融）。累计开发两融客户51户，其中机构户1户，个人户50户。两融客户51个，获批授信额度20678万元；累计融资余额79295.78万元；累计产生利息收益683万元。

（二）资管投行

1月完成申通快递—德殷控股股票质押式回购融资项目立项及放款（融资金额1.5亿元）；3月签约西格玛一单新三板推荐挂牌项目（财务顾问费100万元），收到第一、第二期费用，另与丰华联合、宁盛新材等多个项目进行签约前的持续沟通中；4月落地同达一号资管产品计划（总额2500万元），金陵二号和省邮政补充医保等资管计划项目也在积极推动之中；8月与江苏新大高空工程有限公司签订江苏股权交易中心（四板）推荐挂牌协议，并于10月25日成功推荐挂牌，成为全国分公司中首单成功挂牌的四板业务。

二、发展措施

（一）业务多元化转型

1. 快速发展股质业务。按照年初制定的业务发展重点，充分调动能人效用，开展开门红活动，对股票质押及两融等高效业务给予重点鼓励，引导员工开发优质股票质押及两融客户，为公司收入增长多做贡献。在总部培训的基础上，结合江苏实际情况，对项目做好尽职调查，严格风控标准，做好客户服务与贷后管理。完成3笔股票质押项目放款，合计4.6亿元；第二季度，两笔质押项目提前购回，存续股票质押项目一个，放款金额1.9亿元，每年产生收入 1425 万元。

2. 团队建设。加强渠道建设，以利好政策为吸引点，壮大轻型营业部及经纪人队伍。三季度末，组建客户经理市场化团队，引进客户资产 8045 万元，实现收入覆盖成本的计划目标，完成收入考核指标。全省在册证券经纪人（含无锡）8 人，引进客户资产合计 3800 万元，市场化营销人员的迅速发展，为公司证券客户资产和两融客户的增长都起到了积极的作用。

3. 优化客户服务。根据现有客户的资产状况，规范证券客户分级维护管理体系。一是从全省证券客户中将高净值客户约 560 人进行筛选后进行重点维护，通过电话回访的方式与客户取得联系，了解客户需求，提供对应的服务。二是以普通的客户服务为主，每日以短信、微信、QQ 群等形式为邮政渠道网点的理财经理和客户提供总部允许下发的各类资讯及提示信息，做好客户在交易中的各类问题的解答和产品服务。

（二）经营能力

1. 指标管控。将资产净增指标列入 2019 年邮政金融跨年度竞赛活动目标联合推进，实现证券资产净增 4 亿元。将以上两个指标嵌入全省邮政 2019 年重点经营项目 KPI 考核体系及全省邮政金融“聚客固本　创新培源”主题营销活动，通过与邮银主题活动的无缝衔接，持续加强对全省有效户及资产发展的管控力度。

2. 发展规模。分公司以总部重点产品销售为契机，组织制定适合邮政渠道客户的理财产品，坚持差异化产品设置，满足高端客户投资多元化需求。

3. 强化培训。一是以全省邮政营销实战巡讲活动为契机，在全省范围内开展证券业务宣贯。二是组织举办两次全省邮政证券业务主管培训班。

（三）加强合规管控

把控运营风险，推进合规运营，上半年根据总部风险管理部要求，开展全面风险排查工作。8 月根据人行南京分行的要求组织反洗钱宣传活动“我给娃娃讲金融”；9—10 月根据西安人行要求开展反洗钱主题宣传月活动，围绕“黑社会性质犯罪、恐怖融资、地下钱庄、税务犯罪、毒品犯罪”5 个方面的洗钱犯罪作为主要宣传内容展开。

（四）党建工作

1. 发挥党建工作的引领作用。严格按照从严治党的要求，推进党建工作。分公司党委于 1 月 7 日提交党支部调整申请，1 月 9 日总部党委会通过，5 月下达正式批复。5 月 6 日，分公司召开第一届党支部委员会选举 3 名同志为分公司党支部第一届委员会委员，并召开支部委员会选举党支部书记。5 月，分公司参加全省邮政“学习新思想・奋进新时代”党建知识竞赛获得全省二等奖。6 月，根据中央“不忘初心、牢记使命”主题教育工作会议精神等文件要求，梳理出分公司需要集团公司解决的问题 8 条，建议解决问题的措施 8 条；单位层面及领导班子存在的问题 7 条，整改措施 10 条，单位班子成员个人存在的问题 10 条，整改措施 23 条；单位层面作风方面的问题 2 条，整改措施 3 条；并就问题深刻剖析，全面检视，寻求解决路径。8 月，分公司党支部全体党员召开主题教育专题组织生活会。分公司定期组织主题党日活动，坚持“三会一课”制度，推动“两学一做”学习教育常态化，同时，分公司积极响应江苏省邮政分公司直属机关党委和总部党委党建部的要求，进行“中邮先锋”和“学习强国”线上培训学习，在分公司形成共同进步的学习党的理论知识的氛围，在思想上政治上行动上与党中央保持高度一致。

2. 纪检监察干部工作。分公司认领总部下达的《2019 年纪检监察工作计划任务清单》，从 5 个方面做好纪检监察的干部工作：一是加强体制机制创新，落实全面从严治党责任制；二是完善防控体系，筑牢反腐倡廉的思想防线；三是狠抓“四风”建设，营造风清气正的发展环境；四是完善监督巡查体系，确保上级党委决策部署落到实处；五是加强纪检监察队伍建设，提高纪检监察人员履职能力。

（五）优化服务质量

1. 人力资源管理。在册员工 23 人，党员 13 人，非党员 10 人，党员占比 56.52%。女党员 4 人，占党员总数的 30.77%；博士学历 1 人，硕士学历 7 人，本科学历 14 人，高中学历 1 人，本科层次及以上学历员工占比 95.65%。根据《关于组织开展选人用人自查自纠专项工作的通知》（中邮证党〔2019〕6 号）精神，组织开展选人用人自查自纠专项工作，经查，分公司选人用人规范合理。3 月对全体员工护照集中管理，并均在南京出入境管理局进行备案，制定《中邮证券江苏分公司出（国）境管理台账》。上报总部 2020 校招 1 个名额，配合总部在 189 份简历中筛选 10 人进行笔试环节。5 月完成分公司省直管企业参保人数和工资总额申报核定工作，推进员工选拔、部室任命、员工谈心等工作，不断细化招聘，做好外聘人员的背调，引进相关资管投行业务团队。

2. 成本管控。根据总部下达的收入成本目标做好全年的成本管控方案，并逐月加强成本管控。1 月根据国务院《关于印发个人所得税专项附加扣除暂行办法的通知》（国发〔2018〕41 号）等文件规定，做好分公司全体员工个人所得税实行专项附加扣除的相关填报工作和 2019 年分公司工商年报的填报工作。配合总部审计自查 2018 年度增值税的申报上缴和 2018 年度关联交易的核对工作。3 月完成银行账户的年检工作。4 月根据总部《关于 2019 年资产盘点的通知》要求，对从 2014 年 11 月至 2015 年 4 月 30 日分公司管理和使用的固定资产和低值资产进行了清查。经查，分公司固定资产和低值资产的资产实物与资产实物账、财务资产账核对一致，账物相符。财务管理严格执行总部制度要求，财务人员配备到位，财经纪律和风险意识强，财务报账规范。不存在“小金库”、薪酬二次发放等问题，没有违反集团公司禁止类行为和违反总部经营纪律的情况发生。9月，根据集团公司审计局和中邮证券总部的要求，开展公务用车自查。经查，公务用车编制及标准配备合理；不存在将公车挪用现象；不存在未经批准购置（租赁）、更新公务用车等；不存在申请报废公务用车的情况。10月，根据《关于对会议费管理方面存在问题进行自查整改的通知》（中国邮政党组办发〔2019〕39号）的相关要求，对分公司自开业所有的会议费进行自查。经查，分公司所有会议费报销规范，不存在超标及违规现象。

3. 企业文化建设。日常用印流程均登记在册，经总部和分公司相关领导批复后寄交相关经办人。综合部日常做好新入职员工的OA收发文证书和GOCOME账号的申请工作以及相关从业资格的变更申请工作。3月，按照《关于印发〈第四次全国资本市场服务业普查实施办法〉的通知》（证监办发〔2018〕121号）要求，完成第四次全国资本市场服务业普查工作。组织多次工会活动，如户外跑和掼蛋比赛等。4月，组织开展关爱家中失火受灾员工的慰问工作，组织员工参加省邮政公司组织“三八”节越唱越美丽的歌曲竞猜活动、“五四”青年节的演讲比赛和全省邮政志的编撰；分公司获得集团“营销争先”劳动竞赛“金融翼”先进单位奖励和总部的优秀部门奖励。9月，完成中秋、国庆双节慰问品的发放工作，严防滥发购物卡行为。10月，组织做好员工的体检、证券从业后续教育培训报名以及督导学习等工作。（中邮证券／提供）

【江苏省寄递事业部】

一、寄递业务提速发展

全省实现寄递业务收入78.4亿元，列全国第3位，比上年增长24.6%，超全国平均增幅12.3%。

（一）经营活动

梯次组织开展“大干六十天、实现双过半”专项营销、长三角倍增计划、寄递跨年度竞赛、“开门红”系列活动，推动寄递拓客上量。

（二）标快业务

省际以长三角区域为重点，加大市场拓展力度，浙沪皖国内标快日均量提升160%，实现倍增。省内固政务、抢商务，政务收入3.31亿元，增长18.9%；商务收入6889万元，增长15%。全省标快收入14.4亿元，增长10.5%。

（三）快包业务

针对大客户开展“网业联动、满仓启航”专项营销，提高装载率，抢占长三角市场。全省快包收入26.7亿元，比上年增长20.3%；市场占有率12.57%，比上年提升0.69%。

（四）国际业务

对省寄递事业部国际分公司推行模拟实体化机制，负责南京、无锡、苏州国际e邮宝、国际小包经营管理工作，实行“双挂双考核”。全省国际业务收入27.2亿元，增幅34.6%。

（五）物流发展

拓展海澜之家、正大天晴、烟草等营销，全省物流收入8.3亿元，比上年增长38%。

二、寄递改革

（一）邮速一体化

整合管理资源，完成省、市、县三个层面横向一体化、纵向垂直管理改革；整合网络资源，构建省内网，实现标快、快包邮件的混合发运，省内互寄二级干线邮路由271条优化为114条；地市处理中心由33处整合为26处，县级处理中心由96处整合为59处，处理场地面积净增3.16万平方米。整合营投资源，精简投递网点295个，增加专职营揽人员2248人。

（二）营揽平台销售化转型

依托第三方咨询公司，建立标准化的销售型组织管理机制，以“3会4表5S”为抓手，实施客户分级开发维护和平台绩效考评机制。分两批完成166个营投部销售化转型，第一批开发客户1008户，实现标快收入575万元，比转型前增长96.5%。南京白龙江营投部转型经验得到集团公司领导肯定，并作为重大典型在全国复制推广。

（三）中心局机制改革

将省际长三角区域省内邮运管理职能、省际长三角区域外一干邮运管理职能，分别划入无锡、南京邮区中心局。制定中心局外包成本标准化模型和正向预算激励模型，南京中心局件均处理成本、运输成本分别下降10%、7%；无锡中心局件均处理成本、运输成本分别下降5%、20%。建立以“造包为导向”的无锡云仓绩效考核机制，日出包量峰值10万件。

（四）营揽端准加盟制改革

选择常熟服装城、南通叠石桥、东海水晶城、沭阳花木市场、丹阳眼镜城5个产业集群，推行准加盟制试点。叠石桥通过实行市分公司直管、主动客服等举措，全面激发经营活力，实现快包业务量2658万件，比上年增长59%，日均新增4.4万件；常熟服装城采取划片加盟、自主定价、推行“底薪＋收益”分配模式，实现快包业务量1538万件，比上年增长30.3%，日均新增2.9万件。

三、核心能力

（一）寄递基础建设

新增场地11个、面积8.8万平方米；对20个处理中心场地实施工艺改造，全省最大进出口处理能力从日均649万袋件提高到1169万袋件。配备自动化分拣设备，安装收寄一体机414台、集包笼108套，集包率78%。编制营投部标准化建设手册，完成14个示范营投部改造，加强营投端党组织建设，全省427个整合后的营投部全部建立相应党组织。寄递能力投资占比从57.4%提高到71.5%。

（二）优化网络组织

实施“长三角提速”工程，对重点时限指标每日监控、逐日分析、闭环整改，长三角区域标快次日妥投率93.6%，提升7.6%；快包次日妥投率85.3%，提升18.2%；52个重点城市互寄标快邮件次日妥投率87.8%，列全国第一。推进“千条线路大提速”，217条标快线路中有180条次日递率超过顺丰，116条快包线路中有100条时限水平达到菜鸟平台标准。菜鸟指数省内线路时效达成率排名行业前列。每日发布寄递看板动态，推动问题整改落实。研发智能组网平台，调整二干邮路计划，每日减少开行邮路11条，压降17.7%；日均缩减邮路运行里程2055公里，压降12.7%；日均二干承运成本下降1.1万元，压降9%。

四、管控水平

（一）经营质态

组织开展长三角寄递业务“提振信心　乘风破浪”营销活动，8周时间浙沪皖国内标快日均量由3.24万件提升至8.41万件，提升率160%；快递包裹日均量由27.05万件提升至42.78万件，提升率58%。组织开展“网业联动，满仓启航”专项营销活动，全面推进集包工作，依托网运结算成本压降反哺前端，快速拉动业务规模提升，全省集包率提升至65%。

（二）服务质量

开展包裹快递投递服务百日专项整治活动，各环节服务质量持续改进，营分运投有责申诉总量整体下降，电子化支局移动支付开通率99.87%，窗口包裹快递在线收寄率95.65%；无着邮件复活率达53.46%，满意率98.18%；投递环节有责投诉率万分之0.6、比上年下降53.6%，农村投递申诉率百万分之0.16；EMS总体满意度85.7分（全国第二）；95580点均有责投诉0.3个、比上年下降47.2%；标快邮件异常发生率由27.8%压降至7.28%，快包邮件异常发生率由32.5%压降至10.08%，及时揽投成功率由年初的43.6%提升至98.47%。

（三）经营管理

出台寄递资费管理办法，对国内标快、快递包裹、国际业务实施分级审批制度，赋予地市一定资费优惠审批权限，提高市场应对能力。动态监控资费管控情况，重点关注问题客户、问题邮件，杜绝资费跑冒滴漏。（江苏省邮政分公司／提供）

浙 江 省

【浙江省邮政分公司】 浙江省分公司（邮速合并账）实现业务收入155.13亿元，规模排名全国第3位，比上年增长9.18%，排名全国第5位，高于全国平均2.85%。实现累计利润（邮政含寄递事业部）1.35亿元，超额完成集团公司利润预算目标。

一、坚持党建引领发展，全面落实国企政治责任

（一）深入开展主题教育，坚定不移提高党的建设质量

扎实开展“不忘初心、牢记使命”主题教育，受到中央第三十二指导组的高度评价。全省党员干部深入基层开展调查研究938次，系统梳理各种渠道发现的问题1799个，制定整改措施2169条。完成浙江省邮政分公司党组改党委的筹备工作，选举产生省寄递事业部党委，完成省分公司直属机关党委、团委和60个市、县分公司党委的换届选举。

（二）严明政治纪律和政治规矩，全面从严治党走深走实

深化巡视整改，持续推进中央巡视反馈问题整改工作，41项整改措施全部完成。对温州、嘉兴、湖州、衢州4个市分公司落实中央巡视反馈问题整改情况进行督导检查。分3批完成对6个市分公司和10个县分公司党委的巡察工作。深化作风建设，扎实开展“基层减负年”活动，减少发文办会，发文数量、会议数量均比上年减少30%以上。

二、服务质量提升

（一）普遍服务和特殊服务水平全面提升

农村乡镇邮政局所覆盖率100%；网点普遍服务4项基本业务开办率100%，网点正常运营率100%；全省县

浙江省乐清市邮政分公司员工指导客户使用智能柜员机。

及县以上城市党政机关党报当日见报；全省建制村 100% 通邮，普包、挂信、挂刷 3 类邮件省内、同城时限总体达标。全省未发生违反普遍服务“两条红线”的情况，用户服务满意度 86.06 分，用户申诉处理满意率 98.01%。实现全省机要通信无失密丢损“二十六连冠”。

（二）客户服务体验和时限水平持续提升

省内互寄和长三角提速成效明显，省内互寄 T+1 全程时限达标率 93.26%；揽收服务质量有效提升，全省及时揽收成功率 95.8%；全面推广智能跟单系统应用，全省标快、快包异常发生率达到集团公司目标值；实施快速理赔机制，理赔及时率 98.34%。强化工单闭环管理，11183 客服问题邮件一次及时解决率 93.18%，全国排名第一。

三、创新发展

（一）寄递业务深化改革创新

全省实现寄递业务收入 89.16 亿元，收入规模列全国第 2 位，比上年增长 11.79%。全省实现寄递业务考核利润 4.15 亿元。浙江省寄递业务欠费率 9.86%，处于全国规模省份先进水平。浙江省邮政分公司以“五个创新”为路径，补短板、强弱项、固优势，快速提升竞争力。即推进“混合收寄 + 集包”作业模式的流程创新，形成分散式、多中心组网模式及全省“运输一体化”的网络布局创新，建立主动客服服务模式的服务创新，推进邮政分公司与寄递事业部纵向专业化、横向一体化的体制创新，实施网运端中心局“实体化”运营、经营端“准加盟制”的机制创新。浙江寄递业务改革创新经验做法，被集团公司作为最佳实践经验在全网进行复制推广。

（二）金融业务聚焦模式转型

实现金融业务收入 45.14 亿元，比上年增长 6.78%。储蓄余额规模至年末达到 2983 亿元，新增 304.4 亿元。代理保险收入 7.78 亿元，增幅 14.77%。中邮新单保费（23.7 亿元）提前 34 天完成全年目标，期交点均产能（141 万元）、长期期交点均产能（36 万元）稳居全国首位，期交银保渠道占比保持行业第一。

（三）农村电商

累计建设“邮乐购”商超站点 2.45 万个，年度优质站点数 1.34 万个，连续 12 个月保持优质站点总数和占比全国第一；年累计批销金额 17.14 亿元，月均批销活跃度和线上批销规模均列全国第一；年累计分销收入 4.83 亿元。铺开邮乐小镇密集型布局，建成小镇 55 个，中心店 49 个，覆盖商超 2718 个，优质站点占比 62.5%。做好“农产品进城”助农增收，完成“农产品进城”万单项目 34 个。实践协同新场景，发展“邮乐购”代投点 1.14 万个，发展掌柜贷 802 户，常态化开展“双引流”工作。

（四）基础性业务加快转型升级

集邮业务收入 2.13 亿元，函件业务收入 3.17 亿元，报刊业务收入 5.14 亿元。增值业务收入 7737 万元，简易险完成保费 1.06 亿元；车险业务完成保费 8.28 亿元，列全国第 1 位；“警医邮”业务累计办理 128.92 万笔，列全国第 1 位。

（五）协同工作明确目标

推动总部项目落地、省内自主项目开发，率先完成省—市—县三级协同体系的基本建立。汽车产业链项目全面推进，与吉利集团深入合作，推动金融、物流及综合业务的开发；惠农合作项目紧抓标杆项目打造，逐步形成“寄递销售 + 金融”的惠农服务模式；深入推进战略合作，完成与铁塔、电信、移动、联通、华为、政采云、卫计委等的战略合作协议签订工作。

四、助力打好三大攻坚战

（一）打好防范化解重大风险攻坚战

持续完善邮政金融风险防控体系，全面推进风险管理体系和队伍建设，营造合规文化氛围，建立全省整体接管式突击检查制度。全省未发生重大风控案件和风险事件。

（二）扎实推进定点扶贫和电商扶贫三年规划

省邮政分公司党组高度重视定点扶贫工作，派驻人员常驻遂昌县华洋村帮扶，助力华洋村提前 3 个月实现年村集体经济“消薄”工作目标。累计运作电商扶贫项目 169 个，精准帮扶贫困户 575 人，培育电商扶贫能手 241 人。

（三）推进落实绿色邮政建设

广泛使用绿色新型包装箱和 45 毫米窄胶带，电子面单使用率 98.95%，推进省际循环邮袋使用和包装废弃物回收装置布放，全省邮政揽投车辆中新能源或清洁能源车辆占比 20.2%。

五、强化科技赋能

实施新一代寄递业务信息平台邮速整合，研发长三角及省内件全程时限管控系统、快递包裹经营成本管控系统，试点无人驾驶智能电动汽车和无人机投递。浙江邮政混合收寄系统、浙江邮政金融营销管理平台分获 2019 年度中国邮政集团公司科技创新成果一、三等奖。（浙江省邮政分公司 / 提供）

【邮储银行浙江省分行】 浙江省分行设一级部门 22 个、二级部门 9 个、直属单位 1 个；下辖 10 家二级分行（不含宁波）、55 家一级支行；网点数量 1377 个，其中自营网点 309 个；全行员工 7082 人。

一、经营概况

资产规模 4062 亿元，比上年增长 12.44%。实现自营收入 85.09 亿元，比上年增长 11.59%，居系统内第 5 位；实现净利润 42.51 亿元，比上年增长 34.91%，居系统内第 4 位。人均创收 124 万元，比上年增长 10.7%；人均创利 63 万元，比上年增长 28.6%。经济增加值 9.67 亿元，比上年增长 40.57%，居系统内第 6 位。不良贷款率（含信用卡）0.44%，与上年持平，为浙江省同业最优水平。

二、业务发展

（一）“大个金”业务

自营储蓄存款余额673亿元，净增59亿元，增量居系统内第10位，全年日均余额净增35亿元；落实“四张卡”“十大抓手”工作逐见成效，储蓄存款活期占比止跌回升。新增信用卡客户21.5万户，比上年增长3.99%，结存客户100.7万户；信用卡消费金额285亿元，比上年增长20.71%；分期金额17亿元，比上年增长40.47%；实现信用卡总收入3.12亿元，比上年增长31.95%。手机银行激活客户新增48.2万户，客户激活率75.9%，居系统内第5位；月均活跃客户41.6万户，比上年增长29.8%。电子银行交易替代率94.8%。收单业务方面，新增自主收单商户2万户，联动存款余额4.02亿元。

（二）零售信贷业务

零售信贷余额2200亿元，净增682亿元，增量居系统内第1位。推进互联网信贷产品的创新工作，网商贷、花呗联合贷款授信客户2298万户、贷款余额420亿元。加强线上业务推广，通过白领贷微信获客平台获客1.4万户，带动信用消费贷款净增32亿元，居系统内第1位；“E捷贷”线上支用替代率39%，比上年增长33%，有效减轻客户经理工作量。推进代理营业机构辅助小额贷款试点工作，贷款余额5732万元、新增客户285户。

（三）“大公司”业务

公司业务实现收入26.3亿元，比上年增长5%。机构存款日均余额242亿元，净增34亿元，居系统内第4位；公司贷款余额469.41亿元，居系统内第7位。福费廷全年交易额275亿元，比上年增长21%；落地系统内首笔“速银通”项目贷款、首单三方监管票据模式“进车贷”业务；落地“云链保理”业务，实现线上供应链融资突破。小企业贷款余额300.15亿元，净增49.45亿元，均居系统内第1位。托管新增300亿元，居系统内第1位；资管投资新增123亿元，居系统内第2位；票据贴现量329亿元，居系统内第3位。

三、社会责任

（一）支持小微企业

全面完成“两增两控”目标，小微企业贷款净增165亿元，比上年增长19%；民营经济贷款净增342亿元，比上年增长34.6%，民营经济贷款发放金额占经营性贷款比重82%，比上年增长2%。

（二）服务乡村振兴

优化农村金融生态环境，推广“整村批发、集中授信”模式，创建三星级信用村279个，涉农贷款净增131亿元，全力支持乡村振兴战略。扶贫贷款余额14.22亿元，净增5.72亿元。

（三）发展绿色金融

开展绿色银行建设“示范年”各项工作，绿色信贷净增40亿元，比上年增长49%，高于各项贷款增幅13%。吴兴支行成为邮储银行首家绿色专营支行。

（四）支持项目建设

调整贷款结构，支持国家重大战略，加大对“大交通”“大制造”领域信贷投放，两大领域公司贷款净增64亿元；制造业贷款突破500亿元，比上年增长23%。

（五）加强消费者权益保护

组织“普及金融知识万里行”等主题宣传30余项，开展活动3万余次，受众400万人。监管转办投诉数量持续下降，四季度投诉处理满意度100%。

四、邮银协同发展

（一）协同机制建设

建立工作机制，召开协同领导小组会议4次；建立督导机制，将协同工作纳入巡视整改工作计划；建立考核机制，细化协同考核指标，按季度跟踪问效。

（二）项目协同

汽车供应链项目实现突破，以浙江吉利控股集团为核心企业，协同浙江中邮物流有限责任公司，成功发放系统内首笔“速银通”项下贷款1000万元；通过代理营业机构线上引荐信用卡，累计发卡1.8万张，居系统内第1位；邮银协同发展ETC业务，新增ETC用户19万户；同步启动网点转型，完成2家自营网点、3家代理网点转型试点。

（三）风险防控协同

做到制度同步、检查同步、考核同步、处罚同步，协同风险防控能力持续提升。

五、风险管控

（一）打好防范化解金融风险攻坚战

细化“巩固治乱象成果　促进合规建设”活动方案，加强对重点单位、重点领域的督导，发现问题1056个，整改完成率93%。完成审计项目24个，发现问题979个，问责379人。开展系列合规检查，对柜面业务、代理营业机构、安全保卫、业务库、员工行为、外包业务等17个方面进行现场检查，发现问题1864条，整改完成率97%，减少风险隐患。

（二）防范信用风险

坚持有保有压的授信政策，形成针对民营企业的“六高一低”分析技术、“五要素”调查法，丰富风险监测手段，强化部门联动，全力做好大额信用风险防控。完善全面风险管理体系，落实风险限额目标，对主要贷种和分支行实施分级预警管理。将不良清收“置顶”为不良处置的首选手段，自主清收、委外清收、司法清收“三管齐下”，累计清收6.4亿元，核销后累计清收1.1亿元。

（三）做好案件防控

开展风险点专项排查，逐条设定风险防控举措，建立案件风险点梳理和防范常态化机制，制定、修订制度139

项。逐级签订案防责任书，以案防领导小组会议、邮银案防会、风险排查会为平台，传导压力、明确要求、落实责任。开展案件警示教育、合规文化走基层等活动，通过典型案例通报、参观警示教育基地、深刻查摆反思等20项子活动，增强警示效果。

（四）打造“平安邮储”

开展隐患排查和治理，在浙江省银行业安全评估中实现100%达标，省分行被评为安全评估优秀单位。下发各类风险提示23篇，堵截发现风险交易48万笔，全力守护客户资金安全。组建反洗钱专业团队，实现反洗钱数据“集中做”“专家做”集约管理模式，强化高风险业务管控。

六、管理支撑

（一）资产负债管理

信贷规模管理从总量管控向结构管控转变，一般性贷款净增占比86%，比上年增长11%；利率管理从结果管控向过程管控转变，调整FTP政策5次、定价政策8次、存贷款利率目标值2次，新增贷款利率LPR挂钩率98%，利率政策灵活度和管控效果持续提高；经济资本管理从“要资本”到“挣资本”转变，压降无效经济资本占用1.1亿元。

（二）财务管理

建立省分行部门KPI考核与总行考核结果相挂钩机制；提升财务资源配置针对性，针对短板业务配置收入补贴1亿元，针对服务实体经济的信贷投放配置拨备补贴1.2亿元，支撑高质量发展。

（三）人力资源管理

解决招聘难问题，增加频次、拓宽渠道，新招录员工902人；调整干部梯队，强化干部监督，完善评价和激励约束机制；实施分层分类培训，培训7.6万人次。

（四）运营管理

调整集中放款作业模式，实现业务印章集中管理，集中授权交易近1020万笔，比上年增长5.48%。

（五）信息科技支撑

完成信贷业务平台等22个总行项目辖内推广，实现省分行45个自建项目成功上线。

七、党建工作

（一）党的政治建设

全面开展“不忘初心、牢记使命”主题教育活动，将学习教育、调查研究、检视问题、整改落实贯穿始终，各项工作取得扎实成效。

（二）党的思想建设

落实“三个第一时间”学习机制，坚持系统学、跟进学、联系实际学，党委中心组学习21次、学习内容227项，党委会学习22次、学习内容47项，确保中央精神第一时间传达到位和贯彻落实。

（三）党的作风建设

持续抓好“4+2”整改工作，认真落实中央、集团公司党组巡视整改工作，总行全面从严治党检查整改工作，以及“不忘初心、牢记使命”主题教育检视问题及省内巡察发现问题整改工作。

（四）党的纪律建设

聚焦“重点领域”，加强重点部门、关键岗位监督，集中约谈55人次。聚焦“关键少数”，集中开展案例警示教育2次，覆盖中层以上领导干部76人次。聚焦“最后一公里”，建立一级支行纪检监察任务清单，明确基层监督责任。

八、企业文化

（一）员工关怀

新增省级模范小家10家、市级模范小家9家、“妈咪小屋”18家；省分行工会及嘉兴、杭州、温州市分行工会获得总行“模范职工之家”荣誉称号。慰问先进劳模2人、困难职工及党员74人、集体34个，补助重病职工43人。

（二）企业氛围

推广“青春邮志”信息平台，推送员工原创信息近200篇，展现青年员工风采，组织开展“青春心向党，建功新时代”“五四”系列活动，引领青年员工爱党敬业。

（三）企业形象

服务实体经济成效得到社会各界认可，获授省政府“金融机构支持浙江经济社会发展二等奖”、省级媒体“浙商最信赖助力实体经济银行”、“省级民企最满意银行”、总行“小微金融服务管理标杆行”等多项荣誉称号。（邮储银行／提供）

【邮储银行宁波市分行】 宁波市分行设有一级部门20个、二级部门7个、直属单位1个，下辖一级支行9个和1个分行营业部，辖内邮政金融网点306个，其中银行自营56个、代理250个，实现城乡全覆盖。员工1237人，本科及以上学历员工1036人，占比83.75%。

一、经营概况

资产规模605.6亿元，比上年增长9.9%。实现银行自营收入11.03亿元，完成利润3.7亿元。各项存款余额554.6亿元，比上年增长8.6%；各项贷款余额450.9亿元，比上年增长19.2%。不良贷款率0.25%，低于宁波市同业平均水平0.81%。

二、业务发展

（一）负债业务

1. 个人储蓄业务。个人储蓄时点余额108.06亿元，比上年增长4.86亿元，日均余额104.64亿元，比上年增长7.13亿元。实现退役军人服务卡全部支行落地，腾讯卡成功上线，完成商户收单4282户。

2. 公司存款业务。持续推进“固本提标”专项行动，新增机构客户 71 个，中标社保基金 3 年期存款 2.43 亿元。成为宁波市市场监督管理局首批代理工商注册登记业务资格合作银行和宁波市退役军人事务局首批签约合作的银行之一。获得第三代社保卡准入发行资格，入围宁波市就业管理中心创业担保贷款经办及资金存放银行。

（二）资产业务

1. 零售信贷业务。普惠小微贷款余额 128.5 亿元，比上年净增 25.4 亿元；扶贫贷款余额 5.3 亿元，新增 2.9 亿元；涉农贷款余额 158.2 亿元，占全部贷款的 35.09%，比上年净增 7.6 亿元；开办农房建设小额贷款业务，与农业农村局及保险公司开展“政银保”合作，为新型农业经营主体提供金融帮扶贷款。

2. 批发业务。公司贷款年末余额 110.06 亿元，承销宁波开发投资集团有限公司债券 5 亿元，实现贷款规模三年翻番。开立国内信用证 10.08 亿元。

（三）中间业务

人民币理财余额 19.38 亿元，其中，净值型理财 10.83 亿元，保险业务 4420 万元，基金业务 2.05 亿元，实物贵金属 2045 万。成功试点邮储银行第一笔“刷脸付”，累计发展“云闪付”16.6 万户，列宁波市金融机构第 1 位。电子银行客户突破 180 万户，电子银行交易替代率 89.59%，其中手机银行新增用户 18.5 万户。信用卡进件 4.75 万张。

三、精细管理

（一）财务管理

全面实施成本管控，优化成本费用标杆体系，分行成本收入比 46.93%。

（二）资产负债管理

实施信贷规模管理，征收超规模闲置费用比上年减少 70 万元。

（三）采购管理

公开招标率 71.1%，比上年提高 63.5%，公开采购率 80.1%，比上年提高 57.5%。

（四）工程建设

启动分行营运大楼装修改造建设工作。

（五）推行个人业务柜面无纸化

完成辖内 306 个网点统一柜面管理平台上线。

（六）贯彻落实基层减负工作要求

公文、会议数量分别比上年减少 36.7%、38.5%。

四、风险内控

一是继续做好防范化解重大风险攻坚战和巩固深化整治市场乱象成效相关工作，持续对重点领域、重点风险开展深入整治。二是加大对资产质量的管控力度，完成各类不良贷款清收 1.43 亿元，完成总行目标的 132%。三是重点加强合规内控管理，成立反洗钱监控预警团队，在邮储系统先行设立消费纠纷调解工作室，建立行长接待日制度。四是推进代理机构营业主管派驻制。五是开展专项审计 19 个，非现场审计监测 4 次，发现问题 211 个，提出审计意见和建议 66 条。六是“三年网点安全标准化达标活动”达标率 100%，作为首家“双达标”单位通过总行验收。

五、党建工作

一是开展“不忘初心、牢记使命”主题教育，召开理论学习中心组学习 19 次、集中学习研讨 52 次、专题辅导培训 11 次，确定调研主题 32 个，开展调研 89 次，调研单位 107 个，党员群众代表座谈会 24 次，检视出问题 311 个，制定整改措施 247 条。二是举办 7 期、480 人次“弘扬沂蒙精神　践行初心使命”党性修炼培训班，策划“扬帆新时代，奋进邮储人”新中国成立 70 周年主题党日活动，组织拍摄新中国成立 70 周年主题宣传片《我和我的祖国》。三是开展基层党组织党建“共建、共享、共进”活动，实现共建单位 24 家，与贵州册亨开展贫困帮扶。四是启动新一轮的巡察，完成对奉化、象山两家支行的巡察工作。

六、邮银协同

推进邮银重点协同项目，与宁波电信、联通、轿辰集团、北京车娃娃等分别签订三方战略合作协议，就汽车金融、保险、物流、车管服务、营销渠道渗透等开展合作，实现首笔电商贷业务落地。（邮储银行 / 提供）

【中邮保险浙江省分公司】

一、党建工作

深入开展“不忘初心、牢记使命”主题教育，认真落实“三个第一时间”学习机制，学深悟透习近平新时代中国特色社会主义思想。开展党委理论中心组学习 13 次，党支部集中学习 47 次，党建知识测试 5 次。下发 2019—2020 年教育培训规划，联合时代光华等培训机构开展各类培训 40 余场，培训 817 人次，培训时长 13633 课时。推进巡视整改常态化。党委每月专题听取巡视整改工作汇报，党委班子每季度对分管领域巡视整改情况进行成效评估。对照集团公司巡视天津、上海反馈问题，开展自查自纠，扎扎实实作好巡视“后半篇文章”。助力打好“三大攻坚战”，深入推进绿色邮政建设行动，开展“党建引领，扶贫助困”系列公益活动，为 3812 名贫困户提供 8822 万元保险保障。

二、业务结构持续优化

实现总保费 52.27 亿元，其中新单保费 25.8 亿元、期交新单 16.7 亿元、长期期交 4.2 亿元、续期保费 26.8 亿元。总保费在浙江寿险业排名第七，市场占有率 3.6%。期交新单行业排名第五，市场占有率 5.3%。在银保渠道期交新单规模排名第一，市场占有率 18.8%。长期期交点均产能分别为 120 万元、30.5 万元，均排名全国第一。期交新单保费渠道占比67.9%，排名全国第二。

三、板块协同

邮银保三方联合开展“金猪旺财开门红”“欢享客户节”等主题活动。建立日平台追踪、网点破零、督导跟踪、经验分享、每月预警分析等全流程管理机制，“抓两头、促中间”，推动市县均衡发展。全省期交规模2000万元以上且长期期交规模400万元以上的县市数量占比超过50%，期交规模1000万元以下且长期期交规模200万元以下的低产能县市从20%下降到12.5%。2个地市期交规模列全国前10强，15个县市进入全国百强。2个地市长期期交规模列全国前10强；11个县市进入全国百强。

协同浙江省邮政分公司打造嘉兴秀洲区、衢州衢江区等12个示范级标杆农民专业合作社。联合杭州市邮政分公司成功攻克产寿联保难题，中标华信设计院综合福利保障项目，保费收入145.1万元，成为全国首个由分公司开发的百万级外拓项目。强化与邮储银行浙江省分行的协同，实现贷贷喜保费598万元，占全国总量的60.6%。

完成省内“自营+代管”模式深化工作总体部署、代管机构调整和省邮政中邮保险室、省分行个人金融部中邮保险专兼人员的配备工作。下发市县专岗人员选聘办法，首批上报拟聘专岗人员名单116人。

四、专业支撑

（一）实施“学+练”期交辅导项目

成立课件研发团队和销售转型实战辅导团队等，研发6大系列30门课程体系，形成实战化课程体系库。探索“知识+标准+流程+方法”四位一体的培训模式，在嵊州、海宁等10个县市邮银单位开展“学+练”期交实战辅导项目。

（二）推广“五步法精准营销”

构建目标客群画像，研发标准化行销辅助工具，编写长期期交产品销售锦囊，做好创意营销、节日主题营销、场景营销。组织“少年派才艺比赛”等创意活动、“过年七天乐”等节日主题营销活动，理财讲座、健康讲座等场景营销活动，存量客户二次开发2.1万户，占期交客户比重21.2%，比上年提升7.2%。

五、服务体验持续改善

推广电子化出单，线上出单14.49万件，线上出单率98%，出单时效缩短至10分钟。行业服务评价9项定量指标中，6项保持优异。其中保全时效0.48天，理赔申请支付时效1.23天，投诉件办理及时率100%，列省内9家银保系公司第一。妥善应对台风“利奇马”灾害、海宁污水罐坍塌等多起重大突发事件，得到监管部门、社会和客户的高度肯定，收到理赔感谢锦旗10面。

客服活动日益丰富。针对高端客户，开展传统文化健康养生之旅。针对中青年客户，开展“少儿邮票设计大赛”活动，增强家长客群吸引力。针对续期客户，开展“关爱健康”“亲近大自然”等线上线下活动27场，覆盖10个地市24个县市，有效提升客户留存率。

六、风控合规

制定打好防范化解重大风险攻坚战专项方案，开展“巩固治乱象成果 促进合规建设”和“亮剑行动”，重点整治销售行为不规范、客户信息不真实等问题。对26个中邮保险局、70个网点开展现场检查，下发整改通知书47份，风险提示函10份。加强退保和满期给付高峰监测预警，定期开展应急演练，满期作业3.27万件，金额6.58亿元，未发生风险事件。履行反洗钱义务，排查可疑交易520笔。

七、管理水平

强化预算管控，按照有控有促的思想，将预算分解至各部门，实时监控成本费用开支及进度，集中资源支持讲师队伍、自营体系、团险体系、后援体系等基础能力建设投入。强化税务管理，连续3年入围浙江A级纳税人名单。

参与国家网络安全保障行动，对丽水、萧山等23个地市县设备使用、网络安全、数据安全情况进行现场检查，强化信息安全意识。自主研发工资条自动拆分发送、“浙分讲堂”培训管理微信程序等工具。

推动企业精神文明和文化建设工作，召开争创省级文明单位动员大会，扎实推进省级文明单位创建。成立团支部，充分发挥青年员工生力军作用。开展职工健步走、茶艺知识讲座等活动，丰富员工业余文化生活。为12名员工送上住院慰问，3名员工送上生育慰问。（中邮保险/提供）

【中邮证券浙江省分公司】 实现收入1463.6万元，收入规模位列所有分公司第6位；累计利润711.7万元（不含资金成本），利润总额位列分公司第1位。

一、党建纪检工作

认真落实党建工作责任制，践行“一岗双责”，坚持党建工作与经营管理同部署、同落实，扎实推进全面从严治党主体责任和专责监督责任的落实。推进支部规范化建设，贯彻执行“三个第一时间”学习机制，严格落实“三会一课”、“党员固定活动日”、组织生活会和谈心谈话等党的各项组织生活制度，完成党支部换届选举。把党的政治建设摆在首位，严格党内学习制度，支部书记结合巡视通报、《习近平新时代中国特色社会主义思想三十讲》等重点内容，讲专题党课4次，组织理论学习22次，就纪念五四运动100周年、新中国成立70周年等重点开展学习讨论，党员撰写学习心得29篇。加强理论学习监督，通过组织专题考试等方式，开展“党员应知应会100条”“十九届四中全会精神”等学习情况检查8次。进一步规范分公司党支部工作程序，对支部各项工作制度进行修订，汇编发布《中共中邮证券有限责任公司浙江分公司支部委员会工作制度》。有效引导党员爱岗敬业、履职尽责，特别是在重大项目和任务中做表率、当先锋，涌现出党员干部带头加班测试、带头发展业务、为老年客户上门服务等先进事迹。加强党风廉政建设和反腐败工作，坚持挺纪在前，压实监督执纪问责重任，深入开展党风廉政宣传教育，驰而不息正风肃纪，持续推进廉洁风险防控体系建设，不断推进分公司预防腐败工作落实到位。加强选人用人工作的监督，认真执行干部选拔任用政策法规和集团公司、公司相关规定，完成分公司管理的部门经理选任工作。

二、板块协同工作

贯彻落实公司协同发展要求，早行动、早落实，以争取其他券商股票交易户、推动基金产品和资管产品销售为抓手，集团公司考核的有效户、新增资产指标取得较好的发展成效，提前超额完成全年考核目标。新增有效户4898户，完成全年计划目标的153.06%；新增资产25025.48万元，完成全年计划目标的208.55%。开展对浙江省分行、宁波分行、杭州分行、义乌分行、绍兴分行的走访，对证券资管投行业务协同方向和具体产品进行了沟通，积极推动ABS、投行债券类、股票质押纳入邮储银行2019年协同工作重点内容。组织全省协同管理员80余人进行集中培训，宣贯、解读全年协同考核政策，组织现场座谈，聘请讲师进行市场分析、个股分析等专业内容的授课，提升管理员综合业务能力。派员在邮政渠道组织的各类培训班授课12次，参训人员1200余人。

三、经纪业务

经纪业务实现收入465.35万元，占总收入的31.79%，其中手续费及佣金净收入237.75万元，利息净收入135.1万元。一是交易量快速增长。以“自营＋协同”的发展战略推动发展，取得两手稳步发展的初步成效。累计交易额164.57亿元，比上年增长56.73%，列省级分公司第2位。二是两融业务稳步增长。全年新增两融账户17户，存量账户30户，日均融资余额1052.11万元，两融利息收入增长明显，收入金额65万元。三是温州营业部获得证监局批复，筹建工作持续推进。

四、资管业务

一是继续协同资管分公司做好邮储银行通道类业务的维护，存续项目5个，规模63.43亿元，完成收入规模为147.35万元。二是在维护存量资管产品的基础上，挖掘渠道资源潜力，推动鸿利来系列和稳赢系列资管产品的销售工作，累计销售2.05亿元，实现收入13.75万元，累计销售额位列全国各分公司前列。三是秉承合作共赢的思路，与邮储银行、邮政集团进行业务互动和培训工作，将维护合作关系、建立客户多元化服务体系作为工作重心，尤其是就资产证券化业务、资管产品代销业务合作模式进行深入交流，完成长龙航空、衢州交投、吉利集团等多家合作企业的资产证券ABS产品交流和设计，完成吉利集团二期资产证券化项目，承销收入34万元。

五、投行业务

依靠绍兴嵊州支行的协同配合，与嵊州市城南建设投资有限公司签订《非公开发行项目收益专项公司债券承销协议》，发行规模不超过17亿元；9月，第一期成功发行7.6亿元，实现收入803万元，项目同时为邮储银行增加5.5亿元公司存款，实现较好的银证协同效益。

六、合规风控管理

一是开展各类合规自查、风险排查，完成2018年度风险管理报告、年度合规自查、年度合规有效性评估。完成公司代销金融产品销售情况自查，配合完成分公司负责人强制离岗稽核的现场检查；完成中登协查函的自查、中登移动电话核查、上交所科创板开通情况自查；接受公司合规部及信用交易部防范化解金融风险现场督导，开展中登实名自查；及时开展客户洗钱风险排查，排除可疑交易34笔。修订完善合规风控相关制度，共新建完善《中邮证券有限责任公司浙江分公司反洗钱实施细则》《浙江分公司关于优化客户调低佣金流程的通知》《浙江分公司关于成立防范化解重大风险工作领导小组的通知》等各类制度7项。二是配合公司信用交易部推进尤夫股份平仓处理事项，截至12月31日，完成平仓金额1.15亿元，剩余4.88万股。

七、综合管理工作

（一）加强运营支撑

完成分公司办公室搬迁网络调整，通过多次综合APP测试，上线网上销户功能，修订分公司网上销户话术、内部流程；通过多次测试，开通综合APP多项业务权限开通（港股通、退市整理板、科创板等），以及单视频录制投教功能，进一步提升分公司的服务质量，提高客户的满意度。开展数据分析，支撑经营发展。

（二）优化人力、财务管理，做好经营支撑

完成8名邮政员工划转中邮证券工作，实现划转人员五险一金、工资关系的平稳过渡。加强队伍建设，完成了部门领导人员的选拔任用工作。严格规范财务管理，做好资源配置，保障经营发展。

（三）加强团队建设

组织春季员工登山健身走、组织秋季员工健身走、纪念五四运动100周年专题学习及研讨等活动，营造积极工作、健康生活的氛围。组织各类内部培训133次，开展“每月读一本好书”活动，每月读书分享会上安排两位员工公开分享阅读心得，通过学习、分享等举措进一步提升员工学习能力，营造好学氛围，打造学习型团队。（中邮证券／提供）

【浙江省寄递事业部】 全省实现寄递业务收入89.16亿元，收入规模列全国第二，比上年增长11.79%。其中标快业务收入9.8亿元，快包业务收入33.1亿元（列全国第一），国际业务收入40.8亿元（列全国第二），物流业务收入3.8亿元。聚焦源头获客，实现仓配业务收入2.2亿元。全省实现寄递业务考核利润4.63亿元。邮政业务量市场占有率为10.35%。寄递业务欠费率9.86%，处于全国规模省份先进水平。

一、“五大体系”建设

浙江省寄递事业部根据浙江省邮政分公司工作部署安排，围绕“五个抓手、五大突破”，以问题为导向，补短板、强弱项、固优势，抓住主要矛盾和关键环节，着力于时限、成本、服务、市场四大方面，以推进流程创新、网络布局创新、服务创新、体制创新、机制创新“五个创新”为路径，补短板、强弱项、固优势，快速提升竞争力。“五个创新”，即推进“混合收寄+集包”作业模式的流程创新，形成分散式、多中心组网模式的网络布局创新，建立主动客服服务模式的服务创新，推进邮政分公司与寄递事业部纵向专业化、横向一体化的体制创新，实施网运端中心局“实体化”运营、经营端“准加盟制”的机制创新。

（一）体制创新

在全国邮政率先实践，加快寄递翼改革后的邮速融合，节约大量办公用房、生产管理成本。

（二）运营机制创新

借鉴民营快递公司加盟制的做法，结合国有企业固有的政治优势，推行“准加盟制”。以“对标市场、划小单元、核算清晰、经营灵活、分配自主”为原则，将经营端视作大网的“加盟商”，在承担国有企业相应的政治责任、社会责任和经济责任，确保服务质量和安全生产的基础上，经营端向大网支付“平台使用费”，除此以外，推行“自主定价、自控成本、自负盈亏、自主用人、自主分配”的“五个自”经营放权，充分激发经营端活力。经营端“准加盟制”在全省359个经营部落地，实现179个快包经营部全覆盖，较准加盟前快包业务量提升43.8%，揽收效能提升390件/（人×天），经营端成本下降0.11元/件。

（三）运营机制创新

对标民营快递公司，将中心局视为经营实体，进行中心局“实体化”运营，对中心局竞争性业务结算机制、配置机制实行全面市场化，以机制转换激发中心局降本增效内生动力，促使中心局从“成本中心”向“利润中心”转变。网运双效指标改善，浙江省8个中心局件处理成本0.24元/件，单位综合成本0.37元/件，非生产机构成本占比2.72%，3项损益指标列全国第一。

（四）作业模式流程创新

学习借鉴快递行业通行做法，按照信息化、智能化、集约化的思路，优化网运作业流程，在“集包+大件”作业的基础上，升级推出“混合收寄+集包”组合作业模式。该模式省掉收寄、称重环节，揽收时邮件不分堆；处理端运用混合收寄信息化系统和集包设备，收寄+称重+粗分一体化，粗分+细分+集包流水化作业，邮件不落地。通过流程再造，实现效率提升、时限缩短、成本降低，达到省时省力又省钱的效果。全省40个规模单位推进，全省1千克以下轻小件集包率达到90%（列全国第一），混合收寄邮件占比58%，均处于全网领先。通过集包中心局节约成本0.202元/件，出口全国快包平均时长缩短33.97小时。

（五）网络布局创新

贯彻集团公司董事长“加快提升邮政快递物流业务在长三角地区的市场占有率，为全网寄递业务发展提供最佳实践”的指示要求，全省盯指标、压责任、勤问诊，以长三角为重心，推进提质增效。重点区域时限质量大幅提升，省内互寄和长三角提速成效明显，省内互寄T+1全程时限达标率93.26%；揽收服务质量有效提升，全省及时揽收成功率95.8%。

二、重点业务

以“1543工程”为抓手，标快业务推进揽投平台销售化转型，公安项目、法院项目、税邮项目等重点项目加快发展，商企市场、重点行业市场份额进一步扩大。主动应对行业“洗牌”战，推出淡季返点奖励、头部客户政策、投递费差异化结算等对标市场的竞争策略，快包市场占有率从3月的6.84%上升到10月的9.87%；仓配供应链一体化推动快包业务市场发展，雅戈尔&中国邮政时尚科技物流中心项目、诸暨大唐仓配中心项目实现“源头获客”。利用分类损益核算政策，应对内外部竞争，通过渠道拓展保障国际业务平稳发展，义乌—大阪包机专线实现日本专线商业渠道零的突破，海外仓业务收入、新增客户及累计客户数量排名均列全国第一。以供应链项目为切入点，物流业务上下游获客，天津吉利备件代理库成为全国第一个邮政、邮储银行协同发展的“速银通”综合服务项目，开发吉利杭州湾工厂入场物流和杭州格力工厂、宁波方太等千万级的大客户。

三、成本管控

件均收寄成本从年初的1.19元下降到1.09元（列全国第一），件均内部处理成本从0.33元下降到0.31元（列全国第二），运输单位成本从1.68元/吨公里下降到1.23元/吨公里，件均投递成本从2.75元下降到2.22元（列东部省份第二），各环节成本均实现大幅下降，均达到全国较优水平。（浙江省邮政分公司/提供）

安徽省

【安徽省邮政分公司】 安徽省邮政分公司实现业务总收入89.91亿元，居全国第9位。

一、代理金融

2018—2019年旺季营销活动新增金融总资产704.79亿元，居全国第2位；新增日均余额548.5亿元，居全国第2位；新增余额市场占有率17.98%，居全国第1位。坚持把储蓄、保险、理财作为和谐共生的共同体，实现从单一余额向总资产发展转变。强化政策引导，依托“十大抓手”加快存款结构调整，三年期存款下降14.34亿元，活期比提升1.8%。新增并激活手机银行客户157.53万户、快捷绑卡账户160.99万户、扫码付收单商户25.54万户，分居全国第6位、第7位、第5位。落实“两结合三推进”，加快网点轻型化、智能化转型，配备1670台ITM，实现金融网点全覆盖。小额信贷辅贷成功试点。全省25个试点网点发放贷款420笔，放款金额6668万元，均居全国第2位，成功实现“保三争二”目标，为全国全面推广奠定基础。

二、寄递业务

开展“形象大改变、质量大提升、客户大开发”活动，有效发件客户比上年增加3955户，增长18.51%。快包业务狠抓头部客户、腰部客户，推进集群市场开发，开展“长三角”劳动竞赛和“打赢闪电战”“决胜攻坚战”等活动，日均收寄量由60万件上升到140万件，居全国第4位。政务服务推行“六统一、一加强”，收入首次突破2亿元，居全国第7位。邮政“便民通”网办平台受理量居全国第2位，法院项目连续4年保持20%以上增长。时限方面，聚焦省内及长三角区域时限水平，以优于或不慢于对手出口时效为目标设计网络。省际干线加强直发直运力度，扫除网络盲点，实现省内所有城市至长三角区域主要城市“次日递”，长三角区域互寄提速目标如期完成。加密省内网区域运输频次，组开省内互寄邮件专频，省内互寄标准快递“次日递”率连续5个月居全国第1位，快递包裹“次日递”率达95%以上。服务方面，开展客户感知和满意度测评工作，强化客户体验管理。发挥跟单系统作用，及时干预异常邮件，加强事中纠偏，减少邮件延误和丢失。开展揽收服务质量专项整治活动。服务质量各项指标全面提升，派揽订单及时揽收成功率95.97%，问题邮件一次及时解决率96.02%，省内寄递业务用户满意度超80分。

合肥邮区中心局助力“寒冬里最暖的心”爱心捐赠志愿服务活动。

三、认真履行央企责任

助力“三大攻坚战”效果显著。扎实开展精准脱贫。制订定点扶贫、电商扶贫三年规划，扶贫点73个，1.2万人次参与扶贫；投入资金792.17万元，建成50余个扶贫项目。捐资90余万元新建河北村“两室一中心”和太阳能路灯；开展消费扶贫、爱心助学活动。驻河北村扶贫工作队荣获“安徽省属单位脱贫攻坚先进集体”称号。成功运作“扶贫邮我”项目111个，销售额超亿元，实现“一县一品”全覆盖，惠及20个国家级贫困县及1.2万名贫困户；防范化解重大风险措施有力。扎实开展“平安邮政”创建和第六轮金融安全评估工作，强化安防建设和安全监督检查，抓好隐患整改；完成全国“两会”、新中国成立70周年等重大活动期间保障工作。绿色邮政建设不断深入。全面完成邮政行业生态保护考核指标，完善绿色邮政品牌体系。

四、企业管理

（一）财务管控

深入推进预算管理和立体网状财务管控，建立总利润目标与专业、平台利润率标杆双重考核机制。补贴普遍服务和特殊服务2.46亿元；处理资产减值和解决历史遗留问题5059万元。压降库存、暂估成本入账，为企业发展打下良好基础。

（二）人力资源管理

补充调整三级领导人员44人次。完善领导人员综合考评机制，持续开展三级领导人员、县分公司负责人培训，首次开展新晋管理者培训，干部队伍建设持续加强。135名“百强百优”网点B类合同用工择优调整为A类合同用工，面向社会招聘147名新B类合同用工，引进216名大学生，建立810人的第二届青年人才库，技师、高级技师总人数达 239 人。

（三）服务质量管理

开展对标立标达标活动，查找短板，提升服务品质。统一服务质量管理标准和流程，邮速服务质量监督检查体系加快融合。实现全省客服大集中，“省客服—生产单位”扁平化作业模式更趋成熟。推行理赔大集中，理赔及时率达 99.65%；有责申诉率百万分之 0.29，均达全国优秀水平。

（四）能力建设

能力建设投入 5.51 亿元。完成省中心机房、数字邮政体验馆和合肥、芜湖邮件处理中心工艺改造建设工作。

（安徽省邮政分公司 / 提供）

【邮储银行安徽省分行】 安徽省分行下辖 16 个市分行、62 个县（区）支行，辖内网点 1758 个（自营网点 350 个、代理网点 1408 个），员工 7729 人，服务客户数超过 3800 万，占安徽总人口的 1/2 以上。

一、经营概况

资产总额 5308 亿元，比上年增长 604 亿元。人民币各项存款余额 4961 亿元，年净增 523 亿元；人民币各项贷款余额 2340 亿元，年净增 400 亿元，增速、净增量分别居省内国有大行第 1 位、第 2 位。不良贷款率 0.57%，拨备覆盖率 298.14%。

二、业务发展

（一）负债业务

自营个人储蓄存款余额 988.8 亿元，年增 112.07 亿元，公司存款年日均余额 608.13 亿元，存款余额净增 56.94 亿元，日均净增 48.35 亿元，时点和日均净增均列邮储系统第一。

（二）资产业务

自分行成立以来，累计投放各类贷款突破 1 万亿元。2019 年，小额贷款（含个人商务贷款）净增 38.78 亿元；消费贷款净增 201.41 亿元；小企业贷款净增 15.87 亿元；公司贷款增长 30 亿元；贸易融资比上年增长 62%。

（三）中间业务

信用卡新增客户 31.72 万户，新增发卡 47.38 万张；净值型理财产品规模超过 100 亿元；代理保险新单保费 17 亿元；托管业务规模 656 亿元。

三、风险管控

（一）风险管理体系

完善风险与内控委员会工作规则，充分发挥风险管理牵头抓总的职能。成立依法治行工作领导小组，研究决策重大法律合规事项。制定风险线索核查管理办法，创新异地核查机制。健全信息科技风险防控机制，组织开展网络安全攻防演练活动，未发生重大系统性故障及信息安全事件。

（二）信用风险

实施“经营主责任人”制度，持续压实一道防线风险管控主体责任；加强风险监测分析和分级预警，做到风险早发现、早行动、早化解；省市联动开展“大力清收四亿八，资产质量向前跨”活动，加大不良处置力度；制定重点营销客户和项目清单，引导信贷结构调整，控制高风险领域信贷增速，把好新增贷款投向。

（三）内控合规

开展“巩固治乱象成果　促进合规建设”工作，同步推进 2018 年发现问题“回头看”和 2019 年自查整改工作，问题整改率 95.02%。强化基层内控体系建设，提升营业主管柜面风控管理能力，在岗营业主管资格证书持证率 100%。组织立体化、全覆盖合规检查，综合运用诊断调研、链式检查、飞行检查等检查手段，整改率 96.7%。实现全省反洗钱集中处理，加强涉外业务洗钱风险管理。积极组织排查，深入开展扫黑除恶专项斗争。圆满完成安全管理达标建设、网点门前清改造等安防工程项目及新中国成立 70 周年安全保障工作。

（四）审计监督

首次开展营销费用管理审计，首次对全省邮政代理营业机构开展非现场审计。依托机构业务风险审计系统，向省市分行相关部门下发风险线索 20479 条，风险线索被纳入日常监督检查范围；完成审计项目 26 个，发现问题 629 个，提出审计建议 216 条，有效发挥审计第三道防线作用。

四、综合管理

（一）队伍建设

一是选优配强各级领导班子，以总书记对国企领导人员 20 字要求为根本遵循，坚持把“想干事、会干事、干成事，忠诚干净担当”的同志选拔到领导岗位上，全年提任管理岗位人员 84 名，调整 6 个二级分行领导班子，为 2 个二级分行和 19 个县支行增配了副职。二是发现培养优秀年轻干部，深化“五五模型综评、公开公正公平”青年干部选拔培养机制，开展“一二三”优秀年轻干部储备计划，建设省分行管理人才库，为可持续发展储备人才。三是优先大力建设战略性、紧缺型人才队伍，第一时间落实总行部署，积极做好汽车金融、信用卡、收单及科技人员引进，社招补充 111 名成熟人才，招录信用卡销售人员 110 人。销售类岗位人数占比突破 24%。

（二）运营管理

优化信审管理，对小企业贷款 19 个产品的审查审批标准进行统一；深化柜面运营，持续推进台席压降及柜面分流，全面完成统一柜面管理平台一期和对公网点自动用印机上线，初步进入无纸化时代；启动网点系统化转型工作，完成马鞍山市分行 2 个样板网点转型推广。

（三）金融科技

在完成26个总行重点项目省内推广工作的基础上，建成智能WiFi、自建系统云平台等18个信息化项目，完成社保、国库、智慧医院等25个中间业务系统上线。加强数据分析，建成大数据分析平台和数据共享平台，开展长尾客户效益提升、VIP客户晋级、信用卡经济资本占用等14项专题分析。

五、党建工作

一是开展“不忘初心、牢记使命”主题教育，坚持把主题教育与推动当前重点工作紧密结合起来；召开省分行首次党的代表大会，选举产生第一届党委委员和纪委委员、第一届省分行党委书记和纪委书记；开展6家党建示范区建设，积极组织“共建、共享、共进”“合规·共产党员在行动”活动。二是持续推进巡视整改，坚持月例会制度，定期梳理整改推进情况，巡视问题整改率100%；持续强化巡察工作，完成对宣城、宿州、合肥、黄山、安庆5家市分行巡察，并延伸巡察至辖内所有县支行。

六、社会责任

金融精准扶贫贷款净增9.98亿元；普惠型小微企业贷款净增63.97亿元，小微企业客户净增6918户，涉农贷款持续增长，实现净增124.28亿元；再贴现全年完成51.73亿元，居邮储系统第3位，服务省内民营小微及涉农企业416家；绿色信贷增长17.44亿元，增长率34%，提前完成绿色银行三年规划。

七、企业文化

落实“十慰问”，全年慰问困难职工和劳模先进141人、集体203个，发放慰问金、物资30余万元；开展全辖办公场地饮用水水质检测，及时配备净水设施；丰富职工生活，邮银联合举办庆祝新中国成立70周年全省邮政职工文艺汇演，开展趣味运动会、厨艺大赛等文体活动。（邮储银行／提供）

【中邮保险安徽省分公司】 总保费实现36亿元，规模排名全国第9位，在安徽寿险市场占有率为4.41%，总保费规模列省内人身险公司第7位。

一、业务结构优化

实现期交保费31.31亿元，占总保费比重的87%，比上年提升20%。长期期交实现跨越式发展。实现长期期交保费2.98亿元，计划完成率103.2%，比上年增长76.7%。长期期交占新单期交保费比重22.9%，比上年提升10%，其中5年及以上缴费期产品规模比上年增长396.7%。续期业务量质齐升。实现续期保费18.75亿元（财务口径），全年计划完成率104.5%，保费规模首次超过新单保费，贡献率达52%。13J指标94.77%，比上年提高1.05%；25J指标97.93%，比上年提高0.28%；累计宽末达成率97.81%。

二、板块协同

（一）协同机制不断深化

在绩效考核、政策支撑、计划下达、资源配置、风险管控等方面，构建中邮保险协同发展机制。协同开展长期期交业务劳动竞赛，将中邮保险关键指标纳入对市级机构绩效考核。协同推进联动风险管控，按季参加邮政企业代理金融风险内控案防管理委员会会议，银保联合举办业务合规培训，实现16市邮银机构联合检查全覆盖，联动问责372人次。

（二）模式深化持续推进

依据241号文件选聘要求，协同完成市县专岗选配工作，定期开展考核通报。建立全省中邮保险荣誉体系，加强对代管机构、专岗的正向激励，提升履职积极性。通过“靶向攻坚”“清零行动”业务检查等活动，加强现场培训指导，开展市县专题培训18场次，提升代管机构支撑能力。

（三）营销支撑不断加强

制作下发销售技巧、产品、理念、活动组织、合规五大类课程课件，协同组织开展“一点一周一微沙”营销活动，积极融入邮银金融网点“软转型”。推进邮银保三方队伍共建，加大现场培训和线上培训支撑，开展培训1704场次、覆盖18870人次。择优选聘183名业务素质高、综合能力强的金融骨干充实兼职讲师队伍。

三、关键管理指标明显改善

（一）运营指标

开展运营业务质量提升评比活动，推广运营服务线上化，组织“靶向攻坚”“清零行动”，推进新契约客户信息真实性整治。运营业务质量稳步提升，新契约抽检合格率99.61%，比上年提升1.77%；保全资料流转时效0.28天，比上年减少0.48天；理赔出险支付时效76.9天，比上年减少96.2天。

（二）客服水平

深化协同回访特色模式，加强呼叫中心与代理网点沟通跟进，回访业务指标有效提高：犹豫期内电话回访成功率98.76%，比上年提升0.94%；问题件占比4.34%，比上年下降1.57%。“亿元保费投诉件数”指标0.36件，优于行业水平，未出现群诉群访事件及非正常上访事件。

四、风控合规防线日趋巩固

（一）合规管理

推动“三道防线”管理机制运行，开展执行情况评估并督促改进。协同邮银推进“亮剑行动”，自查问题整改完成率达到95%，销售误导治理取得成效。强化制度管理，新建制度18项、废止109项、修订26项，制度体系更加健全。应对诉讼风险，天长百倍保案再审申请被省高院驳回。

（二）风险防控

落实打好防范化解重大风险攻坚战 2019 年专项方案，全面完成 45 项风控措施。处理满期给付退保 4.07 万件，未发生群体性事件和重大客户投诉纠纷。落实综合评级指标监测与过程管控，IRR 季度平均分均高于 90 分，偿二代风险有效管控。按月开展关键风险指标监测和预警评估，下发风险提示书 13 张，加强渠道风险管控。

五、内部管理水平

（一）对标管理体系逐步健全

落实集团公司对标管理要求，立足系统内和同行业两个维度开展对标分析。开展重点业务、关键指标对标调研工作，选取 10 项关键指标进行动态跟进，初步建立对标管理雏形。

（二）科技赋能

完成中邮保险续期业务管理系统、视频会议系统、核心系统迁移、数据分析平台上线。强化线上化作业宣贯指导，新契约出单线上化率 99.35%，电子保单使用比例 97.39%，全国排名第 1 位。保全业务线上化率 55.79%，优于全国平均水平。利用 CRM 系统对存量客户数据开展常态化分析，强化客户分层管理。

六、全面从严治党持续推进

（一）党的建设全面增强

扎实开展“不忘初心、牢记使命”主题教育，党委班子检视问题 15 个，完成或阶段性完成 100%。聚焦“664”标准，深入推进党支部达标建设并实现全面达标。组织开展“党旗引领”实践活动，推动党建与业务深度融合。深入开展形式主义官僚主义专项整治，围绕 6 方面问题表现梳理制定 14 条整改措施，推进所有问题整改销号。

（二）党风廉政建设深入推进

针对“三重一大”制度执行、选人用人、集中采购等重点事项，开展日常监督和专项检查。开展各类廉政谈话 82 人次，深化“四种形态”运用，抓早抓小，防患未然，运用第一种形态批评教育 10 人次。

（三）重大决策部署有效落实

着力打好“三大攻坚战”，深入开展扶贫活动和绿色邮政建设行动。为 6124 名建档立卡（含脱贫不脱策）人口提供超过 1 亿元风险保额保障。绿色邮政建设行动关键指标均达目标要求。（中邮保险 / 提供）

【安徽省寄递事业部】

一、经营工作

（一）四项业务发展

全省寄递事业部完成业务收入 24.31 亿元，规模排名全国第 8 位，比上年增长 26.26%，居全国第 4 位；完成预算进度的 101.47%，居全国第 8 位。

1. 标快业务。完成收入 4.94 亿元，居全国第 9 位，比上年增长 16.35%，居全国第 4 位。完成年度预算目标的 90.05%，居全国第 8 位。一是细分标快市场，确立政务聚焦“16+2”项目落地、商企聚焦“重点行业、重点市场、重点客户”开发、散户聚焦“朋邮圈”建设的经营发展策略。二是加强政策支撑，依托“长三角大提速”，重点推进苏浙沪线路营销，下半年长三角路向（不含省内）业务收入 3017.3 万元，比上年实现正增长 9.1%，比上半年提升 19%。三是提升政务品质，稳固市场份额。落实“六统一、一加强”的要求，做到专人投递、专人管理、专人监督；推进板块协同，落实首席营销经理制，从省级层面统一牵头合作，推进全省身份证、护照、交管项目合作，使司法项目占标快收入 32.6%；承接政府放管服，推进互联网 + 政务项目，全省政府服务中心签约率 100%，进驻 50 个中心。四是发挥板块联动优势，加快重点商企市场开发，收入比上年增长 34.61%。开展“一周一点一户”客户开发活动，新增客户 3264 户，形成收入 7448.8 万元；推进集团公司战略客户及省级战略客户“销号式”开发，推进 ETC、人寿财险、人保财险、工行、荣事达小家电等客户的全省合作，完成对长虹美菱、奇瑞、江淮汽车等入园驻点服务，与 19 家保险公司全面合作。五是实施“三进工程”，抢占商圈市场，狠抓商超、写字楼、园区、专业市场、产业集群等重点市场开发，驻点 190 处。六是创新散户市场营销手段，开展“朋邮圈”建设，建设微信群 5097 个，吸引 207 万名客户入群；开展“聚合支付”“扫码邮惊喜，优惠码上来”等优惠营销活动，上门揽收散户标快收入比上年增长 44.4%。七是探索生鲜市场，围绕“茶鲜、果鲜、湖鲜、冷鲜”四大产品类推进极速鲜项目发展，标快收入比上年增长 43.74%。

2. 快包业务。完成收入 11.18 亿元，居全国第 5 位，比上年增长 39.1%，居全国第 3 位，完成年度预算目标的 103.56%，居全国第 6 位。一是收入规模提升明显，市场占有率全国第一。通过连续开展“打赢闪电战、冲刺 70 万件”“决胜攻坚战、拿下 80 万”劳动竞赛，快包月收入规模位列全国第 4 位，追平上年最高排名。1—11 月市场占有率 21.5%，比上年提升 1.72%。二是加大政策倾斜，开展劳动竞赛，设立“长三角区域业务发展先锋奖”，配套出台成本补贴，对超量部分实行奖励，重点区域取得明显突破。长三角互寄业务量比上年增长 77.22%。三是细化营销组织，客户开发成效明显。配套灵活的资费管理政策，通过“头部客户”和“规模客户”的客户基数与交寄规模的“双提升”，拉动量收增长，净增快递包裹客户数 3490 户。四是建立电商集群市场开发模式，提升发货占比。确定 10 个标杆性、规模性兼具的集群作为省管集群，20 个作为市管集群；将全省 52 个集群纳入营销管理系统进行数字化管理，省管集群形成快包收入 1.85 亿元。五是加强平台合作，做好客户引流。与拼多多开展 5

场招商会，邀约客户935人；与好食期平台合作开展招商会1场；与合肥保税仓对接，引荐网易考拉并开展试寄合作。六是重点项目拉动业务增长。将精准扶贫与农产品进城相结合，持续挖掘本地资源优势，整合邮政企业内外部资源，提供寄递支撑服。全省注册“一县一品”协议客户66家，实现寄递收入1649.66万元，完成率164.07%。七是轻小件占比逐月提升，1千克以下占比比上年提升6.89%。

3. 国际业务。完成收入4.62亿元，居全国第11位，比上年增长27.63%，居全国第11位，完成年度预算目标的120.76%，居全国第8位。一是持续推进专业化经营。按照国际专业化经营实施方案，整合全省国际业务优质资源和能力，建立以省国际业务分公司为主体的专业化、市场化、一体化运营体制。各市均已成立国际专业团队，全省国际专业人员130人。二是创新业务发展模式。与商务厅、海关、税务等政府部门密集互动，与跨境电商平台深度融合，参与拟定《安徽邮政跨境电商业务发展指导意见》；阜阳、芜湖召开跨境电商峰会，引回合趣等5家本地运营的规模客户；对接蜀山综试区和海关等部门，完成邮政渠道9610监管模式的实物联测，推进“三关合一”运行模式进程，启动“商关”建设，成立商业快件运营中心。三是客户开发力度增强。坚持自有渠道和商业渠道双轮驱动，自有渠道重点推广47个开办e邮宝或跟踪小包的优势路向业务，保持跨境电商轻小件市场份额，国际e邮宝收入2.28亿元，比上年增长57.7%；商业渠道主推“中外运空派包板”业务和中速合肥直发业务，实行全省集货模式，提高非邮渠道议价权，平均每周发运包板货物3吨；新增海外仓客户7家；推进物流总承包，提供个性化综合物流解决方案，实现规模客户业务全覆盖。

4. 物流业务。完成收入2.72万元，居全国第11位，比上年增长−6.16%，居全国第27位，完成年度预算目标的80.4%，居全国第27位。全省在线运作物流项目118个，在线规模型项目50个，收入占比84.25%，其中，百万级项目33个，五百万级项目9个，千万级项目8个。一是推进专业化经营。出台相关文件，对全省物流业务专业化经营从规章制度、人员管理、业务管控等全方位体系进行梳理重建，将13个市纳入全省物流专业化经营体系；明确发展定位，集中优势资源，做到聚焦发展，在合肥、芜湖设置实体化机构，其他地区设立项目组，匹配支撑资源，追求专业盈利、规模发展。二是拓展重点行业。陆续成功开发运作京东干线、奇瑞新能源、马瑞利孝感工厂、东鹏特饮、达利食品、三只松鼠、华为大屏、省移动中心仓、合肥移动中心仓、格力晶弘、各地烟草等规模以上物流项目26个，新增业务预计年收入规模1.28亿元。

（二）经营管理

1. 营销体系建设。一是做好营销体系相关制度完善工作，下发《关于印发〈安徽邮政寄递事业部营销体系建设实施办法〉的通知》，明确营销体系架构、机构设置、客户经理管理等具体制度。二是下发《关于印发〈安徽邮政寄递事业部客户分类分级维护管理办法〉的通知》，对寄递业务整合后，客户的分类、分级、开发、维护等管理进行明确。三是加强营销体系建设相关系统管理。一方面做好营销管理系统维护，确保新增客户营销关系100%绑定，另一方面做好CRM系统上线相关工作。

2. 项目拉动业务增长。创新推广“两城一箱　邮情邮意”周转箱项目。将主题营销项目与绿色周转箱联系起来，在推动绿色邮政建设行动的同时，助力省内散件标快市场开发，销售周转箱10万个，实现收入480万元。

3. 资费管控工作。一是建章立制，下发《关于印发〈全省邮政寄递事业部资费管理办法（试行）〉的通知》，牵头成立由各部门共同组成的资费管控办公室，协同做好全省资费管控各项工作。二是按照集团公司寄递事业部统一安排，完成标准快递存量客户新老资费的过渡。三是组织开展全省资费管理人员培训，对资费制度、损益系统、资费稽核进行讲解。四是按月对全省资费状况进行通报，按季度开展各市资费互查，并对发现的问题进行通报整改。

4. 协同工作。一是携手邮储银行，共享客户、业务资源，开发“电商邮包贷项目”，拓展邮储银行小微企业客户群体，拓宽小微金融服务范围，提升邮政电商客户黏性，为寄递事业部参与市场竞争，提供差异化竞争优势，协同效应明显。“电商邮包贷”发放信贷439笔，金额2.95亿元；净增279笔，净增金额1.3亿元。二是配合省邮政公司做好集团协同项目落实落地。汽车产业链项目实现收入1.14亿元，其中物流业务收入2713万元，速递业务收入3389万元；全省“互联网+”（含税务）项目完成收入2713万元，比上年增长25%。全省各级政府政务服务中心113个，全部完成签约。

5. 准加盟制试点工作。为达到加快业务发展，提升经营效益的目标，省寄递事业部市场部会同相关业务部门，经过调研和研讨，于11月1日在六安丁集集群市场正式开展全省首个准加盟制试点工作，在现有管理体制基础上，遵循行业规律、市场规律和价值规律，推动机制突破，在确保核算清晰、收支规范的同时，让准加盟者享有充分的经营管理权。自试点以来截至12月31日，揽收快包41.21万件，比上年增长425.83%；实现业务收入129.06万元，比上年增长357.34%。

6. 品牌影响力。融合新老媒体形式，针对不同宣传对象，通过多渠道密集宣传，全方位传播邮政寄递新形象。传统媒体方面：开展交通广播硬广宣传、“寻找大福星”主题活动、整点咨询冠名，在高铁南站投放站台灯箱广告；新媒体方面：采用朋友圈广告这一新兴媒体，面向微信用户，基于用户信息、数据分析基础，向选定的目标客户群体进行精准信息推送。

二、运营管理

推进全省寄递网络资源整合，巩固“最强省内网”。全省组开一干邮路 177 条，总里程 15.86 万公里，二干邮路 180 条，总里程 5.62 万公里，省内互寄邮件地市城区及 19 个县城区实现次晨达，所有县以上城区及部分重点乡镇实现次日递，省内互寄标准快递邮件次日递率 97% 以上，快递包裹邮件次日递率 95% 以上，长三角区域互寄提速目标如期完成，EMS、快递包裹次日达线路达成率行业分别排名第一、第二。县城及以上城区重点党政机关当日见报率 100%。

（一）网路引领能力

干线节点处理能力显著提升，合肥邮区中心局蜀山处理场地升级改造投产，日处理能力 120 万袋（件），芜湖邮区中心局工艺设备改造完成，日均处理能力提升至 50 万件，六安邮件处理中心小件分拣机设备投产，日处理能力 10 万件，全省主要干线节点处理能力由 200 万件提升至 350 万件。干线网络持续强化，实现所有市至长三角区域主要市的次日递，省主要城市上午收寄邮件到长三角核心城市实现次晨达。推进“混合收寄 + 集包”作业模式，全省出口快包平均集包率于“双十一”期间达到 60%，释放 100 万件处理能力。全省建成 1580 处家邮站、10732 个社会自提点以及 1.4 万个邮乐购站点，快递包裹代投率 35%，有效释放投递能力。

（二）质量管控体系

重新制定省内指标体系和考核办法，开展过程结算考核，以收寄、运输、处理、投递机构为基本单元，动态判定各生产机构过程质量结果。建立全省对标评价模型，强化日常监控分析，应用远程视频检查、现场抽查等方式，开展质量检查、督导和改进工作。自主开发长三角出口邮件时限分析系统，精准定位长三角省际出口超时邮件问题环节，为实施邮件时限管控提供了有力抓手。落实关键指标关键人制度，将各项时限、质量指标分别指派专人管控，针对后进单位、后进指标实行一对一帮扶。

（三）效率效益水平

建立处理中心成本评估模型，推行成本改善奖励机制，建立健全与竞争对手同口径成本的对标模型，全网降本增效驱动力显著增强。在省会中心局推行“6+1”标杆管理，在非省会中心局和地市处理中心推行“4+1”双效对标，纳入绩效考核、质效排名、劳动竞赛评比等活动中。测算调整省内中心局结算收入标准，有效降低中间环节成本。深入推进运输双效提升，一、二干邮路自办比例进一步提高，全省装载率由 28% 提升至 47%。

（四）运营管理精细化水平

开展全省“五星闪耀”最佳处理中心以及投递服务质量劳动竞赛，营造比学赶超的氛围。省指挥调度中心初步实现实体化运作，逐步承担时限流程监控、问题分析、预警纠偏、动态调度等职能。通过加强邮件预处理、完善电子地图基础数据维护、优化退转流程等工作，不断提升作业质量，全省进口邮件分拣准确率提升至 99.5% 以上，居全国前列。

三、服务质量

标快业务异常及时有效处理率 87.34%，高于 60%；快包业务异常及时有效处理率 84.79%，高于 60%；理赔及时率 99.65%，达 80% 以上；问题邮件一次及时解决率 96.02%，达 90% 以上，申诉率百万分之 0.35，低于百万分之 2.5，有责投诉率万分之 2.06，优于集团公司考核标准，省内寄递业务用户满意度测评达到 80.16 分，服务质量各项指标整体情况完成较好。

（一）服务质量对标管理

根据“三个视角”工作要求，在省内全面开展服务质量对标管理。内部对标方面：依托集团公司服务体系中十大触角和八个核心指标为抓手，对标先进省份，认真查找自身服务质量短板，扎实做好整改，不断提高服务质量指标。外部对标方面：对照寄递行业客户满意评价指标体系，按照神秘人检查、满意度电话回访和邮件试寄 3 个模块，聘请第三方调查公司组织开展全面用户满意度测评，做好寄递业务服务质量全流程、全环节对标管理。

（二）服务质量过程管控

发挥集团公司跟单系统作用，做好标快邮件、国际邮件、快递包裹邮件服务质量过程管控工作，对异常邮件及时进行干预，做到事中纠偏，减少邮件延误和丢失。在重点环节管控上，每日关注异常邮件集中环节，对照 92 类异常情况进行分析，及时对重点环节进行梳理，减少异常情况产生；在突出问题机构整改方面，根据系统轮训数据，配合客服工单系统中突出问题机构交叉分析，持续做好突出问题机构整改工作，压实管理责任，将质量管控工作做实做细。

（三）视察检查履职

业务督查方面：2 个省际业务督查点按月完成集团公司下达的检查工作任务，7 个省内业务督查点全力做好出口邮件总包规格质量自查把关，不断提高出口邮件总包规格质量；日常巡查方面：省级视察人员共开展 40 余次现场检查，月度调审市级视察检查资料 10 次，市级视察人员开展 940 余次现场检查，视检人员履职进一步规范化、标准化；专项检查方面：编制《揽收作业规范指导书》和《部站管理规范指导书》，组织开展揽收服务质量专项整治活动、跟单系统滞留邮件清理专项活动、有责丢失邮件专项治理活动、做好重点客户邮件服务工作、投递服务质量百日整治专项活动等专题活动，重点解决服务质量难点问题；履职考评方面：完成省内视察检查人员业务培训及履职测评工作，全面提高履职能力。

（四）服务质量管理体系

根据省公司管理要求，完成服务质量部合署办公和客服全省大集中工作，完成服务质量管控和监督检查融合，实现服务质量管理标准和流程统一，客户体验切实改善。（安徽省邮政分公司／提供）

福 建 省

福建省邮政分公司直属机关党委开展“礼赞新中国　奋进新福建”主题教育党日活动。

【福建省邮政分公司】 福建省邮政分公司（含寄递事业部）完成总收入 70.5 亿元，增幅 2%。

代理金融业务收入增长 5.1%，超过全国平均水平。净增余额 122.09 亿元，比上年多增 28.46 亿元。寄递业务反弹回升，居全国第 5 位。邮政基础业务保持稳定发展。报刊收入增长 5.5%，超过全国平均水平。函件收入增幅超过全国平均水平 9%，其中账单收入比上年增长 19.9%，线下媒体收入比上年增长 62%。集邮产品毛利率居全国第 9 位；协同发展效应逐步显现。集团公司三大重点协同项目超额完成目标。手机银行、ETC、中邮证券、云闪付和“思乡月”等集团公司和省内自主协同项目全面达标。业技融合不断深化，科技赋能支撑经营管理和改革发展，不断在创新中取得进步；信息网运行维护在集团公司考核中获得满分，居全国第 1 位。

重点工作部署新突破。小额贷款辅助贷款试点工作成效显著。全省邮政按照“流程先行、风控先行、模式先行”要求，发展小额辅贷业务 685 笔、金额 6160 万元，无不良贷款，放款笔数及结余笔数居全国首位，其中辅贷模式放款笔数、放款金额均居全国首位；全省邮政提前谋划启动“守初心担使命、攀越 2000 亿”跨年度余额竞赛。树立平台思维、流量思维，加强赋能营销，构建“邮惠集市”服务场景，创新开发省内金融积分兑换系统，加快推广微邮付，寄递业务核心能力显著增强。围绕行业“国家队”定位和要求，高效完成“八大整合”工作。选取综合营业部、快包营业部（营销中心）、区域性投递、电商专线邮路及市内转趟 5 种经营单元，探索“准加盟制”有效模式。推进“千条邮路”对标工作，锁定时限水平落后主要竞争对手的 59 条标快和 25 条快包重点线路，逐一制订提速计划，实现邮件传递时限水平全面提升。推广“混合收寄＋集包”模式，全面达成集团公司下达的轻小件集包率指标。商业快件清关及厦门“三关合一”模式，得到上级领导的充分肯定。

全省邮政企业体制机制实现新优化。制定以损益核算为基础的激励考核办法，将业务奖励向高效板块、高效业务和重点项目倾斜，引导各单位不断优化业务结构。忠诚践行“人民邮政为人民”服务宗旨。认真开展普遍服务管理、服务、安全达标活动，扎实落实普遍服务“五达标、两提升、两杜绝”工作，持续推进三年服务质量提升工程，全省服务质量态势良好，未发生违反普遍服务“两条红线”行为和重大客户有理由投诉、新闻媒体曝光事件。包快时限水平大幅提升，7 项重点指标进入全国前十。机要通信万无一失。全省邮政认真落实三大攻坚战。严格落实集团公司和监管部门风控工作要求，将风险管理工作贯穿全面、全程、全员，覆盖每一个经营环节，守住风险底线。定点扶贫工作得到省委领导的充分肯定，大力服务乡村振兴战略。认真贯彻落实习近平总书记在河南省光山县考察脱贫攻坚时的重要讲话精神，总结三明、漳州等单位三级农村物流配送体系建设运营经验，加强与省交通运输厅、省商务厅、省邮政管理局等政府部门沟通联系并积极争取政策支持，加快推进全省三级物流体系建设，探索邮快合作模式，助力农产品返城，巩固农村电商主渠道地位。

全省邮政全面从严治党的氛围日益浓厚。全面完成巡视反馈典型问题的问责工作。全省召开警示教育大会 76 场次，开展各类警示教育活动 262 场次，以“身边案”教育“身边人”。开展任前廉政谈话、约谈、提醒谈话等。企业精细化管理能力实现新增强，完成泉州培训中心全部资产划转工作。持续推动降本增效，多措并举大幅压降运输、外包等成本，其中全省委办国内运费开支比上年减少 1.13 亿元，福州、厦门、泉州中心局外包费用与预算相比节省约 3600 万元。强化人力资源管理。开展全省干部调研，从各层级、各地区、各条战线发现优秀年轻干部。优化院校毕业生招用政策，多管齐下稳定院校毕业生队伍。聚焦投资效率效益。完成 28 个代理金融网点装修，加快推进平潭对台邮件（跨境电商）处理中心建设，提前谋划并启动福州、厦门、泉州邮件处理中心机场空侧征地工作。强化企业安全管理。坚决防范遏制重特大事故，确保新中国成立 70 周年等国家重大节日活动期间安全保障万无一失。有效保障厦门万国邮联电商时代跨境合作全球大会圆满举办。各有关部门和单位密切配合、通力协作，高效有力支撑保障了大会相关会务工作，受到了与会各方的一致好评，得到了上级部门的充分肯定。全省邮政企业关心关爱员工，倡导“辛勤工作、幸福生活”理念，实现员工收入稳步增长。（福建省邮政分公司 / 提供）

【邮储银行福建省分行】 福建省分行下辖 8 个二级分行，82 个一级支行、87 个二级支行，171 个自营营业网点。省分行机关设有 23 个一级部门、8 个二级部门、1 个营业部、1 个直属营运中心。员工 5585 人，平均年龄 35 岁，本科及以上学历员工占比 84%。

一、经营概况

资产规模 2094.30 亿元。新增各项存款 117.34 亿元，余额 1895.06 亿元；新增各项贷款 172.25 亿元，余额 1356.36 亿元。不良率 0.84%，优于福建省同业平均水平。

二、业务发展

小额贷款新增 44.17 亿元，余额 382.22 亿元，均排名邮储系统第 4 位。小企业贷款新增 15.60 亿元，排名邮储系统第 8 位，余额 101.32 亿元，成为第 10 家迈入 100 亿元的一级分行。消费贷款新增 86.87 亿元，余额 488.61 亿元，均排名邮储系统第 12 位。新增发放信用卡 38.96 万张，新增客户 24.02 万户，均排名邮储系统第 9 位，年累计消费金额 726.39 亿元，分期金额 50.32 亿元，均排名邮储系统第 2 位。手机银行新增激活客户 32.60 万户。

三、风险管理

（一）风控机制方面

开展分支机构“一把手”案防工作述职，层层签订案防责任书；完成 64 个审计项目，纠正和改进问题 718 个，审减金额 316.18 万元；通过整治乱象工作发现问题业务 291 笔，整改 275 笔，整改率 94.50%；处置不良贷款 13.64 亿元，完成全年计划的 112.18%。

（二）合规内控方面

倡导合规“三铁”文化，各分支机构“一把手”上“合规一堂课”213 次，开展违规问题讨论会 1817 场，开展信贷文化讨论会 111 场次，参与人员 1755 人次，处置消保投诉件 243 件，员工行为排查 2.14 万人次，风险经理履职检查发现问题 4069 个，上报风险信息近 2000 条；通过营业主管柜面“把关堵口”，堵截风险事件 261 起，涉及金额 82.7 万元。

（三）重点领域排查方面

专项排查同业、票据、对公等风险高发领域以及支行长、网点负责人、客户经理等风控重点人群，加大网点“接管式”检查和“飞行检查”力度，开展各类专项排查、日常检查 386 项，发现问题 6901 个，问责 2.02 万人次，经济处罚 328.65 万元，行政处罚 80 人。

四、基础管理

（一）财务管理方面

经济资本回报率 17.31%，排名邮储系统第 6 位，新发放一般性贷款综合执行利率 5.78%，排名邮储系统第 6 位。存贷款定价模型及应用项目获全国邮政科技创新一等奖，利率“五化”管理项目被评为全国交通企业协会管理创新成果二等奖。

（二）营运支撑方面

完成统一柜面管理平台试点及推广上线，取消企业账户许可工作，柜面开户类处理时效、对账及时率等指标排名邮储系统第一，公司账户开户时间压缩至 1 小时内；采购、工程项目全流程时限缩短 52%、35%；发文 1876 份，比上年下降 53%，召开会议 70 场，比上年下降 32.03%。

（三）信贷审查审批流程方面

明确审查审批标准、公开审查进度、加强时限考核、开展平行作业，建立健全标准统一的管理体系，开展平行作业 27 次；授信审查审批平均耗时 4.8 天，比上年缩短 0.9 天。

五、转型创新

（一）创新机制方面

立项开展 16 个省级创新项目、10 个省级研究课题；员工提交创新点子 4318 条，占邮储系统一半以上，7 个创新点子获得集团公司“金点子”奖，占邮储系统 58%；6 个项目获全国邮政企业科技、管理现代化创新成果奖，6 个项目获总行研究课题、管理创新、大数据分析应用竞赛奖。

（二）网点转型方面

开展网点类比组考核，开展网点销售行为规范、面积集约、台席压降、智能化建设等转型工作，全辖价值客户产品覆盖率邮储系统第一；获总行 2018—2019 年度个人金融业务跨年度营销活动突出贡献奖；累计打造 16 个 6S 标杆网点，2 个网点获中国银行业协会文明规范服务五星级营业网点称号。

（三）科技创新方面

引入商业智能平台、人工智能大数据建模平台等四大前沿基础技术平台，开发、上线业务自助分析、手机移动业务驾驶舱、客户精准营销等系统。

（四）邮银协同方面

健全市场协同工作组织体系，组建省、市、县三级协同发展委员会，小额辅助贷款业务放款 685 笔，金额 6160 万元，排名六个试点省份首位；代理引荐信用卡发卡 1.15 万张；ETC 新增 19.65 万户；邮银发展手机银行 105.57 万户、云闪付新增客户 73.37 万户。

六、党的建设

（一）主题教育方面

牢牢把握“守初心、担使命，找差距、抓落实”的总要求，将学习教育、调查研究、检视问题、整改落实4项重点措施贯穿主题教育全过程，严格执行“理论武装提升行动”、“三个第一时间”学习机制、中心组学习以及“三会一课”制度。组织引领方面，开展“共建、共享、共进”“合规——共产党员在行动”等活动，着力打造“党建+”品牌，不断提升各级党组织战斗堡垒作用。

（二）问题整改方面

集团巡视省分行整改的91条措施全部落实完成；对2个市分行，10个一级支行进行巡察，发现并反馈问题68个，立行立改问题9个，提出整改建议10条；各级纪检监察机构处置问题线索17条，第一种形态处理119人次，第二种形态处理4人次。

七、企业文化

（一）社会责任方面

助力乡村振兴战略、实体经济转型、生态文明建设、消费行为升级，新增涉农贷款39.86亿元，新增精准扶贫贷款2.83亿元，新增小微企业贷款52亿元，新增民营企业贷款576.29亿元，新增绿色信贷15.23亿元。

（二）荣誉表彰方面

福建省分行获通信行业管理创新成果三等奖；福州市分行获全国交通运输服务文化建设优秀单位，被中央金融团工委授予银团先进派出机构；三明市分行被评为全国邮政用户满意企业；漳州市分行获“福建金融五一劳动奖状”；福州市分行工会获全国金融工会“模范职工之家”称号，省分行，宁德、漳州市分行工会获总行“模范职工之家”称号；1人获得省级“五一劳动奖章”，1人入围“邮政身边典型”名单。（邮储银行/提供）

【邮储银行厦门市分行】 厦门市分行设有一级部门21个、直属单位1个、直属营业部1个，下辖一级支行6个、一级支行营业部6个、二级支行25个。辖内邮政金融网点81个，其中银行自营32个（含分行营业部）、代理网点49个。

一、经营概况

资产规模343.41亿元，各项存款（本外币合计）余额177.67亿元，各类贷款余额343.43亿元，不良贷款率0.66%。

二、业务发展

（一）支持地方经济发展

为地方轨道交通建设、千亿产业链培育工程等重点项目提供资金支持，全力支持地方经济发展，投放各类贷款339.49亿元，存贷比位居地方银行业金融机构之首。

（二）助力中小企业发展

率先借助全国“信易贷”平台，创新研发垂直工程行业领域信用大数据应用产品——小微易贷“工程信易贷”，利用互联网、大数据技术深入挖潜工程行业小微企业信用信息，向小微企业发放短期网络全自助流动资金贷款，助力小微企业“添力赋能”。“工程信易贷”成为全国信易贷平台首个金融特色服务产品。厦门市分行作为试点分行实现该产品的落地放款。

（三）推动乡村振兴战略实施

为全市家庭农场、专业大户、农民专业合作社等新型农业经营主体发展提供有力支持，投放“三农”贷款65.29亿元。为失地农民、退养渔民等再就业提供有力保障，支持再就业贷款市场占有率位居全市首位。

三、风险防控

（一）推动全面风险管理

完善全面、全程、全员的风险管理体系，发挥分行、支行两级风险与内控委员会作用，形成集中高效、联动畅通的风险管理工作格局；推广应用内部评级系统，研发信用风险监测系统，依托信息技术力量强化对风险因素的集中分析、预警和处理能力，提升风险管控质量。厦门市分行实现平稳、有序运营，未发生案件和重大风险事件。

（二）坚持合规经营

通过组织签订案防责任书、开展案防及合规履职情况述职、制定案件操作风险防控工作方案、举办行领导讲堂、开展案防警言短句屏保设计特色活动、参观警示教育基地等措施，推进案件防控工作落实，开展网点合规飞行检查、接管式检查、风险数据排查，从根源上消除案件风险隐患，促进内控管理机制完善。

（三）开展审计监督

立项开展厦门市分行审计项目25个（含经济责任审计），抽样业务866笔，审计金额57.70亿元，提出审计建议78条，助推经营管理体系优化完善。

四、管理运营

（一）科技支撑

厦门市分行依托总行JAVA平台构建综合管理系统，创新研发法人授信业务贷后一点通，获邮储银行全行推广。

（二）运营管理

优化“网点柜面+营运中心”两个营运平台，推动营业主管从操作向管理转型，统筹柜面人员安排，持续巩固压降成效，柜面台席累计压降27.85%；开展管理流程优化再造，完成优化项目22个，运营管理工作基础指标良好。

（三）授信管理

围绕“三个视角”，提出“合规尽责、能权匹配、质效并举”的信贷价值观，通过组建宣讲团、开展信贷大讨论、举办征文大赛等措施，全面推广科学、合规的信贷文化理念。

五、党建工作

（一）巡视整改

召开巡视整改工作例会 18 次、专题民主生活会 1 次，通过建制度、顺流程、立规矩，落实巡视整改工作。在中央巡视整改方面阶段性完成整改措施 52 项，在集团巡视整改方面阶段性完成整改措施 59 项，其余各项持续整改措施均有序推进。

（二）主题教育

开展“不忘初心、牢记使命”主题教育，严格落实“五个结合”“六个转化”，将学习教育、调查研究、检视问题、整改落实贯穿始终。

（三）组织建设

组织支部书记暨党建实务培训，派员参加地方组织的党支部书记示范培训班，提升支部书记、党务工作者的工作能力；印发《党支部工作手册》《厦门市分行发展党员工作程序》等工作流程及制度规范，继续实施“强基固本”质量提升工程，各基层党支部按要求设立党建室、党建图书角和党建宣传栏，组织开展“重温红色记忆·传承海堤精神”、庆祝新中国成立 70 周年“邮银协同　共谱华章”歌咏比赛等特色活动。

（四）监督执纪

加强关键岗位监督，组织开展纪委书记专项约谈工作；加强领导干部监督，严格实行操办婚丧事宜报告制度，对因私出境严格审批并建立健全管理台账；加强作风建设，坚决纠治形式主义、官僚主义；加强队伍廉洁教育，深入开展“2019 年党风廉政建设宣传月”活动；加强巡察监督，对海沧区、同安区支行党支部开展政治巡察监督。

（五）群团建设

推进学雷锋活动、青年志愿服务常态化，开展“青年大学习”“青春心向党　建功新时代”等活动；贯彻服务资源开放共享理念，完成 11 家“工会爱心驿站”创建工作；开展“星级职工之家”提档升级工作，荣获厦门市总工会“五星级职工之家”称号；组织开展争先创优活动，有 20 个集体、21 名员工获得市级、集团、总行荣誉称号。（邮储银行 / 提供）

【中邮证券福建省分公司】

一、总体情况

（一）经纪业务

截至 12 月 31 日，累计开户 61742 户，其中有效账户 2921 户，占比 4.73%；邮储银行第三方存管账户 55267 户；客户资产合计 12.06 亿元；成交 130.47 亿元。分公司（含厦门营业部）新增资产 10.12 亿元，指标完成率 2890.42%；新增有效户 4389 户，指标完成率 219.45%，两项指标考核完成率分列分支机构排名第一、第二位。累计开发两融客户 32 户，其中机构户 0 户，个人户 32 户。两融客户总资产 1024 万元，两融授信额度 4404 万元，额度使用 5.31%。

（二）资管投行

截至 12 月 31 日，资管规模 1.2 亿元（新大陆定增），爱迪尔、福建金森、龙州股份、三棵树、厦门钨业股票质押顺利推进中。与中信银行等建立合作关系，与中科天龙签署新三板挂牌协议。与海通证券联合参与泉州城建集团的 ABS 业务投标。协同邮储银行泉州分行办理泉州金控的授信业务。与绿田股份、本益新材、三明金达机电、达康源达成合作意向。

二、发展措施

（一）邮银协同

1. 协同省邮政分公司下发文件《中国邮政福建公司关于开展 2019 年中邮证券协同发展营销活动的通知》，出台协同发展相关激励政策。

2. 协同省邮储银行下发《2019 年后三季度个人金融业务劳动竞赛活动方案》和邮储银行厦门市分行下发《2019 年中邮证券协同发展营销活动方案》，出台协同发展相关激励政策。

3. 贯彻集团公司“有效户大提升”营销活动，协同省邮政公司下发第四季度专项营销计划，出台相关激励政策。

4. 协同福州邮政分公司成立中邮证券协同发展项目组，加强福州地区中邮证券协同业务发展力量。

（二）业务拓展

1. 在依托邮政企业资源发展客户的同时，立足自身开发客户。盘活有限的人力资源，由市场部和资管投行部牵头组织人员开展业务拓展接收上报的股票质押项目 30 个，其中经过初审和资格审查，符合监管要求和总部准入门槛的 25 个。

2. 经纪人及市场化团队稳定，发展客户质量显著提高。截至 12 月 31 日，分公司经纪人 2 名，发展客户 63 名，引进证券资产约 7197 万元。

3. 拓展体系外客户资源。拓宽与外部机构的业务合作渠道，寻找拥有潜在客户资源、有较大影响力的中介服务机构，建立联系与合作关系。

（三）合规运营，风险管控

推进合规运营，把控运营风险，持续强化运营服务人员的业务操作技能，梳理优化业务流程，提高现场业务办理时效性、准确性，落实投资者适当性管理和投资者教育工作。在合规风控方面，每月对合规管理情况进行自查，特别针对员工、经纪人名下是否持股票账户、是否开展股票交易进行每月检查，并向合规部反馈月度、季度、半年合规管理报告。各类自查、检查、稽核 18 次。在反洗钱工作方面，按照监管部门和公司总部的要求开展反洗钱相关工作，上报相关材料。在信息技术方面，分公司信息技术人员按要求每月对公司主备线路切换测试，确保通信正常，定期对内外主机进行病毒查杀，并形成月度报告上报总部；分公司按总部要求组织全体人员做好网络防御工作，“护网 2019”行动取得成功。

（四）后勤保障，服务支撑

1. 党建工作。在总部党委和福建省邮政分公司直属机关党委的直接领导下，坚持以习近平新时代中国特色社会主义思想为指导，全面贯彻党的十九大精神及习近平新时代中国特色社会主义思想，增强“四个意识”、坚定“四个自信”、做到“两个维护”，扎实开展“不忘初心、牢记使命”主题教育，认真落实巡视整改工作，推动全面从严治党。高度重视党建工作，做到党建工作与经营管理工作同部署、同落实、同考核。认真落实“三会一课”制度，组织集中学习、主题党日活动、支部党员大会、支委会、支部书记上党课、民主生活会、组织生活会等。认真开展分公司党支部到期换届选举工作，选举产生新一届支部委员会委员。按照年度发展党员计划，2 名同志被确定为入党积极分子，1 名入党积极分子吸收为预备党员，1 名预备党员转正。

2. 巡视整改工作。认真落实巡视整改工作，设立巡视整改工作领导小组，明确职责，将工作落到实处。按要求组织召开巡视整改工作会议，对巡视整改工作进行安排和部署，巡视整改有 10 项整改措施完成立行立改，6 项整改措施持续推进中，按要求上报巡视整改报告，确保整改工作有序开展，取得实效。

3. 人力资源管理工作。职员 20 人，其中党员 12 人，非党员 8 人，党员占比 60%；女党员 3 人，占党员总数的 15%；硕士学历 4 人，本科学历 16 人，本科层次及以上学历员工占比 100%。1 月 9 日分公司下发《关于修订中邮证券有限责任公司福建分公司部室领导人员管理办法的通知》，细化分公司部室领导人员的管理工作，不断细化招聘和选人用人工作，引进市场化团队，全面支撑业务发展。

4. 财务管理工作。根据总部下达的收入成本目标做好全年的成本管控方案并逐月加强成本管控。分公司各项费用均在总部财务管理相关制度下执行。

5. 纪检监察工作。深入贯彻中央全面从严治党要求，落实总部党的建设暨纪检监察工作会议精神，分公司组织召开年度党建纪检监察工作会议，认真抓好纪律建设、党风廉政建设和反腐败工作，积极开展日常学习教育和“党风廉政宣传教育月”活动。严格贯彻落实中央八项规定精神，树立“作风建设永远在路上”的理念，在节假日等重要时间节点，提醒党员干部，进一步强化党员干部廉洁风控意识。分公司纪检监察人员按月定时上报分公司纪检信访情况报告、有无违反八项规定情况报告等，建立信访台账，定期做好举报箱开箱记录，保质保量地完成各项工作。（中邮证券／提供）

【福建省寄递事业部】

一、寄递业务

全省寄递业务发展从 6 月开始，收入负增长逐月收窄，由 5 月的 −16.8% 回升到 12 月的 0.1%。全省寄递业务实现总收入 32.96 亿元，收入规模列全国第 5 位。其中，国内标快收入 5.26 亿元，规模列全国第 7 位，巩固政务寄递主渠道地位，与省公安厅出入境管理局签订《2019—2021 年出入境证件邮寄协议》，成为全国唯一出入境项目正增长的省份；快递包裹业务实现收入 8.1 亿元，收入规模居全国第 9 位；国际收入 17.56 亿元，规模列全国第 5 位；合同物流业务比上年增长 77.9%。

二、运营降本增效

一是通过整合优化原邮速双方同路向运输线路，中近途快递包裹航运改陆运、委办邮路集中采购、加强载运率监控、线路包仓等措施，运输成本大幅降低。1—10 月，全省委办国内运费开支比上年减少 1.19 亿元。其中：委办国内航空比上年减少 3599 万元，委办公路运费比上年减少 8305 万元。委办国内运费占收比比上年下降 8.3%。二是推进二级邮区中心局外包费的集中采购工作，外包价格下降明显。通过福州、厦门中心局邮件处理公开招标采购，泉州中心局邮件处理外包价格谈判，大幅降低二级中心局处理外包成本，计划节省 4000 万元以上。

三、时限质量

全省寄递网以“五大体系”为抓手，深化改革，流程优化，狠抓落实，并下沉全省各市、县全覆盖督导检查，开展普遍服务邮件“双达标”、包裹快递“省内互寄”时限质量提升及环节指标“立标对标达标”活动。全省网运时限质量水平提升，普遍服务邮件（挂信、挂刷、普包）相关考核指标全面达标，标准快递及快递包裹重点全程时限指标基本达标。其中，标快省内互寄次日递率 94%，排名全国第 4 位，比 5 月指标提升 2.52%，排名提升 13 位；快递包裹省内互寄次日递率 81.8%，排名全国第 14 位。

四、全面完成八大整合工作

根据集团公司寄递网资源整合工作安排，省揽投、处理、运输、航陆对接、指挥调度等环节全面完成邮速资源整合工作，实行邮速一体化融合管理。全省各市及县域中心整合为同场地各类邮件综合作业，推行混合加寄＋集包作业模式，实现时限提速、质量提升、生产提能、运行提效、管理提质。成立揽投优化、邮件处理优化、网路组织优化、国际业务运营优化“四个优化”工作组，并出台相应办法，对标行业先进水平，优化各级网路组织和作业流程，深化整合优化，固化生产规范，实现运营质效的不断提升。重点推进揽投作业组织优化，构建以混合投递为主，大客户汽车专段投递、核心区域标快专职揽投、驻点等相结合的分层投递方式，强化代投点规划和建设。

五、推广混合收寄 + 集包模式

10 月 20 日前实现全省各个地市全面实行集包作业，确保邮件传递时限的全面提升，减轻旺季期间生产压力，提前达到集团公司要求的轻小件集包率 80% 的指标。

六、开展“千条线路”立标对标达标

锁定集团公司下达的时限水平落后主要竞争对手的标快和快包重点线路，对每条线路逐一制订提速计划，推进寄递网提速增效，实现 112 个重点城市间、重点区域内、农村地区邮件传递时限水平全面提升，确保实现赶超。

七、保障“双十一”旺季生产

全省按照不限量、不限收的要求提前部署“双十一”工作，坚决落实“五个坚持”，即坚持不限收的原则，坚持价格随行就市原则，坚持抓邮件错峰入网，坚持抓高端客户、头部客户，坚持把握住 48 小时黄金收寄时间，确保效益提升、市场拓展、生产顺畅，应对“双十一”战役。11183 福州中心在“双十一”期间承接话务量 162 万通，日均 8 万通，比上年增长 68.5%，总体接通率 82%，用仅占 11183 全国机构 23% 的台席规模完成占 11183 整体呼入量 35.3% 的话务接续工作，有效完成旺季服务保障工作，在全国各接续中心中列第 2 位。

八、服务质量

（一）打赢质量监控攻坚战

全面落实全网智能跟单推广应用工作，细化指标管控。截至 12 月，全省标快异常发生率 6.8%，列全国第 1 位；快包异常发生率 10.2%，列全国第 2 位；异常调度及时解决率 93.3%，列全国第 1 位。出台全省服务质量提升考核办法，建立服务质量指标责任制。上半年全省平均公众满意度环比提升 0.75 分，参评四个地市的公众满意度均高于 80 分。

（二）攻克客户服务提升战

开展派揽服务质量专项提升活动，全省揽收及时成功率 95.3%，达标，揽收及时成功率列全国第 4 位。强化问题件处理闭环管控，全面提升客户查询投诉受理和处理质量。全省问题件一次及时解决率 95.3%，列全国第 1 位；理赔及时成功率 99.19%，列全国第 6 位；有责投诉率万分之 2.6，列全国第 5 位。（福建省邮政分公司 / 提供）

江 西 省

【江西省邮政分公司】 全省邮政企业（含寄递）收入完成 56.16 亿元，列全国第 15 位，增幅 9.96%，列全国第 4 位，比上年前移 8 位；实现调整后的利润（含寄递）1.07 亿元，超预算 4629 万元。其中，金融收入 32 亿元，增幅 6.84%，列全国第 5 位；寄递收入 16.3 亿元，增幅 19.07%，超全国 6.76%，列全国第 12 位。

6 月 20 日，江西省邮政庆祝建党 98 周年暨创新争优表彰大会在于都召开。

一、党的建设

坚持以习近平新时代中国特色社会主义思想和党的十九大精神为指引，增强“四个意识”，坚定“四个自信”，做到“两个维护”。落实“三个第一时间”学习机制，开展“基层组织创建年”和“党旗领航 · 奋勇争锋”系列活动，落实基层联系点调研制度，组织“一月一事，消灭最差”活动，扎实推进企业党建工作。持续开展干部挂职锻炼和轮岗交流，工作作风明显改善。落实意识形态工作责任制，牢牢守住意识形态主阵地。开展送纪律下基层活动，召开全省邮政领导干部警示教育大会，制定《“一案五问”问责机制实施办法》。

（一）开展“不忘初心、牢记使命”主题教育

把握“守初心、担使命，找差距、抓落实”总要求，把学习教育、调查研究、检视问题、整改落实深度结合，赴瑞金、于都追根溯源；赴各级党校、红色教育基地集中学习，将初心使命转化为新时代邮政“六个责任担当”。第一批主题教育梳理问题 33 项，整改 15 项；第二批检视问题 1505 个，整改 1027 个。

（二）认真落实巡视整改和政治巡察工作

制订中央巡视反馈问题持续整改计划，加强督导整改落实，33 项整改措施全部销号。推进中央脱贫攻坚专项巡视整改工作，压实扶贫整改主体责任。全力配合集团公司开展巡视，对发现的问题立行立改。分两次推进未巡先改。对吉安、萍乡、鹰潭市分公司和所辖 11 个县分公司开展巡察。

（三）打好三大攻坚战

以“平安邮政”建设为抓手，实施综治安全网格管理和风险等级管理，强化 124 项重大安全隐患整改督导；完

9月2日，集团公司党组第三巡视组巡视江西省邮政企业单位党委（党组）工作动员会议召开。

善金融风险等级考评办法，落实金融营业主管派驻制度，风控能力显著增强。开展“赣品网上行”和消费扶贫进社区活动，江西邮政电商扶贫影响力持续扩大；定点扶贫投入资金290万元，开展扶贫项目47个，惠及贫困人口4000余人。推进绿色邮政建设，电子面单使用率95%以上，中转袋使用率80%，新增和更新的43辆汽车全部为新能源汽车。

二、企业经营质效

（一）金融业务

总资产净增356亿元，余额净增203亿元，增幅列全国第5位，其中一年期及以下存款新增占比78%，列全国第1位；利差收入增长7.35%，列全国第3位。理财保有量净增51亿元，列全国第4位。智慧场景签约160个，建成90个，布放支付工具12万个，年交易资金686亿元，带动电子支付绑卡客户新增91万户，形成电子支付收入9503万元，增幅53.86%。金融收入利润率54%。2018—2019年金融跨赛再次进入全国十强，列第3位。

（二）寄递业务

标快收入3.4亿元，增长41%，列全国第1位，其中政务市场增长36%，列全国第3位，窗口业务增长27%，列全国第1位。快包收入6.14亿元，增长7.6%，快包业务量市占率23.6%，保持省内行业第一、全国邮政第五。国际收入4.17亿元，增长20.5%，列全国第13位。物流收入2.24亿元，增长21.87%，列全国第15位。

（三）渠道业务

强化与省扶贫办、省商务厅、江西航空等单位合作，推进扶贫农品送到机关、走进企业、飞上“蓝天”，销售农品突破1亿元（其中六大项目5733万元）。通过渠道合作、业务叠加提升网点效能，全省建成税邮合作点645个、警邮合作点145个、社保卡服务点106个、邮乐购站点1.8万个，实现平台批销额7亿元，电商分销收入1.45亿元，增长25%。

（四）基础业务

融合互联网、地域特色和文化产业，强化项目运作和内外资源整合。集邮实现收入1.63亿元，盘活库存1186万元，比上年减少17.2%；报刊收入2.42亿元，增幅6.7%，列全国第5位；函件收入1.28亿元，其中新媒体收入5107万元，增长45.8%，高出全国41%。

三、企业机制创新

（一）协同“1+1>2”效应

成立省、市、县三级协同发展委员会，创新“六个一”协同机制，形成“首席客户经理高位推进、牵头部门统筹推进、项目团队分层推进、项目制高效推进”联合作战体系，新增8家战略合作单位，全省32个重点项目实现收入2.3亿元。汽车产业链项目8940万元，其中江铃项目6055万元（物流5000万元），省邮储银行向其放贷16.2亿元；800家惠农项目专业合作社走访全覆盖；政务项目收入4282万元，其中警邮寄递收入1861万元。中邮期交销售9亿元，其中长期期交3.8亿元，完成比列全国第1位；中邮证券新增有效户3024户、2.85亿元，分别完成计划的168%、264%。

（二）项目制放权赋能

在寄递标快上率先推行项目制运作，实行“五权下放”“一项一策”，充分释放一线团队和员工潜能，全省28名优秀大学生主动加入项目团队。标快项目涵盖58个厅局、126个行政服务中心，孵化出警邮、税邮、社保卡、司法等十大标快项目，实现收入1.64亿元，增长33%，占全省标快的49%。项目制正向全业务、全环节延伸，全省成立项目组130个，涉及经营端、网运端、揽投端、服务端等各环节。

（三）薪酬制度改革

推行全省寄递事业部薪酬分配制度改革，按照先试点后推广的方式，采取统一薪酬分配模式、固定薪酬制度和绩效薪酬分配办法等措施，解决薪酬分配不平衡、不统一问题。全省寄递事业部合同用工和劳务用工的人均年收入分别为9.1万元、7.19万元，特别是原速递物流合同用工、劳务用工人均年收入分别增长21%、24%。

（四）损益核算

强化基础数据应用，推动网点降本增效。全省1126个网点实现收入33.8亿元，增长7%，实现利润19.6亿元，收入利润率58%。推进寄递专业、产品、环节等责任中心的损益核算，开展人均揽收量、件均资费、件均成本等对标工作，引导营业部自主优化产品结构和资源配置。

（五）数据支撑能力

建立大数据实验室，加强对金融、寄递、保险等数据的收集分析，为200万张失效社保卡匹配精准名址52万条，标快创收60万元；手机银行、积分兑换等7个数据协同项目竞赛，转化金融客户37.9万户，新增总资产38.4亿元。挖掘进口包裹数据信息603万条，转化金融客户 17.2 万户；开展移动支付场景分析，营销金融商户 12.8 万户。

四、邮政通信能力建设

（一）普遍服务质量全面达标

全省建制村直接通邮率 100%，县及县以上城市党报党刊当日见报率 100%，全省平信丢损率低于 1‰；营业服务、投递服务、邮件时限得到较大改善；机要通信工作连续 24 年质量全红。

（二）“八大整合”全力推进

建成南昌国际快件监管中心、国际邮件互换局，实现一个海关监管、一个运营主体、一个监管场所“三关合一”，提高跨境邮件通关效率。完成南昌邮区中心局新增工艺流程改造和赣州、鹰潭两个副中心升级改造，新增处理能力 100 万件。原邮速 320 个揽投网点整合优化为 208 个，派揽能力增强 30%。全面推广混合收寄 + 集包封发，收寄效率是原来的 3 倍，集包率提升至 81.7%。增加夜发民航频次和高铁线路，确保标快每日 3 次、快包每日 2 次出口，实现 10 省 97 城市标快和邻省“9+1”城市快包次日递，成为全国标快线路达标率 100% 的两个省份之一。采取“去中心化 + 区块化”运营模式，开办 4–2–1（小时）三类同城即时配服务。

（三）网点功能不断丰富

依托现有普遍服务网点，实施改造升级，配备智能、自助设备，全省建成轻型银行 60 个，获客 2.5 万户，获金 15 亿元。增配 ITM 847 台、CRS/ATM 120 台，点均 2.93 台。在全国率先探索邮政营业网点运营服务新模式，建成 61 个“双普”网点和 42 个“1+N”网点。

（四）信息化能力快速升级

完成信息网省中心机房建设和 19 个硬件资源池项目等信息化工程，落实新一代寄递信息平台和“五大体系”看板系统推广应用，做好南昌国际邮快件中心、赣服通邮政专区、电商扶贫监控系统、金融客户积分兑换平台等项目技术研发，为经营发展提供有力支撑。

五、关爱企业员工

出台干部教育培训规划，推进省、市、县、支局（所）四级教育培训体系和学习型企业建设；分层分级开展员工培训、职业技能鉴定和专业技能竞赛，不断提升员工素质。全省举办培训班 825 期、4.3 万人次。

实施“职工团圆幸福工程”，为 37 名员工解决异地生活困难。提升“双改善”品质，新建、改造职工小家 169 个，建设“邮爱驿站”50 个。做好四季关爱和“两节”送温暖慰问，发放防暑降温物品 59.3 万元；走访慰问一线集体和劳模、先进员工、困难职工代表，发放慰问金 215 万元。开展感恩职工父母和职工光荣退休慰问活动。

创建“劳模（先进）创新工作室”3 个，编印《榜样的力量》；组织“励精图治担使命　改进作风抓落实”全

6 月 3 日，江西省总工会和江西省邮政分公司在南昌共同举行“邮爱驿站”建设启动仪式

省巡回报告会。推进精神文明创建，2 个单位荣获全国文明单位；32 个单位荣获省级文明单位；15 个单位和个人荣获省、市“五一劳动奖状”“五一劳动奖章”“三八红旗手”等称号。（江西省邮政分公司 / 提供）

【邮储银行江西省分行】 江西省分行设置一级部门 23 个、二级部门 9 个、直属单位 3 个，下辖 11 个市分行、83 个县（市、区）支行；87% 以上的营业网点分布在县及县以下农村地区，农村网点数量在省内全国性商业银行中列第 1 位。自营从业人员 6796 人，平均年龄 36 岁，其中本科及以上学历员工占比 71.35%。

一、党建工作

（一）坚持以政治建设为统领

引导广大党员旗帜鲜明讲政治，树牢“四个意识”、坚定“四个自信”、做到“两个维护”。落实“两个责任”，严格执行党建工作考核、党建述职评议、“三会一课”等制度，全力打造“党旗领航”党建品牌，推动党建工作质量达标从点带面到全覆盖。省分行党委连续 3 年列总行基层党建述职评议考核前三名。

（二）坚持把学习教育、调查研究、检视问题、整改落实贯穿全过程

结合开展庆祝新中国成立 70 周年系列活动，推动第一批和第二批“不忘初心、牢记使命”主题教育开展，构建全覆盖学习模式，落实“三个第一时间”学习机制，推动“五个结合”“六个转化”的具体实践落地。

（三）深化落实管党治党责任

中央巡视整改阶段性任务全面完成，全力支持配合集团公司党组第三巡视组巡视工作，做好各项巡视整改工作，省分行党委对 6 家市分行开展巡察及巡察“回头看”工作。整治“怕慢假庸散”作风顽疾，开展“一月一事、消灭最差”活动，确保中央八项规定精神及其实施细则扎实落地。

二、经营概况

（一）资产负债情况

分行资产总额3186.27亿元，年净增322.82亿元，比上年增长11.27%；各项贷款余额1852.02亿元，年净增266.01亿元，比上年增长16.8%，贷款不良率0.54%。负债总额3154.24亿元，年净增355.94亿元，比上年增长12.72%，其中各项存款余额2899.99亿元，年净增249.30亿元，比上年增长9.41%。

（二）收入利润情况

实现收入60.13亿元，列系统内第12位，比上年增长7.91%，完成总行下达预算的103.02%，超总行预算绝对值1.76亿元；实现利润31.87亿元、列系统内第9位，比上年增长12.96%，完成总行下达预算的108.81%，超总行预算绝对值2.58亿元。

（三）主要经济效益指标

经济资本回报率18.17%、列系统内第4位，经济增加值升至10.76亿元，列系统内第5位，收入利润率升至53.01%，列系统内第5位，成本收入比38.73%，列系统内第6位，人工成本利润率201.74%，列系统内第7位，人均创利47.5万元，列系统内第8位，点均创利915.68万元；净息差3.55%；中间业务收入占比上升0.77%。

三、业务发展

投放江西省内资金1430亿元，各项贷款净增266.01亿元，列省内六大国有商业银行第4位，贷款增速列省内六大国有商业银行第1位，高出全省平均增速0.4%。

（一）“大个金”业务

自营网点储蓄余额717.79亿元，列系统内第10位，市场占有率为3.74%，列系统内第4位，银企占比28.24%，列系统内第9位，年净增40.16亿元。社保金融IC卡实现发卡15.37万张，ETC绑借记卡22.16万张，腾讯联名卡发卡9.13万张，退役军人服务卡6789张。新增信用卡发卡20.27万张，信用卡新客占比80%，列系统内第2位；年消费金额299亿元，分期金额21.64亿元，其中现金分期金额列系统内第1位。

（二）“大零售”业务

“三农”贷款、小企业法人贷款和消费贷款共有134项业务指标进入系统内前10位。“三农”贷款余额347.83亿元，列系统内第5位，年净增27.47亿元；小企业法人贷款余额104.96亿元，列系统内第8位，年净增14.27亿元；消费贷款余额854.87亿元，年净增131.47亿元；总行考核的8项小企业综合营销指标中，有7项列系统内前5位。截至12月31日，分行个人经营性贷款余额364.52亿元，规模接近省内工行、农行、中行、建行的总和。

（三）“大公司”业务

实行资产、负债、结算客户本外币一体化综合开发，共有23项公司业务指标进入系统内前10位。分行公司存款年日均余额367.99亿元，年净增10.4亿元。结存对公账户2.32万户，户均余额156.38万元；公司业务开办网点130个，点均余额2.79亿元。公司贷款余额301.9亿元，年净增39.12亿元。外汇存款增长46.19%，结售汇增长58.09%，包买福费廷余额达26.14亿元，表内外贸易融资余额折23.15亿元。ETC年新增发卡36.27万张。代理财政资格新增32个，列系统内第2位。成功落地系统内首笔“邮银电商贷”业务、首笔汽车金融下“整车厂库存车”融资业务、首单银团并购贷款，开立系统内首个海外发债回流资金账户，“进车贷”业务余额列系统内第2位。

（四）同业业务

资金资管实现收入2.31亿元，完成计划的137.58%，比上年增长29.92%，完成计划比和增幅列各业务条线第1位。有11项金融同业业务指标列系统内前10位。净值型理财业务余额178.49亿元，列系统内第1位，年净增135.73亿元，列系统内第1位；票据再贴现余额31.32亿元、列系统内第1位；理财业务余额518.43亿元，列系统内第3位，年净增51.7亿元，列系统内第4位；金融机构客户信息库建立数33户，列系统内第5位；托管业务余额627.25亿元，列系统内第9位；票据买断业务余额79.45亿元，列系统内第10位。

四、邮银协同

开展对标邮政学习系列活动，重点推进汽车产业链金融、惠农合作、乡村振兴等重点协同项目，协同推进移动、铁塔、体彩等重点客户项目，探索社保IC卡、ETC、寄递易贷、信用卡等省内自主协同项目。全省邮政金融储蓄存款余额2541.61亿元，列系统内第13位，余额市场占有率13.25%，列系统内第7位；累计向江铃集团发放贷款16.41亿元；“掌柜贷”放款5006万元，列系统内第3位；邮政分公司发展ETC卡8.57万张，上报开放式缴费平台客户5户；共同打造社保服务专窗189个。优先发展中邮保险、中邮证券、中邮消费等业务，29天完成全年中邮长期期交发展目标；自营发展中邮证券客户结存4.48万户，列系统内第1位；代理中邮消费业务累计放款5.68亿元，列系统内第1位。全省邮政代理金融业务效益持续提升，利差收入增长7.35%，列系统内第3位。

五、风险管控

（一）第一道防线

将风控要求“嵌入”业务政策、流程设计、授权审核等具体业务环节。严格落实条线尽职检查工作，全年完成尽职检查项目437个。积极开展客户身份信息治理工作，完成治理个人账户约210万个及单位账户0.7万个。落实信贷经营主责任制度，坚持贷款回归“三查”，推进授信全流程管理。抓好信用卡“三亲”制度，建立信用卡预审团队。

（二）第二道防线

部署“防范化解重大风险攻坚战三年规划”阶段性工作任务，推进“巩固治乱象成果　促进合规建设”工作，完善风险与内控委员会机制。收回不良贷款6.42亿元，实现政银合作类不良贷款代偿8009万元，荣获2019年系统内不良贷款清收处置能力提升竞赛活动优秀组织单位；不良贷款率0.54%，下降0.01%，为全省银行业平均水平的1/3。抓好案防管理、制度建设、检查排查、违规问责、反洗钱、消费者权益保护、法律事务等工作。举办首届安全保卫技能实操大比武，省分行监控中心成功防范15起风险事件，连续3年荣获系统内安全管理优秀单位。

（三）第三道防线

推进审计转型，全年完成审计项目16个，工程审计39个，审减金额414万元，审减率9.9%。总行审计局广州分局对江西省分行开展审计项目10个。开展扶贫工作监督检查“回头看”，在系统内首创自主立项不良资产清收效能监察项目，组织开展信贷领域廉洁风险防控工作调研，建立廉洁风险防控长效机制。分行连续6年实现无安全事故、无资金案件、无重大风险事件、无大额不良、无大额罚款、无重大负面舆情的“六无”管理目标。

六、所获荣誉

省分行荣获2019年度全国交通运输业党建文化建设优秀单位、江西省优秀企业、江西省文明单位、全省金融服务贡献奖、“财园信贷通”“财政惠农信贷通”和“地方债券承销”贡献奖、江西企业100强等荣誉。获得了新华社、《人民日报》、《工人日报》、新华网、人民网、央广网等中央及各级地方媒体超2.3万篇次的报道点赞，新闻宣传排名继续位居系统内前列。

七、重要活动

推出的快闪视频《我和我的祖国》，获得超过1000万人次的点赞，在中国邮政微视频大赛中荣获“快闪类”一等奖；选送的《祖国万岁》《我和我的祖国》两个节目在总行线上职工文艺比赛活动分获“齐舞”第1名和“拉歌”第2名。承办总行2019年零售信贷工作会议、总行“重走长征路‘3·20’邮爱公益日”健步走网络竞赛活动启动仪式、全省金融供给侧结构性改革下票据业务发展研讨与交流会、全省金融机构新闻宣传和品牌建设座谈会等活动，在全国、全省、系统内相关会议上介绍了20多次服务“三农”、小微和民营企业的工作经验，在中部博览会上展现国有大行的“最美形象”和零售银行的“最美特色”。12月10日，员工汤伟珍作为系统内20名优秀员工代表之一、客户刘远路作为6亿有效客户中唯一一位个人客户代表受邀现场参加邮储银行A股上市仪式。江西省分行与全省11个市人民政府签订新一轮战略合作协议，与江铃汽车集团、建设银行江西省分行、九江银行总行、裕民银行总行、浦发银行南昌分行、江西省湖南商会、恒大集团、绿地集团等签订战略合作协议，开启全力支持实体经济发展的新路径。

八、员工关爱

一是如期兑现2019年为员工办好“十件实事”的承诺。员工人均收入增长17.6%，落地补充医疗保险，1632名员工获得职级晋升，4495名员工获得薪档晋升，436名员工获得职称认定及聘任。二是送温暖工作常态化、规范化。走访慰问员工348名，一线集体71个，发放134.45万元慰问金及慰问品；开展重病、大病职工帮扶和金秋助学活动，拨付帮扶金83.8万元。三是全面启用省分行和鹰潭市分行、抚州市分行的新办公大楼，推进吉安、赣州、南昌等市分行以及8个县支行新办公大楼和30个网点的建设及改造。四是省分行获评总行“2016—2018年模范职工之家”称号，是连续两届获评该荣誉的4家一级分行之一。（邮储银行/提供）

【中邮保险江西省分公司】

一、党建群团工作开展情况

（一）主题教育取得实效

一是召开专题会议6次，纪委中心组学习2次，组织三级副以上干部参加集中学习6次，撰写学习心得31篇，讲授专题党课7场；组织支部学习12次，专题组织生活会4次。二是聚焦工作重点，对分公司相关部门、8个市公司、10个区县公司、6个网点、1个团险客户企业开展调研。三是通过自我检视、调查研究、专题研讨、对照党规党章找差距等形式查摆汇总具体问题19项，全面整改完成或达到阶段性目标。

（二）巡视整改取得阶段成果

坚持把整改好巡视反馈的突出问题当作重大政治任务来抓。中央巡视39项整改任务全部完成，13项长期坚持的工作持续推进。2016年集团巡视21项整改任务均全部完成。积极配合做好集团公司党组第三巡视组对分公司党委的巡视工作。

（三）纪检监察积极履职

一是开展整治形式主义、官僚主义等“四风”问题自查，发文数量比上年下降30.8%，党委会、总办会数量比上年下降28.2%。二是紧盯节假日等重要时点和“三重一大”、选人用人等重要环节，充分运用监督执纪“四种形态”，持之以恒抓监督、纠四风，保持风清气正的良好氛围。

（四）文化建设成果丰富

连续10年被省直机关工委评为“江西省直机关文明单位”；被总部评为2018年度中邮保险综合质量奖三等奖、服务支撑奖二等奖。一个创新项目获全国邮政企业科技创新成果二等奖；市场部讲师团队荣获“江西省青年文明号”；多名员工在总省各项文体活动中获得荣誉。

二、贯彻落实“三大攻坚战”情况

（一）风险防控

制定分公司《打好防范化解重大风险攻坚战 2019 年专项方案》。协同邮银渠道联合部署，深入开展“亮剑行动”，检查覆盖 11 个市，29 个机构和 75 个网点，下发整改通知单 71 份，由省邮政、省分行统一进行通报考核，责令限期整改。集团“亮剑行动”考评得分 92.5 分，列全国第 7 位。反洗钱工作稳步开展，修订反洗钱工作制度 4 项，对 29 个县区开展日常反洗钱现场检查工作，对 253 件可疑件进行排查，未发现可疑交易。

（二）扶贫工作

向宜春市 4530 名建档立卡户赠送人均不低于 2 万元的团体意外伤害保险；向 150 名建档立卡贫困户和 470 名农村保洁员赠送公益体检；向安福县钱山乡贫困家庭赠送价值 4 万元的饮水设备，完成总部下达的精准扶贫工作任务，取得良好的社会效应。

（三）绿色邮政

线上出单率 99.75%；宣传折页和业务单证费用比上年下降 29.89 万元；办公用纸比上年下降 16.04%；纸质单证铺发使用数量比上年下降 50.48%。为“青年公益林”种下第一批树苗 150 株，绿色环保理念进一步深入人心。

三、业务发展情况

（一）规模保费完成

实现总保费 29.8 亿元，比上年增长 17.19%，完成年度计划的 103%，完成比列全国第 3 位。截至 11 月，省内市场占有率 5.09%，保持开业 21 个省中的第 1 位。

（二）转型发展

实现期交新单保费 10.35 亿元，比上年增长 12.1%。完成年度计划目标的 112.6%，完成进度排名列全国第 2 位。期交（新单 + 续期 14.92 亿元）占总保费 84.8%，占新单保费的 69.56%，超行业平均水平。实现长期期交 4.18 亿元，规模列全国第 7 位，比上年增长 224.6%，完成年度计划的 199.7%，完成率列全国第 1 位。占新单总保费的 28.31%，比上年提升 19.67%。其中邮政企业实现 3.77 亿元，比上年增长 239.51%，达成年度计划的 209.72%。邮储银行实现 4048.4 万元，比上年增长 134.99%。续期业务实现保费 14.92 亿元，完成年度计划的 105.77%，列全国第 2 位。

（三）团险业务

在全省 10 个地市、28 个县组建兼业队伍，总人数 113 人。实现团险保费 1404.38 万元，完成全年计划的 117%。其中外拓客户 245 户，外拓保费 449.48 万元，连续多年列开业省份第一。

四、运营服务工作情况

（一）服务支撑升级

一是通过推广契约保全电子化填单、柜面业务影像前置审核等系统，提高各类内部作业的质量和效率。人核件全流程处理时效 6.39 天，比上年缩短 0.45 天；团险核保问题件 0.97%，比上年下降 12.36%；保全服务时效 0.63 天，比上年缩短 0.08 天。二是开展理赔时效提升专项活动，理赔申请支付时效 1.37 天，比上年缩短 0.16 天；理赔出险支付时效 94.97 天，比上年缩短 43.75 天；赔案留存率 4.09%；团险理赔 10 日结案率 99.63%，比上年提升 0.41%。通过活跃度匹配、电话回访、上门走访等形式，对 2 万多名出险风险较大的客户进行排查，将理赔出险支付时效由首季最高峰时的 140.82 天缩短到四季度的 61.2 天。

（二）“代管”能力升级

一是成立以运营为主、续期、客服、风控合规参与的“大运营服务队”，开展调研培训、现场指导，帮助代管机构解决问题。二是开展 2 期全省、市、县代管人员集中培训，参训 150 人。在南昌、石城和芦溪县开展了满期给付及退保应急演练和集中培训，参训 200 余人，基层人员应急处置能力得到增强。三是通过推广柜面业务前置影像，将市县代管人员日常契约、保全等柜面业务处理集中到省分，缩短服务流程，提高服务时效。

（三）客户认同升级

一是续期 13 个月继续率 95.6%，列全国第 11 位；25 个月继续率 98.5%，列全国第 7 位；宽末综合达成率 98.9%，列全国第 7 位，均高于全国平均水平。开展失效保单清理复效竞赛活动，失效保单从 3700 件下降到 2900 件。二是开展“您的健康　邮我保障”客户体检、“我和祖国共成长”邮票设计大赛等客服季活动，宣传企业形象，提高企业知名度和认同度。监管统计口径有效投诉件为 0，优于行业平均水平。

五、企业管理工作情况

（一）管理流程规范

一是新增各项制度 16 项，修订 25 项，废止 47 项，制度体系进一步完善。二是将采购工作情况纳入分公司员工绩效考核办法，实施集中采购计划内项目 6 个，占全年采购金额的 95.51%；采购节约资金 89.8 万元，节约率 14.71%。

（二）安全管控有效

围绕平安邮政建设，综合管理进一步加强，总体运行安全平稳，无安全生产事故，在总公司平安邮政检查中获得满分。

（三）审计作用

接受总公司现场审计 3 次，开展年度内控评估、反洗钱专审、关联交易审计、团险经济效益审计等专项审计，发现问题 46 个，全部整改到位。（中邮保险 / 提供）

【中邮证券江西省分公司】 收入完成 1386.3 万元，比上年增长40.4%。证券账户总规模104617户，有效户数6291，资产92053万，交易量（含两融）98.32亿元。基金销售6678万，鸿利来等系列资管产品销售1.64亿元，各项指标均列全国排名前列。九江轻型营业部于12月展业。

一、经纪业务条线

（一）协同发展

一是在与省邮政分公司板块协同工作中，省邮政分公司给予人、财、物等方面的大力支持，展业以来每年都会出台协同发展中邮证券营销活动方案，将有效户、资产量纳入日常金融业务发展指标，将证券资产纳入金融总资产考核。二是在与邮储银行省分行板块协同工作中，邮储银行省分行在业务发展过程中给予重要的指导与帮助，2020年省行将出台协同发展中邮证券业务综合性方案。

（二）培训工作

组织155场次投资者教育培训，培训证券开户、手机APP操作、科创板开通、重点基金产品、合规展业等。覆盖客户数超过8000人次，有效地推动分公司的经纪业务、产品代销业务发展，强化协同展业的合规意识。

二、资管投行条线

（一）项目收益债平稳开发

与省邮储银行公司业务部板块协同成功拿下丰城市产业园区项目收益债，该项目发行规模6亿元。通过市场化渠道，成功拿下赣州蓉江新区和上饶县城投项目收益债。

（二）新三板企业挂牌

帮助江西地区3家新三板企业挂牌，分别是江西省天翌光电有限公司、上高正宇生物有限公司、江西璞境环保有限公司等。

（三）开展“一司一县”对接

响应江西省企业上市“映山红”行动，与九江市共青城市、九江市柴桑区政府紧密沟通，成为共青城市、柴桑区上报九江市金融办的“一司一县”券商合作单位。

（四）助力地方经济

帮助宜春丰城市、赣州蓉江新区、上饶县拟发行3笔债券业务（合计27亿元），该债券融入资金将帮助地方政府用于经济建设。分公司为上市公司恒大高新提供1.2亿元股票质押贷款，助力企业加快发展。

（五）协同发展

分公司主动协同，在自主开发九江文化旅游集团新三板业务同时，推动九江市邮政分公司、寄递事业部、邮储银行九江市分行、中邮保险等共同与之签订合作协议。经省邮储分行大力协同，成功开发抚州城市发展基金6亿元、上饶城投控股融资项目3亿元、赣州银行同业存款1亿元、南昌农商行同业存款5亿元、上高正宇生物有限公司新三板挂牌。

三、合规运营，风险管控

一是组织学习业务及合规知识14次，合规测试2次。二是对分公司进行全面自查2次、赣州营业部现场检查2次。三是制定《江西分公司运营、合规工作管理制度》，严格按照文件要求开展工作。四是配合陕西证监局、江西证监局开展分公司现场检查，接受公司合规部反洗钱工作检查。五是组织反洗钱外出宣传2次，培训学习3次，知识测试2次。同时采用LED日夜滚动宣传反洗钱知识，在营业厅摆放反洗钱宣传手册。

四、党建工作

以习近平新时代中国特色社会主义思想为指导，认真贯彻新时代党的建设总要求，持续加强党支部的建设。一是分公司以党的政治建设为统领，树牢“四个意识”，坚定“四个自信”，坚决做到“两个维护”。认真贯彻落实党中央、集团公司党组和总部党委的决策部署，不断促进党建工作与分公司发展的融合。二是健全工作机制。分公司党支部制定《中邮证券江西分公司2019年党建工作计划》《中邮证券江西分公司2019年纪检工作计划》《中邮证券江西分公司党支部2019年度理论学习计划》《关于中邮证券江西分公司扎实开展“理论武装提升行动”的通知》，从而实现全体党员、干部理论水平整体提升，将学习成效转化为推动分公司高质量发展的内在动力。三是深入推进主题教育。坚持“领导班子带头，先学一步”，瞄准重要学习篇目，细学原著，理论与实际结合，知行合一；抓实调查研究，围绕“强化邮银证联动协同”“解决市场源头获客”和“基层员工关注的痛点难点”3个重点调研方向进行调研；抓牢检视问题，分公司领导班子认真对照新时代中国特色社会主义思想和党中央决策部署，对照党章党规，对照人民群众新期待，对照先进典型、身边榜样，坚持高标准、严要求的查摆班子和自身问题；抓紧整改落实，坚持把整改落实贯穿主题教育始终，严肃对待调查研究中暴露的问题。通过支部会议反复研究“解题”思路，寻找“破题”对策，以“实招”“硬招”破解问题与症结。四是在新中国成立70周年之际，分公司为庆祝新中国成立70周年，组织全体党员开展以“回忆经典、祝福祖国”为主题的观影活动。

五、纪检监察工作

严格落实总部党风廉政建设工作部署和要求，围绕中心工作，深化“两个责任”，持之以恒纠正“四风”，践行监督执纪“四种形态”。一是在节假日之前编发“廉政短信”，弘扬清廉之风。利用OA办公平台、微信、QQ等平台，在元旦、春节、中秋、国庆等重大节庆给分公司党员领导干部发送廉政短信，提醒党员领导干部要时刻保持思想纯洁，提高遵纪守法的自觉性，筑牢廉政防火墙。二是开展形式多样的“主题党日+参观廉政党校”活动，开展“党风廉政宣传教育月”活动，进一步筑牢思想防线。

组织观看《叩问初心》《贪欲与责任》警示教育片3次。三是注重宣传教育，在分公司营业场所及办公区域张贴廉政海报，进一步营造廉洁从政、勤政为民的浓厚氛围。新《准则》《条例》颁布实施以来，第一时间组织全体党员进行学习。四是分公司纪检监察人员按月上报分公司纪检信访情况报告、有无违反中央八项规定情况报告、纪检监察干部监督有关情况报告。五是紧盯公务用车，在节假日前对公车进行封车，做好台账记录。

六、巡视整改工作

分公司对集团巡视检查，高度重视、积极配合集团公司党组第三巡视组检查工作，按照巡视组要求做好相关材料汇报及检查材料的提供。在召开巡视工作反馈会议后，分公司第一时间召开支部会议并成立落实集团公司巡视反馈问题整改工作领导小组及办公室。分公司领导小组及办公室，研究制定34项整改措施，并制定巡视整改方案及整改台账，明确整改时间、责任领导、责任部门。分公司每月召开巡视整改专题会议，由各部门负责人汇报本部门巡视整改推进情况。截至12月，巡视反馈意见整改到位30项，4项还需持续推进。分公司建立持续整改、长效机制，有计划有目标的针对问题，深化持续整改，确保反馈意见整改落到实处。

七、人力资源管理工作

分公司（含轻型营业部）在职人员24人，其中党员10人，党员占比41.6%；女党员3人，占党员总数的30%；研究生学历4人，本科学历19人，大专学历1人，本科层次及以上学历员工占比95.8%。集团公司选人用人检查组结合2019年集团巡视对分公司选人用人工作和领导干部担当作为情况开展专项检查，针对存在的突出问题和薄弱环节，分公司深刻总结，全面落实检查反馈问题整改工作，详细制定整改措施和整改计划，并建立问题整改长效机制，巩固整改效果。5月，下发《中邮证券江西分公司部室及营业部领导人员管理实施细则》，进一步建立科学规范的领导人员选拔任用制度和科学有效的选人用人机制。分公司不断细化招聘工作，加强专业人才引进力度，做好外聘人员的背调，引进优秀人才，全面支撑业务发展。

八、财务管理工作

根据总部下达的预算目标，逐月做好财务分析，分析收入、利润完成情况，通过财务数据反映各业务条线存在的不足并提出措施建议。分公司做好人民银行金融统计报表的上报、监管报表财务数据上报、金税三期个税申报、国税纳税申报、经纪人酬金开票、银行账户年检、工商年报填报、固定资产清查及佳克系统管理等工作。完成九江营业部账套建立及税务登记，并制定营业部财务管理办法，理顺营业部财务管理工作。8月，配合集团公司巡视组对江西分公司自2016年以来领导差旅费、招待费、合同管理、车辆管理、集中采购等进行检查，经查，费用均为规定范围内正常报销，未出现超标和违规列支情况，车辆管理方面，派车记录均登记在册，严格执行总部和省公司相关财务管理制度。（中邮证券／提供）

【江西省寄递事业部】 全省寄递业务完成收入16.3亿元，比上年增长19.1%，规模排全国第14位，增幅排全国第12位。寄递业务量市场占有率23.3%，继续保持位居省内行业第1位和全国第5位。

一、重点市场拓展

一是标快业务。标快收入3.36亿元，增长32.8%，超全国平均增幅27.3%，自4月以来连续增幅保持全国第1位；其中政务市场增长36%，列全国第3位；商企市场增长38%，列全国第5位；现费市场增长71%，列全国第2位；窗口业务增长27%，列全国第1位；11个地市、83个县全部实现正增长。二是快包业务。快包收入6.14亿元，比上年增长7.6%，交寄量1.56亿件，比上年增长12%，交寄量市场占有率17%（全年），列全国第2位；专业边际贡献率12.6%，件均边际贡献额0.5元。三是国际业务。国际收入4.18亿元，收入规模列全国第14位，比上年增长22.5%，列全国第13位。其中，国际小包完成收入2.15亿元，比上年增长30%，国际速递完成收入1.99亿元，比上年增长21.3%。四是物流业务。物流收入2.24亿元，比上年增长21.87%，增幅列全国第15位。其中南昌农夫山泉项目实现收入4280.7万元，比上年增长80%。依托平台、协同、网点转型、大数据四个渠道获取客户、留住客户。全省寄递板块用邮客户数20427户，比上年增长18.64%。通过赣服通项目平台实现58个厅局全对接、业务全覆盖；全省126个行政服务中心，签约82个、邮政入驻服务42个、政府买单58个。上饶启动“饶商回归”，组建外拓团队，产业园入驻客户213家。社保项目对203万条社保库存卡原始数据进行大数据匹配，成功匹配54万条，创收近200万元，比上年增长378%。

二、邮速资源优化融合

一是揽投资源全面整合。邮速双方揽投网点整合优化成208个，具备标快派揽功能的189个，比整合前增加44个，派揽能力增强30%。对县以上城区、重点城市和重点市场，着力推进“以投为主向以揽为主、单兵作战向团队作战、道段化布局向网格化布局”三个转变。二是网运组织精简优化。11个市级处理中心执行各类邮件同场、同机、同时“三同”作业，实现综合分拣。对南昌、鹰潭中心局集散范围进行调整，实现对全部地市及35个县直发，直发占比超过56%。“双十一”期间，全省直发车辆超过300台次，减少节点中转盘驳邮件100万件以上。三是信息系统交互对接。整合邮速两大业务平台，涵盖全省216个揽投部和2000个营业网点；清理整合新一代平台邮速双方的生产系统配置，实现一套系统管全流程作业的目标。全省电子渠道下单量44万单，比上年增幅98.4%，列全国第3位；电子面单使用率99%，列全国第7位。四是指挥调度动态高效。省内3个中心局和1个航站由省指挥调度中心统一业务指导，实现航空陆运运输计划统一维护、集中管控。推进干线集约管理，实行航空陆运统一指挥、寄递全环节集中管控、异常情况动态调度。五是运营质量闭环管理。纵向整合省、市、县三级质量管控体系、横向跨专业整合普邮和快递两大质量管控体系，实现资源有效利用、服务质量闭环管控。全省及时揽收成功率97.8%，比年初提升21.8%，列全国第4位；有责投诉率万分之2.24，列全国第10位；异常调度解决率从上线初期37.8%提升至95%。

三、核心竞争力

一是全力推动网络时限。增加下午及夜间民航发运频次，筹备高铁运邮，实现标快10省市97城市次日递，重点城市次日上午递。优化调整周边邻省干线邮路，形成陆运2个有效出口频次，实现邻省“9+1”城市快包次日下午递。整合原邮速全部运输资源，合并同频邮路6条，加密发运频次，日实现标快3个、快包2个有效频次出口。重点围绕8+25条省际线路，实施邮路优化再提速工程。2019年底，8条标快省际线路全部赶超竞品；25条快包省际线路，赶超竞品率64%。二是推进集包封发。按照“边集包、边优化，先前端、再后端，先人工、后设备，先省际、后省内”的策略，分阶段推进省内集包工作。三是加快建设同城网。根据新零售发展需要和行业模式，按照“先试点、后推广”的思路构建江西同城配送网络平台，确定了“一日达、半日达、计时达、定时达”组网模式及作业流程。在南昌、上饶、抚州试点，组建邮政专投队伍，支撑省内业务发展。四是提速发展基础。响应省委、省政府的决策部署，发挥江西区位优势，开通运营南昌国际快件监管中心，建设南昌国际邮件互换局，打造“三关合一”综合服务平台，推进九江跨境电商产业园、赣州跨境电商物流集散枢纽建设，筹划南昌机场空侧大型综合化邮件、物流处理中心的建设。

四、机制创新

（一）推行项目制运作

实行“一个项目、一套方案”，全面赋能放权，赋予项目团队“五个”自主权限（自主定价权、自主用工权、自主物财权、自主考核权、自主分配权），切实做到“能放的尽放、应放的全放，暂能放的想办法放、不放的换人放”，激活加快发展的内生动力。全省申报成立的项目组有130多个，涉及经营单元、流程环节、企业管理、服务质量等各个环节。十大项目完成1.64亿元，比上年增长33%，占标快收入的49%，新增收入4022万元，新增收入贡献41%。

（二）建立“五大抓手”看板体系

坚持问题导向，围绕11个环节、18个信息采集点，构建省、市、县三级以“提升、达标、优标”为核心的看板指标体系，对长期落后的指标下发抄告单，列出问题清单、逐条整改销号，确保整改落实、指标提升。省人均访问量连续4个月列全网第一；自7月开始，时限、服务、IT三大体系14项指标稳定达标率79%；1—12月五大环节件均成本和省会网运双效核心指标均低于全国均值且排名靠前。

（三）搭建财务标杆管理体系

确定全省15项管控指标目标值及推进时间，逐级细化量化，明确可执行的发展举措；针对11个关键环节，确定每个指标、每个单位的目标值，并将所有影响指标因素细化到68个，明确到责任部门，实现环节单价下降。

（四）推进寄递翼薪酬制度改革

制定出台寄递事业部薪酬分配制度实施方案，将薪

9月1日，全省邮政员工“华诞70周年——美丽健儿·南邮杯”篮球比赛在南昌开赛。

酬分配制度改革贯彻于业务、网络、资源整合，贯穿于揽投队伍融合、作业流程优化，通过统一管理、统一薪酬标准、统一考核，全面调动一线人员的工作积极性。

（五）开展标快效能监察

围绕全省标件发展速度、服务质量及运营质量等关键指标，在全省范围深入开展效能监察工作，不担当、不作为的领导干部启动“一案五问”问责机制，确保标件市场份额全面提升。

五、全面从严治党

高起点、高质量开展“不忘初心、牢记使命”主题教育，贯彻落实“三个第一时间”学习机制，组织各党支部开展“道德讲堂”活动、“党旗领航　奋勇争锋”主题实践活动，做到了季季有主题、月月有活动。严格执行党内监督条例，发挥监督检查职责，全年共组织约谈领导干部15人次。积极配合集团巡视工作，自上而下开展“未巡先改”工作，制定整改方案，确定未巡先改工作的具体问题、整改措施、责任部门和责任人，全力抓好整改落实。大力推进“职工小家”建设，积极参与全省邮政组织开展的“华诞70周年——美丽健儿·南邮杯”篮球比赛、第四届职工运动会、学习《榜样的力量》读书活动，员工的归属感不断提升。（江西省邮政分公司／提供）

山东省

【山东省邮政分公司】 全省邮政（含寄递事业部）实现业务收入136.66亿元，比上年增长7.39%；超额完成经营利润目标。其中邮政公司实现收入121.25亿元，比上年增长7.85%，增幅排名全国第5位。全省邮政新增省级文明单位3个、省级“青年文明号”8个、省级“工人先锋号”6个。

一、党建工作

（一）主题教育方面

紧扣“守初心、担使命，找差距、抓落实”总要求，分两批开展了“不忘初心、牢记使命”主题教育，将“四项重点措施”贯穿始终，实现了省、市两批有机衔接，上下贯通，一体推进。各级党组织完成整改或阶段性完成整改1729项，取得实实在在的成效，得到集团公司领导和督导组的充分肯定。

（二）党建基础工作方面

坚持党建统领，突出党的政治建设，压实意识形态工作责任制。制定了全省邮政党建工作考核评价办法，落实“三个第一时间”学习机制，深化基层党建“四管齐下”措施和“四合一”主题党日活动，完善“逢培必考”“任前必考”机制，党建与中心工作深融互促的广度、深度和实效更加显现。全省基层支局党员空白点由上年的33.1%下降到27.6%，新发展党员681名，比上年增长125%。

（三）全面从严治党方面

持续传导和压实“两个责任”，组织开展新一轮对6个单位的常规巡察，并下沉一级、延伸覆盖至25个县区分公司，持续推进被巡察单位问题整改和其他单位未巡先改。落实“目标不变、力度不减、劲头不松”的要求，巩固了中央巡视整改成果。

二、履行央企责任

（一）普遍服务方面

积极落实集团公司“五达标、两提升、两杜绝、一确保”要求，全省普通邮件时限全部达标，乡镇邮政局所覆盖率、空白乡镇补建局所正常运营率、建制村直接通邮率、县以上城市党政机关《人民日报》《大众日报》当日见报率100%。加强平信条码质量管控，做好巡视专用信箱服务，全省机要通信连续22年保持质量全红。

（二）电商助农和精准扶贫方面

扎实开展第一书记扶贫工作，投入扶贫自有资金145万元。依托邮政农村电商平台，结合分销、寄递和金融优惠购，主打农产品进城，销售农产品2亿元。全省培育过万单产品30个，培养电商扶贫能手200名。

（三）绿色邮政建设方面

电子面单使用率99%，绿色包装普及率100%，在全国率先推广“绿色循环特惠箱”，累计循环使用5.4万次。包装废弃物回收装置布放率超过20%，超集团标准10%。

（四）安全风控方面

加强安全基础管理，确保“国庆70周年”、青岛“海军节”等重大活动期间邮政寄递安全和服务保障工作。健全代理金融“三会”机制，夯实“三道防线”，增配专职综合柜员1344人，配备率100%，增配专职非现场预警稽核团队32人，加大风险排查及整改问责力度，未发生资金案件及重大风险事件。

三、寄递事业部改革

（一）一体化改革方面

坚定专业化经营的改革方向，坚持横向一体化、纵向专业化，完成省、市、县三级寄递事业部一体化改革。

（二）队伍融合方面

打破干部使用壁垒，市寄递事业部不再新设常务副总，省寄递事业部一体化管理部门领导兼任邮政对口部门副职。对管理及专业序列岗位开展定岗定编，进行了精简编制和人员优化盘活等工作。

（三）资源整合方面

加强网络资源整合，市级处理中心由34个整合为21个，盘活自有场地4500平方米。组建以潍坊和济南为中心的省内次晨达和次日递网络，省内互寄标快和快包次日妥投率分别达到95.38%和92.47%，比上年最好水平分别提升了7.22%和19.25%。大力推进快包混合收寄和集包作业，省际出口快包集包率 72%。

（四）机制创新方面

配套完善干部选任、劳动关系、人工成本使用等制度；出台了寄递事业部薪酬分配管理及揽投岗位薪酬分配指导意见，统一了绩效考核办法；在财务管理上实现了预算控制、财务制度、审批流程、绩效考核“四个统一”。

（五）发展效益方面

以规模效益为导向，加强资费管控，建立价格动态调整机制。持续采取“双控”（控价格、控节奏）措施，“双十一”期间全省快包平均单价高于全国 0.8 元。标快利润率 34%，居全国第 3 位。

四、专业发展

（一）代理金融业务

新增金融总量 882 亿元，居全国第 2 位；其中储蓄余额净增 539 亿元，居全国第 1 位。菏泽市分公司年增余额连续 3 年蝉联全国地市分公司首位。加强金融队伍建设，调增省、市金融业务部领导职数 18 人，增配市、县专职转型人员 152 人，专职客户经理 2713 名。落实网点分户管户责任制，坚持过程管控和结果导向相结合，在全省推行全员全产品计价考核模式。代理金融基础客户净增 145.2 万户，居全国首位；三年期余额新增占比好于全国 22%；期交保费规模居全国第 2 位；新增 ITM 2112 台，网点覆盖率 93%；城市金融网点点均金融总量新增 4286 万元，首次超过农村网点。

（二）寄递业务

实现收入29.18亿元，居全国第7位，比上年增长9.2%；市场占有率 10.31%。快递包裹业务量比上年增长 53.7%；收入比上年增长 27.3%，规模全国排名前移 2 位，超额完成集团公司收入预算。国际 EMS 比上年增幅 35.9%，增幅列全国第 2 位。物流业务收入规模保持全国第 3 位。

（三）电商分销业务

推进“邮代理”“邮一拼”模式，农村电商批销交易额完成 20.9 亿元，规模保持全国第 1 位。完善分销订单管理、资金结算、商品引入等办法，加大历史遗留问题清理力度，核对理清账目 1.7 亿元。

（四）文化传媒业务

函件收入居全国第 4 位，线下媒体收入保持全国第 1 位。继续推进传媒化转型，顺利取得腾讯广告全省 3A 级及以上景区“唯一推荐服务商”牌照。报刊日常订阅流转额比上年增幅 64%；实现大收订流转额 10.8 亿元，完成计划的 104.2%。

五、机制改革创新

（一）选人用人机制

出台领导班子及领导人员综合考评办法，制定非领导职务管理规定，畅通干部能上能下通道；认真贯彻国企好干部标准，开展了部分三级领导岗位公开竞聘，在全省激起良好反响。

10 月 17 日，山东邮政营业服务风采大赛。

（二）释放基层发展活力

免除有关单位的资调借款、帮扶资金欠款，降低市分公司利润资金、折旧资金上缴比例，鼓励超预算实现利润。在集团公司下达利润预算增长 1.8 亿元的情况下，对市分公司的利润计划仅增长 0.77 亿元，最大限度地为基层减负减压，让基层轻装上阵，加快发展。

（三）营销机制

制定营销体系建设实施方案，选定 4 个市分公司开展试点。源头获客成效明显，先后与省残联、省联通、省移动、省税务、威马汽车等单位签订战略合作协议。全省大客户营销竞赛实现收入 3.5 亿元，其中政务类项目实现收入 2.67 亿元，获政府补贴文化惠民消费券 1223 万元；发放退役军人服务卡 4.3 万张，代发金额 4.8 亿元。

（四）集邮文传融合

在机构编制、人员归属等暂保持不变的基础上，打破省分公司原集邮与文化传媒、报刊发行专业的业务和人员界限，重组内设部门，实行统一领导，统一经营，统一管理，统一考核，统筹谋划业务发展。

（五）协同发展

省、市、县三级邮政均成立了协同发展委员会，建立常态化会议制度，出台协同工作实施意见、议事规则、考核及收益分配办法。开展税邮、警邮、汽车产业链、惠农、文旅惠民、电力合作、食安山东等项目协同，实现邮政业务收入 4.21 亿元。

六、基础管理

（一）基础能力建设

安排固定资产投资 2.96 亿元，其中安排投资 1.22 亿元，对 5 个二级中心局实施工艺改造，为市、县生产场地配备接卸、处理设备。“双十一”期间投入 1500 万元组开临时邮路、增配集包设备和分拣设备维修备件，基本解决能力欠账问题。投资 1.42 亿元用于信息化项目、网点建设改造、金融设备购置及安防设施建设等。

9月27日，山东省邮政分公司举办新中国成立70周年"敬英烈·颂先模"主题活动。

（二）服务质量

建立客户感知体验体系，狠抓质量隐患跟踪整改，全省满意度自测得分95.7分，比上年提升1.32分；申诉处理满意率98.97%，超过集团公司规定的2.97%。

（三）信息化建设

加快推进集团公司CRM系统、新一代集邮业务系统等30余项省内应用，组织金融从业人员业绩清分系统、智能营销管控平台、投递计件薪酬系统等29项省内立项研发。山东邮政全岗位双定系统、企业党建信息管理平台、新一代寄递平台数据接收处理系统获集团公司科技创新成果奖。

七、企业文化建设和品牌宣传

组织庆祝新中国成立70周年、"敬英烈·颂先模"主题活动。各地投递员"为烈士寻亲"的先进事迹被中央台、人民网、《中国青年报》等多家媒体报道，"泰山鸿雁"、步班邮路、湖上邮路、海岛邮路、爱心邮路等先进事迹和典型在社会上引起广泛关注。（山东省邮政分公司/提供）

【邮储银行山东省分行】 山东省分行设有一级部门23个、二级部门7个、直属单位1个，下辖二级分行16个，辖内邮政金融网点2671个，其中银行自营网点449个、代理网点2222个，实现城乡全覆盖。

一、经营概况

资产规模6671亿元，居省内国有大行第4位；实现收入居邮储系统第4位，实现利润居邮储系统第7位。各项存款6259亿元，增长538亿元，分别居省内国有大行第4位、第2位；各项贷款2764亿元，增长522亿元，分别居省内国有大行第5位、第2位。资产质量居邮储系统第4位，连续4年保持省内大中型银行前列。

二、党群工作

（一）党的建设全面加强

扎实开展"不忘初心、牢记使命"主题教育，聚焦"守初心、担使命，找差距、抓落实"和"五个结合""六个转化"要求，将学习教育、调查研究、检视问题、整改落实贯穿始终。举办主题教育读书班，组织"两个带来"专题研讨，省市行开展集中学习研讨84次，调研103次，召开专题民主生活会37次，解决群众最急最盼的问题135个。认真做好中央巡视"后半篇文章"，制订整改工作计划，认真开展集团巡视、总行专项检查和省行巡察反馈问题自查整改。全面加强基层党组织建设，新发展党员229名，为历年最多。完成省分行党委换届，省行党委高票当选。持续深化监督执纪问责，对3家二级分行、11家一级支行开展巡察。

（二）员工幸福感提升

把银行办成员工情感的家园、事业的依托。省市行为员工办好事133件，50个职工小家提档升级，模范和先进职工小家占比59.7%，新建母婴室21个，总数149个；为零售客户经理及保全外勤人员配备外勤用品。

（三）企业形象提升

坚持"开门办银行"，"银行业＝银行＋地方党委、政府＋监管机构＋客户"理念落地见效。社会影响力不断提升，山东省分行连续11年获得省级文明单位荣誉称号，被评为"2019山东社会责任最具影响力企业"；新增7家省级文明单位，累计52家；1人被授予省"富民兴鲁"劳动奖章，1人获评省金融高端人才。

三、业务发展

（一）零售战略

个人金融以"十大抓手"为着力点，新增个人客户列邮储系统第2位；新增代发单位、代理保险、非货币型基金销量和贵金属收入列邮储系统第1位。抢旺季，落实"目标集中、奖励集中、费用集中、力量集中"，储蓄存款净增71亿元。信用卡精准定位五大优质客群，推行"营销开发七步法"，新增发卡列邮储系统第3位，结存列邮储系统第2位；新增客户列邮储系统第2位。零售贷款抓县行、促转型，净增列邮储系统第5位，新增收入贡献率84%。加快线上产品推广，"极速贷"净增42亿元、"邮家贷"净增4075万元，均列邮储系统第1位。网络金融推进金融与场景深度融合，商户收单新增列邮储系统第1位。手机银行新增激活客户列邮储系统第5位。快捷支付绑卡账户新增列邮储系统第5位。

（二）公司金融

公司存款扎实推进"固本提标"活动，机构账户列邮储系统第4位，成功取得省级国库集中支付资格，新增财政资格13个。公司贷款针对重点客户、重点项目、优质民营企业开展精准营销，净增列邮储系统第5位。战略客户省、市、县及重点城区二级支行四级营销体系初步形成，各级行领导有效发挥"金牌客户经理"作用。投行业务推进白名单限时开发，债券承销量列邮储系统第6位。交易银行加快发展汽车产业链金融业务，及时对接重汽集团，“进车贷”业务成功破零。

（三）金融同业业务

发展标准化业务，成功加入山东省联社系统重要性银行名单，实现收入列邮储系统第4位。加大同业客户拓展力度，办理同业融资列邮储系统第2位，票据买断新增列邮储系统第1位。办理首笔保险债权投资计划、ABS和保险资金托管业务。

（四）服务实体经济

协调推动集团公司与省政府签署战略协议，省委、省政府和集团公司主要领导出席签约仪式及会见。围绕省里“八大战略布局”，持续做好贷款投放。涉农贷款连续4年新增过百亿；支持新旧动能转换“十强”产业和基础设施建设融资，有力支持了鲁南高铁等一批重点项目。完成金融精准扶贫、普惠小微贷款及绿色银行建设计划。

（五）邮银协同发展

制定板块协同评优办法，全力支持其他板块业务发展，中邮总保费、期交保费规模均列邮储系统第1位，中邮消费余额列邮储系统第5位。汽车产业链等重点协同项目取得突破。

四、风险管控

（一）内控管理

未发生资金案件和风险事件。重点解决操作风险屡查屡犯问题，问题数量占比下降21%。深入开展“行业规范建设年”“合规文化走基层”和案件警示教育活动。银保监转办投诉数量为省内国有大行最少，比上年下降31.9%。连续5年获得大型银行案防测试第1名。

（二）资产质量管控

强化重点领域风险管控，实现关口前移。落实经营主责任人制，建立大额授信客户“三单”机制，实行名单制分类分策管理。实行授信审批动态分档管理、差异化授权和一站式审查审批，审批效率进一步提升。

五、转型发展

（一）科技支撑

完成数据分析平台三期建设、11个总行统建项目落地实施和6个省内自建系统开发上线。融入“数字山东”建设，与“爱山东”APP实现系统对接。加快开放式缴费平台推广建设，完成邮储系统首例通过微信渠道对接的热力代收项目。

（二）作业效率

信贷工厂高效运营，14家市分行成功切换至信贷工厂运营模式，审批时效提升54%。完成统一柜面管理平台一期上线，邮银全部网点台席实现个人储蓄业务“无纸化”。

六、精细化管理

（一）财务资源配置

用好绩效考核“指挥棒”，优化专业考核指标。用好“12条”财务激励政策，有效推动业务增长。丰富采购渠道，有效解决市场发展费用支撑不到位问题。用好经济资本，实行主动限额管理，由“要资本”向“挣资本”转变。积极推进利率市场化及“两轨并一轨”落地，贷款挂钩LPR定价占比超过80%。

（二）运营管理能力

邮银协同解决业务库“老、破、小”等问题，制订三年规划，实现搬迁新址1个、防水防潮改造10个、内部修缮59个。对正常使用的客户信息开展集中治理，完成率居系统内前列。

（三）工程建设

推进营运用房购置，县行自有率55%，提升12%。完成44个网点改造、132个网点修缮，营业环境焕然一新。省分行营运用房通过总行初步验收，总行领导给予“好、快、省”的高度评价。

（四）服务质量

对标同业，打造服务标杆，2家网点被评为五星级、1家被评为四星级、3家被评为三星级。95580客户投诉处理及时率和满意度连续3年保持100%。（邮储银行/提供）

【邮储银行青岛市分行】 青岛市分行下辖11个一级支行、1个分行营业部，辖内262个营业网点，其中自营网点48个、代理网点214个；分行机关内设20个部门、1个营运中心。自营机构从业人员1122人，员工平均年龄37岁，其中本科及以上学历人员占比74%。

一、经营概况

资产总额571亿元，比上年增长52.56亿元，增幅10.15%。实现自营收入8.97亿元，比上年增长2812万元，增幅3.24%。实现利润总额4.23亿元，比上年增长2.28亿元，增幅86%，创近三年最高水平。收入利润率44.09%，比上年增长23.8%。各项人民币存款余额530亿元，比上年增长8.99%。各项人民币贷款余额418亿元，比上年增长5.89%。

二、业务发展

（一）负债业务

储蓄存款时点余额495.15亿元，净增49.26亿元，增幅11.05%；其中，自营个人存款时点余额89.18亿元，净增4.64亿元，增幅5.49%。全辖储蓄存款日均余额473.53亿元，净增38.01亿元，增幅8.73%，其中，自营个人存款日均余额87.13亿元，净增3.19亿元，增幅3.8%。公司存款时点余额34.31亿元，日均余额34.77亿元。

（二）资产业务

小企业法人贷款结余28.85亿元，净增7.17亿元。小额贷款结余33.3亿元，净增4.2亿元；住房贷款结余194亿元，净增6.74亿元；其他消费贷结余9.49亿元，公司贷款余额76.22亿元；金融市场向总行推荐投资同业存单25亿元、金融债3.2亿元、住房贷款资产支持证券5.4亿元。

（三）中间业务

信用卡结存卡量24.18万张，新增发卡10.62万张，比上年增长20.68%；网络金融净增快捷支付绑卡6.4万张；条码支付业务净增商户数1830户，商户日均余额沉淀1763万元。投行业务实现零突破，总、分、支行三级联动，承销青岛城投和青岛银行债券18.68亿元。ETC结存卡量7.4万张，新增发卡3.9万张。

（四）小企业金融业务

普惠型小微企业贷款结余46.74亿元，净增12.3亿元，增速35.72%，超过全部贷款增速29.83%；贷款户数4449户，高于上年水平；贷款利率5.36%，比上年降低45个BP；贷款不良率0.21%，低于全部贷款不良率。加大授信服务支撑，推动平行作业，审结各类信贷业务1.35万笔，小企业审批增幅超过20%。

（五）"三农"金融业务

涉农贷款结余113.12亿元，新增1.14亿元。金融精准扶贫方面，贯彻执行国家精准扶贫战略部署，制定全年金融精准扶贫贷款任务目标，发放国家级建档立卡贫困户扶贫贷款3915万元，净增3546万元；发放产业精准扶贫贷款7.19亿元，帮扶建档立卡贫困人口102人，完成总行全年计划指标。

三、风控合规管理

（一）案防工作

完成对市区全部网点2次全覆盖合规检查，对部分自营及代理网点开展整体接管式检查，未发生重大资金案件。消费者权益保护工作监管考评成绩近三年逐年提升，连续4年获总行"案防先进单位"荣誉称号，首次获总行"2017—2018年'金盾奖'先进单位"荣誉称号。

（二）资产保全处置

处置不良贷款1.25亿元，其中不良贷款清收4449万元，核销呆账3723.52万元，超额完成年核销计划，收取抵债资产4300万元。不良贷款余额2.21亿元，比上年压降5120万元；不良率0.52%，比上年压降0.16%。

（三）安全保卫工作

持续推进网点安全管理标准化达标活动，巩固达标成果。有序试点办公场所安全管理、消防管理"双达标"工作，成功通过总行验收。完成国庆70周年全行安全生产保障任务，未发生安全生产责任事故。

四、综合管理

（一）财务、采购和工程管理

强化重点费用管控，对招待费、差旅费等关键成本实施"硬约束"。对发票税收计提、复核、审批及发票专用章保管使用实行岗位分离，提高费用支出取票率和呆账核销报备率，实现合法节税。完成辖内11家支行及分行营业部的财务检查工作，覆盖率100%。加强工程建设细节管控，保证基建工程项目周期可控，优化工程资金使用结构。健全分行采购制度，持续推进集中采购公开化，优化采购流程。

（二）人力资源管理

落实总行机构改革举措，调整分行机关部门设置及工作职责。破解城市业务发展难题，优化城区支行机构设置，调整分行营业部职能定位。合理增补、调整管理类人员，开展2019年校园招聘、社会招聘，增加专业类岗位数量，持续加强干部员工队伍建设。

（三）运营管理

完成统一柜面管理平台一期推广上线，柜员双持证率85%，综合型网点100%实现业务综合化。全面完成分行业务库"离行式"外包管理，日均现金备付率比上年下降27个BP，压减出纳人员30人。加强集中营运管理，反洗钱人工识别及时率、完成率、放款审核及时率均为100%。

（四）办公与品牌管理

强化后勤保障管理工作，公文及会议数量完成总行压降目标。发布新中国70周年快闪，全网点击率超百万；首次亮相2019年青岛财富管理金融服务博览会，得到市委主要领导认可和社会广泛关注；发布正面新闻1000余条，居计划单列市第1位；未发生重大负面舆情，有效提升品牌形象和社会知名度。

（五）邮银协同

认真贯彻落实集团公司协同战略要求，成立协同发展领导小组，明确职责分工。参与山东省内协同会议，共享资源，协同营销ETC卡3.9万张。联合营销大客户，分别与青岛海湾集团公司、青岛移动公司和青岛联通公司签署战略合作协议。

五、信息科技建设

搭建分行数据分析平台，完成信用卡类、个金类、公司类等10余项数据应用报表开发；依托总行中间业务平台，完成平度医保清算、财政局非税收缴电子化等6个项目投产上线。加强运维管理，实施网络安全专项整治，圆满保障海军节等重要节点和护网行动重要时期的系统运行，未发生重大系统性故障以及信息安全风险漏洞事件。

六、党的建设持续加强

一是加强理论武装，强化思想建设。定期召开党委理论学习中心组学习会议和民主生活会，党员干部的理论水平和思想认识得到提升。二是持续推进巡视整改常态化制度化，深入推进中央巡视和集团公司党组专项巡视总行党委反馈问题整改。三是扎实推进基层党组织标准化、规范化"示范支行"建设，强基固本。四是高质量推进"不忘初心、牢记使命"主题教育。坚持把学习教育、调查研究、检视问题、落实整改贯穿始终。五是持续推进党风廉政建设和反腐败工作，认真落实中央八项规定及实施细则精神，多形式严查隐形变异“四风”问题，防止反弹回潮；高质量高标准落实巡视巡察工作部署，分两批对4家支行开展巡察工作，发现问题70项；开展党的十八大以来党纪政务处分执行情况检查，组织“形式主义、官僚主义”问题整治工作，切实做好监督执纪工作。六是发挥工会服务职工群众和维护职工群众合法权益的作用，积极推进职工小家示范点建设工作，将“送温暖工程”常态化、制度化；组织开展“新中国成立70周年员工书画摄影展”，在“全国通信职工五人制足球赛”“2019年邮储银行职工篮球赛”等赛事中获得佳绩。（邮储银行／提供）

【中邮保险山东省分公司】 实现总保费收入59.27亿元，比上年增长19.59%，比全省寿险业增幅高9.78%，总保费规模在山东寿险行业列第9位。实现新单保费30.296亿元、期交20.13亿元、长险5.61亿元、续期28.78亿元，分别完成全年计划的100.1%、105.4%、129.4%、102.5%。

3月11—15日，开展“以消费者为中心优化服务”“3·15”系列活动。通过微信公众号转发海报，推送消费者权益保护知识。与省邮政分公司合作，在淄博城区直属、临沂城区直属、济宁曲阜、网点及周边商业街区设立“3·15消费者权益保护”宣传站点、张贴海报、设立宣传栏、悬挂横幅、发放宣传资料，普及保险知识，开展保险和健康知识问卷调查等。

4月18日，分公司“大话西游”保险知识普及微信公众号专栏上线，发布7期，内容涵盖风险概述、风险管理、风险应对、保险概念、保险分类、商保和社保、养老保险等主题。以诙谐幽默、通俗易懂的方式为保险行业做公益宣传，在推广保险保障理念的同时，树立保险业良好的品牌形象。

4月，分公司协同邮政渠道开展“宝猪送福”专项营销活动。省邮政分公司制定配套奖惩政策，中邮保险全力做好培训支撑工作，以活动为抓手做好渠道营销队伍建设。活动取得良好成效，实现“时间过半、任务超半”，为全年目标的达成奠定基础。分公司开展培训讲师核心课程大比武系列活动。比武活动每月举办一期，以基层急需的保障型产品销售、家庭综合保障规划为主题，通过以赛代练，以练促学的方式，打磨核心课程，锤炼实战能力，逐步形成以晋级型进阶培训、深耕型专案培训、胜任型岗位培训为主的“三位一体”培训体系，研发出核心课程近20门。

7月12—13日，分公司举办第二届全省运营技能大赛，通过大赛强化理论和实操业务能力，激发钻研业务，提升全省中邮保险专兼岗队伍的专业水平和综合素质，为中邮保险转型发展提供更好的运营支撑。

7月17—19日，分公司联合省邮政、省行举办“十佳理财经理”大赛，132名理财经理和大堂经理参赛，分公司将中邮长期期交产品销售融入笔试、风采展示、案例编写等环节，以赛代练，有效提升山东邮银营销队伍中邮长期期交销售能力。

7月，分公司联合银行渠道开展“邮惠万家”长期期交技能提升培训项目，加快提升银行营销人员复杂金融产品销售能力，锻炼理财经理队伍，在推动中邮期交、长期期交业务发展的同时，为代理保险和自办保险转型发展打好基础。

8月10日—11月10日，分公司开展以“美好生活 中邮相伴”为主题的客服季活动。活动内容包括中邮保险山东分公司2019年客户回馈专项健康活动、中邮保险山东省分公司2019年少儿邮票设计大赛。

10月—11月，在山东省保险学会组织的山东省财贸金融系统人身保险公司职工职业技能竞赛中，山东分公司获得团体三等奖1项，个人三等奖1项。

11月3—8日，分公司举办全省兼职讲师选拔培训班。各地市选派的100名市级内训师参加评聘，最后评选出71名优秀内训师拟聘为中邮保险兼职讲师，充实中邮保险的培训体系，为中邮保险高价值产品转型发展做好充足准备。

11月25日，分公司与省扶贫开发办、鄄城邮政公司在鄄城左营乡开展中邮保险“十年邮你 健康同行”保险公益扶贫活动。为扶贫搬迁小学捐赠中邮保险爱心书屋，签订6000人保险扶贫赠送协议，邀请体检机构为120余名贫困户进行了防癌筛查，并为贫困户送去米、面、油等生活必需品。

11月30日，分公司作为保险行业唯一代表队进入第二届泉城金融理财师大赛决赛，在69家金融机构和1327名理财师的角逐中，分公司喜获优秀组织机构奖，1人获得大赛第2名，2人获得“十佳金融理财师”荣誉，3人获得“济南百强理财师”荣誉。

12月18日，分公司在泗水县高峪镇举办“十年邮你 健康同行”保险公益活动，通过“健康义诊、赠送保险、爱心助学、慰问贫困户”等活动，为前、后候村免费义诊243人，向高峪镇贫困户赠送500份意外险，向2所小学各捐赠500册图书，为贫困户送去米、面、油等生活用品。

优化理赔特色服务，住院探视基础上，实施“邮爱心”就诊服务，按照活动方案要求，为67位客户发放“邮爱心”服务卡。收到客户锦旗6面。无理赔保监投诉件。分公司被中国人民银行济南分行评为“反洗钱金融机构综合评价A类机构”。分公司风控合规部被山东省反洗钱工作联席会议办公室授予“山东省反洗钱工作先进集体”。分公司邮银业务部被共青团山东省省直机关工作委员会授予“山东省省直机关青年文明号”。（中邮保险／提供）

【中邮证券山东省分公司】

一、经营发展情况

综合收入1656.7万元，全国排名第4位，比上年净增451万元，比上年增长37.4%；其中经纪业务收入1638万元、资管收入18.8万元。其中青岛分公司实现收入796.8万元，全国排名第9位，比上年净增505万元，比上年增长173.1%；东营营业部实现收入2.5万元。累计开户43281户，比上年累计增加4315户；累计有效户4823户，有效户占比11.14%；累计客户资产规模47641.71万元，比上年增长15.64%。其中青岛分公司累计开户503户，比上年累计增加219户；累计有效户88户，有效户占比17.5%；累计客户资产规模42229万元。东营营业部累计开户439户；累计有效户59户，有效户占比13.4%；累计客户资产规模1565.47万元。

二、协同发展措施

（一）协同推动机制规范持续

按照集团公司协同发展要求，在3月山东邮政协同业务联席会第一次会议的基础上，协同工作逐步深入和规范，联合下发《2019年全省邮政代理金融中邮证券发展计划目标》《2019年市场协同工作考核管理暂行办法》《关于协同项目收益分配的指导意见》等文件，理清发展思路，明确工作目标和重点，为协同工作开展提供制度支撑。3月起，参加季度协同全体会议2次、月度协同金融分组会议4次，按照集团公司和总部要求主动对接省邮政公司和省邮储银行，加强沟通协调，促进协同工作的良性运转。

（二）协同发展措施积极有效

在省邮政公司、省邮储银行及有关部门的大力支持下，省邮政公司金融业务部、省邮储银行个金部下发全省2019年中邮证券协同营销活动文件和通知，明确中邮证券三方存管有效户及有效资产计划及要求，将证券三方存管及有效资产列入季度金融竞赛方案。7月，联合省邮政公司金融业务部在全省代理金融专业开展“迎中秋 庆国庆”营销活动，进一步明确目标，出台三方存管开户奖励等激励措施，对市、县分公司及网点三个层面开展评先选优。活动期间三方存管新增2184户，有效资产新增7909.37万元。

（三）协同落实执行扎实有力

为加快推动协同工作迅速扎实落地，分公司配合省邮政分公司、邮储银行省分行下发协同方案，组织开展“协同共赢”专项活动，对分组范围内的市邮政公司、市邮储银行进行调研帮扶，了解协同方案在市、县及网点层面落地情况。走访17个市分公司、5个市行，开展不同范围专题培训50多场，培训人员超过3000人次。针对协同队伍证券基础知识薄弱、营销技能不足等现状，联合省邮政公司对全省证券协同主管（团队经理）150多人开展集中培训，课程内容涵盖投资策略、资产配置、证券基础知识、三方存管开户及交易技巧等内容；5次会同省邮政公司金融业务部通过视频、微信群等形式对全省金融业务部经理、主管、网点支局长、客户经理开展金鹰基金、鹏华基金、南方基金等重点代销基金路演及培训3000多人次；2次会同省邮储银行金融同业部、公司业务部开展对全省市行分管行长、部门经理及条线客户经理的证券资管视频培训。

三、推进自营业务

（一）“春季行动”等重点活动

按照总部《关于开展2019年度经纪业务“春季行动”的通知》以及《中邮证券2019年“开门红”资产管理业务专项劳动竞赛活动方案》等要求，分公司在做好协同推动的基础上，对存量客户分类分层梳理，组织骨干人员通过群发短信等方式，开展多轮次的拉网营销、产品推介。

（二）客户维护体系逐步完善

为提高客户服务能力，分公司对客户进行分析，参照邮储银行客户分层标准，建立客户分层管理体系，实行专属管理。对于50万元以上客户，结合科创板、融资融券等进行重点营销开发，新增两融客户9户（含青岛分公司），实现融资融券业务突破。

（三）重点客户开发

根据资本市场发展规律和形势，分公司突出重点进行市场开发，做好重点客户、重点项目、重点机构的开发和维护，配合运营风控部及东营等分支机构对股权质押客户进行回访，走访重点企业客户搜集储备股权质押资料10多家，攻关私募机构重点客户，发展资产超1000万元大客户1户，实现融资融券的重点突破，还有多个高端客户进行跟踪开发。

（四）营销队伍建设

面向社会招聘专业投资顾问1人，客户经理1名，初步解决分公司专业投顾及营销人员缺失的问题；多渠道招聘经纪人加盟，新增经纪人8名，其中山东分公司3名、青岛分公司2名、东营营业部3名，推动经纪人队伍建设，完善经纪人日常管理制度，加强经纪人管理和考核激励。

（五）投资者教育活动

按照证监会和总部要求，组织开展“3·15”投教活动宣传月投资者教育专项活动、“5·15”全国投资者保护宣传日活动、“股东来了”山东赛区宣传活动，制作宣传材料，开展“走进科创你我同行”科创板普及宣传活动，以及防诈骗投资者教育活动等系列活动，坚持合规经营，保护投资者合法权益。

四、资管投行业务

推动山东德州禹城市众益城乡建设投资有限公司私募债项目，融资规模13亿元，通过公司总部质控审核，将申报材料提交至上海证券交易所；维护现存的两单股票质押业务，做好贷后尽调工作；走访济南市公交总公司、国泰租赁有限公司、山东省泰富资产经营有限公司、山东省融越租赁有限公司等客户，寻找资产证券化业务的合作机会；为禹城城投公司开设新三板账户，计划于2020年增持新三板挂牌企业股权。

青岛分公司证邮银三方发挥各自资源和信息优势，加强政府服务和地方金控平台、上市公司业务对接，借助青岛邮政M6跨境电商产业园项目与李沧区政府、青岛国际院士港、丝路协创中心、AWS亚马逊联合创新中心等项目实现常态化交流与协作，帮助M6引入国内顶尖的园区运营商；借助邮储银行公司部部分授信客户及小微企业名单，已与包括青岛双星、青岛城投在内的优质企业及负责人建立良好的合作意向关系，通过下一步继续深化协同关系、强化协同方案优势，推动落地一系列协同成果。

五、合规风险管控

一是加强合规学习培训，组织分公司工作人员定期开展合规学习与培训，分公司开展合规学习24次，其中参加公司合规培训2次，分公司自行组织培训学习22次，学习内容涉及监管新规、合规案例、业务新规、防范化解金融风险、反洗钱监管规定、反洗钱相关制度等多方面。

二是对分公司合规管理制度和流程执行情况进行合理和有效的监督、检查和评价，深入开展自检自查工作，按照公司总部要求开展合规管理有效性评估、全面风险排查、金融产品销售、反洗钱、投资者适当性、经纪人、防范化解金融风险、账户实名制管理、网上开户客户资料等方面的自检自查18次。

三是守好合规底线，为分公司经营管理、业务开展把好关。完成合规审核事项89项，其中审核监管报送报告28份、业务用印12笔、佣金调整26笔、其他相关材料报送用印12份，各事项均符合业务流程和报送要求，内容准确无瞒报、虚报情况。

六、检查规范选人用人流程

新筹建潍坊轻型营业部1个，提拔轻型营业部总经理1名；分公司本部由于人员调整等原因，新提拔调整2名部室领导人员，分别是市场部经理、资管投行部经理。

七、从严实抓党建工作

（一）从严实抓政治建设和思想建设

及时宣传和执行党的路线、方针、政策和党中央的重大决策部署，贯彻落实上级党组织的决议；制订学习计划，积极组织理论学习，包括《习近平新时代中国特色社会主义思想三十讲》《习近平新时代中国特色社会主义思想学习纲要》以及习近平总书记系列讲话精神等内容，全年累计集中学习26次；按照集团和公司的统一部署，认真开展“不忘初心、牢记使命”主题教育工作，通过调查研究和自我检视寻找生产经营、党建工作中的问题以及群众关心的热点痛点问题，切实落实予以解决。

（二）从严实抓党支部组织建设

党支部党员9人，全部为正式党员，设有青岛党小组，有党员3人，全部为正式党员。按照党章规定，经公司党委批准，党支部于9月29日进行支委会选举，选举产生党支部第一届支委会。

（三）从严实抓组织生活

严格落实“三会一课”制度、组织生活会、民主评议党员等基本制度。按要求和实际需要及时召开党员大会和支委会，每季度组织一次党课学习，支部书记讲党课4次；每月开展主题党日活动，组织形式多样，包括参观革命纪念馆、组织集中学习等；分别于2月27日和8月30日召开组织生活会，于12月26日前完成民主评议党员工作。

（四）从严实抓工作机制运行

将党建工作纳入总体工作布局，以党建工作来指导推动业务工作的开展，制订年度党建工作计划，切实重视党建工作的推进开展；落实“一岗双责”制度，认真履行“第一责任人”职责，签署主体责任书；实行党务公开，全面公开应当公开的事项，包括集团和公司传达的文件精神、党员转正情况以及党费缴纳情况等信息；落实请示报告制度，重要事项及时向上级党组织请示报告；落实党建工作纪实制度，整理文字、影像资料，做到及时、完整、真实。（中邮证券／提供）

【山东省寄递事业部】 全省邮政寄递业务收入29.18亿元，居全国第7位，比上年增长9.2%。利润完成计划任务。

一、机制改革创新

（一）资源整合

落实集团公司改革部署，推进收寄、投递、分拣、运输、航陆对接、指挥调度、服务质量和信息系统“八大整合”，抓好“五大”抓手，各项工作稳妥推进，达到进度要求。一体化改革全面完成，推进寄递事业部横向一体化、纵向专业化改革，完成省、市、县三级寄递事业部一体化改革，对寄递事业部综合职能、市场经营管理、信息技术等工作纳入邮政企业实行横向一体化管理；对网络运营、服务质量以四类业务实施纵向垂直管理。

（二）机制创新

配套完善干部选任、劳动关系、人工成本使用等制度；组织制定寄递事业部薪酬分配管理及揽投岗位薪酬分配指导意见，统一绩效考核办法；实现预算控制、财务制度、审批流程、绩效考核“四个统一”。

二、业务发展

全省邮政寄递业务收入市场占有率9.67%。

（一）标准快递

政务商企全面发力，政务业务实施“项目带动”“首席营销”，商企业务聚焦八大行业、推进“三进工程”，国内标快收入完成7.41亿元，实现小幅增长，利润率34%，居全国第3位。

（二）快递包裹

切入集群市场，发力重点区域，拓展社交电商平台，业务量比上年增长53.7%，实现收入11.67亿元，比上年增长27.3%，超全国平均水平11.5%，量收位次前移2位，收入居全国第4位，超额完成集团公司预算。

（三）国际业务

克服国际小包资费政策调整的不利影响，加快跨境电商业务发展，拓展商业渠道，培育新增点，实现收入4.73亿元，其中国际EMS收入比上年增长35.9%，全国排名第2位。

（四）物流业务

深挖重汽、海尔项目潜力，上线一批新项目，实现收入4.78亿元，增长4.5%，收入规模保持全国第3位。

三、基础能力建设

（一）加大处理中心能力投入

全省投入3300万元，为17个市处理中心和58个县处理中心、大宗收寄点配置收寄一体机、胶带传输设备、分拣格架、邮袋等工艺设备，提升了邮件处理自动化、机械化能力。加快青岛、潍坊、济宁、临沂邮件处理中心分拣机工程建设和集包点设备配备进度，解决了能力缺口，满足旺季生产需求。

（二）信息技术支撑能力增强

“双效智能提升系统”一期建设初步完成，构建从收寄到投递邮件全生命周期的监控分析体系，“事前”“事中”监控邮件、邮路运行情况，解决时限管理的难点。揽投岗位计件薪酬系统完成内部测试，系统助力揽投岗计件薪酬分配优化调整，为分配机制改革提供支撑保证。

四、网络建设与流程优化

（一）优化重构省内网

组建以潍坊和济南为中心的省内次晨达和次日递网络，省内互寄标快次日上午妥投率、次日妥投率和快包的次日妥投率分别为84.07%、95.38%和92.47%，比上年最好水平分别提升21.64%、7.22%和19.25%。

（二）市级处理中心

市级处理中心由34个整合为21个，盘活自有场地4500平方米，年节省一干费用约3000万元。

（三）优化重点县、市干线邮路

快递包裹业务量较大的13个重点县与济南邮区中心局建立直发邮路，每天约10万邮件减少一次省内经转，直发邮路截邮时间延后1—2小时。

（四）启动快递包裹集包作业

省际出口快递包裹应集已集率70.6%，前置集包率63%以上，达到集团公司的要求。

（五）千线提速

调整网络、优化流程、落实责任、强化管控，完成全省81条标快和103条快包“千线提速”任务。

五、质量管控

（一）规范质量管理体系

实施服务质量指标星级评定，市寄递事业部星级评定结果每周通报，督促后进，协同整改。完善质量考核，建立员工质量档案，确保质量责任落实到人。

（二）优化客服体系流程

整合邮速双方客服体系，成立跟单、工单、理赔、申诉和细化5个工作小组，明确工作职责，统一服务模式和流程，提高问题解决效率。问题邮件一次及时有效解决率90.82%，全国排名第6位；理赔及时率97.97%，全国排名第7位；及时揽收成功率95.64%，邮件丢失率十万分之0.95，速递业务投诉率万分之2.53，速递业务申诉率百万分之1.03，服务质量指标均达到总部标准，全年未发生重大客户投诉及媒体曝光事件。

六、党建工作

（一）主题教育

把握“守初心、担使命，找差距、抓落实”总要求，一体推进学习教育、调查研究、检视问题、整改落实四项重点措施，围绕五个具体目标，推动将初心使命转化为新时代邮政的“六个责任担当”，取得实实在在的成效。

（二）党建基础建设

坚持党建统领，突出党的政治建设，落实“三个第一时间”学习机制，深入推进基层党组织建设达标工程和创先争优活动，党建与中心工作深融互促的广度、深度和实效进一步显现。

（三）党风廉政建设和反腐败

经常开展纪律教育和警示教育，运用监督执纪“四种形态”，持之以恒落实中央八项规定精神，反腐败斗争压倒性态势已经形成并巩固发展，不敢腐的目标初步实现，不能腐的笼子越扎越牢，不想腐的堤坝正在构筑。（山东省邮政分公司／提供）

河南省

【河南省邮政分公司】 全省邮政（含寄递事业部）实现收入143.24亿元，完成集团公司考核预算的101.54%；比上年增长7.64%，超过全国平均水平1.31%；完成集团公司下达的利润预算目标。

一、经营发展

（一）金融业务

全面推进“四个转型”（业务转型、网点转型、风控转型、队伍转型），实现收入 83.15 亿元，比上年增长 5.61%。新增金融总资产 818.7 亿元。其中，新增余额 497.73 亿元，居全国第 2 位。新增保费 240.74 亿元，中邮保险业务提前完成集团公司下达的总保费和期交保费目标。

（二）寄递业务

实现收入 31.93 亿元，比上年增长 13.6%。业务量自 2019 年 8 月起连续 5 个月比上年增长 30% 以上，其中 11 月业务量增长 55.2%，收入增长 44.5%，分别高于行业平均水平 17% 和 14.8%。强化散件揽收，新增效益贡献明显。

农村电商工作积极推进。培育优质邮乐购店 2.7 万个，居全国首位。加快便民服务及邮政业务叠加，增强了邮政与站点间的黏性。提炼总结农村电商发展“建设、管理、服务、复用”八字真经，制定全省邮政综合服务平台建设规划和实施方案，为下一步加快农村电商发展明确了方向。

邮务类业务发展保持稳定。集邮、函件业务分别实现收入 5.2 亿元和 2.7 亿元，均超额完成预算目标。集邮电商销售额达 1.3 亿元，居全国第 1 位。发行业务完成收入 5.17 亿元，在纸媒市场萎缩的形势下，实现增长 5.35%。

协同优势进一步显现。进一步完善协同工作机制，建立协同考核体系，明确协同收益分配制度。推进汽车产业链、政务服务、惠农服务等板块协同项目，实现收入 1.65 亿元。与河南税务、河南联通等签订了战略合作协议，对外合作进一步加强。

二、责任履行成效彰显

（一）筑牢普遍服务根基

全省建制村通邮率、乡镇邮政局所覆盖率、普遍服务业务开办率、县及县以上城市党政机关《人民日报》当日见报率均保持 100%；普邮全程时限、营业服务、投递频次和深度全面达标。机要通信连续 15 年保持质量全红。

（二）主动服务国家重大战略

助力打好“三大攻坚战”，以实际行动践行央企责任。精准扶贫工作卓有成效。统筹推进定点扶贫、电商扶贫、金融扶贫工作。全省邮政先后选派驻村第一书记 105 人、驻村工作队员 281 名，对全省 164 个定点扶贫村开展驻村帮扶工作，投入扶贫资金 389 万元，切实帮助贫困群众解决实际困难。绿色邮政建设持续推进。践行绿色发展理念，绿色包装箱和窄胶带覆盖全省所有网点，推广使用可降解环保快递包装袋、包装箱，首批 556 个快递包装回收装置投入使用，电子面单使用率超过 99%。具备条件的城市新增揽投车辆全部采用新能源车。风险防范工作扎实有效。开展金融案件警示教育和案防“霹雳行动”，实现综合柜员派驻制管理全覆盖，全年未发生重大金融风险和重大安全事故。

河南省邮政分公司服务“三农”、助力夏粮收购。

三、改革工作

（一）寄递体制机制改革

实施省、市、县分公司与同级寄递事业部本部一体化管理，规范寄递事业部管理序列薪酬项目，统一邮速双方的管理及专业序列绩效薪酬基数，建立生产人员统一的薪酬分配制度，促进人合心合。出台“众创众享”实施办法，为推进销售化转型提供机制保障。

（二）网运改革

持续优化省内网络组织，强化省际网络组织，加密省际直发网络，拓展高铁运邮渠道，协调邮航优化作业组织，网运整体时限加快。推进快递包裹集包作业，减少处理成本，提升处理效率。推动农村投递转型，组开县乡二频邮路，开展邮件转窗投工作，加大揽收激励力度，在缓解投递压力、提升时限水平的同时，提升网点获客能力。

四、能力建设

（一）基础能力建设

普遍服务能力持续提升。建设完成仓储配送中心 7 个，配置县乡物流配送车辆 70 台，服务“三农”能力不断增强。自助设备点均布放量居中部省份第 2 位，企业竞争力进一步提升。

（二）寄递网能力

投资 3.37 亿元，完成改造 10 个邮件处理中心，新增日处理能力 255 万件。郑州邮区中心局建成全国邮政首家装车指廊。

（三）信息化能力

推动新一代寄递平台 V3 升级等 21 项集团公司统建信息化项目落地，建设推广“河南邮政智慧营销 1.0”“投递小能手”等信息系统，促进科技创新与业务融合。自主开发的寄递业务移动聚合支付和新乡邮政金融客户管理系统分别荣获集团公司科技创新成果一、二等奖。

五、管理效能

（一）财务管理

开展省内责任中心损益核算，推动全环节、端对端对标立标。初步构建寄递财务标杆体系，对15项核心指标进行重点管控。建立高质量发展考核评价指标，将省寄递事业部纳入省分公司整体绩效考核体系，实现绩效考核全覆盖。

（二）人力资源

优化金融网点人员配置，配套完善金融网点绩效考核政策，建立归口明晰、协作配合的业务外包申报审批工作机制，规范了业务外包管理。

（三）集中采购和审计监督

狠抓制度建设和流程优化，加大集中采购力度。聚焦寄递业务改革、金融风险防控、内控合规管理、领导人员履职尽责等重点内容，实施审计项目。

六、党的建设

（一）理论武装进一步强化

深入学习习近平新时代中国特色社会主义思想；落实“三个第一时间”学习机制，及时跟进学习习近平总书记重要讲话精神和党的十九届四中全会精神，广大党员干部知信行合一的能力得到提升。

（二）主题教育高质量开展

在全省邮政自上而下分两批扎实开展“不忘初心、牢记使命”主题教育。省分公司在破解企业改革发展难题的同时，牢固树立“员工是亲人”的管理理念，聚焦员工最急最忧最盼的问题，落实调整交通费和取暖补贴标准、解决金融网点员工夜间值守问题等10件实事，得到了中央第十二巡回督导组的充分肯定。

（三）巡视整改和巡察工作扎实推进

持续深化中央巡视整改工作，强化对巡视整改落实情况的监督检查和跟踪问效。开展两批内部巡察工作，推动全面从严治党向纵深发展。

（四）基层党组织建设持续加强

完成省分公司党组改党委工作。在省市寄递事业部一体化改革中，及时调整党组织设置。出台党员挂点工作制度，持续提升基层党的组织覆盖。推进了基层党组织建设达标工程。

（五）党风廉政建设进一步强化

持续加强纪律教育，针对巡察发现问题召开警示教育大会，定期编发违规违纪典型案例，教育党员干部明底线、知敬畏。强化监督执纪问责，强化不敢腐的震慑、扎牢不能腐的笼子、增强不想腐的自觉。

（六）干部人才队伍建设不断加强

制定省分公司所属单位（部门）的领导班子和领导人员综合考评办法、干部调整十大原则。进一步优化了领导班子的年龄和学历结构。建立优秀年轻干部人才库。加大双向交流力度，为年轻干部搭建学习、锻炼、成长的平台。被省政府授予服务河南经济社会发展先进中央驻豫单位，完成省级文明单位重新创建工作，被省委、省政府授予第十一届全国少数民族传统体育运动会筹办工作集体嘉奖。安阳市分公司获全国实施用户满意工程先进单位，全省邮政有7个集体、45名个人获得市级及以上荣誉称号。

（河南省邮政分公司／提供）

【邮储银行河南省分行】 河南省分行设有部门22个，下辖二级分行17个、直属支行2个、1个直属单位（营运中心）；辖内邮政金融网点2287个，其中银行自营网点463个、代理网点1824个。员工10932人，其中本科及以上学历员工7338人，占比67.12%。

一、经营概况

实现收入124.3亿元、利润69.4亿元，均列邮储系统第1位，收入、利润分别增长8.72%、25.52%。总资产7939亿元、总负债7870亿元，均列省内六大行第1位。其中，各项存款余额7368亿元，年净增640亿元，均列省内六大行第1位；自营存款余额2688亿元，列邮储系统第1位。自营个人存款余额、公司存款余额、非房消费贷款余额、“电商邮速贷”余额、信用卡新增发卡、ETC发卡量、“邮惠付”收单等50余项业务发展指标列邮储系统第1位。

二、业务发展

（一）个人金融业务

自营储蓄年净增109.01亿元，余额规模1531.98亿元，列邮储系统第1位；新增市场占有率13.72%，余额市场占有率15.33%，均列省内商业银行第1位。

（二）个人信贷业务

个人贷款余额1864.36亿元，列邮储系统第2位，净增269.63亿元，列邮储系统第3位。经营性贷款余额和净增市场占有率列省内商业银行第1位；个人消费贷款和房贷新发放利率均列邮储系统第1位。

（三）小企业金融

小企业贷款余额98.67亿元，净增14.21亿元，完成总行考核目标的123%。

（四）公司业务

公司存款深入推进“固本提标”和“开户攻坚战”活动，新增公司客户1971户，存款日均34亿元，新增机构账户1602个，完成总行计划的267%；余额1155亿元，日均余额1209亿元，均列邮储系统第1位，净增33.45亿元，列邮储系统第2位。公司贷款余额631.26亿元，列邮储系统第4位，净增121.82亿元，列邮储系统第1位。

（五）金融市场业务

新增同业融资117.6亿元、同业投资103.43亿元，投资地方政府债和企业信用债增幅分别为27%、44%。

（六）网络金融业务

新增邮惠付商户10.83万户，是邮储银行首家新增商

河南邮政金融开展旺季“开门红”活动。

户突破10万户的一级分行，绑定存款余额31.10亿元，新增商户数量、存款余额、交易笔数、交易金额四项指标均居邮储系统首位。新增手机银行激活客户107.10万户、结存577.12万户，新增快捷支付绑卡143.54万户、结存765.57万户，手机银行活跃客户突破101.20万户，五项指标均居邮储系统第1位。

（七）信用卡业务

新增发卡64.12万张，新增客户44万户，结存240.65万张，是邮储系统唯一超过200万张的分行；收入9.4亿元，三年实现翻番。发卡、新增客户、收入增幅均超过省内四大行。

（八）中间业务

实现中间业务收入14.9亿元，列邮储系统第3位，中间业务收入占比提升至12%，三年提升13个位次。

三、党建工作

（一）开展“不忘初心、牢记使命”主题教育

省、市、县三级班子均组织、参加不少于5天的集体学习研讨。4300多名党员参加“三会一课”学习，开展“不忘初心 牢记使命 忠诚履职 做银行转型的奋斗者”大讨论活动。省、市分行班子共开展调研170多次，制定解决措施644条，解决基层群众最急最忧最盼的问题86个。

（二）党建主体责任全面落实

省分行全年召开50次党委会，研究贯彻落实上级党组织的各项部署；全辖223个党组织层层签订《全面从严治党主体责任书》，压实管党治党主体责任；出台加强党的政治建设58项具体举措。省分行党委开展中心组学习18次、“三个第一时间”学习16次，对习近平总书记重要讲话精神、党中央重要会议、文件精神等64项内容，第一时间组织学习。持续推进基层党组织建设达标工程、“强基固本”质量提升工程、落实中央巡视整改持续推进计划，建立中央巡视整改月例会和季度评估机制，整改完成率96.3%；落实集团专项巡视整改，整改完成率95.24%。

（三）从严治党全面加强

6家二级分行党委书记开展现场述职。省、市、县三级党组织抓党建述职评议考核实现100%覆盖。

四、品牌形象

河南省分行获得“全国文明单位”“全国五一劳动奖状”荣誉。行长金春花当选中国妇女第十二次全国代表大会代表、河南省第十三届人大代表，被授予“全国金融系统文化建设十大标兵”“河南省五一劳动奖章”“河南省劳动模范”等荣誉称号。省分行“三农”金融事业部被全国妇联评为“全国巾帼建功先进集体”，开封市中心支行营业部、驻马店市置地大道支行获得“全国巾帼文明岗”荣誉称号。

五、防控风险

全行未发生案件、系统性风险、重大负面舆情事件、重大外部处罚；信访举报数量、监管处罚笔数和金额、不良贷款增幅均实现比上年下降。全行不良余额15.84亿元，比上年增长0.83亿元，不良率0.49%，下降0.06%，不良率为省内同业平均水平的1/6。清收处置不良贷款14.7亿元，比上年增长2.24亿元。连续2年在总行机构风险评价中列第1位，在总行不良贷款清收处置能力提升竞赛活动中获团体一等奖。连续3年被总行评为案件防控工作先进单位，荣获总行“金盾奖”内控风险管理优秀单位。

六、精细管理

通过定价管理，全行增加收入超过3亿元；新发放贷款平均收益率6.44%，列邮储系统第1位。全面推行线上评级更新，公司授信实现一站式申报。全辖417支授权交易上线率100%，15支交易实现机器人自动审核处理，人脸识别使用率、免填单交易、统一柜面等新功能上线率100%。参加邮储银行授信业务审查审批技能竞赛，荣获二等奖。

七、队伍建设

持续推进“百名大学生培养工程”，开展“百名人才社招工程”，加快推进中青年干部培养，开展省、市、县青年干部双向挂职，畅通员工晋升通道，严把校园招聘准入关，加大知名院校、研究生录用力度，全面优化专业队伍结构，为适应业务发展提供保障。

八、和谐银行建设

连续开展建言献策活动，收到合理化建议256条，解决基层行关心的问题；分支行职工小家覆盖率100%，逐步在全辖推行“妈咪小屋”标准化建设。全面推广风控优先、专业专注、担当奉献的企业文化。

九、协同发展

与河南省人力资源与社会保障厅签署的《“大众创业惠民工程”战略合作协议》，锁定未来5年400亿元的创业担保贷款业务市场；与省妇联开展合作，实现放款

9554笔、18.21亿元，完成年度计划的182.1%；实现全省农民工工资代发监管平台“一点接人”；与省退役军人事务厅签署《拥军优抚合作协议》，发放退役军人服务卡4.15万张，“电商邮速贷”相关产品余额87户、金额1.4亿元，列邮储系统第1位。试点开展代理营业机构信用卡线上引荐工作，引荐发卡、新增客户均列邮储系统第2位；ETC发卡183.9万张，列邮储系统第1位。（邮储银行／提供）

【中邮保险河南省分公司】 总保费52.4亿元，居全国第5位，完成计划的102%。期交新单17.4亿元，完成计划的104%，其中长期期交超常规发展，实现保费4.90亿元，居全国第4位，增长117%，特别是5年期交及以上长期期交新单保费位居全国第1位。续期保费25.5亿元，完成计划的105%。个团险保费3010万元，达成目标。对标同业，新单总保费、期交新单保费两项重点规模指标，居全省银行系保险公司首位。

一、服务支撑

邮银协同深入推进，构建自办保险常态化发展的保障机制；协同政策更加到位，联合召开中邮专题协同会、业务推进会，推动省公司“八个落地”有效落实，首次融入企业跨年竞赛活动。营销组织更加精细，开展期交营销项目65个，组织季度活动，创新策划“魅力女性　邮你做主”“我运动　我健康”等主题活动。举办13期市、县团建拓展培训、10期千名理财经理培训、5期荣誉定制培训；壮大专兼职讲师队伍，深度开发16门课程，累计组织培训500余场次，覆盖1.54万人次。

二、专业能力

对标交流持续深化，与建信人寿、农银人寿、弘康人寿等7家银行保险机构开展交流；到江苏、湖北、江西分公司进行实地调研，与山东、广东、湖北省分公司联合开展干部员工培训，立标对标达标，有效提升工作质效。运营效率稳步提高，加速运营服务线上化，推广微信服务、运营规则二维码。出险支付时效比上年减少80天；全省线上承保率97.9%、保全录入修改率0.7%、两日结案率99.75%，关键指标持续改善。续期能力不断提升，强化精细管理，推广试点应用，13个月保费继续率95.97%、25个月保费继续率98.17%，排名连年上升，续期管理系统上线试点工作得到总部肯定。客户体验得到改善，回访成功率99.9%，亿元保费投诉量0.02件，保持行业较优水平；创新策划“品非遗文化　领河南风采”“走进电影小镇”等线上线下主题活动23场次，覆盖客户6200余人，受到监管部门、邮银渠道和广大客户的高度认可。个团险业务稳步推进，新承保夏粮、秋粮农用收割机手等项目，实现团险保费2958万元。发挥营业部窗口功能，实现个险保费52.6万元。

三、综合管理水平

风险管控效能不断提升，协同邮银深入推进“亮剑行动”、乱象整治“回头看”，联合出检102天；开展反洗钱、非法集资等风险排查，未发生重大风险事件；开展各类合规培训27场次，荣获中邮保险第一届风险合规知识竞赛决赛团体二等奖。财务管控更加有效，资源使用精简高效，预算完成率100%；优化采购流程，公开采购率达98%；加强税务管理，获评全省税务系统纳税信用A级单位；强化财务核算和资金管理工作，荣获总部基础工作考评二等奖。队伍建设持续加强，完善部门绩效考核及员工评价体系，出台业务发展专项支撑方案，激发全员干事创业积极性；开展职工培训8期，持续提升队伍素质。

四、党的建设深入推进

理论学习进一步强化，开展“理论武装提升行动”，深入学习习近平新时代中国特色社会主义思想；落实“三个第一时间”学习机制，组织党委理论中心组学习12次，交流研讨9次。压实管党治党政治责任，组织召开党的建设暨组织工作会议，签订《全面从严治党主体责任书》，强化“一岗双责”落实，推动全面落实管党治党主体责任。扎实开展“不忘初心、牢记使命”主题教育，组织专题辅导、实地参观等主题学习10次，深入郑州、南阳等5个地市开展调研，整改完成或阶段性完成100%。加强基层党组织建设，开展基层党组织达标建设和创先争优活动，按期完成“两委”换届，认真做好党员发展工作，吸纳入党积极分子3人，发展预备党员3人。党风廉政建设进一步强化，开展各类专项监督检查18次，谈话提醒88人次；开展焦裕禄红色教育实践、内黄监狱警示教育等活动，教育党员干部明底线、知敬畏；聚焦形式主义、官僚主义突出问题，开展季度“回头看”，中层及以上领导调研507天，有效提升作风建设成效。

五、品牌形象进一步提升

履行央企责任，认真落实光山扶贫项目，援建党建活动室，开展爱心捐赠助学、健康咨询乡村行等活动，为9.71万余名建档立卡贫困人口提供60.28亿元风险保额，扶贫工作入选中央国家机关脱贫攻坚成果展。社会品牌形象迅速提升，创新开展抖音、微信朋友圈、视频彩铃等新媒体宣传，发表新闻稿件240余篇，获得郑州市人民政府授予的“郑州市文明单位”称号；当选河南保险行业协会监事会会长单位；获得《河南商报》“2019年度精准扶贫贡献奖”“年度优秀服务保险公司”等3项荣誉大奖；公司连续2年绩效考核被总部评为A级，获得2019年“中国保险业年度经理人”。员工幸福感不断提升，组织“寻找身边先进典型、讲好中邮保险故事”活动，慰问34人次；举办诗歌朗诵、羽毛球、健步走等文体活动。（中邮保险／提供）

【中邮证券河南省分公司】 实现收入105.8万元，利润292.1万元（其中218万元为省内政策性补贴）。其中经纪类收入为90万元（含保证金利息收入），资管类收入15.8万元，两融利息收入1.3万元。

一、经纪类业务

全省证券账户总量26618户，有效户4795户，有效户率18%。另外，开发机构户1户，融资融券5户，累计引入托管资产1.57亿元，实现产品销售2.86亿元。

（一）协同工作

联合省邮政金融业务部、省分行个人金融部分别下发《关于开展协同发展中邮证券有效户专项营销活动的通知》，发展质量大幅提升。联合省邮政分公司市场部下发《关于组织开展2019年中邮证券营销活动的通知》，确定全年的协同目标，明确重点考核指标。按照集团公司张金良总经理提出的“十大抓手增活期”相关要求，联合邮储银行下发《关于开展协同发展中邮证券有效户、两融户专项营销活动的通知》，主推有效三方存管账户和高净值账户的拓展。针对重点基金销售，联合省邮政金融业务部下发《关于开展中邮证券专项营销活动的通知》。

（二）培训工作

开展各类培训60余场，特别是《关于组织开展2019年中邮证券营销活动的通知》下发后，分公司在1个月内密集开展培训，平均每两天举办一场，覆盖大部分市邮政分公司和部分市分行。除现场培训外，还利用远程桌面培训、电视电话会议培训、微信语音助手培训、斗鱼直播等多种形式满足基层培训要求，同步借助产品卡片、每日信息等简明图文开展业务介绍和推广，对于部分重点网点，分公司开展了送培训到网点活动，组织一对一、一对多的面对面培训。培训重点主要集中在交易型有效户营销、鸿利来系列产品的销售、两融户发展、科创板预等业务领域，取得较好效果。

（三）产品销售

金鹰元祺信用债销售408.32万元，位居全国第3位；鸿利来系列产品销售2.14亿元，仅次于山西、江苏，居全国第3位；9月，实现南方祥元基金销售4200万元，基金销售首次突破千万元，基金销量居全国第3位，带动有效户新增近1000户。

（四）两融业务

发展两融户5户，另有4名客户完成总部授信，融资余额368.6万元。总部在10月派指导老师专程赴河南指导两融业务，与分公司共同分析了市场情况、发展路子、存在问题和解决办法，分公司也对存量客户和拟开发客户重新梳理，并初步同省邮政公司、省邮储银行完成重点网点协同发展两融业务的沟通工作，为两融业务打开局面奠定了基础。

二、资管、投行类业务

（一）客户资源

在各板块的协同支持下，分公司筛选、整理企业资料312家，并联合各级邮政分公司及邮储分行实地拜访71家，有效积累客户资源，为后续各板块协同开展综合服务奠定发展基础。

（二）项目开发

分公司结合省内资本市场发展环境，以股票质押、资产证券化（ABS）、同业存款、财务顾问、政府专项债等业务为重点，整合板块资源，进行业务开拓，向总部申报立项业务13单。其中8月协同省邮储银行落地一笔同业存款项目，总额1.5亿元，利率3.9%，期限9个月，预计整体收入近7万元。股票质押方面，通过与省行联合拜访省内优质客户，实现上报2笔股票质押项目（分别为牧原股份和中钢天源），其中牧原股份是省内龙头上市公司（前期已经过会但尚未提款）、中钢天源为省内金属制品检测细分领域龙头企业，另外有一潜在客户已完成意向对接（新天科技），分公司同以上3家上市公司均保持着密切联系，项目稳步推进。地方政府专项债（投行）方面，通过紧密的银证协同工作，分公司初步建立起从地方承揽到省级承做方面的地方债综合服务链条。完成平顶山、焦作、济源、安阳、许昌5个地市9个政府专项债项目的承做并上报省财政厅。推进其他3个地市6个县区10余个政府专项债项目的开发工作，协同邮储分行一道为地方发展提供专业服务。资产证券化（ABS）方面，报总部项目5单（长葛自来水、沐桐环保、河南电建、开封公交、中原环保），并对接中建七局、妙优车等ABS项目，其中妙优车项目为集团公司及省邮政分公司关于汽车产业链方面的重点协同项目，分公司针对妙优车业务模式和发展规划，提出通过资产证券化业务开展融资，双方就业务细节及各参与方进行各项沟通。新三板方面，累计上报潜在挂牌企业5家，并重点跟踪已挂牌企业，同银行协同开展三板贷业务。针对中邮证券辅导挂牌的烨达新材，分公司在配合总部做好日常持续督导工作的前提下，同当地邮储分行一道深入发掘客户需求，并就“三板贷”、股权质押等综合金融服务方面开展实质性探索。落实集团公司关于在电商产业方面开展业务协同的要求，拜访郑州市邮政电商产业园及其主要电商企业，并就新三板挂牌、财务顾问等业务开展沟通。另外，分公司协同省邮政分公司完成豫邮金大地财务顾问项目的立项并进入实质谈判阶段。

（三）外部资源拓展

通过资管投行等各项业务的开发工作，分公司同多家金融同业、上下游服务机构等建立沟通合作关系。完成与中原保理、郑州市国资委、广发银行郑州分行、焦作市金融办、济源市财政局、大成郑州律师事务所等30余家单位的走访和对接工作，涉及政府部门、银行、中介服务机构、社会团队等多个层面，初步建立合作关系。

三、合规风控工作

举办反洗钱培训 8 场，赴基层开展反洗钱宣传 28 次，按照总部及监管部门要求，认真开展内部自查自纠、反洗钱检查等相关工作，除两融业务出现一电子留档文件客户签名不完善的问题之外，未发生其他风险合规事件。

四、党建纪检工作

以组织生活为基本形式，以落实党员教育管理制度为基本依托，深入学习十九大会议精神和习近平总书记系列重要讲话精神，持续推动“两学一做”学习教育活动，坚持“三会一课”制度。组织党员干部集中开展党务学习会议 54 次，全体党员大会 4 次，党课教育 4 次，谈心谈话 3 次，全体党员党务学习 236 项内容。开展组织生活会两次，分别是：2018 年度组织生活会和主题教育组织生活会；3 月 11 日，随组织生活会开展 2018 年度民主评议党员工作；12 月 26 日，开展 2019 年度民主评议党员工作。

针对 2019 年巡视整改工作，按照总部党委《关于印发 2019 年对中央巡视整改情况开展监督检查工作方案的通知》文件要求，召开巡视整改专题部署、推进工作会议 2 次，巡视整改周例会 4 次，组织分公司员工集中学习开展巡视相关内容 10 项。通过进一步围绕巡视重点问题，深挖根源、深刻反思，明确分工、责任到人，制订 2019 年巡视整改计划表，重点针对 4 大方面，9 个主要问题，13 个具体问题，制定 42 项整改措施，全部整改完成。8 月 19 日，召开支部委员会，根据集团公司党组第二巡视组对中邮证券有限责任公司党委中央巡视反馈整改落实情况专项巡视反馈意见，结合分公司实际情况，举一反三，深入研究，查找差距，研究讨论并补充分公司 2019 年中央巡视整改持续推进工作计划表，新增整改措施 21 项，全部整改完成。（中邮证券 / 提供）

【河南省寄递事业部】 全省实现业务收入 31.93 亿元，比上年增长 13.6%。业务量自 8 月连续 5 个月比上年增长 30% 以上，其中 11 月业务量增长 55.2%，收入增长 44.5%，分别高于行业平均水平 17% 和 14.8%。

一、经营发展

（一）标快业务

聚焦“政务、商企、现费”三大市场，紧盯目标客户，建立重点客户销号制、标快业务发展日通报和旬推进制度，推进国内标快业务发展，整体发展趋势稳中有升。全省实现收入 4.89 亿元，居全国第 9 位。

（二）国际业务

主动融入郑州航空港综合实验区建设，打造郑州国际航空邮件枢纽口岸。国际邮件业务量 5580 万件，全国排名第 6 位，货邮吞吐量 1.8 万吨，在郑州机场出境国际货邮企业中位居第 1 位。持续提升直飞直航能力，开通美国、英国、法国、德国、荷兰、意大利等 37 条国际邮件直航线路，日均新增运能 20 吨以上。发挥“三关合一”优势，与海关、国检和保税物流中心等深度合作，为跨境电商客户提供仓储、配送等“一站式”服务，开办跨境电商 9610、中速 DPD 等新兴跨境电商产品种类，构建跨境电商产业生态链。完成出口跨境电商业务量 4966.5 万件，业务量市场占有率 91.6%。全省国际业务收入 11.97 亿元，比上年增长 11.51%，收入规模全国排名第 6 位。

（三）快递包裹业务

以大型电商平台客户为抓手，以“规模发展、提升效益”为主线，聚焦重点客户、聚焦集群市场、聚焦重点项目，全省完成收入 9.27 亿元，比上年增幅 19.94%，收入规模、比上年增幅均居全国前 6 位。尤其是“双十一”快递包裹收寄量突破 1468 万件，增幅 79%，高于行业平均水平 40%。

（四）物流业务转型发展

以纵深推进“创新发展物流业务”为目标，以打造仓配一体化平台为核心，以合同物流、零担重货业务发展为抓手，以通信（高科技）、汽配、鞋服、快消、医药、战略（烟草、军民融合、中盐）六大行业为支柱，业务收入稳步增长。全省实现收入 5.27 亿元，全国排名第 2 位，收入比上年增长 38.94%。

二、寄递改革

（一）寄递体制机制改革

实施省、市、县分公司与同级寄递事业部本部一体化管理，提升管理效能。在全国率先规范寄递事业部管理序列薪酬项目，统一邮速双方的管理及专业序列绩效薪酬基数；建立生产人员统一的薪酬分配制度，促进人合心合，充分调动了寄递条线员工干事创业的积极性。开展寄递事业部全岗位定员工作，保障生产经营管理骨干和一线揽投力量。“五大体系”抓手深入推进，“八大整合”工作全面完成。出台“众创众享”实施办法，为推进销售化转型提供机制保障。强化散件揽收考核，全省揽投员日均散件揽

河南省邮政分公司开展高考录取通知书投递工作。

收量由7月的每人1件提高到12月的4.08件，快包平均单价12.1元/件，新增效益贡献明显。

（二）网运改革

持续优化省内网络组织，新开通13条省内二干邮路和15条区内互寄邮路，对79条“大提速”线路逐条优化，其中72条线路已赶超主要竞争对手。强化省际网络组织，加密省际直发网络，拓展高铁运邮渠道，协调邮航优化作业组织，全力提升62个重点城市等区域传递时限，网运整体时限加快。推进快递包裹集包作业，全量集包率67.94%，减少处理成本，提升处理效率。推动农村投递转型，组开县乡二频邮路，开展邮件转窗投工作，加大揽收激励力度，在缓解投递压力、提升时限水平的同时，有力提升了网点获客能力。

（三）寄递网能力

投资3.37亿元，是近年来寄递能力建设投入最大的一年，也是邮件处理能力提升最快的一年。10个邮件处理中心完成改造，新增日处理能力255万件。郑州邮区中心局建成全国邮政首家装车指廊。郑州航空邮件处理中心项目优化调整方案得到集团公司批复，为下一步提升河南邮政口岸能力创造条件。

（四）信息化能力

推动新一代寄递平台V3升级等集团公司统建信息化项目落地，建设推广“投递小能手”等信息系统，促进科技创新与业务融合。自主开发的寄递业务移动聚合支付荣获集团公司科技创新成果一等奖。

三、牢记为民使命，担当国企责任

（一）拓展政务便民服务

服务政府“放管服”改革，主动融入“互联网+政务”服务，打造邮政电子政务服务平台，承接政府各类公共服务。全省与57个行政服务中心实现系统对接，累计服务群众1363万人次，切实减轻政府部门行政服务窗口压力，方便群众生产生活。

（二）助力污染防治攻坚战

践行绿色发展理念，推进邮政包装绿色化、减量化和可循环，绿色包装箱和窄胶带在全省所有邮政网点全面投入使用，推广使用可降解环保快递包装袋600万个、包装箱26万个，首批556个快递包装回收装置投入使用，电子面单使用率超过99%。持续推进生产运行中的节能减排，开展绿色运输工作，报废113辆老旧燃油车，向集团公司申报新能源车辆463辆，努力将河南邮政打造成为“绿色运营的践行者，绿色生活的推动者，绿色生态的守护者，绿色品牌的塑造者”。

（三）把“精准扶贫”落到实处

以“精准扶贫”和“农产品进城”为切入点，整合利用邮政线上线下资源，创新“邮政+平台+电商+农产品”服务模式，通过邮政电商平台销售，打造具有邮政特色的电商扶贫模式，努力打通农产品进城绿色通道，助力发展农村电子商务。全省寄递农产品快递包裹邮件1618万件、3.26万吨，货值约2.7亿元，帮助农民实现有效增收。（河南省邮政分公司／提供）

河南省邮政分公司提升普遍服务，严重雾霾天气坚持投递。

湖 北 省

【湖北省邮政分公司】 全省收入利润率3.59%、净资产收益率17.71%；收入规模达到101.3亿元，居全国第6位，比上年增长6.7%，高全国平均水平0.17%；劳动生产率34.46万元，比上年增长2.05万元。客户服务满意度86.55分，提高3.65分。省分公司蝉联湖北企业100强，位居第56位，比上年前进5位；蝉联湖北服务业企业100强，位居第20位，比上年前进3位。

一、业务发展

（一）代理金融

实现收入60.48亿元，居全国第5位，增长4.96%，高于全国平均水平0.04%。其中，保险收入11.54亿元，居全国第4位，增长18.14%。新增综合资产619亿元，居全国第4位。其中，新增余额266.1亿元，比上年多增44.4亿元；新增保费242.67亿元，居全国第2位，银保市场占有率47.62%，连续5年保持省内同业最高。新增手机银行有效户134.39万户，客户规模846.1万户，居全国第6位。

（二）寄递业务

实现收入23.93亿元，增长13.81%，高于全国平均水平1.5%。其中，收寄农特产品2785万件，实现收入1.41亿元。集团公司与华为公司签订战略合作协议后，首个仓配项目落地武汉，实现收入605.6万元。

（三）电商分销

实现收入6.18亿元，比上年增长8.9%。实现批销交易额 12 亿元，比上年增长 32%。实现金融转介 8.8 亿元，发放联名信用卡 1864 张，代投包裹 47 万件。实现自营批销额 5.6 亿元，分销商品毛利率 14.2%，高于全国平均水平 4.4%。税邮项目代征税款 20.8 亿元，收入 7952 万元，分别居全国第 1 位、第 2 位。简易险业务从无到有，实现保费 6417 万元，形成收入 1738 万元。

（四）文化传媒

集邮业务实现收入 3.12 亿元。其中，生肖项目收入 1.69 亿元，世界邮展项目规模 1.07 亿元。函件业务实现收入 3.42 亿元。“智慧明信片”项目获集团有限公司“创新实效”评比二等奖，获第四届中国明信片设计创意大赛团体金奖。报刊业务实现收入 3.2 亿元。

二、企业管理

（一）经营管理

1. 深化寄递改革。完成省市寄递事业部机构整合，推进“综合职能横向一体化、生产经营纵向专业化”，加强办公、邮路、揽投、处理等方面资源整合，实现整合效益 1.145 亿元。整合优化邮路，省际邮件全程提速 12 小时以上；整合同址投递站点，优化网点布局，段均服务范围由 3.5 平方千米缩小至 3.1 平方千米。

2. 加强政企合作。“互联网 + 放管服”项目累计签订协议 2133 家，入驻政务中心 101 家。与联通、小米、金山、太平洋产险等单位签订战略合作协议，与 24 家保险公司开展寄递业务合作，省级总部经济项目实现收入 2.89 亿元。

3. 开展全面对标。大口径收入规模领先对标省 5.32 亿元；各专业收入规模均列全国前 10 位，机要、快递包裹、增值业务收入规模前进 1 位；代理储蓄新增余额市场占有率居行业第 5 位。

4. 升级“三互”活动。将“三互”活动升级为“三互三提”（互看、互比、互学，提能、提效、提质），全省开展“三互”活动 104 场，梳理问题 2741 个，整改 2661 个，整改率 97.1%。

奋战“双十一”。

5. 加快转型升级。实施金融网点系统化转型，打造集团公司、省、市三级样板网点 17 个，自行打造样板网点数量居全国第 1 位，集团样板点验收评分居全国代理网点第 1 位。投递转型固化 640 个站点转型成果。

（二）财务管理

1. 优化资源配置。加大财务补贴政策释放力度，投入“一核两轮”、普惠民生、能力提升等补贴 3.11 亿元，投放函件、集邮、分销项目运作资金 8.14 亿元。通过运费结算调整等政策释放资金 1.46 亿元，向部分市州提供流动资金借款 3500 万元，激活发展动能。

2. 细化财务管控。开展资产清查和欠费专项治理，强化重点成本管控和现场财务检查，推动企业效益发展。上线全生命周期实物资产管理系统，完成财税综合平台建设，率先运行电子发票管理系统，推出财务可视化系统，促进管理效能提升。

（三）人力资源

1. 推进寄递改革。制定《关于进一步深化全省寄递翼组织架构调整的方案》。9 月，完成省、市、县三级寄递事业部机构人员整合，省寄递事业部内设机构由 10 个减少到 4 个，直属单位由 3 个减少到 0 个，机构压缩比 69%。优化寄递人员结构，提高一线人员占比。

2. 助力金融转型。进一步优化代理金融网点人员配备，减少高柜人员 1063 人，新增客户经理（理财经理）1018 人。

3. 完善薪酬激励。按照集团公司部署，上收县市薪酬管理权限，完善绩效考评机制。制定寄递事业部薪酬分配实施意见，统一揽投岗位薪酬分配模式和计件提成标准。

（四）基础管理

1. 服务管理方面。做好普遍服务，乡镇、行政村直接通邮率 100%，县及县以上城市党政机关重点党报党刊当日见报率 100%，党报党刊订阅建制村覆盖率 100%，1843 个建制村投递频次达标，平信条码化率 99.97%，条码平信丢损率 0.2‰；推进窗口星级创评 2.0 版，新增 75 个三星级以上营投网点，157 名三星级以上星级服务个人。客户有责投诉处理满意率 99%，理赔及时率 99.64%，服务体验有效提升。机要通信实现保密安全“零事故”、重点服务“零投诉”、监管整改“零逾期”。完成审计项目 401 项，促进增收节支 3451.5 万元。

2. 安全管理方面。实现金融资金零案件、安全生产零重大责任事故，无重大负面舆情，获评“平安邮政”优秀单位。采购管理方面，集采项目公开采购率 99.04%，公开招标率 94.28%，省级集采合同金额 5.1 亿元，节约预算资金 1.02 亿元。

三、综合服务平台建设

（一）网点渠道

改造普遍服务网点 79 处、投递网点 18 处，新建分销仓储6处、乡村振兴示范点13处。推进网点智慧化，升级价值提升系统，新增经营型自助银行29个，打造代理金融特色主题网点21处，增配977台ATM、264台排队叫号机、1899台智能电话，400台发卡机升级为ITM，746台ATM实现刷脸取款。打造优质邮乐购站点8310个、邮件代投站点2458个。推广村邮站农村电商、快递、金融、创业等综合服务，恩施宣恩村邮站“1+2+3+N”模式得到国家邮政局和集团有限公司高度认可。

（二）网运投递

实施武汉、荆州、襄阳中心局设备配备和提能改造，全省新增1套智能分拣系统、11套集包设备，购置邮运、揽投等各类车辆691辆，配置3600部PDA，实现收寄、运输、处理、投递全流程能力提升。21条标快提速线路超过竞争对手，20条快包提速线路达到菜鸟标准；“双十一”实现“四不”“四确保”，10天处理量3237.7万件，增长33.1%。

（三）信息技术

保障信息安全，开展省内互联网系统安全监测、漏洞扫描和整改、上线前安全检查、计算机病毒防范、信息安全培训等工作，完成“护网行动”。

四、全面从严治党

（一）巡视巡察

推进中央巡视反馈问题整改，确保15项整改措施落实到位。加强省市巡察一体化建设，对6个市州、40个县市、24个支局党组织进行“政治体检”。开展基层党建述职评议，6个市州分公司党委书记现场述职，市州分公司第二轮现场述职评议全覆盖。

（二）主题教育

全省邮政各级党组织领导班子和三级副以上党员干部开展理论中心组学习380次、731名基层党支部书记参加“线上＋线下”轮训。全省邮政三级副及以上党员干部提交调研报告175篇，各级党组织书记共讲党课109次。组织党员干部检视问题，解决立行立改问题749个，解决群众最急最忧最盼问题367个。组织开展解决形式主义突出问题，为基层减负专项整治，精减会议文件等16项具体措施，会议实现比上年下降30%。邀请湖北省委宣讲团宣讲党的十九届四中全会精神，邀请新华社湖北分社作张富清事迹报告，深入推进“寻找身边典型、讲好邮政故事”活动，挖掘出陈泽维、王如美、熊桂林、沈宝栋等51个先进典型。

（三）队伍建设

调整充实领导班子，选拔三、四级领导干部129人，其中市州班子10人、本部和直属单位班子18人、县市班子56人。开展年轻干部调研，建立后备队伍。持续开展大学生支局经理培养，大学生支局经理人数达442人，占金融网点支局经理人数的34%。从严干部监督管理，扎实开展“一报告两评议”和选人用人专项巡察。领导人员个人事项报告随机抽查一致率连续3年保持100%，因私出国（境）、“裸官”、违规兼职等问题持续从严监管。

（四）党风廉政建设

逐级签订《落实全面从严治党要求主体责任书》《落实全面从严治党要求专责监督责任书》。通过廉政谈话、警示教育、节日提醒等措施，营造廉政文化氛围。开展“一月一事、消灭最差”，形式主义、官僚主义集中整治，会议费管理自查整改等活动，对违规违纪问题严肃处理。

五、企业文化建设

（一）文化建设

实施“文化引擎”工程，建成企业文化示范基地8个、企业文化示范点28个、企业文化示范岗98个。邀请米鸿宾、王鲁湘等知名学者做客“文化大讲堂”，讲授传统文化。湖北省分公司被评为“省级文明单位”和省直机关“党建工作先进单位”。武汉分公司东亭投递站荣获“全国工人先锋号”。武汉、襄阳分公司被评为“全国交通运输行业党建文化建设先进单位”，孝感分公司被评为“全国交通运输行业安全文化建设先进单位”。恩施分公司退休干部陈泽维被评为“全国离退休干部先进个人”。武汉分公司熊桂林被评为“全国交通运输行业核心价值观先进践行者”。新闻宣传工作荣获“中国邮政新闻宣传工作组织奖”“中国邮政新媒体创新奖”“全国邮政先进记者站”“全国邮政最佳协作奖”等多个奖项。武汉邮政艺术团第13次代表中国邮政参加央视春晚，受文化部、省文化厅邀请代表中国赴德国进行文化交流和慰问华人华侨演出。

（二）队伍素质

培训11055人次，举办各级领导力提升培训班、劳模委员培训班和新入职大学生培训班，参加人数758人次。新增高级职称26人、高技能人才313人、AFP持证人员31人。开展青年员工创意大赛，征集创意76个。在湖北省快递职业技能大赛暨第二届全国邮政行业职业技能大赛湖北省选拔赛中，邮政代表队包揽团体一等奖和个人全能奖、个人单项奖前三甲。

（三）关爱员工

投入958万元持续开展“春送爱心、夏送清凉、金秋助学、冬送温暖”等慰问活动。新建省级示范职工小家30个、省级模范职工小家100个；续签职工团体意外伤害和重疾保险，理赔524万元，开展第六轮职工住院互助保险和第四轮女职工安康保险，理赔230万元；为45288名职工家属送上生日祝福；创建“示范职工书屋”10个、“劳模（先进）创新工作室”2个；组织汉马健康跑、气排球比赛、趣味运动会等文体活动近200场。（湖北省邮政分公司／提供）

【邮储银行湖北省分行】 湖北省分行下辖二级分行13家、一级支行68家、二级支行261家，辖内邮政代理营业机构1301家。全行自营从业人员7614人。湖北省分行党委下辖13个二级分行党委、1个省分行机关党委、66个党总支、299个党支部。全行有党员3056人，占员工总数的40.14%。

一、经营发展概况

（一）业绩情况

实现收入64.4亿元，排邮储系统第11位，比上年增长9.4%，完成总行预算的102.9%，超绝对值1.8亿元。实现利润总额27.8亿元，排邮储系统第11位，比上年增幅13.5%，完成总行预算的101.7%。资产规模5869亿元，比上年增长418.3亿元，增长7.7%，规模居湖北省金融同业第4位。

（二）业务发展

各项贷款余额1629.4亿元，净增157.2亿元，增幅10.7%。其中，公司贷款372亿元，净增62.6亿元。存贷比29.28%，比上年提升0.9%。全口径储蓄存款5015亿元，排邮储系统第5位，净增363.5亿元。其中，自营储蓄存款1172亿元，净增97.5亿元；公司存款550.8亿元，净增6.6亿元。

二、社会责任履行情况

（一）推进“三大攻坚战”

1. 抓好风险治理。推进防范化解重大风险攻坚战三年规划，落实监管整改意见，新发现问题5大类，涉及金额4亿元，整改率96%，整改方案制定率100%。

2. 推进精准扶贫。累计派驻扶贫干部235人次，金融精准扶贫（含已脱贫人口）贷款余额35.6亿元，净增4.6亿元，完成总行下达计划的103%。

3. 加快绿色银行建设。推进绿色银行建设三年规划落地，绿色信贷余额95.5亿元，净增18.4亿元，完成三年规划净增目标的99.3%。

（二）推进“乡村振兴”战略

出台《2019年服务乡村振兴工作的落实意见》，年末涉农贷款余额620亿元，净增11亿元。

（三）支持民营小微企业发展

普惠小微贷款净增37.3亿元，完成率162.8%，较各项贷款平均增速高4.8%，贷款户数比上年增长5068户，利率比上年下降0.6%。

三、风险管控情况

开展资产质量真实性检查，下调分类318笔、1.96亿元，偏离度现场检查实现两年全覆盖。各项贷款不良额16.3亿元，不良率0.97%，比上年下降0.1%，新增不良额6.2亿元，不良率0.39%，比上年下降2.7亿元，控制在总行限额要求内。全年未发生重大资金案件。

四、改革与创新

（一）加快转型发展

组建省分行战略客户中心，推动省分行条块分割向部门联动转变，七大战略客户取得成效。其中，烟草项目新增个人客户2.3万户，市场占比稳居湖北同业首位。在宜昌试点类比组考核模式，宜昌分行业务净增额比上年增长70.7%。率先启动系统化转型，打造武昌支行作为邮储银行全国样板网点。

（二）推进双轮驱动

打造“武汉＋县域”的双轮增长模式。发挥农村优势，实现县域收入28.6亿元，占全行收入比重44.41%。实现重点城市的突破，制定武汉市分行城市业务发展实施方案（2019—2021年），武汉市分行信用卡发卡量、住房贷款净增额排邮储系统二级分行第1位，各项贷款净增128.4亿元，占全行各项贷款净增比重81.68%，其中公司贷款净增61.1亿元，占全行公司贷款净增比重97.6%；实现收入15.3亿元，占全行收入比重23.76%，实现利润8亿元，占全行利润比重28.78%。

（三）加速“五化”建设

推进特色化、综合化、轻型化、智能化、集约化建设。推动零售特色化，零售业务收入41.9亿元，占比65.04%。提升综合化，通过联手搭建平台提升客户贡献度。推动轻型化，压降台席51个，网均利润比上年增长98.9万元。推进智能化，布放ITM 477台、存折CRS 899台、移动展业PAD 475台。推进风控、放款、反洗钱、人员排查、授权、后督集约化，其中，优化集中放款流程30个。

（四）打造金融生态圈

通过与中储粮合作，带动储蓄余额净增24.9亿元，新增粮食行业客户4207户，新增放款4.5亿元，“粮食产业中储粮项目”获总行“产品创新优秀项目奖”。完成《湖北省拥军优抚合作协议书》签订，退役军人专属卡累计发卡3.9万张，余额7948万元，排邮储系统第5位。

（五）创新人员行为管理

完成“员工行为排查系统项目”上线3.0版本，利用系统排查7753人，发现异常人员184人，获总行“管理创新优秀项目奖”。

五、党建工作

（一）推进全面从严治党

引领学习贯彻习近平新时代中国特色社会主义思想和党的十九大精神走深、走心、走实。签订《从严治党主体责任书》80份；持续推进中央巡视整改，做好集团公司党组巡视反馈问题整改；组织开展三批巡察。召开省分行第一届党代会，选举产生新一届党委班子和纪委，对未来五年党建工作全面部署。

（二）扎实开展主题教育

围绕“不忘初心、牢记使命”主题教育总要求，组织三级副及以上领导干部100人参加集中学习研讨，扎实开展专题调研，认真组织专题民主生活会，压茬督导第二批主题教育。将学习教育、调查研究、检视反思、整改落实贯穿全过程，确保主题教育取得阶段性成效。

六、企业文化

（一）选树先进典型

组织开展“湖北省分行先进集体和先进个人”表彰、“五一百佳员工”表彰。荆州市分行荣获总行“2019年度小微金融发展标杆行”称号，松滋市支行营业部获评中国银行业五星级网点，随州解放路支行等3家支行获评四星级网点，黄冈东门路支行等5家支行获评三星级网点。

（二）激发企业活力

组织唱红歌礼赞新中国成立70周年，举办湖北分行首届综合性运动会，开展先进基层团组织评选。《我们的幸福生活》获得总行“我和我的祖国”线上职工文艺比赛“拉歌PK赛”一等奖、《江汉平原素描》获得“齐舞争霸赛”二等奖。

（三）加强员工关爱

提高职工节假日慰问福利待遇，增强大病互助和困难帮扶。将40岁以下员工体检由两年1次提高到每年1次。为300名专业岗员工、627名客户经理晋升职级，5875人获得薪档晋升。创新各层级绩效薪酬链式激励，全行从业人员人均收入比上年增长9.8%。（邮储银行/提供）

【中邮保险湖北省分公司】

一、业务发展

（一）期交业务

提前127天在全国中邮保险省分公司中率先实现完成全年期交、长期期交任务，实现总保费39.33亿元，新单保费20.18亿元。其中，期交新单保费14.06亿元，长期期交新单保费4.15亿元，比上年增长113.1%，占比期交新单保费的29.5%，比上年提升14.4%，5年交长期期交新单保费2.93亿元，占长期期交新单保费的70.6%，比上年提升69.3%；期交新单保费列全省银保市场第1位，长期期交市场份额列全省银保市场第3位。实现续期保费19.05亿元，占总保费的48.4%，续期对保费增长贡献作用愈加明显。

（二）“特训赢”营销支撑活动

开展“特训赢”营销支撑活动，员工人均支撑53天，专职讲师人均支撑141天，培训覆盖17个市州、70余县市区。实现“三个转变”——从“中短期”向“高价值”转变，从“重营销结果”向“重过程管控”转变，从“专业化集中运作”向“常态化发展”转变。取得“四个突破”——体系突破：创新“三区四级”支撑体系；团队突破：打造高绩效支撑团队；模式突破：探索从“特训营”到“特训赢”的运作模式从无到有、从有到优的升级；能力突破：提升长期储蓄型保险产品销售能力。

（三）客户服务品质

保全业务两日结案率98.60%，保全结案时效比上年缩短0.41天。团个险理赔659笔，赔付金额1632.18万元。理赔申请支付时效1.2天，理赔7日调查完成率98.67%，团险理赔十日结案率100%，居行业优良水平。13月保费继续率94.40%，25个月保费继续率98.27%，宽末综合达成率98.11%，优于省内五大上市保险公司。开展“邮+”系列客户维护活动20余场，服务超过8万人次。开展续期活动40余场，服务客户1.1万人次。在全国率先上线微信回访，全省微信回访24696件，微信回访成功率98.32%，回访替代率61%。

二、协同发展

（一）推进协同模式

湖北省邮政分公司给予“模式深化”支持，将“加快模式深化、加强专岗建设”纳入板块协同项目，全省上报拟选聘人员184人，报送进度119.5%。分公司成立试点教导队，在黄冈、十堰开展一对一专岗帮扶，对专岗人员举办运营、续期、合规等综合能力提升培训班。

协同共办盛会同创品牌。2019世界邮展在武汉举行，分公司落实协同部署，积极参展，在邮展现场摆设展台，做好现场讲解等志愿服务，传播保险文化，宣传保险理念，创新开展“寻邮大挑战　寻找身边的楚邮经典”“中邮保险陪您看邮展”等系列活动，宣传受众超8万人次，传播中国邮政和中邮保险品牌形象，获世界邮展执委会颁发的“特别贡献奖”。

（二）协同客户开发

发挥总省协同、板块协同和部门协同优势，成功中标省移动员工意外险项目，成为全国第一家成功开发集团战略合作伙伴中国移动团险业务的省分公司。

三、风控合规防线

（一）推进“亮剑行动”

将“亮剑行动”专项活动纳入全省协同会议、案防会议议题。全省销售管理不规范、客户信息真实性问题及回访管理不规范问题全部整改完毕，“双录”应录未录件整改进度100%，迎接集团“亮剑行动”现场检查。对全省15个市州23个县市区81个网点现场检查，印发整改通知书5份，联合邮银渠道开展联合业务检查4次，覆盖9个市州6个县15个网点，督促渠道整改落实。

（二）合规文化建设

举办合规大讲堂6期，培训260人次。联合湖北省邮政分公司举办全省邮政代理金融风险合规等专项培训9次，覆盖中邮专岗、内控检查人员、理财经理等2696人次。联合邮银保三方组织开展“砥砺奋进十年　合规根植于心”全省第一届风险合规知识竞赛，组队参加公司决赛，荣获团体二等奖、6项个人奖，是获奖最多的省分公司。

四、企业管理

（一）人才队伍建设

健全绩效考核、薪酬管理、绩效管理制度办法，搭建起绩效管理框架。配齐5位业务条线部门副职领导人员。引进运营、客服、财务和综合管理等岗位人才4人，分公司员工87人。开展“新竹计划”，推动青年员工快速成长，尽快胜任专业工作。开展“薪火计划”，连续3年组织邮银渠道开展中国银行寿险规划师培训班，919人获中级证书，31人获高级证书。

（二）企业社会责任

为全省4598名建档立卡贫困人口赠送扶贫保险，试点惠农保险，累计风险保额1.24亿元。开展“十年邮你健康同行”等公益活动，为700余名贫困村民提供义诊。组织干部员工参与“与爱同行”扶贫公益徒步、“千家文明单位美化社区”等10余场70余人次志愿者活动。

五、党的建设全面加强

（一）主题教育从严从实

按照“守初心、担使命，找差距、抓落实”总要求，扎实开展“不忘初心、牢记使命”主题教育，专项整治39项整改措施，主题教育检视问题66项整改措施全部完成，主题教育取得实效。

（二）基层党组织建设不断强化

分公司党委和纪委全部完成换届。培养入党积极分子3名、发展对象1名、预备党员1名，党员人数47名，占员工总数的55%。基层党组织阶梯联创活动扎实有效，通过湖北省邮政分公司直属机关党委验收，分公司机关党总支被评为“2018年度先进基层党组织”。

（三）党风廉政建设深入推进

党委书记与各部门主要负责人、各党支部书记签订《全面从严治党责任书》，逐级压实责任。常态化做好廉洁文化建设，参加公司“廉邮心生、筑梦同行”廉洁文化H5评选活动，3件作品获公司优秀作品奖，分公司获优秀组织奖。

（四）文明创建成果丰硕

制订分公司创建文明单位工作规划，对照省直机关工委文明单位“六好”创建标准，全员参与，扎实推进。获得“江汉区2017—2018年文明单位”和“省直机关2017—018年文明单位”称号。（中邮保险／提供）

【中邮证券湖北省分公司】 业务收入1797万元，完成年度计划的100.49%，收入规模位列全国省级分支机构排名第3位。实现利润957万元，位列全国省级分支机构排名第4位。新开户2290户，累计开户8.1万户，列全国省级分公司第6位。其中有效账户新增4251户，列全国省级分公司第3位，资产规模12.02亿元，比年初新增2.9亿元。重点基金销售1.42亿元，比上年增长56.04%。

一、党建引领更加突出

（一）持续推进巡视整改工作

分公司下发《中邮证券湖北分公司机关党总支关于2019年持续推进中央巡视整改有关工作的通知》，对分公司中央巡视整改有关工作做出安排部署，每月召开巡视整改工作领导小组会议，每季度对中央巡视整改推进情况进行总结，持续推动巡视整改工作向纵深推进。

（二）扎实开展“不忘初心、牢记使命”主题教育

分公司严格按照中央要求、集团公司党组及公司党委有关部署，于6—8月开展“不忘初心、牢记使命”主题教育。学习教育期间，开展主题教育集中学习10次、专题主题党日2次、组织参观世界邮展1次、书记讲党课1次，组织召开座谈会3次，面向客户发放征集意见表3份。分公司通过书面征集意见、自我剖析、谈心谈话等方式开展工作，查找问题14条，其中分公司层面6条，党总支书记个人层面8条；针对以上问题，分公司按照主题教育“抓落实”总要求，制定《中邮证券湖北分公司单位班子整治问题（改进建议）清单》，坚持立行立改、边学边改。14条问题均整改完毕。

（三）党员教育

分公司党支部持续开展党员教育工作，组织开展党员集中学习23次，其中主题教育集中学习10次。分公司党支部同步推进，在党员学习的基础上，安排分公司非党员中层干部积极参与其中，拓宽学习参与面，还充分利用“学习强国”“中邮先锋”平台资源，创新打造“线上＋线下”学习模式。党支部书记赴石家庄参加中央党校分校春季学期处级干部进修班，进行为期3个月的集中学习，并被评为“优秀学员”。

（四）优秀党组织建设

继2018年被评为集团基层党建示范点、湖北省邮政公司机关先进基层党组织后，在湖北省邮政公司直属机关2019年党内系列评选表彰工作中，分公司党总支再次获得“优秀基层党组织”光荣称号。

（五）配齐关键岗位人员

按照总部在分公司设置党建、纪检专岗的工作要求，配齐党建纪检专职人员，充实党员队伍。分公司于4月引进1名专职党建纪检专岗人员。在招聘工作中，对于中共党员优先引进，新入职员工中，有3名同志为中共党员。

二、板块协同

（一）开展渠道走访培训

对全省除林区外的16个市州及部分重点县、市开展走访、调研、培训、宣传等工作，邀请鹏华基金经理，联合省金融部组织开展全省中邮证券产品销售启动培训视频

会。对各重点市州、重点县市金融部人员、理财经理等进行重点产品和业务巡回培训，开展各类培训42场，受训人员超过7000人次。将证券重点业务宣传单册下发至全省各网点，广泛进行宣传介绍。对省公司大客户中心、寄递事业部市场部等部门开展投资理财方面的交流活动，促进投资理财能力的提升。开展微信产品培训，对各市州证券微信群进行远程语音讲解，快速便捷的将重点产品要素和业务知识宣传到各单位。对全年完成较好的13个市州金融部开展专题培训和团建活动。对省公司大客户中心、寄递事业部市场部等部门开展投资理财方面的交流活动，促进投资理财能力的提升；在创新培训方面，开展微信产品培训，对各市州证券微信群进行远程语音讲解，快速便捷的将重点产品要素和业务知识宣传到各单位。

（二）加大战略客户联动力度

按照集团公司和总部要求，全省在各个方面加大协同配合，在对省移动、省电信、省工行等邮政大客户的联合营销服务上，安排专人对接走访服务；参加与省联通的战略合作，配合做好签约协议的拟定和协议仪式的参与沟通。联合省公司大客户中心、渠道平台部与光大银行中南支行尝试建立资管产品代销渠道、银行委外等业务；联合部分县市邮政、邮储行理财经理，开展“3·15”投资者保护、“五一”投教活动、科创板普及、走进凯乐科技、片仔癀等上市公司活动十余场，协助提升邮政客户理财能力和金融风险防范能力。

（三）做好服务支撑协同工作

分公司加强对协同的服务支撑力度，在与邮政联合开发客户的开户及时率、系统稳定性、客服质量等方面，均达到各兄弟单位发展要求。安排专人对接到邮政、邮储行各个层级的业务和营销人员，保证业务顺畅开展。参加公司组织的投顾大赛和投资咨询评比等活动。

（四）做好2019世界邮展相关工作

认真做好世界邮展前期准备，指派专门人员参加邮展服务培训。做好活动现场组织服务工作，保证邮展期间，分公司每天不少于2名工作人员驻场服务；开展前两天进场进行设备调试、协同及服务准备相关工作；邮展期间，分公司全体人员严格按照排班，做好现场服务支撑。

三、业务发展

（一）增强营销能力

一方面持续深化上市企业的拜访、对接，增加分公司投行破局的厚度。拜访绿盟科技、锐科激光、富帮股份、凯乐科技、冠昊生物、中昌数据、中天金融、海特生物、农尚环境、高德红外、力源信息、武汉中商等29家上市企业，此外与顺灏股份、美年健康2家老客户的合作黏度更深，分别新增落地3000万元、1600万元两单融资业务，与投行部和各分支机构互通信息寻找合适标的，上报2笔ABS业务寻求破局机会；另一方面持续加大小微企业的走访，借助新入职员工原积累的客户资源迅速切入寻求业务合作机会，持续拜访灵途科技、武汉光电、国越科技、湾流股份和网信安全等80余家小微企业。

（二）增强合作能力

一方面继续强化积累的政府平台资源，持续推动省上市办“五年倍增计划”重点券商行动工作，贯彻落实全省“科创板”后备企业上市工作推进会精神，加大上市后备“银种子”企业培育工作力度，挖掘和培育好“科创板”上市后备企业资源；另一方面持续深化和中介组织的合作，借助资本公司、会所、律所、证券媒体等渠道掌握的客户资源增加分公司资管投行业务的客户储备，利用总部新三板部更名业务拓展的机会，积极申请加入武汉股权交易所，争取扩大业务范围，增添业务破局机会；此外，深化金融同业的交流，利用同业资源获客，借助华融资管成功切入武汉高科集团旗下光谷资本大厦ABS业务以及卓尔集团CMBS业务。

（三）增强协同能力

反思总结在板块协同上的差距和不足，提升与省行金融同业部、小企业金融部、投资银行部的合作内涵。跟进中建三局、九州通等企业的项目营销工作；深入推进前期跟进新三板企业鸿盛华、中仑环保等企业的转板业务；另外，深入对接省邮政公司股权清理项目，持续跟踪好天鸿保险、汉口银行、天禄酒店的股权转让财务顾问业务，加大与邮政协同的深度，与孝感邮政联合开发的资管小集合产品计划进入立项阶段。

四、队伍建设

为解决管理和经营方面能力与市场化的不足，分别从其他券商、金控平台、政府机构、高校等渠道引进各类人才5名，在党建纪检、投顾、资管、投行和运营风控等方面得以补充和增强，并根据康宁副总经理和总部安排，落实客户经理试点工作。引入6名经纪人，并调整6人至武汉解放大道营业部、1人转岗到投顾岗。现有正常展业经纪人5人，引入资产3.83亿元。

五、合规运营

在经营管理、业务运行、执业行为方面，均严格遵守相关法律、法规和准则，依法合规经营，防范合规风险。参加各类测试和应急演练，组织学习及定期业务自查，按月上报合规管理报告，按要求完成分公司年度合规管理自查及有效性评估报告、风险排查自查报告，做好分公司从业人员合规监测工作及合规执业培训。

六、基础建设

4月12日，中邮证券湖北分公司武汉解放大道证券营业部正式开业。营业部有运营服务人员2名，合规人员1名，发展经纪人10名。开业以来，营业部与有需求的机构及高净值客户，建立日常联系机制，不断寻求股权融资、并购业务、各资本中介业务等合作机会。

七、文化建设

在着力打造“勤学、善思、精进、笃行、协作”的企业文化基础上，进一步提出“雷厉风行、敢打敢拼、比学赶超、乐于奉献、不计得失、创造价值”的工作理念。为提升团队凝聚力，分公司工会组织员工参加各类团队拓展活动。组织全体员工开展以“喜迎祖国70华诞”为主题的团队拓展活动，分公司党支部12月组织“党员红色行”活动，并参加全省邮政系统“职工气排球比赛”、湖北省证券期货业协会组织的足球联赛。（中邮证券／提供）

【湖北省寄递事业部】 全省寄递业务收入23.93亿元，全国排名第9位，增幅13.81%，高于全国平均水平（12.31%）1.5%，列全国第18位。其中，标快业务收入4.84亿元，全国排名第11位；快递包裹收入8.68亿元，全国排名第8位，比上年前进1位，比上年增长17.75%，全国排名第14位；国际业务收入7.21亿元，全国排名第8位，比上年增长20.93%，全国排名第14位；物流业务收入2.56亿元，全国排名第12位，比上年增长16.97%。

一、寄递翼改革

始终坚持“四个一”理念（一件包裹，传递浓浓邮情；一个承诺，百年信誉保障；一张网络，遍布万村千乡；一份责任，彰显国企担当），以“四个一”意识（一家人、一条心、一张网、一块牌）为行动指南，坚决做到“五个不”（人心不能散、队伍不能乱、发展不能等、数字不能凑、效益不能降），推进寄递翼改革，寄递事业部的人员、组织机构基本整合到位。

省寄递事业部保留速递、快递包裹、国际、物流4个专业部门，专业营销中心和生产经营队伍调整至武汉市分公司和中心局，减少7个综合职能部门。

完成网运端八大整合。省际取消18条一干邮路；重新组划86条省内二干邮路；市州区内邮路由175条增加到217条。持续推进省内网提速，增设D类投递机构邮运和投递频次。航空二干邮路由5条增加至9条。民航晚航班19个路向扩大到30个路向。合并减少投递机构108个，启用荆州、襄阳二级中心局，整合11183客服中心与11185客服中心。

着眼寄递翼一个主体，打破邮速、专业、账务界限，统一资源调配，对于业务发展、政策激励等重要预算政策安排，由邮政分公司统筹研究确定，实现资源共享。通过“八大整合”，基本达到降本增效的效果。

二、客户开发

全省邮政寄递坚持以客户为中心，明确目标市场，对接平台商家，对接大客户，实现精准营销，精准开发，强化源头获客。全年累计客户数达到10238家，业务量3638.16万件，比上年增长4.33%，业务收入4.36亿元，比上年增长4%。

8月22日，湖北邮政首台智能无人投递车在仙桃市分公司投入商业运营。

全省头部客户维护率100%，合作率58.06%；跨境电商大客户“梓宝顺”累计收入1.26亿元，增长59%。拼多多客户数164家，交寄邮件量2277万件，形成收入8891万元。启动菜鸟裹裹退换货项目试点1个月，接单5770单，形成收入4.51万元，平均单价7.8元／件，明显高于大宗客户的平均单价（3.77元／件），及时揽收率（1小时内上门揽收）超98%。仓储数48个，客户数125个，比年初新增52个，收寄量2633.51万件，实现收入1.32亿元。新增云集仓项目，自6月正式运营，包裹量89.05万件，形成收入519.85万元。8月，全国首家“税邮云仓”项目在武汉上线运行，将“邮政仓配服务”与税务“互联网＋放管服”结合，实现税务“网上申领、不见面审批、邮政送达”的仓配一体化新模式，税邮云仓项目寄递业务量2.95万件，业务收入35.56万元。布局跨境电商进口市场，成为湖北省电子口岸“单一窗口”跨境电商平台首家对接成功的物流企业，成功运作武汉东湖综保区1210保税进口首单和武汉天河机场9610直购进口首单，累计完成收入481万元，增长56.98%，收入规模居全国第3位。

三、重点项目协同推进

（一）协同项目

转型项目迅速发展，多个协同项目形成标快收入8000万元，其中保险行业通过与金融板块联动开发，与24家邮政代理保险客户签订战略合作，保险行业实现寄递收入704.57万元，比上年增长41.05%；校园项目加速拓展，全省校园项目实现寄递收入1581.59万元，进度97.7%，增长6%；农产品寄递规模增长，全省农特产品寄递项目实现收入1.41亿元，收入增幅19.31%。

（二）重点项目

首个华为仓配项目落地湖北武汉。用1个月时间，完成仓储场地改造和配套设施的准备，达到并通过华为公司提出的 175 条验收标准。项目运营 3 个月，华为融合仓实现收入 605.6 万元。

（三）“放管服”改革

湖北省政府指定湖北邮政为唯一快递服务商，并将邮政服务流程标准写入工作指南，“互联网＋放管服”项目形成业务收入 1560.83 万元，比上年增长 47.14%。全省协议累计签订 2134 家，其中省直 36 家、市州 764 家、县区 1334 家，入驻各级政务中心 101 家。

（四）驻点服务助力司法项目

强化驻点服务，除法院文书寄递业务外，成功切入互联网仲裁文书和律师函业务，全省司法项目实现业务收入 4087.71 万元，比上年增长 72%，完成进度 120.51%。

四、经营管理科学高效

全省邮政寄递始终坚持以“质量第一、效益优先”为目标，一手抓经营，一手抓管理，优化资源配置，强化成本管控，提升质量水平，确保寄递业务高质量发展。用好看板提质量，用活资源提能力，用对政策提效益，用准策略降成本。增开货运专线降成本。（湖北省邮政分公司／提供）

湖南省

【湖南省邮政分公司】 全省邮政业务收入 92.32 亿元，排全国邮政第 8 位，其中，寄递业务收入 20.79 亿元，增幅 21.48%，排全国邮政第 9 位。

一、经营发展

（一）普遍服务

全省邮政普遍服务网点乡镇覆盖率 100%。4 项基本业务 100% 开办，邮政营业网点运营率大幅提升，2664 个网点办理条码平信业务，机要通信连续 13 年保密安全质量全红。

（二）寄递业务

寄递业务运营时限加快，重构四大集散中心直达到县网络，省内经转层级减少 1—2 个，全链路时限缩短 2—6 小时；开展千条线路和中部 5 省提速工作取得显著成效。“警邮合作”项目获评全国政法智能化建设优秀创新案例；中欧班列项目荣获年度全国通信行业、全国邮政企业管理现代化创新成果一等奖。推行“一竿子到底”管控，9 项重点服务指标中 8 项进入全国邮政前 10 位。各级邮政分公司与寄递事业部合署办公，统一财务管理、薪酬模式。

（三）金融业务转型

全省邮政储蓄以余额为核心的金融总资产全面协调发展。中间业务取得新成效，新增理财日均保有量列全国邮政第 2 位；销售非货币型基金列全国邮政第 4 位；新增手机银行激活客户排全国邮政第 8 位；新增绑卡客户排全国邮政第 6 位；新增收单商户排全国邮政第 2 位；ETC 发卡排全国邮政第 2 位，省内市场占有率排同业第 3 位。小额辅贷发放贷、消费金融新增均列全国邮政第 2 位。网点微整治初显成效，服务形象有效提升。

（四）渠道平台建设

渠道能力持续提升，线下建成优质邮乐购店排全国邮政第 3 位；线上平台流量提升，邮乐小店月均分享人数排全国邮政第 2 位。农村电商方面，与 500 个省级以上农民合作社合作，销售自营农产品，突出自营大单品，实现批销额排全国邮政第 3 位。打造以炎陵黄桃和麻阳冰糖橙项目为代表的农产品进城生态圈模式，带动揽收农特和商贸资金、包裹寄递业务的联动发展。

（五）传统业务创新

集邮、函件提前完成全年预算，集邮、函件业务规模在全国邮政排位均上升 1 位。新媒体业务创收额排全国邮政第 4 位，集邮线上规模保持全国邮政第 1 位，报刊发行实现收入规模排全国邮政第 9 位，2020 年大收订实现流转额排全国邮政第 8 位。《时代邮刊》连续 4 年保持“百万大刊”。全省邮政协同发展项目有效推进，24 个集团级战略项目创收能力大幅提高。加强战略合作，湖南邮政与 39 个大型企业签订业务发展战略合作协议。

二、能力建设

完成长沙邮区中心局处理场地“三合一”整合，包状邮件日处理能力提升 30 万件，达到 180 万件。整合优化全省揽投部 279 个，提高服务响应速度。完成全网集包工程建设和流程优化。启动长沙邮件处理中心和国际“三关合一”项目建设；衡阳、常德处理中心工程进入征地阶段。对全省邮政 576 个网点排队叫号机进行联网改造，新增 192 台智能叫号机，助力网点智能识客、精准营销。网点统一柜面系统、免填单系统升级上线，提升了业务办理效率。加大邮政信息安防能力提升。加大投入用于自助设备 IP 对讲、网点入侵报警等安防设备建设；全省 14 个市州实现联网监控中心 7×24 小时双人值守，提高了及时管控能力。实施全省第三方网络接入安全改造，开展护网行动，全年信息网继续保持系统零故障。

三、企业管理

（一）人力资源

全省邮政用工总量比上年减少 226 人。优化调整省公司机关人员，实现岗位设置、人员配备与管理效率相匹配。加大培训力度。举办集中培训 2543 期，培训近 3.7 万人次；加强持证培训，全省邮政银行从业资格证持证率提升 21.03%。

（二）财务管控

强化成本标杆管控。省公司 10 项重点管控指标，有 6 项达到控制目标；寄递事业部 15 项重点管控指标，有

10项达到平均以上水平，4项达到优秀水平。加强资产管理。清理督导29项盘活处置、政府拆迁项目。

（三）审计监督

完成工程审计项目1116个。

（四）推进“平安邮政”建设

完成新中国成立70周年庆祝活动、第二届“一带一路”高峰论坛等8项重大活动安全生产服务保障任务。省公司连续8年保持省委、省政府综合治理“平安单位”荣誉称号。全年无资金案件，无重大风险事件，无监管处罚发生。

（五）管理创新

3项管理创新成果获得通信行业企业管理现代化创新成果奖，其中，一等成果1项、三等成果2项；4项获得全国邮政企业管理现代化创新成果奖，其中，一等成果1项、二等成果2项、三等成果1项；共有2项获得湖南省企业管理现代化创新成果二等奖。在“2019年全国信息通信行业用户满意企业”评选中，全国12个邮政企业入选，其中湖南永州市分公司占据一席。湖南省分公司被评为湖南省100强企业。

四、落实央企责任

全省邮政开展扶贫工作，省公司定点扶贫完成阶段性目标；电商扶贫打造万单扶贫农产品项目56个，销售额4500万元。加快推进绿色邮政行动，全面完成绿色邮政三年规划年度目标，其中，电子面单使用率稳定在99%以上。服务乡村振兴战略有效落实。14项指标均超序时进度。与“三通一达”等快递企业签署协议，共同推进快递下乡进村。邮政工作得到了地方党委政府以及相关部门的肯定与支持。中欧班列获得补贴金额4170万元；渠道建设获得补贴资金500余万元；省总工会拨付快递员之家补贴120万元；与省商务厅等10部门联合下发《湖南省多渠道拓宽贫困地区农产品营销渠道实施方案》。

五、党建工作

湖南邮政坚持把党的政治建设摆在首位，开展“理论武装提升行动”，落实“三个第一时间”学习机制。扎实开展“不忘初心、牢记使命”主题教育，全省各级邮政党员干部深入748个基层单位开展调查研究，形成调研报告399份。638个党组织查找问题近2900个，上下联动，运用甘特图推进整改。持续推进中央巡视整改工作，61项整改任务全面完成59项，2项措施正在加快推进。开展形式主义和官僚主义突出问题专项整治；开展“一月一事、消灭最差”活动。加强监督检查和执纪审查，持续释放出越往后越严的强烈信号。启动首轮对3个基层党组织的常规巡察，强化日常监督。组织545名党支部书记、1552名党务专干轮训和120多名党务专干党建实务集中培训。全省545个基层党支部组织开展红色基地教育、抗洪救灾等主题党日活动814次，参与党员近1.1万人次。

六、企业文化建设

全省邮政为企业员工办“十件实事”精准落地；升级改造职工小家192个；关心员工心理健康，开展员工思想动态调研和心理健康知识讲座，开设员工心声栏目；持续开展扶贫帮困，慰问员工4048人次，发放慰问金1039万元。全省邮政分别有1个集体获“全国工人先锋号”，3个集体获“省工人先锋号”，1个集体和1名个人获“省五一劳动奖”，6名个人获市劳模荣誉。（湖南省邮政分公司／提供）

【邮储银行湖南省分行】 湖南省分行下设15家二级分行（含省分行直属支行）、89家县（市）支行，辖内2055个营业网点，其中80%的营业网点分布在县及县以下地区，是全省服务网点最多的金融机构。员工7710人，平均年龄38岁，其中本科及以上学历人员占比63.22%，销售类人员占比25.51%。

一、经营概况

实现收入65.89亿元，完成总行预算的105.7%，比上年增长11.71%；实现利润31.82亿元，完成总行预算的114%，超预算3.91亿元；人均创利41.79万元，比上年增长5.78万元；点均创利803.58万元，比上年增长111.22万元。各项存款余额4773.18亿元，年增250.84亿元，排省内同业第5位；各项贷款余额1940.13亿元，年增334.35亿元，排省内同业第6位。

二、社会责任

切实履行国有大行担当，助力打好三大攻坚战，坚持服务实体经济，普惠型小微企业贷款余额比上年末增长24.10亿元，客户数7.09万户，比上年末增长3372户，不良率2.73%，比上年末下降0.29%，综合融资成本6.14%，比上年末下降63BP；涉农贷款余额688.02亿元，新增35.12亿元，金融精准扶贫贷款余额39.73亿元，新增9.50亿元，均完成监管考核；绿色信贷余额141.16亿元，增长60.39%。

三、转型发展

（一）提高获客能力

推进普惠金融生态版图+手机APP模式，全年走访园区242个、商圈687个、小微客户3.66万户，自营个人客户净增34.93万户。坚持“固本提标”，强化公私联动、平台搭建，新增代理财政资格40个，排邮储系统第1位，新增机构客户587个、公司授信客户48个，落地农民工工资代发、烟草“微易付”等项目。先后与省军区、省退役军人事务厅以及省移动、省联通、《湖南日报》等签订战略合作协议，独家冠名“一乡一品”国际博览会。

（二）业务发展

1. 个人金融方面。抢抓“十五大抓手”和“五张卡”发展，年末储蓄余额4347亿元，净增290亿元，分别排省内同业第1位、第3位。信用卡聚焦场景营销与存量挖潜，新增发卡36.42万张，排邮储系统第10位。中间业务收入比上年增幅31.28%，排邮储系统第6位。

2. 零售信贷方面。突出线上产品转型，“三农”贷款净增29.16亿元，排邮储系统第11位。小企业贷款净增22.36亿元，排邮储系统第4位。消费信贷规模突破千亿，净增192亿元，排邮储系统第5位，承办全国汽车消费贷营销推进会。

3. 公司金融方面。应对市场与政策变化，公司贷款净增62.19亿元，排邮储系统第8位。贸易金融手续费增幅排系统内首位，供应链融资规模增幅168%，实现邮储银行首笔税务保函在内的多项业务零突破。金融同业回归本源，推进蓝思科技3亿元可交债、华融湘江银行6亿元银登ABS等多项创新业务。

8月1日，邮储银行作为湖南省军区兵役登记试点项目独家合作银行，与湖南省政府、湖南省军区共同举行“湖南省公民兵役证”首发仪式。

（三）邮银协同

发挥邮银网点和协同优势，成为省军区兵役登记项目独家合作银行，兵役证发卡4.98万张。首批试点小额贷款辅助贷款，累计放款247笔，金额3858万元。重点转型业务ETC净增78.82万台，排邮储系统第3位，收单商户净增48.39万户，联动活期月日均存款44.6亿元，开放式缴费平台签订合作协议135个。

四、风险合规

（一）风险管控

健全风险与内控委员会运行机制，将代理金融纳入统一风险管理，推进绿色银行和防范化解重大风险攻坚战三年规划落地，集中审批审贷通过率93.1%，小企业授信不良率比上年下降2.1%，处置各类风险贷款2218笔，金额约3.1亿元。

（二）内控管理

开展扫黑除恶专项斗争、非法集资风险排查整治和案件警示教育等活动，狠抓案防、合规、反洗钱和法律事务管理，认定不良贷款6845笔，追究责任2731人次；创新审计应用模型，实施审计项目28个，重点风险隐患、监管指令和管理发现问题1907个；持续深化“平安邮储”建设，实现零发案、零罚款、零赔付。

（三）资产质量

落实“六要”要求，突出风险限额管理和资产质量考核，强化不良压降，清收不良贷款5.79亿元，核销3.32亿元，全行信贷资产不良率0.69%，比上年下降0.16%。

五、精细管理

（一）薪酬绩效

优化机关部门和领导人员绩效考核机制，建立统一员工绩效考核体系，强化绩效考核结果运用，对季度排名后5位的基层负责人17人次进行绩效面谈，深化薪酬弹性分配机制与基层管理。

（二）财务管理

优化基层经营管理绩效考核办法和业务发展办法，推进网点类比组评价落地实施。强化资本约束和成本管控，RAROC 15.28%、EVA 7.76亿元，分别排邮储系统第9、第10位，成本收入比42.62%，比上年下降0.66%。加强利率管控，截至12月31日，贷款挂钩LPR比例94.92%。加快工程建设进度。

（三）机构调整与队伍建设

增设代理金融管理部，完成网络金融部、金融同业部、运营管理部更名与职责调整，成立省分行大公司客户团队、监控预警和反洗钱处理团队，调整机关部室团队58个。配合总行完成3名一级分行正职、6名一级分行副职人才库测评面谈和7名优秀青年干部现场调研工作，省管干部调整和提任补充29人次，聘任12名机关团队负责人；引进信息科技、金融同业及法律专业人才14人，首次招聘定向柜员154人，校园招聘138人，内部招录37人。员工岗位职级晋升2790人，专业技术职务评聘1120人。全年举办各类培训2880期，培训96609人次。

（四）信息科技建设

完成普惠金融生态版图2.0以及国库、公共资源等应用开发项目173个，其中ETC线上发行系统在邮储银行全国范围内独家上线，贷后辅助管理系统荣获集团科技创新二等奖，全行核心系统及网络完好率100%。

（五）运营管理

邮储系统首家实施全省个人账户集中报备和稽核，实现TIPS财税库银横向联网电子缴库资金的集中结算，完成2048个网点统一柜面平台上线，实现32支高频储蓄交易的免填单，柜员双持证率87%，综合型网点占比

100%。新一代零售信贷工厂模式被湖南省金融先锋榜评为“湖南金融力量”。

六、党的建设

（一）企业党建

开展“不忘初心、牢记使命”主题教育，坚持学习教育、调查研究、检视问题、整改落实贯彻始终；推进中央巡视整改和集团公司巡视“未巡先改”工作，完成整改53条；完成辖内基层党支部、二级分行党委换届选举工作，推进基层党组织“共建、共享、共进”活动，形成共建结对支部86个。

（二）监督执纪

落实中央八项规定及其实施细则，专项整治官僚主义、形式主义，省分行发文办会比上年下降30%以上；完成对3家二级分行党委及辖内县市支行政治巡察，二级分行、一级支行累计巡察覆盖面分别为50%、35.96%；开展效能监察、监督检查和信访核查，共计问责210人，其中党政纪问责21人次。（邮储银行／提供）

【中邮保险湖南省分公司】

一、业务发展

实现保费39.31亿元，比上年增长13.5%，其中趸交新单7.79亿元、期交新单13.05亿元（长期期交4.17亿）、续期保费18.24亿元、团险保费2343万元，全面完成总部下达的各项业务指标。高效业务占比80.18%，期交新单占新单保费占比62.6%，比上年增长7.8%；长期期交占新单保费占比20%，比上年增长12.2%。同时，保费规模占湖南寿险市场份额的4.3%，排名第7位；占省内银保渠道期交新单保费市场份额的19.2%，排名第2位。主要工作：加强板块协同，下发湖南邮政板块协同发展相关文件，对各市州战略绩效考核设置中邮保险指标；加强营销组织，组织全省邮银网点开展首季网点排位赛及长期期交专项营销；加强培训和队伍共建，组织各类培训1705场次，参培人员2.01万人次；加强荣誉体系建设，召开第二届“金芙蓉奖”三湘中邮之星表彰暨精英高峰论坛；打好收官战，最后40天，补上全年4.5亿元的计划缺口；率先在全国承保铁塔公司的团险统括项目，营业部获得省保险行业协会“四星级柜面”和“诚信服务团队”荣誉称号。

二、能力建设

（一）运营效率提升

线上承保率99.61%；线上保全率46.38%；人核件全流程时效5.67天，保全申请资料流转时效0.12天，全国排名第7位；保全两日结案率99.81%，全国排名第4位；理赔申请支付时效1.28天，全国排名第8位；理赔出险支付时效63天，排全国第3位；理赔赔案留存率1.24%，排全国第4位；团险理赔十日结案率、重空单证回销率、隔月签单扫描率等指标均为100%。主要工作：整理产品核保规则、保全关键要点等知识库；推动承保、退保等业务线上化作业；加强满期给付和协议退保业务风险管控；召开岳阳平江县240万元理赔等多场理赔现场会，收到6面客户赠送的表扬锦旗。

（二）续期指标提升

13个月保费继续率95.05%，25个月保费继续率97.88%，保单继续率在省内26家寿险公司中排第3位；完成失效保单清理4510万元。主要工作：协同渠道下达全年续期保费计划和指标要求，制定续期催收和失效清理专项方案；实现“业务全流程，服务端到端”管控，宣导规范前端销售行为，加强犹豫期外退保管控，优化催收流程，加大数据通报和指标落后地区帮扶督导力度等，组织开展40余场续期客服活动。

（三）客服体验改善

回访成功率98.61%，亿元保费投诉量件0.77件。主要工作：组织开展“爱心小报童　中邮伴我行”少儿职业体验等多项客户活动；开展“中邮守护星护萌行动”和精准扶贫等公益活动；建立客户声音特征异常监控机制，建立访前变更电话号码的核查和登记机制，编制全省问题件专项分析，借助CRM系统编制客群分析报告。

（四）创新能力提升

获得集团公司“2018年度创新A+单位”。研发的“中邮保险湖南分公司客户信息真实性管理系统”获得2019年全国邮政企业科技创新成果小技改、小发明奖。

三、风险防范能力不断提升

联合邮银对3个地市、8个县市和28个网点开展“亮剑行动”专项检查，考核13人次；持续推进邮银保联动风险防控机制，三方内控联席会常态化召开，联合开展全省邮政代理金融稽查人员培训；做好法律事务及案件管理工作，发生诉讼案件2起，案件金额27万元，减损金额20.75万元，平均减损率76.85%；推进客户信息真实性管理流程优化；反洗钱综合评级持续保持湖南寿险公司最高评级水平。

四、企业管理水平不断提升

（一）综合管理方面

进一步加强文件、会议、新闻信息、行政事务、督办管理；加强意识形态、声誉风险和舆情管理；组织开展“绿色邮政”和“平安邮政”建设工作，排名全国靠前；审计工作在全国排名第4位。

（二）财务管理方面

加强预算管理，投产效率成效显著，百元标准保费投入的变动费用仅为0.93元，优于全国均值1.4元；围绕总部关键绩效指标为引导，推进KPI目标的达成；出台财务管理服务支撑办法；加强采购管理，公开采购率88.42%；被评为“2018年度湖南保险业统计工作先进单位”。

（三）人力资源管理方面

组织员工教育培训 18 次，累计培训 749 人次，组织开展年度中层干部述职及民主评议考核、年度一报告两评议等工作；组织 2020 年校园招聘工作。

（四）机构管理方面

推进模式深化工作，续签委托管理协议，完善协议内容；按月对市县机构和人员开展考核；及时了解专岗人员异动情况；组织开展监管“1125 号文件”落实情况自查工作。

五、全面从严治党深入推进

（一）发挥党建引领作用

全体干部职工树牢“四个意识”，坚定“四个自信”，坚决做到“两个维护”，履行“一岗双责”，签订《全面从严治党责任书》；坚持“三个第一时间”学习机制，党委理论中心组学习会 14 次；开展“不忘初心、牢记使命”主题教育活动，分公司党委带头进行专题调研，走访基层单位 11 个，召开意见征求座谈会 9 次等；扎实推进“基层党组织建设达标工程和创先争优活动”；开展到党史馆参观学习革命烈士英雄事迹等多项党员主题日活动。

（二）严格落实巡视整改工作

持续深化中央巡视整改和各项问题整改，坚持月例会制度，定期研究部署巡视整改工作；组织开展“回头看”，持续跟踪问效；组织动员各级党组织积极支持配合集团党组巡视，认真落实巡视工作要求。

（三）加强作风建设

开展“四风”整治自查、“一月一事、消灭最差”、形式主义、官僚主义“回头看”活动。开展专项检查 12 项、19 次；强化选人用人监督，严把选人用人关，建立政治良好生态环境。

（四）企业文化和精神文明建设

开展企业文化宣传贯彻和示范点建设工作；开展精神文明创建工作，在省直机关精神文明创建 500 个申报单位中排名第 17 位，当选“2018 年届省直文明单位”。

（五）工会工作

实施“员工幸福工程”，建立困难职工帮扶长效机制，为员工购买团体补充医疗保险，组织员工心理辅导培训；开展“主人杯”系列劳动竞赛和工匠选树活动；制作的视频作品《我和我的祖国》获得第三届集团公司微视频大赛二等奖和中邮保险微视频大赛故事组第 3 名。（中邮保险 / 提供）

【中邮证券湖南省分公司】 实现业务收入 1426.9 万元，比上年增长 342.2%，完成年度计划的 114.15%，实现利润 984 万元。

一、全面推进党建纪检工作

（一）扎实开展“不忘初心、牢记使命”主题教育工作

收集需要集团公司解决的问题 5 条，单位层面及领导班子存在的问题 5 条，班子成员个人存在的问题 6 条以及分公司层面属于作风方面的问题，并深入分析问题产生根源。根据问题清单，分公司制定改进措施 26 条，并按规定期限进行整改，完成整改 5 条，1 条持续整改。

（二）基层党组织建设达标和创先争优工作

分公司市场部经理刘乐平，积极推进板块协同工作、营业部建设和经纪人队伍建设，2013—2018 年间，4 次获得湖南省邮政公司直属机关党委“优秀共产党员”称号，发展客户数 27 人，客户总资产 768 万元；分公司综合部经理刘纯，做好后勤支撑服务，积极支持公司业务发展，发展客户数 87 人，客户总资产 1929.1 万元，2019 年被公司总部评为“优秀员工”，被省公司直属机关党委评为“优秀党员”；分公司资管投行部经理凌舒益，2019 年为分公司做下第一单股票质押业务，创收 1200 万元，新增资产 8 亿多元。

（三）持续推进巡视整改工作

制定《中邮证券有限责任公司湖南分公司 2019 年中央巡视整改持续推进工作计划表》，每季度对中央巡视整改推进情况进行了总结。

（四）扎实开展作风纪律整顿活动

结合“两学一做”学习教育、“三会一课”及“不忘初心、牢记使命”主题教育工作的安排，采取集中学习、讲廉政课等方式广泛深入开展党规党纪的学习教育，让廉政文化入脑入心，筑牢思想防线，成为行动自觉。举办专题培训会 2 次，支委会成员讲廉政课 1 次，组织观看警示教育纪录片 1 次。创新学习教育方式，7 月 2 日，分公司党支部赴杨开慧纪念馆开展“不忘初心、牢记使命”主题党日活动。

二、推进经纪业务规模发展

（一）挖掘客户资源

证券有效户新增 4451 户，证券资产新增 120055 万元，分别完成总部计划的 193.52% 和 2554.38%。科创板开通 88 户（其中直属营业部 68 户）。融资融券客户 45 户（其中直属营业部 35 户），其中新增 26 户（跨年活动期间新增 16 户，超额完成总部旺季营销目标的 133%），融资融券额度 8309 万元（其中直属营业部 7125 万元），在使用额度 414 万元。

（二）渠道协同

一是联合邮政、银行等板块出台省邮政系统板块协同议事细则，深度参与板块协同工作。二是协同省邮政公司出台加强中邮证券营销活动的文件，正式明确证券有效户和证券资产的发展要求。三是继续推动郴州、衡阳和株洲等轻型营业部建设工作，郴州营业部的有效客户和证券资产稳步增长；衡阳营业部筹建方案获得总部报备安排，网点建设基本完成；株洲营业部重新安排选址规划，并选派 3 人熟悉证券业务。四是以渠道协同为抓手，开展基金销

售活动，基金销售总额2774.26万元。

（三）自有渠道建设

从源头开始引导，鼓励客户经理参加资格考试，下基层组织入职培训，分公司证券经纪人团队建设取得较好成效，证券经纪人队伍日益壮大。分公司经纪人合同签约人数70人，经纪人签约客户329户，其中有效经纪人14人，有效客户237户，资产2370万元。

（四）落实客户回访

按照适当性管理办法等监管要求，拟订客户服务规划和回访计划，落实客户服务工作。存量客户回访9414户，完成存量客户回访进度的100.16%，电话录音回访9883条，短信回访约18万条。

三、投行资管业务

中南建设股票质押业务顺利落地，融资1.5亿元，为公司创收1200万元，合计股票质押利息1065.2万元。湖南和立东升实业集团北交所私募债项目持续推进。邮储银行进行授信，集团公司是AA评级，在湖南省物流行业处于前茅。推进大汉集团非标融资财务顾问项目，与客户谈好财务顾问费用，将企业资料全部收集，东方资产管理湖北分公司正在对资料进行审查。湖南富兴项目和湖北金租对接，并做尽职调查。

四、合规风控管理

（一）合规展业

分公司严格遵守公司制定的内部控制制度、合规管理制度、风险管理制度和业务流程等相关规定，各部门、各岗位之间职责分工合理明确，建立了有效的前、后台隔离机制，重要岗位实行双人、双职、双责制衡机制，在日常工作中能有效控制业务风险。

（二）监管配合

参加湖南证券期货业协会、长沙人民银行支行各项活动，如走社区“树立正确投资理念，远离非法证券期货”投教宣传，“心系投资者、携手共行动”“5·15”全国投资者保护宣传日专项活动，“股东来了”知识竞赛活动等，及时向湖南证监局、人行反馈基本情况调查表、分类评级表、投资者保护自查工作总结、打击非法证券工作、投资者教育工作动态、廉政评议等监管部门安排的专项工作。

（三）合规自查

一是每月对分公司合规管理情况进行自查，特别针对员工、经纪人名下是否持股票账户、是否开展股票交易进行每月检查，并向合规部反馈月度、季度、半年合规管理报告；二是根据总部、监管安排，组织对分公司的合规管理、反洗钱工作、信息技术、内部控制等方面，开展自查，并撰写合规自查报告向总部、监管部门反馈。

（四）合规教育

严格遵守总部规章制度，确保年度分公司合规风控培训按计划落实，月度培训频次达标。

反洗钱管理。长沙直属营业部处理30条可疑交易分析，郴州营业部处理3条可疑交易分析，均从客户特性、收入来源、账户银证转账及过往交易认真分析报告，未发现可疑情况。（中邮证券/提供）

【湖南省寄递事业部】

一、基础建设

（一）网运变革

一是整合陆运资源，提升省内网效率效益。彻底解决全省22个县标快长期不能次日递问题，省内互寄次日递进入全国前10位；县以上城市标快邮航赶发率100%，载运量提升30%。撤销13条二干和区内邮路，省内二干标快增加2—3个频次。实现长沙200公里内邮航进口邮件当日递；长沙到各市州和10个市州互寄次晨达；长、株、潭三市互寄上午寄当日递，下午寄次晨达。二是整合邮航资源，打造快包优势路向。利用邮航富余运能，重庆路向部分快包搭载邮航，运行时间由18小时缩短至2小时，邮航载运量提升40%。三是科学布局揽投网点和段道结构。对标民营快递，以大“532”结构布局揽投部（50%的揽投部设在集群市场、重点商圈、政务中心等核心客户聚集区，作为综合性精品网点；30%的揽投部设在商住小区、社区街道等优质现费客户富集区，作为支撑性网点；20%的揽投部组建同城实体网）。以小“532”原则调整段道（专投段50%、揽投合一段30%、专揽段20%）。整合优化全省揽投部279个，比整合前减少110个，实际服务区域增加65个，点均服务半径由4公里以上缩短至2公里以内，提高服务响应速度。四是推行市州反向邮路。改变长沙组开邮路到市州的传统思维，在全省组开反向邮路。通过成本压力传导，倒逼市州揽收；人歇车少歇，提升车辆利用率，装载率提升至45%，排名全国第4位；压实市州时限质量责任，提升客户体验。五是变革省内网组织模式。按照行业模式，改长沙单点集散为长沙、衡阳、常德、邵阳4个中心多点集散，直封直达到县，打破省会—市—县组网格局，弱化10个市州集散功能，转岗分流压缩174人，每年减少成本1100万元，省际进口邮件赶发时间至少增加4小时，次晨递提速至当日递；省际进口、省内邮区间、邮区内邮件减少1—2个经转层级；省内互寄提速2—6小时。

（二）科技赋能

科技赋能4项指标中3项排全国前5名。一是数据赋能。切实加强电子地图白名单维护，抓好名址库匹配，投递多次转局率控制在0.73%，排全国第2位。二是平台赋能。完成12类政府部门智慧政务嵌入式平台开发，助推政务业务平台化转型，全年平台业务量日均2.51万件，实现总业务量552万件，创收11526万元，比上年增长15%；线下业务快速往线上迁移，线上业务量比上年增长

32%。完成 ETC 项目打单系统研发，实现与高管局、各大银行系统数据对接。三是装备赋能。通过收寄一体机提升大客户现场收寄、处理中心集中收寄的工作效率，减少作业人员，降低作业成本。推行电子地图下单、二维码收寄，推广应用便携打印和云打印等新技术，电子面单使用率近 99%，寄递生产系统更新迭代，全环节生产作业系统完成平稳切换和过渡衔接。

（三）客户体验

9 项重点指标中 8 项进入全国前 10 位，112 个监控区域全部达标。投递服务“百日整治”专项活动成效显著，进入投递有责投诉率比上年降幅超 50% 的 9 个省份之一。一是不断提升普遍服务水平。优化党报党刊专线，实现 93 个县及以上城市党政机关《人民日报》等主要党报党刊当日见报率 100%，并强化普遍服务在寄递事业部的基础管理和邮件运行管控。二是按产品实施端到端质量管理。破除按县以上和乡镇支局分头管理弊端，完成 11185 和 11183 团队融合；利用智能跟单系统实现监控区域全覆盖；推行“一竿子到底”质量管控，由“省—市—生产机构”层级管理转型为“省客服中心对生产机构”垂直监控管理，将触点问题精准导向责任机构、责任人，问题一次及时解决率达 93.26%，超达标值 3.26%。三是实施各生产机构质控人员派驻制。全省揽投部、源头项目部内勤等 785 人纳入质控和主动客服体系，成为最小生产单元的“管家”，并由省服务质量部直管，与所派驻机构服务质量、质效每月挂钩考评兑现，虚假信息、邮件丢失、申诉率持续下降。四是建立服务质量“关键人”管控体系。统一全省质效和操作考核标准，以落实“分管副总经理、揽投（项目）部经理、内勤、营销员、揽投员”五个关键岗位履职（六不放过）为抓手，狠抓“三条铁规”和“六个零容忍”等制度，树立团队思想敬畏，形成行为自觉。

（四）精细管控

一是统一财务管理模式。按照“收支匹配”“责权利相统一”原则确定邮政账、速递账利润目标，构成寄递事业部整体损益目标并推行全面零基预算。二是推进重点标杆归口管理。按照“立标、对标、达标、创标”要求，从经营、人力、财务、服务等维度，分专业、分项目、分机构设置 15 个重点标杆，开源与节流并重，推动规模效益发展。对标全国和行业先进，按省、市、县三类中心，从内部处理、运输、投递三个环节制定网运重点成本标杆，全年压降成本 1474 万元，其中，处理环节减少 314 万元，运输环节减少 894 万元，揽投环节减少 266 万元。三是统一投资、采购、招标等管理制度。其中，对一、二干邮路进行清理，统一招标，年节约运输成本 9300 万元。加强车辆管理，引入车辆管理系统，实现全省 9904 辆各类车辆运营状况实时监控、运行数据可视化。四是人力资源管控持续优化。逐步将一、二、三线人员占比向 80∶15∶5 的目标优化。推动寄递事业部“薪酬分配模式、底薪和计件单价、薪酬项目和标准、营销积分奖励政策、普惠性货币化奖励和福利项目”五统一。揽投部标快收入人均劳产率对比上年由 2.8 万元 / 人提升到 4.6 万元 / 人，比上年增幅 64%。

二、业务发展

（一）深化改革

1. 寄递翼改革。全面落实中国邮政集团公司寄递翼改革方案，整合邮速双方管理团队及产品、网运、投递、营销、信息系统、品牌等资源，省、市（州）、县（区）三级寄递事业部组建到位。实施邮政寄递合署办公，实行财务管理“六统一”，推行薪酬模式“五统一”。

2. 营销体系建设。以优势资源匹配市场客户，推进湖南寄递业务营销体系建设。建立 382 个营销团队，做到“量收 + 客户 + 团队”匹配，推进大客户“销号式”营销，提升源头获客能力。全省开发三级以上客户 7759 户，比上年增加 1244 户。

（二）重点业务

全省寄递业务实现收入 20.79 亿元，超预算 1.5%，排全国第 10 位；增长 21.48%，排全国第 9 位，高于全国平均增幅 9.17%。进入全国四大板块业务全部正增长的 10 个省份之一，市场占有率 20.2%，稳居全省行业第 1 位，排全国第 3 位。

1. 标快业务。政务标快发挥邮政企业资源优势，以“平台经济”思维，融入“放管服”改革，把政务标快做到平台上，梳理网上行政审批事项 376 条，构建“窗口入驻 + 流动服务 + 专人营销”模式，全省 137 个政务服务大厅全部入驻，与 81 家行政单位签订合作协议。融入“智慧法院”新模式。携手省公安厅打造“互联网 + 政务服务”最佳实践，“警邮合作”荣获全国政法智能化建设优秀创新案例。商企标快与华夏保险公司打造“仓配一体化”模式，提供一站式服务，月收入规模 15 万—20 万元。

2. 快包业务。电商平台合作不断深化，阿里、拼多多等平台发件量增幅较大。按照“仓储 + 配送”模式，引进葫芦弟弟等全国排名前三位的图书电商。

3. 国际业务。启动长沙金霞跨境电商项目，引进国内大型出口跨境电商客户落户园区，突破“9610+ 邮路”通关模式；开展优势渠道专项营销，日均寄递量 5000 件，日峰值 1 万件，中邮海外仓业务实现零的突破，开发客户 3 家。

4. 物流业务。开行中欧班列 241 趟、运输集装箱 9135 个，运输货物 22.83 万吨，完成收入 2.01 亿元，荣获 2019 年度全国邮政企业管理现代化创新成果一等奖，荣获 2019 年度全国邮政、通信行业企业管理现代化创新成果一等奖。

三、社会责任

（一）助力“互联网＋政务服务”

“互联网＋政务服务”已涉及户政、出入境、政务中心、法院、检察院、税务、人社等领域，为700多万群众解决“最多跑一次”问题，节约直接成本1.4亿元以上。

（二）助力“精准扶贫”

以邮政自有渠道为平台，立足于本土农特产品，在线上、线下积极开展农特产品销售、寄递，助力精准扶贫。“极速鲜”商城上线江永夏橙、炎陵黄桃、东山红提、十八洞猕猴桃等扶贫助农项目。

（三）推进污染防治

99%以上的寄递业务纸质面单改为电子面单，全面使用减量包装箱、免胶带包装箱、生物降解快递袋，每年至少减少使用600多吨纸张、近4000万个传统塑料快递袋。

（四）服务供给侧结构性改革

促进“湖南制造”向“湖南智造”跨越，为博世、湖南中烟、中联重科等103家世界500强、全国500强和省内大型企业提供现代物流供应链服务。

（五）聚焦“一带一部”区域定位

投身五大开放行动。在全国邮政率先打造中欧班列运营平台，形成一个辐射全国的邮政中欧班列运营支撑体系；长沙国际邮件互换局兼交换站、邮件监管中心实现10个国家和地区15个路向直封，支撑起黄花机场90%以上的国际货运量；与长沙黄花综保区、金霞保税物流区等开展战略合作，助力全省创新引领、开放崛起战略向纵深推进。（湖南省邮政分公司／提供）

广东省

【广东省邮政分公司】

一、党建工作

全省44个单位开展“不忘初心、牢记使命”主题教育，参加党员1.46万人，检视问题2335个，立行立改1368个，推动解决群众最急最忧最盼的问题606个。落实基层党组织建设三年行动计划，基层党组织建设持续加强。通过党员轮岗、党员挂点联系、发展党员和大学生党员上岗等方式，广东邮政483个党员空白网点均实现了党员覆盖。对照中央第二巡视组对中国邮政集团公司党组巡视情况反馈意见，结合广东邮政实际，制定持续整改推进计划35项措施，推进各项整改工作制度化、常态化。大力整治庸懒散奢等作风顽疾和形式主义、官僚主义等突出问题，持续开展“一月一事、消灭最差”调研活动，分公司党组2019年赴基层调研100次，178天。落实“基层减负年”的要求，年总发文数量比上年下降35.95%，会议总量比上年下降35.71%。

二、经营发展

业务收入257.7亿元，完成预算进度的100.15%，收入规模排名全国第1位，比上年增幅10.96%，比全国平均增幅高4.63%，增幅排名全国第3位。

（一）寄递业务

实现收入148.8亿元，比上年增长15.59%，收入规模排名全国第一，增幅高于全国平均3.28%。国际业务继续领跑全国，完成业务收入102亿元，比上年增长17.7%。快递包裹稳步提升，完成业务量4.76亿件，比上年增长65%。

（二）金融板块

实现金融收入80.36亿元，比上年增长6.75%，高于全国平均增幅1.48%。新增储蓄余额362亿元，比上年多增196亿元，列全国第2位。春节期间新增储蓄余额26亿元，创历年新高。非车简易险保费累计6.44亿元，列全国第1位，占全国33%。代理保险克服监管政策更严、中短期产品大幅缩量等困难，新增保费197亿元，比上年增幅4.8%，在大省中排名第一。中邮保险期交新单保费15.3亿元，长期期交4.7亿元。中邮证券实现稳步增长，新增资产6.5亿元，有效户新增规模、完成进度均排全国第一。

（三）传统邮务

函件实现收入7.8亿元，排名全国第一。集邮累计利润1.95亿元，利润规模排名全国第一。

（四）农村电商

加强农产品进城项目品牌建设，销售农品6327万元，拉动寄递量180.7万件，拉动余额10.3亿元，湛江菠萝和梅州柚入选全国邮政50大“邮政农品”。脱贫助农项目极速鲜系列产品，销量40万件，比上年增长11%。

三、企业改革

以“八大整合”为重点，持续深化寄递翼改革，寄递业务竞争力提升明显，快递包裹菜鸟全链路时长从42.3小时缩短到33.78小时，与行业均值持平；珠三角区域标

广州邮区中心局。

快次日递率基本赶超顺丰。收寄环节完成所有揽收围栏施画，核心区域实现1小时派揽。全省揽投网基本完成整合，揽投作业机构由原1035个整合成864个。分类整合各级处理场地后，处理场地减少33个，包件处理能力增加65万件/天。通过邮路互用、撤并等措施，整合各级邮路266条，节省运费2000万元。制定邮航应急处理机制和流程，协调民航优化航空发运计划，强化早晚航班使用，打造民航早晚航班及邮航复合发运频次。成立省指挥调度中心，实现全省统一调度和计划管控。完成省、地市客服中心包裹快递职能横向整合，全省区域客服中心由14个减少为10个。

四、邮政服务

践行人民邮政为人民的服务宗旨，认真贯彻落实“六个100%、两压降、两提升、两杜绝、一确保”的要求，切实做好普遍服务，促进邮政服务质量持续提升。邮政营业服务、全程时限、投递频次和深度均全面达标，乡镇网点覆盖率、建制村直接通邮率、县以上党政机关《人民日报》当日见报率100%，核查后条码平信丢损率下降至0.16‰，包裹快递工单量比上年压降3.4%，普遍服务工单量比上年压降35.6%。机要通信、保密安全做到万无一失。整改普遍服务网点281个。完成全省海岛邮政普遍服务情况调查，制定《广东邮政海岛发展行动方案》。

五、服务国家重大战略

全面贯彻落实中央决策部署，着力打好“三大攻坚战”，主动服务粤港澳大湾区、深圳先行示范区建设，展现央企责任与担当。

（一）打好“三大攻坚战”

在精准脱贫方面，推动脱贫攻坚与服务乡村振兴战略有效衔接，全省定向建设电子商务精准扶贫站点80个，投入扶贫资金556万元，其中省分公司投入平湖村153万元。在污染防治方面，全面推进绿色邮政建设，实现“9571”工程指标，全省电子面单使用率97%，50%以上电商快件不再二次包装，可循环中转容器使用率85%，355个营揽投网点设置包装废弃物回收装置。在防范化解重大风险方面，推动邮银协同，未发生重大金融风险和重大安全事故。发挥审计第三道防线职责作用。审计22个单位，开展审计项目296个。

（二）服务“双区”建设

积极融入湾区建设工作，多次就邮政服务粤港澳大湾区建设举措向省政府和大湾区办汇报；充分利用香港航空资源，联合推出进口e特快，积极建设大湾区仓配一体化进出口平台、粤港仓储一体化项目。全省开办出入境证件便民服务点177个。制定《广东邮政支持深圳建设中国特色社会主义先行示范区指导意见》。

六、建设和谐企业

全省1人获“全国五一劳动奖章”、2个单位获“广东省五一劳动奖状”、5人获“广东省五一劳动奖章”称号，2个集体获“全国青年文明号”称号。建立精准帮扶员工库，711人进入档案库，重病帮扶110人，帮扶金额339万元。连续14年为全省邮政企业员工统一购买重大疾病和意外伤害保险；连续4年向政府申领稳岗补贴超过4000万元。薪酬分配向一线倾斜，一线员工人均薪酬增幅高于管理人员3.11%；投入1477万元建设384个“职工小家”。

持续推进“平安邮政”建设。强化安全管控，完成国庆70周年、第七届军人运动会、第二届“一带一路”国际合作高峰论坛等重大活动期间安全保障工作。企业品牌形象明显提升。开展客户满意度测评，客户综合满意度96.09分，比上年提升1.31分。湛江市分公司和潮州市分公司被评为“2019年度全国邮政用户满意企业”。（广东省邮政分公司/提供）

【邮储银行广东省分行】 广东省分行下辖20家二级分行，1920个营业网点，其中自营网点487个，全行员工1.1万余人，服务个人客户超过7200万户、公司客户超过5万户。

一、经营概况

（一）收入利润

广东省邮政金融（不含深圳）实现业务收入178.24亿元，比上年增幅9.23%；其中自营实现收入106.33亿元，列邮储系统第3位；利润总额比上年增幅8.76%，高于广东银行同业平均水平。

（二）效益指标

成本收入比上年压降1.62%。经济资本回报率11.68%，实现经济增加值4.08亿元，比上年增幅3.01%。

（三）资产质量

不良率0.47%，优于邮储系统平均水平，在广东省主要金融机构中保持最优。

二、业务发展

（一）负债业务

自营储蓄存款时点余额1191.46亿元，新增91亿元；年日均余额1151.87亿元，新增79.82亿元。公司存款时点余额978.52亿元，年日均余额1060.6亿元，均列邮储系统第2位，新增45.36亿元，列邮储系统第3位。

（二）资产业务

小额贷款余额329.19亿元，净增35.79亿元。小企业法人贷款余额200.99亿元，净增31.45亿元，均列邮储系统第3位。消费贷款余额1469.04亿元，净增235.24亿元，均列邮储系统第3位，其中汽车消费贷款余额13.78亿元，列邮储系统第3位，净增5.65亿元，列邮储系统第1位。普惠型小微企业贷款余额455.38亿元，净增87.95亿元；结余户数7.23万户，净增2137户；不良率

1.32%，比上年下降56BP；平均年化利率6.32%，比上年下降71BP。绿色信贷余额113亿元，增长53%，完成三年规划阶段性发展目标及监管“一增三控”要求。公司贷款余额568.41亿元，净增75.55亿元（不含涉农公贷）。供应链金融新增13.93亿元，列邮储系统第1位。落地邮储银行首笔自营NRA外币流动资金贷款。

（三）中间业务

电子银行客户规模2295万户，其中手机银行客户1846万户，均列邮储系统第3位。自营新增快捷支付绑卡112.45万户。信用卡新增发卡60.43万张，比上年增长71%；分期规模32.19亿元，列邮储系统第3位；全行新增激活首刷率53.3%。自营个人理财规模221.67亿元，其中自营个人净值型理财规模101.84亿元，列邮储系统第1位。销售非货币基金9.3亿元，增幅234.8%；新增代收付有效项目1205个；自营个人国际汇款、结售汇业务量及业务金额均列邮储系统第1位；银行承兑业务量129.90亿元，结余52.41亿元，各项指标保持邮储系统第1位。对公国际结算19.51亿美元，列邮储系统第2位。资产托管规模1860亿元，列邮储系统第3位。

（四）协同发展

发放邮储银行第一笔辅贷模式小额贷款，累计发放小额贷款辅助贷款317笔、金额6697万元，结余310笔、金额6640万元，在6个试点省中均列第1位。ETC邮银全年发卡52万张。中邮长期期交保费0.79亿元，列邮储系统第1位，中邮期交保费2.07亿元，列邮储系统第3位；自营累计新增中邮证券签约户数3845户，列邮储系统第1位；累计销售金猪纳福贵金属5320套。

三、风险合规

（一）风险防控工作

召开12次风控会、8次案防工作会议，重点推进代销风险防控、地方政府融资风险防控、声誉风险防控、信息科技风险防控等。

（二）内控合规与审计工作

组建省分行本部6人合规检查团队，自行开发15个风险数据模型，开展14个检查项目，“飞行检查”31个业务库、292个网点，“接管检查”28个自营机构。开展审计项目32个。

（三）消费者权益保护和反洗钱工作

开展客户投诉、侵害消费者权益乱象等整治工作，着力金融知识宣传、投诉管理、消保考评。推进非自然人客户受益所有人识别，着力高风险客户、高风险业务管控，将全辖可办理涉外业务的713个营业网点逐步集中至57个。

（四）安保工作

建成203家安全管理标准化达标营业场所和1处双达标办公场地，全年未发生安全生产事故和外部资金案件，获得广东省公安厅颁发的“省级治安保卫重点单位先进机构”荣誉称号。

四、精细管理工作

（一）人力资源管理

开展员工职级晋升工作，1529人得到晋升，占全行人数的13.41%。创新策划“支行长论坛”活动及“知合规之实、行合规之道”轮训，近5000人次参加。

（二）科技创新

开展“微创新”，推广智能金库项目，日常盘点效率较手工模式下提升近8倍。完成30多项管理系统上线，获总行管理创新优秀项目奖、总行大数据分析应用竞赛一等奖。

（三）网点转型

制定网点整治专项工作方案，累计完成26个网点整治项目的立项建设工作，全面完成省内1911个邮政金融网点统一柜面管理平台上线。广州市体育西支行成为网点系统化转型总行级样板；佛山市南海支行营业部荣获“中国银行业文明规范五星级网点”称号。

（四）企业品牌形象

在各类媒体刊发正面报道3800余篇，首次在《人民日报》刊发报道；策划实施综合性品牌活动20余项；获得“最佳品牌影响力机构”“最佳普惠创新机构”等殊荣；获总行“金雁奖”评选“优秀单位”、总行托管业务专业技能竞赛团体一等奖、总行小微金融服务劳动竞赛一等奖等荣誉。

五、党建工作

（一）学习宣传

认真学习贯彻习近平新时代中国特色社会主义思想，落实“三个第一时间”学习要求，持续开展“大学习、大讨论、大落实”活动。在2019年度总行党建研究论文征集评选活动中，获得一等奖1名、二等奖2名。

（二）党建引领发展

开展“不忘初心、牢记使命”主题教育，先后组织开展“党建引领‘开门红’”“‘不忘初心、牢记使命’再攀高峰专项行动”专题活动。“类比优胜工作法”获评为全国“基层最佳实践”，为党建条线唯一获奖项目。

（三）党风廉政教育

深入开展“党风廉政宣传教育月”暨“不忘初心、牢记使命”警示教育，2150名党员领导干部参加党风廉政建设讲座，2600名党员干部到当地警示教育基地参观接受现场教育。

（四）巡视整改

制定2019年持续推进中央巡视整改措施37项，细化出61项具体工作，坚持巡视整改月例会和季度评估。对照集团公司党组巡视组向津沪闽各邮政企业单位党组织反馈巡视情况，举一反三开展自查，积极开展“未巡先改”；对照集团公司党组巡视总行党委反馈的问题，制定83项细化措施。积极配合集团公司党组第四巡视组对广东分行巡视，巡视情况反馈会议后，第一时间召开党委扩大会，传达学习贯彻会议精神，组织研究制定60项整改任务、154条整改措施，扎实推动整改。

（五）群团工作

开展送温暖慰问活动，发放慰问金174万元，补助重病职工25人，合计75万元；完成45个职工之家、职工小家建设项目，员工的归属感、获得感和幸福感持续提升。（邮储银行 / 提供）

【邮储银行深圳市分行】 深圳市分行内设23个一级部门、6个二级部门，下辖1个二级分行、6家一级支行，辖内网点141个，其中自营网点68个（含分行营业部）、代理网点73个。分行（不含代理营业机构）在岗员工1785人，其中合同用工1684人；代理营业机构（不包括邮政市分公司及分局）员工954人，其中合同用工561人。

一、经营概况

（一）预算目标完成情况

实现邮政金融业务收入44.36亿元，比上年增长7.85%；其中，银行自营收入36.8亿元，比上年增长9.5%，完成全年预算的104%，超预算1.4亿元；实现利润总额22.6亿元，比上年增长2.3%，完成全年预算的103.3%，超预算0.73亿元。

（二）业务规模

人民币贷款规模849.2亿元，比上年增长165.9亿元，本地市场占有率提升0.15%至1.66%。其中，公司信贷规模349.3亿元，净增62.1亿元；供应链贷款规模88.1亿元，净增74.2亿元；“两小”贷款规模141.1亿元，净增31.7亿元，比上年多增7.1亿元。储蓄存款467.7亿元，比上年增长22.7亿元。

（三）主要指标

人均创收215万元、人均创利133万元、网均创收5405万元、人均EVA 51.5万元，上述指标均排名邮储系统第1位；不良贷款率0.48%，为邮储银行平均水平的1/2，不到深圳同业平均水平的1/3；成本收入比30.1%、中间业务收入占比49.3%，两项指标连续多年排名邮储系统第1位。

二、转型发展

（一）业务创新发展

深圳市分行先行试点电子支付业务并在邮储银行全国推广，全国电子支付交易量3.8万亿元，比上年增长38%；贡献中间业务收入41亿元，比上年增长29%；推动线上II、III类账户拓展，在微信平台“手机充值”和“银行定存”两款新产品上与腾讯合作；率先探索建设“新零售体验中心”，深圳湾支行试点建设集各种功能于一体的零售体验中心，全年客流量比上年提升15倍，周卅卡量提升1.5倍，为邮储系统网点转型提供经验借鉴；成功落地邮储银行首笔跨境人民币福费廷资产转让业务，首笔存单质押、人民币国内信用证、人民币自营福费廷等多产品组合业务；落地邮储银行首笔跨境资金池业务；落地邮储银行首笔分离式保函业务；落地邮储银行首单粤港澳大湾区专项公司债券——深投控公司债支持大湾区建设；成功营销总行投资全国首单物流地产储架类REITs项目、承销邮储银行首笔券商金融债业务。

（二）资产业务

公司信贷方面，分行服务湾区大中型公司客户150户，增加68户，公司信贷余额349.3亿元，新增62.1亿元；国际及贸融业务方面，成功落地腾讯境外银团项目，实现放款3亿美元；供应链贷款新增74亿元，新增规模排名邮储系统第1位；小微贷款新增31.66亿元，贷款增幅28.92%，政府担保贷款规模近17亿元；小企业、小额贷款规模系统内排名比上年分别提升1位和2位，完成“两增两控”监管目标的207.28%。在投行业务上落地深投控并购和基建、招商蛇口并购漳州开发区项目，并购贷款余额74亿元，排名邮储系统第1位。同业业务上成功落地深投控、深航空等债券业务30.4亿元，比上年增长24亿元，排名邮储系统第2位；落地微众银行微企贷投资7.8亿元；新增国银租赁、招联消费、招商银行等存量客户融资业务规模158亿元，比上年增长98亿元，增长163%。

（三）负债业务

与腾讯联合开发运营腾讯联名卡，自5月上线至年末，分行发放超9.31万张，沉淀活期余额超6.5亿元，推广全国实现发放204万张，沉淀余额147亿元。全年开展营销活动2500多场，覆盖3.5万客户，带动分行50万元以上的财富客群比上年增长81057户，资产（含理财）提升9.70亿元。新增代发工资商户176户，增幅53%，增加代发工资存款沉淀6000万元。拓展交易金融拉动存款发展，上线华润、万科等集团客户银企直联业务，年末沉淀余额11.5亿元；公司信贷联动存款规模40.5亿元；充分发挥资金资管投资联动作用，以资产证券化、债券投资业务联动拓展公司存款5亿元。

（四）中间业务

成功营销总行承销多个品种的债券业务，分行承销规模30.4亿元，排名邮储系统第2位；落地邮储银行首笔跨境俱乐部贷款，实现手续费收入1000万元；积极营销万科、华润置地、中金岭南、比亚迪等客户的贸融产品，实现手续费收入4491万元，比上年增收3341万元，增量排名邮储系统第1位。信用卡发卡6.63万张，比上年增长57.73%；分期金额2.98亿元，分期收入1082.46万元，比上年增长124.08%，托管业务全年新增规模228亿元，净增20亿元。理财业务净值型理财保有量21.93亿元，理财推荐费及销售手续费收入比上年增幅57%。

三、风险防控

一是全面风险管理持续推进，开展“三道防线”风险内控管理职责边界梳理，研究审议重点议题35个，督办决议事项12个，提示授信业务、合规操作、信息科技等各类风险113次。二是重点领域风险有效防范，主动防范声誉风险，强化消费者权益保护工作，主动持续在媒体发声，开展声誉风险排查；加强员工行为管理，防范道德风险；强化信用风险管控能力，抓实客户准入工作、审查审批和预警监测，有效防范化解风险客户，成功缓释欧菲光信用风险5亿元；组建专职合规检查队伍开展全面合规检查，对所辖141个自营和代理网点全覆盖落实检查，对分行部门71个重要专业管理及业务操作岗位履职情况进行督查，提升操作风险防控能力。三是开展不良贷款清收处置能力竞赛，实现现金清收10914.91万元，完成全年目标的122.64%；组织6次呆账核销工作，为历年次数最多，核销2003.76万元，完成年计划的182.16%。四是审计监督作用进一步增强，聚焦核心风险开展20项专项审计，梳理近3年审计项目，建立审计发现问题整改问责台账，梳理填补整改问责流程职责空白，强化非现场审计，获总行“优秀审计模型”等多项荣誉。五是全面落实安全生产责任制，积极开展第6轮安全评估建设工作，持续推进“135”工程和整改工作，通过公安、监管部门安全评估验收；安全生产无事故，被深圳市银保监局评为“2019年度深圳银行业金融机构安保工作先进单位”。

四、基础管理

一是提升授信管理效能，梳理制度与要点、简化申报资料清单、规范系统操作、明确审批标准、优化审批流程，提升“一审”通过率。二是推进财务转型，夯实资产负债管理基础，优化信贷资源配置，加大利率管理分级转授权，推进LPR改革落地，分行信贷LPR挂钩比例位居邮储系统前列。三是加快信息化建设，开发完成大积分系统、云分账系统、营销管理系统精准营销功能等20余个项目，推进5G网点试点工程系统上线，为经营管理和风险管控提供科技和数据支撑。四是提升运营指标，重点账户对账率、批量代付业务内部户余额清零率以及切片率、电子对账签约率等多项指标居邮储系统前列。

五、党建引领

坚持不懈抓好理论武装，坚定理想信念。坚持党建引领，发挥党支部战斗堡垒作用和党员的先锋模范作用。坚持全面从严治党不动摇，确保全行令行禁止、政令畅通。深入开展“不忘初心、牢记使命”主题教育，扎实推进巡视整改各项工作，持续深化基层党组织建设，监督执纪全面从严，坚持党建带工建、团建。

六、邮银协同

加强业务拓展协同，联合代理金融成功拓展ETC卡9.3万张、腾讯联名卡1.1万张，助力代理金融获客5万人；邮银共享深圳市7家商协会资源，为7家商协会及其下属企业提供集团内一站式综合服务方案，成功协助深圳市小微企业发展促进会邮局挂牌；开展邮银板块联动专项营销，四季度与中邮证券联合开展板块协同专项营销活动，新增中邮证券三方存管账户3578户，完成活动目标的149%；成功协助市邮政公司超额完成融资通目标客户任务。（邮储银行/提供）

【中邮保险广东省分公司】 累计实现总保费收入53.8亿元，完成总部目标的103.2%，规模排名全国第3位。新单保费27.34亿元，完成总部目标的100.8%，规模排名全国第3位。期交新单保费17.37亿元，完成总部目标的101.6%，规模排名全国第4位。续期保费收入25.88亿元，比上年增长74.2%，超总部目标的6%。简易险保费2480万，团险外拓294.7万，两项指标规模均排名全国第2位。内部团险保费2975万元，完成目标的175%，规模排名全国第1位。

一、业务转型

（一）高质量发展

业务结构持续优化，长期期交新单保费5.5亿元，规模排名全国第3位，比上年增长89.8%，完成年度目标141.4%，实现超常规发展。其中5年期交及以上高价值产品保费2.96亿元，规模居全国前列，比上年增长2248%，占期交新单保费17.1%，比上年提高16.3%。

（二）强化渠道支撑力度

支撑全省20个地市、130余个县域送教上门480场次，培训超1万人次。同时，探索大数据精准营销项目，并推动该项目纳入全省重点协同项目。

（三）提升业务质量

协同渠道出台“三核心、四到位、五提醒”销售质量管控文件，建立“地推”质量管控新模式。

二、专业服务支撑

（一）运营管理能力

推广线上保全普及，“惠众保”退保高峰期间，线上退保率90.1%，排名全国第2位；加速省内“保全免填单”推广，系统使用率92%。“运营争先”劳动竞赛全国排名第1位。连续2年满期给付工作全国领先，取得0协议满期、0满期投诉、0群体事件的突出成绩。

（二）客户服务水平

探索子公众号个性化服务，实现原“广东客服中心”客户透明迁移至总部“我的中邮保险”平台，整体客户留存率90%以上，未发生客户投诉。开展系列客户服务活动，组织公益医疗队深入贫困乡村，为建档立卡贫困户送上巡诊和体检服务，活动参与人次650人，树立良好的企业形象。

（三）系统推进模式深化工作

4月，完成市、县专岗人员初审并上报总部，上报地市及县区专岗人员165名，占应配人数的88%。12月，推动邮政省分公司落实省中邮保险室人员选聘到位，进一步健全代管体制架构。

（四）信息建设

开发建设精准营销系统、综合管理平台等项目，服务分公司经营管理发展。连续3年获得广东省企业管理创新奖项、连续4年获得集团企业管理创新奖项。

三、风控合规

（一）强化合规风险管控

一、二道防线各司其职，形成有机结合的风险防控治理体系。业务部门以保单质量为抓手，建立月度联席会议机制，强化对邮银渠道的质量管控工作；合规风控部门通过落实监管及总部各项专项检查行动，发挥检查监督作用，开展专项检查16项。同时，主动协同邮银，加强联动风险管控。参加邮银保三方季度资金邮银安全会议4次，联动合规检查4次，检查45个市县中邮保险局（中心）、97个网点；联合渠道建设合规文化，组织市县中邮保险局、邮政网点超2000人参加“砥砺奋进十年　合规根植于心”中邮保险第一届风险合规知识竞赛活动，广东代表队荣获团体三等奖。

（二）发挥审计监督职能

重点组织开展内部控制自我评估、反洗钱专项审计、反欺诈专项审计、“三公”经费专项审计，聘请外审机构开展工程项目结算审计。

四、企业管理水平

（一）深化目标管理模式

建立涵盖总部绩效考核和各线条考核的管控体系，优化绩效考核配套，建立绩效管理团队，强化绩效过程管控。

（二）加强财务管控

规范采购全流程管理，编制《采购档案管理目录》《集中采购工作操作指引》，细化采购工作要求。合理统筹安排费用支出，投放进度与业务节奏相匹配，投产效益高于全国平均水平。加强财务规范管理，建立大额项目管理台账，加大财务费用审核力度。

（三）优化人力资源管理

加强员工素质培养和能力提升，举办“师出邮道”兼职讲师锻造培训班，培养一支20余人兼职讲师队伍。强化业务发展激励支撑，设置专项奖励13项，调动员工干事创业积极性。加强干部队伍管理，提拔干部1人次。

（四）安全生产

未发生资金安全、消防安全、交通安全、内控安全、治安安全、信息安全方面的事故、案件或通报，未发生重大安全隐患未及时整改的情况。“平安邮政”获优秀评级。

五、全面从严治党深入推进

（一）党的建设全面加强

深入学习贯彻习近平新时代中国特色社会主义思想和党的十九大精神，开展“大学习、大讨论、大落实”“理论武装提升行动”活动，落实“三个第一时间”学习机制。高质量开展“不忘初心、牢记使命”主题教育，将初心使命转化为新时代邮政“六个责任担当”，党委对查摆出的16项检视问题进行分析研判，制定整改措施39项，推动整改落实到位。牢牢掌握意识形态工作领导权，制定《意识形态责任制方案》。

（二）扎实推进巡视整改

通过月例会制度持续做好巡视“后半篇文章”，全部销号整改完成。根据集团党组对12家邮政企业单位巡视反馈意见，开展对照自查，举一反三，查摆出10个问题与不足，制定措施12项，整改完成率100%。

（三）正风肃纪更加有力

落实日常监督，检查业务招待费32笔，差旅费792笔，集中采购事项5项，选人用人1人次，党委会43次，总经理办公会8次，让监督检查日常化、常态化。力戒形式主义，制定《解决形式主义突出问题为基层减负具体措施》。

（四）着力打好“三大攻坚战”

研究制定《打好防范化解重大风险攻坚战2019年专项方案》，细化41项专项任务，任务完成率100%。向梅州5518名建档立卡贫困户赠送保险保障，总保额超过1.66亿元。召开领导小组会议4次，开展绿色公益活动2场，三大关键指标均超总部达标值，在总部“绿色邮政”现场检查中获得满分。

（五）持续推进企业文化建设

制作分公司邮银讲师团队宣传片，以实干担当的团队精神凝聚企业发展共识。开展“寻找身边典型，讲好中邮保险故事”活动，在分公司内部选树以李超等8名员工为代表的先进典型，以榜样的力量激励全体员工干事创业。举办中邮保险10周年主题系列活动，开展《我和中邮保险》微视频拍摄、诗歌朗诵、征文摄影、团建拓展等活动。分公司荣获“全国交通运输创新文化建设优秀单位”。（中邮保险／提供）

【中邮证券广东省分公司】 中邮证券广东省分公司5月27日正式挂牌，下设综合部、市场部、资管业务部、投行业务部、运营风控部5个部门和广东资管投行业务区域中心1个中心。在岗员工17名（原邮政系统员工13名）；累计实现收入1252万元（其中：手续费及息差收入456.2万元，两融利息收入10.7万元，股权质押617.1万元，金鸿小贷0.1万元，资管97.4万元，投行70.8万元）；累计营业支出702.7万元，资金成本515.6万元；

累计利润总额 34 万元。

一、主题教育方面

分公司党支部书记、总经理参加中央第一批“不忘初心、牢记使命”主题教育，其间，把学习教育、调查研究、检视问题、整改落实四项重点措施贯通起来一体推进，达到预期目标。一是通过主题教育，将发展证券的初心使命转化为责任担当，围绕如何贯彻粤港澳大湾区战略等调研，研究并提出中邮证券广东分公司关于服务粤港澳大湾区建设方案。二是贯彻落实集团公司“五结合”“六转化”的要求，与广东省邮政分公司、邮储银行省分行、地市邮政分公司和邮储分行召开座谈会、走访基层一线、与基层员工深入交流。并针对满足中邮证券客户服务需求，提出《中邮证券网点空白区域业务营销新模式（试点）》方案，经上报集团公司和中邮证券公司审核同意，确定在广东省内试行。

二、基层党建工作方面

分公司党总支以“党建+”树立系统思维，把基层党建工作融入经营发展各方面，积极探索党建工作与中心工作融合新模式。一是以“党建+学习教育”统一思想认识，结合中央“不忘初心、牢记使命”主题教育、中央巡视和集团公司党组巡视反馈意见整改，以及集团达标工程和创先争优活动等各项工作，组织全体党员干部开展学习教育。二是以“党建+人才培育”提升领导干部队伍素质。明确“转型一批邮政员工、培养一批金融人才、引进一批行业大咖、交流一批成熟团队”的培育思路，引进外部专才 4 人，充实到营销一线。员工 100% 持有证券从业资格证、50% 持有基金从业资格证、50% 持有投资顾问资格证、25% 持有期货从业资格证。三是以“党建+协同发展”落地集团公司战略。协同省邮政、邮储省分行、省中邮保险联合出台《关于进一步推进我省三大板块市场协同工作的实施意见》，成立省级协同发展委员会，利用现场+远程方式推动协同营销，围绕“证券业务如何在市场源头获客”的问题组织现场调研等。四是以“党建+机制创新”调动广大员工干事创业的主动性、积极性和创造性。先行先试，创新出台多项经营管理机制，包括：项目经理责任制、粤港澳大湾区发展战略方案、空白网点业务营销新模式等，向全体员工开放全业务链条承揽权限，按绩效贡献分配。

三、干部队伍建设方面

分公司党总支注重发现和培养优秀年轻干部，用好各年龄段干部，推动对干部资源的科学规划、合理使用。具体包括：一是根据集团公司党组关于适应新时代要求大力发现培养选拔优秀年轻干部的有关精神，结合干部队伍年龄结构偏大的实际情况，建立健全优秀年轻干部的选拔、培养、管理和使用机制。二是配合中邮证券党委在全国范围内组织开展年轻干部走访调研，安排落实年轻干部现场走访调研，组织调研谈话、调阅档案资料和征求群众意见，为培养、管理、使用优秀年轻干部奠定基础。三是严格按照领导干部选拔任用流程，把党的领导进一步贯穿到分析研判和动议、民主推荐、考察、讨论决定、任职等各个环节，完成组织选拔聘用运营风控部经理 1 人。四是根据集团公司党组组织部的统一安排，进行领导干部基本情况调查和干部职工队伍情况统计，从年龄结构、专业背景、学历结构等多个维度，摸清分公司全体干部员工的能力素质“家底”，为进一步优化干部队伍结构奠定基础。

四、党风廉政建设方面

一是分公司纪检监察干部维护党的章程，严肃政治生活，通过参与并监督分公司党支委“三会一课”、组织生活会、民主评议党员等组织生活制度开展情况，强调政治纪律和政治规矩；二是推进全面从严治党，督促巡视整改。将检查督促巡视整改落实作为日常监督的重点内容，中央巡视反馈意见持续整改期间，对分公司党支部 19 项持续推进措施进行监督检查。分公司党支部在 12 月收到集团公司党组巡视组的反馈意见和要求后，对照巡视反馈的 5 个方面、11 个主要问题和 16 个具体问题，制定整改措施 21 条。纪检监察干部也对分公司党支部 21 项整改措施进行监督检查。三是经常对党员进行遵守纪律的教育。如统筹运用讲党课、中邮先锋、廉洁考试、廉洁谈话和党风廉政宣传月活动等方式，从思想意识形态着手，应用中央纪委、国家监委网站和集团公司通报的典型案例，组织警示教育活动 20 次，通过“身边事”“身边案”警示教育“身边人”。四是对党的组织和党员领导干部履行职责、行使权力进行监督。如纪检监察工作按要求每年直接向公司总部纪委报送分公司党支部书记、总经理在落实全面从严治党、遵守“六大纪律”的“画像”。

五、接受集团巡视方面

根据集团公司统一部署，9 月 2 日—10 月 31 日，集团公司党组第四巡视组对中邮证券广东分公司党支部开展巡视，于 12 月 23 日向分公司党支部和负责人反馈巡视意见和提出要求。一是集团公司党组巡视反馈意见后，分公司党支委切实担起整改主体责任，党支部书记认真履行第一责任人职责，牵头组织学习领会习近平总书记关于深化政治巡视的重要论述；在巡视专题民主生活会上，支委成员就分管领域负责的巡视反馈问题；及时成立以党支部书记任组长的巡视整改工作领导小组，下设巡视整改办公室，开展整改以来，召开专题会议 5 次，巡视整改例会 7 次。二是对照巡视反馈的五个方面、11 个主要问题和 16 个具体问题，逐一分析症结原因，逐一制定精准有力的整改措施，反复修改形成整改方案；印发《中邮证券广东分公司关于集团公司党组巡视反馈问题的整改方案》和《中邮证券广东分公司关于集团公司党组巡视反馈问题整改清单》，整改措施 21 条，逐条明确主管领导、牵头部门、责任部门、整改时限。

六、经纪业务开展方面

一是分公司发挥“自营 + 协同”优势。联合邮政渠道开展板块联动营销、专项营销等销售活动。协同省邮储行将中邮证券三方存管业务纳入“掘金时代·邮我同行”主题活动，三方存管开户数按双倍计入开户量。二是开放式协同，协同邮政进行商会开发，借助保险公司渠道推动中邮证券协同发展，17 个地市上报活动方案，与合作的保险公司联合进行批量开户，现场开户，提升中邮证券品牌知名度。三是协同支撑多元化。通过送教上门 + 远程培训 + 现场辅导等方式举办培训活动 99 场次，覆盖 20 个地市，涉及 5029 人次。四是跨部门协同作战。在销售定制基金和有效户大开发活动中，全员一线，设立跨部门协同推动组，市场部、资管业务部、投行业务部、综合部、运营风控部协同作战。五是以协同基金销售为抓手，带动有效户和资产提升。推进开门红跨年营销，总完成率 108.45%，新增资产完成率 300.81%，机构客户新增交易资产 1 亿元。鹏华弘盛销售 4162 笔，全国第 1 位，销售金额 1.3 亿元，全国排名第 2 位。提前两个月完成总部全年新增有效户和新增资产考核，年新增有效户暂列全国第 2 位，紧追江苏，差距不断收窄。

七、资管业务方面

一是分公司维护第一笔主动管理资管计划——珠江 1 号定向主动管理，规模接近 10 亿元，实现收入 230 万元。以“三个视角”，遵循“三个规律”，成立项目工作组，为客户提供质优价优服务，与无线电集团签订战略合作协议，以珠江 1 号项目切入客户下属海格通信、广电计量、广电运通 3 家 A 股上市公司，提供综合证券服务。二是以资产证券化为抓手，寻求业务突破。对供应链、房地产、小贷债权、两融收益权等资产证券化开展项目营销，向广州无线电集团、TCL 集团、时代地产、中邮消费金融等超过 10 家大型企业营销或提供资产证券化方案，力求在供应链 ABS、CMBS、PPP 资产证券化、购房尾款 ABS 和学费收费权 ABS 等方面实现突破。同时通过参与佳兆业、怡亚通供应链 ABS，合景泰富 CMBS 等项目积累业务经验，锻炼项目团队。三是围绕上市企业开展资本市场服务，重点开发资金业务。围绕上市公司、上市公司大股东的资本市场业务和资金需求，积极开展股票质押、债券融资财务顾问业务拓展，营销并长期联系同益股份、拉卡拉、海格通信等 7 家上市公司的股票质押业务。在资金类业务方面，拓展盐业集团、广东电子信息产业集团、广州国发、珠江人寿、珠江投资等 13 家企业的融资顾问服务，其中如东新天地将于近期簿记落地。四是加强证券服务机构的同业交流，扎实对标积极达标。公司推行同业交流常态化，与前海开源、粤财基金、广发基金、鹏华基金、恒建供给侧结构改革基金等 20 多家机构开展项目交流，借鉴学习项目案例。与西王集团、简单汇财务公司、南方航空财务部等大型企业财务公司开展业务接洽，争取证银联动服务大型企业融资需求。与惠州惠南科创园、广州中关村区块链 E 谷开展园区孵化企业证券事务服务，为资产证券化业务储备项目。

八、投行业务方面

一是分公司全面拓展获客渠道，加速业务转型升级。将债券类业务作为转型发展重点，与总部投行华南分部紧密配合，通过以干代训的方式，提升投行发债业务的专业素质和营销能力，走访意向客户 35 家，储备 3 家。创新拓展获客渠道，布局债券金融圈，与华兴等多家机构建立项目联合开发和投资互动关系，与华林信托等中介机构建立合作关系，助力实现业务快速反应和快速承接。二是稳定发展基础业务，不断扩充战合伙伴。深入开展和顺德高企协会的股权客户开发合作，并派驻人员进驻开发，沟通 200 多家、走访 20 多家企业客户，落地 1 家新三板业务，推进 2 家新三板业务尽快挂牌。复制顺德模式，和江门高新企业促进会和三水金融办建立战略合作关系，为 50 多家重点上市后备和新三板挂牌意向客户进行三期 6 场业务培训。三是拓宽营销范围，面向全体机构客户。面向投融资类机构客户，如华工创投、春阳资本、雪松资本等，积极对接项目开发合作、股票质押融资需求、二级市场交易需求，开展全证券业务综合营销，探索机构客户整体营销模式。四是充分发挥协同优势，深化系统资源整合。邮银证三方“商行 + 投行 + 邮政业务”整体关系营销格局初具形态，已协同开发重点客户项目 18 个，其中签约项目 1 项，重点跟踪项目 3 项。

九、运营服务方面

一是分公司贯彻落实证券监管合规和反洗钱的要求，加大定期、不定期合规风险自查，结合监管要求开展 21 项自查，通过各类自查自纠，不断调整工作的侧重点，提高整体风险防控意识。二是在反洗钱方面，分公司未涉及金融案件、司法协查和负面报道信息，无洗钱高风险和黑名单客户。按规定逐一比照反洗钱等级划分、可疑交易监控等风险识别措施情况，每日对上一日开户及风险测评到期客户及时进行风险评级，并由反洗钱专员每日通过系统监控可疑交易预警情况做好留痕，如发现可疑交易预警当天发起可疑识别排查。三是夯实运营管理基础，服务支撑量质并举。共完成 9913 户，审核 7074 户，有力支撑经纪业务发展。累计办理柜台业务 159 笔，现场咨询服务 178 次，没有发生客户投诉，满意度高。账户迁移 2 次，成功迁回 1728 户，真实还原客户和资产信息。四是参加应急演练和系统测试，包括：集团公司全国组织的“护网行动”，综合 APP、同花顺 APP、科创板等测试 13 次，公司组织应急演练 3 次。（中邮证券 / 提供）

【中邮证券深圳市分公司】 分公司有员工13人，内设综合部、运营风控部、市场部、资管投行部。收入完成738万元，比上年增长89%；其中经纪业务收入560万元，比上年增长116%，资管业务收入159.61万元，比上年增长123%，投行业务收入19万元，比上年减少68%。

一、经纪业务

分公司通过“自营+协同”的经纪业务发展模式，对内加强队伍能力建设、板块协同，对外探索市场化业务，逐步扭转困难局面。新增客户4452户，累计客户22791户，其中有效户4224户，有效户比例18.53%。客户资产规模从上年的3.4亿元增长到5.64亿元，比上年增长66%。累计成交额81.48亿元，比上年增长25%。

3月，分公司与深圳邮政、邮储银行深圳分行共同成立证券业务领导及工作小组，联合下发《关于进一步推进深圳邮政三大板块市场协同工作的实施意见》，建立并通过联席会议机制。7月，第一单股票质押业务成功落地，融出资金7824.6万元，年内创造息差收入247.5万元，成为增收的关键。累计开发两融客户93户，其中机构户1户，个人户92户。两融客户总资产3519.54万元，融出资金日均1100万元，年内创造融资息差收入80.3万元。累计联合邮政金融网点开展投资者交流等客户活动31场、1150余人次。

二、资管投行业务

资管产品金深1号存量规模1.3亿元，累计实现收入157万元；鸿利来鹏城1号资管计划正式成立，规模1.07亿元；与广东正一包装签订新三板挂牌协议，合同金额70万元；资管产品销售3127万元，累计收入2.1万元。与多家银行、券商、会所、律所等机构建立联系并保持沟通，多维度探讨业务合作。

三、合规管理工作

建立自查机制，并结合总部工作安排，推进合规管理工作。2月，根据深圳证监局下发《关于报送证券公司分支机构分类监管自评材料的通知》，开展分类自评工作，并将自评材料上报深圳证监局。同期，总部要求进行业务全面自查，分公司立即制定自查方案，按要求完成自查工作。3月，根据总部要求完成全面风险排查报告以及全面风险排查整改报告。根据总部要求开展反洗钱培训月活动，对全体员工进行培训。

四、党建工作

分公司党支部认真贯彻新时代党的建设总要求，以党的政治建设为统领，扎实开展“不忘初心、牢记使命”主题教育，牢牢把握十二字总要求，紧密结合工作实际，一体推进学习教育、调查研究、检视问题，整改落实各项任务，确保主题教育取得实效。坚持强化理论武装，按照制订的全年理论学习计划，组织学习31次，并扎实完成《习近平新时代中国特色社会主义思想三十讲》每一讲的学习和研讨。完善制度，压实基层党建责任，制定《中邮证券有限责任公司深圳分公司党支部工作规则（试行）》《中邮证券有限责任公司深圳分公司党支部贯彻落实中国共产党问责条例实施细则（试行）》等制度。加强组织建设，规范支部工作，4月30日进行换届选举；严格执行党内政治生活，落实“三会一课”、组织生活会、谈心谈话等制度，召开党员大会26次，并把其美多吉等邮政先进事迹纳入“三会一课”学习，弘扬奉献精神，教育党员干部树立正确的世界观、人生观、价值观。

五、巡视整改工作

持续推进中央巡视整改工作，研究制定2019年中央巡视整改持续推进工作计划表，细化整改推进措施、明确责任部门，使整改责任具体到人、具体到事。通过巡视整改工作例会制度，每月召开巡视整改工作领导小组会议，对整改成效进行评估，提出进一步意见和建议，每季度向公司巡视整改办公室报送整改情况，确保整改过程不打折扣、不走过场，落实到位。集团公司党组第四巡视组对分公司党支部进行巡视检查并反馈了意见，分公司党支部对巡视反馈意见高度重视、全面接受、认真对待，立即成立巡视整改工作领导小组，对问题深入剖析、举一反三，研究制定整改方案，对巡视反馈的5大方面问题、9个主要问题、18个具体问题，细化37条整改措施，建立整改任务台账，明确整改任务和完成时限，做到小问题立即改，复杂问题限期改，确保整改任务按规定时限和要求落实到位。

六、财务管理工作

分公司根据总部下达的收入成本目标做好全年的成本管控方案并逐月加强成本管控。分公司根据总部下达的收入目标做好全年的收入测算方案，并于每月上报分公司月度经营简报收入完成情况和月度收入测算分析明细表，做好金税三期个税上报、银行账户年检、工商年报的填报工作、国税纳税申报以及监管报表会计数据的准确上报工作，自开业至今账上固定资产清查工作。8月，配合集团巡视组自查清理做好关于分公司领导人员2015—2019年是否存在超标准报销差旅费、招待费情况发生的上报工作。9月，分公司配合集团巡视组对深圳分公司自2015年1月1日以来会议费、营销费进行检查，经查，均为规定范围内正常报销，未出现超标情况。分公司不存在小金库、薪酬二次发放等问题，没有违反集团公司禁止类行为和违反总部经营纪律的情况发生。分公司业务招待费、业务宣传费、差旅费、职工教育经费、办公费、福利费、企业年金等均纳入总部统一管理，公车使用记录均登记在册，严格执行总部和省公司相关财务管理制度。

七、纪检监察工作

分公司深入贯彻中央关于全面从严治党的各项要求，落实总部党的建设暨党风廉政建设和反腐败工作会议精神，研究制定《中邮证券深圳分公司贯彻落实 2019 年党风廉政建设和反腐败工作会议部署分工方案》，坚持把党风廉政建设列入重要议事日程，召开专题会议，研究上半年工作开展情况及下半年工作安排，确保分公司从严治党向纵深发展。丰富廉政教育活动形式，开展 6 次关于“中央纪委公开曝光的违反中央八项规定精神问题通报、邮政系统内违纪违法案件通报”的学习、组织观看警示教育片《红色通缉》，到廉政教育基地学习等活动，以此让广大党员干部汲取反面教训、以案明纪。围绕“三重一大”事项，特别是在选人用人、重大支出、奖金分配等方面进行监督，严格执行民主集中制。坚守责任担当，认真做好监督工作，分公司严格按标准开支招待费、差旅费等费用，加强公务用车使用管理，严防公车私用；每个季度更新分公司部门领导人员“活页夹”廉政档案，同时做好信访线索及违反八项规定精神问题、舆情和突发情况、纪检干部问题线索情况月报工作，确保风清气正的发展环境。（中邮证券 / 提供）

【广东省寄递事业部】

一、从严治党

一是加强党的政治建设，层层落实工作责任。把党风廉政建设和反腐倡廉工作与经营发展业务紧密联系，促进党建和经营管理双提高，同发展。二是深入开展党的思想建设，加强思想理论武装。扎实开展党委中心组理论学习，并在日常工作中加强对各单位学习贯彻落实党的十九大精神情况的监督，将党的十九大精神转化为工作中的“指南针”。三是扎实开展“不忘初心、牢记使命”主题教育。始终贯彻“守初心、担使命，找差距、抓落实”的总要求，广泛开展学习教育、深入调查研究、认真检视问题、着力整改落实。四是以永远在路上的执着和韧劲，做好巡视巡察工作。自觉在问题中补齐短板，在成绩中积蓄力量，变巡视整改压力为企业发展动力，凝心聚力改革创新，促进公司发展取得新成绩。针对集团公司党组书记、董事长刘爱力同志提出的聚焦五方面，26 看和 49 个是否，逐一对照梳理落实情况与存在问题，立查立改，全面接受“政治体检”。

二、业务发展

全省寄递翼完成业务量 10.63 亿件，比上年增长 23.1%；完成业务总收入 148.81 亿元，比上年增长 15.6%，增收 20 亿元，完成集团达标目标的 108.65%，超收 11.84 亿元，收入规模全国排名第 1 位，完成进度和增幅在 7 个重点省排名第 2 位。

（一）标快业务

深度融入“数字政府”建设，政务服务推动省府政数局发文并实现全省 21 个地市数字政府的签约合作。全省国内标快完成业务收入 19.98 亿元，收入规模居全国第 1 位。

（二）快递包裹

开展快递包裹“特攻战”和“双十一”抢客行动，全省开发新客户 5543 个。全省快递包裹完成业务收入 17.34 亿元，比上年增长 27.4%，收入规模居全国第 3 位。

（三）国际业务

通过建立客户会员制度，实行客户精细化管理，收入与效益上升明显。通过邮关与商关渠道并举，国际业务保持全国领先优势。全省国际业务完成业务收入 102 亿元，比上年增长 17.7%，收入规模居全国第 1 位。

（四）物流业务

省电力、阳江电力区域配送项目成功中标运营；省烟草物流配送实现总对总签约，江门烟草配送项目率先中标；省铁塔仓配一体化项目达成实质性合作；年内成功签下了 2 个平台大客户、5 个 TOP 级客户和 2 个企业集团客户；全省 6 个单位新开 7 个电商仓，新增面积 13.08 万平方米。2019 年全省物流业务完成业务收入 4.69 亿元，收入规模居全国第 4 位。

三、支撑能力

（一）时限体系

省内时限提速达到集团提速目标。新增直运邮路 18 条；对全省 121 个重点乡镇开通二频，时限加快 0.5—1 天；快包省内线路达成率行业排名前五、最高前三；标快 52 个重点城市互寄出口次日递率，广州居第 1 位，佛山居第 4 位，集团公司在《中国邮政信息》专版推广提速经验。千条线路提速工作稳步推进。287 条快包提速线路 12 月达标比例 100%，244 条标快提速线路 95% 以上达到顺丰水平。集包工作达到集团要求。11 月、12 月省际出口小件集包率 100%，全国并列第一，全国推广省集包经验。

（二）成本体系建设

利润中心转型不断深入，广州中心局三效指标进一步提升单位综合成本、单位包件成本、单位运输成本等指标

广东省寄递事业部助力“情暖驿站”升级。

均位列全国前列；广航中心利用仓储管理系统自动检索邮件定位，提高人均工效。各地市多种手段压降成本，提升效益。

（三）普邮时限质量

做好条码平信监控工作，全面落实“七必须、七严禁”要求。做好邮政专用信箱寄递服务工作，建立《人民日报》日常管控机制，保障当日见报率100%，获得人民日报社肯定。

（四）服务品质

全省（寄递）申诉量为3263宗，比上年下降24.3%，有责申诉率为百万分0.65，比上年下降55%，其中有责申诉量332宗，比上年下降78%。

四、八大整合

对照集团公司八大整合工作要求，全力推进落实，各项工作稳步推进。收寄环节，完成所有揽收围栏施画，核心区域实现1小时派揽。投递环节，整治机构149个，全国投诉前400名投递机构数量从第一期的34个上榜机构减少到第七期的8个上榜机构。分拣环节，全省处理场地减少33个、包件处理能力增加65万件/天，各处理中心基本实现包状类邮件同场地、同机构、同车间作业。运输环节，实现全省运输资源的统一管理、统一调配，落实规范邮路组开局、结算属性设置等信息。航陆衔接，制定邮航应急处理机制和流程，优化航空发运计划。指挥调度，实现全省统一调度和计划管控。服务质量，完成各级客服中心包裹快递职能整合任务，保障包裹快递服务质量体系闭环管控及纵向专业化经营。信息系统，完成客户管理、生产作业、运营监控、ERP报销保障和指标管理等多个信息系统的整合。

五、创新驱动

完成国际BBC、WMS系统的上线，开发了通关管理平台、跨境9610出口清关相关业务功能，高效支撑业务清关与业务生产；以“数字政府”建设为主要依托，配合业务部门推进“政务项目+”子项目、重点业务落地，助力各级政府实现政务服务事项“窗口办、网上办、掌上办、自助办、上门办”，并形成全链条、全承接、全覆盖的政务服务生态圈。重点拓展了电动自行车车牌申领寄递综合服务、ETC综合邮寄服务和法院法律文书集约送达新模式。

加强自媒体开发力度。自媒体团队完成寄递、政务、营销工具、平台架构四大板块规划、开发和功能升级，产生76次版本迭代，新增2251项功能。寄递订单量1765万单，日均11万单。邮件查询量10.7亿次，日均查询200万次。会员储值卡开通用户1471户，累积充值总金额245万元，消费总金额176万元。港澳再签重点完成飞猪聚石塔服务器的迁移工作，业务订单量8.5万单，收入744万元；支付中心对接44个业务，并在原有支付功能的基础上增加“云闪付”APP支付、微信的分账功能、微信免密支付、浦发支付等功能，支付中心日均订单量高达16000单，年总订单量484万单，订单总收入约2亿元。（广东省邮政分公司/提供）

广西壮族自治区

【广西邮政分公司】 广西邮政分公司下辖寄递事业部和3个直属单位，市分公司14个，县级分公司75个；设邮政支局（所）1502处，其中设在农村的邮政支局（所）1197处。从业人员总数13448人。全区邮政企业业务总收入（含寄递事业部）完成51.48亿元，比上年增长6.33%，收入规模列全国第17位；完成经营利润预算目标的114.1%；列广西百强企业56位，比上年提升3位。

一、经营发展

（一）金融业务

实现专业收入（含保险收入）27.24亿元，完成集团预算的100.2%，列全国第5位；比上年增长7.12%，列全国同行第3位。在2017—2018跨年度专项营销活动中，被评为全国“十强省份”。实现代理金融收入（不含保险收入）24.43亿元，比上年增长6.65%，列全国同行第6位。手机银行、快捷支付绑卡、微邮付等战略型业务提前2个月完成集团下达目标。保险业务手续费收入2.82亿元，比上年增长20.67%，增幅列全国第10位。全区点均产能39.9万元，比上年提升21.05%。总保费区内银保渠道占比67.87%，连续4年保持广西银保渠道占比第1名、全国邮政同行占比第1名的领先地位。

（二）寄递业务

完成专业收入12.09亿元，比上年增长15.06%。累计出口快递物流业务量10683万件，比上年增长14%。在全国首创公安户政、出入境、交管业务“多合一”项目建设，与自治区公安厅进行“放管服”战略合作，开设全国首个可直接受理户政业务的警邮大厅。完成中国邮政东盟跨境电商监管中心和南宁互换局的升级改造。

（三）邮务类业务

函件、集邮、报刊业务收入均完成集团下达预算目标，保持正增长。报刊业务实现收入2.18亿元，超收1800万元，比上年增幅9.6%，居全国第3位；函件媒体业务收入增幅21%，居全国第8位。

（四）电商分销与增值业务

电商分销有效助力精准扶贫。代征税业务征税额5.38亿元。简易险业务收入增长1.1倍，居全国第8位。鑫达公司实现业务收入3.63亿元，完成预算进度的101.63%，比上年增幅12.09%。其中，实现外拓收入1.04亿元，比上年增幅 38.84%；外拓押运业务 7991 万元，比上年增长 18.26%；外拓保安业务 2379 万元，比上年增长 2.34 倍。备付率管控、清分质量指标优于上年。

二、普遍服务和邮政服务质量水平

针对中央巡视提出的普遍服务的问题，7 条整改措施全部完成，落实集团公司“五达标、两提升、两杜绝、一确保”的总体要求。首次单独编制普遍服务成本，将普遍服务补贴逐级落实到基层单位。加大对普遍服务的资源配置力度，拨付普遍服务和特殊服务补贴 1.6 亿元。营业服务达标率、乡镇邮政局所覆盖率、投递频次和深度达标率、建制村直接通邮率均达 100%。县级及以上城市《人民日报》当日见报率 100%。普邮全程时限 12 项指标全部达标。机要通信业务连续 22 年保持质量全红。完成平信条码化工作，平信丢损率 0.36‰，居全国第 2 位。邮政申诉处理满意率 100%，高于集团考核指标 4%，居全国第 1 位。

三、服务国家重点战略

打好防范化解重大风险攻坚战方面，实现代理金融营业主管派驻管理、预警双线核查 100% 全覆盖，预警信息 100% 全核查，合规预警信息触发量明显减少，网点合规等级不断提升，无重大资金案件和重大风险事件发生。打好精准扶贫攻坚战方面，扶贫责任指标全面超额完成，继续夯实贺州钟山县张屋村脱贫摘帽后的发展基础；组织万单扶贫农品销售项目 42 个，销售额 3432 万元，超预期目标。广西邮政电商精准扶贫工作被《中国邮政报》、人民网广西频道、广西电视台、广西新闻网等媒体多次报道。实施绿色邮政工程方面：实施绿色包装、绿色运输和绿色金融三大绿色工程。电子面单使用率 99%，90% 以上电商快件不再二次包装，循环中转袋使用率 71%，邮政网点和揽投点设置包装回收装置率 12%；一级干线往返邮路甩挂运输占比 78%，达到集团公司要求。

四、企业管理能力

（一）完善机构设置

中邮保险广西分公司开业完善区、市、县三级中邮保险机构，开启广西邮政新增长极。增设国际业务分公司，对 12 个县（区）分公司增配四级领导职数和机构编制。调整了营销架构，在区级试行营销经理派驻制，增强营销对专业的支撑能力。

（二）深化寄递业务改革

以时限、服务、市场、成本、IT“五大体系”为抓手，推进收寄、投递、分拣、运输、航路对接、指挥调度、服务质量、信息系统“八大整合”工作。各级寄递事业部及内设机构人员基本到位，市、县邮件处理中心、揽投机构整合工作基本完成，在“两网融合”的基础上，运输资源进一步整合，网运实体化运作深入推进。出台全区寄递事业部统一薪酬分配制度指导意见，对一线操作序列人员基本实现“计件制”薪酬，将寄递事业部收入、利润等关键指标纳入市分公司领导班子考核体系。

（三）健全板块协同机制

建立区、市、县三级协同工作体系，制定全区市场协同指导意见和各级分支机构议事规则，通过定目标、定考核及定期协同会，加强协同组织领导和项目督导，与平安、电信、联通和华为等企业区级总部签订战略合作协议，超额完成集团公司总部客户签约目标。总部客户项目实现业务收入 1.4 亿元，比上年增长 24%，超集团考核目标的 14%。培育孵化信用卡、云闪付、金融商户收单等一批区内自主协同项目。

（四）深化“放管服”工作

下放市分公司社会招聘、四级领导以下合同用工离职审批权限，提高基层补员灵活度。优化业务外包审批、采购流程，对 50 万元以下的外包项目授权市分公司自主审批，开展业务外包集中采购入围招标。推广报销报账电子签名，简化营销费报销报账流程，提升报账效率。

（五）财务支撑业务发展能力

深化全面预算管理，完善成本费用定额标准和标杆体系，强化对预算完成进度的考核、监控和纠偏。主动研究及筹划减税降费政策，为企业减轻税务负担 1500 多万元。开展“质量第一，效益优先”专项活动，促进企业降本增效。强化网点评价和标杆引导，开展网点损益核算基础达标建设。

（六）人力资源保障业务发展能力

人工成本增长 9.32%，员工待遇持续良性增长。通过提任、交流、优化、考核等方式，加强干部队伍建设和监督管理。落实“控总量、调结构”的管控要求，加强劳动组织管理，推进人力资源优化配置，实施全口径劳产率考核，加强业务外包归口管理。适当缓解经营骨干队伍紧缺问题，配置理财经理 504 人，增配营销人员 222 人，代理金融网点负责人、综合柜员资格全面达到关键岗位合同用工任职的整改要求。

（七）安全工作形势平稳

连续 7 年实现无重大、特大安全生产责任事故和案件发生。“平安邮政”长效机制进一步健全。强化安全履职，安全主体责任进一步压实。对 9 个单位开展安全巡察，提前 1 年完成区对市及直属单位安全巡察全覆盖。全区邮政企业在全国第 6 轮银行业金融机构安全评估中得分 96.31 分，达到优秀等级。

（八）审计工作

完成审计项目 901 项，其中工程审计 868 项，审减金额 1489 万元，审减率 10.91%，工程审计覆盖面达到 100%。完成营销费用、寄递翼改革、集邮函件商品库存、网点损益核算专项审计，以及中央预算内资金和广西财政补贴资金项目决算审计工作。

五、企业核心能力和发展基础

（一）寄递网络

省际直达邮路79条，动态增加50条省际直达邮路，相关寄达地邮件全程时限平均提升1.5日；优化区内网络，区内县城以上区域“次日递”率标快90.6%，快包93.5%；南宁邮区中心局接管柳州邮件处理中心，包件处理效率比上年提升22.8%，全网峰值处理能力达到241.5万件/天；小件集包率36%，超过集团有限公司（20%）的阶段性目标。贵品邮寄服务的开办条件基本具备，公安多合一自助机运营试点铺开。

（二）固定资产投资

固定资产投资2.22亿元，比上年增长22.2%。其中，寄递能力建设投资6200万元，购置金融智能化设备1700万元。区邮政培训中心交付使用，完成南宁、柳州邮件处理中心工艺设备改造。

（三）信息化与大数据应用

投入技术改造资金9500万元，开发会员管理系统线上渠道、代理金融关键岗位人员行为排查系统等12个软件自主开发项目，金融电话营销、简易险微营销等8个外部引进的系统正式上线运营。信息网质量平稳。金融自助设备完好率96.3%，高于全国平均水平0.6%。完成数据分析应用平台升级改造，开展代理保险蓄客、时限质量管控等18个数据项目。

（四）重点渠道（平台）建设

1. 金融渠道建设。离行自助银行519个，新布放ITM设备701台，累计结存自助设备2760台。电子银行渠道替代率96.45%，居全国首位。电子支付业务收入12048万元，增幅42.94%，居全国第7位。新增手机银行激活客户数100.29万户，居全国第11位，完成集团公司下达目标任务的189.22%，居全国第4位。

2. 投递平台建设。

3. 综合服务平台建设。邮乐购站点1.2万个。代投邮件月30件以上邮乐购站点1675个，完成年度目标。邮乐网销售额比上年增长53%。电子地图工程：在县及以上区域，构建了邮件揽投热力图，完善代理金融网点余额报表和预警功能，实现财务报表、代理金融网点人员信息查询功能。

4. 终端战略工程。终端收益查询系统实现邮乐购站点业绩和酬金统计，终端业务转介系统实现营销员、终端业主金融业务转介统计，引进家邮栈软件，支撑快递超市运营。

六、党的建设

（一）党建工作

遵照“守初心、担使命，找差距、抓落实”总要求和“六个转化”具体要求，扎实开展“不忘初心、牢记使命”主题教育，推进学习教育、调查研究、检视问题、整改落实四项重点措施，各级党组织检视问题1237条，制定整改措施1414项，其中已完成或阶段性完成975条。突出抓好企业党的政治建设，持续强化理论武装提升，以达标工程建设为抓手夯实基层党建基础。持续推进党建工作重点项目，开展“一月一事、消灭最差”活动，加强党建信息化建设，理顺寄递事业部党组织关系，出台为基层减负具体措施17项。

（二）巡视巡察工作

持续推进中央巡视反馈问题整改，制定整改措施60项，其中59项已全部完成，1项正在推进。开展对玉林、河池、北海、防城港市分公司及辖内6个县分公司的巡察。同时强化巡察整改督导工作，采取“两级清单认领制”做好巡察“后半篇”文章，推动巡察反馈意见的整改落实。

（三）纪检监察

采取多种形式进行廉政教育。开展集体廉政谈话73人次；对年度全区邮政企业查处的7起违规违纪问题进行通报，用“身边事”警醒“身边人”；持续巩固中央八项规定精神成果，紧盯重要时间节点，强化节前廉洁提醒，严防“四风”反弹。强化问题线索核查，整治侵害员工利益问题，全区立案6件，给予党政纪处分13人。

七、和谐企业建设

加大为员工办实事力度，改善员工生产生活条件。创建各类职工小家170个。开展送温暖、送清凉活动，发放价值680万元的慰问金、慰问品。为员工投保重大疾病和意外伤害保险340万元，“金秋助学”资助困难员工子女15人，落实困难职工专项补助，帮助因病、因灾致困职工19人。组织28名劳动模范和119名一线员工疗休。开展“学先进、促和谐”主题活动，举办其美多吉先进典型事迹报告会，深入开展“寻找身边典型、讲好邮政故事”活动。广西邮政代表队参加全国性、行业性体育赛事多次获得良好成绩。（广西邮政分公司/提供）

【邮储银行广西分行】 广西分行下辖14个二级分行、1个直属营业部、45个一级支行、958个营业网点（其中252个自营网点、706个代理网点）。县域服务覆盖率100%，乡镇网点521个，占网点总数的54.38%。员工5126人，平均年龄37岁，其中本科及以上学历员工3703人，占比72.24%。

一、经营概况

资产总额2065.61亿元，比上年增长6.86%；各项存款余额1919.13亿元，新增89.91亿元，比上年增长4.92%；各项贷款余额921.88亿元，新增120.46亿元，比上年增长15.03%。实现收入35.97亿元，比上年增长10.92%；实现考核利润15.29亿元，比上年增长30.48%。不良率0.97%，比上年下降0.01%。拨备覆盖率214.58%。

二、个人银行业务

个人客户2476.31万户，其中个人VIP客户61.75万户。

（一）个人存贷款业务

个人储蓄存款余额1805.63亿元，比上年末增长101.36亿元，增幅5.95%，其中活期存款996.39亿元，活期存款占比55.18%，市场占有率10.65%。个人贷款余额439.76亿元，比上年末增长57.78亿元，增幅15.13%，市场占有率3.60%。

（二）“三农”金融业务

涉农贷款余额218.92亿元，占各项贷款总额的比重为23.75%，比上年末增长17.15亿元，增幅8.5%。金融精准扶贫贷款（含已脱贫人口贷款、带动服务贫困人口的贷款）结余18.6亿元，比上年末增长7.06亿元，增幅61.24%。小额贷款结余152.98亿元，年内净增26.02亿元，增幅20.49%，涉农公贷余额8.82亿元，年内净增3.62亿元，增幅69.62%。

（三）银行卡业务

借记卡结存发卡量3034万张，比上年末增长326万张，比上年增长12.04%。其中，绿卡存款余额1036亿元，比上年末增长60亿元，增幅6.15%。信用卡增发卡24.84万张，结存98.07万张，交易金额357亿元，卡均交易金额3.64万元。

（四）代收代付业务

年累计代收付业务373亿元，比上年增长2.89%。

（五）代销基金、国债、保险

代销基金年累计16亿元，年累计代销国债1.67亿元。年累计新单保费54.4亿元。

（六）个人人民币理财产品

销售个人人民币理财产品282亿元。

（七）贵金属业务

实物贵金属年销量3743.54万元，比上年下降28%。

三、公司银行业务

（一）公司存贷款业务

发放公司贷款127.31亿元，公司贷款余额231.27亿元，比上年末增长57亿元，增幅34%。其中，民营企业贷款余额87.16亿元，新增贷款21.01亿元，增幅31.76%。公司存款余额119.16亿元。

（二）小企业金融业务

发放小企业贷款58.17亿元，小企业贷款余额67.59亿元，比上年末增长8.28亿元，增幅13.96%。“两增”口径小微企业贷款年新增29.39亿元，贷款规模152.47亿元，列广西区内国有大型银行第1位；“人行”口径小微贷款余额197.47亿元。

（三）国际结算与贸易融资业务

贸易融资（含国内外）总资产101.97亿元，比上年新增23.77亿元，比上年增长30.39%，保持不良率为零。国际结算业务（含本外币）完成10.68亿美元，其中跨境人民币结算业务完成58.25亿元，邮储系统内排名第1位。

（四）ETC业务

发卡量18.8万张，邮储系统排名第14位。

四、资金资管投行业务

（一）票据业务

办理票据转贴现买卖断业务227.46亿元，余额73.73亿元；办理质押式逆回购62.20亿元，余额2.72亿元；办理质押式正回购31.91亿元，余额12.02亿元；办理票据再贴现业务22.81亿元，余额5.12亿元；办理票据直贴25.82亿元，余额16.39亿元；办理承兑业务19.61亿元，比上年增长8.48%。

（二）非信贷投资业务

投放资产84亿元，其中标准化资产占比98.81%，管理非信贷资产（不含票据）规模230.64亿元。

（三）理财业务

广西分行理财（含代理）余额119.49亿元，比上年末新增2.76亿元，其中自营个人理财产品余额60.43亿元，机构理财产品余额3.05亿元，代理理财产品余额56.01亿元。

（四）托管业务

广西分行托管资产规模306.14亿元。

（五）投资银行业务

承销23.8亿元，余额18.8亿元，比上年末新增14.8亿元。

五、渠道拓展

（一）网点建设

推进网点系统化转型，“硬转”方面，实行网点面积集约化管理，压降5个网点面积801平方米，节约租金112万元/年；建设便捷型网点3个；布放智能设备ITM

9月21日，在中国—东盟博览会展会现场，客户参与邮储银行“手机银行体验有礼”活动。

281台、STM 7台，网点交易离柜率86%，列邮储系统第5位。“软转”方面，252个自营网点类型全部调整；年内压降台席31个、盘活柜员42人；开办信贷网点234个，占比92.86%；理财、信用卡、个商、小额、消贷等重点客户手机银行渗透率70.36%，信用卡线上渠道进件占比41.66%，“三农”条线“E捷贷”发放的笔数占比64.55%，网贷通及卡贷通渠道发放笔数占比99.46%；队伍建设不断加强，全区配备理财经理272人、专职大堂经理92人；柳州市桂中大道支行被评为五星级网点、贵港市分行营业部为四星级网点、南宁市衡阳路支行及桂林市分行营业部被评为三星级网点。打造总行级系统化转型样板网点（南宁市分行营业部、衡阳路支行）。

（二）网络金融建设

构建互联网生态体系，建设手机银行二维码支付商圈22个；手机银行激活用户规模514.29万户，五类重点客群渗透率70.36%，增长87.43%。以手机银行、快捷支付和云闪付APP为基石，多渠道构建线上线下支付生态圈，电子支付交易8.53亿笔，交易金额3925.63亿元，新增邮储食堂会员24.57万户。推广商户收单业务，新增直联“邮惠付”商户3.43万户，新增联动存款6.34亿元，交易463.6万笔，交易金额14.54亿元。

（三）自助设备渠道建设

全辖布放ATM（含CRS）3467台、其他自助设备1187台。自助设备交易量1.43亿笔，交易金额1369亿元，交易替代率9.07%。

六、信息科技建设

（一）系统运维

优化14类系统数据的灾备，处理运维事件7000多次，加固安全策略945个，未发生重大信息系统故障。

（二）系统建设

完成新信贷业务、电子用印、统一柜面等11项总行项目推广，完成税局征缴社保费、农民工工资保证金监管等10个区内项目，首次自主开发手机APP——零售信贷口袋书。

（三）数据应用落地

自主建设关系人贷款校验、收单商户信息查询等数据应用系统，完成数据提取分析973次。

七、队伍建设

严格落实党管干部、党管人才原则，合理调整二级分行、区分行机关部门领导干部，制定人才库建设方案，完善领导干部考核评价体系；畅通人员晋升渠道，优化岗位职级体系；加强培训资源建设，逐步建立专业精、素质高、技能强的内训师队伍。初步建立外部培训机构入围机制，不断完善可供全行共享的外聘师资、外部培训机构信息库。初步建立覆盖各类岗位、各个层级的课程教材体系。

八、党风廉政建设

以习近平新时代中国特色社会主义思想武装头脑，认真学习党的十九大和十九届二中、三中、四中全会精神，认真落实“三个第一时间”学习机制，紧紧围绕“守初心、担使命，找差距、抓落实”总要求，认真履行主题教育主体责任，落实集团公司“六个转化”要求，以“五个突出”抓实理论学习，扎实推进“不忘初心、牢记使命”主题教育工作，中央督导组对广西区分行主题教育工作、探索实践解决党建与经营发展“两张皮”问题给予高度肯定。

扎实推进党风廉政建设和政治生态监督。一是深化政治监督，压实“两个责任”。组织“两个责任”约谈，2019年开展各类监督检查3次，发现并督促整改问题35个。二是锲而不舍落实中央八项规定精神，紧盯重要时点，深化监督提醒，纠治“四风”问题。三是高质量推进巡视整改和巡察工作。持续推进中央和集团巡视整改，制定54条整改措施，其中已销号51条、持续推进3条。对南宁、钦州和河池3个市分行党委以及辖内县支行党组织进行巡察，发现问题195个，全部完成整改。四是加大党内政治生态监督。全辖各级纪检监察机构处置问题线索9条，查办案件5件，运用监督执纪“四种形态”中“第一种形态”297人次、“第二种形态”13人次、“第三种形态”5人次，并以“身边案”警示教育“身边人”，形成强有力震慑作用。（邮储银行/提供）

【中邮保险广西分公司】

一、开业筹备阶段

4月6日，中国银行保险监督管理委员会批准筹建中邮人寿保险股份有限公司广西分公司。

9月3日，中国银行保险监督管理委员会广西监管局批准中邮人寿保险股份有限公司广西分公司成立。

9月16日，中邮保险广西分公司在南宁市青秀区市场监督管理局注册登记，是中邮人寿保险股份有限公司成立的第21家省级分公司。经营范围：人身保险、健康保险、意外伤害保险等各类人身保险业务；上述业务的再保险业务；国家法律、法规允许的保险资金运用业务；经中国保监会批准的其他业务。

二、开业阶段

10月23日，在南宁市青秀区金浦路三支路1号广西邮政通信调度指挥大楼举办中邮人寿保险股份有限公司广西分公司开业仪式。

完成南宁市及所辖8个县（区）中邮保险中心开设，159个银行及代理金融网点的营业机构顺利入网，并于分公司正式开业当日同步进行产品销售。

10月23—28日，中邮保险广西分公司先后在人民网（广西频道）、广西新闻网、《广西日报》发布开业信息，

宣传公司基本情况、业务范围和价值理念。（中邮保险 / 提供）

【广西寄递事业部】 广西速递物流业务实现业务收入 12.09 亿元，比上年增长 15.06%，高于全国平均增幅（12.31%）2.75%，增幅排名全国第 17 位，收入增幅自 6 月触底后稳步提升。市场占有率 16.2%，高于全国 5.9%。

一、各项业务发展

（一）国内标准快递业务

累计完成业务量 2197 万件，比上年增长 4%；业务收入 31022 万元，比上年增长 4.7%。持续推进“互联网 + 政务服务”，打造“仓 + 配 + 信息”商务综合服务模式，政务、商务业务分别完成增长 25.8%、21%，规模均过亿元。

（二）快递包裹业务

累计完成业务量 7527.37 万件，比上年增长 17.11%；完成快包收入 4.2 亿元。坚持网业联动，加强网运组织改革，释放网运红利，提升前端营销活力，快递包裹 1 千克内轻小件业务占比 41%，比上年提升 14%，快递包裹边际贡献率 10.12%，比上年提升 4.51%，实现业务规模化发展。

（三）国际业务

全区国际业务累计完成业务量 1118.2 万件，比上年增长 44.5%；收入累计完成 2.3 亿元，比上年增长 5.5%。成立国际业务分公司，实现国际业务公司化、专业化运营，为广西面向东盟的跨境电商发展奠定良好基础。

（四）物流业务

累计完成收入 13402 万元，比上年增长 96.7%。物流聚焦高科技、快消品、汽车、鞋服、医药、战略（应急储备、军民、烟草）合同物流“六大重点行业”开发，不断向产业链上下游延伸业务开发触角。全区新增行业合同物流客户 16 个，实现新增收入 1652.5 万元。

二、寄递翼改革

以“五大体系”（时限、市场、服务、成本、IT）为抓手，推进“八大整合”（收寄、投递、分拣、运输、航路对接、指挥调度、服务质量、信息系统等整合工作）。各级寄递事业部及内设机构人员基本到位，市、县邮件处理中心、揽投机构整合工作基本完成，在“两网融合”的基础上，运输资源进一步整合，网运实体化运作深入推进。出台全区寄递事业部统一薪酬分配制度指导意见，对一线操作序列人员基本实现“计件制”薪酬，将寄递事业部收入、利润等关键指标纳入市分公司领导班子考核体系。

三、寄递网络

省际直达邮路 79 条，动态增加 50 条省际直达邮路，相关寄达地邮件全程时限平均提升 1.5 日；优化区内网络，区内县城以上区域“次日递”率标快 90.6%，快包 93.5%；南宁邮区中心局接管柳州邮件处理中心，包件处理效率比上年提升 22.8%，全网峰值处理能力 241.5 万件 / 天；小件集包率 36%，超过集团公司（20%）的阶段性目标。贵品邮寄服务的开办条件基本具备，公安多合一自助机运营试点铺开。完成中国邮政东盟跨境电商监管中心和南宁互换局的升级改造。构建国际邮件、商业快件、跨境出口、保税备货“四合一”清关业务模式。新增 20 个南宁出口邮件总包直封关系，搭建“头程陆运 + 河内中转”国际物流渠道。

四、投递能力

全区揽投机构 327 个，精简 91 个，道段 3785 条，增加 239 条；电动三轮车 3500 台，车辆道段配置基本到位；PDA 实现投递员人均 1 台；建设快递超市 1861 个，实际运营 449 个，投递邮件 97 万件；有自提点 1.3 万个、中邮速递易智能包裹柜 1528 组柜辅助投递。

五、服务品质

区内互寄次日递率标快 89.08%、快包 84.93%；有责投诉率万分之 3.1，申诉率百万分之 0.5，达到总部考核标准；及时揽收成功率 94.45%，高于整合初期 3.75%。全区所有普遍服务投递机构外勤监控段道覆盖率 100%，存在“邮件逾期未清退”情况的机构数量显著减少；普遍服务给据邮件投递信息及时上网率 99.71%，约投挂号及时妥投率 95.06%，均超集团考核标准；县及以上地区《人民日报》当日见报率 100%；全区普邮时限 12 项指标均达集团考核标准。

六、对外合作

在全国首创公安户政、出入境、交管业务“多合一”项目建设，与自治区公安厅进行“放管服”战略合作，开设全国首个可直接受理户政业务的警邮大厅。举办广西中国—马来西亚跨境电商产品嘉年华活动。成功中标广西铁塔、中石油、南宁烟草等物流项目。贵重物品邮寄服务基本具备开办条件。与广西顺丰、圆通、申通、中通、韵达、百世、宅急送、芝麻开门、京东、天速、南宁韵达等 11 家民营快递企业签订《邮政快递合作下乡进村框架协议》。（广西邮政分公司 / 提供）

海南省

【海南省邮政分公司】 全省业务总收入完成 118786 万元，比上年增长 4.57%，人均劳动生产率 25.54 万元 / 人。

一、业务发展

（一）普遍服务

全省 426 个普遍服务网点保持稳定运营，乡镇网点

9月12日，海南邮政与海垦小灵狗出行联合打造的“邮政便民出行服务”项目在澄迈县金江邮政营业所正式启动。图为邮政员工为试驾客户介绍服务内容。

覆盖率100%，营业网点签到率100%，约投挂号及时妥投率82%，建制村直接通邮率100%，投递频次深度、普遍服务邮件全程时限指标基本达标。申诉处理满意率100%。无触碰邮政监管部门“两条红线”行为。确保机要通信安全万无一失。全省所有县级城市及乡镇政府所在地党报当日见报率100%。营业网点平信条码化率、条码平信信息中断率稳定实现双达标，基础业务实现创新发展。函件、报刊、集邮等基础业务实现创新发展，主要党报党刊发行近27万份。开办警邮合作网点59家，实现全省各市县全覆盖。

（二）寄递业务

实现收入15061万元，比上年增长12.84%。

（三）金融业务

实现收入82207万元，比上年增长4.49%。余额新增13.73亿元，比上年增长3.68%，净增客户数7.1万户。

（四）农村电商

电商分销业务实现收入3325万元。叠加203家中石化易捷店为邮政便民站，叠加联通代放号业务，完成4个“家邮站”项目建设。培育17个销售过万单的农特产品。

（五）协同发展

成立海南邮政协同发展委员会；汽车产业链项目与3家汽车品牌商达成合作，并试点启动代理海垦小灵狗汽车租赁合作。惠农项目合作社为寄递、分销业务创收344万元。与四大省级通信运营商签订战略合作协议。

二、支撑体系建设

（一）寄递业务改革

各级邮政分公司、寄递事业部全面实现一体化整合，形成“综合管理横向一体化，业务经营纵向垂直到底”的管理模式。

（二）“五大体系”建设

时限：标快省内互寄邮件次日递率94.83%，快包96.81%，均列全国第1位。市场：推进市县政务中心、公安机关办证中心邮政唯一驻点服务，启动身份证和政务寄递项目。服务：智能跟单标快及快包异常发生率、异常调度及时解决率得到提升，理赔及时率达100%，列全国第一。成本：构建财务标杆管控体系，制定了战略绩效考核办法；中心局全年节支1637万元。IT：实现全省开通上门揽收服务功能，电子面单使用率提高到99%，看板系统活跃用户率为100%。

“三供一业”改革均已完成，并且全部移交社会公司管理。股权清理完成率83%。

企业精细化管理水平持续提升。财务管理围绕“降本增效”出实招，降本增效十大管控措施见成效，运输费等均比上年下降。人力资源管理围绕“优化”作文章。实施人员双向选择，企业内部公开竞聘，出台优秀年轻干部队伍建设方案。压降现金台席压降率22%。代理金融网点客户经理配备率提升到30%。投递、内部处理关键岗位从业人员使用率提升18%，全口径一线揽投人员占比提升5%。审计监督和采购管理围绕“规范”下功夫。土建及信息设备工程结算（决算）自审项目审减率10%，普遍服务项目审减率6%。集中采购项目节约率为9%，公开招标率比上年提高23%。工程建设和信息科技管理围绕“科学化”强推进。全面运用甘特图实施项目管理，新海口邮件处理中心及时交付使用，三亚“三农”农产品特殊功能仓储配送中心项目问题得到解决；信息网建设与运维在全国运维竞赛中并列第1名。

三、服务国家重大战略

（一）“三大攻坚战”完成阶段性任务

完成定点扶贫任务。全省邮政16个单位全面完成定点扶贫任务。扎实推进绿色邮政建设。新型包装箱和窄胶带实现全覆盖，一级干线往返邮路全部实现甩挂运输。防范化解重大风险。深入开展银行业市场乱象治理和扫黑除恶专项斗争，加强反洗钱和消费者权益保护工作，代理金融网点综合柜员派驻全覆盖，全面推行负向积分制，实现“无案件、无风险、无重大差错”目标。全省邮政未发生安全生产事故、火灾事故等。

（二）服务海南自贸港建设

新海口邮件处理中心投产使用，面积近1.5万平方米，包件日均处理量超20万件，处理能力大幅度提高，邮件处理效率提升90%。

（三）探索邮快合作下乡模式

试运行“邮快合作”下乡项目，提升乡邮员收入水平，企业实现盈利，扩大邮政企业品牌影响力。

四、科技赋能

实现新一代寄递平台与公安部门等5个单位系统对接，初步实现“客户免填单、员工免录入”和“数据直接提取、报表直接生成”功能。智邮云收寄系统项目为客户提供电子面单实时在线打印、订单管理、客户信息管理、数据统计等信息化服务，全省实现上门揽收服务功能，电子面单使用率 99%。

五、党的建设

（一）“不忘初心、牢记使命”主题教育

把主题教育成果转化为推动海南邮政高质量发展的不竭动力和实践行动，转化为新时代邮政的“六个责任担当”。解决群众最急最盼最忧问题 487 个。

（二）基层党组织建设

基层党组织建设达标工程和创先争优活动基本实现阶段性任务目标。基层党组织应用“中邮先锋”落实“三会一课”制度实现全覆盖，在职党员使用率 96%；230 个空白党员网点全部实施党员挂点帮扶。开展“党建党日 +”主题党日、“立足岗位当先锋　推动发展做贡献”及“共产党员服务（营销）先锋工程”。

（三）全面从严治党持续深入

持续深化中央巡视整改，省分公司党组共 58 项整改任务，完成整改 43 项。开展巡察工作；加强意识形态工作，开展形式主义、官僚主义突出问题专项整治。

六、员工幸福感、获得感不断提升

推进“关爱工程”，慰问率和资助率 100%；解决员工社保补缴的历史遗留问题；星级职代会创建率 100%；开展庆祝新中国成立 70 周年系列活动；2 名职工分别获得“海南省劳动模范”和“海南省道德模范”荣誉称号，王忠劳模工作室被评为海南省劳模和工匠人才创新工作室。（海南省邮政分公司 / 提供）

【邮储银行海南省分行】 海南省分行下辖 2 家二级分行和 16 家一级支行，机关本部设有 20 个一级部门、8 个二级部门及 1 个直属单位，采用省管县的直接管理模式，全行从业人员 1754 人。辖内有 351 个邮政金融网点，其中自营网点 80 个、代理网点 271 个，网点数量排名全省金融机构第 2 位。

一、经营概况

收入 14.43 亿元，比上年增长 6.69%，完成总行预算目标的 102.39%，超额完成 3139.26 万元；实现净利润 4.29 亿元，比上年增长 13.56%，完成总行预算目标的 139.34%。总资产规模 687.22 亿元，比上年净增 14.60 亿元，增幅 2.17%。其中，各项贷款余额 301.11 亿元，比上年净增 65.47 亿元，增幅 27.78%，信贷资产占总资产的 43.82%。负债余额 682.91 亿元，比上年净增 22.62 亿元，增幅 3.43%。其中，存款余额 634.62 亿元，比上年增长 4.24 亿元，增幅 0.67%。人均利润 25 万元，增幅 10.82%；人均收入 79 万元，比上年增长 3 万元；网均利润 537 万元，比上年增长 58 万元。资产质量保持良好，不良贷款率 0.47%，优于海南省同业平均水平。

二、社会责任履行

（一）推进农村诚信环境建设

开展信用村建设，“信用村”评定 201 个，认定信用户 10995 户，整村批量开发、批量受理和批量放款 10004 笔、10.2 亿元，不良率 0.24%。

（二）扎实推进三大攻坚战

一是完成监管机构“两增两控”和“减费让利”考核指标。普惠型小微信贷完成总行净增计划的 110.16%，完成银保监局净增任务的 165.23%。二是切实做好扶贫工作。金融扶贫方面，发放扶贫小额贷款 1336.09 万元，发放产业扶贫贷款 1.9 亿元，完成总行净增计划的 121%。定点扶贫方面，间接助推 60 余户贫困户脱贫。消费扶贫方面，开展各类消费扶贫累计 11.99 万元。三是建设绿色银行，制订《海南省分行绿色银行三年发展规划》。

（三）加大对海南自贸区（港）建设的支持力度

推动自贸港账户体系和进出岛资金实时监测系统建设上线；与大唐电力、海南移动分公司、海南联通分公司、海南省退役军人事务厅签订战略合作协议；持续拓展贸易融资业务，融资金额 6.89 亿元。

三、发展业绩

（一）公司信贷

公贷余额 87.49 亿元（含贸易金融），比上年增长 32.83 亿元，增幅 60.06%。

（二）“三农”贷款

加强产品与客户需求的融合。小额贷款：全年发放小额贷款 48.88 亿元，比上年增长 29.15%；净增 11.59 亿元，比上年增长 37.17%；贷款余额 56.52 亿元，比上年增长 25.46%。消费贷款：全年发放消费贷款 37.58 亿元，比上年增长 26.04%，净增 21.14 亿元，比上年增长 11.16%，贷款余额 117.46 亿元。

（三）小企业贷款

加强与税务、企业协会等平台的对接，加强邮银协同发展，共同开办邮包贷。发放小企业贷款 14.69 亿元，比上年增长 9.83%，余额 18.04 亿元，净增 3.19 亿元，不良率 0.01%，资产质量排名邮储系统第 1 位。

（四）中间业务

业务收入 1.47 亿元，占比 10.95%，比上年增长 1.09%。

四、转型发展

（一）队伍建设专业化

从业人员 1754 人，队伍专业化、综合化能力进一步增强。其中，销售类人员 207 人，占比 11.8%；风险内控条线 249 人，占比 14.2%。

（二）积分制管理

绩效考核统一、岗位职责清晰、业绩量化可比，正向积分比上年增长 6.4%。

（三）提升网点综合营销能力

推进“213工程”以来，全辖二级支行累计营销并发放零售贷款110.44亿元，新增21.96亿元，比上年增长64.3%。

（四）推动网点转型升级

对公网点数量扩大至48家，柜员双持证率90%，综合化网点占比87%。

（五）推进现金出纳模式转型

邮银协同，共同推进海口、三亚、儋州、琼海四个区域中心金库建设，完成立项和设计预算。

（六）加大系统自主开发力度

构建内开发框架，快速响应业务需求，开发绩效考核、综合应用门户、培训模拟等项目，推动惠广网、白沙橡胶交易资金管理、自由贸易岛“单一窗口”等系统。

五、风险防控

加强全面风险管理体系建设，按照总行“端到端、点到点”“全面、全程、全员”的风险管理体系建设要求，在全辖各级机构实行合规风险专员全面派驻，做到横向到边、纵向到底，以负向积分为牵引，风险监控指标持续向好，不良贷款率0.47%，业务差错率下降超50%。

六、党建工作

深入开展“不忘初心、牢记使命”主题教育，将学习教育、调查研究、检视问题、整改落实贯穿始终，严格落实“三个第一时间”学习机制和“大学习、大讨论、大落实”活动，组织党委理论中心组学习13次，其中专题研讨4次；抓主体责任，抓学习实效，抓突出问题，抓整治整改，抓基层落实，实现主题教育全覆盖。落实中央、集团巡视整改，整改完成率99%（含阶段性完成）。落实基层党组织建设和创先争优活动及“强基固本”质量提升工程。积极开展“共建、共享、共进”主题活动、“合规——共产党员在行动”专项活动，推动党建工作与经营融合。

七、企业文化

冠名2019年海南省全民健身运动会羽毛球比赛，海南省分行代表队荣获“混合团体冠军”；参加集团公司庆祝新中国成立70周年系列活动，获多个奖项；荣膺“海南省企业100强”称号。（邮储银行／提供）

4月25日，“邮政名优农品”三亚杧果分别发往陕西省咸阳市和汉中市。

【海南省寄递事业部】 寄递业务收入15061万元，比上年增幅12.84%。

一、加强党的建设

加强理论学习。把以习近平新时代中国特色社会主义思想武装头脑、指导工作作为首要政治任务，制订理论学习计划，认真落实“三个第一时间”学习机制，组织抓好党员干部的理论学习，树牢“四个意识”，坚定“四个自信”，做到“两个维护”。扎实开展“不忘初心、牢记使命”主题教育，组织抓好“基层党组织达标工程”建设工作，开展民主生活会和民主评议党员工作；着力落实巡视整改工作，对巡视中发现存在问题限时销号整改落实。组织开展“守纪律、敢担当、有作为”作风建设活动，教育引导党员干部遵规守纪，自觉执行中央八项规定精神和集团公司、省分公司实施细则。

二、寄递翼改革

（一）八大整合

收寄环节，整合一体化地区揽投队伍，实行揽投合一或专揽专投。分拣环节，9月24日，海口新邮件处理中心正式投产后，将中心局陆运、航空处理场地“合二为一”。运输环节，一干、二干邮路均由邮政组开，原速递处理中心处理的进出口航空邮件，由邮政组开的邮路带运。投递环节，完成全省17个非一体化地区和海口、三亚两个一体化地区的市县投递资源整合，因地制宜采取“标快＋快包＋普邮”混网投递、“标快＋快包”与普邮分网投递、标快与“快包＋普邮”分网投递3种组网模式。航陆对接方面，统筹利用航空和陆运资源，通过中转联航提升次日递率，利用民航早晚航班资源，增加标快发运频次。信息系统方面，完成新一代寄递平台整合邮速客户管理、生产作业、运营监控等系统，全面完成机构、客户等基础数据划转。在服务质量方面，将省分公司服务质量部与省寄递服务质量部进行一体化管理，形成纵向专业化的服务质量管理。指挥调度方面，省指挥调度中心与海口邮区中心局指挥调度中心合署办公，实行航空陆运统一指挥、寄递全环节集中管控、异常情况动态调度。

（二）省分公司、省寄递事业部一体化管理

9月，实施省分公司与省寄递事业部一体化整合，省寄递事业部只保留市场部和运管部，分别作为省分公司的一个部门管理。省寄递事业部综合部、财务部、服务质量部分别与省分公司相应部门整合。寄递网由省寄递运管部垂直管理，负责全省的寄递网络规划、时限管控、运营组织、投递（含乡邮投递）管理、指挥调度，实现纵向一体化管理。

省寄递事业部重大事项、重大决策提交同省邮政分公司党组会、总经理办公会讨论，优化决策流程。

三、经营发展

（一）网运支撑

认真落实集团公司“对标先进找差距、千条线路大提速”工作部署，对标竞争对手，一条一条地捋，一条一条地制定改进措施，制定《2019 年海南邮政陆运网运行质量考核办法》，网运时限得到进一步提升。11 月，标快与竞品省际时限对标，在 55 个城市中，全程时限领先的有 35 个城市，占 64%；快包与竞品省际时限对标，13 条线路中有 6 条领先，占 46%。标准特快省内互寄邮件次日递率从 79.74% 提升到 94.83%；快递包裹省内互寄邮件次日递率达到 95.84%，标准特快省内次日递率高于竞品 0.1%。组织全省做好“双十一”生产旺季工作，在业务量比上年增长 50%，连续 6 天处理量超 30 万件的情况下，确保平稳运行，不爆仓、不积压。启动邮快合作建设，组织走访了 4 家民营快递企业，达成合作意向。

（二）市场拓展

加强市场拓展和客户开发，组织指导各市县分公司做好源头获客；加大上门揽收力度，开通各市县城区线上渠道揽收业务；组织开展三季度劳动竞赛和跨年度劳动竞赛。发展的有效协议客户数 2905 户，比上年增长 7.95% 标快业务收入完成 4701 万元，比上年增长 11.63%。

（三）服务质量

进一步推广使用智能跟单系统和寄递看板，认真抓好标快邮件异常发生率、快递包裹邮件异常发生率、异常调度及时处理率等重点指标的提升工作；开展投诉、揽收服务质量、包裹快递邮件丢失等专项整治活动；完善考核办法，强化问责。全省智能跟单标快异常发生率由 26.05% 压降 6.45%，快包异常发生率由 29.57% 压降到 7.31%。异常调度及时解决率由 79.9% 提高到 98.11%，寄递事业部理赔及时率 100%，达到集团公司的目标要求。

（四）严控成本

推行对标管理，制定《中国邮政集团公司海南省寄递事业部财务标杆指标体系“对标、立标、达标”工作方案》，组织全省开展成本压降工作；推进零基预算，严控各项成本开支。租赁费比上年减少 75 万元，下降 28.93%；省内运输费比上年减少 296 万元，下降 38.86%。

（五）落实信息系统应用

抓好 11183 派揽系统应用电子地图围栏工作，制定出台了看板系统管理办法，做到有人看，有人干，看板系统活跃用户率 100%。推广应用电子面单，电子面单使用率由 50.07% 提高到 99.82%。

四、加强管控

完善企业管理规章制度，强化人工成本管控，认真落实安全生产责任制，开展领导班子和领导人员民主测评，召开职代会，审议《2019 年海南省寄递事业部机关本部薪酬分配管理办法》；开展了夏日“送清凉”、冬日“送温暖”活动 210 人次，慰问困难职工 13 人次；开展植树、健步走、篮球比赛等文体活动，丰富员工的工作生活。（海南省邮政分公司 / 提供）

重庆市

【重庆市邮政分公司】 重庆邮政（含寄递事业部）完成收入 61.49 亿元，规模列全国第 13 位；完成集团公司收入预算的 101.02%，进度列全国第 6 位；比上年增长 8.63%，增幅列全国第 7 位，高于全国平均增幅 2.25%；实现利润 5.28 亿元（不含集团公司考核剔除事项），列全国第 4 位；全员劳产率 37.12 万元 / 人，列全国第 4 位。无重大安全生产事故发生。

一、业务发展

（一）代理金融

储蓄业务期末余额市占率 13.92%，列全国第 1 位；新增余额 182.9 亿元，新增余额市占率 10.06%，列全国第 4 位。代理保险手续费费率 6.66%，列全国第 3 位；银保市占率 51.91%，列全市第 1 位。

（二）渠道平台业务

收入 5.24 亿元，列全国第 9 位。其中，增值业务收入 1.39 亿元，列全国第 6 位；分销业务收入 3.85 亿元，列全国第 10 位。“两险”业务收入 9140.55 万元。其中，代理车险收入 4288.83 万元，简易险收入 4851.72 万元，规模均列全国第 3 位；代理车险市占率列全国第 1 位。全市 39 个区县、1686 个营业网点开通代征税业务。全市优质邮乐购站点 2811 个，1682 个邮乐购站点开通邮件代投功能。

二、改革创新

（一）寄递业务

收入 11.86 亿元，完成集团公司预算的 104.91%，比上年增幅 28.94%，进度、增幅均列全国第 2 位。

（二）文化传媒业务

收入 4.48 亿元，完成集团公司预算的 104.86%。函件、集邮业务收入规模比上年提升 1 位。

三、企业发展能力

（一）经营管理

统筹安排全年劳动竞赛，组织开展创收达标活动，科学设置寄递业务新奋斗目标，丰富“开门红”劳动竞赛内涵，更加注重调动全员积极性。

重庆邮政推进“邮政 +”合作模式，强化源头获客。

（二）协同体系

重庆邮政系统协同发展委员会召开市级协同会议 14 次，区县召开协同会议 89 次。通过加强各板块资源共享，建立分层分级开发维护制度，合力构筑“邮政 +”合作模式。

（三）基础能力建设

投入资金 9902 万元，加大寄递支撑能力建设。实施邮件处理中心、仓配中心建设改造项目 45 个，改造面积 3.7 万平方米。加快末端揽投能力建设，新增电动投递车辆 300 台。组织实施网点建设改造项目 116 个，投放 ITM 设备 875 台。

四、激发发展活力

（一）普遍服务水平

8031 个建制村全部实现直接通邮；机要通信连续 27 年质量全红；县以上城市党政机关《人民日报》实现当日见报；平信丢损率压降成效明显。

（二）财务管控

持续优化重点及战略性业务发展资源配置，全年配置各项成本费用 59.37 亿元。建立寄递业务财务对标体系，进一步规范核算流程，不断强化资金日常监控和分析。

（三）人力资源管理

全口径用工总量实现零增长。举办职业技能鉴定培训班 43 期，参培鉴定 3679 人次，生产人员特有职业资格持证率 97.06%，列全国第 2 位；高技能人才持证率 26.9%，比上年提升 8.3%。

（四）基础管理

严格落实集团公司“八条禁令”和市分公司“六个严禁”，未发生被集团公司查处和通报的违规经营行为。加强欠费清理和管控工作，逐步形成“3+1”（事前预防、事中控制、事后监督三道防线 + 法律支撑保障）管控机制。委代办管理纳入“两岗履职”检查范围。围绕企业战略转型与经营管理的重点、难点问题组织开展审计项目。加强采购队伍建设，深入基层指导工作。

五、主题教育

（一）高质量开展“不忘初心、牢记使命”主题教育

全市邮政各级党组织紧紧围绕学习贯彻落实习近平新时代中国特色社会主义思想这一根本任务，牢牢把握“守初心、担使命，找差距、抓落实”的总要求，紧紧围绕集团公司党组“四围绕”“十个课题”深入开展主题调研、检视问题及整改落实工作，解决员工群众最急最忧最盼的问题 182 个，成效得到集团公司党组第五巡回指导组的高度肯定。

（二）干部人才队伍建设

以习近平总书记对国企领导人员 20 字要求为根本遵循，全面加强领导干部培养使用、考核等工作，选拔调整领导人员 30 人，并对全市邮政企业各级干部提出“讲政治、重担当、抓落实、做表率”工作要求。持续推进全市“6+2”业务发展能手队伍建设，增补选拔各类业务能手 272 人，队伍规模 821 人。

（三）党风廉政建设

压实管党治党政治责任，细化年度党风廉政建设和反腐败工作责任清单。围绕巡视整改、普遍服务达标等热点难点问题，开展专项督察、效能监察、专项整治，确保党中央重大决策部署和上级党组织重点工作的落实。认真开展市分公司党委第二、第三批巡察及巡察整改工作。严格执纪问责，加大信访直查直办和提级核查力度，修订完善监督执纪“四种形态”等制度。

和谐企业氛围日益浓厚。规范全市邮政选优评先表彰体系，设置“8+1”评选项目；组织实施跨年战役“明星员工”和“优胜团队”评选表彰。市分公司党政工联合行动，筹集资金 1000 万元，用于跨年战役及旺季生产后勤支撑保障，解决一线员工工作期间“吃饭难”“难吃饭”等问题。组织开展“职工小家”3 年规划建设“回头看”工作。为员工办理好事实事 9 项。（重庆市邮政分公司 / 提供）

【邮储银行重庆市分行】 重庆市分行本部设有 23 个一级部、10 个二级部、1 个营运中心；下辖 7 个二级分行、1 个直属支行、39 个一级支行，辖内营业网点 1698 个（自营网点 226 个、邮政代理网点 1472 个）；全行员工 4250 人。

一、经营概况

收入 32.54 亿元，比上年增长 5.34%；实现净利润 12.16 亿元，比上年增长 24.41%。总资产规模 3223.61 亿元，增长 8.12%；实现经济增加值 3.05 亿元，经济资本回报率 15.14%；成本收入比 50.71%，比上年下降 0.75%。各项存款 3045.54 亿元，比上年增长 7.2%；各项贷款 845.20 亿元，比上年增长 14.59%。贷款不良率 1.24%，比上年下降 0.08%，实现连续 3 年下降。

二、党建工作

（一）把政治建设摆在首位

发挥党委把方向、管大局、保落实的作用，始终将树牢“四个意识”、坚定“四个自信”、做到“两个维护”贯穿于分行经营管理全过程，深入开展“不忘初心、牢记使命”主题教育，不断加强党的政治、思想、组织、作风、纪律建设，通过各项工作载体和抓手，不断强化基层党组织建设和党员队伍建设。

（二）常态化开展巡视整改和巡察工作

完成55项中央巡视整改措施中的53项；整改总行全面从严治党检查反馈的问题29个，问责37人，经济处罚3.68万元；对25个基层党组织开展巡察，发现问题227个并推动整改落实，采取警告、经济处罚、批评教育等方式问责285人次。

（三）整治形式主义、官僚主义突出问题

出台18项为基层“减负”具体措施，文件数量比上年下降超30%，会议数量比上年下降35%。

三、业务发展

（一）个人金融业务

收入8.25亿元，比上年增长3.82%。自营储蓄余额531.41亿元，新增29.87亿元。完成“社银平台”联网代发养老金功能上线推广，新增“度小满”“马上消费”等消费金融还款代收付业务。

（二）消费信贷

收入8.06亿元，比上年增长12.94%。投放消费贷款111.72亿元，比上年增长5.96亿元。公积金信用贷款、“度小满”联合贷款项目顺利上线。

（三）“三农”业务

实现收入4.33亿元，比上年增长3.09%。涉农贷款余额250.11亿元，净增13.93亿元。发放小额贷款112.46亿元，净增17.72亿元，余额120.82亿元，“小额极速贷”净增3.78亿元。

（四）小企业业务

实现收入1.24亿元，增长20.33%，小企业贷款净增8.05亿元，余额43.14亿元。建立起市分行、二级分行、一级支行、二级支行组成的“四级”营销体系，培育“加油站抵押小企业贷款”“无还本续贷”“小微易贷”等5项产品成为客户和业务新的增长点。

（五）信用卡业务

实现收入1.07亿元。开展“信用卡倍增计划——山城会战”外拓营销项目，实现新增发卡23.63万张，增长64.29%。交易金额突破140亿元，增长9.37%，分期业务7.55亿元，增长61.36%。

（六）公司业务

实现收入4.99亿元。公司存款年均余额121.26亿元，新增2.76亿元，资产业务余额152.31亿元，新增13.54亿元。中标“市级财政国库现金管理定期存款”53.70亿元。采用国际证包买福费廷的方式实现对笔电企业的间接融资1.53亿美元，联动营销定期外币存款1亿美元。

（七）网络金融业务

实现规模与质量双提升。手机银行激活客户净增136.37万户，快捷绑卡用户新增115万户，云闪付用户46.32万户。线上渠道交易6.82亿笔，增长26.83%，快捷交易1371.3亿元，增长40%；移动支付交易笔数2182万笔。

（八）托管业务

实现收入7212万元，托管营销规模625亿元，运营产品158只、金额1409亿元。

（九）同业业务

收入3.45亿元。新增优质资产证券化以及公司客户融资等业务21笔、62.77亿元，票据交易实现所有创新品种全覆盖。

四、社会责任

（一）持续开展金融扶贫

与28个区、县政府签署《扶贫小额信贷合作协议》，构建“政府+银行+贫困户”扶贫模式，研发扶贫专属产品，创新抵押担保方式。金融精准扶贫贷款余额19.81亿元，净增3.42亿元。发放扶贫小额贷款2.98亿元，净增1.41亿元，列邮储系统第1位；余额5.31亿元，列重庆市银行同业第3位。

（二）落实普惠金融

持续加大对小微企业、民营经济的支持力度，全面完成“两增两控”计划目标。考核口径小微企业贷款净增27.75亿元，完成监管下达小微信贷计划目标的183%，小微贷款利率比上年下降0.4%。

（三）推进“绿色银行建设三年规划”工作落地

抢抓国家绿色发展带来的新机遇，拓展绿色信贷客户群基础。绿色信贷余额15.75亿元，比上年增长11.47亿元，增幅267.99%。

五、风险防控

一是加强风险与内控委员会建设，修订风险与内控委员会议事规则。二是将邮政代理机构纳入全面风险管理体系。依托邮银间各类会议，督促邮政代理机构及时解决各项业务和管理活动中面临的风险和问题，建立健全代理营业机构风险管理体系。三是加强对不良资产的诉讼情况的跟踪、分析，积极采取相关措施加强诉讼管理。四是案防工作有力开展。强化责任传导，健全案防合规管理由“单打”为联动的工作机制，将案防、反洗钱、消保、合规工作责任明确到机构、具体到个人。按层级开展机构和条线负责人案防合规述职，案防合规主体责任进一步压实。全年未发生案件和重大风险事件。

六、综合管理

一是优化财务资源配置，切实发挥绩效考核的“指挥棒”作用，整体标杆达标率97%以上。二是信贷计划管理执行“专业牵头、条线为主、机构为辅”的管理模式，优先满足民营企业等优质公司、小企业客户贷款资金需求。三是干部梯队建设得到加强，公开选聘包含一级支行行长、副行长、二级分行部门副职在内的15个岗位。四是完善各级领导人员薪酬分配制度，将领导干部的绩效薪酬分配与所在机构绩效、个人综合评价考评、重点发展指标紧密衔接。五是组织架构更加完善。成立代理金融管理部，负责统筹辖内代理营业机构管理工作；将线上线下收单业务的管理职责调整到网络金融部，加快打造互联网生态圈；将自助设备和移动展业相关职责调整至运营管理部，加强全行自助设备统筹管理。（邮储银行 / 提供）

【中邮保险重庆市分公司】

一、转型发展

实现总保费24.23亿元，比上年增长19.3%。其中：实现期交保费19.64亿元（期交新单8.39亿元，续期保费11.25亿元），比上年增长33.4%；实现长期期交新单保费1.99亿元，比上年增长68.2%。期交业务占比达到81%，期交新单保费占新单总保费比重的64.6%，长期期交新单保费占期交新单保费比重的23.7%。期交新单、续期保费拉动发展新格局持续巩固。

二、支撑能力

（一）经营培训支撑

常态开展常规培训，开展常规培训266场次，培训10997人次。依托“大练兵　大比武”平台，提升专职讲师的现场培训与引领能力，专职讲师自制课件75个，获评优秀课件25个。强化项目培训，开展合川、涪陵片区理财精英“特训营”，深入打造“1+4+1”培训模式，持续提升区域整体营销能力。聚焦重点区域、重点单位开展“大走访、大帮扶”，全年累计重点帮扶35个区县、575个网点。

（二）营销服务支撑

坚持抢前抓早、严控节奏、突出实效。借助“优享人生”等新产品上市，协助部分骨干网点开展产说会、客户联谊会、网点微沙等营销活动，推动重点业务发展。

（三）续期管理支撑

坚持“分局包片”，强化重点客户服务，突出重点区域帮扶。加强续期质量管控，强化失效保单管理，13个月、25个月继续率持续保持全市寿险公司领先水平。

三、专业能力

（一）主要运营指标持续保持优良

24项运营指标中，20项高于全国平均水平，13项位居全国前五。获评2018年度重庆市金融机构综合评级A级评价，为全市唯一一家连续4年荣获A级评价的寿险公司。获评2018年度重庆保险公司综合服务评价A类A级公司，连续3年保持同业“双A服务公司”称号。

（二）强化客户服务支撑

自觉践行“人民邮政为人民”宗旨和中邮保险社会责任，组织开展“3·15”“7·8”及客户服务季宣传活动，举办高考志愿讲座、客户观影活动，开展保险“进农村、进社区、进网点”及扶贫健康免费体检等公益活动，彰显中邮保险社会影响力。

（三）信息化建设

在理赔环节引入和应用HIS智能两核系统，初步实现小额理赔智能化线上化无纸化。

四、风险防控

一是坚持抢前抓早，制定《2019年风控合规管理工作要点》和《防范化解重大风险攻坚战2019年专项方案》，确立91项任务清单，将合规管理贯穿业务发展全过程。二是组织开展市场乱象整治行动，贯彻落实“亮剑行动”工作要求，经集团联合检查组现场验收考评95分，位列全国第1位。三是加入邮政代理金融风险案件防控委员会，邮银保三方召开风控合规相关联席会议8次，组建联合检查组8次，联防联督联治机制进一步完善。四是积极参加行业竞赛，在2019年重庆金融系统劳动竞赛中，分公司获最佳组织奖，个人获一等奖1人、三等奖2人。

五、综合管理

一是持续推进基础制度建设，不断健全和完善制度体系，立改废制度90项，分公司有效的管理体制、管理机制全面确立。二是加强员工管理，初步搭建员工晋升渠道，健全激励约束机制，持续强化员工素质培养，员工履职能力不断提升。三是严格执行财经纪律，深化零基预算管理，加强重点费用管控，规范财务管理行为。强化集中采购管理，严格执行采购流程，确保集中采购依法合规。全年开展集中采购6项，公开招标3项，公开招标率92.61%，预算节约率4.81%。

六、保险扶贫

一是坚决响应和贯彻落实党中央、集团公司、总公司精准扶贫工作要求，积极协同地方政府、邮政渠道开展保险扶贫工作，连续2年为城口县鸡鸣乡、石柱县中益乡、丰都县三建乡6627名建档立卡贫困户赠送意外保险，提供风险保额3.31亿元。二是坚持服务“三农”定位，在全域38个区县上线并普及简易险业务，惠及所有农村客户。

七、党的建设引领有力

一是坚持以党的政治建设为统领，深入学习贯彻习近平新时代中国特色社会主义思想和党的十九大及十九届历次全会精神，全面落实管党治党责任，坚持把党的政治建设嵌入经营管理全过程，不断强健党的政治基础。二是着力加强党的思想建设，扎实开展“不忘初心、牢记使命”主题教育，牢牢把握“守初心、担使命，找差距、抓落实”总要求，坚持对标对表，强化问题整改，切实将主题教育成果转化为推动高质量发展的责任担当。三是加强组织建设，严格执行民主集中制、党委工作规则、“三重一大”决策等制度，深入推进基层党支部达标建设，创新开展“党建+”主题活动，党支部战斗堡垒和党员先锋模范作用更加凸显。（中邮保险／提供）

【重庆市寄递事业部】

一、收入计划

全市寄递业务实现收入118601万元，比上年增幅28.94%；完成集团预算进度的104.91%，超计划进度4.91%；规模排名全国第16位，增幅排名全国第2位。市场占有率14.14%。其中标快业务完成21660万元，比上年增长0.87%；快包业务完成36173万元，比上年增幅18.05%；国际业务完成25571万元，比上年增长62.13%；物流业务完成32345万元，比上年增长39.7%。累计完成预算口径利润−24306万元，完成预算进度的96.57%，超利润目标−806.96万元。

强化日均收入管控。每天全市各经营单位分12：00、18：30两个时段在经营发展群内上报收入，并通过H5通报全市经营、服务、网运等重点指标，随时把控全市寄递业务发展情况，及时督导各单位改进落实。

实施收入爬坡计划。针对上半年发展不快，收入缺口大的问题，制订三季度、四季度全年收入爬坡计划，指导各级寄递事业部将目标计划细化到具体市场、项目、客户、段道、人员。

持续做好业务经营分析。通过业务经营分析找准短板、查漏洞、挖潜力，充分发挥经营分析工作在提升企业工作质量和发展方向上的重要作用，提升企业经营效益。

二、网运支撑能力

对标行业先进，包裹快递、普遍服务全面提速。主城九区15：00前收寄至重点地市省际标快邮件实现次日上午递。对发北京、上海、深圳、东莞等南集分流严重路向邮件实行总包互换，南集经转时限大大压缩。12月，62个重点城市互寄次日递率达到64.76%，排名第54位，比1月提升7%。12月，川渝路线次日递率重庆标快进口时限80.53%，出口时限82.71%；重庆快包进口时限79.16%，出口时限76.2%。增加近郊区县1300揽收频次，调整远郊区县快速邮路发车时间，根据业务量情况及时将串行邮路优化调整为点对点邮路。12月，标快省内互寄次日递率91.8%，比4月提升5.66%，列全网第7名；快包省内互寄次日递率93%，比4月提升3.46%，列全网第2名；重庆千条线路大提速标快线路达标率90%、快包线路达标率91%。

推动资源整合，提升运行效率。将全市包裹快递邮路由136条调整为129条，确保城区揽投部邮件三进三出，城郊揽投部邮件两进两出。按照够量直达邮路组织要求，新增重庆至广州、南宁—干省际汽车往返邮路；新增重庆至内江、达州、南充一干省际汽车单程临时邮路。利用交运集团客车运送早报，增加城口邮件进口频次，实现与城口县辖邮路有效衔接。加密邮航专属运输频次，提高邮航载运率。截至12月，邮航航班赶发率98%。按照“保留大部分，整合一部分，新增小部分”的原则推进揽投部物理场地重叠揽投网点的整合；全面整合普遍服务和包裹快递投递资源，实现“标快+快包+普邮”混网投递和“标快+快包”与普邮分网投递的组网模式优化。推进自提网络整合优化，完成全市易邮柜智能包裹柜同中邮速递易公司的资产交割以及全市邮政1500个人工自提点的建设，提升末端投递效率。

加强能力建设，支撑业务发展。完成万州五桥、江津珞璜、渝北双龙、沙坪坝晒光坪等45处邮件处理中心及揽投站和渝中、江北、大渡口等12处仓配中心建设改造，面积8.3万平方米，有效改善生产场地状况。更新新增邮运车辆74台，揽投车辆358台；配置网运PDA 151台，揽投PDA 379台，折叠笼车1160台，装卸伸缩胶带机、分拣胶带机17套，有效提升内部作业效率。配置DWS一体化收寄设备（收寄快手）66套，快递100云打印一体机57台，便携式蓝牙热敏打印机1981台，进一步提升集中收寄及揽收邮件效率。完成邮区中心局包分机内环智能集包分拣格架及永川理文产业集群集包作业工艺设备配置，减少转运环节，进一步提升邮件处理效率。

强化科技赋能，实现经营与信息深度融合。完成智能跟单系统、CRM、寄递看板等系统的上线应用推广；持续推广二维码收寄、电子渠道（微信公众号、支付宝生活号、微信小程序、移动端APP、快递100小程序）下单，电子面单整体使用率98.02%，其中标快94.35%。

三、服务质量

以“五大体系—服务体系”看板指标为中心，拟定服务质量质效考核办法，将各项看板指标分解至各城片区、区县、邮区中心局，实现看板指标有人看、有人干、有人管。标快异常发生率10.28%，快包异常发生率16.87%，异常邮件及时解决率90.23%，有责申诉率百万分之0.6，有责投诉率万分之2.81，理赔及时率99.06%，均达到集团公司寄递事业部标准。

四、企业管理

一是从物流业务分公司选拔出11名A照驾驶人员充实邮区中心局新开一干邮路驾押岗位；将主城9区转趟邮路驾驶员43人划转至邮区中心局统一调度管理。速递业务员（初、中、高级）和邮政业务营销员（中级）技能鉴定合格率超过80%。选拔优秀揽投人员、内部处理人员，参加2019年“当好主人翁，建功新时代”全市邮政快递行业技能大赛，包揽所有项目的一等奖。

二是聚焦成本看板，以问题为导向，固优势、补短板、抓重点、强弱项，构建重庆寄递业务财务标杆体系。针对财务标杆体系中差距明显、影响重大的邮区中心局陆运成本和内部处理成本，现场进行帮扶、指导，提升成本压降实效。邮区中心局双效指标中的包件处理成本完成值超目标 0.08 元 / 件；全市的管理环节成本占比超目标 9.07%。

三是建立政务、商企、电商等专业营销团队，推进营销工作市场化、专业化、系统化和规范化。开展用户欠费专项清理活动，加快全网资金回笼及周转。开展乡镇快递网点违规收费整改活动，即查即改。拓展快递包裹代理渠道 79 个，收寄邮件 42 万件。

五、党建工作

组织开展“不忘初心、牢记使命”主题教育活动。持续推进巡视整改。召开市寄递事业部第一次党员代表大会，选举产生市寄递事业部第一届党委、纪委。建立健全基层党组织并开展达标活动。邮区中心局运行维护中心支部获市国资委“先进党组织”荣誉称号。立项启动《邮区中心局邮件运输、处理环节外包费用自查自纠专项活动效能监察》《市寄递事业部用户欠费效能监察》两个项目。做好全年重大节假日慰问及“两节”送温暖、夏送清凉和金秋助学等工作。（重庆市邮政分公司 / 提供）

四川省

【四川省邮政分公司】 全省收入 95.94 亿元，比上年增长 8.06%，高于全国平均水平 1.59%。实现利润 2.03 亿元。业务收入亿元县增加到 15 个。

一、业务发展

（一）寄递业务

聚焦“四大业务”，实现收入 19.77 亿元，增长 18.37%，量、收增幅均高于全国平均水平；标快收入规模排位上升 3 位，其中国际标快增幅全国第一。收分运投流程优化取得突破，处理能力大幅提升，在“双十一”业务量增长 88.3% 的情况下，做到不拒收、不限流、不积压、不爆仓。

（二）代理金融

代理金融业务实现收入 58.9 亿元，增幅 5.82%；新增月日均余额 324 亿元，余额、理财、基金、代理中邮保险、代理中邮证券全面完成集团目标。

（三）基础业务

集邮文传实现收入 4.64 亿元，车优保业务收入、文化惠民综合评分全国第 1 位，熊猫邮局连锁经营收入超千万元。报刊业务实现收入 4.63 亿元，校园报刊流转额突破 2 亿元，在线订阅增幅 54.04%，完成 2020 年大收订目标，完成进度和增幅均列全国第 2 位，流转额比上年净增连续 4 年保持全国第 1 位。

（四）电商分销

电商业务以“两险”和政务项目为抓手，实现收入 1.83 亿元，规模升至全国第 2 位。分销业务加快推进“川货出川”，实现收入 4.13 亿元，规模排位上升 3 位，毛利率改善幅度列全国第 1 位。

二、深化转型

（一）金融转型

项目引领，新增 ETC 发卡 43 万张；聚合支付商户超 40 万户，结存资产 127 亿元；信用卡代理发卡 10.6 万张，列全国第 1 位；新增代发资金 467 亿元，新增金融客户 119.3 万户。启动网点系统化转型，建成 768 名专职、1412 名兼职理财经理队伍。ITM 保有量 2644 台，列全国第 1 位。

（二）内外协作

省、市、县三级协同工作机制全面建立，出台协同工作实施意见和协同议事规则。推进寄递综合职能一体化，不断调整职能归属、明晰管理关系。提升损益核算质量，助推资源优化配置、推动降本增效。探索构建问题闭环管理机制，开展“一月一事　消灭最差”，办结问题 122 项；创新管理机制不断完善，基层创新热情高涨，1 项小技改小发明、6 个金点子获集团公司表彰。

三、助力三大攻坚战

（一）精准扶贫

全省邮政 188 名驻村干部对口联系帮扶 181 个贫困村，投入扶贫资金 799 万元；建成电商扶贫示范点 1200 个、邮乐扶贫地方馆 27 个，上线扶贫农品 993 个，销售订单 55 万笔；“惠农易邮箱”带动 4 万吨农产品进城。

（二）持续防范化解重大风险

完成“护网行动”，信息网安全稳定运行。全面实现综合柜员派驻；开展专项检查 14 项、飞行检查 16 次；全省 2486 个代理金融网点、117 个离行式自助银行、117 个三类以上业务库接入远程集中监控平台；会计稽核质量持续保持全国前列。开展审计 756 项，提出审计意见及建议 294 条，促进基层建章立制 19 项。

（三）绿色邮政建设

绿色包装优于集团下达的阶段指标；配置 301 台新能源车辆，一干甩挂运输占比 78.57%；手机银行新增激活客户 160 万户，电子银行替代率接近 90%。

四、公共服务平台

（一）普遍服务

启动 28 处普遍服务建设项目；将普遍服务成本补贴费用与服务质量挂钩，对短板实行销号管理。2991 个普遍服务网点开通第三方支付，乡镇邮政局所覆盖率等指标 100%，未触碰“两条红线”，普通邮件全程时限指标全部

2 月 18 日，CCTV-1 播出“感动中国 2018 年度人物”颁奖盛典，其美多吉当选“感动中国”2018 年度人物。

达标，机要通信保持安全畅通。建立以客户为中心的服务质量管控体系，平信和包裹快递邮件丢失、虚假信息等突出问题得到有效治理。

（二）履行通政通商通民责任

助力“放管服”，进驻政务中心 120 个，警邮、税邮、医邮、法邮合作多点开花。主动融入地方经济，切入 5 市物流枢纽建设，参与旅游推广、政务宣传、全民健身。建成 6624 个优质邮乐购站点，探索普遍服务网点共享运营，近 2000 个广电渠道开通邮掌柜系统，近 5000 个网点开展联通号卡销售业务。11 个市州、22 个县开启“邮快合作”。

五、全面从严治党

（一）“不忘初心、牢记使命”主题教育

省公司组织开展三级副以上领导集中学习研讨 6 次、专题调研 86 次，制定整改措施 17 项。作为国企基层单位代表，接受了中央第十二巡回督导组的调研督导，主题教育开展工作得到充分肯定。

（二）党的建设

严格落实“三个第一时间”学习机制，加强和改进意识形态工作，开展“理论武装提升行动”，深入推进基层党组织达标工程，试行党员积分制管理，举办 6 期基层党支部书记履职能力培训，建立“党员联系基层”工作机制；开展年度党建工作考核，成都、资阳、自贡实现上档升级。选优配强二级单位领导班子，调整三级领导 12 人，新提任三级领导人员 21 人，开展年轻干部调研，举办干部培训班 21 个。

（三）扎实推进巡视整改

集团公司巡视反馈 15 个立行立改问题全部整改落实，对巡视反馈的 27 个问题建立整改台账，制定 97 项整改任务。对照中央巡视整改、集团公司党组 2018 年巡视整改及 2019 年第一批巡视整改要求，梳理具体问题 66 个，制定整改措施 145 项。对 7 个市级、37 个县级企业和 2 个直属单位开展常规巡察，发现问题 575 个，整改落实 462 条。

六、增强员工获得感

（一）整治形式主义、官僚主义，为基层减负

出台精文减会十二条措施，省公司发文数量减少 24.25%，建立周三“无会日”，全省会议费比上年下降 60.64%，基层调研轻车简从，评审考核倡导系统取数，让基层少报材料、少填表格、少写请示。

（二）解决基层揪心事、烦心事

建立员工思想动态反映问题闭环解决机制；安排专项人工成本 1963 万元，对生产岗位未休假人员予以经济补偿；向 1150 人支付医疗互助金 231 万元；新建、升级职工小家 150 个，小家总数 2663 个，覆盖面超过 95%，10 个县公司新开办职工食堂；1308 个代理金融网点实现异地值守。

（三）弘扬企业精神，展示员工风貌

举办庆祝中华人民共和国成立 70 周年合唱比赛。其美多吉荣获“全国民族团结进步模范个人”“最美奋斗者”“时代楷模”“全国五一劳动奖章”“全国道德模范”“感动中国 2018 年度人物”等荣誉，受到习近平总书记亲自表彰。（四川省邮政分公司 / 提供）

【邮储银行四川省分行】 四川省分行下辖 21 个市（州）分行、1 个直属支行、140 个一级支行，辖内营业网点 3037 个，全行员工 9853 名。

一、经营概况

收入 82.29 亿元，列邮储系统第 6 位，增幅 8.94%。实现利润 36.90 亿元，列邮储系统第 8 位，增幅 23.23%。成本收入比 49.07%，比上年下降 0.34%；收入利润率 44.84%，比上年上升 5.2%。截至年末，全行不良额 15.73 亿元，不良率 0.72%。清收金额、已核销清收金额均列邮储系统第 1 位。

二、开展“六合行动”

8 月，四川省分行六大零售业务条线联合发起“六合行动”，设立包括结算账户、代发工资、资金归行率、信用卡、ETC、手机银行等 12 个维度共计 33 项具体联动指标。截至年末，特定客群信用卡发卡转换率和手机银行渗透率提升明显，新增信用消费贷款和商贷通贷款客户信用

卡发卡转换率分别为130%和64%；小企业客户代发工资业务开办率16%、收单业务开办率11%。工会联名信用卡获总行“金雁奖”优秀营销项目奖，省分行被评为四川省总工会2019年全省普惠型服务工作先进集体。

三、服务小微实体经济

坚持服务实体经济不动摇，大力推进小微企业贷款服务。与四川省发改委合作，成为系统内首家创新开发“信易贷”产品的分行；全省首批入围省财政厅“政采贷”线上平台；重启“线上银税互动”，与四川省税务局合作开通小微易贷税务模式。普惠型小微企业贷款余额386.33亿元，净增72.75亿元；全年新发放普惠型小微企业贷款利率5.96%，比上年下降49个BP。落地全国首单挂钩贷款市场报价利率（LPR）的浮息债券。

四、金融扶贫

将金融扶贫工作作为首要政治任务。全线升级“金融立体扶贫”模式，联合邮政公司，在信贷业务、基础金融、电商平台、物流配送、“融智”服务等方面进行多角度、分层次、全方位支持。全行金融精准扶贫贷款结余75.68亿元，净增28.04亿元，结余和净增均列邮储系统第1位。被人民银行成都分行、省总工会联合评选为“四川省金融精准扶贫先进集体”；被省银行业协会评选为“年度最佳扶贫先进机构”；被银保监会四川监管局评选为“年度金融扶贫工作先进单位”。

五、乡村振兴

探索开发新农村建设融资产品“幸福美丽新村项目贷款”，在双流区投产。该产品签约授信2亿元、放款1.25亿元，融资覆盖试点县16个点位、22.56万平方米、1147户、3452个农村人口。结合当地特色农业产业定制融资产品，如“杧果贷”助推当地杧果产业发展，联合市农担推出“好农贷”政银担产品等。在总行支持下，四川省分行作为首批试点单位参与“邮储网商贷款——房产抵押”业务，成功发放该业务全国第1笔贷款。

六、风险内控

一是切实加强“制度完善、及时监测、提示预警、严格考核、严肃问责、督导整改”方面的工作，全面风险管理体系进一步完善。做好资产质量管控，不良贷款清收额连续3年列邮储系统第1位。二是牢固树立风险责任观念，持续营造良好风险文化。扎实开展“客户身份信息治理”“巩固治乱象成果 促进合规建设”“国家网络安全宣传周”“合规根植年”等活动，深度培育合规文化。三是充分发挥前、中、后台的作用，共筑风险防火墙，安全营运无事故，无重大案件，无重大声誉风险事件。

七、管理创新成果

一是在总行评选的14个基层“最佳实践”中，四川省分行自主研发推广的“优友宝”项目和等级行差异化管理体系等2个案例入选。二是荣获总行大数据竞赛优秀奖。三是在总行组织开展的派驻营业主管技能竞赛中，荣获“团体优秀组织奖”，个人二等奖2个、三等奖1个。四是《邮储银行基于互联网+金融+支付的移动商圈建设》项目，获集团公司“第十五届（2019年）全国邮政企业管理现代化创新成果三等奖”。五是荣获总行“投资银行创新分行”称号。

八、人才队伍建设

一是多渠道“选人才”，补增260人到基层一线岗位。二是通过专业培训、岗位考试、月度讲坛、读书活动、内训师队伍打造等多方式“育人才”，举办各类培训171期。三是出台《关于进一步激励广大干部新时代新担当新作为的十一条措施》，加大人才库建设、综合考评和双向交流。四是鼓励价值创造，优化人工成本配置，优化等级行制度和客户经理、柜员管理办法，重点推进员工职级晋升、薪资晋档、医疗保障体系健全等工作。

九、网点转型

试点推广网点系统化转型，打造24个标杆网点；修订类比组分组与绩效考核办法，明确网点类比组考核结果的运用；配置451名理财经理、组建全省财富顾问预备队和财富管理内训师队伍、打造TOP100精英团队；有2人在全国十佳理财经理大赛中分获十佳、优秀称号，有3人在全国十佳大堂经理大赛中分获十佳、优秀称号；积极参与中国银行业协会开展的星级网点评定工作，7个网点分别获得五星级、四星级和三星级网点称号。全面实现柜面业务免填单。

十、邮银协同

四川邮银协同工作分工明确、推进有序，邮银协同发展进一步“走深、走实”。一是牢固树立“一盘棋”经营理念，不断加强“邮银证保寄”的协同发展。邮银ETC新增发卡69万张，列系统内第4位。邮银新增工会联名信用卡25.42万张，累计发卡43.1万张，四川邮政累计代理营销信用卡和四川省工会联名信用卡发卡量均列系统内第1位。邮银手机银行新增激活客户240万户，列系统内第5位。二是进一步强化合规管理。邮银协同推进飞行检查，坚持对重大违规行为和重大风险隐患从重从严处罚，推动各层级主动管控风险。

十一、党建工作

一是把党的政治建设摆在首位。坚决维护党中央权威和集中统一领导。切实做到“五个必须”，坚决防止“七个有之”。二是将党建工作融入经营管理全过程。始终坚持党建工作与中心工作“四同步”“四对接”，做到述职要述党建、群众评议要评党建、年度考核要考党建、选拔任用干部要看抓党建。三是全面加强思想理论武装。举办集中培训和专题读书班7期，400人参训。省分行党委开展17次党委理论中心组学习（含扩大学习）。四是深入开展“不忘初心、牢记使命”主题教育。认真贯彻落实“六个转化”和“五个结合”要求，把学习教育、调查研究、检视问题、整改落实贯穿始终。五是扎实推进党建基础工作。召开四川省分行第一次党代会；严格落实党建工作责任制；深入开展基层党建述职评议考核工作；持续推进“强基固本”建设工程。六是坚持“五个持续”推动巡视整改，作好“后半篇文章”。截至2019年末，中央巡视54项整改措施中，53项完成整改；集团对总行专项巡视86条整改措施中，51项完成整改。七是深入推进全面从严治党。持之以恒落实中央八项规定精神，严肃整治形式主义、官僚主义问题。对6家二级分行及所辖机关党支部、17个一级支行开展巡察，促进“两个责任”落实。以“零容忍”态度保持正风肃纪、反腐败高压态势，深化运用监督执纪“四种形态”。

十二、群团工作

承办总行2019年职工男子篮球邀请赛片区赛和决赛，四川省分行荣获冠军。组织全行6530人参加邮爱公益健步走网络竞赛活动，向邮爱自强班公益捐款7.43万元。宜宾、乐山、巴中、绵阳4家分行被中央金融团工委评为“银团合作先进机构”。眉山分行荣获“四川省五一劳动奖状”，达州开江县支行荣获“四川省工人先锋号”，凉山雷波县支行蔡里吉荣获“四川省五一劳动奖章”。（邮储银行／提供）

【中邮保险四川省分公司】

一、高质量发展

实现新单保费25.1亿元，规模排名全国第6位。实现期交新单保费15.8亿元，规模排名全国第6位。其中长期期交新单保费4.4亿元，比上年增长80.2%，规模排名全国第5位；实现续期保费22.7亿元，比上年增长63.5%，规模排名全国第6位；实现团险保费3098万元，规模排名全国第5位。期交新单保费在省内全渠道市场份额为4.3%，排名第6位；在省内银保市场占比为15.3%，排名第1位。

二、落实协同战略

（一）推动渠道复用

将推进转型发展纳入全省年度协同事项，联动邮银以召开启动会、分解下达年度计划、启动阶段性营销活动、按季召开协同会议等方式落实年度发展计划和举措。

（二）升级考核激励

联合省邮政分公司开展中邮保险“奋战40天　决胜全年”阶段性营销竞赛活动，采取考核升级、工资激励、保费折标等举措，开创全省新单总保费（不含中短存续期产品）日均平台1亿元的历史新纪录，是活动开展前的12倍。

（三）完善荣誉体系

持续深化四川邮银保“金熊猫”荣誉体系奖项设置及“猎鹰行动”荣誉体系，重点加大对长期期交贡献等指标的关注和考核力度，引导全省向期交规模化、长险价值化转型。

（四）强化项目协同

协同绵阳邮银深度整合资源，扎实推进组织、营销、产品、过程管控“四个协同”实践，带动旺季期交保费突破亿元大关；积极融入汽车产业链、中国铁塔等邮政重点项目，承保四川铁塔团体重疾项目，实现团险保费36.2万元。

三、强化队伍共建

（一）线上线下练技能

为渠道提供集中培训、片区培训、微信培训、网点培训1998场，累计2139课时，近4万人次参训；分批组织全省19个市州、1582名学员、43名督训师参与“岗位大练兵、技能大比武”线上学习，逐步丰富渠道专业知识和提升长险销售技能。

（二）以赛代训促成长

举办第二届理财经理、第二届内训师两项全省性大赛，将全省内训师726人、邮政所有网点专兼职理财经理全面纳入赛事范围，其中内训师大赛更是首次面向综合职能、金融、邮务、寄递四大板块开展。两项大赛评选出理财经理营销案例60个，内训师微课510门，其中33门优秀课程入选总部“岗位大练兵、技能大比武”活动和全省线上培训两个平台。

（三）项目拉动

深化“一市一策”个性化营销，开展41场期交训练营，实现期交新单2.9亿元，其中长期期交保费1.7亿元，推动长期期交提前94天完成全年计划任务，比上年缩短22天。重点借助“优享人生”和“邮保一生”先后上线之机，通过充分研讨和调研，确定“先试点、再推广”的营销策略并组织实施，“优享人生”2个月时间实现保费破亿元，领跑全国发展；“邮保一生”实现1117.1万元，规模列全国首位。

四、打好三大攻坚战

（一）防范化解重大风险

组织开展“亮剑行动”等6大专项整治活动，对16个市（州）中邮保险局、52个县（区）中邮保险局以及167个邮政和邮储银行营业网点开展日常检查。参加中国人民银行成都分行举办的反洗钱知识竞赛，成为唯一进入前五强的保险公司。在四川银保监局合规管理监管评价中被评为A级保险公司。

（二）扶贫成效巩固扩大

为凉山州喜德县、金阳县、昭觉县、仪陇县黄包寨村建档立卡的7944位贫困村民赠送中邮禄禄通团体定期寿险，累计保额7944万元。在凉山州2个中邮保险村（喜德县莫洛村、昭觉县甲古村）和南充市仪陇县黄包寨村开展农业科技下乡、民生设施建设、送温暖下乡及健康讲座3场扶贫公益活动，受到当地政府和贫困村民好评。

（三）绿色邮政建设

狠抓主要指标达标，在线出单率（84.8%）、保全线上化率（36.8%）、线上培训覆盖率（90.9%）均达到要求。组织开展植树造绿、绿色邮政宣传周、“美丽四川 我是行动者”环保知识讲座等活动，将绿色邮政有机融入四川邮政首届广场舞大赛、四川大学“12·9”冬季环校跑、客服季等活动。

五、增强客户体验

（一）运营支撑

指标品质不断优化，7项运营KPI指标和10项关键运营指标全部达标，其中7项比上年提升，出险支付时效比上年缩短63.3天，客户体验大为改观。理赔服务恪守信用，快速、有序应对“6·17”长宁地震等灾害，克服高海拔、高寒冷、低氧量等重重困难，完成铁塔项目全国首例理赔案件赔付。

（二）客户服务

举办健康讲座、亲子互动、送关爱进乡村等客服、续期回馈活动10余场，活动实现展业市州全覆盖。充分借助CRM系统的客户洞察、360视图进行客群分析，按季编写客群分析报告，助力渠道走近客户。

六、创新管理

（一）信息化管理创新

开发、优化支撑管理、数字合规、财务预算管理、智能机器人、免填单及呼叫5套系统，配合总部打造续期管理系统，数字合规系统项目荣获集团创新成果三等奖。组织开展“金点子”等系列创新活动，收集、整理34条合理化建议，采纳7条，1条孵化中。

（二）模式深化

按要求开展好人员选聘工作，省邮政分公司中邮保险室3人全部到位，市县应配235人，梳理出符合条件的104人，为下一步推进模式落地奠定基础。

（三）财务管理

优化资源配置，转型发展、客户维护投入占到变动业务费用近72%。规范采购工作，完成集中采购项目12个，公开采购率85.93%，公开招标率65.87%。加强财务基础管理，获得全国财务基础工作考评一等奖。

（四）人力资源管理

优化人员结构，同业引进1人，校招硕士研究生1人。提升员工素质，组织内部培训17场，参训830人次，其中，员工能力素质提升培训班6场，参训296人次。发挥激励机制作用，16名员工绩效系数实现晋升。

（五）审计第三道防线

高质量完成2018年度内部控制评估、反洗钱审计和关联交易审计、反欺诈审计、公务用车审计调查和中介渠道合规调研等审计项目，审计监督的广度和深度不断拓展。

七、坚持党建引领

（一）党建引领

持续深入学习习近平新时代中国特色社会主义思想，坚持“三个第一时间”学习机制，组织中心组学习（扩大）会16次，展开研讨13次。认真开展“不忘初心、牢记使命”主题教育，开展专题中心组学习4次，读书分享1次，形成主题教育调研报告12篇，提出整改举措42条，立行立改20条。

（二）监督检查

从严抓好作风建设，建立形式主义、官僚主义销号台账，累计查找问题19个，制定整改措施32条，其中4个问题、22条整改措施已阶段性完成。深化运用监督执纪“四种形态”，对5人次开展问责，提醒谈话2人，纪委书记约谈3人。

（三）巡视整改

针对中央巡视集团反馈问题对照检查，梳理出持续推进整改措施26项。召开巡视整改月例会12次，巡视专题汇报10次，按季度报送整改推进情况，问题整改销号率100%。

八、构建和谐企业

认真做好省部级劳模以及员工生日、生育、生病等慰问，常态开展春节、“五一”、端午、国庆、中秋等节日慰问。落实职工“手拉手”互助基金征询工作，完成4位员工金秋助学、5位员工医疗补助申报。（中邮保险/提供）

【中邮证券四川省分公司】

一、总体情况

实现收入2843万元，完成计划的146.54%，比上年增长65.7%。实现净利润375万元。经纪业务，累计证券账户数85294户（其中机构户17户），有效户4623户，占比5.42%；托管资产17.32亿元，累计证券交易金额138.93亿元。新开办两融账户26户，累计两融账户51户，有23户融资，融资余额7940万元，总部授信额度41921万元，资金使用率18.94%。新增股票质押融资1笔，融资5000万元，托管资产1.83亿元。销售金融产品427笔，金额3969.06万元。资管投行业务，实现资管投行收入439万元，比上年增长97.75%。管理产品9支，存续管理规模52.34亿元；投资银行业务实现收入150.9万元。过会一笔1.5亿元的自有资金股票质押业务，储备一单成都农商银行委外项目、一单储架20亿元的供应链ABS项目、一单15亿公司债项目。

二、工作措施

（一）协同发展

依托邮、银、证联席协同会议制度和三方协同发展机制，将证券业务发展深入各项协同工作；分公司领导与省邮政、省分行领导汇报并寻求支持；加强同省邮政市场部、金融部，省分行个金部、金融部等沟通，与省邮政开展2019年中邮证券业务专项营销活动、三方存管业务劳动竞赛活动；与省、市、县各邮政板块组织培训和理财沙龙22场次，近2000名邮政员工和客户参加培训。

探索邮储理财资金投资带动证券承揽模式，与省邮政公司、省分行联合拜访天齐锂业、宜宾国资、封面传媒等10余家客户，服务地方实体经济。与天齐锂业达成股票质押项目合作意向；与宜宾丝丽雅集团达成储架20亿元的供应链金融ABS的合作意向；与长虹集团在资产证券化、小公募公司债发行、市场化债转股、科创板等业务领域达成战略合作意向；与成都农商行达成委外项目合作；储备一单10亿元的公司债项目。推动省邮政、省分行代销资管鸿利来系列产品43笔、2884万元。

（二）加强服务

按照账户资产、交易频次，对客户进行分类，实行分层服务。高净值客户由专业投顾进行一对一服务，为客户提供投资建议、上门服务；建立VIP客户微信群，投顾团队分析市场热点，解答客户咨询及问题；实行市州片区责任人制度，发布资讯；开展投资者教育活动，邀请交易型客户到分公司参加投资讲堂，投顾团队分析市场策略和展望后市。

（三）精准营销

筛选存量客户资产量较高的客户，进行电话回访，推荐融资融券业务，在现有大客户中挖掘、培育两融客户；与私募基金、国企业子公司等进行交流和合作，推进了多笔私募公司产品户和两家国企开立账户，新增6个机构户；寻求优质上市公司开展股票质押等业务拓展，储备3个股票质押项目。

（四）扩展渠道

坚持在依托邮银协同发展基础上，努力拓宽经纪业务发展渠道。建立市场化激励和考核机制，采取市场化招聘的方式，引入带资源的成熟团队，组建高新营业部、绵阳营业部和MD团队，从成熟市场上争夺高净值客户，在竞争激烈的市场上抢占市场份额。发展营销队伍，分公司经纪人28人签约客户448户，其中有效户230户，资产23689.49万元；客户经理签约客户84户，其中有效户60户，资产2280.77万元。

（五）合规经营

运营情况良好，未发生重大合规风险问题。开展业务合规自查、检查、稽核20余次，配合开展柜台系统测试9次；开展客户适当性管理和投资者教育，制作科创板开通流程和业务须知，提示风险，对开通权限客户和重点客户进行电话回访。定期组织内部员工进行风险警示案例、监管通报、业务风险点、反洗钱等专项培训；组织员工签订《合规执业承诺书》。按照证券期货业协会和人民银行要求，开展“树立正确投资理念，远离非法证券期货”投教宣传，“心系投资者、携手共行动”、“5·15”投资者保护宣传日、“股东来了”知识竞赛、反洗钱宣传月活动；落实“护网2019”行动，配合开展信息安全现场检查。

（六）党建工作

1. 加强党的政治建设。分公司党支部严守党的政治纪律和政治规矩。认真学习习近平新时代中国特色社会主义思想和党的十九大精神，教育引导党员干部在思想上、政治上、行动上同党中央保持高度一致。推进“三大攻坚战”。一是防范金融风险，结合监管通报及案例，定期开展合规培训。开展“风险大排查”自查整改，降低操作风险。二是达成一个“扶贫债”项目合作意向，组织员工扶贫日捐款1451元。三是响应“绿色办公、低碳生活”倡议，在员工中进行宣传引导。

2. 开展“不忘初心、牢记使命”主题教育。成立主题教育工作组，制定工作方案和计划，组织集中专题学习5天，开展1次调研并以“守初心、担使命，推动高质量发展”为主题讲党课，对照十八个是否检视班子和个人问题13个。根据巡回指导组工作要求，结合集团公司主题教育“43+1”责任清单和34项整改任务，对照检视分公司存在的问题并制定措施，推进整改。推进巡视整改。一是9—10月集团第五巡视组对分公司开展常规巡视。根据巡视组要求，分公司积极配合巡视并对发现的党费收缴管理问题立行立改，于10月28日完成补缴22195.34元。二是分公司制订巡视整改持续推进工作计划，将理论学习不深入等需长期坚持的问题，每月安排党员轮流领学并谈体会；明确月度巡视整改专题，通报推进情况，按季总结报告。对照巡视有关单位反馈意见举一反三梳理分公司存在问题，制定措施开展整改。规范员工出入境管理等工作，印发修订制度办法4个。

3. 推进支部党建纪检工作。制定年度党建纪检工作重点。推进党风廉政建设，与员工签订《廉洁从业承诺书》，开展党风廉政宣传月活动，组织警示案例学习教育，不定期发送警示信息，提醒党员干部遵守中央八项规定精神，全年无违规违纪问题发生。推进基层党组织建设达标和创先争优，落实“三会一课”制度，组织集中学习、主题党日活动，开展重温入党誓词、回顾党的辉煌历史、参观爱国主义教育基地、“不忘初心 颂歌献祖国”合唱、证券协会羽乒赛、观看《我和我的祖国》等。按照要求做好党费收缴使用管理。9月，支部党员大会讨论通过吸收1名预备党员。

（七）综合支撑

1. 人力资源管理。分公司员工23人。其中：研究生学历5人，占比21.74%，本科以上学历18人，占比78.26%。其中：党员13人（含1名预备党员）。完成高新区营业部、绵阳市涪城区营业部负责人调整任免，开展选人用人“一报告两评议”工作，员工满意度89.47%。配合开展干部调研和选人用人专项自查工作；配合公司做好员工管理，办理1名员工退（转）、招聘1名员工，做好员工企业年金申报工作。

2. 财务管理。严格落实财务管理制度，做好分公司及营业部财务预算编制及日常财务管理工作，为经营发展做好支撑。工会工作，1月成立工会小组，完成员工入会，按要求组织开展员工慰问活动。（中邮证券／提供）

【四川省寄递事业部】 全省寄递事业部完成业务量1.66亿件，比上年增长35.47%，其中四季度增长64%，超行业平均增幅40%；完成业务收入19.77亿元，比上年增长18.37%。量、收增幅分别高于全国13.5%、6.06%。

一、拓客增收，项目带动

一是标快业务完成收入5.54亿元，排名全国第7位，比上年末上升3位，比上年增长15.53%。政务“互联网＋电子提档”服务模式全国首创，实现业务量10.1万件，拉动学籍档案总收入增长21.4%；建立客户驻点服务和“互联网＋”创新服务模式，全省211家政务中心实现100%覆盖；极速鲜项目实现标快收入1815万元，增长2.7倍。全省启动扶贫项目22个，销售量排全国第3位。二是快包业务完成收入6.35亿元，日均交寄量50件以上的客户增加145个。“广安柠檬”日均订单量突破4000件，排名全国邮政拼多多店铺第2位。三是国际业务高速发展，业务量826万件，市场占有率79.51%。收入4.26亿元，增长39.7%，高于全国28.46%。其中国际标快增长50.8%，排全国第1位。四是物流业务实现收入3.45亿元，增长43.02%，高于全国22%。新上线129个项目，四川铁塔、中国重汽王牌项目中标规模均超千万元。五是国际业务分公司、物流业务分公司、政务营销中心、电商营销中心四个省部直属实体化经营单位，创新经营模式，明晰盈利模式，实现业务收入5.82亿元，占全省寄递收入的29.5%，较实体化运营前（2015年）增长8.8倍，人均劳产率142.99万元／人，人均创造利润33.42万元，成为全省寄递业务收入和利润的核心增长极。六是华为项目精耕细作，得到客户高度评价。7月，全国首个集“成品、备件、电商、大屏”四仓合一的成都华为融合仓正式上线运营，实现业务、场地、人员、储位互通，峰值生产能力实现翻番，仓库项目运营指标评分保持在“A级”。“6·18”大促出库时效0.52H，将大促时效正式带入“0.5时代”。打造多元化综合组网模式，12月，华为项目四川全省及时妥投率93.15%，比1月提升18.8%，件均耗时23.43小时，比1月缩短4.58小时。拓展华为国际物流和全球供应链服务项目，完成全国邮政体系内首单发运和8个国家9次国际空运线路配送任务。

二、资源整合，成本管控

推进“八大整合”，全省省市县处理中心、省级一级干线、省内二级干线、揽投部的整合全面完成，将省会3个处理中心整合为双中心，468个揽投部整合为348个，235个处理中心整合为165个，撤销同频次同路向邮路153条，加密105条，整合优化成都市趟、支线邮路，航陆对接，出口邮航范围扩大至18个市州，加大民航航班使用，开通凉山航空邮路和西安、贵阳高铁运邮。年节约成本5040万元。收寄环节电子渠道下单率97.54%；推行“混合收寄＋集包”作业，省际出口小件集包比例达75%。成都地区处理能力300万件／日，提升40%；双流中心双层包分机实现“集包＋散件”作业处理，日处理能力125万件。15项财务管控指标有7项优于全国平均水平。成都邮区中心局包件处理成本比上年下降0.17元／件，节约成本4091万元；单位运输成本比上年下降0.09元／吨公里，节约成本2620万元。

三、时限、服务提升

一是以省内互寄、川渝区域、52个城市提速为重点，时限提升取得质的突破。标快、快包省内互寄次日递率分别提升27.64%、29.74%。标快省内互寄时限与顺丰持平，菜鸟平台线路时效达成率7月排名行业第1位。实施千条线路提速工程，23条快包线路全部达到菜鸟全程时限标准，19条标快线路中有18条线路赶超竞争对手。二是构建服务质量管控一体化体系，实现客服服务、质量监控、视察检查、业务培训、绩效考核等统一管理。公众满意度高于全国2.6分。9个服务质量指标全面达标并进入全国前十，207个监控区域中193个已达标。有责投诉率、理赔及时率明显改善，分别排全国第3位、第1位。

四、IT赋能

推动“新一代寄递业务信息平台”“CRM客户管理系统”使用，重点解决PDA普及、电子渠道下单、电子面单推广、智能跟单系统应用等问题，积极推进五大体系看板应用。“双十一”期间，收寄邮件1216万件，增长88.03%，高于行业（62.6%）25.43%，市场占有率17%，日最高收寄量221.7万件，增长81%；处理邮件3391万件，增长54.84%，日最高处理邮件380.3万件，增长40.1%；投递邮件1291万件，增长45.09%，高于行业（24.3%）20.79%；首次启动旺季在线客服工作，接通率95.78%，进入全国前三。

五、机制创新，渠道拓展

突破中小、散件客户基础市场，揽收散件全资邮件422.6万件，人均揽收量从0.99件／天提升至3.71件／天。8个营揽部实现销售化转型，新签发件客户236户。签约民营快递企业8家，日均总发件量4996件，在16个市州、22个县试点快邮合作，叠加“快邮驿站”寄递功能网点51个。

六、全面从严治党

一是“不忘初心、牢记使命”主题教育取得实效。组织开展5次党委中心组集中学习，2次专题研讨，党员干部讲授41次党课，调研发现136个问题，提出188条解决措施，形成27篇高质量调研报告。二是扎实推进巡视整改。对巡视反馈的13个问题建立整改台账，制定18项整改任务、62条细化措施。三是整治形式主义、官僚主义。省部发文数量减少34.73%，各部门作出改进作风公开承诺50条。（四川省邮政分公司／提供）

“黔邮乡情”项目被写入贵州省政府《贵州省进一步加快农村电子商务发展主推脱贫攻坚行动方案（2019—2020）》，整个项目带动黔货外销100亿元。

贵州省

【贵州省邮政分公司】

一、经营质效提升

实现业务收入31.19亿元，规模排全国第23位，有效业务收入完成17.81亿元，占总收入的62.8%。全省邮政普遍服务满意度87.2分，全国排名提升至第3位；建制村直接通邮率达100%。寄递业务完成收入5.33亿元，比上年增长25.3%，增幅排全国第5位，完成计划进度排全国第9位；标件、物流等四大业务是全国11个实现正增长的省份之一。金融业务完成业务收入19.11亿元，占总收入比重的61.27%，新单保费收入18.31亿元，排全省金融机构首位；代理保险收入1.21亿元，比上年增长112.75%，增幅排全国第1位。新增云闪付绑卡66.81万户，新增户数排全省金融机构首位，新增手机银行激活客户110.33万户，排全国第1位。农村电商协调能力进一步提升。邮乐小店建成32.59万个，月均分享活跃度完成率116.75%，排全国第2位。“黔邮乡情”平台运作农产品进城项目455个，销售金额2383.57万元，带动包裹96.44万个，带动金融余额增长1320.57万元，聚集粉丝24.3万名。建成“邮乐购”站点7749个，建成掌柜贷过审站点454个。认真落实协同发展战略，先后与省工行、省联通、省电信、省移动签订战略合作协议；深度拓展总部经济，烟草、汽车产业链集群市场、中石化等项目实现业务收入3.3亿元。

二、深化改革创新

省内标件全程时限由62.54小时缩短至40.14小时，标件省内互寄次日递率由41.44%提升至86.5%。邮路运输成本比上年下降27%，贵阳邮区中心局单位综合成本降至0.59元／标准件。问题邮件一次及时解决率比年初提升18.81%，理赔及时率100%，排全国第1位；有责投诉率下降5.33%，排全国第11位。政务标快收入比上年增长25.8%，排全国第10位，快包业务收入比上年增长21.6%，高于全国平均增幅5.5%；华为系列智能仓项目运营具备行业领先水平，国际业务实现收入1179万元，比上年增长24%；线上销售业务跨越式发展，实现销售额3000余万元，增幅近90%。收分运投作业流程实现新突破。增开邮路61条，累计调整优化运行作业计划268趟次。增加下行日均运能378吨，运能增长63.42%；增加上行日均运能146吨，运能增长28.29%，贵阳直达邮路比例提升到100%。完成邮速同场地办公，实现人员及功能的充分整合及航路统一调度管控。

三、能力建设

（一）实物网能力

“十三五”项目全部完工，支付率98.01%；华为IHUB仓项目建设竣工并上线运营，贵阳国际邮件互换局建设稳步推进；邮政信息网省中心机房工程项目顺利通过集团公司验收，贵阳邮件处理中心集包作业工艺设备配备工程进入试运行阶段；7个新增邮政金融网点正在完成最后筹建工作。

（二）信息化建设

强化ERP系统运行管理，完成人力资源薪酬管理系统、金融从业人员行为积分管理系统等22项软件开发和项目改造工作，管理驾驶舱系统荣获2019年度全国邮政

贵州省邮政分公司与华为公司共同打造的中邮（华为）IHUB仓，成为华为公司在全国首建的自动化仓储标杆项目。

企业科技创新成果二等奖。对全省邮政企业9个领导班子、69名三级领导人员开展年度考核，提任三级领导人员3人、任职岗位调整5人，完成市州分公司纪委书记专设配备工作。

四、认真履行央企责任

完成全省820个代理金融网点营业主管派驻，非现场风险预警量比上年下降62.25%，未发生重大负面舆情。投入扶贫资金302.1万元；建成贫困县扶贫地方馆66个，上线商品2060个，培养扶贫能手210名。认真贯彻“绿色邮政”，组织开展包括全叠盖免胶带式包装箱销售、包装废弃物回收箱采购布放、减持燃油揽投汽车等工作。

五、从严治党

扎实开展“不忘初心、牢记使命”主题教育。各级党组织检视问题620个，完成或阶段性完成整改460个，推动解决群众最急最忧最盼的问题90个。对贵阳、遵义、黔东南等市州分公司和省信息技术局、机要通信局开展“无死角、全覆盖”巡察，发现问题245个，提出意见建议21条，给予党纪政务处分3人，组织处理36人，提醒谈话25人。完成省分公司党组改党委、纪检组改纪委相关工作，建成100个标准化党员活动室。集中约谈91人次，个别提醒约谈三级领导人员19人次；各级邮政企业立案5件，党纪政纪处分24人。

六、精细化管理

财务继续深化零基预算，加大用户欠费和网点应缴暂存资金管控力度；建立寄递专业财务标杆体系。人力资源管理推进人员优化配置，绩效薪酬分配按季下达预算计划上限，上收绩效薪酬管理权限。安全管理深入开展“平安邮政”创建工作，完成全国“两会”“新中国成立70周年”等重要会议期间的邮政服务安全保障任务。审计监督和集中采购不断强化，完成审计项目256项，组织实施采购项目39项，公开采购率99.51%，排全国第6位；公开招标率96.09%，排全国第10位。

七、加大人文关怀力度

一线员工收入增幅11.41%，完成职工之家升级上档10个，建成职工小家和投递员之家60个，送温暖慰问基层一线职工7000余名，对10名重病（症）职工发放赔付金19.5万元，对11名建档困难职工发放生活救助金、金秋助学金10万余元。举办各类培训班103期，培训19385人次，新聘任技师49人，选拔省级中级内训师35人，职业技能鉴定持证率92.42%。代理金融从业人员持证率99%，全省具有职称任职资格人员2114人。大力加强精神文明建设。贵阳市分公司武装押运公司、遵义市分公司机要通信分局、毕节市织金县分公司猫场支局荣获“省工人先锋号”；黔东南州分公司张林昌当选全国“最美退役军人”，贵阳市分公司李莲妹、遵义市分公司吴毅、黔东南州分公司王丽波、六盘水市分公司叶梅荣获“省五一劳动奖章”，遵义市分公司孙茂梅荣获“2019年第六届行业道德标兵”提名奖。（贵州省邮政分公司／提供）

【邮储银行贵州省分行】 贵州省分行设有20个一级部门、8个二级部门；下辖9个二级分行、1个直属支行，51个一级支行，88个二级支行。辖内邮政金融网点959个，其中银行自营网点139个、代理网点820个，县及县以下区域网点804个，占比83.84%。在职员工2728人，平均年龄35岁，本科及以上学历员工占比78.56%。

一、经营概况

自营收入22.60亿元，增长12.7%，增幅列邮储系统第5位；利润总额10.91亿元，增长35.33%，完成总行下达预算的131.37%，列系统内第7位；经济增加值（EVA）2.33亿元，增长665.83%，增幅列邮储系统第1位；经济资本回报率（RAROC）14.14%，提升5.02%；成本收入比42.55%，列邮储系统第8位。收入利润率48.29%，列邮储系统第9位。人工成本利润率168.76%，列邮储系统第9位。人均创利41万元，列邮储系统第10位；点均创利780万元。从业务发展情况看，各项贷款余额644亿元，增长22.64%；各项存款余额1202亿元，增长1.03%；全口径存贷比53.59%，提高9.44%。从资产质量看，不良贷款率1%，低于贵州省同业平均水平0.37%，拨备覆盖率328%，资产质量优于同业平均水平。

二、服务国家重点战略

（一）加强对小微和民营企业的信贷支持

全行“普惠小微企业”贷款余额100.57亿元，比上年增长25.44亿元，增幅34%，完成总行监管考核年度新增计划的279.56%。“普惠小微企业”贷款户数2.13万户，比上年新增2721户，完成总行计划的372.74%。普惠小微贷款发放69.86亿元，贷款加权利率6.83%，比上年利率（7.35%）低52BP，有效降低小微企业融资成本，完成“两增两控”目标。小企业法人贷款余额44.51亿元，结余户数1050户，完成总行净增目标计划的139%，列邮储系统第7位。

（二）助力精准扶贫和乡村振兴

将扶贫工作纳入党委议事内容，作为“一把手”工程，按月召开扶贫例会，聚焦全省16个深度贫困地区。搭建银政合作平台163个，建设信用村累计469个。金融精准扶贫贷款余额36.68亿元，年净增16.93亿元，增幅86%，超过各项贷款增速63%。16个深度贫困县各项贷款余额25.55亿元，年净增3.07亿元，增幅14.16%。涉农贷款余额224.25亿元，净增31.1亿元，增幅16.1%。

三、业务发展

（一）加快新零售模式突破

1. 个人金融业务。围绕“十大抓手”，着力提升客户经营能力，对VIP客户实行分层分级管理，VIP客户成功维挽率44.55%，VIP临界和潜力客户提升率22%。保险销售期缴销量占比比上年提升10%，列邮储系统第2位。保险收入增长78.94万元，增幅23.4%。围绕“十大抓手”，狠抓获客源头，抢抓ETC、退役军人卡、金融社保卡等综合业务，社会保障金融IC卡结存39.76万张，增长15.9万张，列邮储系统第8位；发放退役军人保障卡6485张；ETC发卡13.27万张，完成率265.4%，列邮储系统第8位；收单业务共计7176户，完成全年目标的190%。储蓄活期存款占比51.93%，高出邮储系统平均水平10.27%；中长期存款占比21.18%，储蓄存款结构优于邮储系统平均水平。

2. 消费贷款。紧紧围绕“抓车贷、稳房贷、促消贷”的发展思路，大力拓展消费信贷市场，消费贷款余额254.39亿元，年净增39.59亿元，增幅18.43%。非房贷业务放款23.95亿元，净增1.47亿元，净增额排名邮储系统第7位。

3. 信用卡方面。新增客户10.51万户，发卡14.12万张，激活首刷率、活跃率分列系统内第6位、第7位。

4.“三农”金融方面。收入3.73亿元，比上年增长1.05亿元，增幅39%。个人经营性贷款余额93.19亿元，净增21.39亿元，增幅29.79%，完成总行计划的165%。

5. 网络金融方面。引入“黔邮乡情”“抢红包”“支付宝首绑送立减金”等营销活动，抓好“YOU生活生态圈”建设。云闪付交易1854.2万笔，列全省金融机构第5位，绑卡91.2万张，列全省金融机构第1位。部署“邮储食堂”权益平台上线推广工作，累计客户5.5万户，完成率系统内排名第10位。推出手机银行营销“惠购”活动、“抢红包”活动，支撑分支行有效获客、活客，手机银行净增激活户数17万，完成率系统内排名第3位。在行运行设备473台，比上年增长108台。

贵州省邮政分公司员工为留守家庭挂春联送祝福。

（二）推进公司业务发展模式突破

1. 公司金融业务方面。公司日均存款86.07亿元，公司贷款余额245.78亿元，比上年增长55.24亿元，增幅22%，完成全年任务的137%。涉农公司业务全年放款3.88亿元，完成总行计划进度的129.33%。国际业务方面，办理分行首笔保证金项下开立备用信用证业务和邮储银行首笔货币掉期业务，提前超额完成总行国际结算交易量任务指标。公司外汇国际结算、衍生品业务分列邮储系统第3位、第1位，福费廷业务余额折合0.48亿美元。资产业务年度新增授信额度首次突破500亿元。新增机构账户268户，完成率95.71%；经总行认定新增代理财政资格16个，完成率553.33%。

2. 金融同业业务方面。实现收入9174万元，完成全年任务的131.06%。其中，同业存单营销规模80亿元，同业借款取得零突破，同业融资业务收入再创新高；贵州省分行首笔债券主承销业务成功落地，联席承销的“19贵州高速SCP001”规模20亿元（贵州省分行承销份额10亿元），形成公司存款沉淀4.6亿元；银行净值型理财托管规模进一步扩大，2019年新增托管26.91亿元，托管手续费预算完成率103.89%；营销推荐债券投资11.05亿元，实现以投引存余额10.6亿元。

（三）推进城市银行发展模式突破

以贵阳、遵义等重点城市行为突破口，打造全行转型发展高地、产品创新基地、结构调整领跑者和市场竞争标杆行。从经营效益看，遵义分行实现利润总额2.43亿元，列分行第2位；实现EVA 1.03亿元，列分行第1位。贵阳分行实现自营收入5.37亿元，增长8286万元，收入规模和增量均列分行第1位；人均创收129万元，列分行第1位，在邮储银行二级分行中排名第27位；点均创收1990万元，列分行第3位，增长307万元。重点城市行主要经营指标优于贵州省同业平均水平。

（四）推进银行生态发展模式突破

着力提升财富管理能力，净值型理财年增量5.29亿元，净值型理财占比从12.87%提升至46.95%，排名邮储系统第9位。通过与“贵州通”“贵州多彩宝”等省内知名APP平台合作，开展全省性的线上获客工作并匹配专属营销活动，积累线上渠道合作经验。参与政府职能政务平台建设，重点打造国库集中电子支付、金融社保卡、退役军人专属服务等金融服务场景，实现与政府双向互动的良性循环。

四、提升风控能力

全辖各级“一把手”亲自分管风险管理工作，按月召开风险与内控委员会，对“三道”防线履职情况进行考核。2019年分行不良贷款率1%，为近五年最好水平。清收不良贷款4.27亿元，完成总行计划的140%，比上年增长1.45亿元；核销不良贷款1.91亿元，完成总行计划的135.65%，比上年增长0.67亿元。完成审计项目18个，审计金额101.9亿元，发现问题633个，持续追踪审计整改，整改率91.7%。开展资产减值损失税前扣除申报工作，节约所得税成本1349.62万元。

五、提升管理水平

（一）财务管理

调整完善费用配置规则和包括132个标杆的成本费用标杆体系，建立按月通报机制。严格按照采购管理制度要求，组织实施完成采购项目162个，采购金额8177.43万元，节约资金271.47万元，公开采购率79.07%、集中采购率80.07%。全行开工建设项目19个，完工17个。

（二）运营管理

持续推进客户身份信息治理工作，代收付账户结清率99.60%。储蓄柜面业务办理实现无纸化，网点实物业务印章全部纳入用印机管理。年均备付率0.70%，比上年下降0.11%。全辖959个网点统一柜面管理平台系统上线、授权系统前后台版本升级及人脸识别系统使用等工作完成。

（三）人力资源管理

择优建立71人的理财经理队伍，调整营业主管至163人，建立信用卡销售团队10人，分批建成108人的梯队人才库、201人的骨干人才队伍，培训聘任省、市两级内训师62人，健全薪酬正常增长机制。

（四）信息科技支撑

完成12项重要业务系统省内上线、30余次系统升级改造。完成ETC记账卡移动签约、“两烟”业务等全省推广重点项目。完成10项数据产品的省内推广落地。核心网络可用率100%，核心系统完好率99.98%，网络安全风险通报漏洞处置率100%。

六、加强党建引领

（一）扎实开展党建工作

扎实开展习近平新时代中国特色社会主义思想和党的十九届四中全会精神学习宣传贯彻，深入落实意识形态工作，认真开展“大学习、大落实、大讨论”活动、“强基固本”“不忘初心、牢记使命”主题教育活动。认真落实中央巡视整改、集团公司巡视整改要求，定期开展总结、评估，整改率91%。成功召开第一届党员代表大会，完成分行党委和纪委委员换届选举。

（二）提升监察效能

首创节假日公车GPS定位廉洁监控管理方式。开展全面从严治党责任专项检查、开展扶贫工作作风效能监察等，整治形式主义、官僚主义突出问题，发文数量比上年下降32%，会议数量比上年下降44%。在“不忘初心、牢记使命”主题教育活动中，点名通报9起违规违纪典型案例。充分运用监督执纪“四种形态”，提醒谈话、诫勉谈话等20人次，受理信访举报9件，立案7件，给予党纪处分7人。

贵州省黔西南州邮政分公司在全市62个网点设置党报党刊免费阅读点。

（三）推进和谐文化建设

持续开展“职工小家”“工会户外劳动者服务驿站”，打造“邮爱公益”品牌，实施“女性安康”计划建设，加强精神文明、和谐企业文化建设。贵州省分行荣获“贵州省五一劳动奖状”、贵州省金融助推脱贫攻坚劳动竞赛先进单位、贵州省100强企业等奖项。毕节赫章县支行荣获“全国交通运输党建文化建设优秀单位”称号，安顺市分行、榕江县支行荣获贵州省金融助推脱贫攻坚先进单位称号，贵阳中华北路支行荣获集团先进集体，六盘水荷城东路支行荣获总行先进集体；毕节赫章县等支行团支部荣获贵州省金融系统“五四红旗团支部”称号。（邮储银行/提供）

【中邮证券贵州省分公司】

一、经营情况

（一）经纪业务方面

普通账户累计开户9579户，新增开户1562户。实现收入19.77万元，实现利润3.70万元，新增有效户234户，累计有效户597户。新增客户资产636.99万元，累计客户资产1953万元。销售代理基金576笔，销售金额674.74万元。

（二）投行资管方面

6月，走访贵州省贵安新区城投公司，就该区域发债需求进行初步了解；12月，走访“贵州水投集团”，就下属水电站建设发债需求进行沟通，并将项目需求和企业部分资料报送到中邮证券总部金融企业部。

（三）资管产品销售

贵州省邮政分公司下发黔邮分〔2019〕20号文件《关于开展销售中邮证券鸿利来系列集合资产管理计划活动的通知》，资管产品销售120万元。

二、运营风控

（一）业务管理

按照《中邮证券公司柜面业务操作规程》《中邮证券公司客户账户非现场开户业务管理制度》等各业务线的规章或办法严格办理业务，经核查分公司交易系统，分公司账户均为正常账户，未发现“禁止”或“限制”标识。

（二）合规管理

各项业务均严格按照监管和公司的合规要求开展，严格执行适当性管理的相关要求开办业务，符合监管和公司的相关规定，各项业务有序开办和进行。分公司定期开展合规培训，让员工充分认识到合规经营的重要性，确保企业健康稳定发展。严格按监管要求报送各类监管报表。

（三）反洗钱工作

按照公司管理要求及时组织反洗钱学习与宣传。按照人民银行、中国证监会及公司总部的相关要求，认真履行反洗钱义务，合规、稳健的开展证券经营活动。认真按照人民银行要求落实反洗钱工作，严格按监管要求报送监管报表。

（四）客户回访

主要做了身份证过期客户的回访、新开户客户的回访、年度客户 10% 存量回访、自查整改回访、创业板开通回访等回访内容，未发现异常的回访记录，回访中未发现员工代客理财、全权委托等情况。

三、板块协同

省邮政公司有效户开户奖励文件《关于开展 2019 年中邮证券有效户与客户资产营销活动的通知》中明确全省邮政员工成功推荐证券客户并成为有效账户的，按 100 元 / 户奖励客户推荐人，由省分公司次月兑现。单个新增有效户资产 10 万元以上、存续 2 个月以上，按资产日均规模 1‰ 奖励（单户上限 20000 元）。

四、后勤保障

（一）党建工作

分公司始终坚决把党的政治建设摆在首位，坚持以“三会一课”“三个第一时间”为基本制度，结合“理论武装提升行动”以解决问题、发挥作用为基本目标，践行新时期党员学习制度。组织广大党员干部以支部书记讲党课、集体学习讨论、中邮先锋 APP、中邮网院自学等多种学习形式，认真学习贯彻习近平新时代中国特色社会主义思想和党的十九大精神。根据集团公司党组要求制定《中邮证券贵州分公司党支部关于落实邮政系统基层党组织建设达标工程和创先争优活动的实施方案》，并要求全体党员干部以身作则，投入到达标工作中来。通过视频《雪域邮路》及其美多吉先进事迹的学习，不忘人民邮政为人民的初心。

（二）巡视整改工作

中央巡视整改情况，为全面做好巡视整改工作，分公司党支部成立巡视整改工作领导小组，下设巡视整改工作领导小组办公室。领导小组及其办公室负责研究制定 25 条整改措施，建立巡视反馈问题整改清单，明确整改举措、进度安排、责任领导、责任部门。通过巡视整改工作例会制度，指导督导巡视整改工作，确保整改过程不打折扣、不走过场，扎扎实实落实到位。集团公司党组第二批巡视整改情况，9 月 2 日—10 月 31 日，分公司接受集团公司党组第六巡视组的巡视工作。分公司党支部巡视期间积极配合巡视组工作，组织编写相关工作报告，按时认真完成巡视组安排的各项工作。12 月 24 日收到巡视反馈意见后，分公司党支部第一时间组织全体员工学习研讨反馈意见，巡视整改办公室牵头各部门制定巡视整改工作方案及整改台账，16 项整改任务，24 项细化措施。整改期间严格执行例会制度，及时反馈整改进度，发现问题解决问题，按时对账销号。

（三）纪检监察工作

分公司深入贯彻中央全面从严治党要求，落实集团公司和总部党的建设暨纪检监察工作会议精神，进一步推动廉洁风险防控工作深入开展，根据集团公司党组和总部党委要求，分公司对岗位廉洁风险点进行排查，紧抓关键岗位、重点事项开展重点核查、优先防控，不断推进分公司预防腐败工作落实到位。分公司继续开展“党风廉政宣传教育月”活动，及时通报中央纪委和集团公司公开曝光的违反中央八项规定精神问题案例，组织全体党员进行“党风廉政教育”知识测试，组织全员学习《证券期货经营机构及其工作人员廉洁从业规定》，全面提高分公司全体员工廉洁风控意识。纪检监察人员按月定时上报分公司纪检信访情况报告、有无违反中央八项规定情况报告、纪检监察干部监督有关情况报告等，保质保量地完成各项工作。

（四）人力资源管理工作

在职员 8 人。其中党员 6 人，非党员 2 人，党员占比 75%；女党员 3 人，占党员总数的 50%；硕士学历 1 人，本科学历 7 人，本科层次及以上学历员工占比 100%。通过市场化招聘入职员工 1 名；对分公司副总经理一职应试人员组织了初试并提交总部进行复试。同时应巡视整改工作要求，分公司启动部门建制工作和二级部室领导人员任命工作。

（五）财务管理工作

分公司一方面根据总部下达的收入利润计划进行目标分解及业务指导服务，另一方面严格按照中国邮政集团公司贵州省分公司新的财务管理办法做好报销报账工作（注：2019 年分公司仍在省公司报销费用）。按时做好税务申报、银行账户年检、工商年报登记等日常工作。9—11 月，配合集团公司党组巡视组进行财务费用报销等相关工作的检查及立行立改并做好后期整改工作。

（六）其他综合工作

修订完善分公司总经理议事规则、党支部议事规则、“三重一大”决策制度等规章制度。（中邮证券 / 提供）

【贵州省寄递事业部】 全省寄递业务收入完成 5.33 亿元，比上年增幅 25.3%，增幅排全国第 5 位，完成集团公司下达预算的 100.8%，排全国第 9 位。其中国内标快完成 17303 万元，比上年增幅 10.6%，排全国第 12 位；快递包裹完成 18647 万元，比上年增幅 16.7%，排全国第 15 位；物流业务完成 10543 万元，比上年增幅 40%，排全国第 7 位。寄递业务收入市场占有率 11.55%，比上年提升 1.05%。

一、“五大体系”建设落地

（一）时限

扩大贵阳直达邮路覆盖范围，压缩省内干线运输时长。出台投递网提质增效建设的指导意见、寄递网包裹快递运行质量结算考核办法、标准快递和快递包裹运营标准、乡镇邮路运营标准等措施，强化执行效率。

（二）成本

推进干线邮路外包，全省邮路运输成本比上年下降 27%，节约成本约 2018.12 万元。通过精细化管理，继续推进处理中心利润转型工作，将利润转型工作向地市处理中心延伸。规范经济航空发运范围，对贵州出口至 30 个省的快递包裹邮件发运计划进行了调整优化，有效降低省际干线运输成本支出。积极推行返程邮路容间利用率激励举措，调整贵阳邮区中心局组开到各单位的返程省内干线汽车邮路带运的包裹快递使用费，鼓励返程满载。参与构建寄递业务标杆体系，围绕网运利润中心转型升级工作重心，协调运营管理部、财务、人力部门部署双效评价管控相关工作。完成邮速财务融合，解决邮速两套账问题。

（三）服务

建队伍、强培训，服务质量三大体系建设初见成效。质量监控加大与生产结合的力度，全面深化跟单应用。持续推进质效考核，上下联动促进七大指标持续提升。客服水平持续稳步提升，加强问题邮件处理能力，提升客户服务质量。视察检查履职能力不断加强。围绕提升服务质量为核心，开展全省互评互查、专项视检视察、国庆 70 周年相关检查、出口邮件规格检查等工作。

（四）市场

一是营销体系建设初见成效。通过营销体系建设，实施首席客户经理制，推进全省业务尤其是政务业务的发展。二是规范客户损益核算，资费管理成效显著。按职责履行稽核检查和违规查处等资费管理监督责任，国内标快和快递包裹的平均单价和损益率情况在全国排名靠前。三是强化业务竞赛机制，激励一线士气促发展。在上半年成功扭转了开年初期发展不利的局势，收入比上年增幅和完成预算进度均排全国前列。四是政务市场开发得力，引领标快业务发展。成功中标了全省 188 万异地扶贫搬迁群众换领身份证项目。五是借助资费权限下发的政策红利，重点发展省内寄递业务。给予营销前端价格对标支撑，形成省内业务的竞争优势，支持省内快递包裹的快速发展。六是“一上一下”惠农项目稳定发展，拉动快包增长。“农产品进城”项目和“医药品下乡”项目得到了较快的发展，拉动快包业务的增长。七是贵安华为 IHUB 仓项目建设稳步推进。按照华为公司高质量、高标准的要求，梳理出 800 多项工作任务，并明确责任人及完成时间，按计划推进项目建设工作。八是电商集群市场与规模客户营销拓展，多渠道源头获客。通过多渠道努力，获取新一批省内电商市场客户、阿里平台客户、电商园区市场清单，推进客户走访、开发工作。

（五）IT

通过对新一代系统、派揽系统、电子地图应用系统、ERP 主数据维护，有效支撑生产经营管理。加大移动终端设备投入，提升生产作业效率。加大邮件处理环节生产设备配备力度，先后对黔西南、遵义、贵阳、六盘水市、县两级邮件处理中心开展工艺设备改造，对贵阳邮区中心局工艺流程实施优化改造，加大重点揽投部设备配备。推动绿色运输，明确减持燃油揽投汽车工作目标计划，全省减持燃油汽车 114 台，其中，黔东南、贵阳、安顺、黔南完成第一阶段减持数量，全省减持计划稳步推进。

二、以“八大整合”为重点深化寄递改革发展

（一）收寄

在新一代寄递平台完成所有揽收机构揽收段道、机构围栏及段道围栏的施画及审批工作。通过采取专人进驻、物业代办、团队营销、租赁柜台或办公桌、段道辐射模式 5 种模式相结合的方式进行优化作业。

（二）分拣

各市州县邮件处理中心场地能力建设主要采取场地租赁方式解决，全省市州县增租、改租处理中心场地 12 个，新增面积 1.4 万平方米，预计全省市州县处理场地年租赁费投入约 360 余万元。

（三）运输

通过组开报刊机要专线、贵阳至县区直达邮路等具体举措，进一步巩固省内网运行时限及质量，县以上城区邮件次晨递水平提升显著。强化陆航资源应用效力，确保标件能够及时与航空运输对接，提高出口效率。尝试高铁运邮新型运输模式，贵阳至昆明、长沙方向高铁运邮线路开行，贵阳出口昆明和长沙的标准快递邮件实现“凌晨发运，次日投递”。

（四）投递

推进揽投网整合工作，全省揽投部场地、人员、作业

组织资源整合按计划全面完成。重点抓好“两会”、旺季、巡视专用邮箱、高录通知书等重要时期，确保普遍服务业务及竞争性业务服务支撑到位。开展百日专项整治活动、包裹快递投递服务质量检查、下发督办函等，加大服务质量及时限管控。加强菜鸟、极速鲜、华为等全国一体化项目运行监管，进一步提升服务质量。

（五）航陆

4月11日，启动贵阳城区15点前收寄的省际标准快递邮件，赶发19点后起飞的民航航班；4月22日，将贵州发往山东、河南等12省快递包裹固定为经济航空运输，北京、上海等16省快递包裹调整为省际干线汽车运输，广东和浙江2省快递包裹调整为省际干线汽车运输为主，经济航空运输为辅，为省际出口邮件再提速做了有益的尝试。组织开展经济航空运输招标，确保标件能够及时与航空运输对接，提高出口效率。

（六）信息

完成新一代生产管理系统邮速机构ERP主数据及相关数据资源整合工作；推进看板系统应用，使包裹快递“有人看，有人管，有人干，科学干”；进一步完善了投递电子地图，加强投递电子地图施画和白名单维护、分拣预处理，缩短了运行时限，提升处理效率。

（七）服务

成立省、市两级服务质量管理部门，明确县级服务质量管理职责。寄递翼改革后，邮政机构（含乡镇）纳入质控考核范围，依托智能跟单系统、客服系统和派揽系统发现问题，提升处理效率。对重点质量指标进行管控，开展服务质量专项提升活动和11183派揽专项整治活动，促进重点服务质量指标的达标；加强主动客服工作，为生产经营保驾护航。

（八）指挥调度

根据集中管控、向生产一线倾斜的思路，省指调中心从省分公司原工作场地搬迁至贵阳邮区中心局，与贵阳中心局指调中心同场地办公，并实现人员及功能的充分整合。（贵州省邮政分公司／提供）

云南省

【云南省邮政分公司】 全省邮政总收入33.49亿元，比上年增长8.41%，增幅全国排名第8位。全省高效业务规模占比70%，全国排名第12位；新增高效业务规模占比77%，全国排名第4位，企业效益有新改善，全员劳动生产率22.81万元／人，增长9.32%；员工薪资福利保障不断提升。

一、经营发展

（一）代理金融

业务收入17.6亿元，比上年增长10.42%，增幅全国排名第1位。全省余额规模为1182.46亿元，新增余额165.25亿元，增长16.25%，连续3年蝉联全国第1位；新增市场占有率全国排名第1位，市场占有率提升至全国第1位。

（二）寄递业务

业务收入8.69亿元，规模排全国第19位，比上年增长13.14%。其中：标快业务完成3.05亿元，规模排第15位，比上年增长12.96%，增幅全国排第7位；国际业务增幅全国排第3位。

（三）增值业务

业务收入2.5亿元，全国排名第4位。其中：税务双代全省开办税务台席953个，129个区县全覆盖，代征税款10.63亿元，代征规模全国排名第5位。

（四）邮务类业务

集邮与文化传媒业务收入1.55亿元，其中：集邮业务实现收入9607万元，比上年增长6.02%，增幅全国排名第4位，集邮业务综合毛利率43%，全国排名第3位；报刊业务实现收入1.9亿元，增长0.43%，规模全国排名第19名。

（五）总部项目

全省29个重点总部营销项目实现收入4.8亿元，增长45%，收入贡献率14.24%，比上年提升3.02%。汽车产业链、惠农、政务三大重点协同项目实现收入2.94亿元，占总部项目收入比重的61%。承办第39届全国最佳邮票评选颁奖活动，拉动收入1406.4万元。

二、企业管理

（一）财务管控

树牢以利润为核心的经营理念和零基预算管理的手段，构建全面预算管理执行体系，着力抓好全面预算执行、重点成本费用、资金及资产集中等方面的管控工作。按月计算分析通报各州市公司化运营情况，促进各单位补短板、增能力、强效益，打造自身的盈利模式，确保公司化运营收到实效。

（二）人力资源管理

深化干部队伍建设和资源配置提升双效。通过全省性三级副岗位竞聘，推动干部队伍专业化、年轻化；对标市场、行业，加大市场化薪酬配置力度和完善寄递薪酬分配制度；科学有效运用好省级就业见习基地平台，接收见习人员350人，获得政府178.63万元的专项资金补贴。

（三）安防管理能力

推进代理金融合规化建设，加强欠费追缴责任制；开展信息网护网演练，全省信息网安全防范能力得到有效加强；以“安全评估”工作为抓手，做好新中国成立70周

云南省邮政分公司使用无人机投递邮件。

年等重大活动期间安全保卫工作；推进安防达标建设，全省邮政未发生重大资金案件和安全生产事故。

（四）内控管理

审计项目833项，工程结算审减金额1660万元，促进增收节支722.33万元。完成采购项目86个，节约采购成本1610万元。公开采购率从2018年末的83.3%上升到99.8%，排名居全国第一梯队。

（五）精神文明创建

全省邮政企业文明单位建成率连续4年保持85%以上，继续保持全国文明单位和云南省文明行业殊荣，尼玛拉木和桑南才作为全国邮政系统消费扶贫、普遍服务先进典型的引领示范作用进一步彰显。举办云南邮政庆祝“五一”暨两创四优表彰大会、“庆祝新中国成立70周年”职工演讲大赛、纪念五四运动100周年主题团日等活动。持续开展互助帮扶，开展“关爱员工·夏送清凉”慰问活动，组织优秀员工、劳模先进等700余人进行疗休养，开展62个“职工之家”“职工小家”示范点和集团工会专项建家工作。认真做好群团、离退休、统战、宗教、维稳工作，营造企业和谐发展氛围。

（六）新闻宣传

宣传舆论氛围进一步优化，2019年荣获中国第33届产经新闻奖二等奖、驻滇新闻单位宣传云南好新闻奖、《云南年鉴》“十佳条目”奖和时效奖、《中国邮政报》月度好作品奖；连续6年荣获《中国邮政报》先进记者站称号、读报用报优秀组织奖；云南邮政的经营管理亮点先后被《中国邮政报》报道130余篇次。特别值得一提的是CCTV−12《道德观察》栏目于11月25日播出人物专题《烈日下的行走》，报道版纳州投递员邓加富先进事迹。

三、能力建设

（一）基础能力建设

开展国际邮件、快件、跨境电商三关合一建设和中国邮政西南（昆明）跨境电子商务园区规划工作；完成14个新增网点的建设工作。

（二）网运和投递能力

推进“县—乡—村”三级物流体系建设，加强与当地政府沟通，争取电子商务进农村示范资金和配套政策。

（三）信息化

打通“互联网+政务服务”渠道，开发“警医邮手机APP”“国际邮件微信报关”“商洽会电子门票”等互联网应用，提升邮政便民服务体验。探索金融智能风控手段，开发“金融风险数据应用平台”。开发赋能寄递业务发展，在“ETC寄递项目”中，与顺丰展开竞争，以优于竞争对手的用户体验和服务手段实现业务全流程信息化。

（四）服务质量

深入践行“人民邮政为人民”的宗旨，稳步推进普遍服务能力建设，狠抓过程管控，强化营业、内处、投递各环节的作业规范、服务规范、管理规范，严格落实《普遍服务标准》，严肃考核督导，严守“两条红线”，推进普遍服务和特殊服务水平三年提升计划，普遍服务完成“五达标、两提升、两杜绝、一确保”目标。平信条码化率、有效申诉率等指标优于全国平均水平；全省实现建制村通邮率100%；条码平信丢损率0.1‰，全国排名第4位。县及县以上党政机关《人民日报》当日见报率提升至50.4%；机要通信服务确保质量全红，万无一失。

（五）电商扶贫

发挥企业优势，开展邮乐平台、优帮帮平台、寄递生鲜多渠道电商扶贫项目325个，涉及全省16个州市、88个贫困县，109个贫困村，助销农产品43.24万份，金额1851.61万元。8月21日在迪庆成立尼玛拉木劳模创新工作室，以“创客”模式运作，入驻迪庆州青年创业就业指导中心，整合云南省分公司、迪庆州分公司青年骨干组建团队，为有创新精神的员工搭建平台，助力青年创新创造，探索新时期邮政服务地方经济发展的渠道和方式，助力迪庆打赢脱贫攻坚战。（云南省邮政分公司／提供）

【邮储银行云南省分行】 云南省分行下设13个二级分行，33个一级支行；辖内网点833个，其中自营网点130个、代理网点703个。员工3395人，平均年龄37.08岁，其中本科及以上学历2277人，占比67.03%。

一、经营概况

（一）收入利润

营业收入23.76亿元。实现考核利润9.71亿元，比上年增长35.78%，完成总行预算目标的125.96%。经济资本实现EVA排邮储系统第23位，连续2年扭负为正。

（二）业务规模

各项存款余额1458.80亿元，其中自营存款余额275.56亿元。个人储蓄存款年日均余额169.35亿元，公司存款年日均余额121.08亿元，年增增量7.92亿元，年增排名邮储系统第9位，为历史最高。个人存款余额市场占有率8.52%，列省内金融机构第6位。各项贷款余额777.56亿元，新增为历史同期最高。各项贷款余额市场占有率2.49%，列省内金融机构第11位。

（三）资产质量

不良贷款率0.99%，逾期率0.99%，为近三年最低，在全省银行同业中排名第3位。处置不良贷款5.96亿元，其中，现金清收3.1亿元，呆账核销1.3亿元，不良贷款批量转让1.56亿元。

（四）邮银协同

邮银联动新增快捷支付绑卡完成总行计划目标的141.3%，列系统内第1位；激活“邮储食堂”会员13.4万户，完成率列系统内第20位；上半年集团公司对云南省分行协同工作打分95分，列系统内第6位。

二、业务发展

（一）个人金融业务

个人金融业务收入3.24亿元，新增2025万元，增幅列邮储系统第5位；VIP客户数量增幅14.63%，列邮储系统第1位；新增激活手机银行22.99万户、活跃客户16.74万户，增长19.73%、49.20%，完成率分别列邮储系统第2位、第4位。

（二）信用卡业务

新增发卡20.54万张，信用卡活卡市场占有率2.5%；信用卡分期金额、账户活跃率、户均消费、活跃户均消费指标分别列邮储系统第9位、第5位、第4位、第4位。

（三）普惠型小微企业贷款、个人经营性贷款

小企业资产质量下滑趋势得到遏制，不良率压降到10%以内，达到总行帮扶目标。个人经营性贷款净增39.98亿元，全面超额完成计划任务。

（四）公司金融业务

参与总行固本提标行动对标PK竞赛活动，4—11月连续8个月均为第六小组月冠军；截至12月31日取得代理国库集中支付和非税业务资格49个，包括县级资格44个、市级资格5个，其中新增资格17个；深化与省内重点项目合作，信贷余额排名较2018年前进4个位次。

（五）金融市场业务

金融市场业务收入比上年增长28.04%，成功落地固定收益凭证15亿元、金融债1.8亿元，实现非标业务申报突破。

三、管理强化

（一）综合管理

启动《云南分行三年行动计划（2020—2022）》项目编制，加强重点领域管理，重点解决“三重一大”执行、贯彻落实中央八项规定精神过程中遇到的突出问题。加强督办，文件办结率100%；集中整治形式主义、官僚主义突出问题，发文数量下降26.3%，会议数量下降31%。加强机关作风建设，制定整改措施411条，承诺解决机关作风问题83条。全年组织85个集中采购项目，集中采购率比上年提高8.26%。

（二）品牌宣传

发布新闻报道305篇，总行信息采用量为上年的2倍以上，《中国邮政报》报道量为上年的14倍，获《中国邮政报》“好新闻”奖、“优秀记者站”、“读报用报先进单位”称号；在人民银行昆明中心支行组织的金融机构宣传工作评比中位列第6位，获“2019年金融宣传工作二等奖”。

四、内控风险管理

持续推进内控制度体系建设，完善全面风险管理体系，召开一、二级分行风险与内控委员会会议156次，决策议题461项，内控评价系统内排名提升11位。未发生资金案件，未受到行政处罚。反洗钱风险防控3起案例被总行采纳作为“扫黑除恶”工作成效典型案例；消费者权益保护工作获人民银行昆明中心支行考评A级，同时获总行考评第2名；金融知识宣传活动获云南银保监局“组织部署扎实有力，活动效果较为突出”的肯定。

五、履行社会责任

（一）融入地方经济服务

主动融入国家战略，成为第三家与中国（云南）自由贸易试验区签署入驻协议的银行。普惠小微企业贷款、涉农贷款、精准扶贫贷款、民营企业贷款超额完成全年计划。小微企业贷款余额169亿元，服务小微客户10万余户，监管任务完成率227%；创业担保贷款余额105.70亿元，在邮储系统及省内同业中均列第1位。全行通过表内外各种渠道投入到云南的资金1161亿元。2019年，云南省分行获得“云南省银行业服务中小微企业突出贡献奖”“云南省支持地方经济发展贡献奖”“云南省最佳商业银行品牌”等奖项。

（二）涉农服务

涉农贷款余额295.74亿元，在各项贷款中的比重提高到38.03%。运用高原特色农业研究成果——“云系”八大产业放款4078笔，金额5.87亿元。引入政策性担保公司，与省农担合作贷款结余接近11亿元，累计服务个人客户1640户、小企业客户252户。

（三）全面助力精准脱贫

金融精准扶贫贷款余额43.73亿元，年净增15.42亿元。2019年，经省委、省政府研究，在云南省扶贫开发领导小组定点扶贫工作考核中，邮储银行云南省分行考核结果为最优等次单位。被授予云南省“金融扶贫突出贡献奖”“2019年脱贫攻坚扶贫先进集体”“‘聚焦金融扶贫、助力云岭脱贫攻坚’活动优秀单位”称号。

六、党建引领

（一）党的建设

深入学习贯彻习近平新时代中国特色社会主义思想和党的十九大精神，强化思想引领。开展“不忘初心、牢记使命”主题教育，开展“共建、共享、共进”“合规——共产党员在行动”“四个一”等专项活动，初步实现党建与经营发展的融合。全面推进巡视整改，推进省内巡察、“两个责任”落实专项检查全覆盖，落实中央八项规定精神。

（二）调查研究

加强和改进全行调查研究工作，改进机关工作作风、整治形式主义、官僚主义，开展“一月一事，消灭最差”活动。省分行5位党委成员完成66次活动，发现问题220个，问题落实占比100%；省分行19个部门完成229次活动，发现问题485个，问题落实478个，占比98.56%。

（三）工会建设

推进“职工之家”“职工小家”示范点建设，全辖“建家率”100%，其中大理分行工会、西双版纳分行工会荣获2016—2018年度“中国邮政储蓄银行模范职工之家”称号。玉溪分行获评“2018年度全国邮政用户满意企业”，西双版纳州分行获评“云南金融五一劳动奖状”“全国邮政系统先进集体”。（邮储银行/提供）

【中邮证券云南省分公司】 中邮证券云南省分公司认真贯彻集团公司邮政工作会和中邮证券总部工作会、党风廉政建设工作会议精神，落实中邮证券总部和中国邮政云南省分公司对分公司筹建工作的要求，完成筹建工作，并于12月18日在云南证监局完成开业报备工作，正式开业。

一、分支机构建设情况

根据《中邮证券有限责任公司分支机构建设方案》文件要求，结合云南实际，在省邮政分公司党组高度重视和大力支持下，全面完成分公司经营场所建设工作。6月，在信息化网络建设方面，分公司完成信息系统建设、信息化生产网、办公网建设，配置部分信息化设备及生产设备，拟定信息技术类管理制度、信息系统安全制度及工作规范要求，安装调试证券业务相关应用系统及系统配置。在经营许可方面，获得中邮证券分公司营业执照、证券经营许可证，开立中邮证券分公司银行账户，完备税务登记手续，并做好与云南证监局、当地人民银行、工商税务等监管部门的报备协调工作。宣传教育公示方面，在省邮政分公司办公室、采购中心、财务等部门的指导下，完成分公司对外宣传公示、营业场所公示内容、投资教育专栏、反洗钱宣传栏等上墙内容的招投标制作。

二、建立业务管理制度和业务管理规范

在中邮证券总部援建工作组的现场培训指导下，加大对员工的学习培训力度，提高员工合规经营意识和风控管理意识，防范合规风险的行为，提高风险防范能力。同时制定分公司经营管理制度、业务管理类制度、合规管理类制度、财务管理类制度、客户投诉处理管理办法等27项制度办法汇编，并拟定《中邮证券分公司开业庆典仪式活动方案》。根据中邮证券总部对分公司建设进度要求，完成部分业务系统、业务流程调试工作，分公司具备试运营条件。

三、开展证券业务

为贯彻集团公司中邮证券营销培训活动部署，在省邮政分公司加大对中邮证券营销培训活动支持下，一是4月启动全省邮政“证券+金融”营销培训活动，并拟定全省邮政协同发展证券业务营销活动方案，推进证券业务协同工作。二是做好中邮证券客户储备工作，不断满足客户投资理财需求，调动广大邮政员工发展证券客户。三是广泛开展证券客户市场拓展及部分州市现场证券营销培训工作，做好证券业务合规经营，严格防范经营风险。全省开立中邮证券账户1051户，完成资产136万元。

四、提升业务发展能力

分公司员工通过全国《证券从业人员》资格考试合格8人，其中取得证券执业资格7人，通过《证券投资顾问》考试合格4人，《证券分析师》考试合格1人，《证券投资基金》考试合格3人，《期货从业资格》考试合格1人，分公司员工从业资质取证率在全国排位列较好水平。3月、11月由分公司领导带队，派出人员分别到四川分公司、西安电子二路营业部进行观摩学习，通过学习先进省份发展经验，提升分公司业务发展能力，为分公司展业夯实基础。

五、合规运营和风险管控

坚守合规风控就是“生命线”的经营理念，成立分公司反洗钱工作领导小组；对拟任合规人员按要求向中邮证券总部进行任职申报并到总部进行跟岗培训；完成营业现场开户流程、销（转）户流程、客户信访投诉处理流程、上海及深圳交易所收费明细、投资者教育园地等信息的上墙公示，做好重大风险防控、重大事项应急预案和证券业务风险管控工作，为分公司合规有序地经营发展提供有效保障。（中邮证券/提供）

【云南省寄递事业部】 按照集团公司打造寄递行业“国家队”战略目标，进一步理顺管理关系，研究制定并组织实施《中国邮政集团公司云南省分公司、寄递事业部一体化管理方案》。按照平稳有序、逐步优化的原则，发挥人力资源潜能，整合后所有人员劳动人事关系不变，整合后按照职能由省分公司相应部门统一安排工作并进行日常管理，确保整合后各项工作顺利开展。

一、经营概述

全省累计完成寄递业务收入86881万元，收入规模排全国第19位，比上年增长13.14%，增幅排全国第21位，完成集团公司预算目标的91.76%。其中，标快业务完成收入30540万元，规模排全国第15位，比上年增长12.96%，增幅排全国第7位，完成集团公司预算目标的91.05%；快包业务完成收入23066万元，规模排全国第20位；国际业务完成收入5459万元，规模排全国第24位，比上年增长145.85%，增幅排全国第3位，完成集团公司预算目标的233.71%；物流业务完成收入27366万元，规模排全国第10位，比上年增长20.24%，增幅排全国第17位，完成集团公司预算目标的94.81%。

二、网络运营

（一）省内邮政网邮路调整

根据省内干线对标提速优化工作的整体安排，对全省干线邮路进行优化调整，加快邮件传递时限，降低邮件运输成本，提高陆运网运行双效。

（二）开通报刊专线邮路

12月10日起，开通昆明至普洱、洱源2条党报专线邮路，延伸昆明至昭通党报专线邮路至大关，实现思茅、宁洱、墨江、洱源、大关5个区、县党政机关党报当日见报。

（三）邮速网络资源整合工作

3月15日，完成云南资源整合，全省寄递网实现统一管控、统一组织、统一调度“三统一”。重新定位邮速揽投网点的业务功能，进一步整合揽投网资源，划入省寄递事业部实体揽投网点374个，与整合前相比揽投网点减少37个；8个一体化州市、44个县处理中心场地由整合前的61个，整合为30个，减少处理场地面积1700平方米，在盘活场地资源的同时，邮速同场地作业，处理环节间实现无缝衔接，提升邮件传递时限。

（四）开展“绿色达标”网络提速

4月11日，全省启动“绿水青山云南在行动”专项活动，采取端对端、点对点全面对标的方式，全面对标行业先进。

（五）开展看板管理系统达标活动

5月11日起，开展云南邮政三级邮件处理中心异常邮件专项整治活动，强化各生产单位运营标准执行力度、规范环节操作，规范干线网路运行频次设置。

（六）支撑全省重点项目

做好松茸寄递项目支撑工作，打通丽江至12个省份、大理至8个省份的省际航空直达通道，开通丽江—南京集散直达航空邮路，开通丽江、香格里拉直达昆明航空邮件处理中心的冷藏专线。昆明、楚雄、大理、丽江、迪庆出口62个重点城市的松茸邮件次日递86.31%，松茸寄递总量超过10万件，业务量比上年增长23.12%，市场占有率39.52%，比上年增长24.01%。

三、党建引领

（一）压实党建工作责任

组织签订《2019年度主体责任书和党风廉政建设责任书》，实行党建工作年度责任清单制度；做好省寄递事业部党建责任考核工作。

（二）深入开展党的思想建设

组织开展“大学习、大讨论、大落实”及“理论武装提升行动”；认真落实党委理论中心组学习制度，按月组织开展党委理论中心组学习，推动“两学一做”常态化制度化。

（三）基层党组织建设不断加强

对照“664”达标创建标准，因地制宜抓好分类指导，扎实推进基层党组织达标建设；开展党务干部和党支部书记培训工作。

四、纪检监察

深入开展党风廉政宣传教育、政治纪律及警示教育，加强廉政文化建设；落实省分公司党组关于开展会议费管理自查整改工作要求，积极组织原速递物流公司及所属单位的自查整改，始终把纪律和规矩挺在前面。

五、工会工作

开展“全省加快包裹快递业务发展劳动竞赛”“五星闪耀最佳处理中心和最佳投递服务质量劳动竞赛”，充分调动各级员工发展业务的积极性，鼓舞职工激发正能量；以元旦、春节“送温暖”和职工关爱工程为抓手，做好服务职工工作；做好困难职工动态管理，实时更新困难职工脱困减少、新增申请工作，做到精准识别、精准帮扶；开展丰富多彩的职工文体活动，增强员工凝聚力与归属感。

六、履行社会责任

（一）高考录取通知书投递

7月18日，昆明市分公司投递2019年第一封高考录取通知书。通过云南邮政EMS寄递的高考录取通知书35万件，为确保安全、快速和便捷的将高考录取通知书送达学子手中，在筹备阶段，云南邮政EMS为各大院校倾心提供定制服务，逐一了解各大院校的服务需求，针对高考录取通知书发放时间、寄递数量和个性化需求等制定专业的解决方案，签订规范的服务协议，确保为广大学子和各大院校持续倾力提供迅速、准确、安全、方便的服务。

（二）“双十一”网运生产

“双十一”围绕“争市场、强重点、重体验、保稳定”的总目标，按照“保障重点，网业联动，前置处理，直发直达，省内分流”五大原则，强化网业联动、密切协同配合、细化方案组织、加强运行管控，实现邮件错峰引流、均衡入网，切实做到出口不滚存、进口不积压、质量不下降、服务有保障、安全无事故，确保寄递网运行平稳，业务快速发展。（云南省邮政分公司／提供）

西藏自治区

【西藏邮政分公司】 全区邮政业务（含寄递事业部）实现总收入34257万元，比上年增长7.18%，比上年净增2295万元，增幅排名全国第13位，增幅超全国平均水平0.85%；完成预算的101.94%，超进度绝对值652万元，进度排名全国第1位，进度超全国平均水平4.89%；实现经营利润−15245万元，完成预算93.80%，节约1007万元。

一、党的建设

（一）“不忘初心、牢记使命”主题教育

聚焦主题教育根本任务，坚持“四个到位”，落实“四项措施”，把“四个总要求”贯穿始终，实现理论学习有收获、思想政治受洗礼、为民服务解难题、干事创业敢担当、清正廉洁做表率五大目标。同时在集团公司“五个结合”的基础上，把区党委“四讲四爱”群众教育实践活动与主题教育相结合，推动“六个转化”落地，检视问题421个，整改完成191个，阶段性完成171个，持续整改推进59个。

（二）管党治党责任持续强化

推动全面从严治党向基层延伸，开展基层党组织书记述职考核评议工作，首次对区分公司机关各部门主要领导进行年度党建考核。县分公司独立党支部增至12个（比上年增加4个），联合党支部53个。基层党组织在县分公司覆盖率达到94.5%，比上年提高2.6%。在“世界之巅”、世界海拔最高的行政乡（5373米）山南市浪卡子县普玛江塘乡成立第一个乡邮政所临时党支部。对拟提任的42名党员干部，开展任前党建应知应会基本知识考试；吸收入党积极分子43人，预备党员31人，正式党员21人。党风廉政建设不断深化。

（三）深入开展内部巡察工作

完成3个地市所属17家单位党组织的常规巡察工作，反馈问题373个。巡察发现问题线索5条，给予党内警告2人，通报批评、诫勉谈话、提醒谈话13人，收缴资金1.75万元。扎实做好中央、集团巡视“后半篇文章”。针对集团公司党组巡视3个邮政企业单位和集团内部20个党组织巡视反馈意见开展未巡先改工作。建立巡视整改月报制度，定期召开巡视整改例会，64条整改措施完成22条，持续推进42条。强化日常教育监督提醒。持续做好集体提醒谈话、廉洁过节提醒、警示教育等工作，受教育干部员工1.12万余人次。加强监督检查审查调查。全区纪检监察机构收到业务范围内信访件11件，给予党纪政务处分5人。党管干部规范有效。以习近平总书记对国有企业领导人员的20字要求为根本遵循，进一步完善领导人员管理和监督的制度建设，出台领导人员综合考评、领导2018—2022五年教育培训规划等制度。开展两次全区优秀干部调研工作，完成区分公司本部、区寄递事业部领导人员选拔任用及各地市领导班子选好配强工作，三级领导干部队伍的年龄结构、知识结构、专业结构得到优化。

二、经营转型

（一）代理金融

实现收入7864万元，全区金融总资产达到42.91亿元。其中，个人储蓄存款规模42.85亿元（邮银合计69.11亿元，邮银占比62%），活期占比54.41%，排全国第3位；理财保有量达到2.3亿元，比上年增长45.5%。代理金融客户规模48.36万户，新增客户1.91万户；结存卡户53.35万户，卡均余额5511元，全国排名第3位。电子银行交易替代率95.48%，全国排名第5位，比上年末提升2.38%。代理营销信用卡1774户，比上年翻4倍；引荐小额信用贷款160笔，放款金额8226.50万元；营销公司存款10户，日均余额4054.48万元。“十大抓手”项目成效显现：昌都、拉萨、日喀则“社保卡”项目实现新突破，首批获得发卡资格1.6万张。收单业务三个月新增381户，联动资金1000万元；推进第三方绑卡支付业务，新增用户2.7万户，完成进度100.18%，排全国第13位，结存用户18万户，电子支付收入突破400万元，收入增长超40%，交易金额达到70亿元，比上年增长超200%。

（二）寄递翼改革

寄递业务实现收入9660万元，比上年增长18.96%，比上年净增1540万元，增幅排名全国第13位，超全国平均水平6.65%；完成预算100.55%，进度排名全国第11位，超全国平均水平7.08%。省内标准快递次日递率40.85%，快递包裹次日递率36.18%，分别超集团目标值0.85%、6.18%；普遍服务全程时限战略考核指标达到

《川藏青藏公路建成通车65周年》纪念邮票发行。

集团目标要求。中心局单位综合处理成本0.86元/标准件，比上年下降23%；包件处理成本0.74元/件，比上年下降49%；单位运输成本1.19元/吨公里，比上年下降19%；单位维修成本828.3元/标准件，比上年下降23%。服务质量进一步提升。重点指标稳中有升：理赔及时率完成87.68%、揽收及时成功率完成92.92%；标快异常发生率完成14.79%、快包异常发生率完成17.62%，问题邮件异常及时解决率完成70.21%，跟单“两率”全面达标。新一代寄递平台、寄递业务看板系统、智能跟单系统、详情单系统、热敏打印系统等推广上线，进一步提升经营管理的信息化、科学化水平。电子面单使用率从年初16.3%提升至98.73%；智能跟单异常发生率从100%下降到20%以内。

（三）推进“邮快合作下乡进村”

作为全国邮快合作5个试点省之一，认真落实习近平总书记一系列重要指示批示精神，支持农村发展，服务农村百姓，着力提升农牧区快递服务质量，与区内主要快递企业签订《邮政快递下乡进村》框架协议。

（四）渠道平台

分销业务实现收入3119万元，比上年增长35.70%，增幅全国排名第4位；完成预算的124.74%，进度排名全国第3位，提前2个月完成全年预算目标。

（五）基础性业务转型

集邮业务实现收入2476万元，比上年增长12.40%，完成预算的117.88%，增幅及进度均排名全国第2位。函件业务实现收入1303万元，比上年增长7.3%，增幅排名全国第7位；完成预算的130.3%，进度排名全国第1位。报刊发行业务实现收入4548万元，比上年增长13.96%，完成预算的112.51%，增幅及进度均排名全国第1位。

三、服务水平

认真履行普遍服务义务，乡镇网点营业时间实现每周5天、每天6小时的服务标准。全区所有普遍服务网点开全四项基本业务，城市网点全面开办国际业务。基本完成集团公司制定的“5221”工作目标。党报党刊发行量（期发数）41.21万份，比上年增长2.02%，全区每万人党报党刊拥有量远超全国平均水平。通过与客运公司开展合作，实现拉萨周边5个地市及16个县（区）党报党刊当日见报。推进普遍服务网点业务叠加，在开办普遍服务四项基本业务的基础上，与移动、联通就乡镇网点渠道互用达成合作意向，在拉萨、林芝、昌都和那曲有条件的网点试点开启网厅及业务代办合作。机要通信实现连续27年质量全红目标。

四、精准扶贫

（一）定点扶贫

派驻54名干部，车辆12台次，分赴平均海拔4100米以上，最高海拔超5000米的17个行政村开展驻村帮扶工作；支出成本费用1000余万元，慰问和帮扶资金约80余万元；投入扶贫资金约200余万元，带动帮扶单位脱贫人口数约500人，占驻村点贫困人口的44.52%。

（二）电商扶贫

完成7个标准地方扶贫馆的建设目标，实现全区贫困县全覆盖，注册邮乐小店2800人，小店月均活跃人数1200人。上线15种西藏本地扶贫产品，其中邦锦梅朵牦牛肉、林芝新鲜松茸项目入选集团公司全国50个名优农产品项目。在邮乐西藏馆首页显著位置设立“扶贫专区”，组织团购、爆款等活动，培育4个销售额过万元的扶贫农特产品。培养49名电商扶贫能手，指导他们利用邮乐小店或邮乐网开设店铺，或依托扶贫地方馆销售扶贫农特产品，销售额超百万元。对接电子商务进农村示范县工作，与7个县政府签订《物流体系建设协议》，获得项目资金549万元。

（三）金融扶贫

通过邮银协同，开发有针对性的产业扶贫信贷产品和模式，扶持贫困地区发展特色产业。加强与政府沟通，争取地方政府为金融支持扶贫出台配套必要的政策措施和增信资金。做好建档立卡贫困户、扶贫涉农集体等扶贫独享的项目统计工作，向邮储银行引荐符合条件的客户。

五、协同发展

按照“协同是中国邮政最核心的优势、最大的战略”的定位，一是成立机构，建立制度，明确责任，推动协同机制发挥作用。召开定期协同会议4次，专题协同会议8次，推进22项议题。二是持续加强与政府相关部门、大型企业集团的合作。全区签约总部战略客户25家，总部项目形成收入1400万元，收入增幅70%以上。三是探索跨省协同。联合湖北邮政举办西藏邮政精准扶贫特色产品展，展出100余种西藏特色产品，展示西藏分公司助力西藏脱贫攻坚战取得的成绩；与四川、青海分公司协同召开“川藏青藏公路建成通车六十五周年纪念活动”专题研讨会，组织开展西部省份第一次区域协同，项目实现收入近200万元。

六、能力建设

（一）基础设施短板持续补强

投资9908万元，安排结转及新增项目40个，完工项目14个，在建及收尾项目16个，正办理施工手续项目10个。

（二）从严管控

实现2016—2018年中央预算内项目资金支付率100%；持续推进拉萨东郊邮政综合楼，拉萨邮件处理集散中心一期工程，日喀则网运处理中心等重点项目的收尾工作；落实普遍服务车辆投资项目实施。

（三）信息科技建设持续推进

完成“新一代寄递业务平台”等27个集团重点信息

化规划落地应用。完成邮政营业员职业技能培训和能力评价模拟系统部署、金融营销品管理系统建设工作，完成电商平台电力、电信、移动代缴费及工会管理系统二次开发。开展光电互补备电项目，解决偏远地区电力供应不足问题。强化运维质量管控，完成重要信息系统等级保护测评工作，开展信息安全风险大排查，完成信息安全重点保障。

七、基础管理体现新成效

（一）财务管理

深化损益核算，开展专业、环节损益核算分析工作，推进核算会计转型。构建寄递业务标杆体系，提升寄递业务发展质量和效益。强化全面预算管控，做好预算执行监控分析。建制村通邮和农牧区空白乡镇网点专项补贴做到专款专用。加强资金资产管理，推动“两金”压降，清理“僵尸企业”26家。

（二）人力资源

组织20名管理及业务人员赴内地省分公司进行交流学习。区分公司本部120人被聘任为初中级专业技术职务，审核5个单位的专业技术职务评聘工作。完成全区寄递事业部统一薪酬计件工作。协同邮储银行完成全区年度储汇业务员职业技能鉴定；完成全年邮政特有职业技能鉴定工作，执证率68%，比上年提升4%。劳务派遣公司主体变更后的各项业务交接工作规范进行、业务外包工作流程得到进一步规范。

（三）审计监督

实施专项审计3项，发现问题29个，提出审计建议29条，整改25条；开展领导人员任期经济责任审计3项，发现问题18个，提出审计建议15条，整改13条；工程及采购项目结（决）算审计72项，送审金额8519.80万元，审定金额8288.70万元，审减231.08万元，综合审减率为2.71%。集中采购保障有力。全年实施采购项目132个，采购金额40177.09万元，节约预算资金1345.58万元，集中采购率98.71%。其中，公开招标率82.67%，公开采购率89.37%，均达到集团公司要求。安全生产持续巩固。以“零事故”为第一目标，深化“平安邮政”创建，强化安全生产制度建设和源头治理，重点加强交通、消防、资金、邮件等安全管理，全力抓好重要时段维稳工作，持续强化金融风险管理，实现金融资金零案件、安全生产零重大责任事故。

八、和谐发展

为员工办好五件实事：一是完成3批次63人劳模先进和高海拔地区职工疗休养工作；二是落实21家职工小家升级改造；三是完成24个一、二级干线邮运驾驶员食宿点装修改造；四是提高劳务派遣用工劳动报酬津贴补贴，为劳务派遣员工缴纳住房公积金；五是12个职工周转房项目已全部招标采购完成并进入建设实施阶段。筹资40余万元开展送温暖活动，向27名职工兑付互助保障金10.94万元。益西卓嘎、次仁曲巴、桑布荣获省部级以上荣誉。组织开展“时代楷模”其美多吉同志先进事迹报告会；评选表彰2015—2018年全区邮政先进集体11个、先进个人30名。（西藏邮政分公司／提供）

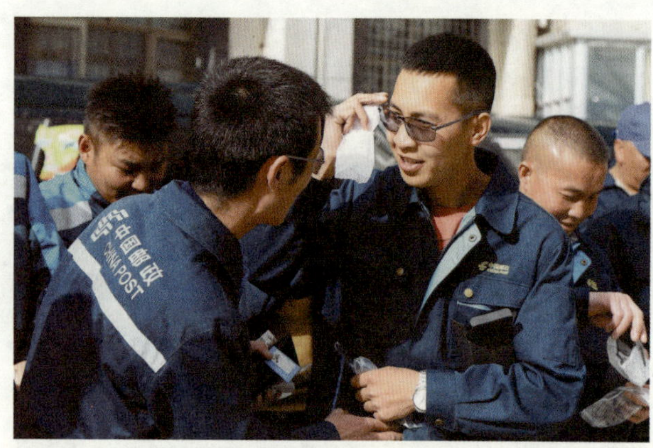

西藏那曲乡邮员获赠爱心眼镜。

【邮储银行西藏分行】 西藏区分行高级管理层下设6个专门委员会，内设15个一级部室、9个二级部室，下辖5个一级支行，97个邮政金融网点，其中自营网点18个、代理网点79个。在职员工344人，平均年龄32岁，其中管理人员56人、专业岗员工142人、销售岗员工98人、操作岗员工48人；本科及以上学历300人，占比87.21%；藏族员工173人，占比50.29%；党员123人，占比35.76%。

一、经营概况

总资产规模151.56亿元，各项贷款余额147.16亿元，年内净增31.22亿元，贷款市场占有率2.81%，比上年上升0.33%；各项存款余额102.34亿元，比上年增长0.73亿元。自营收入2.83亿元，比上年增长16.84%，增幅排邮储系统第1位，其中，中间业务实现收入2402.06万元，比上年增长41.61%，增幅排邮储系统第1位。贷款拨备覆盖率698.39%，拨贷比2.05%，不良贷款余额4575.24万元，不良贷款率0.31%，未发生重大风险事件和案件。

二、业务发展

（一）个人金融业务

1. 个人存款业务。全区邮政金融储蓄存款余额69.24亿元，比上年增长0.73亿元；其中，自营储蓄存款26.26亿元，比上年增长0.56亿元。

2. 信用卡业务。新增发卡10295张，比上年增幅32.63%。

3. 电子银行业务。自营网点新增激活手机银行8391户，提前完成年度净增目标。电子银行交易替代率97.02%，排邮储系统第1位。

4. 商户收单业务。联合银联商务股份有限公司，开启“联合收单”的合作模式。拓展商户521户，实现交易笔数29.04万笔，交易金额2.31亿元；利用总行上线自有条码支付产品“邮惠付”机会，拓展商户515户，完成全年拓展目标的104.2%。

5.“大理财”业务。“大理财”实现销售金额15.5亿元，比上年增长10.71%，实现收入490.5万元，比上年增长103.57%。

（二）零售信贷业务

零售信贷业务以市场为导向，把个人存款、信用卡、手机银行等总、分行转型发展指标与零售信贷业务发展直接挂钩，提高零售信贷客户的综合回报。零售贷款余额36.44亿元，净增8.11亿元，完成全年净增目标的115.91%。其中，小额贷款净增1.35亿元，完成全年净增任务的135.30%；消费贷款净增6.76亿元，完成全年净增任务的112.69%；个贷条线普惠型小微企业贷款净增102户、2.55亿元，完成分行下达净增任务的255.08%；普惠型涉农个人贷款净增1510.36万元，完成总行净增任务的151.04%；一手房贷款在项目准入数量和业务发展上均保持较好的态势，新增一手房项目6个、放款1.51亿元；择优准入10家二手房中介公司，发放二手房贷款1.09亿元；发放公积金贷款9360.48万元。

（三）中小企业贷款业务

率先在全区金融机构中发放服务民营企业“无还本续贷”4笔、5980万元，解决民营企业在银行续贷过程中的“过桥资金”难题，实现民营企业融资周转的“无缝对接”。严格落实监管考核要求，普惠型中小微企业贷款净增2.36亿元，增速62.14%，高出分行各项贷款增速30.56%；结余户数年内新增118户，完成监管要求的“两增”任务。

（四）公司信贷业务

公司贷款结余94.17亿元，比上年净增19.27亿元，增幅25.73%，高出全区平均增幅8.53%，公司信贷业务增量和增幅在全区5家国有商业银行中排第1位。在客户储备方面，授信24个客户或项目166.21亿元，正在审查审批客户或项目81亿元；正在营销的客户或项目14个、130.5亿元。取得总投资310亿元的华电金上拉哇水电重点工程建设项目银团贷款副牵头行资格，参团贷款份额37亿元，占银团贷款总额的17%。

（五）金融同业业务

营销收益凭证业务6.5亿元、同业存单业务9亿元、票据业务1亿元。金融同业业务实现收入1214.12万元，完成收入任务的202.35%，收入净增6.5亿元，比上年增长50%。

三、金融精准扶贫

自总行“三区三州”专题会以来，各项贷款净增23.52亿元，占邮储系统“三区三州”扶贫贷款净增总量的72%，满足深度贫困地区各项贷款增速要高于所在省（区、市）各项贷款平均增速的监管要求，完成总行下达的扶贫再贷款投放任务。

四、风险管理

分行党委认真贯彻落实中央、集团公司党组和总行党委关于防范化解重大风险的决策部署，将重大风险管理事项纳入党委会、行长办公会研究，狠抓风险内控各项管理工作。截至年末，分行不良贷款余额4575.24万元，不良贷款率0.31%，不良率在邮储系统正向排名第2位，资产质量持续保持优良。

五、全面从严治党

深入推进“强基固本”质量提升工程；扎实开展“不忘初心、牢记使命”主题教育，一体推进“学习教育、调查研究、检视问题、整改落实”四项重点措施，区分行各级党组织检视发现问题94个，完成或阶段性完成整改65个，解决群众最急最忧最盼的问题5个。完成区分行“两委”换届选举工作。加强巡视巡察整改，充分发挥监督检查职能，完成区分行党委2019年第一批巡察工作，发现问题95个，延期入党积极分子1名，全行通报批评4人，提醒谈话8人，收缴退款9302元。

六、工会工作

坚持党对工会、群团工作的领导，以党的建设带动工会和群团建设，各项工作取得一定成效。林芝市支行“职工小家”被集团公司工会评为“模范职工小家”。2人荣获集团公司手机银行发展劳动竞赛推荐达人一等奖，2人荣获总行2017—2018年度“金盾奖”优秀个人，2人荣获总行2017—2018年度“金盾奖”优秀支行长，1人被评为“西藏工匠”候选人，2人被评为自治区第三届职工运动会优秀运动员。（邮储银行/提供）

【西藏寄递事业部】 实现业务量228.5万件，比上年增长12%；实现业务收入9660万元，比上年增长18.96%，增幅排名全国第13位，完成序时进度的100.55%，进度排名全国第11位，发展质效实现新突破。

一、“五大体系”助力发展

（一）重点市场增收

通过主攻八大市场，狠抓四大业务，在商务、政务及物流市场拓展上取得成效。全区法院专递签约率98.78%，业务收入比上年增幅93.45%，保单项目比上年增幅45%，银企对账单业务比上年增幅139.5%；国药新增业务收入14.6万元，甘露藏药实现配送收入91.3万元。物流业务实现快速增长，开发新客户12家，增收557.01万元，占全区物流收入的28.99%，物流业务比上年增幅46.22%。

（二）成本压降

围绕中心局“三效”对标体系及财务标杆体系实施

降本增效。其中：中心局单位综合处理成本 0.86 元 / 标准件，比上年下降 23%；包件处理成本 0.74 元 / 件，比上年下降 49%；单位运输成本 1.19 元 / 吨公里，比上年下降 19%；单位维修成本 828.3 元 / 标准件，比上年下降 23%。

（三）时限提速

网络组织进一步优化，干线邮路全程时限实现再提速。拉萨—阿里、昌都（藏 1）一级干线往返汽车邮路邮件时限提升 15 小时和 9.5 小时，阿里直达拉萨环形邮路邮件时限提升 1 天。省内标准快递次日递率 40.85%，快递包裹次日递率 36.18%，均高于集团目标值；普包、信件和印刷品运输时限已达到包裹快递类邮件时限。普遍服务给据邮件投递信息及时上网率 99.34%、约投挂号及时妥投率 91.01%，普遍服务全程时限同城及省内 12 项战略考核指标均达到集团目标要求。

（四）服务质量

聚焦服务、质控、视察体系，狠抓客服质量、视察检查，不断提高事中异常邮件质量补救水平及事后考核管控力度。重点指标稳中有升：理赔及时率完成 87.68%、揽收及时成功率完成 92.92%；问题邮件一次解决率 87.04%，标快跟单异常发生率 13.02%，快包跟单异常发生率 18.58%，出口分拣准确率 98.87%，进口分拣准确率 99.36%，均达到集团达标值。

（五）科技赋能

完成对新一代寄递平台、看板系统、智能跟单系统、营销管理系统等的推广上线。其中，新一代寄递平台寄递、邮务机构推广使用率 100%；看板系统活跃用户由 18 人增长至 71 人，访问量由 224 次 / 月增长至 2756 次 / 月。电子面单使用率从年初 16.3% 提升至 12 月的 98.73%；智能跟单异常发生率从 100% 下降到 20% 以内。

二、“八大整合”持续深化

全面推进邮速资源整合工作，在收寄环节、投递环节、分拣环节、运输环节、指挥调度、服务质量、信息系统方面实现优化整合。一是完成处理中心资源整合工作。将拉萨航空邮件转运站、拉萨国际互换局和交换站整合调整至拉萨邮区中心局，有效降低了处理时长和成本投入。建立了区内互寄直封关系，推进了快递包裹集包工作，有效节约了分拣、处理时限。二是完成运输资源整合工作。分别整合拉萨航站、拉萨市趟邮路和拉萨至机场快速邮路车辆、人员由拉萨邮区中心局统一管理，实现航空进出口邮件转运、盘驳运输及市趟邮运的提速增效目标；全区推广应用车辆管理平台，对车辆进行精准管控；同时进一步优化调整邮路结构和发运计划，有效降低了邮路运行模式带来的弊端。三是完成揽投资源整合工作。实现拉萨市区 11 个营业部的整合及市趟邮路规划调整。深入开展“包裹快递投递服务百日专项整治活动”，不断加大投递服务监督检查及通报考核力度，全区投递环节有责投诉率明显下降。四是全面落实各级客服中心包裹快递职能整合任务。五是完善了电子围栏基础数据，完成了全区围栏施画工作，揽投信息匹配率进一步提升。

三、经营机制创新

一是营销体系建设进一步深化。区—市寄递事业部二级营销管理体系建设得以加快推进，大客户营销中心营销职能进一步细化，逐步形成项目化、方案化、专业化的营销开发模式。二是薪酬体系进一步完善。在全区范围内实现了统一的薪酬考核标准，进一步规范了绩效分配的管理和支付行为，完善了绩效监督管理机制。三是板块协同合作更加紧密。邮政板块间、内外部协同上融合更加深入，在客户资源共享（实现移动、电信、联通、铁塔、人寿长期业务往来）上实现突破、开展专项营销活动等方面取得较好成效，实现了板块协同和互利共赢。

四、管理水平提升

一是财务管控能力得以提升。全面实施零基预算管理，强化资金集中管控，开展专业、环节损益核算分析工作。对弱化“两套账”，实现财务系统相统一，完成 11 个模块的静态数据收集工作；有效推进企业“瘦身健体”，开展股权清理。二是加强员工队伍建设。持续强化员工培训工作，组织开展智能跟单、新一代寄递系统上线等业务技能培训。三是强化增值管控。积极做好代收货款新流程上线工作，加强各地市业务指导及帮扶，基础管理工作得到明显加强，全区聚合支付率持续保持全国前列。四是加强企业安全管理。健全防范体系，加强监督检查，抓好隐患整改，确保资金、邮件、航空、信息网、消防、交通、员工等安全。增强政治敏锐性，确保不发生意识形态事件。（西藏邮政分公司 / 提供）

陕 西 省

【陕西省邮政分公司】

一、党的建设

坚持以党的政治建设为统领，认真学习贯彻习近平新时代中国特色社会主义思想和党的十九大，十九届二中、三中、四中全会精神，严格落实“三个第一时间”学习机制，扎实开展“理论武装提升行动”“大学习、大讨论、大落实”活动。抓严抓实“三会一课”制度，用活用好“学习强国”“中邮先锋”“陕邮党务微课堂”线上平台，推动党支部标准化、规范化建设。开展主题党日活动 470 余场，26 个支部（党委）获地方先进党组织称号，“交叉讲党课”入选中组部基层党组织建设案例。扎实开展“不忘初心、牢记使命”主题教育，陕西省分公司 39

项检视问题全部完成整改，专项整治、检视查摆问题得到整改。有序推进巡视整改和省内巡察，坚持巡视整改月例会制度，中央巡视整改持续推进的各项措施完成年度目标任务。持续转变工作作风，扎实开展“一月一事、消灭最差”活动，狠抓督办落实、机关作风建设，坚决整治形式主义、官僚主义突出问题，落实基层减负措施。省分公司发文、办会数量比上年减少35%，“文山会海”得到遏制，工作效率明显提升。

二、上级关怀

陕西邮政发展受到各级地方政府、中国邮政集团公司领导关怀与支持。省政府领导深入一线，调研邮政重点项目建设及生产经营情况，要求政府各相关部门强化项目建设支撑保障工作，协调邮政企业解决困难和问题，全力以赴推进项目建设和生产经营，为陕西经济发展添砖加瓦。中国邮政集团公司党组书记、董事长刘爱力，党组副书记、董事李丕征一行深入调研陕西邮政改革发展，并赴商洛了解中国邮政定点扶贫项目进展情况。刘爱力指出：要全面学习贯彻习近平总书记在第六个国家扶贫日对脱贫攻坚工作作出的重要指示精神，全面贯彻落实习近平总书记关于扶贫工作的重要论述，咬定目标、一鼓作气，坚决攻克深度贫困壁垒，切实把总书记在河南光山的重要指示精神学习好、贯彻好、落实好。坚决打赢脱贫攻坚战，树立中国邮政负责任的央企良好形象；全面贯彻总书记在河南光山的重要指示精神，以实实在在的成效惠及百姓；始终坚守“人民邮政为人民”服务宗旨，踏实履行普遍服务和特殊服务职责；突出“主业要主、主业要强”认识定位，加快打造寄递行业“国家队”；全力推进金融业务转型，切实履行国有大行的责任担当；持续强化协同发展，汇聚中国邮政强大合力；以企业党的建设为统领，着力提升党的建设质量。

三、企业发展

全省邮政（含寄递事业部）实现收入47.35亿元，增幅6.93%，完成全年各项经营指标。代理金融业务转型发展成效明显，实现收入31.67亿元，增长4.35%。新增储蓄余额206亿元，市场占有率增长8.62%，居省内同业第三，余额规模2224亿元。寄递业务首次实现收寄量过亿件、出口量大于进口量的历史性突破，收寄量增幅居全国第一。完成收入8.5亿元，增长24.5%。业务量、收市占率分别较年初提升2.3%和4.28%。渠道平台业务立足陕西地方资源优势，建设线上线下相融合的农村电商运营体系，打造陕西农产品销售绿色通道，全年销售收入增幅150%。“邮惠购”金融网点覆盖率达到100%。简易险保费规模突破亿元，收入进度居全国第一。基础业务创新转型稳步推进，实现收入4.24亿元。集邮与文化传媒业务发展坚持“集藏+文化消费”方向，集邮生肖贺岁季收入5868.84万元，线上收入占比11.59%；函件专业形成收入4296万元，中邮传媒智融平台收入突破1300万元；报刊专业坚守发行主渠道地位，政务图书、行业、校园报刊等重点项目均完成年计划。2020年大收订超额完成计划目标，实现流转额6.12亿元。协同发展成果丰硕。健全省、市、县三级协同机制及板块议事规则、激励制度，建成90个县（区）级协同组织。与省税务局、农业厅、陕汽控股、陕西移动等10家单位签订战略合作协议。总部项目累计收入6349万元。全省768个农村合作社实现走访全覆盖。ETC发卡12.66万张，进度180.98%。

四、三大攻坚战

（一）持续推进精准扶贫

全面完成2019年集团定点扶贫任务，实施“党建、产业、金融、保险、电商、教育+就业”6大项目，带动商州区、洛南县1.5万人脱贫，受到地方党委政府高度评价。首批教育扶贫2016级毕业生中符合条件10名贫困毕业生正式入职。推动陕西邮政定点扶贫工作，陕西省分公司定点扶贫榆林市吴堡县南王家山村33户85人实现脱贫。全省各级邮政单位投入扶贫资金193万元，帮助2865人实现脱贫。推进农产品进城暨电商扶贫工作。依托邮政邮乐网平台，建成1个省馆、10个市馆和56个（国家级扶贫县）县馆的三级线上电商扶贫运营平台体系，实施电商扶贫项目45个，上线产品1711款，培育扶贫过万单农产品34个，培育电商扶贫能手206个，销售订单92万余单，销售额2000余万元，扶贫人数2.5万余人。省分公司获评陕西电商脱贫攻坚先进企业。

（二）统筹推进绿色邮政建设

“9571”工程指标全部达标，全面普及新标准包装箱及窄胶带，新增新能源车155辆，绿色邮政品牌形象进一步树立。

（三）防范化解重大风险

开展“一把手”讲案防活动125场，金融从业人员轮岗率183%。强化风险数据保密管理，完善智能风控体系，全年未发生重大金融风险案件。深化“平安邮政”建设，全国“两会”、庆祝新中国成立70周年等重大活动期间生产运行安全平稳。

五、能力建设

各类固定资产投资3.45亿元，寄递属性投资占比81.5%。西安邮件处理中心（港务区一期工程）如期投产，实现“矩阵+小件”分拣模式，日处理能力新增80万袋件。完成9处市县处理场地工艺改造，新增生产车辆196辆、各类终端2727部。关中各市直发分流效果显著，形成“一点为主，多点为辅”发运模式，缓解中心局集散压力。处理邮件4.97亿袋件，增长96.44%，“双十一”日均处理量256.5万袋件，实现旺季邮件不拒收、不限流、不积压、不爆仓。西北（西安）航空电商物流中心于11月动工建设。

西安邮件处理中心（港务区）投产运行。

六、科技支撑

发挥看板系统作用，基本实现“有人看，有效地看；有人干，科学地干”。完成省内互联网应用平台建设，建立敏捷化 IT 流程，自主研发和改造了客户欠费、工行卡寄递、智慧网点等 14 项系统。引入智能走访、短信平台等科技工具，升级迭代作业模式。深化数据赋能，开展大数据分析 24 项，调用数据 3600 多万条，利用 CRM 系统开展了 VIP 回流、ETC 加办、生肖贺岁季等营销活动，有力支撑业务发展。

七、寄递翼改革

寄递翼改革坚持试点先行，汉中、渭南勇于创新，为改革做出有益探索，西安集包到段试点稳步推进。全省八大整合、五大体系建设成效明显，揽投站点、处理场地、运输邮路、航陆对接、服务质量管控体系等实现整合融合。全省日均派揽量提升 41.66%，处理面积增加近万平方米，节约运输成本 620 万元。15 项财务重点管控指标中，8 项达到年度目标值，7 项居全国前列。时限与服务质量明显提升，84 条省内邮路实现提速，西安出口 61 个重点城市次日递率较年初提升 12.97%，省内标快和快包次日递率、及时揽收成功率、当日妥投率、问题邮件一次及时解决率、理赔及时率等均较整合前优化提升。管理体系实现“综合职能横向一体化、专业经营纵向垂直化”。

陕西省邮政代办交管业务便民服务点。

八、普遍服务

完善普遍服务、特殊服务补贴与服务质量挂钩管理办法，全面推进普遍服务达标集中整治。全省拥有 1801 个普遍服务网点、1.07 万个电商服务站点、1115 个邮件揽投点、1.05 万个综合便民服务站点，1.7 万个建制村全部通邮，服务网络覆盖陕西省城乡和线上线下。建制村直接通邮率、营业服务达标率、申诉处理满意率均 100%，党报党刊当日见报率 97.2%，平信丢损率压降至 0.4‰，用户满意度不断提升。普遍服务工作受到国家邮政局和中国邮政集团公司肯定。37 个专用信箱邮件全部安全妥投。机要通信开展问题隐患专项整治，连续 28 年质量全红。

九、队伍建设

坚持让职工共享企业发展改革成果，全省职工人均工资总额、劳务用工人均报酬均高于收入增长幅度。组织各层级培训 91 场、6700 人次，年度高级技师考评通过人数排名全国前列，占全国邮政系统考试通过人数的 42%，高技能人才占比稳居全国第一。深入推进职工小家建设，三星级小家占比超 60%。坚持司务公开，畅通职工诉求渠道，对职工代表提案做到件件有答复。依法维护职工社保权益，投入 1723 万元为职工办理补充医疗保险，提供保险服务 4870 人次，补助金额 1632 万元。大力弘扬劳模精神，广泛开展劳动竞赛和技能比武，全员“双创”积极性充分调动，全省邮政激情拼搏的氛围更加浓厚。

十、荣誉获得

陕西省分公司获得“2019 陕西产业电商脱贫攻坚先进企业”荣誉称号，获评年度行业企业养老保险经办工作先进单位，13 个市（县、区）分公司、乡镇局所及 10 名优秀职工获评年度普遍服务优秀企业和先进个人。陕西省邮政速递物流获评第七届陕西顾客满意度测评行业最佳服务单位。西安市分公司被中国消费者基金会评为“维护消费者权益诚信服务满意单位”。铜川市分公司被审定为“2018 年全国市场质量信用 AA 等企业（用户满意企业）”，成为全省邮政唯一获此殊荣的单位。全国十三届人大代表、优秀共产党员、安康市石泉县分公司乡邮员赵明翠被陕西省委宣传部、陕西省总工会、团省委、陕西省妇联联合评为“最美劳动者——新中国成立以来陕西最具影响的劳动模范”。渭南市大荔县朝邑支局投递员张东民被授予“陕西省五一劳动奖章”荣誉称号。（陕西省邮政分公司 / 提供）

【邮储银行陕西省分行】 陕西省分行下设 7 个委员会，内设 22 个一级部门、9 个二级部门、1 个直属单位，1 个营业部，1 个临时机构，下辖 10 个二级分行，1245 个网点，其中自营网点 218 个、代理网点 1027 个，开办离行式自助银行 37 处。从业人员 5137 人，其中专业技术人员 675 人，占比 13.14%。

一、经营概况

资产总额3520亿元，增长10.99%；负债总额3500亿元，增长11.17%。存贷比36.30%，比上年提高0.08%。资产端，“三农”贷款净增17.16亿元；小企业贷款净增8.54亿元；消费贷款新增58.14亿元，非房贷新增2.09亿元；公司贷款净增13.11亿元。负债端，储蓄存款年日均余额新增74.99亿元，增长13.99%；公司存款年日均净增11.1亿元，同业存单60亿元，落地邮储银行首单市场化“债转股”债权融资计划5亿元。中收端，信用卡新增客户20.35万户；POS收单商户新增3.58万户；开放式缴费平台上线单位195个；手机银行激活客户新增45.56万户，快捷支付绑卡净增53.66万张。

二、风控案防

坚持全面风险管理理念，完善风险防控体系，设立104个一级支行风险与内控工作小组。巩固市场乱象整治，案防合规以查促改，立项排查249个，检查邮银网点1232个，实现检查“全覆盖”。加强审计监督，开展审计项目21类、62个（次），发现问题1143条，非现场审计排除风险5.94万笔。

三、科技赋能

深化科技服务创新，配备ITM 244台、STM 48台，新型智能设备实现点均1.5台。强化科技成果转化，实施科技项目18个，“可视化数据分析平台”项目获评全国邮政科技创新成果二等奖，“公交一卡通”项目获评总行产品创新优秀项目奖。

四、网点转型

推行“网点类比组分组”“经营月报”制度，压降网点面积1673平方米，建成1个总行级样板网点、11个省行级样板网点，网点专兼职理财经理配备率100%。强化自助及智能设备应用，试点推进与同仁堂、咖啡馆的异业合作，通过资源共享、互利形成闭环生态圈，打造网点转型新范式。

五、改革创新

加快活期存款“十大抓手”落地，活期存款占比提升2.28%；新增代发单位919户，增长69%。加快构建金融生态新模式，成功竞标陕西省烟草零售商户聚合支付收单试点；手机银行上线“加油”板块，植入“佰付美”APP，实现场景流量互换；邮储系统内首家打通微信平台营销活动配置渠道，为各市分行自主开展活动创造条件；云闪付APP活卡93.02万张、交易1012万笔。

六、精细管理

加快推进运营管理集约化、高效化，自营网点离柜率提升3.55%，日均备付金率0.5%；营运中心公司结算、会计稽核指标在邮储系统内排第1位；完成采购项目273个，集采率77.81%；实施装修改造项目38处。推行授信管理平行作业，优化操作流程，授信审批平均4.74天，比上年平均减少1天，对1.4万余笔业务开展作业监督和风险监测。加快省管正职、省管副职、优秀青年人才库建设，择优提拔7名省管干部，推荐43名选调生，招聘新员工374名，设立4个市分行信用卡销售团队，聘任29名省行级内训师。

七、党建工作

坚持全面从严治党，开展“不忘初心、牢记使命”主题教育研讨班、读书班、培训班11次，检视问题35个、制定措施65项，深化8个方面、31项专项整治整改落地，整改问题130个，解决群众最急最忧最盼问题43个，加快主题教育成果转化。持续推进中央巡视、主题教育检视问题的整改落实，制定256条整改措施，立行立改解决问题137个。运用监督执纪“四种形态”，深化扶贫领域腐败和作风问题的专项治理，对延安、商洛、安康3家市分行开展巡察。加强团委建设工作，选派6名青年干部赴县级团委挂职交流，3名团干部、8名团员青年和6个“金点子”项目获得陕西金融团工委集中表彰。建成“全国职工小家示范点”1个，三星级职工小家64个。

八、协同发展

落实协同发展战略，强化协同机制，创新协同方法。机构协同设立代理金融管理部，加强代理营业机构监督检查，完成营业机构筹建14处。邮银协同支持军民融合发展，开立退役军人事务局账户73户，发放退役军人卡1.83万张，卡户余额4969万元；投放陕汽流贷3.5亿元，惠农合作项目累计发放384户、6.51亿元，“三农”贷款支持率42.00%。银保协同完成中邮保险1.67亿元，邮银保联合开展“绿色微车展”，投放个人汽车贷款1.21亿元。银证协同新增开户4596户，结存户数5.6万户。

九、社会责任

助力“三大攻坚战”，通过支行风控小组机制，解决风控问题542个；涉农贷款余额441.25亿元，金融精准扶贫贷款余额45.34亿元，连续9个季度获评省脱贫攻坚金融机构考核“优秀档”；“两高一剩”贷款减少1.6亿元，绿色贷款余额增长35.64%。支持陕西“三个经济”发展，发展普惠金融，“三农”贷款增长9.78%，普惠小微“两增”口径贷款新增22.39亿元。落实“房住不炒”政策，超过90%的新发放贷款为首套住房，二套房贷款利率高于首套房20个BP。荣获“社会责任担当银行”“陕西地区优质品牌影响力金融机构”“陕金资债转股债权融资计划创新示范奖”等称号。（邮储银行/提供）

【中邮保险陕西省分公司】 中邮保险陕西省分公司于2010年2月8日成立，设置14个部门，分别为综合办公室（党委办公室与其合署办公）、党建工作部、纪委办公室、人力资源部（党委组织部与其合署办公）、市场经营部、邮银业务部、运营管理部、机构管理部、续期业务部、客户服务部、财务部、风控合规部、信息技术部、营业部。合同制员工92人，平均年龄35岁，本科及以上学历90人，占比98%；研究生以上学历19人，占比21%。54人取得寿险管理师高级证书，81人取得寿险管理师中级证书，持证率88%。

一、协同战略落地

（一）协同机制强根基

建立邮银保三方定期召开联席会议机制，专题研究自办保险业务发展，为全年各项任务的完成奠定基础。

（二）协同项目促发展

将“自办保险销售、深化‘自营+代管’模式、打造标杆保险营销队伍”纳入全省协同重点项目，定期通报并督办项目进度。

（三）协同部署显成效

邮银保三方落实中邮保险新增长极战略部署，制定并下发《关于“先锋领航　百舸争流”2019年中邮保险“三十强示范单位”活动方案的通知》等14份推进业务发展相关文件，共同推动自办保险的发展。

二、转型发展（双百亿工程方面）

（一）全面完成期交任务

以“期交常态发展营销活动”“长期期交突破发展营销活动”“30强引领发展营销活动”为抓手，采取“网点常态化发展与节点活动突破发展”相结合的方式，完成全年期交目标任务。

（二）长期期交业务

通过在全省开展“肩并肩”高价值业务营销活动、部分地市开展“网点赋能”营销活动，探索出一条适合省邮银渠道长期期交的发展模式，长期期交新单保费3.5亿元，比上年增幅112.0%。

（三）营销组织能力

通过定期制定下发营销活动方案，开发6大核心营销课程和10项实战辅导培训，对网点售前、售中、售后进行全流程的辅导培训，不断提升营销能力。

（四）个、团险发展

个、团险业务累计实现保费4300万元，比上年增幅513.4%，全国排名第1位。（中邮保险/提供）

【中邮证券陕西省分公司】 实现收入324.24万元，比上年增长3.24%，完成目标收入的79.47%，亏损4.96万元。收入主要由资管业务收入和经纪业务收入构成，其中资管收入320.53万元，占总收入的98.86%，经纪业务收入3.71万元，占总收入的1.14%。

一、经纪业务

按照分公司定位，只承做资管类业务，不再做经纪业务，5月18日所有经纪业务客户全部迁移至电子二路营业部。

二、资管投行业务

存续资管项目规模86亿元，位列全国分公司前列；在途业务3个，即陕煤债转股项目及两单长安银行同业存款项目，同业存款项目分别在6月和12月落地。

投行业务方面，暂无已落地项目。

7月，分公司与碑林区政府金融办共同前往西安五和土木工程科技有限公司进行初步调研，为后期新三板和科创板业务奠定基础。8月，参加陕西地方金融监督管理局组织的陕西区域股权市场科技创新专板部署会，加深与各金融机构的联系。

三、协同工作

落实集团公司协同发展战略要求，按照中国邮政集团协同工作指导意见、中邮证券有限责任公司关于协同工作具体要求及省级机构协同工作考核管理办法，分公司组织召开陕西地区证券协同工作会议，成立以分公司领导为组长，各家营业部负责人为成员的协同发展领导小组，并审议通过《中邮证券陕西协同发展工作组议事规则》，成立陕西地区内部培训队伍，为陕西邮政、邮储及各板块提供证券业务基础培训、宣教活动及高端客户报告会等服务。截至12月31日，陕西新增有效户1695户，新增有效资产42203万元，超额完成集团下达任务目标。

四、合规管理工作

分公司在日常工作中将风险管理贯穿于所有业务环节，根据公司风险管控工作要求，推行各项业务正常运转。一是公司负责人为风险管理第一责任人，带动分公司全体员工人人参与合规工作，加大风险管控工作力度；二是根据实际情况不断调整工作侧重点，使风险管理工作更加到位；三是在分公司推行稳健的风险文化，形成与之相适应的风险管理理念、价值准则、职业操守，建立培训、传达和监督机制。

五、党建工作

（一）“不忘初心、牢记使命”主题活动

12名领导干部积极参加“不忘初心、牢记使命”主题教育专题学习班。分公司党委制定并下发《中邮证券有限责任公司陕西分公司党委“不忘初心、牢记使命”主题教育工作安排》，8月20日，召开对照党章党规找差距专题会议。积极组织陕分党委及各党支部书记讲党课活动，8月14日，党委书记讲以“不忘初心共筑梦　牢记使命勇向前”为主题的党课，继续发扬“以上率下、示范带动”的优良作风，一级讲给一级听，一级做给一级看，一级带着一级干。8月30日，召开中邮证券陕西分公司党委“不忘初心、牢记使命”专题民主生活会。以专题民主生活会为新的起点，思想上不放松、标准上不降低、力度上不减弱，狠抓问题整改落实，不断巩固主题教育成果。

（二）加强基层调研

5月22日，分公司党委领导班子赴渭南营业部党支部、阎良营业部党支部进行现场调研。在“不忘初心、牢记使命”主题教育活动期间，积极征求党员及群众意见建议，形成调研报告7份。

（三）党的组织建设

推动基层党组织示范点的建设，申报第二党支部和电子二路营业部党支部为基层党组织示范点。加快推进党员队伍建设，发展积极分子3名。

（四）推进巡视整改专项工作

制定《中邮证券陕西分公司党委2019年中央巡视整改持续推进工作计划表》，召开巡视整改月度例会及支委会，多次研究部署巡视整改工作，带头抓整改落实。

六、定点扶贫专项工作

分公司根据中国邮政集团公司的相关方案和要求，对洛南县辣椒、灵芝种植产业扶贫项目进行考察，并签署《陕西省商洛市洛南县人民政府和中邮证券有限责任公司结对帮扶合作框架协议》，计划捐资发展辣椒、灵芝种植产业扶贫项目，在寺耳镇、石坡镇等整镇扶持辣椒种植产业；在寺耳镇扶持灵芝种植产业。

七、选人用人专项工作

分公司有职员11人，其中党员8人，非党员3人，党员占比73%。硕士学历2人，本科学历8人，大专学历1人，本科及以上学历人员占比91%。提任2名部室经理。

八、纪检监察工作

一是严格落实党风廉政建设和反腐败工作会议工作安排及任务清单内容。二是根据公司党委下发的《关于对2019年集团党组专项巡视20家部门、单位反馈意见进行举一反三自查自纠的通知》《关于对2018年集团党组第一批巡视3个省分公司12家单位反馈意见进行举一反三自查自纠的通知》相关要求，组织全体员工进行学习，并对照问题进行自查。三是加大信访线索查处力度，对腐败问题“零容忍”，重点关注对公司造成严重损害、“四风”和腐败问题、选人用人失察以及有群众反映突出问题等方面。四是结合所处金融行业特点，认真学习并贯彻《证券期货经营机构及其工作人员廉洁从业规定》，日常工作中将廉洁风险点管理贯穿于所有业务环节，根据公司廉洁风险防控工作要求，推行各项业务健康、有序运转。五是加强理论学习，增强头脑武装的学习力，扎实推进特色廉洁文化建设，结合部门特点，挖掘廉洁文化资源，推动廉洁文化深入人心，增强党员干部的文化自信。（中邮证券/提供）

【中邮证券西安电子二路营业部】

一、业务发展

（一）经纪业务

累计开户32236户，其中营业部有效户7848户，占总账户数的24.04%，客户资产18.9亿元，增幅46.5%；成交322亿元，营业收入完成1896万元（含两融利息收入及金融产品销售收入）；实现利润总额1335万元，完成年度预算的129.7%。新增两融客户28户，累计开发两融客户431户，两融客户余额1.63亿元，增幅132%，两融授信额度7.52亿元。

（二）金融产品销售

销售资管产品“鸿利来二号”750万元，“稳赢2号”1650万元，“FOF鸿运1号”200万元，公司代销基金等500余万元。

二、做好存量客户维护工作

营业部每季度进行存量客户服务效果考评，并将考评结果与员工绩效挂钩。该项工作作为创新项目获得公司创新项目优秀奖，并受到公司的表彰。营业部开展庆祝新中国成立70周年、邮储银行上市、金融知识普及、防范诈骗、扫黑除恶、科创板上市、走进校园、反洗钱宣传等一系列宣传活动，还结合工作实际以及宣传主题开展投资者现场沙龙，并得到陕西证监局对营业部投教工作的指导。

三、严控经营风险

2019年证券市场波动较大，营业部两融客户面临巨大的持仓风险。尤其在市场暴跌，股票质押品种频繁爆仓的情况下，公司的融资客户也面临着违约风险。对此，营业部从打赢三大攻坚战的政治高度出发，积极防范金融风险，采取随时盯市、提前续约、积极沟通、畅通渠道等方式，有效化解风险。两融业务未发生客户纠纷和追偿风险。为提高对于各项业务知识的认识和掌握，也为更好的防范经营风险，员工参加集团公司、公司总部、证监局、证券协会以及营业部自行组织的培训200余次。

四、金融产品销售工作

营业部参与公司开展的各类营销竞赛活动，要求员工以客户服务包为基础，在对客户充分了解的情况下，推动金融产品的销售业务，客户持有的金融产品3700多万元。

五、推进市场营销活动

（一）筹建轻型营业部

营业部根据业务发展需要，在西安北郊证券网点空白区域设立轻型营业部，按照市场化运营思路，引进具有优质证券资源的市场化团队，该营业部经过公司批准，预计2020年开业。

（二）发展两融客户

两融客户开户28户，在公司所有分支机构中名列第一，新增两融余额1亿元，增长130%。客户资产比上年增加6亿元，增长42%，大幅超过同期沪深300的上涨幅度。配合接收陕西分公司经纪业务客户2328户，客户资产2302万元，针对该部分迁移客户，营业部按照存量客户维护管理办法，统一纳入营业部客服体系。

六、板块协同工作

营业部承担与陕西邮政对接、协调、数据统计和报送工作，并提供数十场专业培训，邮政渠道推荐有效户 203 户，其中新开有效户 188 户，激活老客户 15 户，总计有效户 203 户。邮政渠道引入客户资产 94 万元，全部为金融产品销售，客户主要分布在西安市区。

七、廉洁风险防控风险点梳理和更新工作

根据公司的安排，结合营业部工作实际，组织员工从各自岗位实际出发认真进行廉洁风险点的梳理，营业部组成小组对树立结果进行评估，并根据廉洁风险点建立相应的防控措施，建立健全营业部内部控制机制和岗位之间的相互监督。真正做到把权力关进制度的笼子和让权力在阳光下运行。在公司的安排部署下，开展营业部的投资者教育与保护、会议费、经纪人、营销专项费用、反洗钱开展等工作的自查，营业部总经理接受公司合规部的离岗稽核检查。

八、党建工作

根据公司 2019 年党建会议的有关精神以及《中邮证券有限责任公司党委落实全面从严治党要求 2019 年度主体责任书》的有关要求，分别制定电子二路营业部党支部 2019 年工作计划、2019 年学习计划和 2019 年重点工作安排等，保证 2019 年基层党建各项工作有效落实，支部召开党员大会 4 次，支委及支委扩大会议 23 次，开展各类学习活动 30 次，开展主题党日活动 3 次，为党员讲党课 4 次。组织学习内容及开展活动包括对 20 家单位部门、3 个省分公司 12 家单位反馈意见举一反三工作自查及落实巡视整改工作等，电子二路党支部被评为 2019 年度陕西省邮政公司先进基层党组织。

九、组织开展“不忘初心、牢记使命”主题教育

党支部组织全员集中学习《习近平：守初心、担使命，找差距、抓落实，确保主题教育取得扎扎实实的成效》《中国邮政集团公司党组书记、董事长刘爱力在中国邮政集团公司“不忘初心、牢记使命”主题教育动员大会的讲话》《中邮证券陕西分公司党委“不忘初心、牢记使命”主题教育工作安排》，传达会议精神。支委根据支部实际工作情况，制定《中邮证券陕西分公司电子二路党支部“不忘初心、牢记使命”主题教育工作安排》，成立以支部书记为组长，支部党员为组员的电子二路党支部“不忘初心、牢记使命”主题教育工作领导小组。认真开展调查研究及检查反思工作，扎实开展整改落实工作，通过调查研究，营业部领导班子梳理了在个人层面、公司层面、营业部层面存在的问题，并对问题进行分析，提出解决措施。电子二路党支部开展“不忘初心、牢记使命”主题教育中，解决群众最忧最盼问题 2 项，及时将员工困难向公司进行反馈，帮助员工解决困难。员工在调研中反映的问题基本落实。

十、巡视整改工作

营业部党支部按照公司党委通知要求，成立巡视整改工作领导小组，并建立巡视整改工作例会制度，定期召开例会，部署营业部的巡视整改落实工作。营业部党支部召开 5 次支部会议研究营业部巡视整改及党建工作；召开 7 次巡视整改工作领导小组例会对巡视整改工作进行督导落实。根据营业部的工作实际，营业部党支部经过认真研究，制定《电子二路营业部党支部关于中央巡视反馈问题整改方案》。针对中央巡视反馈提出的问题，对照公司党委梳理制定的整改清单，制定 31 项整改举措。全部整改完成。

十一、党风廉政建设

支部加强对党员及全体员工的培训教育，开展多次集中教育与培训，集中观看警示教育视频《秦岭北麓违章建设，一抓到底，正风肃纪》《警钟长鸣》及集中组织学习《中央纪委公开曝光六起违反中央八项规定精神问题》。开展《券期货经营机构及其工作人员廉洁从业规定》的集中学习及测试，通过集中学习与测试，提升全员的廉洁从业意识，提高思想素质。按照公司纪检监察工作会议及专责监督责任书的要求，营业部纪检人员独立完成对营业部总经理兼支部书记的“画像”工作，按照要求完成三类人员统计摸底情况报告，中秋、国庆假期“四风”问题简要情况报告等工作。

十二、开元路营业部的筹建工作

为开发客户以及营业部的转型，2019 年 4 月，营业部拟在北郊建设开元路证券营业部。经过多部门的沟通以及指导，开元路营业部房屋租赁合同等完成签订。营业部办公场地的装修、设备的采购以及证照申请等工作在按步骤开展中，开元路营业部计划在 2020 年开业。（中邮证券 / 提供）

【中邮证券西安南大街营业部】 实现收入 2920.79 万元，完成年度目标的 109.06%，比上年增长 9%；实现利润 2212.79 万元，完成年度目标的 119.28%，比上年增长 10.9%。新增客户数 380 户，其中有效户 176，新开户有效户比例 43.9%，比上年提升 8%。总户数为 51934，正常账户 39172 户，有效户比例 27%。

一、客户服务及反洗钱工作

开展存量客户分级分类服务与维护，对高净值优质客户、普通客户和待激活零资产零交易客户分类开展维护工作，提升有效户占比。开展优质文明服务，制定《南大街营业部 2019 年服务之星投选方案》，通过组织“进校园、进社区、走近投资者”等主题宣传活动、营业部股市讲座沙龙、投资者知识培训等多种形式加强与客户的沟通交流。开展投资者教育工作，年初制订年度投教工作计划，并认真贯彻落实，把投资者教育工作深入化。持续开展服务质量监督检查工作，营业部每月根据营业部公示情况、业务规范性、客户适当性管理、投资者教育、客户回访、投诉处理、投资顾问业务、信用交易风险预警与通知

服务、营销人员管理、营销业务管理、资料管理等逐项开展核查，效督促各服务质量监控人员，加强责任心，有的放矢地开展业务。加强适当性工作及实名制落实，营业部严格落实适当性管理工作要求，将适当性要求融入运营服务、理财业务、两融业务、投顾服务和日常投资者教育工作和相应人员岗位职责中。推进科创板业务开展，营业部根据公司科创板业务上线安排，严格落实科创板适当性要求，并持续性开展科创板适当性落实和核查工作。接受陕西证监局关于科创板准备情况的现场检查，并得到陕西证监局的认可。强化反洗钱工作，营业部在做好日常监控以及月度和季度常规反洗钱宣传培训工作外，加强反洗钱新规的学习、严格日常监控的标准和要求，逐步提升营业部客户反洗钱识别、甄别、处理能力。按要求开展客户回访，在配合业务开展和展业方面取得较大的成效，根据明确的回访目标制订全年计划，每月持续推进，回访 12891 户，占上年合格账户数 38900 的 33.1%。及时处理客户投诉，营业部根据实际制定投诉处理流程，从人员安排、投诉处理方式、投诉反馈等各环节完善客户投诉处理机制，遇到投诉事项能够及时跟踪并妥善处理客户投诉。

二、业务开展情况

（一）融资融券

新开信用账户 22 户，新增征信 28 户，新增融资授信额度 5791 万元，营业部融资余额总计 1.49 亿元，比上年余额增长 17.3%，整体维持担保比例在 265% 以上，保障两融风险相对可控。两融业务毛收入占营业部总收入 53.02%，贡献度仍相对较高。

（二）跨年营销活动

营业部持续充分发挥证券专业知识技能，协同实现第三方存管业务提质增效、稳步推进融资融券业务的开展，通过持续性、高效性的存量客户服务，以及充分利用多种渠道提供客户金融服务种类，在公司跨年营销活动中，新增资产完成率第一，总完成率第一。

（三）客户营销

营业部客户经理营销客户 233 户，占营业部新开户的 61%，其中 20 万元以上客户营销客户占比 90%，3 户 100 万元以上，其中 1 户 1000 万元以上；经纪人团队也是营业部转型发展的推进项目，1 名为外招有客户基础的经纪人，意向经纪人 2 名，并长期面向市场招聘有一定客户基础的经纪人。

（四）板块协同

营业部与西安邮政的协同工作持续推进，与对接的钟楼、北关、金花路、纺织城、鄠邑区 5 个区域的邮政网点加强沟通。新开发客户 179 户，老户激活有效户 151 户，引进资产 200.5 万元。

（五）科创板业务

营业部持续推进核心客户科创板权限通知、相关基础知识和交易规则讲解与指导开通等适当性落实工作，落实回访客户 1346 户。开通科创板业务权限 677 户（普通账户）、35 户（两融账户），开通客户数量在公司各分支机构中排名第一。实现佣金收入 10.15 万元，交易量 2.78 亿元。

（六）合规风控

营业部按月、季度开展合规工作自查，通过每月核查，及时查漏补缺，总体管理工作合规，风险可控。开展 2018 年合规管理有效性自查评估；每半年一次的全面风险排查合规风险点排查；经纪人管理情况专项自查；防范化解金融风险自查；账户实名制自查；多一码通账户核查等工作。营业部合规风控人员对自查方案、过程、结果、报告及后续整改全程参与并核查，及时反馈自查情况，按时完成自查工作，落实整改措施。

（七）安全管理

营业部认真贯彻落实公司安全管理工作的要求，加强营业部人身、消防、车辆、资金、信息安全管理工作。2 月，参加中国证券期货业协会联合应急演练；6 月，参加公司信息系统应急演练；9 月，营业部开展现场消防讲座及现场防火防爆等应急演练，通过应急演练提升全员的突发事件处理和应急能力。

三、党建、纪检及工会工作情况

加强支部党的政治建设和思想建设工作，扎实推动学习宣传贯彻党的十九大精神，提高思想认识，强化“两个维护”，将落实开展十九大精神学习纳入了支部日常“三会一课”，严格落实“三会一课”相关要求，开展支部书记党课活动 4 次，组织营业部支部各项学习、培训、会议、活动。

积极组织开展支部主题党日活动，开展 12 次活动，通过组织全体党员干部、入党积极分子观看纪录片、参观红色基地、参观教育基地、理论学习研讨等活动，提升集体凝聚力和“为人民服务”的初心和使命感。

落实开展“不忘初心、牢记使命”主题教育，支部根据中央“不忘初心、牢记使命”主题教育工作会议精神、集团公司实施方案、公司开展“不忘初心、牢记使命”主题教育工作安排、陕分党委开展“不忘初心、牢记使命”主题教育工作安排的部署要求，组织开展“不忘初心、牢记使命”具体的主题教育工作。

巡视整改工作，根据公司《关于 2019 年持续推进中央巡视整改有关工作的通知》要求，南大街营业部按照《南大街营业部支部 2019 年中央巡视整改持续推进工作计划表》认真推进，并于每季度末根据推进情况向陕分党委上报了推进情况，并以巡视整改为契机，坚定不移推动全面从严治党向纵深发展，忠实履行国有企业的政治责任、社会责任、经济责任。

组织全体员工大会，通过无记名投票方式分别推选出了营业部职工代表，并积极参与公司全体职工大会及履行相关义务。

落实开展党风廉政工作，在每个节假日前后及时组织对党员干部进行廉洁过节、防范“四风”、遵守中央八项规定精神传达及提醒工作，并按照实际情况和公司要求及时上报问题，同时能够及时组织支部学习落实中央关于违反八项规定的通报及案例，组织支部党员干部对照查找自身问题，进一步提高思想认识，增强落实中央精神的自觉性，强化担当意识，树立反腐倡廉工作永远在路上的思想。（中邮证券／提供）

【中邮证券阎良营业部】 阎良营业部收入1113.38万元，完成率107.57%，实现利润606.81万元，完成率139.82%。

一、客户服务工作开展情况

营业部举办4场投资者报告会，重点推介两融业务和科创板业务。3月，邀请获得渤海杯股票实盘大赛亚军到营业部对投资者进行讲解，邀请符合科创板开通条件的投资者开展“走近科创，你我同行”业务交流会。开通科创板权限业务客户309户。

二、开展“春季行动”“优质服务文明季”活动

根据公司《关于开展优质服务文明季活动的通知》，全员开展营销活动。本着以客户为中心，真诚服务每一位客户的原则，打造优质服务窗口；严格执行各项业务操作流程，落实标准客户服务行为规范和标准用语，树立客户至上、信用第一的服务意识，提高工作效率，讲究服务艺术，提高服务质量，以熟练的服务技能，高效、规范处理每一笔业务。营造“优质服务，从我做起”的活动氛围。活动中，营业部获评十佳服务文明机构，1名运营服务岗同志获得“十佳服务明星”称号。

三、板块协同工作开展情况

营业部成立板块协同工作小组，小组成员多次走访合作的邮政、邮储网点，双方就如何深入合作进行沟通交流和业务培训。4月，营业部与阎良邮政、邮储相关领导及具体负责板块协同工作的相关人员召开板块协同专题会议，列席会议的相关领导一致表示要相互搭建平台，互相进行业务培训和营业网点交叉宣传，以协同发展、共赢为出发点，聚焦重点业务，解决突出问题，逐步建立长效协同机制，将协同工作真正落到实处。

四、做好投资者教育工作

在陕西证券业协会和陕西电视台联合举办的“投教先锋与你同行暨陕西优秀投顾评选”活动中，投顾人员邢幻获得第3名，陕西广播电视生活频道《财富生活》栏目向邢幻同志颁发特约嘉宾聘书，此次评选看重投资者对投顾服务的满意度以及各位在业界有影响力的学者、专家、机构投资者对营业部投顾人员的专业能力及服务水平的综合评判，说明营业部投教工作获得了监管部门、专家团队和广大投资者的高度认可。为持续做好投资者教育相关工作，多次通过在营业场所宣传和户外宣传的形式向现场客户和广大群众广泛宣传、普及投资者教育相关知识；工作人员还将投教工作渗透到日常工作的各个环节。

6月11日，营业部组织带领持有“中航飞机”股票及对走进上市公司活动有兴致的投资者参加深交所举办的“践行中国梦·走进上市公司000768中航飞机”投资者开放日活动。营业部与区检察院、区人民法院合作开展金融知识进校园、进社区活动，逐步实现投教工作的普遍性，亲民性和广泛性。

五、联合邮储银行开展金融知识、反洗钱知识、扫黑除恶知识进校园宣传教育活动

根据经纪业务总部和高陵人行下发相关通知要求，10月，营业部联合阎良邮政储蓄银行前往阎良区武屯中学向广大师生开展相关金融知识、反洗钱知识、扫黑除恶等相关知识的普及和宣传。

六、业务培训

根据公司安排按时参加每周由人力资源部组织的业务知识培训，营业部自行组织的各类培训等，重点学习集团公司相关领导的讲话精神，以及公司修订的各类反洗钱制度、各类业务制度、营销人员、投顾管理制度，科创板等各类业务知识和监管案例等内容的学习。

七、党建工作

一是加强思想政治建设，坚决做到两个维护。持续深化学习贯彻习近平新时代中国特色社会主义思想和党的十九大精神，建立“三个第一时间”学习机制，通过专题学习、支部书记讲党课、主题党日等多种形式，增加学习频次，丰富学习方式，提高学习质量，切实形成制度化、常态化的学习机制，不断增强“四个意识”，牢固树立“四个自信”，坚决做到两个维护。二是抓好组织建设。认真执行《中国共产党支部工作条例》，严格落实“三会一课”“组织生活会”“民主评议党员”制度，有效推进党员发展各项工作，按时足额缴纳党费。三是深化作风建设。开展党风廉政宣传教育活动，加强党员干部的纪律教育和监督检查，特别是在节假日等重要时间节点，及时组织党员干部学习违规案例通报，强调责任意识，增强纪律观念，加强作风建设，严防“四风”反弹。四是积极配合落实巡视整改工作。对集团和公司党委下发的巡视整改工作通知和文件第一时间组织学习传达，积极落实相关工作，认真对照巡视整改发现问题，做好自查自纠工作。五是认真开展“不忘初心、牢记使命”主题教育工作。组织召开专题会议，将动员大会精神传达到全体党员；成立领导小组，做好组织保障；结合支部实际，制定工作安排；通过现场悬挂横幅、走马灯滚动播放宣传标语、支部园地张贴宣传资料等形式，积极开展宣传，使“不忘初心、牢记使命”主题教育深入人心；通过集中学习、重温入党誓词、

学习身边典型、观看警示教育片、参观爱国主义示范基地等方式，全方位开展学习研讨，提升党员理论水平；组织召开员工座谈会，征集员工意见建议；对照党章党规检视问题，自我整改提高，推动“不忘初心、牢记使命”主题教育深入开展。（中邮证券 / 提供）

【中邮证券渭南营业部】

一、总体经营情况

客户资产 8000 多万元（两融资产约 1973 万元，负债 986 万元）；客户总数 5634 户，其中邮储三方账户 3856 户，有效户 142 户，资产约 380 万元。新增账户 79 户、其中新增有效账户 30 户，新增客户资产 261.6 万元。实现收入 109.6 万元，支出 157.3 万元，比上年减亏 7.98 万元。

二、全面落实党建工作

3 月 7 日，公司党委书记视察调研，听取支部书记汇报工作并与党员和员工亲切交谈，并对党建工作提出指导性意见。营业部党支部坚决把党的政治建设摆在首位，组织广大党员干部以支部书记讲党课、中邮网院学习、全体党员大会大讨论等形式，认真学习贯彻习近平新时代中国特色社会主义思想。营业部党支部坚持以“三会一课”为基本制度，建立党内经常性教育工作机制。组织党员干部观看视频等形式学习先进事迹，增强人民邮政为人民的初心。

5 月 22 日，陕西分公司党委书记一行检查工作，要求进一步贯彻执行公司党委书记指导意见，对营业部党支部党建工作提出操作执行方面更具体的要求，指导建立支部园地、党建宣传栏、党员学习笔记等。

三、邮政协同工作

3 月 12 日，陕西分公司党委书记在与邮政方多层沟通并深入基层调研后，成立陕西分公司板块协同工作组并召开交流会，针对具体问题具体解决、现场解决。营业部党支部负责人、党支部书记起草并上报《渭南营业部邮政企业“协同”发展业务活动方案》，多次赴邮政公司协调，在渭南邮政公司协同工作领导小组的促进下召开 2 次协同工作会议，会议专题研究协同工作方面遇到的各种问题。渭南邮政协同工作于 9 月增长，单月新开和激活户总数超过 120 户。

四、业务发展

营业部聚焦经纪业务，全面开展各项工作，实现减亏。

五、两融、科创板业务

两融客户资产保持在 2000 万元上下，占营业部资产的 1/4，产生收入基本在 40% 左右，是重要收入来源。营业部具有科创板条件的客户 22 名，开立 22 户，促成率 100%。

六、提升品牌价值

9 月，营业部接到搬迁通知。营业部党支部召开“关于营业部迁址及装修改造专题会议”，会议确定发动员工广泛寻找合适场地并利用搬迁机会提升中邮证券在渭南的品牌价值的工作原则。在两个月内完成筹划、选址、合同、装修、搬迁等一系列工作。

七、合规运营，风险管控

结合总部工作安排，推进合规运营。5 月 27 日由合规部主持进行负责人停职稽核工作和反洗钱现场检查。现场检查检验合规和反洗钱基础工作的效果，强化工作人员合规意识，全面落实合规自查自纠工作，进一步强调规范员工日常工作行为，保障业务开展合规合法。营业部合规专员定期对合规风险进行排查，定期上报各种合规自查报告，同时按照总部要求开展反洗钱相关工作，并按时上报各种报告，全年未发生合规风险。

八、纪检监察工作

深入贯彻中央全面从严治党要求，落实总部党的建设暨纪检监察工作会议精神，进一步推动廉洁风险防控工作深入开展。营业部纪检监察人员按月定时上报信访线索及违反八项规定问题情况、舆情和突发情况、纪检干部问题线索情况等营业部纪检工作情况报告，未发生廉洁风险。（中邮证券 / 提供）

【中邮证券咸阳营业部】 中邮证券咸阳营业部累计实现收入 229 万元，比上年增长 2.23%；实现利润 −13.8 万元，比上年多亏 0.88 万元。营业部收入主要是经纪业务和融资融券业务，其他股票质押、资管、投行等业务还未实现收入。累计开户 11229 户（含信用户）。其中有效账户 790 户，占比 7.04%；客户资产 1.46 亿元；成交 27.72 亿元（含两融）；累计开发两融客户 67 户，两融客户总资产 3978.79 万元，两融授信额度 9745 万元，两融余额 1337.36 万元。新增资产账户数 1062 户，其中有效户 43 户。

一、客户营销工作

营业部根据员工工作特点，持续完善各项考核评优制度。在制定客户经理日常考核任务中，一方面加强公司重点活动任务的宣传和贯彻，并适当加大考核和奖励力度，引导客户经理主动参加重点营销活动，另一方面加强与客户经理沟通，深入了解客户经理在实际展业中的困难，动态调整营销指标，确保考核指标切合实际，起到较好的激励和督促作用。在制定营业部后台人员的绩效考核制度中，逐步强化业务协同发展的考核力度，进一步促进前后台人员劲往一处使，齐心协力促发展。双策并举，营造了营业部良好的营销协助气氛。

二、协同发展

咸阳市邮政分公司组织成立咸阳市协同工作委员会。在协同委员会支持下，营业部加强咸阳邮政、邮储银行的业务联系，集中、多次到邮政区县网点进行沟通和培训，为每个网点指定客户经理，督促客户经理加强对邮政网点的培训和支持。营业部与市邮政公司金融业务部合作动员全市邮政企业力量，通过开展“证券投资初体验”活动完成2019年证券板块协同新增三方存管有效户工作，并在活动结束后组织进行专项总结。

三、风险控制

营业部严格按照公司各项业务制度开展日常经营工作，将信用风险、操作风险、流动性风险、市场风险、声誉风险、投资者适当性风险、洗钱风险、员工执业行为风险等各类风险防控贯穿到各个业务环节，严把合规关、风控关，确保营业部风控指标符合监管及公司合规、风险管理制度要求。营业部高度重视反洗钱工作，根据公司反洗钱制度认真履行反洗钱义务，按时开展客户风险评级、可疑交易分析处理等各项工作，确保营业部反洗钱工作得到有效落实。营业部按照公司要求组织进行合规相关培训工作，并安排专人参加总部合规跟岗培训，通过合规岗位测试，进一步加强营业部合规工作力量。

根据总部工作安排，分别开展反洗钱专项稽核自查、防范化解金融风险工作情况检查自查、账户实名制管理落实情况自查等工作。通过自查，进一步提高营业部的合规风控意识，细化合规风控要求。全年营业部未出现重大业务差错、未涉及重大诉讼案件、未收到监管函、未发生违规事件。

四、后勤保障与服务支撑

（一）党建及纪检监察工作

营业部始终把思想政治建设摆在首位，根据公司党建、监察工作相关会议及文件精神，一是组织党员深入学习党的十九大精神，积极参加“不忘初心、牢记使命”主题教育，加强党风廉政建设，认真组织开展巡视通报举一反三工作，持续落实纪检监察工作要求；二是营业部通过在营业部全体员工会议及时传达公司党委、支部相关文件，组织营业部共同学习纪检监察通报、观看相关政论专题片等形式，不断树牢“四个意识”，坚定“四个自信”，坚决做到“两个维护”，营造积极良好的政治氛围，自觉把营业部全体员工的思想和行动统一到中央和集团党组、公司党委的决策部署上来；三是招聘1名党员员工，充实营业部党员队伍。

（二）团队建设

营业部多次开展证券行业未来发展模式讨论，结合营业部收入现状，明确提出营业部发展需要切实向以客户为中心转变，持续提高证券投资和财富管理服务能力，在为客户创造价值的同时才能取得自身业务的发展。为此，营业部不断强化自身业务培训，通过公司统一培训、在日常业务讨论中穿插组织培训等方式，将证券行业发展变化、新知识、新业务等需关注要点反复强调，以加快新业务的推广和后台操作熟练程度，并支持营业部人员申请投顾业务资格。3名人员获投资顾问业务资格。

（三）持续做好客户服务

在客户服务方面，营业部继续坚持通过电话回访、CRM短信、客户经理拜访客户等方式，持续做好日常客户服务，包括新股中签、风险提示、重要资讯信息传递等服务；同时，营业部通过每日晨会、营销总结会等形式，提高投资顾问、客户经理等的服务能力，并鼓励、督促客户经理加强与客户的日常沟通，了解客户信息，在科创板开通等工作中主动送服务上门，不断提高客户黏性，提高客户服务满意度。

（四）投教与宣传

营业部继续坚持开展投资者教育活动，引导客户自觉抵制非法证券交易、正确识别各类理财产品的收益风险属性，树立良好的投资理念，同时也根据当前市场发展积极普及科创板、融资融券等新业务，参加社会、行业、人民银行等组织的专项主题宣传活动，通过CRM系统发布反洗钱、投教相关短信等，持续开展投教与宣传相关工作。（中邮证券／提供）

【中邮证券汉中营业部】 汉中营业部新增客户417户，新增资产7196万元。累计客户18529户，托管资产33860万元，A股基金交易额76.80亿元。新增融资融券客户28户，融资余额3887万元。实现营业收入690万元，完成全年目标的154%。利润257.1万元，完成全年目标的211%。

一、板块协同

营业部与邮政网点协同营销开发方式，固定营销人员对接固定网点进行网点客户营销开发，日常开展网点巡点服务、证券及业务知识培训、渠道VIP客户进行跟踪服务、组织渠道客户报告会等。营业部与汉中邮政、汉中邮储银行联合签发《汉中市场协同工作实施办法》，成立汉中市场协同工作小组，旨在从战略上重视协同，从政策上推进协同，从业务上融合协同，从效益上达到共赢。

二、管理工作

营业部以精细化管理为核心，了解客户服务客户，并制定全面细致的客户投资档案，针对营业部存量客户进行全面回访，根据客户反馈结果做分级分类管理。通过建立客户投资档案对客户做到全面深入了解，精准化服务的同时也提升营业部工作人员的服务水平，要求服务的更精细、更全面，更有针对性，在服务过程中不能永远只服务到小范围熟悉客户，所有客户都应通过分类分级的方式进行有核心、有层次的优质服务。

三、创新业务

6月13日，科创板正式开板。7月22日，科创板首批公司上市，营业部开辟科创板知识园地，通过电话营销、上门拜访等方式向符合科创板开通资格的客户进行宣传营销，开发113户科创板权限客户，并组织科创板客户交易俱乐部，由专人负责维护。两融客户新开28户，在公司举办的两融业务专项营销活动中获得第1名的好成绩。

四、党建工作

营业部始终坚决把党的政治建设摆在首位，继续深入学习贯彻习近平新时代中国特色社会主义思想和党的十九大精神，以“不忘初心、牢记使命”主题教育为抓手，与基层员工进行深入交流，解决实际问题。通过组织全体员工认真学习十九届四中全会公报、《决胜全面建成小康社会，夺取新时代中国特色社会主义伟大胜利》读本，深刻领会习近平新时代中国特色社会主义思想和党的十九大精神。营业部制定“学习宣传贯彻习近平新时代中国特色社会主义思想”的学习方案，每两周组织全体员工进行思想政治学习、组织观看《我和我的祖国》《永远在路上》等宣传教育片、在营业部建立党建宣传展板等形式多样的宣讲活动，让全体员工深入贯彻习近平新时代中国特色社会主义思想。通过“不忘初心、牢记使命”主题教育，与基层员工进行面对面谈话，了解员工的思想状况，解决员工提出的多组织丰富多彩的活动等问题，并向上级部门反映了员工要求增加劳动报酬的意见，都得到落实。

受限于党员数量，营业部尚未成立党支部，但营业部经理切实履行一岗双责，坚持党建工作与经营工作同谋划、同部署、同考核，在思想上高度重视，将深入学习贯彻十九大精神，特别是习近平新时代中国特色社会主义思想，作为营业部当前和今后各个时期的首要政治任务，带领全体员工把思想和行动真正地统一到党的十九大精神上来，以党的十九大精神武装头脑、指导实践、推动工作。坚决维护中央集中统一领导，严格遵循组织程序，认真落实集体领导和个人分工负责相结合的制度，实行总经理办公会制度，坚持按流程办事，以制度管人，认真遵守“三重一大”制度，重大事项均交由集体研究决定。

五、合规风控工作及纪检监察工作

在工作中坚持检查、督促与日常监控并重的合规工作机制，在账户管理、信息安全、客户服务、投资者教育、财务管理等各个工作方面认真把住每个环节，严防各类不规范行为发生，保障营业部依法、合规、稳健、安全的开展经营活动。营业部被中国人民银行汉中分行分别评为中国人民银行汉中分行金融机构综合评价A和2019年度金融机构反洗钱考核评级A。根据公司党委、纪委的工作部署，认真贯彻公司纪检监察会议精神，认真贯彻中央关于党风廉政建设的各项规定，严格执行中央八项规定，对照《中邮证券有限责任公司廉洁从业责任书》规定的责任内容切实采取有力措施，加强作风建设，防范“四风”反弹；及时传达纪检监察会议精神，定期组织学习反腐倡廉相关文件，组织观看教育警示片，从思想上提醒广大干部员工保持清醒头脑；加强执纪监督。在营业部设立了公开的信访渠道，设置举报箱，并在营业部员工会议上进行了宣布。纪检专员每周检查举报箱情况，记录结果并及时向公司上报；做好廉洁风险防控工作。按照公司要求，进行岗位风险点排查工作，并编制各岗位廉洁风险目录，定期对廉洁风险防控工作进行自查；严控费用报销，重点管控差旅费、招待费支出，从制度上避免腐败现象发生。（中邮证券／提供）

【中邮证券宝鸡高新大道营业部】

一、总体经营情况

实现收入442万元，比上年增长12.96%，实现利润105万元，比上年增长41.44%。累计开户15190户，其中有效账户2289户，占比15.07%。邮储银行第三方存管账户8071户。客户资产3.71亿元。成交93亿元，净开户529户。累计开发两融客户144户，两融余额1446万元。

二、发展措施

（一）协同管理工作

宝鸡邮政企业协同联席工作领导小组成立，召开两次协同工作会议，会议专题研究协同工作方面遇到的各种问题。宝鸡邮政企业完成集团公司下达的有效户目标任务。

（二）经纪业务，做好业务发展

根据调研，宝鸡几乎所有券商营业部都是以经纪业务为主发展的，公司领导让营业部聚焦经纪业务，营业部全体员工以经纪业务为中心，全面开展各项工作，年收入、利润实现双增长。

（三）提升中邮证券宝鸡地区品牌价值

营业部让客户通过参加培训增加证券投资知识，具体措施是：一是给每个员工分配客户参加培训人数任务，并纳入月度、年度考核工作中，保障每次参加培训客户数量的保障。二是培训常态化，营业部每周举办2次培训会，一次安排在星期三晚上，另一次安排在星期六，培训工作持续半年。三是营业部总经理亲自负责培训课程内容的准备，保障培训内容质量，组织员工外出参加投资培训，丰富员工投资知识。四是引导客户进行价值投资，让客户了解证券投资的精髓。五是给客户提供重点关注股票池，5月11日推荐的重点股票池半年多平均涨幅达44%。

（四）合规运营，风险管控

营业部把控运营风险，结合总部工作安排，推进合规运营，主要工作如下：强化营销人员合规意识，服务客户难免会谈到具体个股，营业部解决问题的办法就是通过普及投资知识让客户了解个股，避免直接推荐股票引来的合规风险。全面落实合规自查自纠工作，规范员工日常工作行为，保障业务开展合规合法。营业部合规专员定期对合规风险进行排查，定期上报各种合规自查报告，按照总部要求开展反洗钱相关工作，并按时上报各种报告，全年未发生合规风险。

（五）全面落实党建工作

营业部始终坚决把党的政治建设摆在首位，组织广大党员干部以支部书记讲党课、中邮网院学习、全体党员大会大讨论等形式认真学习贯彻习近平新时代中国特色社会主义思想。营业部党支部坚持以“三会一课”为基本制度，建立党内经常性教育工作机制。组织党员干部观看视频等形式学习先进事迹，增强人民邮政为人民的初心。巡视整改工作永远在路上，为了全面做好巡视整改工作，营业部党支部成立巡视整改工作领导小组，小组成员负责研究制定整改方案，建立整改问题清单，明确整改举措、进度安排、责任到人，确保整改过程不打折扣，不走过场，扎扎实实落实到位。充分发挥党在企业中的引领作用。

（六）纪检监察工作

营业部深入贯彻中央全面从严治党要求，落实总部党的建设暨纪检监察工作会议精神，进一步推动廉洁风险防控工作深入开展，营业部党支部书记跟每位党员签订《廉洁目标责任书》，从形式上强化党员干部的廉政意识。营业部纪检监察人员按月定时上报营业部纪检工作情况报告。全年未发生廉洁风险。（中邮证券 / 提供）

【陕西省寄递事业部】

一、党的建设

坚持党的建设与企业改革同步谋划，如期成立陕西省寄递事业部党委、纪委，做到党的组织和党的工作全覆盖。以支部为单位，深入开展“不忘初心、牢记使命”主题教育。扎实开展“基层党组织建设达标工程和创先争优活动”，基层党组织建设基本达标，党支部战斗堡垒和党员先锋模范作用有效发挥。加强党的纪律建设，加强党风廉政建设和反腐败工作，全面引领和推动经营发展各项工作。

二、能力建设

寄递属性固定资产投资超 2.8 亿元。西安邮件处理中心（港务区一期工程）如期投产，实现“矩阵 + 小件”分拣模式，日处理能力新增 80 万袋件。西北（西安）航空电商物流中心于 11 月动工建设。完成 9 处市县处理场地工艺改造，新增生产车辆 196 辆、各类终端 2727 部。全省配发网运汽车 56 辆，揽投汽车 146 辆，电动三轮车 756 辆，网运笼车 1241 辆，网运 PDA 设备 621 台，便携式蓝牙打印机 2456 台。截至 2019 年 12 月，陕西省共有邮运、投递车辆 4927 辆、火车邮厢 15 辆；汽车邮路 1162 条，总长度（单程）6.37 万公里，航空邮路 77 条（省内航空邮路 2 条），投递段道 5507 条。全省生产处理场地面积 4.74 万平方米，日均处理能力 148.55 万件。10 个市分公司共有邮政生产处理场地约 8 万平方米。邮运、投递车辆 4927 辆（邮运 707 辆、投递车辆 4220 辆），其中投递汽车 852 辆（邮政 701 辆，速递 151 辆），投递电动汽车 116 辆（邮政 10 辆，速递 106 辆），投递电动三轮车 2571 辆（邮政 1980 辆，速递 591 辆），投递机动三轮车 681 辆（邮政 681 辆），火车邮厢 15 辆。

三、业务拓展

寄递业务收入 8.5 亿元，增幅 24.5%，收寄量过亿件，月收入过亿元。全网处理邮件 4.97 亿袋件，比上年增涨 96.44%，投递邮件 1.42 亿件，比上年增涨 42%。业务量、收市占率分别比年初提升 2.3% 和 4.28%。标快业务狠抓重点项目，中标工行全国制卡中心寄递项目，创收 138.68 万元；与 15 家保险公司全部达成合作，收入增幅 41.95%；“极速鲜”项目收入增幅 178%；进驻全省 131 个政务大厅并开通“政务专递”。快包业务提前 40 天在全国率先完成年收入预算，增幅全国第一，延安、渭南、宝鸡收入增幅超 70%。快包客户数较一季度实现翻番；扎实开展“一季一主题”营销活动，农产品寄递收入增幅 69.55%。国际业务开发跨境电商 118 户，入驻西咸空港新城保税仓，开通芝加哥等 4 个路向邮路和中速—FedEx 物品业务。物流业务合作车企扩展至 4 家，开发西凤酒华山论剑系列全国配送、汾酒西北及省内配送项目。

四、农产品进城寄递项目

以“秋收会战”为基础，以党建引领促发展，持续加快农产品进城寄递项目，农产品进城寄递项目累计业务量 5745 万件，比上年增幅 88.81%；累计完成收入 3.02 亿元，比上年增幅 69.55%，带动农产品销售额 37.3 亿元，项目收入规模占到快包业务的 62%。其中苹果寄递项目成效突出，随着“3.4 亿个苹果的迁徙”跨年项目的启动，各单位通过提升支撑能力、推广供应链及产业链发展新模式、开展同心联合拓市场联动发展等措施，创新开展全省有果区和无果区共同开发齐步走策略。苹果寄递量达到 2119 万件，收入 1.05 亿元，成为寄递业务第一个破亿元的单项产品寄递。

五、经营体系建设

全省八大整合、五大体系建设成效明显，揽投站点、处理场地、运输邮路、航陆对接、服务质量管控体系等实现整合融合。全省开通代收代投网点 1248 个，日均派揽量提升 41.66%，处理面积增加近万平方米。15 项财务重点管控指标中，8 项达到年度目标值，7 项居全国前列。省内标快和快包次日递率、及时揽收成功率、当日妥投率、问题邮件一次及时解决率、理赔及时率等均较整合前优化提升。散户及时揽收成功率、邮件一次及时解决率均较年初大幅提升。实施全程时限管理，组织关中管理体系实现“综合职能横向一体化、专业经营纵向垂直化”。

六、运营管理

（一）全程时限管理

关中各市直发分流效果显著，形成“一点为主，多点为辅”发运模式，有效缓解中心局集散压力。开通西安、咸阳、宝鸡、渭南至广东、江苏、浙江、福建、湖南、湖北、四川、江西8大路向直达邮路，并根据各地市收寄情况，及时指导直发，出口邮件全程时限较经省际处理中心经转缩短8—9小时，进一步加快邮件传递时限，为包快业务发展提供保障。西安出口61个重点城市次日递率平均完成73.99%，比上年提升12.97%；当日妥投率稳定在97.02%。

（二）时限提速

开展竞争对手“端到端”对标工作，推进省际、省内邮件提速。实施省内快速网及大关中同城网优化调整。84条省内邮路实现提速，西安出口61个重点城市次日递率较年初提升12.97%，省内互寄标快、快包次日递率达到90%和76%，比上年分别提高8%和6%。

（三）运营质量管控

各项KPI关键指标均达到集团公司考核要求，多项排名全国前列，2018年集团公司对省陆运网运行质量奖励2447万元。保障重点项目运营。陕西红樱桃重点城市次日妥投率接近85%，隔日妥投率超过98%。处理邮件4.97亿袋件，增长96.44%；“双十一”日均处理量达256.5万袋件，实现了旺季邮件不拒收、不限流、不积压、不爆仓。服务质量明显提升。始终坚持“客户视角”和质量管控“一竿子到底”要求，完善服务质量管理体系建设，强化质量管理意识和能力培训，促进客户体验不断提升。跟单指标全部达标。异常调度及时解决率99%。散户及时揽收成功率94%，比年初提升20%。邮件一次及时解决率86.3%，比年初提升34.8%。理赔及时率、有责投诉率均有改善。推进现场管理。开展邮件处理中心生产现场“6S”管理达标活动，提高网运管理水平及内部作业处理质量。

（四）集包工作

优化调整生产流程，根据陕西省新工艺设备配置进度、现有设备改造进度和邮件流量流向情况分步推进实施全网快递包裹集包工作，对系统基础数据进行迁移，按照分拣机方案维护车间逻辑格口，实现新一代寄递平台对收寄环节和处理中心集包封发关系集中、动态管控。推广电子面单使用。截至10月，陕西省热敏面单使用率从1月85.39%提升到98.17%，增长12.78%，达到集团95%目标要求，全国排名中上游位置。（陕西省邮政分公司/提供）

甘肃省

【甘肃省邮政分公司】 全省邮政实现收入19.04亿元，比上年增长7.8%，完成年度预算进度的100.16%，完成预算排名全国第11位。

全省寄递业务发展逐步提速，业务量收逐月向好，市场拓展卓有成效。散户市场发展取得突破，散户标快实现业务收入5129万元，比上年增长17.41%，全国排名第6位。

代理金融业务，全省坚持发展高质量价值存款不动摇，认真落实总部“十大抓手”，全力奋战旺季营销，开展源头获客等工作，新增日均余额50亿元。同时，风控水平不断提升，组织开展助农取款、非法集资等专项数据分析检查，分析数据67.33万条，提炼可疑数据28.55万条，排查可疑人员390人，开展9个专项排查活动，市州、县（区）覆盖率100%，发现问题1532条，整改率91.32%。

在客维方式转型方面，通过叠加健康筛查机、直饮水站获客维客；落实网点智能化建设要求，加大ITM等智能机具布放力度，投放ITM 300台，实现点均1台，网点服务流程进一步优化；全面完成统一柜面管理平台上线工作，客户柜面办理业务体验明显改善。

网络提速成效显著，省内互寄次日递局对数一频次占比提升24.18%，营业终了频次占比提升20.42%，标快省内互寄次日递率提升19.58%，快包省内互寄次日递率提升13.94%，兰州出口61个重点城市次日递率提升8.13%，兰州进口61个重点城市次日递率提升9.4%。

甘肃地域狭长，境内山川横亘、戈壁荒漠纵横，全省邮政大力推进建制村直接通邮，使全省16023个建制村全部实现直接通邮，邮政普遍服务能力持续提升。组开普邮专线，利用社会客运力量，新增7个党报党刊当日见报县区。完成“五达标、两提升、两杜绝、一确保”工作目标，普遍服务未发生触碰两条红线情况，全省平信丢损率压降为0.4‰。邮政普遍服务满意度88.03分，县及县以上城市党政机关党报党刊当日见报率达到70%；邮政营业服务达标率100%，乡镇网点覆盖率100%，投递频次、深度达标率100%，建制村直接通邮100%，全程时限达

甘肃省庆城县邮政分公司举行“迎新客户答谢会”。

甘肃省天水市邮政分公司助力运销天水花牛苹果。

标率100%；机要通信服务质量连续29年保持全红。

牢固树立安全责任意识，坚持问题导向，对自助服务区幕帘报警、押运钞、重点部位消防安全等37项工作开展重点整治。完成国庆70周年、全国“两会”、全省“一会一节”等重大活动、重大会议的安全保障工作。邮银联合开展第六轮金融安全评估工作，消除安全隐患；加强管控，确保新装修改造网点一次建设，一次投入，一步达标。强化监控中心管理，重点对监控中心7×24小时值守、网点保安履职、报警系统布防及安全用电等重要环节持续开展非现场检查，降低安全风险。（甘肃省邮政分公司/提供）

【邮储银行甘肃省分行】 甘肃省分行下辖14个二级分行，59个一级支行，75个二级支行，583个营业网点。员工3234人，平均年龄35岁，其中本科及以上学历2415人，占比74.68%。

一、经营概况

资产总额891.01亿元，新增80.9亿元，增长9.99%；自营业务收入18.87亿元，增长2.62%。负债总额886.94亿元，新增74.16亿元，增长9.12%。各项存款余额822.18亿元，新增69.31亿元，增长8.29%。其中，个人存款余额716.74亿元，新增50.56亿元；公司存款余额105.44亿元，新增18.75亿元。各项贷款余额488.43亿元，新增9.89亿元。

二、业务发展

（一）小企业金融业务

开展银政合作，与国家税务总局甘肃省税务局签订“银税互动”合作协议，与甘肃省科技厅签订“科技金融”战略合作协议。截至12月31日，“银税”项目获客310户，放款5853.6万元；“科技+金融”项目授信19户，金额8267万元。民生行业贷款稳健高质量发展，结余4.02亿元，比上年净增1.03亿元。小微易贷稳健起步，获客71户，结余4830.1万元。

（二）个人金融业务

个人金融适应新型结算模式，搭建服务场景，服务城乡居民。搭建个人客户积分系统，提升客群服务水平，提高活期占比，扩大个人存款规模，发展信用卡、商户收单，适应转型需要。深入开展“党旗领航·走千企入千村进万家”第三阶段金融系列服务活动，截至2019年12月，全行活动期走访企业客户5544户，走访量完成活动总目标的110.88%；活动期走访个体工商户、专业市场及商圈、其他合作平台21208户，其中第三阶段走访5851户，发放个人经营性贷款18.19亿元。

（三）公司业务

服务地方经济，聚焦政务客户，积极参与甘肃省政府债券承销及国库现金管理、省级社保基金定期存款招标，承销地方债6期，金额24.2亿元，中标省级国库现金管理定期存款4亿元，省级社保定期存款中标1.91亿元。与各级财政部门和人民银行对接，实现辖内新增代理国库集中支付业务资格13个。非融资性保函、云链保理、国内信用证开立、外商投资企业账户开立、跨境人民币入账等业务成功落地，实现零突破。

（四）同业业务

各类同业业务余额510.17亿元，其中票据业务余额54.97亿元，同业融资24亿元，债券承销与投资余额13.8亿元，理财对接资产业务余额30.89亿元，同业投资余额109.04亿元，实现收入2.2亿元，增幅49.32%。债券承销实现零突破，成功发行信达金融租赁有限公司30亿元金融债，中标甘肃国投中期票据承销10亿元。

三、风控合规管理

（一）持续培育合规文化

践行“建文化、控风险、强能力、促转型”工作思路，完善“1+3+X”防控管理模式。组织辖内员工参加内控合规知识学习考试，考试通过率100%。持续三年举办“践行合规　永当表率”支行长演讲比赛，开展合规知识竞赛、“三十六条禁令”宣贯、案件警示教育、法律大讲堂、《法规之窗》简报等多种形式活动，将合规文化建设不断引向深入，实现全年“无案件、无重大风险事件、无大额监管罚款”的总体目标。

（二）内控合规

推动强内控和严问责。对辖内130个自营网点、268个邮政代理网点进行合规检查；持续开展“飞行检查”，完成对平凉等分行网点的接管检查。坚持“严”的主基调，完成3757笔不良贷款责任认定，经济处罚5361人次，处罚金额314.52万元，给予纪律处分7人次。违规行为追究责任149人，其中批评教育70人、纪律处分73人、组织处理4人，党员纪律处分2人。

四、助力扶贫攻坚

全行走访村镇4102个，新建信用村1610个，累计建成 1819 个，覆盖全省行政村的 11.37%，发放信用村各项贷款 19.35 亿元，居当地金融机构前列。带动贫困人口产业贷款结余 4.77 亿元，带动建档立卡贫困户 357 户。“三区三州”地区各项贷款净增 1.67 亿元，其中个人贷款净增 1.14 亿元，小企业贷款净增 5287 万元。走出扶贫新路径，引资引援，创新帮扶。打造甘南“就业 + 产业”扶贫模式，为吉扎村办炒面厂、扶持玛日村牦牛合作社养殖产业，解决贫困村 8 名大学生就业。打造武威“企业 + 贫困户”扶贫模式，山东潍坊市分行帮扶武威市分行定点扶贫的古浪县黑松驿镇，向当地优质小企业发放金融精准扶贫类小企业贷款，对接的山东企业提供帮扶资金 3000 元 / 户 / 年。

五、党群工作

（一）全面推进党建工作

将“强基固本”建设常态化与党支部建设标准化结合推进，以“三册两记”、党务工作“四项管理”、发展党员“14 项资料”推动全行基层党组织建设实现“两化”。2 家支行党支部被省直机关工委评为“省直机关标准化建设示范党支部”，创建省级文明单位 5 个、市级文明单位 13 个、县级文明单位 34 个。扎实开展“不忘初心、牢记使命”主题教育，通过调研、检视、专题民主生活会查摆发现问题 366 个，制定整改措施 456 项。发挥基层党组织作用，持续深入推进基层党组织“共建、共享、共进”主题活动、“合规——共产党员在行动”专项活动。开展评先选优工作，创新推动“党建 +X”模式，开展“党建 + 信用卡”“党建 + 清收”等特色活动。在武威八步沙林场挂牌邮储银行甘肃省分行党员教育基地。

（二）群团工作

开展全行十佳理财经理、明星大堂经理以及托管业务金牌客户经理、授信业务审查人、派驻营业主管等岗位技能竞赛；开展跨年度储蓄、快捷支付绑卡、战略客户服务、小微金融服务、清收处置能力提升等劳动竞赛活动。推荐选树并弘扬先进典型的引领作用，天水分行黄永山等同志荣获“甘肃金融五一劳动奖章”，陇西县支行荣获“甘肃金融先锋号”称号。开展对生产一线和困难职工的常态化慰问和帮扶工作，扩大职工互助基金救助对象和范围；扎实推进实施“职工之家”建设三年规划，努力改善员工生产生活条件，白银市分行和庆阳市分行荣获“中国邮政储蓄银行模范职工之家”称号。在全辖开展“邮爱公益日”募捐活动，配合总行在临夏和政中学和天水武山中学完成“邮爱公益寻访”活动，树立了邮储银行助力公益事业、彰显社会责任的良好形象。（邮储银行 / 提供）

甘肃省邮政分公司举办入职大学生文艺会演。

【甘肃省寄递事业部】 全省邮政寄递业务收入比上年增长 20.99%，增幅全国排名第 10 位，业务量比上年增长 24.17%。完成集团公司下达的收入预算目标和利润考核指标。

一、全网提速

兰州—南京直飞邮路开通，参与南京集散范围的市、州由 5 个增加到 11 个，省际出口全程平均时限缩短 12—24 小时；打造省内陆铁航一体网络，陆续开通省内陆路、铁路、航空邮路，平均提速 0.5—1 天。揽投网能力快速提升，全省整合揽投部 183 个，比改革前增加 53 个，揽投员 2433 人。通过整合，降低人均投递量，揽收能力得到提升。指挥调度作用发挥明显，平稳完成 2019 年春节和“双十一”旺季生产任务，完成重大活动期间网运生产调度工作。

二、11183 派揽服务

电子渠道揽收量由月均 0.3 万单，上升至 12 月的 5.71 万单，及时揽收成功率由 1 月的 74.1%，上升至 12 月的 97.5%。全环节智能跟单初见成效，标快邮件异常发生率由 19.69% 压降至 12 月的 9.28%，快包邮件异常发生率由 26.5% 压降至 12 月的 9.41%。主动客服开通提升服务能力，丰富监控手段，改善客户用邮体验，提升差异化竞争能力，解决基层单位出口邮件监控手段单一问题。售后理赔管控有效，3 个工作日内创建理赔工单，5 个工作日内理赔完案，理赔及时率由年初的 60% 上升到 100%，使用赔偿金额进度 83.98%，比上年下降 38%，节省理赔金额 48.31 万元。

三、管控意识增强

损益核算工作有序推进。以问题为导向，强化指标落实，深化推进兰州邮区中心局“6+2”双效指标对标，单位综合成本、陆运运输成本、非生产机构成本占比、单位火转成本、单位维修成本、普邮处理成本等居于全国前列；全面开展各市州网路运营中心利润转型工作。通过推广标准箱，在苹果包装箱采购上，主推三层瓦楞的包装，降低结算成本。

四、科技赋能

电子渠道下单效果显著，通过推进二维码等电子渠道下单工作，自4月开通电子渠道下单功能以来，下单量逐月呈上升趋势，全省电子渠道下单量37.96万件，超额完成集团公司下达目标，全国排名第一。看板系统指标监控实时有效，发挥看板系统提示作用，对“五大看板系统”重点指标运行情况每天12点前进行通报，做到系统有人看、指标有人盯，整改有落实，各项指标实时监控更加科学有效。营销渠道不断推广，推进代收货款、收件人付费业务聚合码收款功能，应用比例达72.2%；推广揽投员个人营销码应用，粉丝量33万人。

五、市场拓展

通过人、财、物资源优化整合，以同一经营主体参与市场竞争，从体制上避免内部无序竞争，集中优势力量开拓市场，统一做好邮件处理、运输及客户服务等支撑。业务发展能力不断提升，在营销体系建设、揽投网优化、处理中心工艺流程改造、邮路调整等方面大量做了基础工作。

六、经营管理水平

按照集团公司“五大体系”建设和“八大整合”部署，结合甘肃寄递业务发展实际进行具体安排，并对各市州寄递事业部进行分类指导，干部队伍素质能力和管理水平不断提升。通过开展揽投部标准化建设、揽投员用品用具规范、时限提速、主动客服等工作，向客户展示了邮政寄递新形象，客户对邮政品牌认同感逐步提升。（甘肃省邮政分公司／提供）

青 海 省

【青海省邮政分公司】 全省业务收入完成4.65亿元，完成集团下达的利润目标，比上年增长4.23%，减亏586万元。成本费用完成9.4亿元，比上年增长10.79%，经营利润实现－1.63亿元。

一、经营发展

（一）金融业务

加快网点转型升级，优化存款结构，拓宽发展渠道，推动代理金融业务高质量发展。实现收入2.17亿元，比上年增长2.48%。储蓄余额规模135.3亿元，年新增余额4.42亿元。市场占有率5.65%，年新增市场占有率4.31%，新增市场占有率列省内六大国有银行第3位。代理保险保持了快速发展。实现保费8078万元，收入711万元，增长41%，综合手续费收益率全国排名前3位。全省邮政代理电子银行客户渗透率43.60%，比上年末提升5.97%，提升排名列全国第12位。手机银行净增激活5.44万户，完成集团进度的155.46%，排名列全国第10位。全年营销ETC用户4931户，拓展聚合支付商户1.43万户，带来联动活期余额1.95亿元，超计划完成集团下达目标。

（二）寄递业务

围绕四大业务，主攻重点市场，强化源头获客。业务量完成531.63万件，比上年增长39.70%。市场占有率24%，列全国第2位；业务收入实现1.12亿元，比上年增长24.94%，收入增幅列全国第6位。国内标快。对标顺丰，优化揽投作业，提升揽投能力，抢夺重点市场。实现收入5675.53万元，比上年增长21.04%。快包业务。对标三通一达，深挖产业集群、土特产市场和电商平台市场。实现收入3920.82万元，比上年增长52.09%。物流业务。全力拓展物流市场规模，深挖“仓＋配”合同物流，把控物流业务效益。实现收入1176.63万元，比上年增长3.31%。国际业务。开发藏毯、唐卡等省内特色寄递项目。完成收入116.87万元，比上年下降25.98%。

（三）基础业务

1. 函件传媒业务。加快转型步伐，融合创新发展。实现收入1447万元，比上年下降15.85%，预算完成全国排第24位，增幅全国排第26位。“天空之镜”油画书签明信片＋文创雨伞项目；“青洽会”新媒体宣传项目，在媒体广告政务市场实现新突破；连续7年成功开发社保账单项目。

2. 集邮业务。以补短板、强弱项、固优势为发展思路，实现收入2455万元，完成预算的111.6%，收入完成进度全国排第4位，集邮毛利率45%，全国排第2位。

3. 报刊业务。围绕“扩大订阅业务、加快创新发展”这条主线，通过项目带动、业务创新，保持发行规模稳步增长。报刊流转额完成1.25亿元，完成集团计划的104.4%，比上年增长7.9%，提前超额完成集团计划目标，全国进度排第4位，增幅排第7位。实现收入3666万元，比上年增长6.46%，收入增幅全国排第6位。

二、践行社会责任

（一）助推经济发展

省委、省政府“一优两高”战略部署在青海邮政形成了生动实践。从全省4139个建制村提前14个月全面实现直接通邮，实现普遍服务能力水平再上台阶，到持续构建以“陆运＋航运＋火运”为组网新模式的省内最快寄递网；从服务地方文化旅游经济，开发“大美青海”系列邮政文化旅游宣传产品，到助推生态文明建设，申请发行“三江源国家公园”“可可西里”特种邮票、特种邮资明信片；从连续多年服务环湖赛、青洽会等省内重大活动，到邮政农村电商助农增收、按照政府要求加强邮快合作，解决快递服务“最后一公里”难题等，邮政贡献得到政府部门的充分肯定。

（二）助力精准扶贫

电商扶贫成效凸显，省内扶贫农产品销售占到总订单

11 月 3 日，青海省分公司组织开展“绿色邮政　绿色发展”主题宣传活动。

量的 84.3%，柴达木枸杞等 8 款扶贫产品全部实现销售超万单，列西北第一。以“销售 + 寄递”模式助力省内特色经济，举办全国邮政青海（海北）藏系牛羊肉扶贫专场订货会，实现订单 1.16 万单，销售额 359.86 万元。“极速鲜”项目年寄递牛羊肉 14.43 万件，总重 400 余吨。

（三）绿色邮政建设

深化与省生态环境厅战略合作，率先在全国启动首条“环保邮路”，树立良好企业形象；推进绿色邮政建设，实现了中转袋循环使用、电子面单全面覆盖。

三、企业管理

（一）强化公司管控

1. 健全完善全面绩效管理体系。以“战略绩效考核为中心，经营管理绩效为支撑”，增强省分公司对市州分公司战略绩效考核办法的科学性和针对性。

2. 预算分解和发展政策管控。实行经营预算和业务发展政策报批制，按月对各单位经营预算进行管控，对预算进度及时督导，进一步加强了各专业营销费用的管控。

（二）强化人力资源管理

持续推进以岗位为基础的用工分类管理机制及市场化用工配置机制的落地实施。签订社招大学生、石邮院毕业生 46 人，与 158 名社招定向委培生签订三方协议；整合优化作业台席，开展内部人员盘活，解决新增网点增员需求；丰富员工培训内容，组织各类省级集中培训班 46 期、2127 人次；对“邮政营业员”“邮政储汇业务员”158 人先培训后考评，平均合格率 72.2%，技能人才素质不断提升。

（三）强化财务管理

落实普遍服务及建制村资金配置，支撑普遍服务及建制村通邮工作；开展资产成本等重点费用集中管控，助力基层单位能力提升；完成邮速财务整合，实现资源共享，统一管理；扎实开展损益核算基数数据梳理，规范报账数据发起，划小核算单元，提升数据质量；运用房产经营管理等系统，强化资产集中管控力度；加强税务管理，提升税收筹划能力；加强统计基础管理工作，数据质量进一步提升。

（四）强化普遍服务提质达标

集团公司管控的“五达标、两提升、两杜绝、一确保”指标基本完成。其中，“五达标”：乡镇网点覆盖率、建制村直接通邮率、普邮投递频次和深度达标率、普遍服务邮件全程时限四项指标全面达标。“两提升”：邮政申诉处理满意率 100%，申诉处理时限压缩到 10 天以内。“两杜绝”：无违反“两条红线”问题发生。“一确保”：机要通信保密安全工作万无一失。

四、党建统领

（一）党建引领作用充分发挥

以党的政治建设为统领，树牢“四个意识”，坚定“四个自信”，把坚决做到“两个维护”体现在企业改革发展的方方面面。将学习贯彻习近平新时代中国特色社会主

4 月 19 日，青海省分公司组织开展“手植一棵树　绿化一片天”春季义务植树暨主题党日活动。

义思想这一主线，贯穿主题教育全过程，确保学习教育有收获、调查研究有成果、检视问题有深度、整改落实有成效。认真落实“三个第一时间”学习机制，发挥党委中心组学习示范带动作用，带动广大党员真学真懂真信真用。认真召开民主生活会、组织生活会，重点查找差距和不足。严格落实基层联系点制度，省分公司班子成员带头深入基层讲授专题党课，参加基层党组织活动。全面完成了机关支部和基层党支部换届工作、省分公司党组改党委工作。深入推进基层党组织建设达标工程和创先争优活动，对照“664”要求加强基层党组织建设。

（二）巡视整改工作扎实推进

研究制订《2019年中央巡视整改持续推进工作计划》，针对4个方面存在的10个主要问题和20个具体问题制定57条整改措施，年内取得阶段性成效，完成需持续跟踪问效27项、整改取得阶段性成效需持续推动30项。对黄南州分公司党委及所属县分公司党组织开展省内巡察，发现问题45项，提出巡察建议19条，并在全省通报，督促省内各邮政企业对共性问题自查整改，对个性问题举一反三，引以为戒。

（三）精神文明建设

省分公司等3家单位荣获2016—2018年度“省级文明单位标兵”；西宁市分公司等7家单位荣获2016—2018年度“省级文明单位”；海南州分公司荣获“全国交通运输党建文化建设优秀单位”、西宁邮区中心局荣获“全国交通运输安全文化建设优秀单位”；西宁邮区中心局杨全忠荣获“全国五一劳动奖章”和全国“十大最美货车司机”，张兴华荣获全国“最美货车司机”；海西州分公司李志强、玉树州分公司杨啟萍获得“青海省劳动模范”荣誉称号。（青海省邮政分公司 / 提供）

【邮储银行青海省分行】 青海省分行设有18个一级部，1个营运中心，全辖11个一级支行，1个直属营业部，179个营业网点（自营网点55个、代理网点124个），从业人员1016人。青海省分行自成立以来秉持扁平化管理思路，在组织架构中无二级分行。

一、经营情况

（一）经营概况

营业收入8.98亿元，其中自营收入6.84亿元。拨备前利润2.58亿元，增幅5.31%。全行资产规模294.8亿元。各项存款余额297.71亿元，个人储蓄存款余额191.03亿元，其中自营储蓄余额55.73亿元，新增1.29亿元，年增长2.3%，代理存款余额135.3亿元。各项贷款余额185.6亿元。不良贷款余额3.69亿元，比上年下降2.13亿元。不良贷款率降至1.99%，下降0.71%；核销率、清收率分别完成总行计划目标的249.04%和187.81%，均位列邮储系统第一。

（二）业务发展指标

全行手机银行激活客户10.98万户，完成总行目标计划的166.42%，完成率邮储系统排名第8位。“邮储食堂”会员规模累计新增1.3万户，完成总行计划目标的128.4%，完成率邮储系统排名第9位。信用卡新增发卡41549张，新增客户23034户。理财保有量新增3.13亿元，完成分行计划目标的104.3%；代销基金7121万元，增长374.7%，完成总行计划目标的285%；贵金属收入124.5万元，完成总行计划目标的105.8%，完成率邮储系统排名第4位。

二、基础管理

（一）加强队伍建设

1. 完善制度，加快体系建设。优化干部队伍培养机制，拓宽员工晋升通道，2018—2019年上下交流29人，提拔任用11人，干部结构得到优化，后备力量得以充实。

2. 充实基层力量，加强队伍建设。招聘录用95人，州市支行补充93人，为支行发展充实人才储备。

3. 强化培训和考试。组织开展各类集中培训，受训人次1326人；开展岗位资格考试，持证人员2315人，队伍素质及履职水平进一步提升。

（二）提升授信管理能力

1. 精细管理，实施评价措施。以评促管提升授信业务全流程管理质量，实现总行授信管理评价排名提升8个位次。

2. 强化服务支撑，提升审查审批效率。细化省内授信政策，平行作业，不断提高风险决策能力。2019年全行申报业务4980笔，审批完成零售贷款4804笔，授信金额41.86亿元；召开授信审议委员会议48次，审议通过授信金额34.92亿元。积极化解盐湖重大风险，在司法重整工作中发挥积极作用，确保邮储银行的债权权益。

3. 认真推进绿色银行建设。截至12月，绿色信贷余额92.29亿元，覆盖率49.73%，居全省同业第2位。

（三）推进扁平化管理

持续集中分行管理权限，坚持以分行为经营管理、服务指导和资源配置中心，以支行为营销和服务前台，扩大部门管理范围，减少管理层级，开展省分行18个专业岗位及团队负责人竞聘工作，优化调整岗位人员14人次。

三、能力建设

（一）营运管理

全面派驻营业主管，风险防控意识不断加强，履职能力不断提升。开展自营网点柜员综合化管理，双持证率达75%，集中授权人脸识别使用率提高至94%，网点柜员替班率降至5.56%。开展远程突击盘库，强化现金凭证运营管理，有效防范风险事件及资金案件。

（二）科技应用

加快信息化项目建设，通过“停车场智能收费”“ETC

快速发卡”“社银基金管控平台”等项目建设，助推业务高效能发展。通过贯彻落实“业技”融合理念，建立健全非现场审计数据分析模型库，不断提升数据分析对业务支撑的时效和质量。其中，“信用卡 POS 大额消费”模型在总行举办的审计模型创新劳动竞赛中获优秀模型奖。

（三）品牌建设

品牌形象逐步建立，各类媒体报道量质齐升，新闻舆论宣传工作全面提升。在媒体发布正面报道 242 条，编发行内信息 56 期、简报 17 期，超额完成全年目标任务。其中，正面报道比上年增长 196.25%；在自有媒体渠道刊发报道 12 篇，比上年增长 120%；外部重点媒体报道 3 篇，比上年增长 300%。配合总行拍摄《美丽中国》纪录片，对外宣传门源县支行、祁连县支行助力精准扶贫工作。

（四）安保工作

逐级签订《安全保卫目标责任书》，将安全保卫工作的职责和内容分解落实到具体岗位和人员，签订率 100%，在全辖形成“横向到边、纵向到底”的安全保卫责任体系。提升专业能力，组织辖内安保干部及网点营业人员 404 人参与安全知识答题活动，参与率 100%、合格率 99.75%。

四、党群工作

（一）党建基础不断夯实

深入贯彻习近平新时代中国特色社会主义思想，国有企业的责任担当意识进一步增强。扎实开展“不忘初心、牢记使命”主题教育活动，各级行机关领导干部下基层开展调查研究 36 次，走访客户超过 30 余次，发现并解决经营管理中的问题 20 余个。深入推进巡视整改，按照进度安排、责任领导和责任部门，认真组织实施。认真开展“共建、共享、共进”“合规——共产党员在行动”等活动，实现辖内各支部与外部 9 家单位共建，内部 14 个支部共建，与系统内 10 家单位共建并签订协议。

（二）监督执纪进一步深入

认真执行民主决策。凡属“三重一大”事项，均由党委会、行办会集体讨论作出决定。严格落实监督检查和党委巡察。完成全面从严治党监督检查全覆盖的年度计划，完成 5 家单位的巡察，发现问题 108 条，整改率 100%。

（三）机关作风建设务实推进

发挥各级机关业务营销示范引领作用，组织开展分行机关“五个一”、一级支行、二级支行“六个一”活动抓落实、促发展。分行领导班子主动作为，带头跑市场、抢客户。通过“五个一”竞赛活动，省分行机关充分发挥总部引领作用，总对总搭建平台，为基层支行提供服务支撑，实现新增公司存款 5.47 亿元，发放各类贷款 1.82 亿元，代发工资 8000 万元，营销公司理财 2000 万元。

（四）文明建设展现新风貌

工会职能有效发挥，职工参与企业管理，职代会提案办结率 100%，职工小家建设提档升级，工会桥梁纽带作用发挥，引导形成干事创业的氛围。果洛州支行荣获中国银行业“最佳社会责任特殊贡献奖”；多名干部职工获得“青海省劳动模范”“青海金融五一劳动奖”“金雁奖”“金盾奖”等荣誉称号。（邮储银行 / 提供）

【青海省寄递事业部】 寄递业务量累计完成 531.63 万件，比上年增长 39.70%；业务总收入累计完成 1.12 亿元，比上年增长 24.94%，完成预算目标的 100.61%，收入增幅列全国第 6 位。

一、四大业务发展

（一）标快业务

实现收入 5675.53 万元，比上年增长 21.04%。政务市场，警邮合作开办公安交管邮政代办网点 50 个，集团统签劳动仲裁专递项目、全省车辆号牌回收寄递项目成功落地；出入境护照、通行证便民寄递项目落地，推进与“便民通”平台对接，实现业务收入 17.81 万元，产生良好实效；国税发票寄递项目实现业务收入 54.75 万元，法院专递项目实现业务收入 98.97 万元。教育类寄递项目实现业务收入 68.14 万元，其中录取通知书 29.54 万元，学生档案 17.91 万元。商务市场，聚焦八大重点行业进行“销号式”开发。省寄递事业部新开发 114 号码百事通便民邮寄、全省车辆号牌回收寄递、移动花呗号卡寄递邮储银行对账单业务、中国银行银联存量客户标识维护等全省项目。8 月，省市联动开发 ETC（设备、卡函）寄递项目成功落地，实现业务量 6.54 万件，实现业务收入 129.64 万元；邮储银行对账单项目实现业务收入 55.1 万元。生鲜市场。借助“极速鲜”平台，深入推进“极速鲜”牛羊肉和鲜虫草寄递项目。“极速鲜”牛羊肉项目实现收入 1309.54 万元；“极速鲜”虫草项目实现业务量 1.86 万件，收入 106.29 万元。4 月，海西鸭湖螃蟹项目成功落地，截至 10 月实现业务量 5891 件，185.96 吨，实现收入 68.67 万元。

（二）快包业务

实现收入 3920.82 万元，比上年增长 52.09%。重点发展电商业务，深挖产业集群市场、土特产市场和电商平台市场。其中，平台业务实现收入 317.25 万元；天猫项目实现收入 162.44 万元；唯品会项目实现收入 38.61 万元；苏宁易购实现收入 116.2 万元。成功运作“一月一品”陕西大樱桃项目，全省实现订单 1.89 万件，实现寄递收入 11.45 万元。深入开发西宁天露乳业，与地方名优企业共同将青海乳制品销往全国，实现收入 12.68 万元；定制运输黄南州分公司和政府合作开展民族土特产品运输，海西州分公司以枸杞、藜麦等土产品为突破口发展特色定制运输，抢占快包市场，促进快递包裹增收，开发 12 单定制运输业务，实现收入 45.23 万元。

（三）物流业务

实现收入1176.63万元，比上年增长3.31%。聚焦合同物流、中石化非油品、烟草配送、名优特产、医药、通信等优质客户深度挖潜。京东“落地配”物流承运项目实现收入507万元；中石化非油品配送项目实现收入278.96万元；与烟草公司加强合作，扩展配送路线，实现收入158.91万元。

（四）国际业务

实现收入116.87万元，比上年增长−25.98%。针对发展效果与预期目标有差距的实际情况，将此项业务的发展纳入业务部门的“一月一事、消灭最差”事项，持续紧盯业务拓展，积极指导各市州分公司拓展教育、制药、制造业、银行、跨境平台、藏毯等市场，根据客户需求提供个性化解决方案，加强非邮渠道合作和国际重货市场开发力度，加快国际业务发展。

二、运营管理

（一）网路运营

省内网调整方案于7月调整落实，邮路调整涉及16条。调整后省内互寄次日递率标快66%、快包75%，省中心直达县局的邮路通达率75%。普遍服务覆盖率及普通邮件传递时限提升，普通邮件T+3和T+5日递率达到集团公司要求。调整后各类邮件省内段时限明显提升，普遍服务能力进一步加强，党报党刊见报率56.7%，比上年提升13.7%，距离印点西宁350公里内高速通行的所有县局全部实现当日见报。

（二）集包作业

再造生产流程。为进一步提升全网邮件处理效率和效益，根据快递包裹业务发展需要和现有生产流程及工艺设备配置实际，自中心局至揽收网点统一封发关系、统一集包范围方式，积极推进集包工作，小件集包率达到集团公司标准要求。

（三）“包裹快递投递服务百日专项整治活动”

根据集团公司包裹快递业务投递服务百日专项活动总体部署，严格执行“五确保、五严禁”的投递服务要求，高度重视，彻底整治全省包裹快递投递服务的五个突出问题。与各市州分公司签订《投递服务百日专项活动承诺书》，活动期间有责投诉率显著下降，取得实效。

（四）电子面单使用

建立新一代系统操作、电子渠道（热敏）推广、客户资费管理等工作微信群，及时跟进和解决反馈的问题。全省寄递事业部生产机构85个，其中使用新一代寄递平台的生产机构85个，新一代系统使用率100%。全面推进电子面单使用，截至9月，全省电子面单使用率99.27%。

三、服务质量

（一）服务质量体系

建立健全包裹快递业务“省—市州—县”三级服务质量保障体系。完成11185与11183客服中心包裹快递客服职能整合。构建生产机构日常检查、各专业部门专项检查、服务质量视察检查“三位一体”的综合视检体系，形成纵向专业化的服务质量闭环管理体系。

（二）质量监控

5月，完成寄递业务看板系统省级层面的上线工作，确保看板系统“有人看、有人干”。11183派揽工作做到“信息跟踪发到段、揽收盯紧揽投员”，全省派揽及时揽收成功率达到97.2%。智能跟单系统推进“异常问题点透，解决方法教会”，各项指标达到全网领先水平。推广“醒目”APP应用，APP安装使用率90%，强化科技赋能的实用性，实现掌上处理异常调度。

（三）创新视检模式

通过开展“体验式”视检、联合视检、非现场视检、数字化视检等灵活、多样的视检方式，全面对标民营快递，查缺补漏，实现全流程、全环节的闭环质量管控。全面上线智能跟单系统，寄递事业部注册机构183个，注册责任人232人，智能跟单各项指标达到全网领先。对各市州单位开展视察检查102天/次，下发视察检查通报、报告书26份。

（四）增强荣誉意识

为推动企业牢固树立“质量诚信，用户满意”的经营理念，助力社会诚信体系建设，促进企业提高产品和服务质量，提升用户满意度和忠诚度，积极组织向集团推选申报西宁市寄递事业部为2018年度全国用户满意企业，荣获全国AA级用户满意服务企业。（青海省邮政分公司/提供）

宁夏回族自治区

【宁夏邮政分公司】 全区实现业务收入5.4亿元，比上年增长5.83%，排名全国第19位；完成集团公司预算进度的97.2%，完成进度居全国第22位。代理金融业务实现收入2.47亿元，比上年增长4.13%；全年新增金融总资产12亿元，其中储蓄余额5.65亿元，比上年增长375.5%；代理保险收入比上年增长51.9%，排名全国第3位，中邮保险期交保费完成进度排名全国第1位，长期期交完成进度排名第3位；理财类收入比上年增长10.4%，排名全国第5位。寄递业务实现收入1.38亿元，比上年增长16.57%，超全国平均水平4.27%，增长率排名全国第15位，完成预算进度的94.3%，达到集团公司“收入预算完成90%”的管控目标。电子商务收入增长率排名全国第2位，完成进度排名第3位。全面完成2020年报刊大收订任务，流转额完成进度和增长率均排名全国第3

位。全面完成集团公司利润预算目标，各项成本应列尽列，保质保量做到不挂账。劳动生产率完成13.99万元，比上年增长3.7%；人事费用率下降2.81%。半年以上欠费227万元，比年初净减少509万元。企业存量资金1.28亿元。全区邮政员工连续5年实现收入增长。员工人均收入较2015年增长40.12%。

一、改革创新

（一）寄递翼改革全面推进

将寄递事业部市场营销、服务质量及人力、财务、综合等职能纳入公司本部实行合署办公、一体管理；制定下发《寄递事业部薪酬分配方案》。推进集散网建设，优化调整航空邮路作业组织，重组区内干线邮路，开通邮航专线。

（二）股权投资清理任务全面完成

完成劳务人员整体转移社会人力资源公司，在规定时间内完成邮通实业公司等8个单位的清理注销工作。

（三）医药项目改革全面启动

依托宁夏邮政医药配送优势，按照集团公司探索建立"零售药店复用邮政网点"的要求，切入医药零售市场，12月9日在银川建成全国首家邮政药房。为邮政全网涉入医药流通、配送、零售全产业链提供实践经验。

全面启动医药项目改革。

二、经营转型

（一）营销体系转型

加快金融地推队伍建设，打造"地推队伍+金融网点"综合营销模式。强化寄递营销体系建设，整合金融、寄递、邮务三支营销队伍。重新规划设置揽投部，优化揽投段道，将寄递营销管理模式由"以县（区）为中心向以揽投部为核心"转变。

（二）金融业务结构调整

重点发展活期存款和一年期以下定期存款，提升利差收入规模。加大中间业务发展力度；大力发展商户收单、云闪付绑卡等业务，实现收入增长多元化。

（三）项目带动作用

实现项目收入1.46亿元，占总收入比重的27.08%。以邮航开通为契机，加大羊肉寄递项目营销力度，实现收入631万元，增幅456.76%。重塑法院专递业务流程。抓好"二代证"项目，开展派驻营销。开发银川烟草配送项目，为商户提供烟草配送、金融结算等一揽子服务，绑定结算商户269户，受理商户贷款5095万元，实现寄递收入409.6万元。拓展商户收单客户1.48万户，实现交易金额3.14亿元，交易笔数462.6万笔，沉淀活期余额1.86亿元。联合宁夏银联开展云闪付推广活动，开发云闪付客户9.17万户，区分公司荣获"2019年度云闪付业务突出贡献奖"。抓好电商扶贫项目营销，实现6款产品销量过万单；"919电商节""双十一"线上促销带动发展8万单快包业务。

三、普遍服务管控

（一）重视程度更高

通过开展中央巡视整改、"不忘初心、牢记使命"主题教育，各层级对普遍服务工作重视程度不断提高。集团公司考核的14项指标中，9项排名全国第1位。始终保持乡镇网点覆盖率、建制村直接通邮率、县及以上城市党政机关《人民日报》见报率100%目标，用户满意度80分。机要通信连续31年无事故。

（二）投入力度更大

强化普遍服务预算管理，配备专项成本，确保足额落地。积极争取集团公司和地方政府支持，2018年、2019年争取到集团公司普遍服务补贴资金1200万元，争取到政府及监管部门补贴资金1271.95万元，全部用于农村局所运营、邮路运转及投递工具更新和营业场所监控设备配备等方面。吴忠分公司主动与政府部门沟通，争取2019—2021年补贴资金450万元，在同心县试点开展"快递下乡"工程。

（三）管理条线更清晰

通过机构重组，进一步明确服务质量部综合管理职责。制定《服务质量质效考核办法》《监督检查考核办法》，加大对普遍服务补贴使用、生产经营行为等监督检查及考核力度；发挥智能跟单系统和质量监督检查系统功能，提升管理效率。

四、协同发展

（一）与政府部门的合作

围绕政府服务"三农"、精准扶贫、"放管服"改革等工作部署，通过签订战略合作协议、开发项目等方式，加深与政府的沟通合作。抓好固原红梅杏、灵武长枣等寄递工作；在同心县试点"快递下乡"工程；中标社保卡网上制作、寄递业务；自主研发"税邮云"微信小程序，全国首创"互联网+税邮服务"新模式。区分公司定点扶贫的海原县史店乡米湾村2019年底实现脱贫摘帽。

（二）与战略客户的合作

复用中国人寿宁夏分公司营销资源，开展集邮、分销产品营销和金融业务宣传推广；与移动、联通公司开放复用邮乐购站点、共享线上客户平台；与铁塔公司合作开展新能源电池租赁使用；争取到战略合作企业代发工资、账单等业务，有效拓展业务增长渠道，实现互惠双赢。

（三）板块及专业协同

各板块联动开展培训，共同督导业务发展。邮银联动做好中邮消费、信用卡、ETC 等业务，共同开展跨年度营销活动和金融风险检查；邮保联动抓好中邮期交和保险“开门红”活动。抓好汽车产业链、惠农合作及政务服务等项目，实现业务融合、客户协同开发。

五、企业管理

（一）预算管理

合理下达收入预算计划，细化成本费用，逐项确定标杆，开展收入、利润及人工成本预算质询。强化预算执行，实施过程管控、动态调节。全面落实工资总额的成本配套和预算执行，人工成本使用科学有序。

（二）用工管理

出台《业务外包管理办法》，从严管控用工总量和成本费用。规范金融网点用工管理。

（三）中心局成本管控

对处理、运输和维修等环节开展对标分析，规范外包管理，对“6+1”成本指标加强管控，单位综合成本、包件处理成本和单位维修成本降幅分别达 3%、8% 和 4%。转场后，中心局成本费用比上年下降 4.2%。

（四）工程管理

完成中心局辅助工程建设并交付使用。抓好中央预算内资金项目建设，在集团公司开展的项目执行情况评分中，区分公司排名全国第 2 位。切实解决工程遗留问题。

（五）集中采购管理

加大公开采购范围，对重点成本费用干线委办邮路、业务外包、无车承运平台等 28 个项目实行全区集中采购。公开采购率达到 98.13%，比上年提升 12.01%，公开采购率居全国前列；执行集中采购节约资金 383 万元，节资率 7.46%，规范集中采购流程，采购效率不断提高。

（六）风险防控能力

利用数据分析手段，细化人员行为排查标准，夯实金融风控防线。持续抓好金融安全评估及“平安邮政”创建，做好“新中国成立 70 周年”等重大活动期间安全保障工作。无安全生产事故及金融风险案件发生。

六、能力建设

（一）网运保障能力

组开银川至无锡干线邮路，加快银川至长三角地区邮件传递速度。做好区内集散邮路组织调整工作，有效衔接省际陆运网和航空网，加密投递频次，加快省内互寄邮件传递时限。标快、快包省内互寄次日递率比年初分别提升 22.9% 和 11.6%，是全国仅有的 6 个全部达标省之一。加密民航发运计划，夜航线路使用率 100%，实现对广州等 22 个城市的次日递；开通邮航线路，极速鲜邮件实现对全国 214 个城市次日递。完成银川邮区中心局搬迁，新包分机投入使用，新增日处理能力 10 万件，达到 30 万件，“双十一”期间业务量 298 万件，比上年增长 36%。

（二）科技赋能

引进“E 快寄”线上 APP 和“双微”系统。自主研发机要、人事档案等信息系统。抓好新一代寄递业务信息平台、CRM 系统、在线业务平台等集团重点信息化建设项目落地。通过各类信息系统的运用，经营管理效能不断提升。

（三）干部队伍建设

重视领导干部综合能力提升，组织全区邮政三级管理人员、县（区）分公司负责人到浙江大学、厦门大学学习培训。加快年轻干部培养锻炼。坚决整治不担当、不作为现象。

（四）绿色邮政建设

推广应用绿色包装，电子面单使用率 99.7%，窄胶带使用普及率 100%，投放废弃物回收箱 76 个。推广绿色运输，租赁新能源汽车用于烟草配送和航趟盘驳；为电动三轮车配备新能源电池；在部分干线推行甩挂运输，实现邮件不落地和快速交换。

七、党的建设

（一）政治建设更加坚定

明确政治建设具体措施，纳入基层党组织书记抓党建履职内容，融入党员日常教育管理监督，教育引导党员干部增强“四个意识”，坚定“四个自信”，做到“两个维护”，同党中央保持高度一致，确保中央的各项决策部署落实到位。

（二）“不忘初心、牢记使命”主题教育高质量开展

围绕贯彻落实习近平新时代中国特色社会主义思想这一根本任务，紧扣“守初心、担使命，找差距、抓落实”

开展“不忘初心、牢记使命”主题教育专题讲座。

为员工办好事、办实事。

总要求，围绕企业中心工作，一体推进四项重点措施，做到学习教育严、查摆问题准、剖析问题深、整改措施实。中央第十二巡回督导组对全区邮政第一批、第二批主题教育抓检视问题、抓整改落实的做法给予充分肯定。

（三）基层党组织规范化、标准化建设不断加强

扎实推动基层党组织建设达标工程和创先争优活动，印制《党支部标准化建设操作指南》。围绕解决党建与经营发展“两张皮”问题，推广“党建共建”活动，通过集邮党课开展爱国主义宣传教育，开展邮政业务、扶贫产品进社区、进机关，推动党建与企业发展有机融合。

（四）巡视整改和内部巡察工作深入推进

持续抓好中央巡视整改工作，完成2019年巡视整改任务。突出政治巡察定位，对4个三级单位党组织开展了内部巡察监督，做到真查真改、落地见效。

（五）党风廉政建设持续深化

制定下发形式主义、官僚主义集中整治方案，围绕“五个方面，二十二项具体表现”，重点查处干部不担当、不作为、假作为等行为以及违规设立使用“小金库”等问题。

（六）精神文明建设取得新成效

弘扬劳模、工匠精神，开展“寻找身边典型，讲好邮政故事”及劳模事迹巡回演讲报告会。银川市兰亭苑揽投部荣获“全国工人先锋号”，西夏区分公司荣获“自治区工人先锋号”，彭阳分公司张有霞荣获“自治区五一劳动奖章”。持续开展形势任务教育。各市、县员工食堂实现全覆盖。调增外勤人员防暑降温标准以及全体员工“五险一金”基数、意外保险标准等，一线员工收入明显增长，员工获得感、积极性进一步提升。（宁夏邮政分公司／提供）

【邮储银行宁夏分行】 宁夏分行设置一级部门29个、二级部门8个、直属单位1个，下辖二级分行5个、一级支行22个。辖内邮政金融网点202个，其中自营网点42个、代理网点160个，县及县以下网点106个，占比52.48%，县城服务覆盖率100%。员工1158人，平均年龄36岁，其中本科及以上学历员工885人，占比76.42%。

一、经营概况

资产规模243.43亿元；实现营业收入7.28亿元，比上年增长5.3%，完成总行下达预算的101.2%；实现利润总额1.57亿元，比上年增长18.1%，完成总行下达预算的104.5%。年末不良率2.37%，拨备覆盖率回升至147.7%。

二、业务发展

个人金融业务通过启动网点系统化转型，引入外部培训，突出新客户获取及存量客户活跃度的提升，推动全量资产增长。银行个人资产净增4.2亿元，全行储蓄日均余额净增5.5亿元，理财、保险、基金、贵金属等业务实现产能倍增、联动发展。在回补系统剔除3万户VIP后，价值客户仍净增428户，户均持有产品3.8个，比上年增长0.7个。信用卡新增发卡6.6万张，活跃率、激活率分列邮储系统第1位和第4位；新增快捷支付绑卡7.6万户，完成进度列邮储系统第4位。零售信贷在巩固小贷优势基础上，发力消费信贷，突出线上发展，净增10亿元，农村服务覆盖率62.5%，其中“极速贷”净增2.4亿元，“邮薪贷”净增额列邮储系统第3位，新准入30个一手房项目，房贷发展逐步提速。扎实推进公司业务“固本提标”行动，新增机构账户78户、对公日均存款净增3亿元。承销地方债21.4亿元，区同业排名跃升至第5位。系统内首家实现代理国库国密版系统上线，落地邮储银行首笔债务转移业务，福费廷和对公外汇业务取得突破。针对上半年公贷比上年少投26.8亿元、余额下降8.8亿元，且下半年受市场影响票据转贴到期难以接续的严峻形势，通过锁定核心客户、提快作业效率，争取总行转贴额度支持和广东分行帮扶，加速投放公贷17.6亿元，扭转被动局面，比上年净增8.8亿元，其中项目贷款占比41.1%，提高14.4%。在票据转贴缩减9.4亿元的情况下，新增信

开展金融营销队伍转型。

贷余额13.2亿元，稳住发展规模。

三、资产质量

针对不良包袱重且“边清边冒”、量率双升的突出问题，宁夏区分行在严把新增业务质量关的同时，系统分析、综合施策，下大气力化解存量风险、压降不良。分行风险与内控委员会始终聚焦风险化解问题，剖析风险成因，研究制定缓释措施。通过全面风险排查、开展两次资产质量分类检查，实事求是摸清底数。紧盯不良集中的小企业、商贷两项业务、不良率高的分支机构、不良余额大的重点客户，采取清收、核销、重组等措施，分类处置、精准施策。对小贷不良攀升趋势持续关注，对扶贫贷款潜在风险进行全面摸排。加大清收力度、加快核销进程，清收1.21亿元，核销不良贷款1.28亿元，处置不良贷款2.49亿元。完成减额续贷20笔、6519万元。四季度以来不良量率双升势头逐步减缓，至年末综合不良率控制在2.37%，拨备覆盖率回升至147.7%。

四、基础管理

一是坚持把内控合规摆在首位，切实加强员工行为管理，组织宣贯新版员工违规行为处理办法，开展全员“大家访”。组建合规预警、反洗钱监测团队，实现对自营网点预警信息核查、对所有网点反洗钱监测集中处理。二是提升运营效率，全辖网点实现客户身份人脸识别、个人储蓄业务无纸化办理、70支交易集中授权，业务印章全部纳入用印机管理，集中授权拒绝率、柜面业务退回率均优于总行考核指标。改进信审运行机制，修订审贷会运行规则，对大额贷款、重点业务平行作业，开展押品内评试点，推进征信查询集中管理。上线推广信贷工厂，极大提升内部作业效率和市场竞争力。三是财务管理紧扣质量效益提升，细化降本增效措施，加强日常管控，重点支撑生产经营急需项目，集中采购率比上年提高10.8%。四是规范人力资源管理，强化绩效考核结果运用，加大员工培训力度，柜员双持证率79%，提高22.8%。五是发挥审计监督作用，开展19个审计项目，总额149亿元，对外审发现问题整改率96.8%，列邮储系统第3位。六是推进安全管理标准化建设，创建达标分行1处、支行12处，集中监控中心通过验收。完成“护网行动”既定目标，全员网络安全意识普遍增强。完成总行13个信息系统上线，开发5个省内自建系统，网络安全稳定运行。

五、主题教育

聚焦“不忘初心、牢记使命”这一主题，贯彻“守初心、担使命，找差距、抓落实”的总要求，把主题教育出发点和落脚点放在实实在在解决问题上。坚持落实“三个第一时间”学习机制，创办《理论学习》专刊，以提高党委理论中心组学习质量带动全行学风改善。大力倡导务实重行的工作作风，通过压实责任、加快节奏、狠抓落实，推动作风转变和效率提升，广大党员干部干事创业、担当作为的精气神得到提振。加强基层党组织和党风廉政建设，推进银川分行示范区及5个示范党支部建设，开展“十个一”警示教育活动，对吴忠分行开展巡察，推动从严治党向基层延伸。持续抓好中央和集团巡视反馈问题整改落实。针对调研发现和基层反映的问题，坚持即知即改、立行立改。着力解决形式主义、官僚主义突出问题，专门出台为基层减负19条措施，对下发公文、基层报表、各类检查实行清单制管理，使文件、会议、检查数量得到有效控制。关注员工思想动态，关心员工生产生活，持续推进职工小家建设。认真履行社会责任，普惠小微贷款保持稳定，金融扶贫和定点帮扶较好落实，绿色信贷余额增长92%。（邮储银行/提供）

开展中华人民共和国成立70周年系列庆祝活动。

【中邮保险宁夏区分公司】

一、转型发展

（一）保费收入

实现总保费收入30455万元，比上年增长9%，完成年度预算的103%。银保新单保费14229万元，比上年下降1%，完成年度预算的98.8%；续期保费15862万元，比上年增长18.9%，完成年度预算的106%。

（二）期交业务

实现期交新单保费11371万元，比上年增长250%，完成年度预算的125%，结构占比91%。长期期交保费3363万元，比上年增长4643%，完成年度预算的163%，结构占比30%。

（三）协同项目

承保宁夏、青海铁塔公司团险项目，实现保费29.3万元。承保2项保险统括项目，实现保费164万元。对同心、红寺堡等支行实地帮服培训，完成借意险保费174万元，比上年增长115%。落实市场板块协同工作，开发汽车产业链、粮食经济等项目，实现保费18万元。个团险保费收入368万元，比上年增长141%，完成预算进度的123%，全国排名第四，其中，小额保险保费收入174万元，比上年增长 115%，完成预算进度 348%。

（四）组织协同

与区邮政公司、邮储银行分别制定 2019 年中邮保险营销方案，分解下达季度目标。与邮银召开三方联席会及办公室会议，召开宁夏邮政代理金融旺季发展推进暨中邮保险营销活动会议，定期参加市场协同委员会会议、邮政月度生产经营分析会议、邮政金融资金安全联席会议等。协调加入宁夏邮政代理金融风险内控案防管理委员会。

二、专业能力

（一）队伍共建

参与 330 人的邮政地推团队建设，讲师与地推团队共同走访客户，针对商贸客户推介营销保险、商户收单等业务。组织邮政代理金融管理人员能力提升培训班，讲师深入支行、代理金融网点组织“一对一”实地培训，全区网点培训覆盖率 100%，培训 512 场次、6383 人次。对邮银市县各级岗位及网点人员进行运营和续期业务知识培训，并组织满期给付与退保突发事件应急处理培训及演练。

（二）特训活动

与邮银制定落实中邮保险营销方案，加强联合分片督导和业绩通报。制定长期期交营销项目“区域作战图”，完善“234”培训＋实战长期期交营销新模式，全面提升营销能力。与邮政组织“春耕特训营”活动，实现期交保费 1321 万元；在银川市组织长期期交专项营销活动，完成保费 1013 万元；组织固原市“邮保协同　效能跃升”专项培训，完成长期期交 296 万元；组织吴忠、石嘴山、中卫市长期期交营销 PK 赛，实现保费 1010 万元；分期对邮储银行各市分行组织长期期交训练营活动，完成保费 200 万元，实现全区期交、特别是长期期交业务突破发展。

（三）营销方式

利用线上化营销优势，承保线上率达到 99.6%；推广线上保全等功能，保全线上率 19%。结合网点厅堂营销活动，制定产品营销模板及话术，将理财与中邮保障型产品组合，向客户推荐“金融＋保险”“理财＋长期期交”综合家庭资产配置方案。组织石嘴山 CRM 客户管理系统精准营销试点。

（四）续期管控

加强日常催收、通报考核等过程管理，13 个月保费继续率 93.9%，25 个月保费继续率 97.6%，宽末综合达成率 97.3%。成立续期业务品质管理小组，组织失效保单清理专项活动，匹配邮政、社保、公安等资料，借助投递员对失效保单客户上门面访，复效 361 件、343 万元。

（五）运营质量

除理赔申请支付时效 2.03 天不达标外，人核件全流程时效、理赔赔案留存率、理赔 7 日调查完成率、团险理赔 10 日结案率、理赔出险支付时效等指标均达到公司考核要求。紧盯全流程处理，严格承保资料扫描前审核，抓好新契约问题件整改，做好关键环节提示等工作，新契约合格率 100%、理赔 10 日结案率 100%、保全时效 0.07 天，均位居全国前列。实现网销保单直投到户。平稳应对满期给付和惠众保集中退保，完成惠众保退保 782 件，退保金额 4230 万元，受理满期给付业务 1604 件，给付金额 3398 万元。

（六）客服品质

二访录音上传率、问题件结案上传率 100%。完善分公司回访录音及工单档案归集整理，犹豫期内电话回访成功率 99.8%，位列全国第二。组织客户信息真实性及客户服务品质专项检查。组织投诉专项整治深化活动，落实投诉处理“2 小时工作制”，亿元保费投诉量 0 件。组织“3・15”消费者权益保护教育宣传周、“7・8”保险公众宣传日、金融知识普及月等宣传活动；组织健康检测、插花、茶艺品鉴、亲子烘焙及客服季等专项活动。

三、基础管理

（一）财务管理

细化预算管理条线，明确管理职责，按条线配置资源、下达预算，引导各条线充分发挥各自资源效能。标准保费业管费率 36.6%，比上年下降 47.2%，百元标准保费变动业务费用 2.7 元，比上年下降 62%，投产效率明显提升。

（二）人力资源管理

制定完善绩效考核、员工退出等管理办法。做好分公司领导干部及员工各项考评考核工作。组织开展四级及以下非领导职务选聘工作。组织员工素质能力提升培训，员工参加内、外部培训 22 次、643 人次。

（三）信息系统

组织信息网安全运行竞赛活动，在公司信息化评价中得分 104.7 分，全国排名第四。组织做好“护网行动”。开发公务用车、用印电子申请程序。

（四）联动管控

联合邮银开展销售误导专项整治“亮剑行动”，针对销售乱象等问题进行现场检查，对 4 个市中邮保险局、13 个县邮政分公司、24 个代理网点进行合规检查。组织落实“巩固治乱象成果　促进合规建设”、侵害消费者权益乱象整治等自查。聚焦客户电子邮件发送成功率普遍较低、条款解释不清问题件占比偏高、“双录”问题整改及失效保单清理滞缓等问题，落实了相关整改措施，取得了阶段性成效。组织合规、业务管理等相关培训 12 期、500 余人次。

（五）内控管理

组织落实防范化解重大风险攻坚战 2019 年工作方案，中介业务渠道管理内部审计等工作；开展内部控制合规管理能力、反洗钱、操作风险控制自评估、偿二代风险综合评级和关联交易情况专项自查，开展扫黑除恶专项斗争、非法集资风险排查整治活动和保险欺诈风险专项治理。修订完善制度30个、废止34个；完成客户身份识别4326件，排查可疑交易31笔，无可疑交易报告。持续推进绿色邮政建设专项行动及“平安邮政”创建工作。

四、党的建设扎实推进

（一）学用结合有实效

深入学习贯彻习近平新时代中国特色社会主义思想和党的十九大、十九届四中全会精神，持续开展“大学习、大讨论、大落实”活动。严格执行“三个第一时间”学习机制。组织党委中心组学习13次，其中研讨7次。开展“不忘初心、牢记使命”主题教育，认真组织学习研讨、参观学习、调查研究，召开了调研成果交流会和专题民主生活会。坚持巡视整改例会制度，以抓问题整改推动工作质量提升，40项整改措施销号39项，持续推进措施1项。

（二）基层党组织建设持续加强

落实“理论武装提升行动”实施方案。以“七个一”为抓手，开展“服务基层　转变作风”活动。完成“两委”和支部换届，基层党组织力量得到加强。开展“基层党组织建设达标工程和创先争优”活动，组织“纪念建党98周年”等主题党日活动，联合组织公益扶贫、慰问帮扶等党组织共建活动。

（三）扶贫工作富有成效

制订乡村振兴三年规划及2018—2020年扶贫工作计划，扩大保险扶贫覆盖面，保险扶贫涉及5个县区，人数4555人，比上年增长50%，提供风险保障9000万元。组织闽宁镇原隆村健康义诊、海原县米湾村扶贫捐赠等公益活动，捐赠物品8万元。

（四）党风廉政建设持续强化

制定下发形式主义、官僚主义整治方案，对照会风、文风等问题逐项销号整改。抓好关键节点廉洁教育和“五个一”活动，参观了警示教育基地、红色档案文献展等。持续开展半年“四风”“三重一大”等专项自查工作，发现问题50个，整改49个，持续整改1个。（中邮保险/提供）

【宁夏寄递事业部】 区寄递事业部完成收入1.38亿元，比上年增幅16.6%，完成集团预算目标的94.3%。其中，标快业务完成4047万元，比上年增幅14.2%；快递包裹业务完成3257万元，比上年增幅4.7%；国际业务完成658万元，比上年增幅230%；物流业务完成5240万元，比上年增幅8.1%。集团公司重点管控的9项质效指标中有7项全国排名前三。其中，标快异常发生率、理赔及时率、问题邮件一次及时解决率全国排名第一；国际EMS异常发生率全国排名第二；标快异常调度及时解决率、快递包裹异常调度及时解决率、快递包裹异常发生率全国排名第三。

一、业务发展

（一）标快业务

政务类项目。响应政府“放管服”政策，开展银川市民大厅线上线下寄递服务，实现业务收入98.2万元；优化法院专递项目流程，强化专人派驻，实现收入433.3万元，比上年增幅55.7%；组织开展身份证“进校园”活动，实现收入234万元，比上年增长64.8%，寄递转化率21.4%，比上年提升10.9%；组织对全区1263户政务机关客户进行销号式开发，新开发政务类客户178户，实现新增收入283万元；通过引进邮航直递“极速鲜”，“极速鲜”羊肉寄递项目实现运营水平和收入规模双突破。

（二）快递包裹业务

全区新兴电商平台客户开发工作取得成效，通过线上、线下寻找，全区共成功开发客户142户，实现收入110.2万元。

（三）国际业务

打通批量红酒寄递国际渠道，与宁夏葡萄酒局建立常态化合作关系，深度开发红酒国际参展项目寄递业务，在国际EMS寄递的基础上，拓宽非邮渠道，提升红酒出境时限和效率；抓住集团公司E速宝推广契机，开发俄罗斯专线E速宝业务，非邮国际业务拓展实现俄罗斯路向E速宝业务新增收入453.47万元。

（四）物流业务

物流收入在存量项目减收的不利局面下，一方面固旧拓新，开发日日顺、恒安、伊脉水等7个项目，实现新增收入1337万元；另一方面降本增效，将委办车辆运营纳入平台，规范车辆外雇流程，减少自营车辆10辆，节约油料及维修费用27万元。

二、精细化管理

（一）发挥看板系统指导作用

通过对“五大看板”数据的对标分析，经营管理方式逐步向精细化转型。以指标为抓手，及时查找、分析、解决问题，做到“有人管、有人看、有人干”，全区寄递业务运营质量得到有效改善。

（二）利润转型

强化中心局“6+1”成本指标管控，在处理、运输和维修环节进一步开展流程优化和降本增效工作，单位综合成本、包件处理成本和单位维修成本降幅分别达到3%、8%和4%。中心局转场后，成本费用比上年下降4.2%。

三、能力建设

（一）揽投网改革

全区持续优化调整以包裹快递为主的揽投组织、运行机制和作业模式。以市场为中心，按区域有针对性地进行段道设置。新增揽投部7处，增加揽投合一段道28条、专揽段道4条、派驻揽收段道8条，自提率44.82%，实现揽投资源整合利用的集约化、最大化，提高了投递作业效率，促进揽收能力的整体提升。

（二）网运支撑能力

完成邮速双方处理场地的整合及银川邮区中心局的搬迁工作。建立夜间集散网络+省内二干网路相结合的网路模式；全区航陆指挥调度职能合并，以指调系统大数据分析实现统一动态调度。加密投递频次，加快省内互寄邮件传递时限，标快、快包省内互寄次日递率分别提升22.9%和11.6%。

（三）科技赋能

引进“E快寄”APP系统，在全区22个区县公司，300多个自提点、网点全面推广使用，增强线上揽收能力，提高收寄效率；中心局新型交叉带式双层分拣机的应用，使95%的包状邮件实现自动化分拣，邮件全程不落地，邮件日均处理量由原来的18万件提升至30万件；加快通过“邮客行系统”的推广使用，及时掌握客户异动情况，实现精准营销，通过及时掌握客户异动情况，了解营销产品对应的目标客户，实现了精准营销；推进睿邮运输管理系统上线，物流业务实现全环节闭环管理。

四、服务质量水平

（一）问题指标

按责任单位的达标考核改为按问题邮件考核，考核落实到责任人，提升目标管控的力度；通过开展“百日专项整治”活动，有效降低有责投诉率，全区有责投诉率压降至万分之3.15，全国排名由第29名提升至第16名。

（二）重点指标

严格管控服务工单处理时限，连续9个月问题邮件一次及时解决率排名全国第一，标快异常邮件及时有效解决率由93.01%提升至95.72%，全国排名第七，用户满意度大幅度提高；逐件审核理赔单证，对问题单证及时处理，理赔及时率指标每月100%，全国排名第一。

视检效率有效提升。结合新一代寄递平台信息系统和视频监控系统等信息化手段，检查模式逐步由现场检查向系统监控转变，实现管理信息化；转变视检工作以罚代管的思维，对基层生产机构加强业务指导。

（三）主动客服能力

成立省、市两级主动客服团队，对重点业务、重点项目由省集中主动客服调整为分层分级主动客服，缩短问题件处理时长，提升服务质量。（宁夏邮政分公司／提供）

新疆维吾尔自治区

【新疆邮政分公司】

一、收入完成情况

新疆区分公司和新疆区寄递事业部整体实现收入24.32亿元，增幅3.04%。寄递业务完成收入7.42亿元，增幅3.98%；非寄递业务完成收入16亿元，增幅2.5%。其中，代理金融业务实现收入10.67亿元，增幅4.7%；报刊业务实现收入1.8亿元，增幅0.9%；分销业务实现收入1.14亿元，增幅11.2%；集邮业务实现收入8162万元；增值业务实现收入8362万元；函件业务实现收入4587万元；机要业务实现收入360万元；邮政其他业务实现收入8980万元。

二、立足地方维稳扶贫

新疆区分公司各级党组织和驻村工作队均较好地履行维稳职责，认真做好“访惠聚”驻村、进村住户“双覆盖”、民族团结一家亲“结亲周”、维稳值班等工作。全区派出74支、230名驻村工作队员，参加民族团结一家亲“结亲周”、进村住户“双覆盖”人数1.78万人次，选派24名干部和业务骨干到基层单位帮扶交流。实施6个扶贫项目，15个定点扶贫村有14个村完成脱贫任务，2001户、8480人实现脱贫。部分工作队和队员因工作出色荣获先进称号。以“邮政+”模式，服务农村电商，实现精准扶贫。确定“电子商务进农村”综合示范县1个；运作了吐鲁番“西州密25号”哈密瓜、轮台小白杏、喀什伽师瓜、五家渠冰糖雪梨瓜、哈密淖毛湖哈密瓜、伊犁小红杏、库车吊干杏、和田大枣等特色农产品进城营销；利用中国邮政邮乐网、中国邮政极速鲜商城和新疆邮政新邮寄微商城开展线上农产品销售，发挥邮政渠道组织开展各类推广和促销，提升新疆农特产品的知名度，促进返城农产品销量，全区线上线下运作各类农产品2665万元；建立10个扶贫地方馆，覆盖和田、喀什、克州、阿克苏、塔城、伊犁、哈密、阿勒泰8个地州、32个国家级贫困县，上线130款扶贫产品。扶贫订单15.28万笔，完成8款过万单扶贫大单品的打造和200名电商扶贫能手的培育。

三、从严治党落实要求

新疆区分公司党组集中发力解决基层党组织规范化、干部员工业务素质提升、拓宽年轻干部培养渠道、精文减会提高效率、时限提升、揽投部销售化转型、四大市场营销组织源头获客、金融网点效能提正、保险理财发展、理财业务风险防控“十大问题”；用“四个是否”促进党建与中心工作相结合。

（一）“不忘初心、牢记使命”主题教育取得阶段性成效

从学习教育、调查研究、检视问题和整改落实四个方面开展主题教育。成立主题教育领导小组，细化18项举措并制定了时间推进表；党组落实班子主体责任，中心组集中学习12次、班子成员深入16个地州市分公司、39个县分公司和131个支局班组调研，与34名党员群众建立沟通联系，梳理出35类突出问题91个具体问题，销号完成32类、86个具体问题；成立5个主题教育指导组，

7月1日，新疆邮政分公司举办“不忘初心、牢记使命”全区邮政党的知识竞赛决赛。

对第一、第二批主题教育加强督促检查和指导帮助。第一批主题教育覆盖区分公司37个党支部、60名三级以上领导干部和630名党员；第二批主题教育覆盖16个地州市分公司党委，183个党支部和2824名党员。通过落实“三个第一时间”学习机制、党组书记授专题党课、开展党支部主题党日活动、多种形式组织全区党员互学、自学主题教育规定的全部内容。系统内涌现出一批先进人物和事迹，巴州和静县邮政分公司巴润哈尔莫敦镇支局长倪宏亮获得2019年度“自治区优秀共产党员”荣誉称号。系统内评选表彰全区邮政先进基层党委、先进基层党支部、优秀党员和优秀党务工作者，选树3个先进基层党委、19个先进党支部、49名优秀共产党员、8名优秀党务工作者，带动各级党组织和党员发挥先进模范带头作用。组织开展5次全区四级副以上652名党员干部的政治理论考试，平均成绩85.9分。开展“七一”党的知识竞赛活动。中央主题教育第十二巡回督导组对新疆主题教育开展情况予以充分肯定。

（二）推进基层党组织规范化标准化建设

以“主体责任清单化、工作落实台账化、考核评价明细化、落实要求达标化”为主要内容，逐月销号落实党建任务。持续巩固基层党建“六个没有”问题解决成效，党组成员带队走访17个县分公司联系点，形成调研报告54份；发现具体问题196个，制定改进措施211项，定向推动问题的解决。严格程序增补地州市党委委员7名，切实做到民主生活会和组织生活会督导全覆盖。开展党员档案专项整治，对980名党员开展党员档案核查补充工作；支部和党员纳入“中邮先锋”统一管理；发展党员123名，其中一线党员和青年党员占比66%；全区95名党员干部与146个支局班组建立基层联系制度，与187名党员及员工直接联系；326名机关党员下沉无党员支局（班组）；无党员支局减少46个。开展基层党组织示范点“325”创建活动，153个党支部规范化建设达标，占比78.5%；建成6个先进基层党委，40个先进基层党支部示范点和100名优秀党员先锋示范岗；各级党组织切实履行管党治党第一责任和“一岗双责”，逐级签订主体责任书；健全8项责任清单、91项任务清单和130项工作台账。

（三）纪检监察工作

党组会专题研究党风廉政和反腐败工作，召开一次全区领导干部警示教育大会，组织一次廉政教育讲座，开展一次廉洁教育主题党日活动，组织一次纪检干部培训。中央巡视82项整改措施，销号结项81项。纪检组完成对5个二级单位的巡察。坚持有责必问、问责必严，立案18起，给予党纪政务处分40人次。

（四）干部选拔机制

开展优秀年轻干部调研，加大竞争性选人用人力度，对11个三级副和3个四级正岗位进行公开竞聘，9名80后干部走上相关领导岗位，选优任能推进新老交替。

四、认真践行服务宗旨

（一）“12+2”指标全面达标

1508处普遍服务营业场所开办四项基本业务，营业时间、投递频次、投递深度、全程时限以及查询、赔偿等指标和规范要求实现达标。邮政服务满意度90.7分，申诉率为百万分之0.18，申诉处理满意率100%，平信丢失率0.3‰。

（二）普遍服务营投网点标准化建设

359处空白乡镇补建网点标准化改造基本完成并稳定运营；9163个建制村通邮率达100%，建制村投递服务打卡率达100%;《人民日报》等党报当日见报率达36.3%。

（三）整治难点问题

平信条码化率99.7%，在途邮件断点率下降到0.1‰，有责申诉率下降97.2%。普遍服务达标集中整治行动问题整改率92.51%，位列全国第一。

五、企业转型发展

邮政、寄递、银行、证券建立协同发展委员会，定期召开会议，制定整合方案，发挥渠道作用，开展联动营销，为金融、寄递等专业协同发展提供资源，建立44个代销渠道。

（一）金融收入

1. 业务结构优化。保险收入比上年增长2404万元，拉动金融收入增长2.4%，非利差收入占金融收入比重17.8%，比上年提升1.3%，期交保险占保险收入比重

49%，比上年提升25.24%。

2. 线上渠道拓展。新增激活手机银行客户25.7万户、快捷支付绑卡38.1万户、全码付商户3.96万户、邮储食堂会员7.9万户，线上交易资金占比提升13%，线上流入资金增长2倍以上。

3. 项目拉动体现。社区会员超市新增储蓄余额7.29亿元，旅游项目新增存款5.99亿元，揽收特色经济资金67.1亿元。

4. 合规基础夯实。配备专职检查人员160人，开展24期合规微讲堂、45期综合柜员素质提升大讲堂，合规管理系统点均预警条数下降69.9%。

（二）寄递发展有效支撑

时限明显加快；能力明显提升；市场有效拓展。整合全面完成。

（三）旅游服务有所创新

文化业务拉动收入增长，文化旅游项目实现收入2115.7万元，增长1209.6万元，增幅133.5%；对集邮、函件收入增长贡献率分别达69%、659%。

（四）公共服务有效叠加

渠道平台获客引流，以税邮、警邮合作为基础拓展公共服务范围。税务双代业务实现收入7397万元，增长22%。建成270个警邮合作网点，线上线下办理业务79.3万笔，带动寄递收入1980万元。

（五）营销组织有所创新

市场摸排有效开展，确定营销组织工作规范，组建19个营销中心、37个营销团队、71个揽收团队和31个行业团队。各级营销中心对重点市场逐一走访，政务、电商、商企市场分别摸排客户520个、160个、78个，签约率分别达79%、82%、78%；核心商圈开发写字楼、商超和园区142个、89个、85个，开发率分别达72%、75%、75%，分别提高17%、33%、12%。

（六）对外合作持续扩大

新签南航、华为等7家战略合作协议，实现收入2135万元。3个集团级、1个区级项目累计实现收入1.5亿元。

六、持续开展提质增效

“两金”大幅压降。累计收回用户欠费3.5亿元，压降存货2363万元。“两费”有效管控。开发社会化用工系统，纳入系统管控的业务外包、委代办人员6573人，实现代办费集中管理。调整管控委办车型、采取运输费集中采购，在业务量大幅增长的情况下，运输费比上年下降3165万元。“两率”稳步提升。压降120个高柜台席，减少200名营业人员，减少26个低效网点，全区劳动生产率人均比上年增加0.2万元。盘活房产新增租金收入850万元，盘活闲置金融押运车辆新增处置收入303万元，报废、停用低效自助设备161台，节省维保费44万元，资产利用效率明显提高。

七、精细管理支撑发展

（一）人力资源管理

支撑两翼发展，优化用工配置。在重点地区、重点市场实施人力资源预投入政策，增加揽收人员78人，招录理财经理68人；推行计件薪酬，发挥激励作用，重点是统一邮速揽投人员薪酬分配模式和标准，制定揽投岗位和营业人员计件薪酬指导意见，配置2700万元工资性人工成本支撑两翼发展；提升员工素质，推动技能达标，举办5期领导人员素质提升大讲堂和县分层面领导执行力提升培训，举办“两翼”培训102期，累计参培5万人次，开展五类岗位必会培训和通关考试，4447人通过考试。

（二）财务管理

1. 强化财务管控。足额配置战略性业务直接成本，严控管理性成本，管理性支出减少8.5%，严格预算执行控制，按月预警并进行偏离分析。

2. 强化资金管控。加大存量资金盘活力度，强化现金额度管理，强化业务资金审批，加强资金集中管控，推进“三供一业”分离移交。

3. 深化集中核算。实行分层稽核审核模式，推动成本费用源头管控。

（三）工程管理

中央预算内资金项目新增完工项目186项，完工率比上年提升12%，资金支付率提升39%，新增支付2.6亿元。

（四）信息化管理

完成19个系统硬件资源池及系统设备更新工程等5项信息化工程验收，完成新一代寄递平台二期、包裹快递业务智能跟单系统等7个集团项目。

（五）安全管理

完成《新疆邮政安全生产管理标准化基本规范》制定。排查隐患2861处，整改2855处；全面完成金融押运外包。

（六）审计管理

分别完成绩效审计18项、经济责任审计13项、专项效能审计2项，施工结算审计789项，审减金额1782万元。

（七）法律事务管理

严格合同审批，依法处理3起纠纷案件，挽回直接经济损失100余万元。

（八）采购管理

完成采购项目54项，节约资金3402万元，节约率26%；公开招标率91.25%，公开采购率92.83%。

（九）机要管理

连续19年保持机要通信质量全红。

八、能力建设

能力投入1.83亿元，其中，中央预算内项目投入4594万元，普遍服务安防类项目投入8543万元，寄递类项目投入4128万元，金融类项目投入1047万元。争取到兵团普遍服务项目885.6万元补贴资金。各类场地建设投资4724.45万元。投资1135万元完成10个处理中心工艺改造。投资3600万元购置310辆干线车和揽投车。新增9处城市揽投部。推广代投渠道建设，代投、自取比例不断提升。全区投递、揽收人员人均年揽收6900件、年收入12.59万元，比整合前分别增加1000件、6900元。

九、企业效益

有效收入占比提升0.1%；劳动生产率人均增长0.2万元；总资产周转率提升0.13次。

十、和谐企业

三级企务公开工作全部完成；困难职工精准帮扶完成年度阶段性目标；彻底解决28处3小时以上露天作业问题、787名金融从业人员轮岗食宿问题、64处边远农村支局“三难”问题和2883名一线人员补装需求。落实精准帮扶，关爱劳模先进。15150名职工享受商业补充医疗保险，理赔417.95万元；917名职工享受互助互济基金补偿，补偿金101.92万元。申请失业保险稳岗补贴资金645万元。对596个集体、45名困难员工、49名劳模进行慰问，慰问金额227.9万元。安排5名劳模先进参加疗休养活动，507人参加了喀纳斯激励活动。选树先进典型，营造争先氛围。2个集体分获“全国工人先锋号”和开发建设新疆奖状，2个集体荣获“自治区工人先锋号”，1人荣获开发建设新疆奖章。35人分获自治区快递行业最美快递员称号和优秀快递员称号。（新疆邮政分公司/提供）

11月21日，邮储银行新疆克州乌恰县支行信贷员前往乌恰县吉根乡斯姆哈纳村开展扶贫贷款贷后检查。

【邮储银行新疆区分行】 新疆区分行设有19个部门、1个直属单位，下辖16个地、州（市）分行，91个一级支行，124个自营网点、525个代理网点，从业人员3257人。

一、经营概况

资产总额1068.98亿元，比上年末增长6.71%；负债总额1064.81亿元，比上年末增长6.79%。各项存款余额987.38亿元，比上年末增长47.91亿元；各项贷款余额351.15亿元，比上年末下降3.86%。银行自营收入完成15.5亿元；完成利润总额4.45亿元，比上年增长72.79%，增幅列邮储系统第8位，为历史最好水平。

二、业务发展

（一）负债业务

个人存款业务以“十二大抓手”为着力点，拓展低成本存款规模。“四张卡”全年发行31.74万张，沉淀资金1.79亿元。其中，ETC发卡15.56万张，完成率列邮储系统第2位；条码收单商户4396户，联动日均存款2.8亿元，完成率列邮储系统第2位。发展“邮储食堂”会员6.1万户，交易用户数1.98万户，交易金额130.58万元，列邮储系统第10位。落实“手机即银行”战略，净增手机银行激活客户11.71万户，快捷绑卡24.62万户，电子交易替代率96.18%。公司存款业务围绕增资格、增系统、增账户，拓存款，“固本提标”活动取得实效。公司存款时点余额净增11.3亿元，列邮储系统第8位。成功中标自治区本级财政资金10.5亿元，刷新新疆区分行财政存款营销纪录；新增投资地方债35.72亿元。

（二）资产业务

加强信贷营销模式、服务模式、产品模式的探索，寻找贷款增长点。公司信贷实行总部营销、横向联动、链式开发。公司贷款余额105.22亿元，比上年增长11.33亿元，增幅12.07%。新增授权9家二级分行开办公司信贷业务。创新开发棉花产业链融资项目，仓单质押业务成功放款。首笔“牵头＋代理”银团业务落地，首笔PPP模式公路项目成功放款，国内信用证议付、国内保函以及福费廷等交易银行业务均实现零突破。“三农”金融业务以守住存量客户为主，推进量质并重发展。加快小额贷款线上支用转化，“小贷E捷贷”投放、结余均比上年翻倍增长；“小贷极速贷”在9家二级分行、34家支行开办。小企业金融业务以大数据驱动业务创新，实现与当地税务系统对接。推动线上产品落地，线上小微易贷发放户数占比60%以上。消费信贷业务全力加快转型。网贷业务净增列邮储系统第12位；投放一手房贷款4.43亿元，占比提高6%。公积金信用消费贷款业务批复开办。

（三）中间业务

加大信用卡项目客群营销力度，提高各层级营销能力。信用卡发卡15.63万张，比上年增长7.12万张，激活率74.29%，列邮储系统第5位。其中，“邮储食堂”信用卡发卡4.7万张，列邮储系统第1位。

三、资产质量管控

把资产质量管控摆在突出位置，从源头上防，从根子上治，确保利润不被不良吞噬。不良金额比上年下降2.05亿元，不良率比上年下降0.5%，核销前新增不良贷款比上年下降 5.53 亿元。清收不良贷款本息 3.16 亿元，比上年多清收 0.69 亿元；核销贷款本金 2.33 亿元。实现信贷风险基本可控目标。

四、队伍建设

加大队伍培养力度，推进地方政府、兵团、区分行和二级分行干部横向、纵向交流任职；调整二级分行及区分行部门正副职 49 人次，干部交流 26 人。扩大选人用人视野，通过组织选拔、社会招聘等方式，充实队伍。提任 14 职级以上干部 7 人、外选 7 人，实施 14 职级、16 职级岗位竞聘选拔工作；加大人才引进力度，开展校园招聘、社会招聘 4 场，招聘人员 157 人。区地两级机关开展员工自我行为管理工作，强化激励约束机制。扎实开展员工行为排查，完成日常及集中排查 1.3 万人次；全行执行轮岗 705 人，其中信贷员 212 人，防范案件风险发生。开展分层分级培训，集中培训 940 期，培训 1.5 万人次。

五、绩效薪酬管理

一是完善二级分行领导班子和人员、区分行部门绩效分配办法和员工考核办法，构建以业绩为中心的多层级考核激励体系。二是修订工资总额和劳务工劳动报酬分配办法，突出价值贡献。三是健全员工薪酬增长机制，职级晋升 528 人，薪档晋升 2870 人。

六、党的建设

深入学习贯彻习近平新时代中国特色社会主义思想和党的十九大精神，认真落实党委理论中心组学习制度和“三个第一时间”学习机制。扎实开展“不忘初心、牢记使命”主题教育，教育引导广大党员干部“守初心、担使命，找差距、抓落实”。先后开展“合规——共产党员在行动”“发展——共产党员在行动”主题活动，把基层党组织活力转化为发展动力。扎实做好巡视“后半篇文章”，建立月例会、月报表制度，对集团公司巡视反馈的问题举一反三、未巡先改。深入推进基层党组织“共建、共享、共进”主题活动，78 个基层党组织开展党建联建。加强基层党组织规范化建设，确定 7 个党委示范区建设目标。

七、履行社会责任

助力打赢金融精准脱贫攻坚战，收回扶贫小额贷款 4.67 亿元，金融精准扶贫贷款年净增 4925 万元。认真落实自治区党委维稳工作决策部署，全辖成立或参与“访惠聚”工作队 42 个，140 人脱产履行“访惠聚”工作职责，424 人参与“民族团结一家亲”工作。累计投入上百万元援建基层党组织活动阵地，将党组织的堡垒触角延伸到每家每户，将党的功能基站网格化，把基层党组织服务群众、维护稳定、反对分裂的坚强战斗堡垒作用发挥到最大化，在意识形态领域占据主动权。（邮储银行 / 提供）

【中邮证券新疆区分公司】 新疆区分公司成立于 2017 年 7 月 21 日，是经营证券综合业务的省级分公司，内设综合部、市场部、运营风控部、资管投行部 4 个部门，从业人员 14 人，其中本科及以上学历员工 14 人，占比 100%。实现收入 127.8 万元，累计销售金融产品 4064 万元，资管计划销售 2147 万元。总账户 21727 户，新开户 7300 户，开立融资融券账户 9 户，科创板开户 38 户，机构户 5 户，经纪业务客户总资产 1.69 亿元。

一、党的建设

分公司以习近平新时代中国特色社会主义思想为指引，深入落实十九大精神，持续加强分公司党的建设。坚持用习近平新时代中国特色社会主义思想武装头脑、指导实践、推动工作。深入推进“两学一做”学习教育常态化制度化，认真开展“不忘初心、牢记使命”主题教育，教育党员干部悟初心、守初心、践初心，坚定理想信念，强化宗旨意识。夯实党建基础，推进党建与生产经营融合。把企业党建工作与业务工作有机结合起来，做到同计划、同安排、同实施，把党建各项工作任务最终落到党支部，落到每个党员干部。组织开展“我为基金销售做贡献”主题党日活动，以习近平新时代中国特色社会主义思想和党的十九大精神为引领，聚焦分公司经营重点工作进行集中攻坚，积极引导全体党员在促进企业发展中“亮身份、走前头、做表率、树形象”，破解公司发展难题，努力营造争先创优的良好氛围。进一步发挥共产党员的先锋模范作用，教育员工、锻炼党性、坚定理想信念，打造政治素质和业务能力“双过硬”的党员干部队伍。

二、认真开展巡视整改工作

坚持问题导向，强化责任担当，狠抓工作落实，整改落实工作取得良好成效。分公司党支部支委研究制定 2019 年中央巡视整改持续推进工作计划表。每月召开一次巡视整改工作领导小组会议，听取巡视整改推进总体情况和整改任务完成情况，研究、审议和部署整改相关工作，每季度对中央巡视整改推进情况进行总结。建立整改台账，责任落实到人，实行销号整改，做到条条要整改、件件有着落。组织全体党员认真学习《党章》《廉洁自律准则》《纪律处分条例和党内监督条例》《共产党问责条例实施办法》，不断提升党员领导干部的党性宗旨教育、廉洁自律教育及党纪党规教育效果。“不忘初心、牢记使命”主题教育期间，组织党员前往新疆维吾尔自治区红色主题教育基地参观学习，以案释纪，警钟长鸣。

三、风险管控

分公司建立风险防控常态化运行机制，把廉洁风险防控机制建设同制度建设、业务流程完善结合起来，形成流程管事、制度管人的工作格局。能够把廉洁风险防控工作与岗位的日常工作开展结合起来，把对风险点、风险事、风险人监督的各项要求贯彻到日常工作中去，使廉洁风险防控的各阶段各环节工作落到实处。

四、协同发展

以每季邮、银、证协同联席会议为点，与邮政、邮储建立沟通联络机制，定期与区邮政分公司金融业务部沟通联络，加强与各地州邮政金融业务局联系，明确证券业务对接人，渠道沟通联络常态化。以每日、每周定期数据通报为线，向地州市分公司总经理、分管副总经理、金融业务部领导、金融专管员通报证券业务发展情况，进行点对点点评，督导责任单位证券业务发展情况；以建立起板块业务发展考核激励奖励制度为面，激发协同活力。板块协同新开户 7060 户，新增有效户 2244 户，新增资产 −3737 万元，其中邮储银行新开户 41 户，资产提升 103 万元。协同效果逐步显现，板块协同合力推动业务发展打开新局面。

五、树立标杆，重点突破有收获

针对证券业务市场规模大的区域进行重点布局与督导，通过主动协同并在地市邮政分公司的支持与配合下，开展各类中邮证券第三方存管业务专项营销活动并配套相应的奖励激励政策，通过赛中赛、短赛等方式，将证券业务快速推向一线网点，竞赛气氛热烈，活动效果显著，石河子、塔城率先完成新增有效户年目标。巴州单只资管产品销售创新突破（销售鸿利来资管产品 926 万元）。阿勒泰、和田债券类产品销售能力实现突破，资产规模稳步提升，及时总结先进地市、网点发展经验，优秀员工业务发展技巧，树立标杆效应，并推广复制，通过典范引领推动业务快速提升。

六、开展股权质押业务

完成棒杰股份、美克家居、新天然气等上市公司股票质押项目的调查与上报工作，虽然因各项目存在一定的风控问题，都没能落地，但资管投行部业务拓展能力及熟练度得到进一步的提升。

七、成功开发科达债转股财务顾问项目

完成科达集团债转股非上市公司财务顾问项目，期间赴库尔勒实地工作 16 人次、23 天，项目形成收入 50 万元。

八、强化合规风控

不断加强客户适当性、投资者教育、产品销售等多方面的管理力度，合规也不仅立足于报表工作，更多地在各项业务中的渗透合规理念。通过不断加强业务制度建设，完善规章制度，做到了办必依规，办必依制。认真执行日常监督检查、促进内控制度落实，促进员工执业行为规范，防范执业风险。分公司综合监管报表信息真实、准确、完整，不存在虚假记载、误导性陈述或重大遗漏。认真履行日常业务的监督检查工作，在业务操作流程、客户档案的规范性、重要凭证领取留痕等相关检查工作中发现问题及时纠正，且分析问题出现的原因，督促相关人员进行整改，并在每月月报以及合规季度报表中反映。

九、加强基础管理

实施内外结合的培训方式，加强专业知识的系统性培训和管理技能的深度挖掘，保证分公司开办的所有业务知识、管理技能、制度建设全面掌握，高效应用。创新培养方式，通过以考促学的方式，引导、鼓励员工继续参加证券业各类资格考试，确保在符合岗位需求的基本前提下，多考多过，培养复合型人才。分公司有 14 名员工，13 人取得证券投资顾问资格，9 人取得基金从业资格，2 人取得期货从业资格。

十、落实总部网络安全要求

严格落实总部的各项规定，防范信息科技风险，全力做好国庆 70 周年等国家重大活动网络安保和国家关键信息基础设施保护工作。（中邮证券／提供）

【新疆寄递事业部】

一、时限明显加快

持续推进“时限提升大决战”，区内互寄标快、快包次日递率分别为 48.3%、35.9%，比年初分别提升 21%、22%，位列 13 个时限提升效果较明显的省份。以“加快区内航空网布局”“突出重点，优先确保业务量大的线路实现提速”为原则，针对薄弱环节，解决上航问题，通航局由 3 个增加到 7 个，省际航线由 54 条增加到 104 条，省内航线由 6 条增加到 12 条，国内航空发运量由 2113 吨增长到 5902 吨，均实现翻番；部分航线以货运价格实现陆转航。优化陆运网络，选择重点线路，组开直达邮路，增加处理频次，进行重点提升；区内二干汽车邮路和城市投递均增加为两个频次。初步形成新疆国际“飞机＋铁路＋公路”三位一体联动互补的国际邮路网。

二、质量显著改善

严格质量考核，强化日常管控，出台《新疆寄递网时限质量管控考核办法》《新疆邮政邮件航空运输指导意见》。抓住问题邮件，找准管理抓手，以典型时限问题邮件和工单处理邮件为抓手，各级主要领导亲自抓、找问题、查原因、追责任、提措施。标快、快包、普服、国际邮件时限质量和投递服务质量实现同步提升，包裹快递投递服务百日专项整治活动成效显著，投递环节有责投诉率下降 72.58%，达万分之 2.61；申诉率百万分之 1.7，达标；上门揽收及时成功率 92.3%，问题邮件一次及时解决率 81.59%，邮件丢失控制在百万分之 1.5，实现明显改善。在乌鲁木齐与 15 个地市中心之间推出标快“今日收，明日达”承诺服务。利用看板系统加强网运投递全环节管控，提升邮件时限和用户满意度。新疆邮政实物网处理环节没有出现重大通信服务质量问题、重大媒体曝光事件、重大违规经营案件。

三、能力明显提升

各类场地建设共投资 4724.45 万元。投资 1135 万元完成10个处理中心工艺改造。投资3600万元购置310辆干线车和揽投车。新增9处城市揽投部，累计达171处。下发《2019年新疆邮政揽投网建设指导意见》，确定揽投机构揽投合一、专揽、专投段道比例为6∶2∶2的标准；按照“标快直投、专投，快包转投、代投”思路，推广代投点、人工自取点建设，加快推进速递易智能包裹柜布放工作，新疆自提业务量、格口使用率等指标全国排名靠前。全区投递、揽收人员人均年揽收6900件、年收入12.59万元，较整合前分别增加了1000件、6900元。

四、市场有效拓展

政务、商企、电商、散微和特色产业“五大市场”收入比上年分别增长28%、8.3%、16%、17.14%、21.24%，客户数比上年分别增长41%、25.9%、104%、34.22%、33.71%。身份证、公安交管等政务项目，农产品寄递、仓储配送等电商项目，健力宝、农夫山泉等物流项目，均实现规模创收和较快增长。夯实总部客户发展基础，“邮盐”实现金融、寄递、分销等多方位合作；“邮彩”继乌鲁木齐布放小桔箱后，巴州地区铺设40余台；“邮旅”开拓新伙伴，与中青旅国际旅行社签订战略合作协议，8个地州分公司与其分支机构签订协议；电商市场做好源头获客及重点市场开发，建立区、地市两级仓配管理体系。策划筹办全区拼多多电商招商会，揽收预存款119万元；上线运营拼多多邮政企业店，8个地州、10家店上线运营，累计产生订单6335笔，实现销售额30万元，产生寄递收入20万元。推进新疆邮政与电商行业的携手发展，借力主流抖音、快手等网红直播类社交电商平台，新增客户10余家。国际业务稳固存量客户，增强合作黏度。积极开发跨境电商类新客户。

五、整合全面完成

收寄环节：667个原邮务机构通过新一代寄递平台收寄并产生收入，576个寄递营业部具备揽投合一功能。分拣环节：全面实施同场地、同机构、同车间作业“三同”分拣，融合生产。运输环节：对全区航空网、陆运网进行统一规划和管理。投递环节：53个揽投部全部整合到位。航陆对接：500公里以上的标快线路以航空发运为主，中短途以汽车发运为主，省际快包以火车运邮为主。指挥调度：整合邮速网路指挥调度体系，设立区指挥调度中心，统一对接航空网和陆运网。服务质量：实现11185和11183两个中心整合。信息系统：完成生产系统整合、电子地图维护等工作，实现生产作业流程和质量管控统一。（新疆邮政分公司／提供）

附　录

◇ 2019 年邮政行业发展统计公报

◇ 2019 年邮政行业运行情况

◇ 2019 年中国快递发展指数报告

2019年邮政行业发展统计公报

2019年是新中国成立70周年，是决胜全面建成小康社会第一个百年奋斗目标的关键之年。全行业在以习近平同志为核心的党中央坚强领导下，全面贯彻落实中央决策部署，坚持稳中求进工作总基调，坚持以供给侧结构性改革为主线，坚持新发展理念和以人民为中心的发展思想，坚定不移推动邮政业高质量发展，邮政业改革发展取得了新成效，保持了总体平稳、稳中有进的良好态势。全行业业务总量和业务收入分别完成1.6万亿元和9642.5亿元，同比分别增长31.5%和22%，快递业务量突破600亿件。

一、业务发展情况

全年邮政行业业务总量完成16229.6亿元，同比增长31.5%。全年邮政行业业务收入（不包括邮政储蓄银行直接营业收入）完成9642.5亿元，同比增长22%。

（一）邮政寄递服务业务

2019年邮政寄递服务业务量完成247.2亿件，同比增长4.3%；邮政寄递服务业务收入完成428.7亿元，同比增长16.4%。

全年函件业务量完成21.7亿件，同比下降18.9%；包裹业务量完成2155万件，同比下降10.5%；订销报纸业务完成168.1亿份，同比下降2.7%；订销杂志业务完成7.3亿份，同比下降5.8%；汇兑业务完成1640万笔，同比下降34.9%。

（二）快递业务

快递业务快速增长。全年快递服务企业业务量完成635.2亿件，同比增长25.3%；快递业务收入完成7497.8亿元，同比增长24.2%。

快递业务收入在行业中占比继续提升。快递业务收入占行业总收入的比重为77.8%，比上年提高1.4个百分点。

同城快递业务小幅下降。全年同城快递业务量完成110.4亿件，同比下降3.3%；实现业务收入751.8亿元，同比下降16.9%。

异地快递业务快速增长。全年异地快递业务量完成510.5亿件，同比增长33.7%；实现业务收入3941.2亿元，同比增长27.1%。

国际/港澳台快递业务持续增长。全年国际/港澳台快递业务量完成14.4亿件，同比增长29.9%；实现业务收入747.3亿元，同比增长27.6%。

异地业务占比提升。同城、异地、国际/港澳台快递业务量占全部比例分别为17.4%、80.4%、2.2%，业务收入占全部比例分别为10%、52.6%、10%。

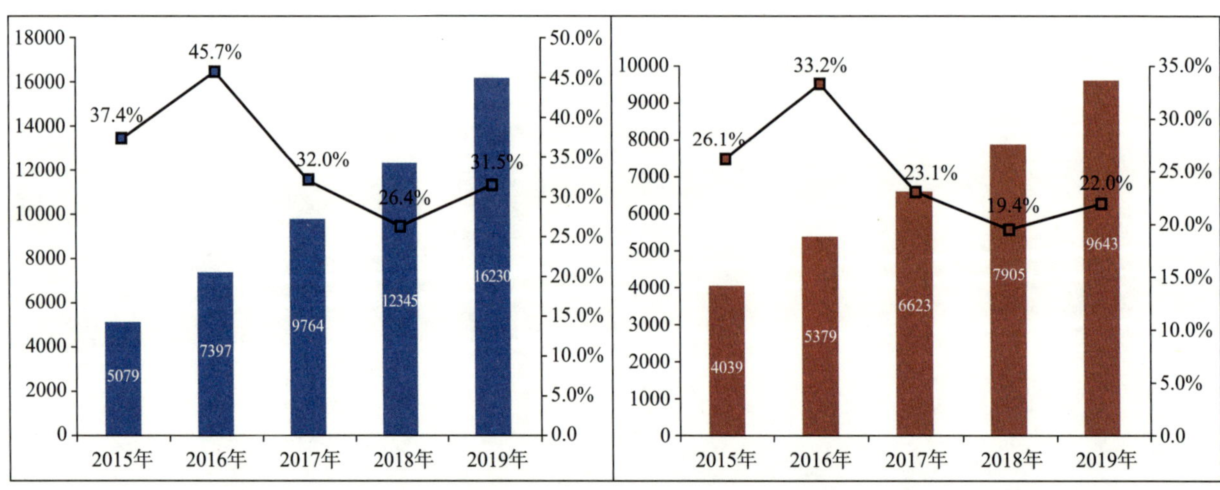

图1　2015—2019年邮政行业业务发展情况（单位：亿元）

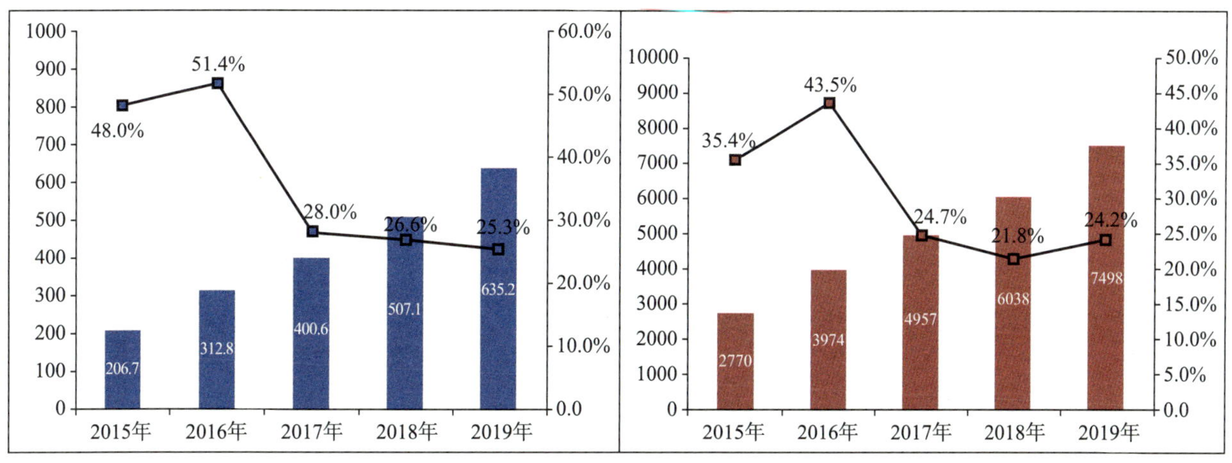

图 2　2015—2019 年快递业务发展情况（单位：亿元）

东、中、西部地区各项快递业务均保持了持续稳定的增长势头，中部地区业务增长持续提速，市场份额继续上升。全年东部地区完成快递业务量 506.2 亿件，同比增长 25%；实现业务收入 6015.9 亿元，同比增长 24.5%。中部地区完成快递业务量 81.7 亿件，同比增长 30.9%；实现业务收入 844.2 亿元，同比增长 24.5%。西部地区完成快递业务量 47.4 亿件，同比增长 19.4%；实现业务收入 637.8 亿元，同比增长 20.4%。东、中、西部地区快递业务量比重分别为 79.7%、12.9%、7.4%，快递业务收入比重分别为 80.2%、11.3%、8.5%。

快递业务量收排名前五位的省份合计在全国占比较上年有所上升。快递业务量排名前五位的省份依次是广东、浙江、江苏、上海和山东，其快递业务量合计占全部快递业务量的比重达到 65.9%，较上年前五位占比提高 0.5 个百分点。快递业务收入排名前五位的省份依次是广东、上海、浙江、江苏和北京，其快递业务收入合计占全部快递业务收入的比重达到 66.8%，较上年同期上升 0.2 个百分点。

快递业务量排名前十五位的城市依次是广州、金华（义乌）、深圳、上海、杭州、北京、苏州、东莞、揭阳、成都、泉州、武汉、温州、宁波和南京，其快递业务量合计占全部快递业务量的比重达到 56.5%。

快递业务收入排名前十五位的城市依次是上海、广州、深圳、北京、杭州、金华（义乌）、苏州、东莞、成都、武汉、揭阳、南京、宁波、天津、泉州，其快递业务收入合计占全部快递业务收入的比重达到 60.7%。

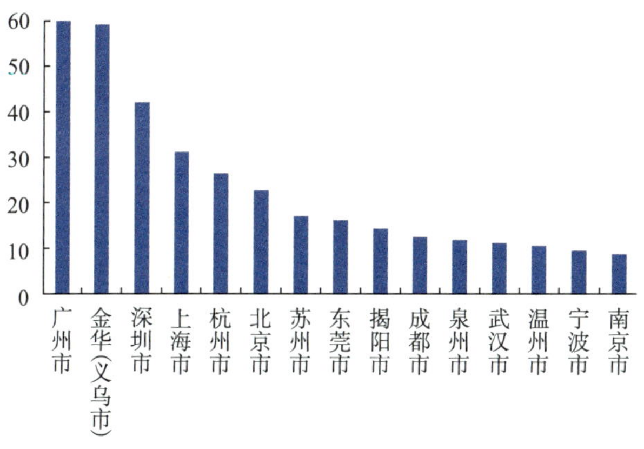

图 3　快递业务量前 15 名城市情况（单位：亿件）

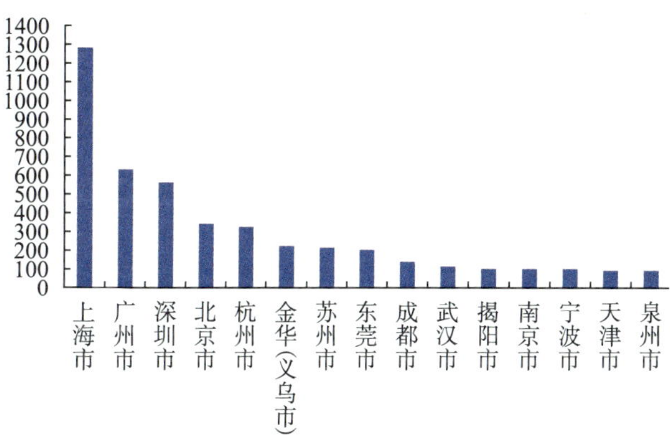

图 4　快递业务收入前 15 名城市情况（单位：亿元）

国有、民营、外资企业业务量占全部快递与包裹市场比重分别为 10.8%、88.8%、0.4%，国有、民营、外资企业业务收入占全部快递与包裹市场比重分别为 9.8%、85.3%、4.9%。

快递与包裹服务品牌集中度指数 CR8 为 82.5。

二、通信能力和服务水平

（一）机构设备

全行业拥有各类营业网点 31.9 万处，其中设在农村的10.5万处。快递服务营业网点21万处，其中设在农村的6.5万处。全国拥有邮政信筒信箱11.9万个，比上年末减少0.3万个。全国拥有邮政报刊亭总数1.3万处，比上年末减少0.3万处。

全行业拥有国内快递专用货机116架，与上年同期持平。全行业拥有汽车32.8万辆，比上年末增长1.8%，其中快递服务汽车23.7万辆，比上年末减少0.9%。

（二）通信网路

全国邮政邮路总条数3.6万条，比上年末增加7619条。邮路总长度（单程）1222.7万公里，比上年末增加237.6万公里。全国邮政农村投递路线10.2万条，比上年末增加7208条；农村投递路线长度（单程）419.9万公里，比上年末增加16.8万公里。全国邮政城市投递路线10.3万条，比上年末增加3.3万条；城市投递路线长度（单程）221万公里，比上年末增加49.8万公里。全国快递服务网路条数16.7万条；快递服务网路长度（单程）2863.2万公里。

（三）服务能力

全行业平均每一营业网点服务面积为30.1平方公里；平均每一营业网点服务人口为0.4万人。邮政城区每日平均投递2次，农村每周平均投递5次。全国年人均函件量为1.6件，每百人订有报刊量为8份，年人均快递使用量为45.4件。年人均用邮支出688.7元，年人均快递支出535.5元。

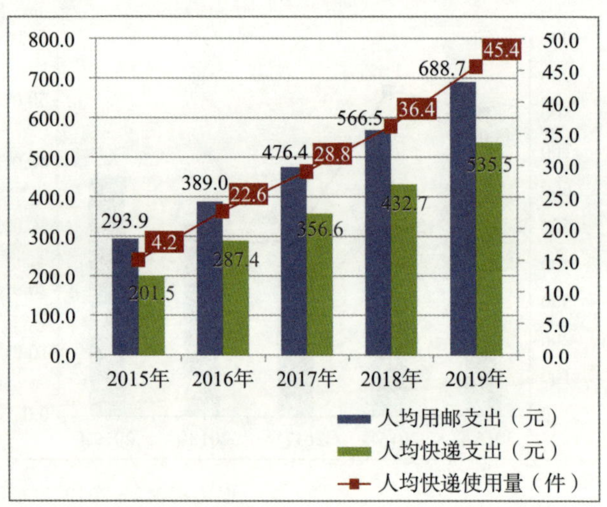

图5 2015—2019年人均用邮支出、快递支出和快递使用量情况

备注：

1. 本公报中邮政寄递服务业务、通信能力和服务水平有关数据来自年报，其他数据为月报统计数据。

2. 各项统计数据未包括中国香港和澳门特别行政区及台湾地区。

3. 部分数据因四舍五入的原因，存在着与分项合计不等的情况。

4. 邮政行业业务总量按2010年不变价格计算。

5. 全国人口数据来自国家统计局《2019年国民经济和社会发展统计公报》。

2019年邮政行业运行情况

2019年，邮政行业业务收入（不包括邮政储蓄银行直接营业收入）累计完成9642.5亿元，同比增长22%；业务总量累计完成16229.6亿元，同比增长31.5%。

12月，全行业业务收入完成960.9亿元，同比增长25.9%；业务总量完成1712.3亿元，同比增长33.8%。

2019年，邮政服务业务总量累计完成2506.3亿元，同比增长26%；邮政寄递服务业务量累计完成247.6亿件，同比增长4.3%；邮政寄递服务业务收入累计完成431.6亿元，同比增长17.2%。

12月，邮政服务业务总量完成246.5亿元，同比增长32.1%；邮政寄递服务业务量完成22.9亿件，同比增长12.3%；邮政寄递服务业务收入完成41亿元，同比增长39.2%。

2019年，邮政函件业务累计完成21.7亿件，同比下降19%；包裹业务累计完成2154.4万件，同比下降10.5%；报纸业务累计完成168.3亿份，同比下降2.7%；杂志业务累计完成7.5亿份，同比下降5.1%；汇兑业务累计完成1639.6万笔，同比下降34.9%。

2019年，全国快递服务企业业务量累计完成635.2亿件，同比增长25.3%；业务收入累计完成7497.8亿元，同比增长24.2%。其中，同城业务量累计完成110.4亿件，同比下降3.3%；异地业务量累计完成510.5亿件，同比增长33.7%；国际/港澳台业务量累计完成14.4亿件，同比增长29.9%。

12 月，全国快递服务企业业务量完成 67.3 亿件，同比增长 24.3%；业务收入完成 772.2 亿元，同比增长 26.7%。

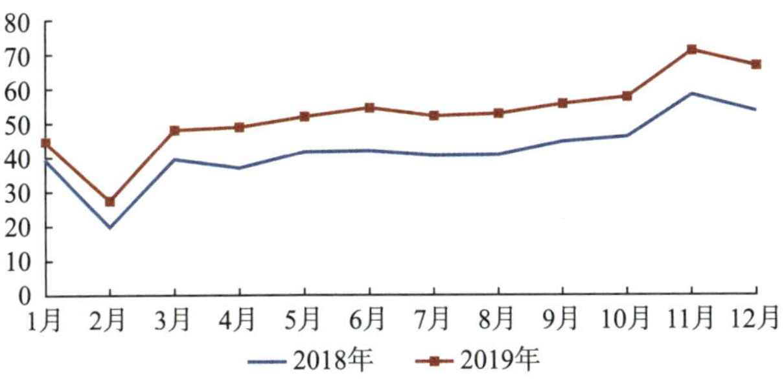

图 1 快递业务量情况（单位：亿件）

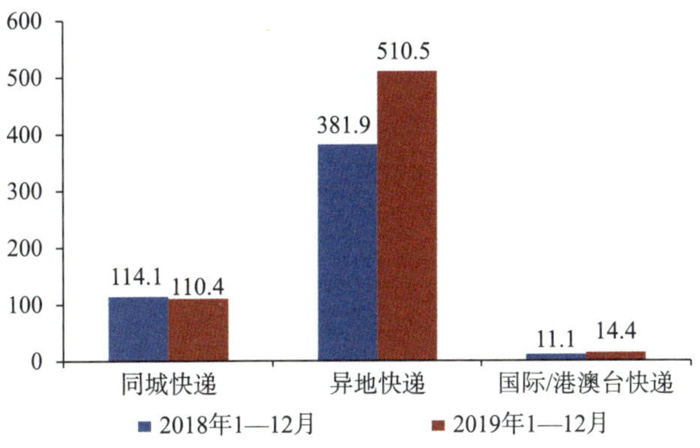

图 2 分专业快递业务量比较（单位：亿件）

2019 年，同城、异地、国际 / 港澳台快递业务量分别占全部快递业务量的 17.4%、80.4%、2.2%；业务收入分别占全部快递收入的 10%、52.6%、10%。与去年同期相比，同城快递业务量的比重下降 5.1 个百分点，异地快递业务量的比重上升 5.1 个百分点，国际 / 港澳台业务量的比重与去年同期持平。

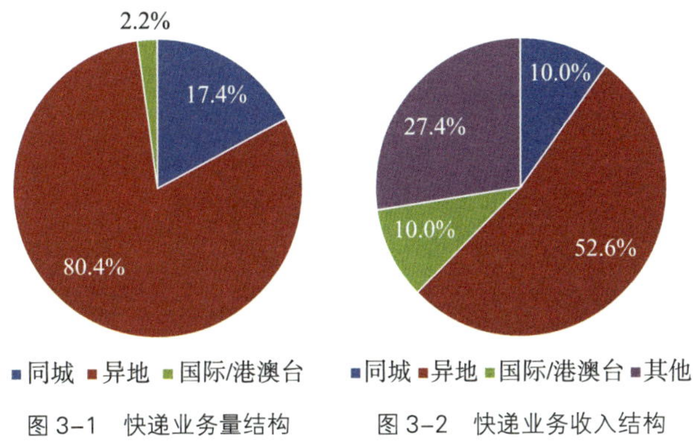

图 3-1 快递业务量结构　　图 3-2 快递业务收入结构

2019 年，东、中、西部地区快递业务量比重分别为 79.7%、12.9%、7.4%，业务收入比重分别为 80.2%、11.3%、8.5%。与去年同期相比，东部地区快递业务量比重下降 0.2 个百分点，快递业务收入比重上升 0.2 个百分点；中部地区快递业务量比重上升 0.6 个百分点，快递业务收入比重上升 0.1 个百分点；西部地区快递业务量比重下降 0.4 个百分点，快递业务收入比重下降 0.3 个百分点。

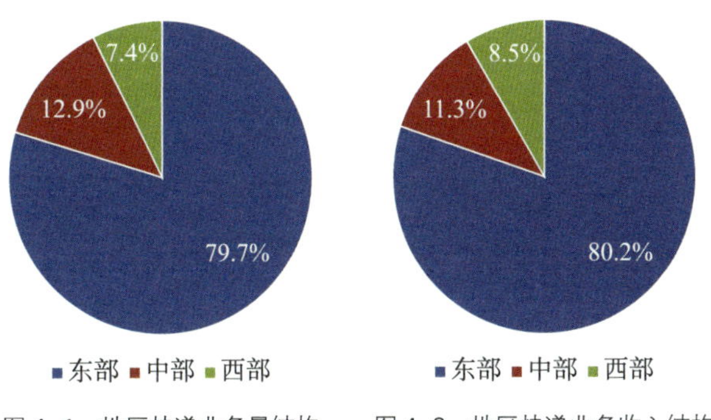

图 4-1 地区快递业务量结构　　图 4-2 地区快递业务收入结构

2019 年，快递与包裹服务品牌集中度指数 CR8 为 82.5，较 1—11 月上升 0.2。

全国邮政行业发展情况表

指标名称	单位	12 月		比去年同期增长（%）	
		累计	当月	累计	当月
一、邮政行业业务收入	亿元	9642.5	960.9	22.0	25.9
1. 邮政寄递服务	亿元	431.6	41.0	17.2	39.2
2. 快递业务	亿元	7497.8	772.2	24.2	26.7
二、邮政行业业务总量	亿元	16229.6	1712.3	31.5	33.8
1. 邮政寄递服务	万件	2475705.9	229219.6	4.3	12.3
其中：函件	万件	216720.4	16426.7	−19.0	−11.5
包裹	万件	2154.4	220.8	−10.5	−6.1
订销报纸累计数	万份	1682803.6	145228.8	−2.7	−0.7
订销杂志累计数	万份	74696.3	5991.0	−5.1	−10.6
汇兑	万笔	1639.6	126.4	−34.9	−37.8
2. 快递业务	万件	6352291.0	673425.7	25.3	24.3
其中：同城	万件	1103766.9	110338.8	−3.3	−6.1
异地	万件	5104788.7	547935.0	33.7	32.4
国际 / 港澳台	万件	143735.3	15151.9	29.9	45.7

注：邮政行业业务收入中未包括邮政储蓄银行直接营业收入。

分省快递服务企业业务量和业务收入情况表

单位	快递业务量累计（万件）	同比增长（%）	快递收入累计（万元）	同比增长（%）
全国	6352291.0	25.3	74978235.2	24.2
北京	228716.4	3.5	3391428.2	2.4
天津	69733.0	21.1	958419.1	9.6
河北	230392.7	32.3	2423535.3	34.1
山西	36413.8	20.0	494196.7	28.2
内蒙古	14263.2	−6.1	329491.8	10.2
辽宁	79515.7	21.7	1038723.1	18.1
吉林	30662.0	35.4	483304.5	28.2
黑龙江	35088.9	16.3	602671.2	29.8
上海	313326.1	−10.1	12888432.8	26.3
江苏	574060.4	30.8	6189768.3	28.7
浙江	1326252.1	31.2	9129240.5	17.1
安徽	154543.0	37.6	1383815.0	24.7
福建	261951.3	23.8	2591559.7	25.4
江西	77719.9	25.5	843014.5	25.7
山东	288856.2	32.1	2883528.3	26.3
河南	211093.2	38.3	1886366.5	23.3
湖北	168499.8	24.5	1738919.9	20.9
湖南	103079.3	30.6	1009256.0	25.4
广东	1680594.0	29.7	18479102.1	30.9
广西	56386.3	17.2	746466.3	21.4
海南	8143.4	14.6	184819.2	13.3
重庆	55322.4	20.8	704509.7	21.4
四川	179104.9	22.7	2035863.8	21.8
贵州	24584.4	16.0	461053.6	14.0
云南	43160.8	26.9	576432.6	22.3
西藏	874.3	20.5	28924.1	19.0
陕西	72891.9	28.2	833770.8	23.9
甘肃	10371.2	16.4	226397.3	20.1
青海	1896.1	−0.1	59825.7	25.0
宁夏	4891.6	−27.8	94877.4	16.7
新疆	9902.6	−11.0	280521.6	17.4

快递业务量前50位城市情况表

排名	城市	快递业务量累计（万件）	排名	城市	快递业务量累计（万件）
1	广州市	634680.3	26	重庆市	55322.4
2	金华（义乌）市	592263.1	27	保定市	54245.4
3	深圳市	421670.2	28	西安市	53875.6
4	上海市	313326.1	29	济南市	51605.9
5	杭州市	265665.9	30	临沂市	50168.7
6	北京市	228716.4	31	绍兴市	49460.1
7	苏州市	173167.7	32	福州市	47580.8
8	东莞市	163009.3	33	南通市	47012.4
9	揭阳市	145086.0	34	青岛市	45325.2

续表

排名	城市	快递业务量累计（万件）	排名	城市	快递业务量累计（万件）
10	成都市	125968.0	35	中山市	44532.2
11	泉州市	121653.4	36	厦门市	42616.0
12	武汉市	112991.4	37	湖州市	36145.6
13	温州市	108533.5	38	沈阳市	35435.6
14	宁波市	96044.0	39	南昌市	32734.9
15	南京市	88279.2	40	宿迁市	32640.9
16	汕头市	83810.2	41	惠州市	32574.1
17	台州市	82471.8	42	南宁市	29816.7
18	郑州市	82329.4	43	徐州市	28417.2
19	无锡市	81703.4	44	昆明市	27931.4
20	嘉兴市	71940.3	45	廊坊市	27219.7
21	天津市	69733.0	46	常州市	26794.1
22	佛山市	69114.6	47	潍坊市	26168.8
23	石家庄市	68540.1	48	哈尔滨市	24440.6
24	合肥市	65195.4	49	邢台市	24083.9
25	长沙市	64122.9	50	潮州市	22639.9

快递业务收入前50位城市情况表

排名	城市	快递业务收入累计（万元）	排名	城市	快递业务收入累计（万元）
1	上海市	12888432.8	26	合肥市	597047.3
2	广州市	6354932.2	27	长沙市	584240.4
3	深圳市	5613745.4	28	济南市	559919.9
4	北京市	3391428.2	29	汕头市	529765.9
5	杭州市	3267926.3	30	福州市	489072.0
6	金华（义乌）市	2245274.0	31	中山市	481116.9
7	苏州市	2168457.8	32	保定市	479858.3
8	东莞市	2074608.2	33	南通市	446517.7
9	成都市	1372277.2	34	台州市	440664.1
10	武汉市	1148444.7	35	沈阳市	424670.3
11	揭阳市	1041726.3	36	哈尔滨市	421027.8
12	南京市	1012983.5	37	南昌市	418040.8
13	宁波市	1000364.8	38	常州市	406375.7
14	天津市	958419.1	39	南宁市	396724.9
15	泉州市	955887.6	40	惠州市	378011.9
16	佛山市	944029.8	41	廊坊市	340412.5
17	郑州市	892718.2	42	绍兴市	340102.7
18	无锡市	814211.4	43	昆明市	337158.5
19	温州市	749037.7	44	临沂市	305131.6
20	重庆市	704509.7	45	大连市	295481.3
21	石家庄市	684531.2	46	潍坊市	282044.9
22	青岛市	655326.7	47	长春市	278308.4
23	嘉兴市	652765.2	48	湖州市	249844.6
24	西安市	624260.3	49	沧州市	231461.3
25	厦门市	606844.4	50	太原市	208566.0

2019 年中国快递发展指数报告

2019 年，中国快递业市场规模稳步推高，市场结构不断优化，发展质效持续提升，服务能力显著增强，科技智慧加速赋能，行业朝着高质量发展的方向进一步迈进。

（一）整体情况

2019 年，中国快递发展指数为 998.3，[①] 同比提高 22.6%。从一级指标来看，发展规模指数为 2207.1，同比提高 25.0%，继续保持高速增长态势；服务质量指数为 166.0，同比提高 24.4%，行业高质量发展特征明显；发展普及指数为 389.0，同比提高 3.1%；发展趋势指数为 83.2。

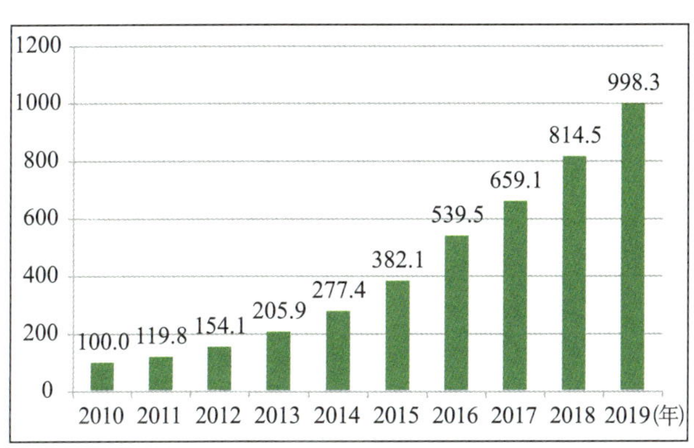

图 1 2010—2019 年中国快递发展指数变化

（二）分项指数

1. 发展规模指数

2019 年，发展规模指数为 2207.1，同比增长 25.0%。

市场规模中高速增长。2019 年，全国快递企业日均快件处理量超 1.7 亿件，同比增长 25.3%，最高日处理量达 5.4 亿件，同比增长 28.5%。全国快递业务量突破 600 亿件，累计完成 635.2 亿件，同比增长 25.3%，增量规模续两年超过 100 亿件[②]。快递业务收入累计完成 7497.8 亿元，同比增长 24.2%，量收增速差从去年的 4.8% 进一步缩小为 1.1%[③]，行业逐渐由规模单向驱动向规模效益双向驱动转变。与 2010 年相比，快递业务量收分别增长了 26.1 倍和 12.0 倍，业务收入年均复合增长率是同期国内

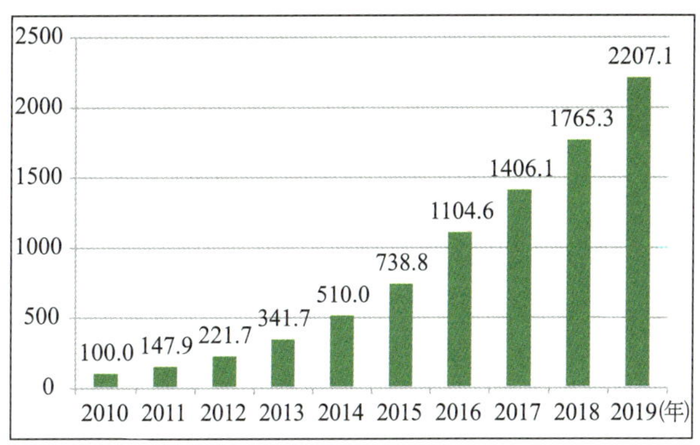

图 2 2010—2019 年发展规模指数

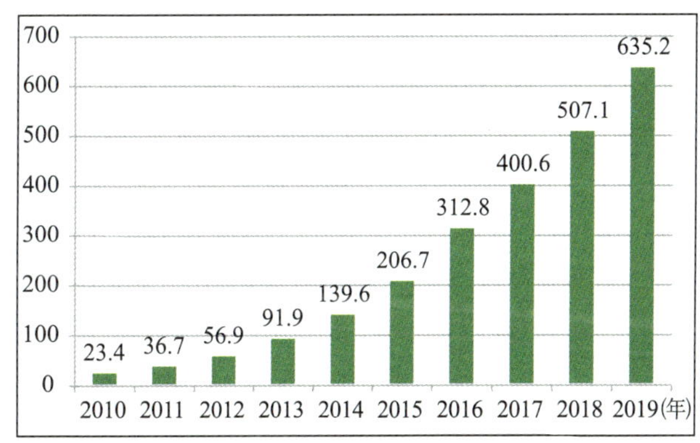

图 3 2010—2019 年快递业务量变动情况（单位：亿件）

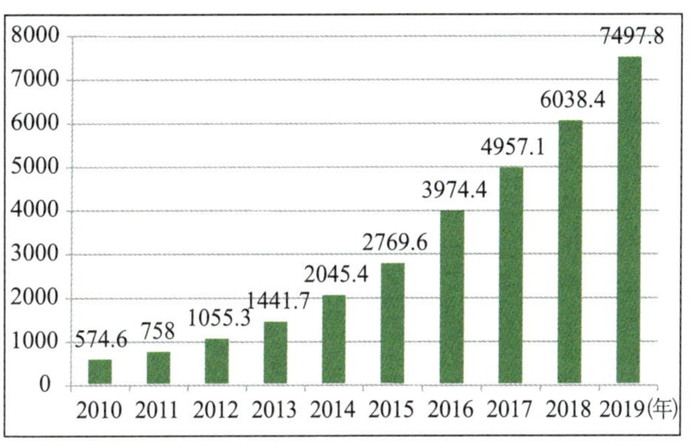

图 4 2010—2019 年快递业务收入变动情况（单位：亿元）

① 以 2010 年为基期，基期值为 100。

② 2018 年增量为 106.5 亿件，首次过 100 亿件。2019 年增量为 128.1 亿件，第二年超过 100 亿件。

③ 2018 年，全国快递业务量比上年增长 26.6%，快递业务收入同比增长 21.8%，量收增速差为 4.8%。

生产总值增速[①]的4倍，成为拉动经济增长的重要动力。

畅通内外循环作用凸显。2019年，异地快递保持强劲发展态势，业务量累计完成510.5亿件，同比增长33.7%，比行业增速高8.4个百分点，异地业务量占比首超80%，成为推动快递业快速发展的主要引擎，促进产品要素跨区流动、畅通国内经济循环的能力稳步提升。国际/港澳台业务量累计完成14.4亿件，同比增长29.9%，连续3年增速高于行业平均水平。受贸易保护主义抬头和万国邮联终端费改革影响，增速收窄4.1个百分点，但与我国货物出口5%的增速5[②]相比，仍保持蓬勃发展态势，在畅通全球经济循环、保障海外供应链畅通方面发挥的作用日益凸显。

多极拉动效应增强。一是第三极初露端倪。2019年，广东、浙江两省继续保持强劲发展态势，业务量占全国比重从去年的45.5%扩大至47.3%，优势进一步扩大。江苏省加速追赶，2019年业务量增长13.5亿件，与2018年相比，以8.7%的增速差位居全国首位。2019年，广东、浙江和江苏三省快递业务量占全国业务量比重为56.4%，增量达83.5亿件，对全国业务量增长贡献率高达65.2%，两极拉动态势迎来新突破。二是中部加速崛起。2019年，中部地区完成快递业务量82亿件，同比增长31.4%，比全国增速高6.1个百分点。中部地区快递业务量占全国的比重达12.9%，同比提高0.6个百分点。中部地区快递业务收入达847.3亿元，同比增长25.0%，中部地区快递业务收入占全国的比重为113%，同比提高0.1个百分点。其中：河南、安徽和湖南作为东部产业的主要承接地，充分发挥区位优势，快递业务量增速均超过30%，成为中部增长亮点。

产业协同实现多赢。快递业在实现快速发展的同时，不断利用渠道网络优势，赋能相关产业，协同能力逐步提升。在协同电商方面，2019年快递业支撑实物商品网络零售额超过8.5万亿元，[③]占社会消费品零售总额比重首次突破1/5，成为支撑直播电商、社交电商、生鲜电商等新业态快速壮大的重要力量。在协同现代农业方面，2019年，全国共打造快递服务现代农业“一地一品”年业务量超百万件项目163个，农村地区年收投快件超过150亿件，支撑工业品下乡和农产品进城超过8700亿元，有效释放农村消费潜力，促进城乡消费比缩小至2.1：1。[④]精准扶贫工作取得积极成果，“寄递+农村电商+农特产品+农户”产业扶贫模式取得良好成效，帮助销售农产品3.67亿元，近20万贫困人口受益在服务制造业方面，全国制造业业务量过百万件项目276个，业务收入过百万元项目510个，年支撑制造业产值达到1万亿元。服务跨境电商方面，综合物流、海外仓建设加快推进，新增23条国际货运航线，国际快递网络和海外仓服务分别覆盖全球60多个和50多个国家及地区，支撑跨境网购零售额4400亿元，为跨境电商实现38.3%[⑤]的高速增长提供重要保障，为我国深度参与全球供应链体系构建创造良好条件。

2. 服务质量指数

2019年，快递服务质量指数为166.0，同比提高24.4%。

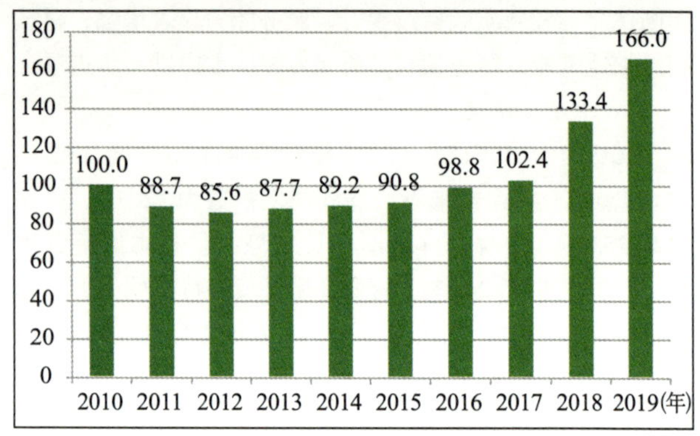

图5 2010—2019年服务质量指数

服务质量改善明显。2019年快递服务满意度得分为77.3分，同比提升1.4分，分值提升创三年新高。[⑥]72小时准时率为79.26%，同比提高0.29个百分点。全国重点地区快递服务全程时限为56.2小时，同比缩短0.64小时。快递服务有效申诉率为百万分之0.5，首次降到千万级别，改善幅度达75%，居7年之首。对快递企业有效申诉处理满意率为97.3%，同比增长0.2个百分点。在行业同质化竞争日趋激烈之际，服务质量成为快递企业增强消费者黏性的重要因素。

在运营能力方面，主要品牌快递企业谋求服务差异化，增加高铁极速达、医药寄、特瞬送、优递达、快递到车等服务产品，减少转运次数、增加分拨频次、应用智能客服，不断增强服务弹性，提高服务效率。在便捷性方面，273个城市出台规范快递车辆通行政策，覆盖率达81%，辽宁等12个省份实现全覆盖，末端通行难题有效改善。企业在促进服务质量提升的同时推动市场份额进一步集中。2019年快递与包裹服务品牌集中度指数CR8达82.5，同比提升1.3，优质资源加速向主要品牌快递企业集聚，为行业服务整体提升创造了良好条件。

① 根据国家统计局数据计算，2010—2019年，国内生产总值年均速为7.3%。

② 数据来源：2019年国民经济和社会发展统计公报，国家统计局。

③ 数据来源：2019年国民经济和社会发展统计公报，国家统计局。

④ 数据来源：2019年国民经济和社会发展统计公报，国家统计局。

⑤ 数据来源：国新办举行2019年进出口情况新闻发布会，国新网。

⑥ 2016年、2017年和2018年快递服务满意度得分分别为74.7分、75.7分和75.9分，2017年、2018年和2019年快递服务满意度分值提升分别为1.0分、1.2分和1.4分。

基础能力有效提升。2019 年快递业综合利用各方资源，加速推进基础设施建设，全国已建成快递物流园区 402 个。[①] 分拣中心新建、改扩建进程加快，自动化、半自动化分拣设备占比稳步提高，快递业已累计建成自动化流水线超过 5000 公里。自主航空运输能力提升明显，主要品牌快递企业的自主航空公司周航班量在总货运航班量中的占比接近六成。航空网络布局推进加快，新增国际货运航线 23 条，快递业自有货运航空公司执飞货运航线数达百余条，通航点近百个。[②] 公铁联运深入推进，高铁快递开通线路达 451 条，快递干线运输结构不断优化。

智能科技普遍应用。大数据、云计算不断增强数字化管理效能，寄递路由动态优化，流量流向精准预测，仓配一体合理布局。无人机技术日渐成熟，场景应用多元丰富，飞越天堑构筑致富通途。无人车不断测试升级，逐步从研发测试向规模化商用发展。智能仓建设加速，人机协同应对复杂场景，效率精度倍数提升。电子运单弥补行业短板，使用率高达 98%，隐形面单推广迅速，有效增强信息保护，为行业基础数据数字化奠定坚实基础。北斗导航迅速普及，区块链加快应用，在快递服务安全性、优化商业模式等方面均表现出较大潜力，科技创新正助推服务质量进一步提高。

3. 发展普及指数

2019 年，快递发展普及指数为 389.0，同比提高 3.1%。

城市网络便捷共事。2019 年城市快递服务网络加快升级，便利化、规范化、多元化、共享化特征明显。平均每万人 1.4 个快递网点，每百平方公里有 2.1 个快递网点，末端网点布局合理优化。在共享化方面，主要城市布设智能快件箱已达 40.6 万组，新增 13.4 万组，增幅接近 50%，箱递率超 10% 为末端投递提供有效补充。城市快递末端公共服务站达 8.2 万个，快递末端公共服务平台建设稳中有进，共同配送探索前行，共享多元的末端服务格局更好满足人民寄递需求。

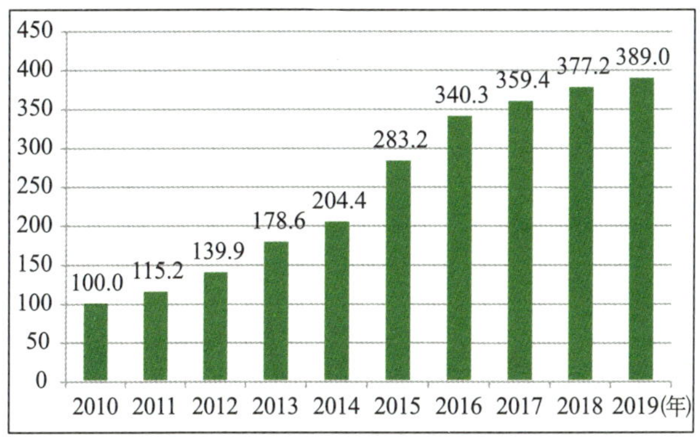

图 6 2010—2019 年发展普及指数

农村网络延伸下沉。2019 年快递业积极落实乡村振兴战略，大力推动"快递下乡"，尤其是加大内蒙古、广西、四川、贵州等西部省份快递乡镇网点覆盖建设。农村地区快递网点超 3 万个、公共取送点达 6.3 万个，乡镇快递网点覆盖率达 96.6%，同比提升 4.2 个百分点，为推动农村电商发展、农村消费升级提供重要助力。精准扶贫工作取得积极成果，"寄递 + 农村电商 + 农特产品 + 农户"产业扶贫模式取得良好成效，帮助销售农产品 3.67 亿元，近 20 万贫困人口受益。

普惠发展成效明显。2019 年快递业务收入占国内生产总值的比重为 7.6%，同比提高近 0.1 个百分点，快递业务收入增速是国内生产总值增速的 4.0 倍，对稳预期发挥重要作用。人均快件使用量达 45 件，较上年增加 9 件，增幅再创新高。快递企业日均服务 3.5 亿人次，每日平均服务增加 0.7 亿人次，相当于每天 4 个人中有 1 人在使用快递服务。生产生活对快递服务的需求度不断提升。从业人员权益保障和职业发展保障能力增强，新增社会就业 20 万人以上，对稳就业做出积极贡献。

4. 发展趋势指数

2019 年，快递发展趋势指数为 83.2。预计 2020 年快递业务量将超 740 亿件，同比增长 18%。预计 2020 年快递业务收入超过 8690 亿元，同比增长 16%。

2020 年快递业将面临更加复杂多变的内外部环境，但稳中向好的基本趋势不会改变，高质量发展步伐进一步加大。市场在资源配置中的决定作用更加凸显，行业治理体系和治理能力现代化进程持续加快。市场结构优化调整，农村网络由乡镇向村庄不断延伸，城乡普惠度大幅提升；城市群集聚效应持续显现，中西部地区与二、三线城市加快追赶，区域均衡度不断改善；服务体系、业态模式更加多元，服务领域加速向专业化和价值链高端延伸，赋能实体经济能力稳步增强。生态环保成为行业共识，加速构建中转循环化、末端减量化、运输减排化、仓储节能化发展体系，提升绿色化、精细化发展能力，推动行业不断向零碳排目标迈进。智能化发展日趋加速，5G 与工业互联网将促进行业与智能制造深入融合；区块链技术将从概念构建加快向场景落地转变；大数据、云计算、人工智能通过信息互联、深度学习，不断加速行业数字化发展进程；无人技术逐渐成熟，作业效率倍数提升，"无接触式"配送将为消费者带来更加便捷、安全的服务体验。快递服务海外网络进一步拓展。

行业将在全面建成小康社会和"十三五"收官之年，稳态势、提质效、优服务、惠民生、保安全，加速向高质量发展阶段迈进。

① 数据来源：马军胜同志在 2020 年全国邮政管理工作会议上的讲话。

② 数据来源：民航资源网。

编后记

本书在编辑出版过程中，得到各单位的大力支持。值此出版之际，衷心感谢集团公司总部各部门、直属各单位、控股子公司、各省（自治区、直辖市）分公司的大力支持。同时，向为本书的编辑、出版付出辛勤劳动的全体撰稿、审稿人员致谢。

由于经验不足，水平受限，《中国邮政集团有限公司年鉴（2020）》难免存在不足和错讹之处，诚请不吝指教。

《中国邮政集团有限公司年鉴》编辑部

2021 年 3 月